Companion to Celtic Culture
ケルト文化事典

木村正俊・松村賢一［編］

東京堂出版

❷スネッティシャム（イングランド）で出土した黄金の首環（トルク）大英博物館蔵

❶バス＝ユッツ（フランス）で出土した青銅製フラゴン（前1世紀初頭）大英博物館蔵

❸装飾写本『ケルズの書』の1頁（8世紀後半から9世紀初め）トリニティ・カレッジ・ダブリン図書館蔵

❹タラ・ブローチ　アイルランド国立物館蔵

❺ブライアン・ボルーのハープ
　トリニティ・カレッジ・ダブリン蔵

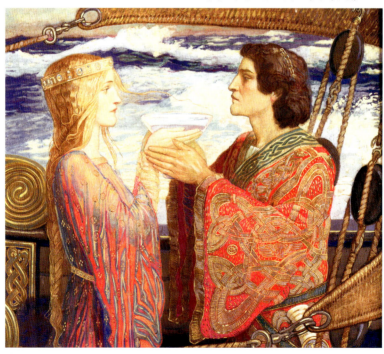

❻ジョン・ダンカン「トリスタンとイゾルデ」（1912年）エディンバラ市立美術館＆アート・
　ギャラリー蔵

まえがき

　ヨーロッパ文明の根幹を形づくり，今なおその伝統を各地に息づかせているケルト文化に対し，近年衰えることのない高い関心が示されてきている。1991年にイタリアのヴェネツィアで「ケルト，世界最初のヨーロッパ人」と銘打った大展覧会が催され，およそ100万人の観客でにぎわったと伝えられたことはまだ脳裏を去らない。1998年に東京で開かれた日本では初めての「古代ヨーロッパの至宝　ケルト美術展」の本格的展示のすばらしさも記憶に生々しく残っている。最近では，2015年から2016年にかけて，大英博物館で大規模な「ケルト展」が開催され，大いに人気をよんだ。こうした人気の高まりは，多くの文化的遺産を誇るケルト文化が現代に通じる魅力をもっていることを明かしているであろう。

　ケルト文化の諸領域での学術研究は，国際的に高度な専門的水準で進められている。その成果は，書籍や雑誌の形態のみでなく，電子版情報や口頭発表などによっても，これまで大量に公刊されたり，公表されてきた。日本国内においても，ケルト文化領域を扱った書籍は，専門性の高いものから一般的なものまで，相当数の量に達している。辞典や事典に限ってもそれなりの数がそろっているといえるかもしれない。ところが，それらのすべては外国語による辞典や事典を日本語に翻訳した版で，日本人研究者自身によって編纂・執筆されたものはまったく見当たらない。わが国のケルト学の進展ぶりが事典に反映されていないのは残念なことと思われる。

　この事典は，そうしたケルト関連書の出版事情を振り返り，日本人研究者の執筆による独自のケルト文化事典刊行の必要性を痛感したところから，企画が始まった。編者たちは，日本人研究者で海外での研究，調査，研修あるいは留学などの体験を通じて，高度に専門的な知識を蓄積している多くのすぐれた方々を知っていた。十分な機が熟していない恐れもあるが，あえてこの段階で，国内研究者の執筆による本邦初の『ケ

まえがき

ルト文化事典』の刊行に踏み切ることにした次第である。望みうる限り最適任の執筆担当者46名に，編者の意向に沿って，最新の研究成果をふまえ執筆していただくことができた。当初の企画目標がほぼ達成され，画期的な大型の事典が完成したことの意義をかみしめている。

次に，この事典の編集方針と特色について述べておきたい。

この事典は『ケルト文化事典』と題しているが，「文化」という表現を広義の意味で用いており，歴史，言語，宗教，社会・制度，民俗，伝承，文学，芸術などの諸分野を包含している。事典の構成は，「Ⅰ総記」をはじめ，「Ⅺケルトの伝統と現代」まで11の領域に区分し，全体で580の項目を収載している。

見出し項目は，事典一般にみられる50音順による配列ではなく，領域別に並べてある。その際項目は時系列に沿って並べるなどの原則は立てていない。内容理解の便宜性を優先し，項目内容の関連性，一体性を考慮して配置している。各項目にはその名称に相当する外国語（必要に応じては複数）を併記し，言語名を略号で明示した。

各項目の説明は，今日的な視点に立ち，最新の研究成果をふまえて，専門性を保ちながらもできるだけわかりやすく，平明簡潔に記述するように努めた。神話・伝説のような広域の文化事象の場合には，アジアや日本にも視野を広げ，比較文化的観点からの記述にも気を配っている。テーマ性の広い重要項目には字数を比較的に多く割り当て，詳細を尽くした。項目によっては中見出しをつけ，内容把握を容易にするように配慮した。説明文中には適宜図版・写真も挿入し，内容把握を視覚的にも確認しやすくした。

以上のような構成，項目配列，記述のスタイルなどから，この事典は，「引く事典」というよりもむしろ「読む事典」の性格を強めることになった。しかし，検索したい事項へのアクセスの便を考慮し，巻末に50音順による見出し項目および関連項目の「索引」を載せている。引きたい事項を探すには，この「索引」を活用していただきたい。

「参考文献」は主要なものを巻末にまとめ，領域ごとに分類して掲載した。入手可能なものを中心にできるだけ多く網羅したので，参照いただければありがたい。

なお，言語関連の項目で，印字や組版上の都合から説明文を巻末に移

動した部分があるのでご了解願いたい。

　本事典の編集と発行に際しては，多数の大学や研究団体，図書館，出版社などからさまざまな形でご協力やご支援をいただいたことにお礼を申し上げる。見出し項目に併記の英語表記については，中央大学名誉教授のキアラン・マーレイ氏に監修いただくことができた。ここに記して感謝したい。

　最後に，本書の発行をお引き受けくださった株式会社東京堂出版に対し，この上ない御礼の言葉を申し上げなければならない。同社取締役編集部長堀川隆氏には企画の段階から温かいご理解とご支援をいただいたことに厚く感謝申し上げたい。実務を担当され，編集・校正などに多大の労をとってくださった編集部の酒井香奈氏にも，心からの謝意を表します。

　この事典が多くの方々のご協力を得て完成したことを喜ぶとともに，今後長きにわたって広く利用され，ケルト文化理解が一層深まることを願ってやまない。

2017年4月

編　者　　木村　正俊
　　　　　松村　賢一

『ケルト文化事典』 目次

はじめに　　　i
凡例　　　xiv
執筆者一覧　xvi

Ⅰ　総記

ケルトの概念 ……… 3
　「ケルト」という語
　ケルトをとらえる視点

ケルト研究法 ……… 5
　古典作家の文献
　歴史
　考古学
　言語
　神話・伝説

ケルト研究機関 ……… 10
　ケルト学研究機関
　ケルト語研修機関
　ケルト関係図書出版団体

ケルト研究の現状 ……… 12
　研究の課題と方向

Ⅱ　歴史・考古・言語

ケルト人の起源 ……… 14
　ケルト人の起源
　ケルト文明の形成

石器時代の文化 ……… 15
　石器時代の文化

青銅器時代の文化 ……… 16
　青銅器時代のケルト文化
　「原ケルト人」

鉄器時代の文化 ……… 17
　鉄器時代の文化とケルト人
　鉄の利用

馬とケルト人 ……… 19
　馬の役割

ケルト人の出現 ……… 20
　ケルト人発見の記録

古典的文献資料 ……… 20
　ギリシア・ローマの著作家
　ヘカタイオス
　ヘロドトス
　ディオドロス・シクルス
　ポセイドニオス
　アリストテレス
　ポリュビオス
　リウィウス , ティトゥス
　ストラボン
　プリニウス（大）
　『博物誌』
　ピュテアス
　カエサル , ガイウス・ユリウス
　『ガリア戦記』
　タキトゥス
　ルカヌス
　ポンペイウス・トログス
　「ケルトイ」

目次

ケルト文化の隆盛 ……… 29
ハルシュタット文化期
ハルシュタット遺跡
ラムザウアー , ヨハン・ゲオルク
ギリシア文明との交流
交易による発展
ワイン文化
ヴィクス
ヴィクスの王女の墓
ケルトの建築と彫刻
「瀕死のガリア人」
ラ・テーヌ文化期
ラ・テーヌ遺跡
ヌーシャテル湖
ローマ・ゲルマニアとの対決
ケルト文化圏の拡大

大陸のケルト人 ……… 38
ケルト人の移動
ガリアのケルト人
イベリア半島のケルト人
イタリアのケルト人
ローマ略奪
ガラティアのケルト人
東ヨーロッパのケルト人
デルフォイ包囲
ヌマンティアの戦い
ゲルマン人の侵入
カエサルのガリア征服
ガリア人の決起
アレシアの戦い
ウェルキンゲトリクス
ガロ=ローマ時代

島のケルト人 ……… 51
先史時代の島嶼部
ケルト人の移住
ブリテン島の初期ケルト人
アイルランド島の初期ケルト人
島嶼部のケルト人部族
カエサルの侵入
クラウディウスによる支配
ローマ統治下のブリテン
ボウディカの反乱
カラタクスの抵抗
カレドニア人の抵抗
ハドリアヌスの長城
アントニヌスの長城
ローマ人撤退後のブリテン
ケルトの王国
アングロ・サクソン人の侵入
ピクト人
スコット人
ダルリアダ王国
ヴァイキング来襲

ケルト語の系統と分類 ……… 65
インド・ヨーロッパ語
ケルト語派
原ケルト語
Pケルト
Qケルト
ガリア語
ブリトン語（ブリソニック）
ケルトイベリア語
レポント語
ゴイデル語
ウェールズ語（カムリ語）
コーンウォール語
ブルトン語
カンブリア語
アイルランド語
スコットランド・ゲール語
マン島語
ケルト語と他の諸言語との影響関係

v

目次

文字 ……… 77
　碑文に残る文字
　オガム文字

地名 ……… 79
　大陸のケルト語由来地名
　島嶼のケルト語由来地名

ケルト人の特徴 ……… 82
　身体と容姿
　気質

Ⅲ ケルト社会

部族社会 ……… 84
　大陸の部族
　クラン社会
　階層構成
　王権
　ヒルフォート
　オッピダ
　エンガスの砦
　ブロッホ
　ブレホン法
　里子制度

戦争 ……… 92
　戦士・戦士階級
　刀剣と鞘
　槍
　投石器と弓矢
　盾
　鎧
　兜
　戦闘の方法
　二輪戦車
　カルニュクス

ドルイド ……… 99
　ドルイド
　古典文献のドルイド
　カエサルの記録
　社会的地位と階層
　資格と修業
　女性のドルイド
　機能と役割
　祭式
　教義
　聖域
　供犠
　自然学の知識
　コリニーの暦

祭式 ……… 109
　暦と祭りの習俗
　サウィン
　インボルグ
　ベルティネ
　ルグナサド

Ⅳ 宗教

ケルトの神々 ……… 114
　ケルト人の宗教
　多神教
　ケルト人の信じた神々
　ギリシア・ローマとの比較
　ゲルマンとの比較
　ユーラシアとの比較
　ガリアの三主神
　ディス・パテル

樹木崇拝 ……… 118
　オーク
　ヤドリギ
　イチイ
　ハシバミ

目次

動物崇拝 ……… 120
トーテム
鹿
牛
馬
猪／豚
熊
犬
蛇
鳥
鮭
ケルヌンノス

崇拝の対象物 ……… 126
太陽／太陽の神
石／岩／洞穴
火
水
川
泉／井戸
大鍋（大釜）
色
数

信仰の特徴・かたち ……… 133
霊魂不滅
再生
異界
妖精
頭部
巨人
神殿
奉納

俗信・迷信 ……… 139
生霊／幽霊
怪物／妖怪
死の予兆

Ⅴ　キリスト教との合一

キリスト教の伝来 ……… 141
布教のルート

主要な聖人 ……… 142
聖ニニアン
聖パトリック
聖ブリジッド
聖エイダン
聖ケヴィン
聖ブレンダン
聖キアラン
聖モリング
聖コルンバ
聖アダウナーン
聖ケンティゲルン
聖アンドルー
聖デイヴィッド
聖イスティッド
聖ウィニフレッド

主要な修道院 ……… 148
修道院の建設
クロンマクノイス修道院
クロンファート大聖堂
デリー修道院
ダロウ修道院
バンガー修道院
ネンドラム修道院
グレンダロッホ修道院
アイオナ修道院
セント・デイヴィッズ大聖堂
スランバダルン・ヴァウル
バージー島
グラストンベリー修道院
女子修道院
修道院活動
スケリグ・マイケル

目次

国外での布教 ……… 155
　「聖人と学者の島」
　聖コルンバヌス
　ペレグリナティオ

ケルト文化との融合 ……… 156
　高十字架（ハイクロス）
　高十字架の発展
　アイルランドの高十字架
　スコットランドの高十字架
　ピクト人のシンボル・ストーン
　スエノの石
　ウェールズの高十字架

円塔 ……… 162
　円塔

VI　生活・民俗

ケルト人の生産・交易 ……… 164
　狩猟
　農耕
　家畜の飼育
　漁業
　商業活動
　船と輸送
　他文化からの影響
　貨幣

生活様式 ……… 167
　住居
　クラノーグ
　衣服
　装身具類
　食物・飲料
　宴会

死と埋葬 ……… 173
　死と埋葬

民衆文化 ……… 174
　魔除け
　ケーリー

VII　ケルト芸術

大陸のケルト美術 ……… 175
　ハルシュタット美術の展開
　大陸の石造彫刻
　青銅製品の美術
　トルク
　シトゥラ
　クラテル
　ギリシア・エトルリア美術との関連
　ヤーコプスタール，パウル
　ラ・テーヌ美術の展開
　初期ケルト美術の様式
　青銅と黄金の美術品
　ガラス製品
　初期様式
　ヴァルトアルゲスハイム様式
　刀剣様式
　立体様式
　植物文様
　動物文様
　人面の表現
　大鍋の図像
　貨幣の図像
　ケルト文様のパターン
　ガロ＝ローマ美術

島のケルト美術 ……… 188
　キリスト教以前のケルト美術
　ブリテンの初期美術
　アイルランドの初期美術
　島の石造彫刻
　トゥーローの石
　金属工芸
　武具の装飾

鏡の装飾
　　キリスト教以後のケルト美術
　　ケルト美術のルネサンス
　　装飾写本美術
　　『ダロウの書』
　　『リンディスファーン福音書』
　　『ケルズの書』

Ⅷ　ケルト圏文学Ⅰ　初期・中世

ケルト圏の初期文学 ……… 200
　　ケルト圏神話・伝説の体系
　　他文化圏神話・伝説との比較
　　日本神話との比較
　　ストーリーテリング
　　フィリ
　　バルド／バルズ

初期アイルランド文学 ……… 203
　　初期アイルランド文学
　　写本
　　アルスター物語群
　　『クアルンゲの牛捕り』
　　『フロイヒの牛捕り』
　　クー・フリン
　　赤枝戦士団
　　コンホヴァル
　　メドヴ
　　フェル・ディアド
　　フェルグス・マク・ロイヒ
　　マグ・ムルテウネ
　　クルアハン
　　ゲシュ
　　『ブリクリウの饗応』
　　『マク・ダトーの豚の話』
　　『ダ・デルガの館の崩壊』
　　テウィル（タラ）
　　タルヴェシュ
　　館（ブルデン）

　　『ウラドの戦士たちの酩酊』
　　『コンホヴァルの誕生』
　　『ウラドの人びとの衰弱』
　　マハ
　　『ウシュリウの息子たちの流浪』
　　デルドリウ
　　ノイシウ・マク・ウシュレン
　　『クー・フリンの誕生』
　　『エウェルへの求婚』
　　『クー・フリンの病』
　　『アイフェの一人息子の最期』
　　『オイングスの夢』
　　『ネラの冒険』
　　神話物語群
　　『アイルランド侵寇の書』
　　『エーダインへの求婚』
　　『マグ・トゥレドの戦い』
　　フォウォレ
　　フィル・ヴォルグ
　　『トゥリンの息子たちの最期』
　　『リルの子たちの悲しい物語』
　　『二つの牛乳差しの館の養育』
　　フィニアン物語群
　　フィン・マク・クウィル
　　オシーン
　　オスカル
　　ディアルミド・ウア・ドゥヴネ
　　カイルテ・マク・ローナーン
　　アレンの丘
　　『ガウラの戦い』
　　『フィントラーグの戦い』
　　『フィンの少年時代の行い』
　　知恵の鮭
　　ゴル・マク・モルナ
　　『古老たちの語らい』
　　『ディアルミドとグラーニャの追跡』
　　歴史物語群
　　『ディン・リーグの殺戮』
　　『マグ・ムクラマの戦い』

目次

　　『ブヘトの館の調べ』
　　『美声のバレの話』
　　『スヴネの狂乱』
　　『マグ・ラトの戦い』
　　冒険物語
　　『コンラの冒険』
　　ウシュネフ
　　『幻影の予言』
　　『コルマクの冒険』
　　『コンの息子アルトの冒険』
　　『ロイガレの冒険』
　　航海物語
　　『ブランの航海』
　　『マイル・ドゥーンの航海』
　　『コラの息子たちの航海』
　　『スネードゥグスとマク・リアグラの航海』
　　『聖ブレンダンの航海』
　　初期アイルランド詩
　　自然詩
　　韻律
　　『フィン詩歌集』
　　キーティング, ジェフリー
　　幻想・夢の物語
　　『トゥヌクダルスの幻視』
　　『アダウナーンの幻想』
　　『マッコングリニの夢想』
　　ディンヘンハス
　　『アイルランド地誌』
　　聖人伝
　　聖書物語

初期スコットランド文学 ……… *257*
　　『リスモール首席司祭の書』

初期ウェールズ文学 ……… *258*
　　ユウェンクス・エングラニオン
　　ウェールズ四大古書
　　カンヴェイルズ
　　タリエシン
　　『ゴドジン』
　　ブリテン島の三題歌
　　「アヌーヴンの略奪品」
　　「ブリテンの預言」
　　マルジン・ウィスト
　　『スラワルフ・ヘーンの歌』
　　『ヘレーズの歌』
　　中期ウェールズ語散文説話
　　『マビノギの四つの枝』
　　「ダヴェッドの領主プウィス」
　　「スリールの娘ブランウェン」
　　「スリールの息子マナワダン」
　　「マソヌウィの息子マース」
　　『オワインまたは泉の女伯爵の物語』
　　『エヴロウグの息子ペレディールの物語』
　　『エルビンの息子ゲラントの物語』
　　『ローマ皇帝マクセン公の夢』
　　『スリーズとスレヴェリスの冒険』
　　『キルフーフとオルウェン』
　　『フロナブウィの夢』
　　『タリエシン物語』
　　フリアノン
　　ベンディゲイドヴラーン
　　スレイ・スラウ・ガフェス
　　マボン・アプ・モドロン
　　トゥルッフ・トルウィス
　　アヌーヴン／アヌーン
　　グウィン・アプ・ニーズ
　　グウィオン・バッハ
　　ベリ・マウル
　　諸公の詩人
　　ギラルドゥス・カンブレンシス

アーサー王伝説・文学 ……… *276*
　　アーサー王物語の形成と発展
　　ジェフリー・オブ・モンマス
　　ラヤモン
　　ワース
　　クレティアン・ド・トロワ

マロリー, サー・トマス
　　マロリー以降 ― 現代まで
　　円卓
　　円卓の騎士たち
　　ランスロット
　　グウィネヴィア
　　イレイン
　　トリスタンとイズー
　　ガウェイン
　　緑の騎士
　　聖杯の探索
　　漁夫王
　　ガラハッド
　　パーシヴァル
　　マーリン
　　モルガン・ル・フェ
　　湖の貴婦人
　　エクスカリバー
　　アヴァロン
　　北欧のアーサー王

IX　ケルト圏文学II　近現代

18世紀のアイルランド語詩 ········ 300
　　18世紀のアイルランド語詩
　　『真夜中の法廷』
　　『常若の国のオシーンの物語詩』
　　アシュリング
　　オラハリャ, エーガン
　　オスーリャヴォーイン, オーン・ルーア
　　ニホナル, アイリーン・ドゥヴ
　　18世紀のアイルランド語大衆詩

19世紀のアイルランド語詩 ········ 306
　　19世紀のアイルランド語詩
　　マンガン, ジェイムズ・クラレンス
　　「黒髪のローシーン」
　　ラフタリ, アントニ

20世紀のアイルランド語詩 ········ 309
　　20世紀のアイルランド語詩
　　オジラーイン, マールチン
　　オリールダーイン, ショーン・ポードリク
　　ヴァッカンツィー, モーィラ
　　ハートネット, マイケル
　　ローゼンストック, ゲイブリエル
　　ニゴーノル, ヌーラ
　　オシャルキー, カハル

スコットランド・ゲール語文学 ········ 314
　　スコットランド・ゲール語文学 17世紀までの概観

17-18世紀 ········ 315
　　マハクヴーリヒ, ニーアル
　　ナ・ケピヒ, シーリシュ

18世紀 ········ 316
　　マハクヴァイスティル・アラステル, アラステル
　　マハクウーイ, ロブ・ドゥン
　　マハカントゥール, ドナハグ・バーン
　　ロス, ウーリャム

19世紀 ········ 320
　　マハクラハレーン, イアン
　　マハグンレーヴ, ウーリャム
　　ニヒカフェルセン, マーリ
　　マハクリョーイド, ニーアル

20世紀 ········ 322
　　マハキルエーイン, ソーエルリ
　　ジョルサ, ジョルサ・マハキアン
　　マハコーミシュ, ルアリ
　　マハカゴーイン, イアン
　　マハカウーライ, ドーナル
　　マハクネヘカル, ウーナス
　　カインベル, ムーリシュ

目次

ウェールズ語文学 ……… 328
  ウェールズ語文学 17 世紀までの概観
  ウェールズ年代記ブリト
  ダヴィッズ・アプ・グウィリム
  文芸復興期のウェールズ
  ウェールズ語訳聖書

18 世紀 ……… 332
  ウィン, エリス
  『古代の鏡』
  讃美歌
  トゥム・オール・ナント
  エヴァンズ, エヴァン
  オーウェン, ゴロンウィ

19 世紀 ……… 335
  ジョーンズ, エドワード
  ウェールズ語雑誌
  『ブルー・ブックスの陰謀』
  オーウェン, ダニエル
  ケイリオグ
  イスルウィン
  エドワーズ, O. M.
  モリス=ジョーンズ, ジョン

20 世紀 ……… 339
  ウィリアムズ, D. J.
  ロバーツ, ケイト
  ルイス, ソーンダーズ
  『イン・ノス・オーラ・レイアド』(『ある月夜』)
  グウェナスト
  ウィリアムズ, ワルドー
  ヒューズ, T. ローランド
  デイヴィス, ジェイムズ・キッチナー
  パリー, ロバート・ウィリアムズ

X ケルト復興

ケルト復興の動き・傾向 ……… 344
  復興運動の背景
  復興運動の先駆け
  ブキャナン, ジョージ
  ペズロン, ポール
  ステュークリー, ウィリアム
  スルウィッド, エドワード
  マクファーソン, ジェイムズ
  『オシアン詩』
  トマス・グレイの「バード」
  19 世紀初期のイングランドの文人たち
  イオロ・モルガヌグ
  オーウェン・ピュー, ウィリアム
  レイディ・シャーロット・ゲスト
  ラ・ヴィルマルケ
  『バルザス・ブレイス』
  ルナン, エルネスト
  アーノルド, マシュー
  キャンベル, ジョン・フランシス
  カーマイケル, アレグザンダー

ウェールズ ……… 353
  カムロドリオン名誉協会
  グウィネジギオン協会
  アイステズヴォッド

アイルランド ……… 355
  デイヴィス, トマス
  ワイルド, サー・ウィリアム
  ワイルド, レイディ・ジェーン・フランチェスカ
  ピートリー, ジョージ
  タラ・ブローチ
  アーダーの聖杯
  ケルト装飾文様の復活

目次

アイルランド文芸復興 ……… 359
アイルランド文芸復興運動
文学と政治
オグレイディ, スタンディッシュ・ジェイムズ
ゲール語復興
ハイド, ダグラス
アイルランド演劇運動
イェイツ, ウィリアム・バトラー
マーティン, エドワード
ラッセル, ジョージ・ウィリアム
グレゴリー, レイディ
シング, ジョン・ミリントン
アベイ劇場
オケイシー, ショーン

スコットランド ……… 368
ゲデス, サー・パトリック
『エヴァーグリーン』
シャープ, ウィリアム

音楽 ……… 369
ハープ
オカロラン, ターロッホ
バンティング, エドワード
ムーア, トマス
民衆歌

コーンウォール ……… 373
コーンウォールのケルト復興

ブルターニュ ……… 374
ブルターニュのケルト復興

XI ケルトの伝統と現代

ケルト語の現状 ……… 375
地域言語としてのケルト語
ケルト語文化振興の政策
ケルト語教育の問題点

ケルト諸語の状況 ……… 377
アイルランド語
スコットランド・ゲール語
マン島語
ウェールズ語
コーンウォール語
ブルトン語

ケルト圏文化の現在 ……… 383
ケルト文化の流行
ポピュラーカルチャー
フェスティバル
民族意識
地域主義
ケルト文化理解の方向と課題

《巻末資料》
ケルト語使用地域図 ……… 388
ケルト語群系統図 ……… 389
ケルト人の移動・定住図 … 389
ケルト関連年表 ……… 390
言語関連項目巻末表 ……… 395
参考文献 ……… 401
図版クレジット ……… 416
見出語50音順索引 ……… 418

◆ 凡 例

- 配列は50音順ではなく，領域別に内容理解の便宜性や内容の関連性・一体性を考慮したものにした。
- 各項目の末尾に執筆者名を掲げた。
- ケルト関連の専門的用語については，ベルンハルト・マイヤー『ケルト事典』（鶴岡真弓監修，平島直一郎訳，創元社，2001）で使用されている用語（訳語）に準拠したが，必ずしもその限りではなく，複数の訳語がある場合などは一般化しているものを採用したり，執筆者の意見に沿ったものもある。

《項目見出し》

- 項目名は日本語とし，次に，その名称に相当する外国語を配置した。対応する外国語が複数の場合，順序は内容との関連性によった。
- ごく一般的な項目については便宜的に英語を用いた。同一言語で綴りが複数ある場合は「；」で併記した。
- 項目名がカタカナ表記のものは，代表的な表記を1つ項目名として掲げた。カタカナ表記が複数あったり，固定化，慣例化していない場合など，紛らわしい語がある場合は，本文中に別の表記を挙げるなどの説明を入れるように努めた。また，日本語としてカタカナ表記が新規であったり，なじみがない場合は，原音（現地発音）に近いカタカナ表記とした。ただし，必ずしもその方針に沿っていない場合もある。
- 略号：見出し語に外国語表記を入れる場合，その言語の種類については次の略号を用いて示した。ただし，英語については2番目以降にくる場合を除いて略号は省略した。
  [L]＝ラテン語，[Gk]＝ギリシア語，[E]＝英語，[Ger]＝独語，[F]＝仏語，
  [Ir]＝アイルランド語（古・中期・現代），[W]＝ウェールズ語（古・中期・現代），
  [ScG]＝スコットランド・ゲール語，[MxG]＝マン島語，[C]＝コーンウォール語．
  [Bret]＝ブルトン語
- 項目名が人名の場合は生没年を記した。外国人名は姓，名の順とした。生没年について下記の記号を用いた。
  - c. 「おおよそ」「頃」を示す。
  - ／ 生没年がどちらかはっきりしない（どちらもある）場合の区切として使用した。
  - fl. 活躍した年代を示す。
  - ？ 生年および没年が明らかでない場合を示す。
  - d. 没年を示す。
- ギリシア文字はラテン文字に置き換えて表記した。

《解説文中》

- 大きな項目は適宜【　】を用いて小見出しを入れた。
- 本文中の原語併記については，おおよそ次の基準にしたがった。
  - 当該項目に深くかかわる重要な人名や地名，語・句，書名，誌名，新聞紙名，作品

名の重要なものなど．
　　・紛らわしい語や言語の種類を明確にするために必要な語の場合．
　　・現代の研究者や批評家などには，特別の場合を除き，原語併記は不要とした．
・書名や雑誌名，新聞紙名は和文では『　』を用い，欧文ではイタリック体を用いた．詩の1篇や短編小説，1編の論文などは和文は「　」，欧文は' 'でくくった．
・（　）内の括弧は〔　〕とした．
・表組などで国名の略語を用いる場合は［　］を用いた．（例：［英］［仏］）
・引用等の参照や作品名の巻数・節などは算用数字を用いて示した．
・西暦の表記
　　英数文脈中：紀元前：BC（例「67BC」「55-54BC」）
　　　　　　　　紀元後：AD（例「AD43」）ただし紀元後が明らかな場合は省略した）
　　　　　　　　どちらも必要な場合は両方示す．（例　51BC-AD45）
　　和文文脈中：紀元前・紀元後を示す．幅がある場合は両方に前・後を示した．
・言語学関係の項目で使用される「*」（例　*r̥　）は比較言語学において同系諸言語の具体的な単語活用形により推定される元の形を示す．
・原則としてメートル法表記を採用した．
《索引》
・見出語の50音順で掲載した．
・カタカナ表記が複数あるものや，異なる読みのあるもの，関連する事項などは別途見出しを立てた．
　　（例）シーザー→カエサル，ガイウス・ユリウス
《参考文献》
・巻末にまとめて掲載した．
《図版クレジット》
・巻末にまとめて掲載した．

執筆者一覧

編　者

木村正俊（きむら まさとし）
　神奈川県立外語短期大学名誉教授
松村賢一（まつむら けんいち）
　中央大学名誉教授

執筆者（50音順）

有光秀行（ありみつ ひでゆき）
　東北大学大学院教授
有元志保（ありもと しほ）
　静岡県立大学短期大学部講師
池田寛子（いけだ ひろこ）
　京都大学人間・環境学研究科准教授
岩瀬ひさみ（いわせ ひさみ）
　日本ケルト学会会員
岡本広毅（おかもと ひろき）
　立命館大学准教授
風間泰子（かざま やすこ）
　日本ケルト学会会員
加藤昌弘（かとう まさひろ）
　名城大学助教
川成　洋（かわなり よう）
　法政大学名誉教授
北　文美子（きた ふみこ）
　法政大学教授
小菅奎申（こすげ けいしん）
　中央大学名誉教授
小宮真樹子（こみや まきこ）
　近畿大学准教授

佐藤容子（さとう ようこ）
　東京農工大学大学院教授
嶋﨑陽一（しまざき よういち）
　龍谷大学准教授
下楠昌哉（しもくす まさや）
　同志社大学教授
小路邦子（しょうじ くにこ）
　慶應義塾大学非常勤講師
高名康文（たかな やすふみ）
　成城大学教授
立野晴子（たての はるこ）
　立正大学非常勤講師
田中美穂（たなか みほ）
　大分工業高等専門学校准教授
寺本圭佑（てらもと けいすけ）
　アイリッシュ ハープ奏者，研究者
梨本邦直（なしもと くになお）
　法政大学教授
野口結加（のぐち ゆか）
　料理研究家
林　邦彦（はやし くにひこ）
　尚美学園大学講師
春木孝子（はるき たかこ）
　神戸松蔭女子学院大学名誉教授
疋田隆康（ひきだ たかやす）
　京都女子大学非常勤講師
菱川英一（ひしかわ えいいち）
　神戸大学大学院教授
平島直一郎（ひらしま なおいちろう）
　翻訳家／西南学院大学非常勤講師

執筆者一覧

廣野元昭（ひろの もとあき）
　日本ケルト学会会員
不破有理（ふわ ゆり）
　慶應義塾大学教授
辺見葉子（へんみ ようこ）
　慶應義塾大学教授
松岡利次（まつおか としつぐ）
　法政大学名誉教授
松下晴彦（まつした はるひこ）
　法政大学講師
松田誠思（まつだ せいし）
　神戸親和女子大学名誉教授
松村一男（まつむら かずお）
　和光大学教授
真鍋晶子（まなべ あきこ）
　滋賀大学教授
三原　穂（みはら みのる）
　琉球大学准教授

望月規史（もちづき のりふみ）
　九州国立博物館文化財課
森野聡子（もりの さとこ）
　静岡大学教授
梁川英俊（やながわ ひでとし）
　鹿児島大学学術研究院法文教育学域法文学系教授
山崎弘行（やまさき ひろゆき）
　大阪市立大学名誉教授
山田久美子（やまだ くみこ）
　立教大学教授
吉賀憲夫（よしが のりお）
　愛知工業大学教授
吉田育馬（よしだ いくま）
　桜美林大学非常勤講師
米山優子（よねやま ゆうこ）
　静岡県立大学講師
和田葉子（わだ ようこ）
　関西大学教授

ケルト文化事典

I　総記

ケルトの概念

「ケルト」という語　the term 'Celt'

「ケルト」という語は我が国ではケルト音楽、ケルト神話というような言い回しで使われるが、この場合のケルトは実際にはアイルランドを指すことが多い。確かに比較言語学的観点から見れば、アイルランドはまぎれもなく印欧語族ケルト語派の一員であるが、本来、ケルト語派諸言語を話していた人びとに対する統一的呼称はなかった。

Galatae：今日の中央アナトリアに紀元前278年に移住したガリア人の一派。

Belgae：現在の北西フランスからベネルクス諸国にかけて分布していたガリア語を話していた一派で（カエサル『ガリア戦記』1.1）、カエサル『ガリア戦記』第2巻4節に明確に述べられているように、ゲルマン人がガリア化したものであった。

Celtae / Gallī：現在のフランスのMarne川（< *Mātrŏna* 〔ガリア語〕）左岸でSeine川（< *Sēquăna* 〔ガリア語〕）左岸からGaronne川（< *Garumna*）に至る中央フランスに住んでいたガリア語を話した人びと（カエサル『ガリア戦記』1.1）。

Britannī：現在のブリテン島に住んでいた人びとで、ガリア語の方言と考えられる。

Hībernī：現在のアイルランドに住んでいたケルト語派の一員。

Celtibērī：現在のスペイン中央高地に住んでいた。

Tartessī：現在のスペイン南西部からポルトガル南部に住んでいた。

「ケルト」という語が最初に現れるのはヘロドトス『歴史』（4.49）であるが、ヨーロッパ最西端である今日のイベリア半島あたりに住んでいた人びとのことを指しており、Κελτοί（ケルトイ）と記録されている。「ケルト」といっても、ヘロドトスとカエサルでは指しているものが微妙に違っている。これらのさまざまな呼び名の諸民族がケルト人と言われるようになったのは、これらの諸民族が話していた言語が比較言語学的に検証してみて、完全に1つのグループを形成しており、共通の祖語である原ケルト語に遡るのが確実であるので、カエサルによると中央フランスに住んでいた人びとの民族的呼称であるCeltae（ケルタエ）で代表させたのである。

なお、CeltaeまたはΚελτοίの語源であるが、末尾の-taeまたは-τοίが完了分詞接尾辞であることだけは確実であり、ラテン語の-tus、ギリシア語の-τός、梵語の-tás、英語の-ed～-t（後者は摩擦音のあと。lef*t*, sough*t*, though*t*, los*t* etc.）と完全に同源であり、印欧祖語の*-tó-sに遡る。語根のCel-、

I 総記

Kελ-はリトアニア語のkel-i-ù（現在1単），kèl-i-a-ū（過去単1「上げる」）に動詞語根として見られ，民族名のCeltaeまたはKελtoíはガリア語で「気高い人びと」くらいの意味であろう。接尾辞は微妙に違うが，ラテン語のcelsus「高い，気高い」が同源語である（ラテン語は*cel-d-ō, -ĕ-reを想定し，これに完了分詞の-tusが加わったものである。cf. *fid-tos＞fissos＞fissus pp.「割れた」：現在find-ō, -ĕ-re「割る，裂く」）。

（吉田育馬）

ケルトをとらえる視点　viewpoints for understanding 'Celt' and 'Celtic'

　ケルト人あるいはケルト文化，さらにはケルト性といった表現の根幹にあるケルトという概念の本質を明確に示すことは極めて難しく，ほぼ不可能に近い。ケルトをとらえる視点は，対象とする時代や地域などによってあまりにも多様であり，一定の見解にはおさまりきれない広がりと奥行きをもっているからである。近年のケルト研究は，考古学や言語学，遺伝子などの領域で科学的精密さをもった分析方法が進展しているが，ケルトを正確に把握するには，視点の設定を誤らないことが大切である。

　まず，誤解してならないのは，ケルト人は単一のまとまった集団ではないということである。おそらく紀元前8-7世紀頃までにヨーロッパ大陸中央部に現れ，後にケルト人と称されるようになる民族は，決して統合された集団ではなく，共通性ある言語を話していたとしても，たがいに十分に区分できる多数の集団から成っていたと考えられる。ギリシアやローマの古典作家たちはそうしたケルト人（ケルト人としての特徴をまだ明確にしていない段階では「原ケルト人」（proto-Celts）とよぶほうが適切かもしれない）を野蛮人とみなした。ヘロドトス（Herodotus）をはじめギリシア人がケルト人に対して用いた「ケルトイ」（Keltoi）という表現は，厳密な認識ではなく，「辺境に住む，文明化されない外国人」ていどの意味合いをもつ言葉に過ぎないかもしれない。著作家たちが同じ言葉を用いても，それぞれ異なる集団のことを指していたり，直接的な体験ではなく，伝聞をもとに執筆したことも考えられ，古典的な記録に絶対的信頼を寄せることは適当ではない。ケルト人の容姿や気質，習俗なども古典作家の記録を根拠に伝えられるが，正確な情報とはいえない側面が多い。

　ケルト人は固有の文字をもたなかったために，言語的証拠はきわめて乏しい。初期ケルト人の言語の痕跡をとどめているのは，わずかに碑文や貨幣の刻印，地名や人名など，少数の断片的証拠だけである。紀元前の終わりごろには，ケルト語はガリア，イベリア半島，イタリ北部，ヨーロッパ中部および東部，小アジア，ブリテン諸島などで話されていたが，紀元後には，ブリテン諸島を除き，消滅してしまう。ここからブリテン諸島に残る神話的物語や伝説の言語資料としての価値が格段に高まる。物語は，記述が具体的で，細部にわたり，しかも心理的，感性的な面に目を向けることに高い立証性がある。

　しかし，そうした物語や伝説は，キリスト教の聖職者の手で文字化されたものであり，そこにキリスト教的観念ないし倫理観などが含まれていないとはいえない。本来の口承物語が，修道院での筆写の過程で変更されたり，誤記されたりした可能性もある。真正で純粋なケルト性を追究しようとすれば，古来の伝承物語と文字化によって新たに付加された異質な文化要素を，明確に識別する姿勢が必要となる。そのことは装飾写本やケルト十字架などの図像を解析する際にも当てはまる。キリスト教以前の文化の本質と特性をきちんと抽出する作業が大切である。

　ケルト文化を成り立たせる「事実」に迫るには，考古学的資料が格段に有効な力となる。科学としての考古学は，古典古代の

著作家の報告や，神話的物語ではつかみ取れない「事実」を明かしてくれる。たとえば，紀元前6世紀から5世紀頃のハルシュタット期の王や王女などの墓から発掘された出土品は，当時の権力と富のありようを立証している。

どの時代のどの場所に目を向け，いかなる視点で何をとらえようとするかで，ケルトの実像は変わってくる。　　（木村正俊）

ケルト研究法

古典作家の文献　classical literature

ギリシア・ローマの古典作家の文献は考古学の資料や大陸ケルト語の碑文と並んで，古代のケルト人に関する重要な史料である。特にいつ，誰が，どこで，何をしたのか，といった基本的な歴史的事実の再構成という点では，ギリシア・ローマの古典作家の文献に頼るしかない。そのため，ギリシア・ローマの古典作家の文献はルネサンス以来ケルト人について語る際に必ずといってよいほど用いられてきた。16世紀からフランスやスペインなど西ヨーロッパ諸国ではケルト人を自らの祖先とする考え方が現れるが，その際に根拠として用いられたのは古典作家の文献であった。また，16，17世紀の人文主義者たちや好古家たちの著作の中には，古典作家の述べていることをそのまま踏襲しているものも少なくない。

ただし古典作家の文献についてはいくつか注意を払わなくてはならない点がある。まず，ギリシア・ローマの人びとと現代人との意識の違いである。古代には著作権の概念はなく，無断で他人の記述を引用することは日常茶飯事であり，オリジナルの記述と他人の著作からの借用とを区別する必要がある。また，多くの場合，古代の人びとは記憶に頼って記述し，今日のように出典を確認して正確に引用しようとすることも稀であるため，記憶違いによる誤りもしばしば見られる。さらに事実関係を確認せずに，とりあえず読み手が納得しそうなもっともらしい説明をつけることも珍しくはない。ギリシア・ローマの古典作家の文献は，基本的に公表を意図して書かれたものであり，事実の正確さよりも読者を楽しませることを優先する場合も多い。特に歴史は，ギリシア・ローマではしばしば弁論術に属す一分野とみなされており，歴史書においては，内容の正確さよりも，言葉や事柄をいかに巧みに配列し，美しい文章で説得的に語るか，ということが重視される傾向にある。そのため，個々の記述だけを見ると，一見，説得的でもっともらしいことが書かれている場合でも，その内容を鵜呑みにし，事実と信じることには問題がある。

次に，ギリシア・ローマの書記文化の伝統や文学上の慣習にも留意しなくてはならない。特に，異民族のことに関しては，ステレオタイプ化した記述が繰り返される傾向がある。たとえば，移住の原因として，人口増加を理由に挙げたり，さまざまな民族をヘラクレスの子孫とする起源神話などが，ケルト人だけでなく，多くの異民族について語られている。また，古典文献では読者を楽しませるために，内容の面では，娯楽性と教訓性が重視され，血湧き肉躍るような刺激的な話や琴線に触れる感動的な話，役に立つ，「ためになる」ような話が特に選ばれる傾向にある。それは物語の主題として戦争などの特別な出来事が選ばれることが多くなり，その結果，ケルトに関する記述も必然的に戦争に関連した記述が増えることになる。それらの記述を読む我々には，実際以上にケルト人の戦い好きというイメージが強く刷り込まれることになりがちであるといったことにも気を付ける必要がある。

したがって，ギリシア・ローマの古典文献を利用する際には厳密な史料批判が不可

欠である。専門分化が進んだ今日では，古典文学以外を専門とする者には困難かもしれないが，ケルトに関する叙述だけでなく，広くギリシア語・ラテン語の叙述様式に目を配らなくてはならない。また，考古学や言語学など他分野の成果もできる限り利用して検証していく必要がある。古典文献の一見荒唐無稽に見える記述でも，人類学などの調査により，アフリカやオセアニアなどに類似した習慣をもつ人びとの存在が確認されている場合もあり，その記述の信憑性の判断には博識とバランス感覚が求められる。　　　　　　　　　　（疋田隆康）

歴史　history

かつてのケルト人の歴史的枠組みは，紀元前800年頃のハルシュタット文化期から始まり，ラ・テーヌ文化期の，アナトリアからイベリア，アイルランドまでヨーロッパのほぼ全土へのケルト人の拡大を経て，紀元前2世紀以降のローマによる征服と，その支配下でのローマ化が語られた後，いわゆる「ケルト的辺境」を，古代ケルト文化の継承者と見なし，これらケルト的辺境の中世以降の歴史へと接続され，やがて，イングランドやフランスの進出により次第に政治的独立性を失い，今日では一部地域で言語や文化が細々と伝えられるに過ぎない，というものであった。

このような歴史的枠組みに対しては，20世紀後半から，さまざまな批判が出されている。たとえば，中世アイルランドの修道士によって書かれた神話・伝説などの物語は，かつてはケルトの伝承を書き留めたものとされていたが，今日では修道士による創造とされている。また，ブリテン諸島にはケルト人は来なかったとする，いわゆる「ケルト否定論」は1980年代から2000年代にかけて学界に論争を引き起こした。

上記のケルトの歴史的枠組みの原型は，古いところでは，16世紀の人文主義者や好古家の著作に見出されるが，本格的にケルト人の歴史を主題とした著作が現れるようになるのは，もう少し後の時代になってからである。ケルトの歴史の中でも，その関心はまず古代史へと向けられた。ギリシア・ローマの古典文献を軸に，その欠を中世のアイルランドなどで書かれた神話や伝説で補い，つじつまを合わせようとしたもので，18世紀のシモン・ペルティエ（Simon Pelloutier, 1694-1757）『ケルト人の歴史』（Histoire des Celtes, 1740），19世紀のアメデ・ティエリ（Amédée Thierry, 1797-1873）『ガリア人の歴史』（Histoire des Gaulois, 1828-45）などがその嚆矢である。19世紀半ば以降，ハルシュタットやラ・テーヌが発掘され，これらの遺跡がケルト人と結びつけられるようになり，各地の発掘により，大陸ケルト語の碑文の出土例が増えてくると，ギリシア・ローマの古典作家の記述とこれら新出史料とをどのように整合的に理解するか，という課題が浮かび上がってくることとなった。

近代科学としての方法論を用いながら，この課題に最初に取り組み，ケルト人の歴史研究に大きな影響を与えたのは，カミーユ・ジュリアン（Camille Jullian, 1859-1933）であろう。ジュリアンの主著『ガリア史』全8巻（Histoire de la Gaule, 1908-26）は，ギリシア・ローマの古典文献にとどまらず，当時知られていた碑文や考古学の成果，さらに若干のケルト語史料も用いて，ガリアの歴史を総合的に描き出すことを試み，不朽の名著となった。政治，社会，経済，文化など，あらゆる事象を考察の対象とする，全体史的研究手法とそれを可能にした彼の博識はケルト研究者や古代史家だけでなく，マルク・ブロック（Marc Bloch, 1886-1944）やリュシアン・フェーヴル（Lucien Febvre, 1878-1956）ら中世史家にも影響を与え，アナール派の先駆とも評される。

さて，「ケルト否定論」で問題となったことの一つは，「ケルト性」，つまり誰があ

るいはどこまでが「ケルト人」であるのか，という問題である。古代の大陸のケルト人と，中世以降のいわゆる「ケルト的辺境」の人びととの間には数百年の開きがあり，同じ「ケルト」という言葉が使われていても，同列に扱い，両者を接続したケルトの歴史には無理があるのは明らかである。「ケルト」の定義について，従来の文献や遺物，あるいは人類学の理論などを援用して行われた論争では，万人を納得させ得る結論には至らなかった。これらの問題に対して近年ではDNAの比較など，新しいアプローチが試みられており，今後の歴史研究には，従来のいわゆる歴史補助学だけでなく，こういった新しい方法論に基づく知見も視野に入れていかなくてはならないだろう。

また，考古学の発展により，碑文や図像史料などは年々増加しており，近年のデジタル技術の進展により，さまざまな史料へのアクセスは日々容易なものになってきている。それにもかかわらず，依然としてギリシア・ローマの著作家たちの記述と中世のアイルランドやウェールズの神話・伝説との間に多くの類似点や共通点が見られることが否定されたわけではなく，これらの史料間の齟齬に整合性をつけることが求められることに変わりない点には留意する必要があろう。　　　　　　　　（疋田隆康）

考古学　archaeology

ヨーロッパで本格的な近代国家が登場しつつあった18世紀後半から19世紀前半にかけ，各国では新古典主義が大いにもてはやされていた。新古典主義は，古代ギリシアおよび古代ローマの文芸や精神，芸術様式を，「見習うべき規範」として捉えようとした運動であり，それは近代国家の成立に大きな意味を有するものだった。そしてこの時期には，古典文献に対する関心が高まっただけでなく，造形分野，とりわけ建築において新古典主義が盛行した。こうしたなかで，古典文献の書誌学的研究だけでなく，実際にモノを通じて研究を行う「古典考古学」の潮流が形成されていくことになる。しかし，各地で展開してきたさまざまな文化現象を，古典古代文化の拡大と浸透によってのみ理解するのではなく，在地的特質や非古典古代的性格にも注目することで，自律的な古代の復元を目指す，「先史考古学」にも，各国で強い関心が集まっていった。

特に，ヨーロッパ内陸部一帯では，ローマ以前およびゲルマン以前と考えられる先史時代遺跡の発掘が，積極的に行われていた。そのなかで，後にケルト美術の資料として数多く取り上げることになる遺物が，相次いで発見されることになる。なかでも，オーストリアのザルツカンマーグートに所在するハルシュタット（Hallstatt）では，1846年に大規模な群集墳が発見され大きな反響を呼んだ。また，1857年にはスイスのヌーシャテル湖畔のラ・テーヌ（La Tène）において，さまざまな金属器が出土し，広く注目を集めていた。これら大規模遺跡の発見は，大量の鉄器時代遺物を先史考古学研究に提供することになった。こうした状況を受け，スウェーデンのハンス・ヒルデブラント（Hans Hildebrand, 1842-1913）は，両遺跡で出土した遺物の特徴に注目し，鉄器時代を前後2つに大別した。そして，そ

デンマークのユトラント半島にあるゴネストロップで発見された銀製の大鍋。出土した考古学の証拠は決定的な判断材料になる

れぞれを「ハルシュタット文化期」、「ラ・テーヌ文化期」として把握することを、1874年に提唱した。今日、「ケルト人の文化」として、しばしばよばれる先史考古学的文化の概念は、これをもって成立する。

さらに1885年には、ドイツのオットー・ティシュラー（Otto Tischler, 1843-70）が、ラ・テーヌ文化期を3段階に細別し、またパウル・ライネッケ（Paul Reinecke, 1872-1958）が、両文化期を、「フィブラ」（fibula）とよばれる留め金具に注目して、それぞれA-D期に4分割した。このように、特に中欧一帯を中心に鉄器時代遺物に関する編年作業は、早くから行われており、この編年を基本として各地で改訂と細分化が行われていくことになる。

考古学的研究の基礎となる編年作業は、型式学によって行われるのが通例である。型式学は、一定の資料を「型式」（type）に分類し、遺物が出土した層位に留意しつつ、それらを「組列」（series）として順番に並べていくことで、その型式に相対年代を与える編年手法である。その場合、遺物そのものが美的に優れているか、完形品であるかといった点は、基本的に考慮されない。したがって、時代的な前後関係は、あくまでも遺物における特徴項目の出現や成長、簡略化などを根拠にして、構成されることになる。いわば、遺物を用いて時代のモノサシを作り出すことを、最大の目的としている。
（望月規史）

言語　Celtic languages

近代諸科学の黎明期、ウェールズの博物学者であり、言語研究家のエドワード・スルウィッド（Edward Lhuyd）は、17世紀末から18世紀初頭にオクスフォードで活動した。そして、ウェールズ、コーンウォール、ブルターニュ、スコットランド、アイルランド、マン島と広く研究旅行した成果を、1707年『アルケオロギア・ブリタニカ』（*Archaeologia Britannica*）の第1巻で公にした。この中には、これらの地域の膨大な言語資料が含まれている。この著作は残念ながら未完に終わったが、諸言語を包括的に比較研究している。その結果、ウェールズ語、コーンウォール語とブルトン語が近縁の関係にあり、その起源はガリア語であること、またアイルランド語、スコットランド・ゲール語とマン島語も近縁の関係にあり、その起源はイベリア半島であることを示唆し、これらは古代ケルト人の言語がもとになっていると結論付けた。その後、ヨーロッパでは言語の比較・歴史研究が進み、ヨーロッパ各地の図書館に残る言語資料を写本収集した。ドイツのヨハン・カスパー・ツォイス（Johann K. Zeuss）が1853年『ケルト語文法』（*Grammatica Celtica*）を上梓した。これは最も古い言語資料を基に総括的にケルト諸語を論じたもので、その後長い間近代ケルト語研究の基盤となった。この後19世紀後半から20世紀初頭には各国でケルト語研究が進んだ。主な著作を挙げれば、スイス人ルドルフ・トゥルナイゼン（Rudolf Thurneysen）『古アイルランド語教本』（*Handbuch des Altirischen*, 1909）や、デンマーク人ホルガー・ペーデルセン（Holgar Pedersen）『比較ケルト語文法』（*Vergleichende Grammatik der keltischen Sprachen*, 1909/1913）や、フランス人ジョルジュ・ドッタン（Georges Dottin）『ガリアの言語』（*La langue gauloise*, 1920）や『中期アイルランド語概論』（*Manuel d'irlandais moyen*, 1913）や、ウェールズ人ヘンリー・ルイス（Henry Lewis）『中世コーンウォール語教本』（*Lawlyfr Cernyweg Canol*, 1946）『中世ブルトン語教本』（*Llawlyfr Llydaweg Canol*, 1966）などがある。

近年はケルト諸語に関する伝統的な研究分野ばかりでなく、新大陸へ渡ったケルト諸語を母語とする移民たちによって作られた少数言語共同体の言語に関する研究も行われている。
（平島直一郎）

神話・伝説　myth and legend

　大陸のケルト人の場合，文字で残っている神話はない。したがって，考古学的出土物，ギリシア・ローマ人による記述，近代の民間信仰などを島のケルトの神話伝承と比較しながら，神話の再建を試みるなどの手法によって推測するしかない。島のケルト人の場合，アイルランドには神話物語群，アルスター物語群，フィニアン物語群があり，ウェールズには『マビノギオン』（*Mabinogion*）がある。その他，準神話テキストとしては，スコットランドのオシアン物語群，ブルターニュ他のアーサー王伝承がある。

　これらの資料を手掛かりにケルトの神話を考えることになるが，その際には資料の地域的，時代的，そして性格的な違いを常に念頭に置いておく必要がある。大陸，アイルランド，ウェールズといった，異なる地域の，異なる時代の，そして担い手の違いから生じる神話自体の性格の違いを踏まえて，性急な一般化をしないためにも資料の相互比較をつねに意識しているべきである。またケルト民族は印欧語族の一員であり，この語族の他の民族とも共通の神話性を保持していた可能性が高い。したがってケルト内部だけでの相互比較のみならず，他の印欧語族神話との比較も欠かせない。

　近代的な神話学は19世紀のフリードリヒ・マックス・ミュラー（Friedrich Max Müller, 1823-1900）の『比較神話学』（*Comparative Mythology*, 1856）をもって嚆矢とする（邦訳は，ミュラー『比較神話学の誕生―宗教・神話・仏教』に所収）。残念ながらそこでは，ケルト語は取り上げられていても，ケルト神話についての言及はない。しかし，ケルトも属する印欧語族の神話のうち，インドのヴェーダ神話こそが人類最古の神話の痕跡を示すというのがミュラーの主張であったから，その後，ケルト神話についても研究が進むことは必然であった。しかし，ミュラーは，原初の人類の不完全な言語が後の時代に誤解された結果として神話は生まれたのであり，それは「言葉の病」の産物であるという「言語疾病説」，原初の人類が最も感動したのは太陽を中心とする自然現象であったため，神話は自然現象のアナロジーとして解読されねばならないという「自然神話学説」の2点を主張したので，初期の神話研究はケルト神話の場合も含めて，その影響が強かった。

　フランスではケルト・アカデミーが1804年に設立され，英国では1878年にフォークロア・ソサエティーが設立された。その後，アイルランド，ドイツにおいてもケルト神話研究が行われるようになる。上述のようにケルト神話は地域的にも時代的にも形式的にも内容的にも多岐にわたるので，個別地域に限定した研究は多いが，全体像を描く試みはあまり多くない。古くはフランスのアンリ・ダルボワ・ド・ジュバンヴィユ（Henri d'Arbois de Jubainville, 1827-1910），英国のアルフレッド・ナット（Alfred Nutt, 1856-1910）があり，その後，フランスのカミーユ・ジュリアン（Camille Julian, 1859-1933），スイスのルドルフ・トゥルナイゼン（Rudolf Thurneysen, 1857-1940），アイルランドのトマス・フランシス・オラヒリー（Thomas Francis O'Rahilly, 1883-1953），プロインシァス・マク・カーナ（Proinsias Mac Cana），ウェールズのアルウィン・リースとブリンリー・リース（Alwyn Rees and Brinley Rees）らの研究が続いた。また他の印欧語族神話との関連については，フランスのジョルジュ・デュメジル（Georges Dumézil, 1898-1986）が，神話を含んだ社会理解の構造を聖性・戦闘性・生産性の三要素から捉えていたという「三区分的世界観」あるいは「三区分的イデオロギー」の存在を措定し，それに基づくケルト神話理解を唱えている。　　（松村一男）

ケルト研究機関

ケルト学研究機関　research institutions of Celtic studies

　ケルト文化圏各地でのケルト学研究は近年の諸科学の進歩にともない，深化発展の傾向をたどっている。考古学，言語学，人類学，遺伝子学，宗教，文学，芸術などさまざまな研究領域で新たな知見が加えられ，また独自の解釈が提示されたりしながら，研究前線は確実に精度を高めている。研究の拠点となる機関は，各地の大学内に学部や学科，研究所として設置されていることが多いが，独立して設置運営されている場合もある。

　スコットランドでは，エディンバラ大学（University of Edinburgh），グラスゴー大学（University of Glasgow），アバディーン大学（University of Aberdeen）にケルト学およびスコットランド学の学部ないしは研究所が設置されているほか，ハイランズ・アンド・アイランズ大学（University of the Highlands and Islands）にはゲール語カレッジとして知られるソール・モール・オステクUHI（Sabhal Mòr Ostaig UHI）がある。

　スコットラッドで最初にケルト学講座を創設したエディンバラ大学は，1951年，スコットランド学研究機関スクール・オブ・スコティッシュ・スタディーズ（School of Scottish Studies）を設立した。この機関はスコットランドの民俗学研究をリードしたが，2001年に創設50周年を機に学内組織のケルティック・スタディーズ（Celtic Studies）と合併し，その後改組を経て，ケルト学およびスコットランド学研究（Celtic and Scottish Studies）となった。民謡，民俗音楽，民話，写真，音声記録などの収集に力を入れ，比類のないアーカイヴをもっている。

　エディンバラ大学に続いて1900年，グラスゴー大学にもケルト学講座が創設された。現在も長い伝統を引き継ぎ，学内機関のスコットランドおよびケルト研究センター（Centre for Scottish and Celtic Studies）を中心に，ケルトとスコットラン研究の最前線に立ち，中世初期のアイオナ修道院の再検討や地名研究などに取り組んでいる。

　アバディーン大学では1916年，最初のケルト学についての講義が行われた。現在は，ゲーリック研究学部（Department of Gaelic Studies）を設置し，ケルト分野のほかアングロ・サクソン，スカンディナヴィアなどの研究を行っている。

　ウェールズでは2007年に大学組織が改革され，それまでの旧ウェールズ大学（the University of Wales）を構成した5つの大学は，独立した大学に名称を変え，カーディフ大学（Cardiff University），アバリストウィス大学（Aberystwyth University），バンゴール大学（Bangor University），スウォンジー大学（Swansea University），そしてトリニティ・セント・デイヴィッド（University of Wales Trinity Saint David）となった。ケルト文化を今に色濃く残し，ウェールズ語の振興政策を強力に推し進めるウェールズでケルト研究の拠点となっているのはこれらの大学である。

　なかでも，アバリストウィス大学のウェールズおよびケルト研究学部（Department of Welsh and Celtic Studies）は，ウェールズで最古で最大規模のウェールズ学およびケルト学の研究教育機関である。ウェールズ語，ウェールズ語文学の領域で貴重な研究成果をあげている。中世・近世初期のウェールズ語研究ではバンゴール大学と連携を組んでいる。連携を重視するバンゴール大学は，ヨーロッパの大学とケルトについて合同シンポジウムを開催するなどの活動が目立つ。

　ウェールズには，ダブリン高等研究所に相当する機関として，ウェールズ国立図書

館内にウェールズおよびケルトに関する高等研究所（Canolfan Uwchefrydiau Cymreig a Cheltaidd Prifysgol Cymru）が設置されている。アバリストウィスにあるウェールズで最大の図書館である国立図書館は研究機関としての機能も果たしている。650万冊以上の書籍・雑誌のほか、古くからの手稿、古文書、地図、写真などを所蔵しており、ケルト関連の調査研究には不可欠の機関である。

　アイルランドでは、ダブリン大学（Trinity College Dublin）、コーク大学（University College Cork）やゴールウェイ大学（University College Galway）などのアイルランド国立大学がケルト学およびアイルランド学の研究にしのぎを削っている。なかでも、コーク大学は世界中が目を見張る勢いでめざましい成果を上げている。ゴールウェイ大学はアイルランドで最もアイルランド語話者の多い地域事情を背景に、ケルト研究科（Faculty of Celtic Studies）を設け、ケルト人の言語、文学、歴史、文明の研究に重点を置いている。

　これらの大学のほかに、アイルランドには独立したケルト研究機関として著名なダブリン高等研究所（Dublin Institute for Advanced Studies）がある。この研究所の一部門がケルト学研究所（School of Celtic Studies / Scoil an Léinn Cheiltigh）で、所長は教授が務める。研究員を受け入れてきわめて高度な研修を実施しているが、学位を授与することはない。各種の講演会や連続講義も主催している。

　また、アイルランドの学術院ともいうべきロイヤル・アイリッシュ・アカデミー（Royal Irish Academy）には多くの貴重書が所蔵され、図書室があり、一定の条件を満たせば中世の写本などを研究のために利用することができる。　　　（木村正俊）

ケルト語研修機関　language teaching institutions

　ケルト語文化圏においてケルト諸語の言語的勢力が衰退する一般的傾向を受け、各地域では一層の活性化を図るため、ケルト語振興策に特に力を入れている。高度な研修機能をもつ各地の大学の多くは、さまざまな形でケルト諸語の講座を開催している。地域によっては独立した語学研修機関を設けているところもある。

　スコットランドではゲール語カレッジとして知られるソール・モール・オステク（Sabhal Mòr Ostaig）が短期の集中講座や通信コースの講座を提供している。イスラエルのヘブライ語教習手法をモデルとするゲール語学習を提供する機関ウルパン（Ùlpan）はインテンシブなゲール語学習コースを提供している。成人向けのゲール語学習支援団体クリー（Clì）も講座を開設し実績を上げてきた。スコットランドには公的ゲール語推進機関のボールシュト・ナ・ガーリック（Bòrd na Gàidhlig）や、ロイヤルナショナルモードを主催し、音楽、文化の推進活動をする団体であるアン・コモン・ゲーロッホ（An Comunn Gàidhealach）、ゲール語振興団体のコモン・ナ・ガーリック（Comunn na Gàidhlig）など有力な関連団体がある。

　ウェールズでは、ウェールズ語（カムリー語）教育に力を入れた結果、ウェールズ語媒介教育受講者数が増えてきている。ウェールズ語教育推進の主軸になっているのは、ケルト研究の拠点である大学機関（カーディフ大学やアバリストウィス大学、バンゴール大学など）のほかに、各地に設置されている成人のためのウェールズ語学習センター（Welsh for Adults Centre）である。このセンターでは受講者が各自のレベルに合わせてコースの選択をできる。北ウェールズのナントグウルセイルン（Nant Gwrtheyrn）では合宿形式の集中講座を開催している。

Ⅰ 総記

　アイルランドでは2003年に公布されたアイルランド語公用法にもとづき，多くの公的機関がアイルランド語とアイルランド語文化の振興に動き出した。研修機能の高い各地の大学がアイルランド語の研修機関としての役割を意識し，各種の講座を開いている。たとえばダブリン大学のアイルランド語講座では，入門から上級会話まで5つの段階のコースを開設し，口語表現に重点を置いている。
（木村正俊）

ケルト関係図書出版団体　university presses and publishing companies
　ケルト関連図書は世界各地で出版されるが，ここではケルト語文化圏に限って述べる。学術的な図書は大学出版部など権威ある版元が多い。
　スコットランドでは，エディンバラ大学出版部など大学機関のほかでは，スコットランド・ゲール語文献協会（Scottish Gaelic Texts Society）が1882年から150冊以上の学術書を出版し，顕著な実績をあげている。ストーノウェイのアハキル（Acair Ltd）はゲール語の教材，児童文学，詩，小説などを出版する。バーリン（Birlinn Limited）はゲール語関連の部門があり，詩，文学のほか学術書も手がける。1996年創業のクラール（Clàr）はインヴァネスを本拠にゲール語の小説と短編を発行する出版社として知られる。
　ウェールズでは，学術図書と学術雑誌を出版するウェールズ大学出版部（Gwasg Prifysgol Cymru）が代表的出版団体である。ウェールズ西部のスランダシルを本拠とするゴーマ・プレス（Gomer Press）はウェールズで最大の出版社であるが，ウェールズ語図書も出版する。
　アイルランドのダブリン高等研究所のケルト学研究所は，学術誌『ケルティカ』（*Celtica: Journal of the School of Celtic Studies*）をはじめとして，ケルト関係の学術書を出版している。アイルランド文献協会（Irish Texts Society）は長い歴史をもち，アイルランド語と英訳，辞書などの重要な書物を刊行している。ロイヤル・アイリッシュ・アカデミー（Royal Irish Academy）が刊行する『エーリゥ』（*Ériu*）はケルト学およびアイルランド学関係では最も重要な学術誌である。ダブリン大学（University College Dublin），コーク大学（University College Cork），ゴールウェイ大学（University College Galway）を含むアイルランド国立大学（National University of Ireland）が刊行する『エーフシァ』（*Éigse: A Journal of Irish Studies*）もケルト学研究に不可欠の学術誌である。
（木村正俊）

ケルト研究の現状

研究の課題と方向　new directions in Celtic studies
　ここでは「ケルト」という概念を冠する「ケルト研究」全般としての一般的な課題と方向性を総括する。もちろん歴史学や考古学など学問分野ごとに研究法や課題には違いがある。
　現在のケルト研究は，ケルト諸地域の全体的な傾向を論じたり，諸地域の文化的実態を捉えようとする多様な研究の複合体としてゆるやかに捉えることができる。どの分野においても，1990年代の考古学における「島のケルト」をめぐる議論によってケルト人の実在が問い直された影響を大きく受けている。21世紀初頭においては，その考古学上の議論の妥当性が新発見や新説を交えながら引き続き議論されている状況に鑑みて，言語学や社会学などで意図的に「ケルト」を概念として論じるのでなければ，「ケルト」を民族名として用いる態度については批判的あるいは自覚的であることが多い。
　その結果，地域研究の分野では，あえて

「ケルト」の名を用いず，アイルランドやスコットランドなどの個別の地域名を冠する研究が増加しつつある。これは研究手法の精緻化とも関連しており，各地域におけるさらに細かい題材に目を向けることが増えている。ケルト研究の多様化をこうした細分化された研究が後押ししている一方で，全体としての「ケルトとは何か」が曖昧となっている側面もある。この大きな問いかけに答えようとすることは今後のケルト研究者の課題のひとつである。

また，ケルト諸語の積極的な利用が，ケルト研究を差別化する要素として際立ってきている。各地のケルト諸語に関する言語学研究というよりも，英語やフランス語といった近代的な「国語」に置きかえて，伝統的なケルト言語によって自分たちの文化や社会を内側から分析・記述しようとする試みである。これは諸地域のケルト語の保護・復興運動とも連動しており，スコットランドではゲール語の使用がこれにあたる。しかし日本のような非ケルト諸地域ではもちろん，ヨーロッパや北米においても，ケルト諸語を理解する人口には限りがあり，研究者間や分野ごとにおけるケルト言語の利用に対する立場は一定ではない。

こうした精緻化，あるいは細分化されたケルト研究にケルト諸地域の研究者たちを駆り立てている要因の一つには，自分たちのルーツを明らかにし，その文化的アイデンティティーを強固にしていくという当事者たちによる政治的・社会的な要請がある。その意味では，日本でなぜケルト研究を日本人がする必要があるのかという本質的な問いかけは，以前にも増して重みを増しており，場合によっては日本のケルト研究は大きな枠組みの転換を迫られることになるだろう。　　　　　　　　（加藤昌弘）

II 歴史・考古・言語

ケルト人の起源

ケルト人の起源　the origin of the Celts

　ケルト人（the Celts）とよばれる民族集合体の起源やルーツについては，彼らが自らの文字による記録を残さなかったことなどのために，明確な事実を知ることはきわめて困難であるが，近年の考古学や言語学，遺伝子学などの領域での研究の進展によって，新知見が加えられつつある。のちにケルト人と総称される集団がヨーロッパの歴史記録にはじめて登場するのは紀元前6-5世紀頃のことである。前5世紀半ばの古代ギリシアの歴史家ヘロドトスは，ドナウ川の源流についての記録のなかでケルト人について言及している。前540年頃から前475年頃に活躍したギリシアの歴史家ヘカタイオスもケルト人の存在を確認した内容の報告をしている。この時期にケルト人がドナウ川上流付近に居住したことは考古学的にも確認されているが，その時期以前のケルト人についてはほとんどわかっていない。

　ギリシア人が存在を確認する前から，ケルト人はすでにヨーロッパに出現したと推定されるが，この時期のケルト人は，まだ他の民族と異なる顕著な人種的，文化的特徴をもっていたわけではなく，その意味では正確にはケルト人とはいえず，むしろ「初期ケルト人」（Pre-Celts）あるいは「原ケルト人」（Proto-Celts）とでも呼ぶほうが適切かもしれない。ケルト人集団は，最初からまとまって存在したのではなく，いくつかの異なる，あるいは類似した集団が，長期に及ぶ時間の経過のなかで民族的結束を深め，次第にケルト的特性を構築したと考えられる。

　ケルト人の「祖先」ともいえる最初の集団は，現在のロシア南部のステップ（草原）地帯に起源をもつとみられる。人種的にはアーリア人で，ほぼ共通の言語を話したと推定される。その集団が東方と西方を目指して移動し，その一部がヨーロッパ大陸に居住したかもしれない。遊牧生活を営み，騎馬民族的な移動性のつよい集団の性格をもっていたと思われる。

　文献による確認以上にケルト人の実在を効果的に裏付けるのは遺構・遺跡などから発見された考古学的出土品である。ケルト人の最初期文化の痕跡を立証するのは，ヨーロッパ中央部（現在のオーストリアを中心にした地域）一帯で前1200年から前450年に栄えたハルシュタット期（the Hallstatt period）である。しかし，この文化の隆盛した時期は，ヨーロッパ先史時代の区分による青銅器時代後期から鉄器時代前期にあたるが，ケルト文化の特徴の萌芽を見せるにとどまる。純粋なケルト文化の形成を見

るには，鉄器時代後期の前450-前50年にやはりヨーロッパ中央部（現在のスイスを中心とした広範な地域）に興ったラ・テーヌ期（the La Tène period）を待たなければならない。　　　　　　　　　　（木村正俊）

ケルト文明の形成　the making of Celtic civilization

　紀元前10世紀頃までにヨーロッパ中央部に定住し，のちにケルト人とよばれることになる民族は，部族集団を生活の基本単位にして成り立つ社会で，おもに農耕や狩猟に従事した。ケルト人がヨーロッパで最初に居住した地域はかなり狭い範囲に限られていた。のちにケルト世界の中核になったガリアさえ当初はケルト人の居住地ではなく，その領土は現在のドイツ南部とボヘミアの一部で成り立っていたにすぎない。その後ヨーロッパ中央部が全体的にケルト人の領土になった。しかし，ケルトの諸部族のなかには，気候の変化や人口増，部族内の対立などの理由から，新しい領地を求めて集団で移動するものが現れた。前8世紀にはケルト人はガリア南部やイベリア半島に広がり，前600年頃にはイタリア北部のポー川渓谷にケルト人部族が居住した。同じ頃ガリア西部と南部にも移住したとみられる。さらに前5世紀までには東方の小アジアガラティアにも移動し，黒海東部の海岸沿い一帯に定住した。前世紀頃には島嶼部のブリテンやアイルランドへも移住した。

　前1200-450年に現在のオーストリアを中心に栄えたハルシュタット文化期（青銅器時代後期）の部族は，ヨーロッパ南方の古代ギリシアやエトルリアなどの地中海文明圏と接触し交易することなどで先進的な文明の影響を受け，ケルト文明の根幹をつくった。ハルシュタットで産出される塩や産物を地中海圏に輸出し，地中海圏からはワインなどを輸入した。ワインを入れる容器や陶器などにほどこされた芸術的図像や文様などからケルト社会の職人が刺激を受け，やがて独自のケルト的な装飾様式を創造するようになった。

　紀元前6世紀にスイスを中心とする一帯に興ったラ・テーヌ文化はケルトの部族社会の隆盛を反映して，ケルト文明を一層進展させた。ハルシュタット期に萌芽をみたケルト文化の特徴は際立って，地中化世界とは明らかに異なる固有性を表している。それは純粋のケルト文明が確立されたことを証明している。

　ケルト人は前5世紀頃からヨーロッパ各地へ本格的な大移動を開始し，次の3世紀間にその居住範囲は，ヨーロッパ中央部のほか，イタリア，イベリア半島，東ヨーロッパ，アナトリア（小アジア），ブリテン，アイルランドにまで拡大し，ローマ人に征服されるまで広大なケルト文明圏を築いた。　　　　　　　　　　（木村正俊）

石器時代の文化

石器時代の文化　the culture of the Stone Age

　ヨーロッパの伝統的な先史時代区分によれば，石器時代は大まかに旧石器時代（－前7000年），中石器時代（前7000-前4000年），新石器時代（前4000-前2000年）に区分される。ケルト人は青銅器時代後期から鉄器時代に文化を築いた民族で，もちろん石器時代人ではないが，石器時代人の遺した文化をさまざまな形で受け継いでおり，文化の連続の面から石器時代文化を意識しておく必要がある。石器時代の後半を通じて，特定できない多くの民族がヨーロッパ南東部を目指して川（ドナウ川やライン川など）や海路を通り，移動した。新石器時代にはポルトガルのタグス，ブルターニュ南部のモービハン，アイルランドのボイン川渓谷，スコットランド北部のオークニー諸島など

II　歴史・考古・言語

ニューグレンジ古墳の巨石に刻まれた渦巻文様

が当時の文化の中心であった。

　オークニー諸島のメインランド島には前3100年頃から前2500年頃まで定住したとみられる新石器時代最大の集落跡スカラ・ブレイ（Scara Brae）と新石器時代の代表的な石塚墳墓であるメイズハウ（Maeshowe）が残っている。アイルランドのミーズ州にあるニューグレンジ（Newgrange）は前3100年から前2900年のあいだに建設された羨道墳の1つである。新石器時代の巨石文化の名残である環状列石や石塚墳墓などが各地に遺っており、代表的なものとしては前2500年から前2000年のあいだに立てられたイングランドのストーンヘンジが挙げられるが、スコットランドのルイス島にあるカラニッシュの環状列石もストーンヘンジと同じ頃に立てられたとみられる。ストーンヘンジは太陽崇拝の祭祀場、古代の天体観測所であったなど諸説があるが、ケルト人はここを聖域とし、さまざまな祭儀の場として用いたとも考えられている。フランス北西部、ブルターニュ地方のカルナックには、前5000年、あるいは前3000年から前2000年頃に造られたとされる列石群がある。

　新石器時代末期には、石製戦斧を使用する民族集団がヨーロッパへ移住してきて「戦斧文化」（Battle Axe culture）を築いた。「縄目文土器文化」（Corded Ware culture）または「単独葬文化」（Single Grave culture）ともよばれる。前2900年から前2450年の石器時代から青銅器時代初期にかけ、西はライン川から東はヴォルガ川まで広まった。同じ頃、「ビーカー人」とよばれ、スペイン南部および北アフリカ沿岸に起源があると考えられる集団がヨーロッパ中西部に移住し、前2900年頃から前1800年頃にかけ「鐘状ビーカー文化」（Bell-beaker culture）〔鐘の形をした飲み物の器を用いたことから名付けられた〕を築いた。ビーカー文化の広まった地域はヨーロッパ全域に及ぶ。近年の研究では、ケルト語派の諸言語やケルト社会の初期の発展段階からみて、ケルト人との類縁性が指摘されているが、明確な結論は出ていない。（木村正俊）

青銅器時代の文化

青銅器時代のケルト文化　the Celtic culture of the Bronze Age

　ヨーロッパの先史時代の区分法によれば、青銅器時代は大まかに前期青銅器時代（前2000-前1200年）と後期青銅器時代（前1200-前700年）に分けられる。青銅は銅と錫の合金であるが、青銅器時代に先行し、錫を含まない自然銅を鍛造成型していた段階があり、その時期を銅器時代として区分することもある。自然銅の利用が広まる前に、銅と錫などとの合金化が急速に進んだために、銅器時代と青銅器時代を区分することは難しい。

　青銅は金属として鉄よりも製錬することが容易なのが特徴である。青銅の精製技術はアナトリアやエーゲ海域からアルプスの北および北西に伝播し、前1500年頃には、スカンディナヴィアの方面まで広まった。ヨーロッパで最初の高度な青銅器使用は、前1500年頃ドイツのエルベ川とオーデル川の流域に興ったウニェティチェ文化（Únětice culture）にみられる。この文化は

チェコのプラハ付近の墓の名に由来している。このほかにドイツ南部にシュトラウビング文化（Straubing culture）やアドレルベルグ文化（Adlerberg culture）が興った。ブリテン南部ではウェセックス文化（Wessex culture）が開花した。この文化は，1期（前2000-前1650年頃）と第2期（前1650-前1400年頃）に分けられる。第2期には金属加工技術が飛躍的に向上し，すぐれた工芸品や武器として多量に残されている。

　青銅器時代が進むにつれて，後にケルト人が定住することになる中央ヨーロッパの核となる地域に，前1200年頃，テュムラス文化（Tumulus culture）が栄えた。テュムラスとは塚あるいは古墳の意（英語のbarrowに同じ）で，テュムラス人は各地に大小さまざまな塚を造った。テュムラス人は新石器時代および初期青銅器時代からの民族集団で，隣接する諸民族，特に東方の民族の文化要素を継承した形跡がある。テュムラス人の死者を埋葬する仕方は火葬であった。彼らがケルト人の歴史的な勢力範囲であるアルプスの北西部に集中して居住したことから，テュムラス人をケルト人の初期段階の集団であるとする研究者もいる。

　ケルト文化の始まりは鉄器時代最初期であるが，それは突然現れたのではなく，青銅器時代末期（前1300頃-前800年頃）の火葬骨壺墓地文化（the Urnfield culture）を基盤として形成された。　　　　（木村正俊）

「原ケルト人」　'Proto-Celts'

　「原ケルト人」という言葉は，青銅器時代末期から鉄器時代初期にかけての段階で，まだ具体的なケルト人としての特徴を十分明確に示してはいないが，後にケルト人と総称されるようになる，「ケルト人の祖先」ともいうべき諸部族の人びとを指して用いられる。「原ケルト人」は埋葬の形式からいえば，火葬骨壺墓地文化（Urnfield culture）に属する。この文化をもつ人びとは，死者を火葬し，その骨灰を壺に入れ，決まった場所に埋葬した。墓には生前の地位や富を象徴する豪華な副葬品を供えた。埋葬の儀式では，湖や川，沼地などに多数の武具や道具類が投げ入れられた。

　この習慣は，最初にドナウ川渓谷周辺で形づくられて西方に広がり，ポーランド，ドイツ南部，アルプス地方，さらにイタリア半島まで広まった。この埋葬形式の一部はスペインやブリテンでも見出される。「原ケルト人」は火葬骨壺墓地文化の最後の時期の前800年頃（ハルシュタット文化の勃興期）に姿を現し，やがてケルト人としての特徴をもった民族集団を形成し，鉄器時代に主役を果たすことになる。

　鉄製錬技術の普及により，火葬骨壺墓地文化のあとハルシュタット文化が発展するが，その時期に，それまで各部族集団で話されていたさまざまな形のケルト語が共通性を高めて「ケルト祖語」（'Proto-Celtic'）として成立し，火葬骨壺墓地文化後期あるいはハルシュタット文化初期には，「ケルト祖語」が話されたと考えられる。

　　　　　　　　　　　　　　（木村正俊）

鉄器時代の文化

鉄器時代の文化とケルト人　the culture of the Iron Age and the Celts

　ヨーロッパ先史時代の区分では，鉄器時代は前700年頃から後500年頃までにわたる範囲である。青銅に代わって，鉄が新たな金属材料として使われるようになり，青銅器時代から鉄器時代に移行した。ケルト人は鉄を利用して武具や道具など鉄製品を製造することに長けており，鉄文化のすぐれた担い手としてヨーロッパに勢力をふるうことができた。

　鉄の精錬技術は青銅の場合よりも難しく，高度な技術を要したために，鉄器文化

は青銅器文化より遅れて発生したとみられる。初期の製鉄は，溶鉱炉のなかに木炭と鉱石を層状に装入してふいごで空気を送って燃焼させ，金属鉄を取り出す方法を用いた。鉄鉱石を溶解させて鉄を取り出すに必要な温度は400度から800度で，高温度を確保するためには高温に高められる燃料と性能のよい溶鉱炉が不可欠であった。また，鉄の硬度を上げるためにカーボンを入れるなど難しい工法があり，熱した鉄を打って鍛えるためには熟練した技能が欠かせなかった。

考古学上の定説では，最初に鉄文化を築いたのは前15世紀頃突如アナトリア（小アジア，現在のトルコ共和国領）に現れたヒッタイト帝国とされてきたが，正確なことはわかっていない。ヒッタイトはその高度な製鉄技術を強力な武器にメソポタミアを征服したと一般に考えられている。ヒッタイトの製鉄技術は秘密にされたため，周辺民族に伝わることはなかったが，前1190年頃にヒッタイトが滅亡したことでその製鉄技術が周辺民族にも知れ渡ることになり，エジプトやメソポタミア地方でも鉄器時代が始まったとされる。

鉄の製錬技術は前11世紀頃にヨーロッパへ伝えられ，500年間にわたってゆっくり広がった。鉄文化がケルト人に伝わったルートは南方と東方の2つがあったとされる。南からは，前11世紀にエーゲ海を経て，前8世紀にイタリア本土を北上し，アルプスを越えてケルト人に伝えられたといわれる。東からは，スキュタイ人に圧迫された，黒海地方を故郷とする騎馬民族が，ハンガリー，中央ヨーロッパ，西ヨーロッパへ伝えたとみられる。

前5世紀頃までにヨーロッパ中央部に出現したケルト人（あるいは「原ケルト人」）はハルシュタット文化期（前800-前450年）に鉄文化にふれ，ラ・テーヌ文化期に（前450-前50年）にその鉄文化の威力をもってヨーロッパで支配力をふるった。ケルト人の鉄加工技術は高く，すぐれた製品は地中海世界へ輸出され，ケルト人に多くの富をもたらした。鉄を意味する'iron'という語はケルト語の'iarn'が起源で，それがラテン語に取り入れられ，ヨーロッパに広がったとされる。

（木村正俊）

鉄の利用　the utilization of iron

新しい金属文化──鉄文化を担ったことでケルト人はヨーロッパで一大勢力を築くことができた。農耕用の道具や日常生活の用具，戦闘用武具などに鉄製品が多く使われ，生活環境が格段に効率性を高めた。各地の遺構・遺跡からの出土品，聖域での奉納品などから，鉄製品の利用実態が考古学的に明らかにされている。

ケルト人にとって馬は移動や運搬など生活面でこの上なく重要な役割を果たしたが，馬車や馬具に鉄製品を使用することで，機能と効果が著しく向上した。馬車あるいは戦車の車輪が鉄枠をはめることで堅牢になり，運搬力が増しただけでなく，馬と車輪をつなぐ部位や部品が鉄製化され，堅固で安定的になった。馬を引く手綱につける輪や馬飾りなど馬具にも青銅製と並んで鉄製品が多用され，実用的面だけでなく装飾面でも進化がもたらされた。

戦闘や戦争で不可欠な武具や防具に鉄製品が用いられ，ケルト人の戦闘力が驚異的

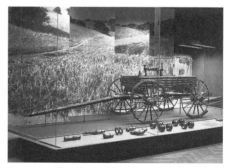

ケルト人は鉄を用いて車輪を作るすぐれた技術をもっていた

に強化された。槍や矢じり,刀剣,鞘,盾,鎧,兜など鉄製品が主となり,さまざまな種類の形状のものが作られたことが発掘品などからうかがわれる。

日常的道具や用具にも堅固な鉄製のものが利用されたのは当然である。斧,槌,鋏,包丁,鋤,鍬,鎌,鍋(釜)と吊り鎖,暖炉の薪載せ台など生活必需品は鉄製が多かった。

ケルト人の聖地として知られる場所では鉄製の人面など宗教的意味合いをもった彫刻や芸術品が発掘されることがある。信仰や芸術の発展にも鉄文化が貢献していたことがわかる。　　　　　　　　（木村正俊）

馬とケルト人

馬の役割　the role of the horse

馬は,ケルト社会において実用的な理由からだけでなく,宗教的,象徴的な理由からも最も重要な動物の一つである。ケルト人(あるいは原ケルト人)がヨーロッパに出現する以前から,馬はヨーロッパに導入されていたのはたしかであるが,考古学の証拠では,前700年頃に馬具を装備した馬がヨーロッパで急に広く用いられるようになったと考えられている。その当時の馬具の状況から,ヨーロッパの中央部および西部でみられる馬具は,東方の騎馬民族の使用した馬具と共通性があると判断される。ケルトの貴族たちは馬を特権の象徴と考え,競って手に入れようとした。ケルト人は馬の力を最大限に利用して生活し,民族としての勢力を拡大し維持した。彼らにとって馬がいかに貴重な存在であったかは,馬の骨や図像が,遺跡,墳墓,農場,貨幣,彫刻などさまざまな場に多くみられることからわかる。

馬は古来人間社会において農耕や運搬などの面で特別に有益な家畜であったと同時に,戦時には攻守両面の作戦展開に重要な役割を果たした。それはケルト社会においても同様である。ケルト人は古代ヨーロッパを通じて騎馬術に長けた民族として知られた。彼らが戦場で驚くほど巧みに2輪戦車(chariot)を乗り回し,戦況を有利に導いたことは古代ギリシア・ローマの著作などに書き記されている。ケルト人が一時ローマに対抗し得るほど勢力を拡大し,全盛期を迎えることができたのは,彼らが馬と鉄を道具としてだけでなく,武器としても使いこなす高度な技術をもっていたからである。

ケルト人はしきりに移動を繰り返した民族である。移動は馬の運搬力に大いに依存したから,彼らにとって馬を保護し管理する正確な知識と技術をもつことが必要であった。ケルト人は馬車や馬具を得意な鉄加工技術で最高の品質のものにつくりあげることができた。たとえば,馬車の車輪は,遠路や悪路に耐えられるように木製車輪の外側も内側も鉄製の輪で堅固にできている。車体と馬をつなぐ馬具類も精密に,頑丈につくった。さらに彼らは馬車や馬具に優美な芸術的装飾をほどこした。

ケルトの貴族たちは騎馬によるのではなく,馬に引かせる馬車あるいは戦車に乗って移動した。一方,下層の戦士たちは騎馬隊を編成して行動した。貴族階級の墓から埋葬された馬車の車輪や馬の遺骨が発掘されることがあるのは,貴族階級の馬とのつ

馬はケルト人の生活できわめて重要な役割を果たした。馬への信仰を表す浮き彫り

ながりの深さを明らかにしている。

ケルト人は馬に対して深い信仰心を寄せ，神聖な存在として敬った。大陸のケルト社会では馬の女神エポナ（Epona）信仰が広がり，それがローマへ伝わって騎馬隊の女神となった。アイルランドでは馬は女神として崇敬され，王権と結び付けられた。ウェールズの神話的物語でも馬は女神と一体化して描写される。　　　　（木村正俊）

ケルト人の出現

ケルト人発見の記録　records of the discovery of the Celts

ケルト人とのちによばれることになる民族集団が，いつ頃ヨーロッパに現れたかを，はっきり突き止めることはできない。そもそもケルト人（あるいは，そのもとになる人びと）は，統合されてまとまりにある民族集団ではなく，おそらくそれぞれに自立性をもった部族集団の総体であった。

ケルト人がヨーロッパに到着した時期については特定できないが，彼らは紀元前5世紀になって最初に歴史の舞台に登場する。その頃にはケルト人はすでにアルプス地方の大部分，その北方地域，フランス中部，イベリア半島（スペイン・ポルトガル）などに広まっていたようである。その事実は考古学の発掘調査によって証明されている。紀元前6-5世紀のギリシア・ローマの古典作家たちの文献にケルト人発見の言及がみられる。

ヨーロッパに登場したケルト人についての最初の言及は，ギリシアの歴史家ヘカタイオス（Hekataios, c.540-c.475BC）にまでさかのぼることができるといわれる。しかし，その記述はごくわずかなもので，彼にとってケルト人は辺境の一民族という程度の認識だったかもしれない。同じくギリシアの歴史家ヘロドトス（Herodotos, 458BC?-425BC?）は，その著『歴史』の2巻と4巻のなかで，「ケルト人はドナウ川の発するところ，ピレネー山脈の近くに住む」と記述している。

ギリシアの哲学者で，歴史家，地理学者であったポセイドニオス（Poseidonios, c.135BC-51BC）は『歴史』全52巻など膨大な著述をしたが，わずかな断片が伝わるのみである。そのなかにケルト人についての見聞記録があったとみられる。彼のケルトについての記述は，アテナイオス，ディオドロス，ストラボンなど多くの著作家に引用され，伝えられている。古典古代の著作家たちの記録は，具体的で強い印象を与えるが，ケルト人に対しては異民族の目でみており，公平さに欠けることが多い。また，直接見分して書いたものとは限らず，文献の引き写しにすぎない場合もあり，信ぴょう性に欠ける。

やはり真のケルト人の発見は，19世紀になってケルト人あるいはケルト文化への関心が高まり，科学的な方法にもとづく資料の細密な解読や，考古学的調査が始まってからなされたと考えるべきであろう。ハルシュタットやラ・テーヌの遺跡が発見され，そこからの出土品はケルト人のものであると確認された。そのことをもって最初の「ケルト人の発見」であったとするのが適切かもしれない。　　　　（木村正俊）

古典的文献資料

ギリシア・ローマの著作家　classical authors

現存するものだけでも，紀元前5世紀のヘロドトスからビザンツ帝国のプロコピオス（Prokopios, 6世紀）やゾシモス（Zosimos, 5世紀頃）まで約1000年にわたり多くのギリシア・ローマの著作家たちがケルト人について記述してきた。現存しない作家やオロシウス（Orosius, 5世紀頃）やテルトゥ

リアヌス（Tertullianus, c.120-220以後）などのキリスト教著作家，ステファノス（Stephanos, 6世紀）などビザンツ期の著作家や，散逸した作家の断片を保存しているものまで含めれば，その数は枚挙にいとまがない。ケルト人についての最古の記述は，紀元前6世紀から5世紀のギリシアの歴史家ヘカタイオスなどの記述に遡ることができるといわれている。ヘカタイオスの断片や後のヘロドトスなどの記述ではケルト人とよばれる人びとが西方に住んでいることが示されているに過ぎず，紀元前5世紀まではギリシア人にとってケルト人は西方の辺境に住む人びとという程度の認識に過ぎなかった。

　紀元前4世紀以降，ケルト人が勢力を拡大するにつれてケルト人への関心も高まってきたようである。すでに紀元前4世紀の歴史家テオポンポス（Theopompos）は，ケルト人のローマ占領について知っていたようであり，民族誌的記述が見出されるようになるのもこの時期である。ケルト人について最初に本格的な民族誌的記述を残したのは紀元前4世紀の歴史家エポロス（Ephoros）であるとされ，紀元前4世紀後半の歴史家ティマイオス（Timaios）は，ケルト人がポリュペモスとガラテイアの子孫であるという起源神話を記録していたとされるが，彼らの著作はすべて散逸してしまい，断片が伝わるのみである。プラトンやアリストテレスにも，ケルト人が勇敢な人びとであるとか，酒好きであるとか，断片的なものではあるが，民族誌的記述が見出される。またケルト人を指すのに「ケルトイ」だけでなく「ガラタイ」（ガリア人，ガラティア人）という言葉が用いられ始めるのもこの時期である。

　ケルト人のデルフォイ侵攻とガラティア王国の建国は，ギリシア人にケルト人への恐怖を植え付け，ケルト人との頻繁な交戦は，歴史家たちに素材を与えることとなり，ヘレニズム時代にはケルト人についてピラルコス（Philarkos）などさまざまな著作家が記述を残し，紀元前3世紀には，詩人シモニデス（Simonides）や劇作家ポセイディッポス（Poseidippos）などによってケルト人を題材にした文学作品が著されたといわれているが，この時代のケルト人に関する著述は，ポリュビオスの『歴史』を除いて，ほとんど失われてしまい，詳細を知ることはできない。

　ローマ人は，ギリシア人よりも早くからケルト人の直接的な脅威にさらされてきた。そのため，ローマの年代記や初期の歴史家たちは，ケルト人についてさまざまに記述してきたと思われる。たとえば，紀元前2世紀の大カトー（Marcus Porcius Cato）は，北イタリアのケルト人について記述を残したと考えられている。しかし，紀元前1世紀以前の著作はほとんどが失われてしまい，その詳細を知ることは困難である。紀元前1世紀以降のギリシア・ローマの著作家たちに大きな影響を与えたのは，2人のギリシア人，ポセイドニオスとティマゲネス（Timagenes）であるといわれるが，彼らの著作も散逸してしまった。

　現在，我々のケルト人に関する知識は紀元前1世紀の著作家たちに拠るところが大きい。シチリアのディオドロスやストラボンはポセイドニオスからの引用を多く含み，カエサルやポセイドニオスの教え子キケロ（Marcus Tullius Cicero, 106-43BC）もポセイドニオスの影響を受けていると考えられている。ハリカルナッソスのディオニュシオス（Dionysios Halikarnasseos, 紀元前1世紀）『ローマ古代誌』，リウィウス，ポンペイウス・トログスなどである。1世紀になると特にガリアのケルト人に関する記述が多くなる。ウァレリウス・マクシムス（Valerius Maximus, 1世紀頃），ルカヌス，大プリニウス，タキトゥスなどはケルト人の風習，特にドルイドを含む宗教について重要な情報を与えてくれる。

　2世紀以降の著作家たちは，同時代史料

II 歴史・考古・言語

とは言いがたいが、すでに失われた記録を伝えてくれる点できわめて重要である。プルタルコス（Plutarchos, c.46–c.120）『英雄伝』『モラリア』、ポリュアイノス（Polyainos, 2世紀頃）『戦術論』、パウサニアス（Pausanias, 2世紀頃）『ギリシア案内記』、アッピアノス（Appianos, 2世紀頃）『ローマ史（内乱記）』、アテナイオス（Athenaios, 2世紀頃）『食卓の賢人たち』、ディオ・カッシウス（Dio Cassius, 2-3世紀頃）『ローマ史』、アンミアヌス・マルケリヌス（Ammianus Marcellinus, c.330–c.395）『歴史』などが今日まで伝えられている。

（疋田隆康）

ヘカタイオス Gk Hekataios (c.550–c.475BC)

紀元前6世紀から5世紀頃のギリシアの歴史家。小アジアのミレトス出身で、ペルシアやエジプトなど東方を広く旅行し、各地の地誌や民族誌を書き残した。『系譜』（Genealogiai）や『世界周航記』（Ges Periodos）などの著作を残したといわれるが、すべて散逸し、断片が伝わるのみである。残された断片から、ヘロドトスは『歴史』の冒頭部をはじめ、ヘカタイオスから強く影響を受けている。

ケルト人について最初に記述したギリシア人はヘカタイオスであったと考えられている。ごくわずかな断片しか残されていないため、ヘカタイオスがケルト人についてどの程度の知識をもっていたのかは分からないが、ヘロドトス同様、辺境の一民族という程度の扱いで、民族誌的記述などはほとんどなかったと考えられている。

（疋田隆康）

ヘロドトス Gk Herodotos (458?–425?BC)

ヘロドトスは紀元前5世紀、小アジアのハリカルナッソス出身の歴史家で、キケロ以来「歴史の父」と称されている。政争に敗れハリカルナッソスを離れ、紀元前443年アテナイによる植民市トゥリオイ（Thurioi、現在の南イタリア）の建設に参加し、トゥリオイの市民となった。黒海からバビロン、エジプトなど広く旅行して見聞を広め、『歴史』（Historiai）を著した。

『歴史』は全9巻で、各巻にはムーサ（芸術を司る女神）の名前がつけられている。前半がペルシアの興隆を軸に紀元前5世紀までの歴史と、エジプト、スキュタイなど、当時知られていた諸民族の民族誌を描いており、後半はペルシアとギリシア連合軍とのいわゆるペルシア戦争を扱っている。『歴史』では2巻と4巻でケルト人がイストロス川（現ドナウ川）流域に住んでいることが記述されているが、これは現存するケルト人に関する最古の記述である。（疋田隆康）

ディオドロス・シクルス Gk Diodoros Sikeliotes (?–21BC以後)

紀元前1世紀シチリア島出身の歴史家。地中海各地を旅行し、ギリシア・ローマの史書を渉猟してギリシア語で『歴史叢書』（Bibliotheke Historike）と題される世界史を残したとされるが、生涯についてはほとんど不明である。

『歴史叢書』は全40巻で古代オリエントからカエサルのガリア征服までを扱っていたとされるが、現存するのは最初の5巻と11巻から20巻で、残りは断片が伝わるのみである。独創性には乏しいと評価されているが、散逸したさまざまな文献を引用している点では貴重である。5巻にはケルト人の風俗・習慣についてまとまった記述があり、ポセイドニオスの著作を利用した記述と考えられている。

（疋田隆康）

ポセイドニオス Gk Poseidonios (c.135–51BC)

シリアのアパメア出身の哲学者。中期ストア派の代表的哲学者で、さまざまな学問に精通し、「当代のアリストテレス」と称された。アテナイでパナイティオス（Panaitios, c.185–c.110）に学び、師とともにストア派哲学を再興し、ロードス島で学

ポセイドニオス

校を開いた。その後、スペイン、ガリア、イタリアなど地中海各地を旅行し、見聞を広めた。キケロを教えたのをはじめ、ポンペイウス、カエサル、ウェルギリウス、セネカ、ルクレティウスなど、ローマの文人、政治家、知識人たちに影響を与え、ローマへのストア派哲学の普及に多大な功績があった。主著『歴史』をはじめ、『大洋について』など、多くの著作を残したが、すべて散逸し、断片が伝わるのみである。

『歴史』は全52巻と伝えられ、ポリュビオスの『歴史』に続く形で、紀元前146年から紀元前80年代半ば頃までを扱っていたと考えられている。ケルトに関する記述は、アテナイオスによる引用から、おそらく23巻がケルト人の民族誌に充てられていたと推測されている。ポセイドニオスは旅行の途中、ガリアのケルト人の間に滞在し、その見聞を記録したと考えられており、もし現存していればケルト人に関する最も重要な史料となっていたであろう。ポセイドニオスのケルト人に関する記述はアテナイオス、ディオドロス、ストラボンなど多くの著作家に引用されており、『歴史』の中でも比較的よく保存されている部分である。

(疋田隆康)

アリストテレス　Gk Aristoteles (384-322BC)

紀元前4世紀、ギリシアの哲学者。「万学の祖」と称される。紀元前367年、アテナイのプラトンの学校アカデメイアで学んだ。紀元前342年、マケドニアに招かれ、王子アレクサンドロスの家庭教師となる。紀元前335年、アテナイ郊外リュケイオン (Lykeion) に学校を開き、研究、教育に勤しんだ。紀元前323年アレクサンドロスが死ぬと、アテナイでは反マケドニアの気運が高まり、アリストテレスはカルキス (Chalkis, 現ハルキダ) に逃れ、翌紀元前322年、病気で没した。

アリストテレスの著作は多岐にわたるが、『ニコマコス倫理学』などではケルト人の勇敢さ、『政治学』ではケルト人の規律の厳しさについて触れており、『動物誌』などではケルト人の住むところについての記述がある。現存する著作の中には記述はないが、ケルト人のローマ略奪などについても知っていたと考えられている。

(疋田隆康)

ポリュビオス　Gk Polybios (c.200-c.118BC)

紀元前2世紀ギリシアの歴史家。紀元前200年頃ペロポンネソス半島中部の都市メガロポリス (Megalopolis) で生まれた。当時メガロポリスはアカイア同盟に属していたが、ポリュビオスの父リュコルタス (Lykortas) はアカイア同盟の指導者の一人であり、その父のもとでポリュビオスは将来の指導者となるべく薫陶を受け、紀元前170年には騎兵長官の職に就いたが、この職はアカイア同盟では司令長官に次ぐ要職であった。紀元前168年第三次マケドニア戦争でマケドニアがローマに敗れると、ギリシアはローマの影響下に入った。親マケドニアの立場を取っていたアカイア同盟は、紀元前167年、有力者1000人をローマに人質として送ることとなり、ポリュビオスもその一人としてローマに抑留された。小スキピオ (Publius Cornelius Scipio Aemilianus) と親交を結び、いわゆる「スキピオ・サークル」に迎えられた。その後は小スキピオに従い、地中海各地を訪れ、紀元前146年のカルタゴ滅亡、紀元前133年のヌマ

ンティア陥落などに立ち会った。伝えられるところでは，82歳のときに落馬により死んだとされる。主著『歴史』のほかにも『ヌマンティア戦記』（Numantinum Bellum）などいくつかの著作があったと伝えられるが，すべて散逸して伝わらない。

ポリュビオスの主著『歴史』は全40巻であったが，現存するのは最初の5巻のみで，それ以外に18巻までの要約とそのほかの巻の断片が残存している。ポリュビオスの『歴史』の目的は，ローマがなぜ，どのようにして短期間で当時知られていた世界を支配下に置くことに成功したのか，明らかにすることであり，具体的には紀元前220年から紀元前168年までのローマ興隆の過程を記述することであった。ポリュビオスはさらにそこに至るまでの前史を加え，また途中で計画を変更し，ローマが地中海で覇権を確立した後，どのように統治したか，ローマに敗れた人びととはどのようにその支配を受け入れたのか，明らかにするため，紀元前146年まで記述を延長した。ポリュビオスはローマ滞在中，「スキピオ・サークル」からローマの国政などに関するさまざまな情報を得ることができ，国庫の公文書の閲覧も許されていた。さらに旅行などを通じて，当時存命であった歴史の当事者からさまざまな話を聞く機会があったとされる。『歴史』はこれらをもとに書かれており，その信憑性は高く評価されている。

ポリュビオスは前史の部分で，ローマ占領から紀元前222年までのイタリアにおけるケルトとローマの抗争について概観しており，そのほかにも東方のガラティア王国とヘレニズム諸国やローマとの抗争，西方でのローマのスペイン占領とそれに伴うケルト人との衝突が語られており，紀元前2世紀までのケルト人の歴史に関する重要な史料となっている。

（疋田隆康）

リウィウス, ティトゥス　L　Livius, Titus (59BC–AD17)

ローマの歴史家。紀元前59年，北イタリアのパタウィウム（Patavium, 現パドゥバ）に生まれた。生涯について詳しいことは知られておらず，ローマでアウグストゥス帝の文人サークルに迎えられ，『ローマ建国以来の歴史』（Ab urbe condita）の著述に専念したらしい。一説ではケルト系の出自だともいわれるが，詳細は不明である。

『ローマ建国以来の歴史』は全142巻で，ローマの建国から紀元9年までの750年余りを扱う通史であった。現存するのは最初の10巻と21巻から45巻で，紀元前293年までと紀元前218年から紀元前167年までを扱った部分である。そのほかに4世紀に書かれたとされる各巻の『概要』（Periochae）が残されている。黄金時代のラテン文学を代表する歴史書として文学的価値は高く評価されている。

5巻ではケルト人によるローマ占領の物語が詳しく書かれており，6巻から10巻では，その後のローマの復興過程とイタリア半島でのケルト人との抗争，21巻以降ではハンニバルへのケルト人の協力，東方のガラティアや西方のケルトイベリアでのローマとの抗争，などが語られている。リウィウスの現存する部分はポリュビオスの扱っている時代と重なっている部分が多いが，ポリュビオスでは前史で簡単に触れられている部分がリウィウスではより詳細に語られていたり，ポリュビオスでは散逸した部分の記述などが含まれており，ポリュビオスを補完する意味でも重要な史料である。

（疋田隆康）

ストラボン　Gk　Strabon (64?BC–AD23?)

紀元前1世紀，小アジアのアマセア（Amaseia）出身の著作家。紀元前64年頃の生まれと伝えられる。文法，哲学などを学んだ後，エジプトやローマなど地中海各地を旅行し，アマセアに戻った後，『地理誌』

古典的文献資料

ストラボン

(*Geographika*)の執筆に専念した。

『地理誌』全17巻は古代の地理に関する最も重要な史料の一つであり，多数の散逸した著作からの引用を含んでいる点でも貴重な史料である。1巻が総説，2巻が宇宙論となっており，3巻から17巻はイベリア半島から始まり，インドまでの地中海世界の地理を記述している。特に3巻（イベリア半島），4巻（ガリア），12巻（小アジア）などはケルト人に関するさまざまな記述を含んでおり，そのうちの一部はポセイドニオスに基づくものと考えられる。

（疋田隆康）

プリニウス（大）　L Plinius maior (c.23/24-79)

ガイウス・プリニウス・セクンドゥスは23/24年頃，北イタリアのコモ（Como）で生まれた。まず軍人としてキャリアを重ね，ゲルマニアなどで勤務した。その後，ネロ帝治世下では法廷活動などに従事したが，ウェスパシアヌス帝の下でヒスパニア・タラコネンシスなどの属州に赴任し，評価を高め，ウェスパシアヌス帝およびティトゥス帝の宮廷で重用された。79年，ミセヌム（Misenum）の海軍提督であったプリニウスは，ウェスウィウス（ベスビオ）火山噴火の救助と調査に赴き死亡した。その様子は甥である小プリニウスの書簡で詳しく伝えられている。

『博物誌』をはじめ『ゲルマニア戦記』など多数の著作を残したと伝えられるが，『博物誌』以外は現存しない。（疋田隆康）

『博物誌』　L *Naturalis Historia*

大プリニウスが77年に完成した全37巻の著作。第1巻は総論で，全巻の内容目録とプリニウスが参照した著作家および著作名が列挙されている。第2巻は宇宙誌，3巻から6巻が地誌，7巻は人間論，8巻から11巻は動物誌，12巻から19巻が植物誌，20巻から32巻は薬剤，33巻から37巻は金属，鉱物，絵画，彫刻などに充てられている。動物誌以下の記述は，単に対象のいわゆる科学的記述にとどまらず，それに関連する神話や歴史などさまざまなエピソードとともに記されている。

ケルト人に関してはガリアやイベリアの地誌に記述があるほか，16巻ではドルイドの儀式についてオークの木の森で黄金の鎌を用いて宿り木を刈る様子などのまとまった記述がなされている。プリニウスにしか見られない記述も含まれており，ケルト人に関する貴重な情報源の一つとなっている。

（疋田隆康）

ピュテアス　Gk Pytheas (fl.300 BC)

紀元前300年頃のマッサリア（現マルセイユ）出身の航海者。ガデス（現カディス）からフランス西岸，ロワール川を経て，ブリテン島を周航し，ウィストゥラ川（現ヴィスワ川，ポーランドを流れ，バルト海に注ぐ）まで航海したといわれる。自身の航海について記した『大洋について』という著作を残したと伝えられるが，散逸して伝わらず，ストラボンやディオドロス，大プリニウスによってその事績が伝えられるのみである。

ピュテアスはブリテン島を周航したか少なくともブリテン島のさまざまな地域を訪れたと考えられており，特に錫の産出とその交易についての記述を残したと推測されている。それによるとイクティスあるいはウェクティス（現在のワイト島ともコーン

ウォールのセント・マイケルズ・マウントともいわれる）とよばれる島があり，引き潮のとき，この島とブリテン島は陸続きになり，その間に荷車で錫を運び，錫の交易が行われていたらしい。

また，白夜や，琥珀を産出する島についても述べており，さらに，世界最北の島としてトゥーレという島について記録を残したとされている。トゥーレはアイスランドともノルウェーともいわれ，その場所は定かではない。ただし，トゥーレについての記述などは古代から事実かどうか疑われていたらしく，ストラボンはピュテアスの記述について嘘だと断じている。

大プリニウスによれば，『大洋について』にはゲルマン人についての記述もあったとされ，プリニウスの引用が正しければ，ゲルマン人についての最古の記述は，ピュテアスのものということになる。（疋田隆康）

カエサル，ガイウス・ユリウス　L Caesar, Gaius Julius (102-44 BC)

一般に英語音読みのジュリアス・シーザーで知られる。カエサルは紀元前102年頃に生まれた。カエサルのユリウス氏族は女神ウェヌスの末裔とされる名門で，ローマの支配者層であった元老院議員の家系である。カエサルの伯母は，民衆派の首領であったマリウス（Gaius Marius, c.157-86BC）に嫁いでおり，自身の最初の妻も同じく民衆派の有力者であったキンナの娘であったため，当時，民衆派と激しく争った末，政権を握っていた閥族派スラ（Lucius Cornelius Sulla, c.138-78BC）の激しい迫害を受けた。その後，カエサルは，ローマを逃れて，しばらくアシア（トルコ西部）で軍務につき，紀元前78年にスラが死去すると，ローマに戻った。紀元前69年に財務官に当選し，紀元前65年に造営官，紀元前62年に法務官と順調に経歴を重ねた。紀元前60年，カエサルはポンペイウス（Gnaeus Pompeius, 106-48BC），クラッスス（Marcus Licinius Crassus, c.115-53BC）の二人と密約を結び，その密約に基づき翌年，執政官に就任，任期終了後，ガリア総督に任命された。いわゆる三頭政治の始まりである。

紀元前58年，ヘルウェティイ族の移住をきっかけに，カエサルはガリア（すでにローマの属州となっていた南フランスを除くフランス，ベルギー，スイス，オランダ，ドイツ西部にあたる地域）の征服に乗り出した。カエサルは途中ライン川右岸やブリテン島への遠征も含め，紀元前50年まで9年間にわたる軍事活動により，ガリア全土を平定した。その経緯についてはカエサル自身が『ガリア戦記』に書き残している。

ガリア総督の任期が切れた紀元前49年，カエサルは元老院からの召還命令に反し，ポンペイウスを擁した元老院との対決のため，ルビコン川を越え，ローマへと進軍するが，ポンペイウスはすでにギリシアへ逃げた後だったため，ポンペイウスを追ってギリシアへ向かい，ファルサロスでポンペイウスを打ち破る。敗れたポンペイウスはエジプトへと逃亡するが，そこで殺され，追っていったカエサルはエジプトでそれを知らされる。このときカエサルはクレオパトラと出会い，プトレマイオス朝エジプトの王位を巡る争いに巻き込まれるが，辛くも切り抜け，その後北アフリカ，スペインとポンペイウス派の残党を追って転戦し，内戦を終結させた。その後カエサルはローマの改革に着手したが，改革半ばの紀元前44年，ブルートゥス（Marcus Junius Brutus, 85-42BC）ら共和派により暗殺された。

（疋田隆康）

『ガリア戦記』　L Commentarii de Bello Gallico

紀元前58年からのガリア遠征をカエサル自身が記したもの。全8巻で，各巻に1年分の出来事を記述している。最後の第8巻だけはカエサルの部下ヒルティウス（Aulus Hirtius, ?-43BC）による補足で，紀元前51

年と紀元前50年の2年分の出来事が記されている。自らのことも3人称で記す客観的な記述により，その史料的価値は高く評価されている。また，カエサルの簡潔で力強い文体は古来名文とされ，紀元前46年，カエサルの同時代人キケロが著した『ブルートゥス』でも触れられている。わが国では近山金次によって，1942年にはじめて翻訳された。その2年後には外山卯三郎『ローマ古戦論－ゴール戦争の研究－』が刊行されており，この著作には，『ガリア戦記』の翻訳（ラテン語からではなく，ドイツ語訳からの重訳）と，ナポレオン1世の『カエサルの戦争の考証』の訳が含まれている。後者はナポレオン1世がセント・ヘレナ島に流されている間に，『ガリア戦記』に描かれている戦いについて，カエサルの戦術を自身の軍人としての経験を踏まえて，考察し，口述したもので，原著は1836年に公刊されたものである。その後も数種の翻訳が刊行されている。

『ガリア戦記』の第6巻にはガリア人とゲルマン人の民族誌に関する記述がまとめられており，そこでは社会，宗教，風俗習慣などが記されている。たとえば，ケルト人がどのような神々を信仰していたのか，ドルイドとよばれる人びととの役割，葬儀の様子などである。民族誌以外の部分でも，至る所にケルトに関するさまざまな記述があり，ケルト人に関する最も重要な史料の一つと評価されている。　　　　　（疋田隆康）

タキトゥス　L Tacitus (55?–117?)

コルネリウス・タキトゥスの生涯について詳しいことは不明である。名前はプーブリウスともガイウスとも伝えられる。55年頃生まれたとされるが，生地はガリア・ナルボネンシスあるいは北イタリアとも，ガリア・ベルギカとも伝えられる。元老院議員として務めた後，97年執政官，112年頃属州アシア総督を務めたとされる。現存する著作は共和政末期に弁論術が衰退した原因について述べた『弁論家についての対話』（Dialogus de oratoribus）のほか，『アグリコラ』（Agricola）『ゲルマーニア』（Germania）の小品2編と1世紀の歴史を述べた『同時代史』（Historiae）『年代記』（Annales）の歴史書2編である。タキトゥスの作品は，辛らつな皮肉や風刺を交えながら，独特の文体で綴られており，白銀時代を代表する作品として，その文学的価値は高く評価されている。

『アグリコラ』は98年に刊行されたタキトゥス最初の著作で，タキトゥスの岳父グナエウス・ユリウス・アグリコラ（Gnaeus Julius Agricola, 40–93）の伝記である。アグリコラは77年から7年間属州ブリタンニアの総督を務めており，当時のブリタンニアの民族誌が含まれ，古代のブリテン島に関する最も重要な史料の一つである。

『ゲルマーニア』は『アグリコラ』と同じ98年に刊行された著作で，前半はゲルマーニア全般の地理，風俗，習慣，制度を扱い，後半はそれぞれの部族についての民族誌的記述に充てられている。古代のゲルマン人に関する最も重要な史料の一つとなっている。

『同時代史』は69年から96年までの歴史を扱った歴史書であるが，全12巻のうち現存するのは5巻の冒頭，70年のキウィリスの乱の途中までである。

『年代記』は全18巻で『同時代史』以前の出来事，14年から68年までの歴史を記述したものだが，現存するのは1巻から6巻と11巻から16巻で，それらもところどころ欠落している。12巻にはブリテン島のケルト人指導者カラタクスとブリガンテス族の女王カルティマンドゥアについての記述があり，14巻ではボウディカの反乱について詳細に記述されている。　　（疋田隆康）

ルカヌス　L Lucanus (39–65)

マルクス・アンナエウス・ルカヌスは，39年スペインのコルドバで生まれた。父ル

キウス・アンナエウス・メラは哲学者セネカの弟であり，ルカヌスはセネカの甥にあたる。幼い頃父に連れられローマへ移住した。ネロ帝治世下の65年，カルプルニウス・ピソの陰謀に連座し，若くして死に追いやられた。詩才に優れ，彼の著『内乱』（パルサリア，*De Bello Civili*）は，紀元前1世紀のカエサルとポンペイウスの内乱を題材にした叙事詩で，現在10巻が残されているが，巻数および唐突な終わり方から未完の作と推定されている。『内乱』の1巻396行以下はガリアの部族表とよばれる部分で，そこではカエサルのもとに集められたガリアの部族が列挙され，それぞれの部族について簡単な説明が加えられているほか，3巻での，ケルト人の間で聖域とされていた森についての描写など，ところどころにガリアの風習についての記述が見られる。

（疋田隆康）

ポンペイウス・トログス　Ⓛ Pompeius Trogus (106–48BC)

紀元前1世紀ローマの歴史家。ガリア・ナルボネンシスの出身で，祖先はケルト人のウィコンティイ族の出自と伝えられる。生涯については不明である。古代オリエントから紀元前20年までの世界史を記した『フィリッポス史』（*Historiae Philippicae*, 邦題『地中海世界史』）と題する歴史書を残した。ほかに『動物について』という著作があったと伝えられる。

『フィリッポス史』は全44巻であったが，散逸し，トログス自身による各巻の梗概と3世紀頃のユスティヌス（Justinus）による本文の要約のみが伝わる。ガリアやスペインなど西方のケルト人だけでなく，ガラティアなど東方のケルト人についても記述している数少ない史料の一つであり，バルカン半島や東ヨーロッパでのケルト人の活動についてはトログスに拠るところが大きい。

（疋田隆康）

「ケルトイ」　Ⓖₖ Keltoi

ギリシア語で「ケルト人」を意味する語。「ケルトイ」という語の使用は紀元前6世紀から5世紀頃のヘカタイオスに遡ることができると推測されているが，現存する最古の用例は紀元前5世紀のヘロドトスである。紀元前4世紀のアリストテレス以前の「ケルトイ」の用例は現存する限り，このヘロドトスのもの以外では，プラトンとクセノポン（Xenophon）に1例ずつ見出されるのみである。

ストラボンによれば，紀元前4世紀のエポロスは，世界を4つに分ける場合，東方をインド人，南方をエティオピア人，北方をスキュタイ人，そして西方をケルト人に当てていた。紀元前2世紀の著作家スキュムノスにも同様の記述がある。

紀元前4世紀以降はケルト人を指す言葉として「ガラタイ」というギリシア語も用いられるようになる。「ガラタイ」はケルト人一般だけでなく，特に小アジアのガラティア人やガリア人を指す場合もある。「ガラタイ」という語が現れてからも，「ケルトイ」はローマ時代を通じて用いられ続け，古代のケルト人を指す用例は6世紀のプロコピオスまで辿ることができる。

その後も，「ケルトイ」という言葉自体はビザンツ帝国の著作家によって用いられており，例えば12世紀，ビザンツの女性史家アンナ・コムネナ（Anna Komnena, 1083–c.1153）の『アレクシオス1世伝』（*Alexias*）では，フランク人やノルマン人などを指すのに，「ケルトイ」という言葉が用いられている箇所がある。

「ケルトイ」のラテン語形「ケルタエ」は紀元前1世紀のカエサル『ガリア戦記』が初出で，そこではラテン語の「ガッリ」（ガリア人）と同じものだと説明されている。

（疋田隆康）

ケルト文化の隆盛

ハルシュタット文化期　Hallstatt culture

　ハルシュタット文化は，古代ヨーロッパにおける青銅器時代後期から鉄器時代前半期までを包摂する考古学文化を指す用語であり，オーストリアのハルシュタット遺跡を標識遺跡とする。その文化圏はヨーロッパ中部一帯に広がりを持ち，フランス北西部からチェコ東部，ハンガリー西部にまで及ぶ広大なものであった。地域ごとの差異はあるものの，その存続期間はおおむね紀元前1200年頃から前500年頃までと想定されている。文化圏全体を覆うような統一的な大権力の政治体制は存在せず，地方ごとに首長制社会が展開していたと考えられる。

　この長期におよぶ文化には，文字資料が一切存在していない。そのため，時代区分はフィブラや土器の型式学的操作に基づいて行われており，AからDの全4期に細分される。すなわち，最初期にあたるハルシュタットA期が紀元前1200年から紀元前1000年，ハルシュタットB期が紀元前1000年から紀元前800年，ハルシュタットC期が紀元前800年から紀元前650年，ハルシュタットD期が紀元前650年から紀元前475年にそれぞれ比定される。このうち，ハルシュタットA期・B期が青銅器時代文化，ハルシュタットC期・D期が鉄器時代文化にあたり，「ケルトの文化」が語られる際にしばしば言及されるハルシュタット文化とは，後者のみを指しているのが実情である。

　すでにハルシュタットB期までには，小集落と並んで大規模な防御性集落が登場しており，一定数の集住と階層分化が進んでいたが，紀元前6世紀頃になるとその傾向が一層強まり，各地に堅固な防御施設を伴う首長居館が造営されていった。こうした首長居館のなかで，ドナウ川最上流域に立地するホイネブルク（Heuneburg）は，その代表的遺跡である。周囲には，当地の共同体一般構成員が居住したと思われる集落跡が複数確認され，さらにこの首長居館に関連すると考えられている墳墓としてはギースユーベル古墳群とホーミヒェレ古墳群がある。

　紀元前7世紀から5世紀にかけて存続したホイネブルクからは，紀元前530-520年頃のアッティカ式黒像陶器片（把手部と口縁部）が出土している。これは，クラテルとよばれる広口の混酒器であり，古代ギリシア世界でワインと水を混ぜるのに用いられた器種であった。こうした地中海地域で製作された容器類は，アルプスを挟んだ南北交易の存在をうかがうことができる資料である。また，この遺跡で最も特モニュメンタルな遺構と言えるのが，紀元前6世紀初頭に築造された「城壁」である。これは，ホイネブルクの北西面にのみ検出されたもので，直方体形に粗割した石灰岩塊を基部に据えた上に日干れんがを水平に3-4mの高さにまで積み上げ，厚さは3mにも及ぶスケールを誇る。さらに，中世城郭にあるような陸堡が10か所も付けられていたことが発掘調査から判明しており，往時はドナウ川を背に白く輝くホイネブルクの偉容と，そこに居住する首長の威信を伝えるのに十分な視覚的効果を発揮したものと推定される。こうした築造法は，たとえばシチリアのギリシア植民市ではしばしばみられるが，アルプス以北地域では例外的である。これがギリシア系工人の手によるか，ホイネブルクを中心とする共同体に属する人びとが南方で自ら築造ノウハウを得てきたのかについては未だ一考を要するが，当時の地中海地方との強い関係性をうかがうに足る遺構である。

　累代の首長によってホイネブルクは増改築を繰り返してきたが，最終的に紀元前5世紀末頃放棄された。特に廃絶直前までに

3期に及ぶ焼土層が検出されており，ホイネブルクをはじめとするハルシュタットD期の首長制社会が，当時大きく動揺していたことが示唆される。実際のところ，ホイネブルクのみならず各地の首長居館は，いずれも同時期に放棄・衰滅へと向かっている。その要因については今も諸説あるが，交易ルートの混乱とともに，遠隔地交易に依存していたハルシュタット文化の首長制社会の秩序が大きな影響を受けたことなどが特に挙げられよう。そして，こうした動向と前後するかたちで，ガリア・ゲルマニア両地域は鉄器時代後期，すなわち「ケルトの文化」とされるラ・テーヌ文化へと移行することになる。
(望月規史)

ハルシュタット遺跡 Hallstatt

地元の岩塩鉱山技師だったラムザウアーによって発見されたオーストリア・ザルツブルク州に所在する先史時代の埋葬墓地。ヨーロッパ鉄器時代前期の時代区分である「ハルシュタット文化」の標識遺跡として知られる。総数約1,000基にものぼる墓からは，長剣や斧や矛といった武器類から馬具やフィブラ，広口長胴形のシトゥラや鍋，高杯などの生活用具のほか，ウマやシカ，ヤギ，鳥などの動物を模した飾金具類など，極めて多数の青銅製遺物が鉄製品とともに副葬品として出土した。葬制には火葬と土葬がみられ，火葬が土葬に先行する。火葬墓は封土を伴わないが，土葬墓に較べて副葬品が豊富である。火葬墓は被葬者の周囲に石室や木槨をめぐらし，封土で覆う。被葬者は，当地で産出する岩塩採掘に従事する集団との関連が指摘される。

なお，ラムザウアーが発掘した遺物の多くは，オーストリア皇帝に献納された後，オーストリアのウィーン自然史博物館の先史部門に収蔵された。一部の遺物は，1884年に現地で開館したハルシュタット博物館でも見学することができる。(望月規史)

ラムザウアー，ヨハン・ゲオルク Ramsauer, Johann Georg (1795-1874)

ハルシュタット遺跡の発見者として考古学史上にその名をとどめる好古家。ハルシュタットに生まれたラムザウアーは，鉱山技師のちに鉱山監督として地元ハルシュタットの岩塩鉱山に長く勤めた。この勤務のかたわら，1846年11月にラムザウアーは，それまで全く知られていなかった古代の集団埋葬地を発見することになる。以後，ラムザウアーは17年間に渡って発掘を行い，最終的に980基の埋葬墓と19,497件もの遺物を発見するに至った。ラムザウアーが発見した埋葬墓の状況や遺物は，同じくハルシュタット出身で友人のイシドール・フランツ・エンクル (Isidor Franz Engl, 1832-1918) により水彩画で描かれた。
(望月規史)

ギリシア文明との交流 intercourse with Greek civilization

ギリシア人は古くから地中海沿岸部に植民市や交易の拠点を建設しており，ケルト人はそれらを通してギリシア文明との交流をもっていた。特にケルト人に大きな影響を与えたのはマッサリア（現マルセイユ）である。伝えられるところでは，フォカイア人の艦隊が植民市建設のため，ケルトイベリアのセゴブリギイ族の所にやってきた時，艦隊の指導者の一人プロティスがセゴブリギイ族の王ナンヌスの娘に気に入られ，婿となり，フォカイア人にローヌ川の河口の地が与えられた。フォカイア人がその地に築いたのがマッサリアであり，紀元前600年のことだといわれる。ガリア南部のケルト人はマッサリアから，農耕，葡萄やオリーブの栽培，城壁の建造，さらにはギリシア文字やギリシア語を含むギリシアのさまざまな文化を学んだという。ポンペイウス・トログスはその様子を「ガリアがギリシアへ移されたよう」と評し，ストラボンは，「マッサリアはガリアの学校」と

述べている。

内陸部では，現在のブルゴーニュ地方，紀元前5世紀頃のヴィクス（Vix, 現ラソワ山）の王女の墓からは，アッティカやマッサリアの陶器，青銅器などが発見されており，ケルト人がギリシア文明と交流をもっていたことが窺われるが，これらギリシア製のものをどのように入手していたのか詳細は不明である。

紀元前4世紀半ば以降，ケルト人傭兵がギリシア本土の諸ポリスや地中海沿岸のギリシア人植民都市，シリアやエジプトといったヘレニズム諸国などで活躍しており，ギリシア文明との交流もより盛んになったものと推測される。紀元前3世紀以降，ケルト人はギリシアのコインを模倣したコインを打刻あるいは鋳造するようになった。その際，模倣のもととされたのは，フィリッポス2世やアレクサンドロス大王が発行したマケドニアのコインであったが，これらのコインがケルト人のもとにもたらされたのは傭兵によるところが大きいといわれている。

ギリシア文字を用いて刻まれたガリア語の碑文がガリア南部を中心に発見されているが，最も古いものは紀元前2世紀頃に遡ることができると考えられている。それらの大部分はグラフィティであるが，カエサルの『ガリア戦記』にもケルト人が普段はギリシア文字を用いていることが記録されている。
（疋田隆康）

交易による発展 development through trade

ケルト人は鉱物を用いた冶金，特に鉄製品の製造や，皮革，織物など動物の皮の加工に優れ，交易の際にはこれらを輸出していた。直接の交易相手は地中海のエトルリア人，ギリシア人，ローマ人，フェニキア人などで，おそらく北海のゲルマン人とも交易を行っていたであろうが，ゲルマン人との交易に関しては詳細は不明である。

ギリシアやローマなど地中海との商業活

ワインは船でケルト圏へ運ばれた

動では，金，銀，錫などの鉱物資源や塩などを輸出し，ワインやオリーブオイルなど地中海でしか採れない産物を輸入していた。

金や銀を産出するのはスペイン北西部ガリシア地方，ドイツ西部ライン川流域ヴァルトアルゲスハイム（Waldalgesheim）などであり，錫の産地としてはアイルランドやコーンウォールなどのブリテン諸島がよく知られていた。また，ケルト人の勢力範囲からは産出しないが，琥珀も北海方面から何らかの手段で手に入れ，交易品として用いていた。

交易の中心はワインであったが，ワイン交易に伴い，ワインに関連したものもケルト人にもたらされた。たとえば，アンフォラ（ワインの醸造，運搬に用いられた容器）やフラゴン（水差し状の，ワインを杯に注ぐために用いられた容器）などである。これらの品はケルトの図像表現に大きな影響を与え，装飾パターンとしてアカンサスやパルメットなどの植物文様の普及に大きな影響があった。また，ギリシアなどの人像表現，神像を擬人化された姿で表す技法などもこれらの品の影響であるといわれている。

また，ケルト人の商人は品物の取引を行うだけでなく，さまざまな情報をもたらすこともあった。『ガリア戦記』には商人によりローマ人の攻撃計画が事前に漏れた事例があり，交易活動は外部の情報を得る重要な手段でもあった。
（疋田隆康）

ワイン文化　wine culture

ギリシア・ローマの著作家は，ケルト人は酒好きであり，しばしばワインを水で割らず生のまま飲み，時にはワインと奴隷数人とを交換することもあったと伝えている。ワインについてはさまざまな逸話が伝えられており，ハリカルナッソスのディオニュシオス（紀元前1世紀）の記述によると，ケルト人のもとにはじめてワインがもたらされたのは紀元前5世紀頃のことで，イタリア中部の町クルシウム出身のアッロンという人物が，ローマに故国を滅ぼされた後，ケルト人のもとへワインをもって亡命してきた時だという。このとき，アッロンはケルト人がワインに魅了されたのを見て，イタリアを征服すればワインを好きなだけ手に入れることができる，とそそのかし，復讐のため，ケルト人をイタリアへ進軍させ，ローマと戦わせたという。この話の真偽は定かではないが，ローマによって征服されるまで，ケルト人は地中海からワインを輸入し続けた。

ガリアでは，地中海沿岸部，特にマッサリア周辺で，植民したギリシア人によって古くから葡萄栽培とワイン醸造が行われていたが，それより北に住むケルト人にとって，ワインは地中海，特に，スペイン，イタリア，ギリシアなどからの舶来品であった。ローマの支配下に入ってからもしばらくはワインは輸入されており，たとえば，ルグドゥヌム（現リヨン）では，建設直後の紀元前40年頃に，イタリアやスペイン，ギリシアのワインが輸入された記録が残っている。

ガリアで本格的に葡萄栽培とワイン醸造が行われるようになるのはおそらく1世紀初め頃であると考えられており，大プリニウスは，ウィエンナ（Vienna, 現ヴィエンヌ）でワインの醸造が行われていたと伝えている。その後ガリアでは急速にワイン醸造が発展し，1世紀末には逆にイタリアなど地中海向けに輸出されるようになった。この要因の一つは木製の樽の使用であったと考えられている。ギリシアやローマでは，葡萄を搾った後，アンフォラとよばれる陶器で醸造するのが一般的であり，ガリアでも当初は同様の方法が用いられた。紀元前1世紀の終わり頃から，ローヌ川中流域ではアンフォラの代わりに木製樽が用いられるようになり，そのおかげで醸造期間が短縮され，より自然の風味豊かなワインを作ることに成功した。木製樽の導入はケルト人のビール醸造と関連しているともいわれ，そうであればワイン文化はケルトとローマの文化の融合の一例と考えられるかもしれない。

（疋田隆康）

ヴィクス　Vix

フランス南東部ブルゴーニュ地方のコート・ドール県にある町。セーヌ川上流に位置するヴィクスの一帯は，後期ハルシュタット文化からラ・テーヌ文化初期の時代に交易で栄えた。「ヴィクスの王女」として知られる貴婦人の豪華な墓が発見された土地として知られる。

この町はケルトのオッピドゥム（都市型城塞）で，地中海交易の中継都市であったことから，ギリシアやエトルリアなどの地中海の先進的な文化の影響を強く受けた社会であった。コーンウォール（ブリテン）など錫の生産地やヨーロッパ北部との交易が盛んなことをうまく利用して，利益を得ていた。交易を有利にしたのはこの町をセーヌ川が流れていることであった。地中海

ワインを入れる容器（フランスのバス＝ユッツで出土）。取っ手の造形が美しい。

から船でセーヌを渡っても，北方（スイスなど）へ品物を運ぶにはヴィクスで陸路運搬に替える必要があった。そのとき，ヴィクスの首長が王国を通過することをたてに重い税（貢物）を課して，富を増やしていた。

ヴィクスの王女の墓から出土した巨大クラテルも，彼女の夫か父親が権力を用いて遠方から運ばせたものではないかと考えられている。よほどの見返りがなければ，これほど大きな容器を運ぶことはなかったであろう。ほかの高価な宝石類もなんらかの権力と関係あるかもしれない。

とはいえ，ギリシア・エトルリア文化から学び，さまざまな面でケルト社会はみずからの文化を高め，やがて固有の文化を創りあげたと考えられる。ケルトは地中海文化の移入によって自己革新を遂げることができた。　　　　　　　　　　（木村正俊）

ヴィクスの王女の墓　the Grave of the Princess of Vix

1953年1月，パリの東300キロにある町ヴィクスで，地元の考古学者ルネ・ジョフロイによって発見された，貴婦人の墓。いわゆる「ヴィクスの王女の墓」として知られるが，ケルト文明を理解する上で，非常に重要な要素を含んでいる。ヴィクスは地中海地域との交易によって繁栄したところで，北方と地中海世界を結ぶ交易の十字路であった。その地で，王女と思われる貴婦人（女ドルイドとの説もある）の手つかずのまま発見された墳墓から，豪華な副葬品が多く出土したことによって，当時のケルト社会の実態がかなり具体的に解明されるようになった。墳墓（9㎡）は古墳（直径42m，高さが少なくとも6m）の下から発見された。

王女の遺体は前6世紀末のもので，保存状態は悪かったが頭蓋骨は復元できるくらい完全であった。年齢は35歳くらいで，身長は1.64mあり，歯は抜けていた。王女は墓の中央に置かれた立派な金属製の四輪馬車（ワゴン）の上に載せられていたが，車輪は馬車から取り外され，墓室の東側の壁に立てかけられていた。馬車は非常に飾り立てられており，ハルシュタット期の四輪馬車埋葬の典型である。

身分の高い女性にふさわしく，彼女の墓からはさまざまな貴重な副葬品が出土した。衣服は着けていなかったが，天馬ペガサスの装飾のある黄金の王冠（ダイアデム）や黄金の首環（トルク），バルト海沿岸の良質の琥珀で作った首飾り，黄金と亜炭の腕環，髪飾り，宝石で飾った襟留めなど大量の装身具などとともに埋葬されており，当時の高度な文化をしのばせるものであった。黄金の王冠は，動物文様から判断して，黒海沿岸のスキュタイの工房かギリシア・エトルリアの工房（いずれにしても地中海世界）で作られたとみられる。

副葬品のなかで最も重要なものは，墓室の北西にあった青銅製のクラテル（混合ワインを入れる取っ手つき壺）である。クラテルは，高さ164cm，重さ208.6kgもある珍しく巨大なもので，古代世界で出土したなかでは最大である。300ガロンのワインを入れることができる。このクラテルはスパルタ様式で，濃い青緑色をしている。部分部分にギリシア文字が描かれている。首部は，四頭立ての二輪戦車に乗る古代ギリシアの戦士と歩兵の行進場面によって装飾されている。2つの取っ手は口よりも上に出ており，それぞれには，舌をべろりと出した残忍な顔のゴルゴン・メドゥーサの上半身，獅子，蛇の像が造形されている。このほか，エトルリア製のテーブルセット，アッティカ産の杯，エトルリア産のワイン壺なども出土した。　　　　　　（木村正俊）

ケルトの建築と彫刻　Celtic architecture and sculpture

ケルト人の造形的な能力は大規模な形をとって表されたり，巨大な建築物として明

らかに示されることはなかった。堂々とした建造物はケルト人にとってさほど関心を引かなかったようである。しかし、彼らは部族社会を防御する施設の建設では見事な才能を発揮し、各地に感嘆すべき高度な建築技術を用いた要塞を造営した。要塞を巧みに造る技術は伝統的なものであったらしく、カエサルは『ガリア戦記』のなかで「ガリア人の防壁」とよんでその建造技術をたたえている。

しかし、ケルト社会の一部では、外国の建築家の援助を得たり、外国の城砦の構造に学んで造られた、より規模の大きい、堅固な要塞もみられる。ハルシュタット期初期に造られた稜堡（要塞にある五角形の突出部分）のあるホイネブルグ（Heuneburg）の要塞やラ・テーヌ期にフランス南部の沿岸地域に建てられた要塞などは大掛かりな築造物の例である。

ケルト人は前4世紀後半にイタリア北西部に住んでいたリグリア人（the Ligurians）と接触を持ったことから、ギリシアの建築や芸術に触れるようになり、ギリシア人から要塞建築の技術を学んだと言い伝えられている。ケルト社会全体には当てはまらないかもしれないが、少なくとも当時ギリシアとかかわりの深かったフランス南部地方では事実であったと思われる。この地方のオッピダ（oppida, 都市性のある要塞）は、ヨーロッパ中央部のケルト人のオッピダよりも一層都市性が強く、そこにはギリシアの影響を受けた城壁や整然とした通路、聖堂があった。フランス南部はギリシアの建築技術などを吸収し、ケルト文化へ先進性をもたらす役割を果たしていた。

ケルト人の彫刻は石と青銅を素材にした製品が大半である。木を用いたものはわずかに残存するが、断片的である。ケルトの彫刻には「人頭」を表現したものが多く、それにはケルト人の人頭を敬う信仰が込められているとみられる。彫刻の表現は粗ител で、原始的な力をもち、不気味で、奇怪な印象を与える。ケルト人は彫刻の技法もハルシュタット期にイタリアから学んだとみられる。地中海のフランス側沿岸部で発見された彫刻は明らかに古典美術の影響をうかがわせる。

最も古い石造彫刻の一つはドイツのプファルトフェルトで出土した前450-前350年の石灰岩製石柱（もとは上に頭部がのっており、高さが2.5mあったが、現在は1.48m）である。それには葉状冠をかぶった人面やS字の渦巻き文様などが彫り込まれている。多頭の石像もケルト彫刻の際立った特徴を示すが、ドイツのホルツガーリンゲンで出土したヤヌス（双頭）の石像（高さ2.3m）や南フランスのブーシュ＝デュ＝ローヌ県ロクペルイテューズで出土したヤヌス的石像は代表的なものである。同じくブーシュ＝デュ＝ローヌ県で出土した石灰岩製の彫刻「ノーヴのタラスク」（高さ1.12m）は前2世紀頃のものと推定されるが、牙をむき出しにした怪獣の両腕が2人の人間の頭に突き刺さるように置かれており、もう1本の腕は怪獣の顎から伸びているという奇怪きわまる造形である。同じような造形の怪獣の石灰岩製彫刻（高さ55cm）はフランスのアルザス地方からも発見されている。

チェコのプラハ近郊ムシェツキー・ジェフロヴィツェで発見された有名な頭部の彫刻は前2世紀頃のものと推定されるが、怪奇性はなく、ケルト人を戯画化しているような造形表現である。首にトルクをしているのは明らかにケルト人を表している。立派な口ひげをたくわえ、眉毛の端はくるりとはね上がり、両目は丸く突き出ていていかにも誇張されている。頭髪もケルト人らしく後方になびかせて整えている。

（木村正俊）

「瀕死のガリア人」 'The Dying Gaul'

「瀕死のガラティア人」ともよばれる。ペルガモン王国で制作されたといわれる大

ケルト文化の隆盛

「瀕死のガリア人」とよばれる大理石の彫像（ローマのカピトリーノ博物館蔵）

理石像。首にトルクをつけているのを除けば裸の戦士が，致命傷を負い盾の上で死んでいく様を描いている。おそらくペルガモン王国のアッタロス1世がガラティア王国に対する勝利を祝して制作したものと思われる。瀕死のガリア人のオリジナルはブロンズ像で，現存するものはローマ時代に作られたコピーと考えられてきたが，後世のコピーではなく，ペルガモンで複数作られたオリジナルの一つとする説もある。

17世紀に発見され，18世紀，ナポレオンのイタリア遠征により，一時的にフランスへ移されたが，ナポレオンの失脚後，ローマへ戻され，それ以来，ローマのカピトリーノ美術館で所蔵，展示されている。発見された当初は剣闘士の像と解釈されていたが，19世紀半ば以降，ガリア人の像と認知されるようになった。　　　　（疋田隆康）

ラ・テーヌ文化期　La Tène culture

ラ・テーヌ文化は，ハルシュタット文化の後を受けて成立した古代ヨーロッパ鉄器時代後期の文化であり，スイスのラ・テーヌ遺跡を標識遺跡とする。紀元前5世紀にハルシュタットD期の首長制社会が崩壊する。これとほぼ時を同じくして，マッサリアを経由してローヌ川を利用するそれまでの交易ルートは振るわなくなった。代わって，北イタリアからアルプス山脈を越える交易ルートが拓かれ，新たな南北交易がはじまった。

ラ・テーヌ文化は，ハルシュタット文化よりも全体的にやや北側に展開した。それは，マルヌ＝シャンパーニュ地域からライン川中流域，さらにボヘミア一帯からドナウ川上流域にまで及ぶもので，後にはブリテン諸島も強い影響を受けるなど，ハルシュタット文化を越える広大な文化圏を示している。文化圏がヨーロッパの複数の国に及び，かつ各地域によって状況に少なからぬ差異があるため各国の考古学者がこれまでさまざまな編年案を提示しているが，基本的にはオットー・ティシュラーによる編年案（前期：紀元前450-250年，中期：紀元前250年-100年，後期：紀元前100年以降）が，ひとつの目安となっている。

ラ・テーヌ文化の社会状況については，ガリア地域を中心にこれまでさまざまな古代ギリシア・ローマの文献をもとに多くの説明がなされてきているが，少なくとも農耕と牧畜を基調としたものであった点は，考古学的にも十分証明できる。また人びとは，アルプス以南とも交易活動を行い，社会・経済・美術はそれぞれ次第に大きな発展を遂げていった。特にそれが顕著となるのは，ラ・テーヌ中期頃からである。少なくともライン川以東の地域では，すでに紀元前3世紀前半からマケドニアやギリシアの貨幣を祖型に自前で貨幣が製作されており，紀元前2世紀中葉には規格化した複数種の貨幣が存在した。当時，ドナウ川上流地域においてどのくらいのレベルで貨幣経済が発達していたかは議論の分かれるところであるものの，大量の埋納貨幣の存在は，貨幣が鉄器時代において通貨のみならず威信材としても扱われていたことを示唆している。

またこの地域では，ドナウ川の水運を背景にはるか遠方の原料を用いた工芸も展開していた。たとえば，大規模オッピドゥム

で知られるマンヒンクでは，200kmも下流に位置するパッサウ，あるいはボヘミア南部から石墨陶土がもたらされ，轆轤成形を主体とする高い製陶技術を背景に，精製黒色陶器が大量に製産されていた。熱伝導率が高く透水性のない石墨陶土は，主に調理具として理想的な存在だったのである。また，轆轤はガラスの研磨成形にも用いられており，マンヒンクのガラス珠やガラス釧は，各地に盛んに輸出された。工房エリアとみられる遺構からは，完形品のみならずガラス塊や半製品が多数出土しており，当地でガラス工芸が盛んだったことをうかがわせる。こうしたオッピドゥムで行われていた工人集団による集約的な生産工程を，アルプス以北における最初の「マニュファクチュア」（いわゆる工場制手工業）の成立とみる向きもある。さらにマンヒンクからは，南方との交易関係を窺わせる遺物も出土している。たとえば，紀元前200年頃のガリア南部製のワイン用アンフォラの存在は，マンヒンクを含むこの地域一帯が，アルプス以北の北方世界にとって重要な中継地の一つだったことを例証するものである。

マンヒンク発掘調査の総合的な成果は，後の中世都市と比べても全くひけをとらない面積規模や防壁の存在，規格性の強い道路と建物配置，そしてさまざまな出土品から想定される諸工芸の発達と遠隔地交易の存在など，『ガリア戦記』から受ける印象以上に，鉄器時代オッピドゥムの具体的な姿を教えてくれるものとなっている。すなわち，オッピドゥムは単なる軍事施設ではなく，経済や工芸の中心地としても繁栄していた。そこにはいわば都市的なセンター機能を認めうるのであり，特に都市研究が盛んだったドイツでは，早くから注目を集めるセトルメント形態であった。中世都市に先行する都市文化としてオッピドゥムの存在を指摘し，その例としてマンヒンクを挙げる研究者もいるほどである。

このような，都市にも擬せられるオッピドゥムを中心に成立した，ラ・テーヌ中期紀元前2世紀頃の集約的な社会・経済のシステムは，しばしば「オッピダ体制」ないし「オッピダ文明」ともよばれ，地中海世界とも一線を画す状況を呈していた。

（望月規史）

ラ・テーヌ遺跡　La Tène

スイスのヌーシャテル湖北岸にある浅瀬で発見された遺跡。ヨーロッパ鉄器時代後期の時代区分である「ラ・テーヌ文化」の標識遺跡として知られる。多数の木柱列が検出されたことから，早くから湖上住居の遺跡として推定されて来た。また，古代ヨーロッパでは，湖上や沼沢地に木杭を多数打ち込みその上に家屋を建てるセトルメントがしばしば見られるが，本遺跡はその研究の進展に大きく寄与した点に重要な意義が認められる。

ラ・テーヌ遺跡からは，これまでに保存状態の良い木製品をはじめ2,500点以上の遺物が出土しているが，特筆すべきは鉄製武器の出土件数の多さである。1857年にスイス人のハンスリ・コップが初めて発掘した際には，早くも40点もの鉄剣や槍先などが多数出土している。また，1866年にも鉄剣50点がまとまって発見されるなど，その後も発掘が行われるたびに多くの鉄剣が出土した。現在知られているだけでも鉄剣だけで166点が存在する。また，鉄製の槍先は269点，盾が29点出土している。編年上は，ラ・テーヌ中期に位置づけられる。

（望月規史）

ヌーシャテル湖　[F] Lac de Neuchâtel

ヌーシャテル湖（フランス語：Lac de Neuchâtel，ドイツ語：Neuenburgersee）は，スイス西部にある東西長38.3km，最長幅8.2kmの細長い湖で，面積218.3km²，最深部152m。水質がよいことでも知られる。1857年に湖の水位が低下した際，湖の北岸

マラン近郊のラ・テーヌで木杭列や鉄剣をはじめとする、さまざまな金属製遺物が多数発見された。この発見が契機となり、古代ヨーロッパの後期鉄器時代（＝ラ・テーヌ文化期）の研究が、活発化する大きな契機となった。周辺からは、旧石器時代の石器類をはじめ、メンヒルやドルメンなど新石器時代の巨石記念物、青銅器時代の集落や墓など、各時代の遺跡遺物が多数出土しており、当地が早くから優れた生活環境であったことがうかがえる。　　（望月規史）

ローマ・ゲルマニアとの対決　the Celtic-Roman/Celtic-German confrontation

ケルト人とローマ人との最初の対決は、紀元前4世紀初め、ケルト人が北イタリアへ進出し、エトルリア人の町クルシウム（Clusium）を包囲した時であると伝えられる。エトルリア人はローマに助けを求め、ローマからケルト人のところへ和平調停を行うため、使者としてクィントゥス・アンブストゥス・ファビウス（Quintus Ambustus Fabius）が送られた。この交渉が失敗に終わると、ファビウスはクルシウム軍に加わり、戦場でケルト人の指揮官を殺害した。ケルト人は、中立を掲げて交渉に来た使者が自分たちに敵対したことに対して怒り、ローマに当事者であるファビウスとその家族の引き渡しを求めたが、ローマはこれを拒否したため、ローマへ侵攻し占領した。半年ほどでケルト人はローマから撤退したと伝えられるが、その後も紀元前3世紀終わりまで、イタリア半島でケルト人とローマ人は抗争を繰り広げることになる。ただし、この間の詳細については史料の不一致が甚だしく、明らかではない。

ケルト人を打ち破りイタリアを統一し、第二次ポエニ戦争でカルタゴに勝利したローマは、紀元前2世紀になると、西ではスペイン、東はバルカン半島から小アジアにかけて勢力を広げていくこととなる。スペインではケルトイベリア戦争とルシタニア戦争により、ローマはスペイン内陸部を制圧し、小アジアでは紀元前189年グナエウス・マンリウス・ウルソ（Gnaeus Manlius Vulso）率いるローマ軍とガラティア王国が衝突し、敗れたガラティア王国は以後領域外に兵を出さないことをローマと取り決めた。

ローマでは、特にスペインでのケルト人との長期にわたる戦いの影響で、中小市民の没落が深刻な問題となり、グラックス兄弟による改革が行われたが、その一環として没落した市民のガリア南部への植民が計画された。そこで、紀元前125年、ケルト人のサルウィイ族がマッサリアを攻撃し、マッサリアがローマへ救援を求めると、ローマはガリア南部へ進軍し、サルウィイ族だけでなくアッロブロゲス族やアルウェルニ族も打ち破り、ガリア南部をローマの属州とした。

その後ローマでは閥族派のスラと民衆派のマリウスの内乱のためケルト人との間には小康状態が保たれることとなるが、紀元前58年、カエサルが属州ガリア総督となると、ヘルウェティイ族の移動をきっかけにガリア遠征に乗り出し、ガリアはローマに制圧されることになる。紀元前27年から19年にかけてアウグストゥス帝によりスペイン北部が制圧されると大陸のケルト人はほぼローマ帝国の勢力下に入ることとなり、43年クラウディウス帝により、イングランドとウェールズがローマ帝国の版図に加えられ、スコットランドとアイルランドを除き、ケルト人はローマ帝国の支配下に入ることとなった。

ケルト人とゲルマン人との関係がいつから始まるのか、明らかではないが、紀元前113年から101年にかけての、ゲルマン人部族テウトニ族とキンブリ族のガリアおよびスペインへの侵攻が、ケルト人とゲルマン人との抗争に関する最初の記録である。しかし、『ガリア戦記』によれば、古くはケルト人はゲルマン人より武勇に勝り、ゲル

マン人としばしば戦い、ガリアからライン川を越えて入植したこともあったが、その後力関係が逆転し、ケルト人は敗北を重ね、やがてゲルマン人と争うのを避けるようになったという。また、『ガリア戦記』など古典文献では、紀元前5世紀頃、ケルト人はガリアからヘルキュニアの森へ移民団を送ったと伝えられており、その際、あるいは移民後にケルト人とゲルマン人との衝突があった可能性は否定できない。

(疋田隆康)

ケルト文化圏の拡大　the expansion of Celtic territory

中部ヨーロッパのドナウ川上流東側に居住し、紀元前6世紀に隆盛していたケルト人部族は、5世紀の半ば頃、しだいに勢力が弱体化し不安定になった。おそらく人口増加があまりに急速に進んだため、部族内に混乱と不安が生じ、民衆と指導者のあいだに険悪な対立関係が起こったからに違いない。それに若者たちの冒険心も指導者を突き動かしたであろう。前5世紀半ば頃から、多くの部族が新領地を求めてヨーロッパのほかの土地へ移動し始めた。

ローマの歴史家リウィウスによれば、先手を切ったのはガリアのビトゥリゲス族で、アルウェルニ族、セノネス族、アエドゥイ族、アンバリ族の集団も続いた。最初は近隣のかかわりのある地域への移動であったが、のちには武装した集団となって、さらに遠隔の地へ向かうことになった。ケルト人の居住地は、この民族大移動によって、イタリア、東ヨーロッパ、アナトリア（小アジア）などへ拡大した。ケルト人の結合は中心を欠いたゆるやかなものであったが、カエサルがケルト世界を崩壊させる前1世紀まで、ケルト人はヨーロッパの大部分を支配した。

ケルト人の部族は、ボヘミアを通って東へ向かうルートと、南へ向かうルートで移動した。東への移動は、ドイツ南部、スイス、ドナウ川流域中流、モーゼル川へと広がる地域へ進んだ。別の集団は北東へ進路変更し、バヴァリアを抜けてボヘミア中央部へ至り、オーストリアへ到達した。東へ向かったケルト人の一派は前3世紀初め、大挙して東南方へ移動し、ギリシアやマケドニアを攻略した。前279年、セノネス族の部族長ブレンヌス（Brennus, ?-c.278BC）率いるケルトの軍勢が一時デルフォイを包囲したが、ギリシア人が激しく抵抗したため退却した。

南方のイタリアへ向かった部族は、前400年頃、アルプスの街道を通って南下し、ポー川渓谷の南に侵入し、豊饒な川沿いを定住の地とした。ポリビウスによれば、彼らは村落を形成して住み、戦争と農耕に従事した。北イタリアはエトルリア文化の影響で隆盛した土地であったが、その一部がケルト人に占領されたことになる。ブレンヌスが指揮するケルト軍は、前290年ローマを略奪し、数か月間支配した。

ケルト人のなかには、オランダ、ベルギーへ広がった部族がおり、その一部は海を渡ってブリテン島南部へ上陸した。彼らはブリテン諸島に住み、島のケルト人の祖先となった。もっとも、近年はこの見解に疑義が出されており、ケルト人が大陸から移住したことを否定する説も出ている。

また、ガリアのドナウ川流域に居住していたケルト人の一派は、小アジアのアナトリア（現在のトルコ共和国領）へ移住した。彼らはガラティアに定住してケルトの王国を建設、ガラティア人とよばれた。この王国は3世紀以上にわたって存続し、ケルトの伝統的文化を維持した。

(木村正俊)

大陸のケルト人

ケルト人の移動　Celtic migration

ヘロドトスの記述やハルシュタットなど

の遺跡から，ケルト人の原住地はドナウ川の流域，現在のオーストリアからドイツ南部のあたりであったと考えられており，そこから東西に移住していったとされる。移住の時期は諸説あり，必ずしも明らかではない。

イベリア半島に関しては，かつてはケルト人の第1波が紀元前900年頃に到来し，第2波が，紀元前600年頃に到来したとする説などが出された。ハルシュタット文化の影響が見られることから，少なくとも紀元前6世紀頃にはケルト人が移動してきていたと考えられている。ガリアに関してもイベリア半島同様，紀元前6世紀頃にはケルト人が居住していたといわれている。古典文献などにはこれらの地域への移動に関する記述がないことから，ギリシア人やローマ人がケルト人と接触するようになった頃にはすでにケルト人はこの地域に居住しており，したがって西方へのケルト人の移動はほかの地域よりも早かったと推測されるが，詳細は不明である。

北イタリアには，伝えられるところによると，紀元前5世紀終わりから紀元前4世紀初め，ガリアからビトゥリゲス族主導の移民団が送られたとされる。パドゥス川（Padus，現ポー川）流域に最初に住み着いたのはラオイ族（ラエウィ族）とレベキオイ族（リブイ族）とよばれる部族で，その後インスブレス族やケノマニ族が定住したと伝えられる。パドゥス川の南にはアナレス族，ボイイ族，リンゴネス族，セノネス族が定住したと伝えられる。

東方にケルト人が進出し始めたのは紀元前4世紀後半と考えられている。伝えられるところでは，ケルト人はまずパンノニア（ドナウ川中流，現在のハンガリーに相当）へ進出し，そこからイリュリアやバルカン半島へ勢力を伸ばしていった。紀元前280年，ケルト人は3波に分かれてバルカン半島へ進出し，ケレトリオス率いる部隊はトラキアへ，ボルギオス（ベルギウス）の指揮する一隊はイリュリアとマケドニアへ，ブレンヌス指揮の一軍はパイオニアへ向かった。トラキアへ向かった部隊がその後どうなったのかは不明である。ボルギオス軍はマケドニアを破り，その王プトレマイオス・ケラウノスを敗死させた。しかし，紀元前277年にはマケドニア王アンティゴノス・ゴナタスに敗れ，コモントリオスに率いられ，現在のブルガリアへ退き，テュリスを都とする王国を築いた。ブレンヌス軍はその後ギリシアへ侵入したが，デルフォイで敗れ，生き残った者は小アジアへ渡った。

ブリテン諸島には，従来は紀元前6世紀頃にケルト人が移住してきたとされていたが，1990年代にはブリテン諸島にはケルト人は来なかったとするいわゆる「ケルト否定論」が唱えられ，学界に論争を巻き起こした。この論争は，いまだ決着を見ていない。
（疋田隆康）

ガリアのケルト人　the Celts in Gaul

ガリアはピレネー山脈，ライン川，ポー川で区切られた範囲で，現在のフランス，スイス，ベルギー，ルクセンブルク，オランダ，北イタリア，ドイツ西部を含む地域を指す。ローマ人は伝統的にこの地域を2つに分け，アペニン山脈とアルプス山脈から北をガリア・トランサルピナ（アルプスの向こう側のガリア）とよび，南をガリア・キサルピナ（アルプスのこちら側のガリア，すなわちアルプス以南のガリア）とよんでいた。

ガリアにケルト人がいつ頃から存在していたかは不明だが，少なくとも紀元前6世紀頃にはすでにガリアにケルト人が居住していたと思われる。紀元前6世紀のガリアにはハルシュタット文化が普及しており，それを背景に紀元前5世紀から4世紀にかけてラ・テーヌ文化が普及したと考えられている。

紀元前2世紀以前のガリアについては，

古典文献の断片的な記述が残されているに過ぎない。伝えられるところでは，紀元前5世紀頃，ガリアのケルト人は人口増加により，移民を計画し，当時ガリアの覇権を握っていたビトゥリゲス族の王アンビガトゥス（Ambigatus）の指示により，王の甥セゴウェスス（Segovesus）とベッロウェスス（Bellovesus）に率いられた移民団を送り出した。実際のガリアの人口は不明だが，ディオドロスは，ガリアの部族の人口は，多い部族で約20万，少ない部族では約5万と伝えており，ローマ支配下では約1,000万との推計もある。

ガリア南部には，古くからギリシア人が植民しており，特にマッサリアを通してギリシア文化の影響を強く受けた。ただし，政治的にはケルト人とマッサリアなどのギリシア人は異なる立場を取っていた。マッサリアはケルト人のローマ略奪の際，終始ローマ側に立っていたとされ，第二次ポエニ戦争時にも，マッサリアは親ローマの立場を崩さなかった。それに対し，ケルト人の多くの部族はハンニバルに協力し，ローマと戦ったという。紀元前218年，ハンニバルがスペインからピレネー山脈を越え，イタリア目指してガリア南部に入ると，ローマとハンニバルは共にケルト人の協力を求めたが，ケルト人は同胞がローマ人によってイタリアから追い出されたことなどを持ち出し，ローマの使者を追い払ったと伝えられる。

その後，第二次ポエニ戦争に勝利したローマは，ガリア・キサルピナに勢力を伸ばし，紀元前3世紀から2世紀にかけて，ガリア・キサルピナはローマの支配下に入ることとなった。紀元前125年，ケルト人のサルウィイ族が，マッサリア（現マルセイユ）を攻撃すると，マッサリアは当時同盟関係にあったローマに救援を要請した。これを受け，ローマ軍はガリアに進軍し，サルウィイ族を打ち破った。紀元前121年，グナエウス・ドミティウス・アヘノバルブスはサルウィイ族指導者層を擁したアッロブロゲス族とアルウェルニ族を打ち破り，ガリア南部を属州にした。この地は属州ガリアとよばれたが，後にガリア全域がカエサルによりローマの支配下に入ると，ほかの地域と区別するため，紀元前118年に建設された植民市ナルボ・マルティウス（現ナルボンヌ）にちなみ，属州ガリア・ナルボネンシスとよばれることになった。

ローマによるガリア征服と平行して，ケルト人の文化にも，ギリシア文化に代わり，ローマの影響が顕著に表れてくる。ガリア語はギリシア文字に代わりラテン文字で刻まれるようになり，貨幣もマケドニアやマッサリアの貨幣の代わりに，ローマの独裁官スラの発行した貨幣を模倣するようになる。また，紀元前2世紀頃からガリアでは，オッピダ（oppidum，複数形oppida）とよばれる城壁で囲まれた都市に類似した居住地が多数作られたが，オッピダの構造もギリシアやローマの都市から影響を受けているといわれる。この時期に建設された主なオッピダにはビブラクテ（Bibracte，現オータン近郊），アウァリクム（Avaricum，現ブールジュ），ケナブム（Cenabum，現オルレアン）などがあり，カエサルのガリア遠征時にはローマ軍に対する防衛拠点として機能していた。

紀元前60年，ガイウス・ユリウス・カエサルが，ポンペイウス，クラッススの2人と密約を結び，いわゆる三頭政治を始めると，その密約に基づき，翌紀元前59年，カエサルは執政官に就任，その任期を終えた紀元前58年には，ガリア総督に任命された。この年，アルプス地方，現在のスイスに相当する地域に居住していたヘルウェティイ族の西方への移動を機に，カエサルはガリアへ出兵し，紀元前50年まで，9年にわたる遠征の末，ガリア全土を征服し，ローマ帝国の属州に組み込んだ。　　　（疋田隆康）

イベリア半島のケルト人　the Celts in the Iberian peninsula

　イベリア半島（現在のスペインとポルトガル）は，アフリカとヨーロッパの接点，地中海と大西洋の出逢いの場，つまり東西，南北の十字路となっている。こうした地政学的条件のために，半島には，先史時代から絶えず多種多様な民族が侵入・移住・定住してきた。

　たしかにスペインの先史時代も不明なことが多いが，紀元前30世紀頃から，イベリア半島という名称の由来となっているイベリア人（ibericos，またはイベロ人〔iberos〕）が定住していたと考えられている。彼らは，単一民族ではなく，非インド・ヨーロッパ語を話すさまざまな民族の混淆であって，ギリシャ人が彼らをまとめて「イベリア人」と呼んでいた。彼らの由来は，北アフリカのベルベル人との親近性が指摘され，北アフリカから渡って来たとする南方説が有力である。

　その後，紀元前10世紀頃から，インド・ヨーロッパ語のケルト語を話すケルト人が，中央ヨーロッパからピレネーを越えてスペインに波状的にやってきた農耕民族であった。それにしても，民族移動は，きまって人口増大に対処するために新天地を求めて行われたのだった。ケルト人も同様で，武力侵攻に適していたようだ。ギリシャ人歴史家ディオドロスによると，ケルト人は「背が高く，白い皮膚の上に筋肉が盛り上がっている。毛髪はブロンドだが，毛髪を大きく後ろに掻き揚げ，彼らは敢えて脱色までしている。相手を奇怪なブロンドで驚かすためであろう」と述べている。これに部族によっては，戦闘で勝利した暁には首狩りの風習もあったために，彼らと遭遇した先住民族には，野蛮で好戦的な民族集団と映ったであろう。

　ケルト人は，石器，青銅器はもとより，鉄器を携えてきた。また，装身具，音楽とダンス，そしてバスク人（vascos）には20

スペインのガリシア地方に残るケルト人のカストロ（城塞集落）跡

進法を遺していった。それにしても，もともと「自由の民」である彼らは，組織づくりが苦手なためか，国家という政治組織の形成には目向きもせずに，小規模な部族集団で定着を始めた。彼らは，主に，海岸，山間部といった防御機能のついている場所にカストロ（城塞集落）を作り，周辺領域を支配し，こうした定住地を半島の西部と北西部に広げる。当初は先住民族のイベリア人と熾烈な所有地争いを繰り広げるが，そのうち，両者は定住区域を棲み分けするようになり，紀元前6世紀頃両者の間で混血がすすみ，居住領域も次第に半島中央部に移っていく。

　この2つの民族の融合を，ギリシャ人歴史家ディオドロスが「ケルト・イベロ人」（Celt Iberos）と命名したといわれている。この頃には，部族社会を統括する軍事エリート，鉄の扱い技術のたけた職人などをはじめ，さまざまな職層の専門家が際立つようになる。また埋葬の方法についての考古学的確認はまだ十分ではないものの，ケルト人の到来前までの先住イベロ人の場合は土葬であった。ところが，ケルト人の場合，病気で亡くなった人は火葬され，戦場で勇敢に戦った勇者の遺体をハゲタカにさらしておくのが正式の葬儀であった。つまり鳥葬である。神聖な鳥であるハゲタカが戦死者の肉体を神の御許に届けると考えられて

いた。それが，部族社会が豊かになったのか，それとも宗教観が変わったためか，火葬に統一されるようになり，遺灰とともに副葬品あるいは埋葬品の埋葬が普及した。

　紀元前3世紀，地中海の覇権をかけて，フェニキア人がアフリカ北岸の殖民地都市カルタゴと新興ローマとの間で三次にわたるポエニ戦争が起った。第二次ポエニ戦争（ハンニバル戦争）にケルト・イベロ人が傭兵としてカルタゴ軍の戦列で戦い，敗退する。結局，全ポエニ戦争で勝利したローマ軍はイベリア半島を平定すべく，南から北へと破竹の勢いで進軍する。これに対し，ケルト・イベロ人の抵抗は熾烈をきわめ，なかでも，抵抗戦の象徴ともいうべきヌマンシア（ソリア郊外）の戦い（前143-前133年）では，6万人のローマ軍が，「ローマの恥」といわれるほどの苦戦を強いられ，人口8,000人のヌマンティアの町を攻略するのに10年もかかり，紀元前133年に終結したのだった。ローマ軍の重包囲作戦で飢餓に追い込まれ余儀なくローマ軍の軍門に下るが，その際多くの者は自害し，残りの者は奴隷として売られた。これ以降ケルト・イベロ人の衰退とローマ化が始まる。具体的には，ヌマンシアの陥落からほぼ1世紀の間，進撃するローマ軍との小紛争が続くが，紀元前19年にローマ軍が全イベリア半島を制圧する。　　　　（川成　洋）

イタリアのケルト人　the Celts in Italy

　北イタリアには紀元前9世紀頃からゴラセッカ（Golasecca）文化やエステ（Este）文化などの鉄器文化が栄えていたが，これらの鉄器文化はケルト人と深く関わっていたと考えられている。特にゴラセッカ文化が栄えていた地からは，後にエトルリア文字で書かれたレポント語（北イタリアで使われたケルト語）の碑文が発見されており，ゴラセッカ文化の担い手がケルト人であった可能性も指摘されている。

　イタリアにおけるケルト人の存在がはっきりと確認できるのは紀元前4世紀，ローマ侵攻以降のことであり，ケルト人は北イタリアを拠点に，しばしばラティウム地方へ侵攻し，ローマ人と衝突していたようである。この時期のイタリアのケルト人については，史料により食い違いが大きいため，詳細は不明であるが，ローマが復興するにつれて，次第に北へと追い詰められていった。諸史料の記述が一致するようになるのは紀元前3世紀後半からで，紀元前225年，テラモン（Telamon）の戦いでローマに敗れたケルト人は北イタリアから撤退した。紀元前222年，ブリトゥマトゥス王率いる1万のガイサタイとよばれるケルト人部隊がパドゥア川付近を劫略したが，ブリトゥマトゥスは，迎撃に来たローマの将軍マルケッルス（Marcus Claudius Marcellus, c.268-208BC）に一騎打ちで討ち取られ，勢いに乗ったローマ軍は，メディオラヌム（Mediolanum, 現ミラノ）を攻略した。これにより，ポー川以南のケルト人はローマによって征服された。

　その後もケルト人は，紀元前218年，ハンニバルのイタリア侵攻に際し，ハンニバルに協力し，イタリアへ侵入するが，ハンニバルが敗れると，ケルト人もイタリアから追い出された。紀元前80年頃，北イタリアはローマの属州となったが，この属州はかつてゴラセッカ文化が栄えていた地域とほぼ一致する。この属州は，紀元前42年，イタリアに編入されることになり，これ以降，ケルト的痕跡は見出されなくなる。

　　　　　　　　　　　　　（疋田隆康）

ローマ略奪　the Gallic sack of Rome

　伝えられるところによると，紀元前5世紀頃，ビトゥリゲス族がガリアの覇権を握っていたが，人口が増えすぎたため，当時の王アンビガトゥスは甥のベッロウェッススとセゴウェッススを指導者に移民を計画した。ベッロウェッススは，ビトゥリゲス族，アルウェルニ族，セノネス族，ハエドゥイ

族，アンバリ族，カルヌテス族，アウレルキ族からなる移民団を率い，イタリアへと赴いた。そのケルト人のもとへ，クルシウム出身のエトルリア人アッロンが，ワインとオリーブオイルをもたらした。アッロンにそそのかされ，ケルト人はクルシウムを包囲した。エトルリア人はローマに助けを求め，ローマからケルト人のところへ調停のための使者が送られたが，交渉は失敗し，ローマの使者クィントゥス・アンブストゥス・ファビウスはクルシウム軍に加わり，ケルト人と戦った。その際，ファビウスはケルト人の指揮官を殺害し，ケルト人は，中立であるべき使者が自分たちに敵対したことに対して怒り，ローマに当事者の引き渡しを要求したが，ローマがこれを拒絶したため，ケルト人はローマへと進軍した。

ブレンヌス率いるケルト軍がアリア川でローマ軍を破り，ローマを占領した。生き残ったローマ人はカピトリウムの丘に立て籠もった。この少し前，ローマにはカミッルス（Marcus Furius Camillus, c.446-365BC）という将軍がいた。カミッルスはエトルリアの都ウェイイを陥落させるなど，エトルリア人との戦いで多大な功績を挙げたが，彼の尊大な態度と歯に衣着せぬ言動は人びとの反感を買い，エトルリアの戦利品を盗んだ罪で誣告された。そこでカミッルスは，ローマの人びとがこのことを後悔し，自分を必要とするときが再び来るよう神々に祈り，亡命した。

ローマの危機的状況を知ると，カミッルスは名誉挽回の好機と捉え，ケルト人の食料調達部隊がたまたま亡命先の近くへとやって来たとき，町の人びとを説得して武装させ，自ら指揮してガリア人を打ち破った。カミッルス勝利の噂が広まると，アリア川の戦いで生き残ったローマの敗残兵は，カミッルスのもとへ集い，ローマ奪還の指揮を執るよう求めたが，カミッルスは元老院の承認がなければ引き受けられないと断ったため，ケルト人の包囲をかいくぐり，カピトリウムの丘へ使者が送られた。ローマの使者が無事戻った後，ケルト人は足跡を発見し，カピトリウムの丘へ至る抜け道に気付き，足跡を辿り夜襲をかけた。しかし，ユーノー神殿で飼われていたガチョウの鳴き声によって失敗した。その後は，ケルト人の包囲が厳しくなり，カピトリウムの丘に立て籠もったローマ人は外部と連絡が取れず，士気が落ち，ケルト側も食糧不足から士気が低下した。そこで7か月の包囲の後，ローマ側が黄金を渡す代わりにケルト人は撤退することで合意した。その際，ブレンヌスは秤に自分の剣を載せて，より多くの黄金を取ろうとしたが，それに対しローマ人が抗議すると，ブレンヌスは「敗者は哀れだな」と言って取り合わなかったと伝えられている。

ケルト人によるローマ略奪は，複数の古典文献に記録が残されているが，史料により年代が紀元前390年，紀元前387年などと食い違っており，話の細部も異なっており，正確な事実の復元はきわめて困難である。それでもこの出来事は，ローマ人の記憶に深く植え付けられ，特にアリア川の戦いでローマ軍が敗れた7月18日は，国難の日として長く語り継がれた。　　　（疋田隆康）

ガラティアのケルト人　the Celts in Galatia

紀元前278年，ビテュニアのニコメデス1世（Nicomedes, 在位278-250BC）に傭兵として招かれ，レオノロスとルタリオスの指揮でトリストボギオイ，テクトサゲス，トロクモイの3部族が小アジアへと渡った。3部族はそのままガラティアの地に居座り，そこへブレンヌスとともにギリシャへ侵入した生き残りの者たちが合流し，ガラティア王国を建国した。テクトサゲス族はアンキュラ（Ankyra, 現アンカラ）周辺の中央部に居住し，トリストボギオイ族はペッシヌスを主邑とする西部に居住し，トロクモイ族は東部に居住していた。ガラティア王国の住民は，大部分が土着のフリュギア人

であり，移住してきた少数のガラティア人が彼らを支配していた。そのためか，彼らの文化の痕跡は今日ほとんど残存していない。言語はガリア語によく似たガラティア語を使用しており，ローマ支配下でも4-6世紀頃まで存続していたといわれるが，今日では人名や地名などわずかに固有名詞が知られるのみで，考古学的遺物も若干の馬具や装身具が発見されているのにとどまる。

ガラティア王国は建国当初から西のペルガモン王国と抗争を繰り広げた。ペルガモン王エウメネス1世（Eumenes, 在位263-241BC）は，ガラティア人の略奪を逃れるため，トリストボギオイ族に貢納していたが，エウメネス1世の死後，養子のアッタロス1世（Attalos, 在位241-197BC）が即位すると，ペルガモン王国はトリストボギオイ族への貢納を拒否し，カイクス川（Kaikos）でガラティア人と戦ってこれを破った。

その後，イタリアを統一し，ポエニ戦争で勝利したローマが東方へ進出してくると，ガラティア王国はローマと衝突し，紀元前189年，グナエウス・マンリウス・ウルソ率いるローマ軍が，ガラティア人（トリストボギオイ族とトロクモイ族）を破り，ガラティア人はその領土外に兵を出さないという協定を結ぶこととなった。

紀元前1世紀になると，北のポントス王国が台頭し，紀元前88年頃，ポントス王ミトリダテス6世（Mithridates, 135-63BC）により，ガラティアの主な有力者はことごとく殺されたと伝えられる。このとき生き残ったトリストボギオイ族の王デイオタルス（デイオタロス〔Deiotarus〕, c.105-c.40BC）は，ミトリダテス戦争（ローマとポントス王ミトリダテス6世との戦争）においてローマに協力した功により，ポンペイウスによってガラティアの王に任命され，ガラティア王国はローマの庇護王国として存続を認められた。紀元前39年，デイオタルスの死後マルクス・アントニウス（Marcus Antonius, c.82-30BC）によってアミュンタス（Amyntas）が王に任命され，紀元前25年，アミュンタスが死に際してガラティア王国をローマ皇帝に遺贈すると，ガラティア王国は廃され，属州ガラティアとしてローマが直轄統治することとなった。（疋田隆康）

東ヨーロッパのケルト人　the Celts in Eastern Europe

ケルト人は紀元前5世紀頃から中央ヨーロッパやバルカン半島へ進出を始めたと考えられているが，本格的な進出は紀元前3世紀以降である。紀元前310年，モリストモス率いるケルト軍がイリュリアに侵攻し，ここを拠点に，紀元前298年にはマケドニアに侵攻したが，マケドニア王カッサンドロスに敗北した。このとき，カンバウレスに率いられた別働隊がトラキアに侵攻し，ケルト人の勢力範囲を拡大した。東ヨーロッパの主な部族はボイイ族（ボヘミアの語源），スコルディスキ族（シンギドゥヌム＝現ベオグラードを建設），タウリスキ族などであった。紀元前60年頃，スコルディスキ族がダキア王ブレビスタスに敗れ，ダキアの傘下に入ると，ブレビスタスはスコルディスキ族を傭兵として，ボイイ族とタウリスキ族を破った。これ以降，バルカン半島のケルト人はダキア王国の支配下に置かれることとなった。　（疋田隆康）

デルフォイ包囲　attack on Delphi

紀元前280年，ケルト人は3波に分かれてバルカン半島へ侵入した。そのうちの一隊，ブレンヌスとアキコリオスに率いられた部隊はパンノニアを経て，紀元前279年，ギリシアのデルフォイへと侵攻した。このとき，ケルト人はデルフォイのアポロン神殿の宝物の略奪を目的としていたといわれるが，すでにこの当時，アポロン神殿の宝物は失われていたとも伝えられる。また，ブレンヌスは体格が貧弱なギリシア人の捕虜

たちを皆の前に連れてきて，ギリシア遠征に向かわせる気にさせたという。

ブレンヌス指揮下のケルト人はギリシア本土へと進出し，エーゲ海沿岸を南下し，テルモピュライでギリシア軍と対峙した。当時のギリシアは諸ポリスに分かれていたが，異民族の侵入に対し，連合軍を形成し，このときにはアイトリア，ボイオティア，アテナイ，フォキスなどを中心に構成されていた。ブレンヌスはギリシア軍を分断するため，コンブウティスとオレストリオスに別働隊を率いさせ，アイトリアへ差し向けた。この別働隊はアイトリアを劫略したため，それを聞いたアイトリア軍は，連合軍から離脱し，故国へ戻った。その一方，ブレンヌスはかつてペルシア戦争のときに使われた間道を見つけ，本隊をアキコリオスに任せ，自身は精鋭を率い，ギリシア軍を奇襲し，包囲殲滅を試みたが，包囲網が完成する前に，ギリシア軍は海路撤退した。それを見てブレンヌスは本隊が合流するのを待たず，すぐにデルフォイへと進軍した。

パウサニアスが伝えるところでは，デルフォイでケルト軍は雷に見舞われ，さらに夜になると霜と吹雪，落石に襲われた。夜が明けると，ギリシア軍は，混乱しているケルト軍を襲撃し，打ち破ったという。ブレンヌスは，この戦いで傷を負い，最後にワインを生のまま飲むことを望み，その後自決したと伝えられる。ギリシア連合軍に敗れたケルト軍は，アキコリオス率いる本隊と合流したが，ギリシア軍の追撃を受け，スペルケイオス川まで着いたところで，待ち構えていたギリシア軍によって壊滅したという。ポンペイウス・トログスによると，デルフォイに来たケルト人は，周辺の農園に残されていたワインや食料に目がくらみ，飲み食いに夢中になった。その間に，デルフォイには援軍が到着し，守りを固めた。翌日，ケルト人は酔いが醒めないままデルフォイに攻撃を仕掛けたが，激しい抵抗に遭い，さらに地震と嵐に遭い，ブレンヌスが傷を負い，自決すると，撤退したという。残されたものの一部はエーゲ海を渡り，小アジアへと赴き，先に傭兵として小アジアに来ていたトリストボギオイ族，テクトサゲス族，トロクモイ族と合流し，ガラティア王国を建国した。

ポリュアイノスによれば，ブレンヌスはデルフォイで金箔を貼った青銅の像を見つけたが，部下たちにはそれを純金製と偽り，戦う気を引きだしたという。

ストラボンの伝えるところによれば，このときテクトサゲス族はデルフォイから財宝を持ち帰り，トロサ（現トゥールーズ）の神域には未加工の金銀が納められていた。紀元前105年，ローマの将軍クイントゥス・セルウィリウス・カエピオがトロサで財宝を発見したが，それはデルフォイから持ち帰られた財宝の一部だったという。

（疋田隆康）

ヌマンティアの戦い　the siege of Numantia

紀元前153年，ケルトイベリアのベッリ族とティッティ族は，セゲダの町の城壁を拡張しようとした。しかし，ローマ人は，以前グラックス（Tiberius Sempronius Gracchus, c.217-154BC）の下で結んだ協定（紀元前179年）に違反するとして，これに干渉した。グラックスの協定では，ローマに降伏したケルトイベリア人は，都市建設を禁止され，金と兵員の提供が義務となっていた。ケルトイベリア側は建設ではなく拡大であると反発，その結果，ローマの執政官ノビリオルが3万の兵を率いてセゲダに現れた。セゲダの人びとはアレウァキ族の下へ逃げ，アレウァキ族はヌマンティアに拠ってローマ軍に抵抗した。

紀元前152年，マルケッルス（Marcus Claudius Marcellus, ?-c.148BC）の調停により，いったん小康状態を得たものの，翌紀元前151年，ローマの将軍ルックルス（Lucius Licinius Lucullus）が和平調停を破ったことにより，戦争が再開され，ローマ

軍はウァッカエイ族を攻撃した。その後，ポンペイウス（Quintus Pompeius, 在任141-140BC），ポピリウス（Marcus Popillius Laenas, 在任139-138BC），ガイウス・ホスティリウス・マンキヌス（Gaius Hostilius Mancinus, 在任137BC）などが将軍としてヌマンティアへ派遣されたが，皆ヌマンティア攻略に失敗した。マンキヌスがヌマンティアへ遠征したときには，先のティベリウス・グラックスの息子で同名のティベリウス・グラックス（Tiberius Sempronius Gracchus, 162-133BC）が同行していたが，マンキヌスがヌマンティア軍に追い詰められ，和平を結ぼうとしたとき，ヌマンティアの人びとはグラックス以外の人は信用しないと言い，グラックスのおかげでマンキヌスとローマ軍は窮地を脱したと伝えられる。

　紀元前134年，ローマは小スキピオを指揮官に任命し，ケルトイベリアへ派遣した。小スキピオは5万の軍勢でヌマンティアを包囲，6つの野営地と9kmにわたる土塁を築き，兵糧攻めを徹底した。この結果，ヌマンティアでは，穀物や肉などの食料品が不足し，草などで飢えをしのいだが，草も足りなくなったため，革製品を煮てかじり，それすら足りなくなると，死人の肉，さらには病人の肉，最後には強者が弱者を殺し食べるようになったという。この小スキピオによる過酷な包囲戦の末，紀元前133年，ヌマンティアの人びとは指揮官レトゲネスの指示により，自ら町に火を放ち，ローマに降伏したと伝えられる。ヌマンティアの陥落により，ケルトイベリア戦争は終結し，ケルトイベリア全域がローマの支配下に入ることになった。このとき，歴史家ポリュビオスは小スキピオに同行し，『ヌマンティア戦記』を残したと伝えられるが，現存しない。

　ヌマンティアの町は現在のソリア（Soria）近郊にあり，城壁で囲まれた部分の広さは約24ヘクタール，北東から南西に2本の大通りが平行して走っており，長さは約720mであった。住居についていえば，基礎は石だが，壁は煉瓦で，木の柱が藁や葦で葺かれた屋根を支えていた。ヌマンティアは陥落後破壊されたが，後に新しい町が作られた。

　この約20年にわたる包囲戦は，ローマの社会にも大きな影響を与えた。ケルトイベリア戦争以前，ローマの暦は，1年がマルティウスの月（現在の3月に相当）から始まる暦であったが，軍事行動を効率的に行うため，この戦争中に1年の始まりはヤヌアリウスの月（現在の1月に相当）へと変更された。また長期にわたる戦争により，中小市民が没落し，社会改革の必要が痛感され，後のグラックス兄弟の改革へとつながっていくこととなった。

　ローマ支配に対するヌマンティアの頑強な抵抗は，近代以降も人びとの関心を引き続け，セルバンテスの戯曲『ヌマンシアの包囲』（*El cerco de Numancia*）などの文学作品で取り上げられた。また，ナショナリズムの高揚とともに，ヌマンティアは自由と解放の象徴とみなされるようになった。

（疋田隆康）

ゲルマン人の侵入　the Germanic invasion

　記録に残されている限りでは，テウトニ族（Teutoni）とキンブリ族（Cimbri）が紀元前113年から101年にかけ，ガリアおよびスペインに侵入したのが最初のゲルマン人によるケルト人の領土への侵入である。両部族はケルト人の領土だけでなく，ローマの属州にも侵入した。キンブリ族は紀元前105年，ガリア・ナルボネンシスに侵入し，アラウシオ（Arausio, 現オランジュ）でローマ軍に大勝した。キンブリ族はその勢いのままスペインへと進軍したが，ケルトイベリア人に打ち破られ，イタリアへと転進した。

　テウトニ族は紀元前102年，アクアエ・セクスティアエ（Aquae Sextiae, 現エクサンプロヴァンス）でマリウス率いるローマ

軍によって敗れ，キンブリ族は紀元前101年，ウェルケッリ（Vercellae, 現イタリア北西部ヴェルチェリ）近郊でマリウスとカトゥルス（Quintus Lutatius Catulus, 149-87BC）指揮のローマ軍によって破られた。テウトニ族とキンブリ族の生き残りは，一部はガリア北部に留まり，『ガリア戦記』によれば，ガリアのアトゥアトゥキ族はテウトニ族とキンブリ族の子孫とされる。残りの者たちはユトランド半島へ逃げのびたと伝えられる。

その後紀元前71年にはスエビ族がアリオウィストゥス（Ariovistus）に率いられ，ライン川を越えガリアに侵入した。スエビ族はそのままガリアに留まり，紀元前58年，カエサルがガリア遠征に赴いたときにも，セクアニ族のもとに居座り，セクアニ族だけではなく，ハエドゥイ族などガリア諸部族に対して人質や貢納を科し，苦しめていた。ハエドゥイ族から助けを求められたカエサルは，アリオウィストゥスを破り，ライン川右岸へと追い払った。その後もスエビ族を中心に，ゲルマン人がガリアへ侵入を続けたため，紀元前55年，カエサルはライン川に架橋し，ゲルマニアへ遠征した。

（疋田隆康）

カエサルのガリア征服　Caesar's conquest of Gaul

『ガリア戦記』によれば，紀元前61年頃，ヘルウェティイ族のオルゲトリクス（Orgetorix），セクアニ族のカスティクス（Casticus），ハエドゥイ族のドゥムノリクス（Dumnorix）の3人は同盟し，彼ら3人で全ガリアの支配権を得ることを決定し，同時にヘルウェティイ族は西方へ移動することも決められたが，オルゲトリクスの急死により計画は延期された。紀元前58年，現在のスイスに居住していたヘルウェティイ族は，先の計画通り西方へ移住することにし，移動のために，ローマの属州となっていたガリア・ナルボネンシスを通過する許可を求めた。属州総督であった，ガイウス・ユリウス・カエサルは，これを拒否し，ゲネウァ（Geneva, 現ジュネーブ）へ赴き，軍勢を引き連れ，すでにハエドゥイ族の領土に達していたヘルウェティイ族と交戦し，これを打ち破った。しかし，ヘルウェティイ族の大半はすでにより西へと進んでいたので，カエサルはヘルウェティイ族を追跡し，ハエドゥイ族の首邑ビブラクテ（現オータン近郊）付近でヘルウェティイ族と戦い，武力でヘルウェティイ族を追い返した。さらに親ローマの立場を取るハエドゥイ族の要請により，セクアニ族に傭兵として招かれていた，ゲルマン人スエビ族の王アリオウィストゥスを破り，ライン川右岸へと追い払った。

カエサルはこれを機に，ガリアの征服に乗り出し，紀元前57年，ガリア北東部ベルギカへ遠征し，同時に部下を大西洋沿岸へ派遣し，西部を平定，この年の終わりにカエサルは「全ガリアを平定」と記述している。紀元前56年にはアルプス地方を制圧し，ガリア北西部にも軍を進め，ウェネティ族の水軍に苦しめられたものの，これを打ち破り，さらに部下をガリア南西部アクイタニアに派遣し，平定した。翌紀元前55年には，たびたびガリアに介入してきていたゲルマン人の影響を排除するため，ラインを渡河してゲルマン人を攻撃し，さらに前年のウェネティ族との戦いの際，ガリアの部族がブリテン島から支援を受けていること

ユリウス・カエサル

を知り，これを絶つためにブリテン島にも遠征した。紀元前54年，カエサルは冬の間に多くの船を建造し，準備を整え2回目のブリテン島遠征を行うが，その間にガリアへ残していたサビヌス（Quintus Titurius Sabinus）の部隊がアンビオリクス（Ambiorix）率いるエブロネス族によって全滅，反ローマの気運が高まったガリアでは，北東部でエブロネス，アトゥアトゥキ，ネルウィイ，セノネス，トレウェリといった諸部族が蜂起した。カエサルはこの報を受け，ガリアへ戻るとこれらを各個鎮圧し，ガリア・ベルギカで冬を越した。

紀元前53年，トレウェリ族を中心に，ガリア・ベルギカの諸部族の間で反ローマの同盟が結ばれ，アンビオリクスもそれに加わったのを知ると，カエサルはまずネルウィイ族を急襲し，次にトレウェリ族を打ち破り，両部族を降伏させた。再びライン河を渡り，ゲルマン人を攻撃し，サビヌスの復讐のため，エブロネス族を壊滅させた。

紀元前52年，カルヌテス族の蜂起を契機として，ガリア全土の部族がローマに反旗を翻した。ガリア連合軍は，アルウェルニ族のウェルキンゲトリクス（Vercingetorix）に総指揮を委ね，ローマに抵抗した。ウェルキンゲトリクスは焦土作戦により，ローマ軍の補給を絶ち，ガリアから撤退させることを目論んだが，作戦を完遂するためにローマの輜重隊襲撃に出撃したところ，ローマ軍との遭遇戦に敗れ，ウェルキンゲトリクスはアレシア（Alesia）に逃げ，籠城した。カエサルはアレシアを包囲し，ガリア軍はカエサルの包囲網を突破できず，ウェルキンゲトリクスは進退窮まり，カエサルの軍門に下った。

紀元前51年，アレシアの戦いにより，組織的な抵抗は終息したものの，なお，アトレバテス族やアウェルキ族など，一部の部族が抵抗を続けていたため，カエサルはこれらの制圧を続けた。最後の抵抗勢力は，カドゥルキ族のオッピダであるウクセッロドゥヌムに十分な食糧を準備して立て籠もったが，カエサルは水を絶つことでウクセッロドゥヌムを陥落させ，ガリアでの戦闘は終息した。

（疋田隆康）

ガリア人の決起　Gallic revolt

紀元前52年，ガリアでは反ローマの気運が高まり，ケナブム（現オルレアン）でのローマ人虐殺を契機に，カルヌテス族，アルウェルニ族が蜂起し，この動きはガリアほぼ全土に広まり，ガリア諸部族が総決起する。そして，ガリア軍はアルウェルニ族の指導者ウェルキンゲトリクスを総司令官に選び，ローマと戦うことを決意した。カエサルは，このようなガリアの動きを聞くと，冬営地の北イタリアから進軍し，すぐにウェラウノドゥヌム，ケナブム，ノウィオドゥヌムを陥落させ，鎮圧に乗り出した。

一方，ガリア軍の総司令官となったアルウェルニ族のウェルキンゲトリクスは，それを見て，ローマ軍に対し，焦土作戦を展開することを主張し，各部族にそれぞれの城塞や町を破壊するよう指示した。しかし，ビトゥリゲス族は，その首邑アウァリクム（現ブールジュ）は非常に美しく，天然の要害に守られ，防衛は容易であることから，例外として認めるよう懇願し，ウェルキンゲトリクスも渋々これを許可した。しかし，ローマ軍の攻囲の前にアウァリクムは陥落し，ウェルキンゲトリクスの戦術の正しさをガリア人に納得させる結果となった。

その後，カエサルはアルウェルニ族の首邑ゲルゴウィア（Gergovia）を包囲したが，ウェルキンゲトリクスはここを守り抜いた。カエサルはゲルゴウィアから撤退した後，ルテティア（現パリ）など，北方の鎮圧に向かわせていた部隊と合流し，ガリア軍の集結しているビブラクテの東，セクアニ族の方へと進軍した。ウェルキンゲトリクス率いるガリア軍はローマ軍へと向かって進軍し，現在のディジョン近郊で両者は遭遇，ガリア軍はローマ軍との遭遇戦に敗

れ，マンドゥビイ族の町アレシア（Alesia）へと撤退し，このアレシアで両者の最後の決戦が行われた。　　　　　（疋田隆康）

アレシアの戦い　the battle of Alesia

ウェルキンゲトリクスはローマ軍に決定的な打撃を与えるため，輜重隊を襲い，補給を絶つことを計画し，ガリアの各部族から兵を集めた。両軍は現在のディジョン近郊で遭遇し，ウェルキンゲトリクスは騎兵を3部隊に分けてローマ軍に相対したが，カエサルは同様に部隊を3つに分け，輜重隊を中央に置いて守った。ガリア軍の騎兵はローマ軍の守りを打ち破れず，ウェルキンゲトリクスは近くにあったマンドゥビイ族のオッピダ（城壁で囲まれたケルト人の居住施設）であるアレシアに撤退した。カエサルはウェルキンゲトリクスを追撃し，アレシアに入ったのを見ると，包囲網を敷き，ウェルキンゲトリクスとガリア軍をアレシアに閉じこめた。

この包囲網については，カエサル自身が記述している。ローマ軍はまずアレシアを3重の堀で取り囲んだ。アレシアの城壁に最も近い堀は幅6m，2番目の堀と3番目の堀は，1番目の堀の120m後ろに掘られ，幅はそれぞれ4.5mであった。カエサルは3番目の堀の後ろに土手を築き，その土手上には24m間隔で櫓を建造したと記述している。

ウェルキンゲトリクスのもとには8万の精鋭と約30日分の食糧があったと伝えられる。ローマ軍が包囲網を築いているのを見て，完成する前に援軍を求めるために騎兵を各部族へ戻らせた。ウェルキンゲトリクスの救援要請を受け，ガリア軍は約25万の兵を集め，アトレバテス族のコンミウス（Commius），ハエドゥイ族のウィリドマルス（Viridomarus）とエポレドリクス（Eporedrix），ウェルキンゲトリクスの従兄弟ウェルカッシウェッラウヌス（Vercassivellaunus）の指揮でアレシアの救援へ向かった。この援軍はアレシアへ着くと，ローマ軍のアレシア包囲網をさらに外側から包囲し，攻撃したが，2度にわたり撃退された。

アレシアの北北西にはレア山があり，カエサルの副将ガイウス・アンティスティウス・レギヌスとガイウス・カニニウス・レビルスが陣営を置いていたが，ガリア側の援軍はレア山の包囲網が手薄なのを見て，ここに攻撃を集中させ，包囲を突破することにした。そこで，ウェルカッシウェッラウヌスに精鋭部隊6万を委ね，レア山に送った。ウェルカッシウェッラウヌスは，ローマ軍の陣営を迂回し，背後の高所からローマ軍に攻撃を仕掛けた。ウェルキンゲトリクスは味方の動きを見て，ウェルカッシウェッラウヌスの攻撃に呼応して，ローマの包囲網全体に攻撃を加えた。カエサルはアレシアの南にあるフラヴィニ山に陣営を置いていたので，まずアレシアの北東ビュシ山の陣営に駐屯していたラビエヌス（Titus Labienus, c.100-45BC）をレア山の救援に送り，それから自らもレア山の戦場へ赴いた。ローマ軍がガリア軍の猛攻を耐え凌いでいる間に，ローマ軍の別働隊がガリアの援軍の背後へ回り，奇襲をかけた。これにより，ガリア軍は混乱し，敗走を始め，ウェルカッシウェッラウヌスは敗走中に捕らえられ，ウェルキンゲトリクスはアレシアに押し戻された。翌日，ウェルキンゲトリクスは会議を開き，自分の身を会議の出席者に委ねた。会議の結果，ガリア軍は使者をカエサルのもとに送り，カエサルの求めに応じて，武器を捨て，ウェルキンゲトリクスら指導者の身柄をローマ軍に引き渡した。　　　　　（疋田隆康）

ウェルキンゲトリクス　L Vercingetorix（?-46BC）

ウェルキンゲトリクスはアルウェルニ族の族長ケルティッルス（Celtillus）の子である。ケルティッルスはガリアの王位を狙

II 歴史・考古・言語

ローマ軍との戦いで指揮をとるウェルキンゲトリクス

ったために同じ部族のものによって殺された。ウェルキンゲトリクスも父同様，自分の庇護民を集めて王位を求めたが，その策謀を知った叔父ゴバンニティオ（Gobannitio）により追放された。その後ウェルキンゲトリクスは地方で零落した者たちを集め，彼らを率いて反対派を一掃，アルウェルニ族の支配権を掌握した。

ガリア軍の総司令官に任命されたウェルキンゲトリクスは焦土戦を提案，ビトゥリゲス族の町アウァリクムに例外を認めたが，カエサルによるアウァリクム攻略は，ウェルキンゲトリクスの権威を高めることとなった。アレシアでカエサルとの決戦に敗れたウェルキンゲトリクスは，会議を開き，自分を殺すか，生きたままローマに引き渡すか，会議に出席者に委ねた。そこで，カエサルのもとへ使者が送られ，カエサルの要求に従い，ウェルキンゲトリクスは生きたまま引き渡されることとなった。

カエサルに引き渡されたウェルキンゲトリクスは，その後牢につながれ，紀元前46年，カエサルがガリア遠征およびその後のポンペイウス派との内戦に勝利した記念に行った凱旋式の際，処刑された。

19世紀半ばまでウェルキンゲトリクスが注目されることはほとんどなかったが，19世紀後半ナショナリズムの高まりとともにフランス統一の先駆者としてウェルキンゲトリクスへの関心が高まってくることになる。第三共和政期にはジャンヌ・ダルクやナポレオン・ボナパルトと並ぶ救国の英雄として，知名度，人気とも高まった。

（疋田隆康）

ガロ＝ローマ時代　F l'âge gallo-romain

ローマ支配下のガリアのこと。具体的にはカエサルの遠征（紀元前58-50年）から5世紀のゲルマン人によるガリア支配までの時期を指す。なお，「ガロ＝ローマ」という言葉は19世紀フランスの歴史家ミシュレ（Jules Michelet, 1798-1874）の『フランス史』（*Histoire de France*, 1833-67）が初出とされる。

ガリアはカエサルによって征服されたが，カエサルはその直後からポンペイウス派との内戦，およびその後のさまざまな改革に忙殺され，ローマの属州としてガリアの行政機構を整えたりする時間はなかった。アウグストゥス帝治世下において，ガリアは紀元前121年にすでに属州となっていた南仏（ガリア・ナルボネンシス）のほかに，ガリア・ベルギカ，ガリア・ルグドゥネンシス，アクイタニアという3つの属州に分割され，各地にローマ風の都市が建造されるなど，ローマの属州として再編成が進められ，ローマ化が進展していった。紀元前43年には，アウグストゥス帝の命により，ムナティウス・プランクス（Lucius Munatius Plancus, *c*.87-*c*.15BC）によって，ソーヌ川とローヌ川の合流する地点，フルヴィエールの丘の上に植民市コロニア・コピア・フェリクス・ムナティアが建設された。この町は，紀元前12年以降，8月1日にガリア会議が開催されるなど，ガリアの中

心都市として機能するようになった。第4代皇帝クラウディウス帝（在位41-54）が生まれたのはこの町であり、クラウディウス帝により、コロニア・コピア・クラウディア・アウグスタ・ルグドゥネンシウムと改称され、やがてルグドゥヌムという通称でよばれるようになった。

その一方で、21年、ユリウス・サクロウィル（Julius Sacrovir）とユリウス・フロルス（Julius Florus）の蜂起、68年、ネロ帝暗殺後の、ガリア・ルグドゥネンシス総督ユリウス・ウィンデクスの蜂起、その混乱に便乗し、翌69年、バタウィ族のユリウス・キウィリス（Gaius Julius Civilis）が起こした反乱へのトレウェリ族のユリウス・クラッシクス（Julius Classicus）、リンゴネス族のユリウス・サビヌス（Julius Sabinus）らの参加といった抵抗があり、必ずしもすべてが順調に進んだわけではない。ただ、これらの蜂起は結果としてケルト人支配階層の没落を早め、ローマ化を促進し、ケルト以来のガリアの文化とローマの文化が融合したガロ＝ローマ文化が生み出されることとなった。キウィリスの乱が終息した70年から260年にかけての約200年間がガロ＝ローマ文化が繁栄した安定期とされる。

ガロ＝ローマ文化は、さまざまな面に見出されるが、特に宗教に顕著である。クラウディウス帝は、ガリアに普及していたドルイドの宗教を禁止し、弾圧したが、ケルトの信仰はローマの神々とのシンクレティズムによって存続し続けた。その後、ローマ帝国には東方の宗教、すなわち主として現在の西アジアに起源をもつ宗教が普及すると、その波はガリアにも及び2世紀になると、ガリアにも東方の宗教が浸透するようになった。ルグドゥヌムには、かつてローマがガラティア王国から導入した神キュベレの神域が設けられ、さらに2世紀後半には、ミトラ信仰と関わりをもつタウロボリウムとよばれる、牡牛の犠牲式がルグドゥヌムで何度も実行された。また177年、マルクス・アウレリウス帝の治世下、ルグドゥヌムでキリスト教徒の弾圧事件が起こったが、これはガリアに残されたキリスト教の最初の痕跡である。

260年、ウァレリアヌス帝がササン朝ペルシアの捕虜となると、ゲルマニア2属州の総督マルクス・カッシアニウス・ラティニウス・ポストゥムスはローマに反旗を翻し、コロニア・アグリッピナ（現ケルン）を陥落させた。「ガリアの再建者」の称号を得たポストゥムスはガリア、ヒスパニア、ブリタンニアを支配下に置き、ローマ帝国から独立し、ガリア帝国を築いた。268年、ポストゥムスが暗殺されるとクラウディウス・ゴティクス帝によりガリア・ナルボネンシスとアクイタニアが奪還され、ヒスパニアもローマ帝国の勢力圏へ復帰した。274年、ガイウス・ピウス・エスウィウス・テトリクスがアウレリアヌス帝に降伏し、ガリアはローマ帝国に再統合されることとなった。

ローマ帝国に再統合された後、ディオクレティアヌス帝の改革により、属州ガリアは、行政機構などが大きく変わることとなったが、4世紀半ばまでは再び安定期を迎えることとなった。やがてゲルマン諸族の度重なる侵入により、ガリア南西部は西ゴート王国の勢力下に入り、ブルゴーニュ地方にはブルグント王国が建国された。5世紀終わりにはクローヴィス率いるフランク族によりガリアは征服され、ガロ＝ローマ時代は終焉を迎えることとなった。

（疋田隆康）

島のケルト人

先史時代の島嶼部　the prehistoric islands

ブリテン諸島などヨーロッパ北方の島嶼部では、大陸と同じく、最古の文化段階である石器時代を経て、青銅器時代、鉄器時

代へ進展する流れをたどったが，こうした証拠の乏しい先史時代について確かな事実をとらえたり，一般化することはきわめて困難である。最後の氷河期が去った紀元前8000年頃から島嶼部の気候は温暖で湿潤になり，森林が地表を覆うようになったことから，動植物が生活するのに適した環境がしだいに形成されるようになった。

ブリテン島では，前3000年頃から新石器時代が始まり，地中海方面に起源をもつ新しい石器文明をたずさえた民族集団が到来したとみられている。これらの集団は家族を中心に構成され，遊牧民的な性格をもっていたが，「定住者」ではなかった。彼らは採集や狩猟，漁業を中心とする経済を営み，石製の道具や武器を用いていた。しだいに定住するようになり，各地に集落を形成したようである。

ブリテンへ居住した新石器時代人は，フランスからブリテン南部に渡ったり，イベリア半島からアイルランド経由で上陸したりするなど，多様なルートで移動したと考えられる。イベリア人は当時の先進的な文明技術をもち，石造建築にも長けていたようである。新石器時代にブリテン諸島では多くの巨石建造物が造られ，それらは一部ではあるが現在も遺っている。スコットランドのオークニー諸島にあるスカラブレイ（Scara Brae, 3100-2500BC）は新石器時代人の集落の姿を伝えるもので，ヨーロッパで最古の遺構の一つである。エジプトのピラミッド（c.2500BC）やストーンヘンジ（c.2000BC）よりも古い。スコットランドルイス島に遺るカラニッシュ（Calanish, c.3000-2000BC）とよばれる立石群（standing stones）やオークに諸島の石塚墳墓メイズハウ（Maes Howe, c.3000BC）も新石器時代の建造物として知られる。また，アイルランドのミーズ州ボイン渓谷にある羨道付きの墳墓ニューグレンジ（Newgrange, c.3000）もこの時代の代表的遺構である。

前2000年頃から1800年頃にかけて，中央ヨーロッパや東部ヨーロッパから，錫，銅，黄金，青銅など金属の加工技術をもった一連の集団がブリテン島とアイルランドへ渡来し，新しい技術をもたらした。彼らは装身具に青銅や黄金を用い，ここに島嶼部での青銅器時代が始まる。しかし，この時代の社会組織や人びとの生活，言語などについてはほとんどわかっていない。おそらく石器時代人の生活様式をほぼ受け継いでいたかもしれない。青銅器時代の後期になって，ブリテン諸島に鉄文化をたずさえ，固有文化をもつケルト人が渡来してきたことでさまざまな面で文化変容が起こる。

(木村正俊)

ケルト人の移住 the settlement of the Celts

紀元前700-650年までにケルト人の一部は大陸からブリテン諸島（ブリテン島とアイルランド島）へ次次にわたって移住したとみられる。といっても，ケルト人がブリテン諸島へ大きな集団をなして大陸から移動したという確実な証拠はない。それぞれの集団が移動した時期や経路は多様であり，特定することはきわめて困難である。ケルト人がブリテン島に移動してきたときには，すでに島内には先住民族が居住していたが，それら先住民族について知られている事実もきわめて少ない。先住民族は，大陸から新たに渡って来た強力な武器や戦闘力をもつケルト人に征服されたと従来みなされてきたが，近年の研究では，彼らはケルト人と同じではないにしても，ケルト人の到来以前に大陸ケルト文化の影響を受け，ケルト人とかなり共通する文化要素をもっていたのではないかと推定される傾向にある。

ブリテン諸島へ移住した最初期のケルト人集団を明確に突き止めることはできないが，前650年頃以降ブリテンと接触のあったガリアのケルト人部族集団の一部が最初に移住したとみなされている。その後数世紀にわたってケルト人集団はブリテン島の

海岸地帯に上陸し，拡散したとみられる。当時のヨーロッパでブリテンは「錫の国」として知られており，錫を中心とした金属資源の取引を通じて，大陸とブリテン島とのあいだでは，文化的交流も行われていた。ケルト人のブリテン島への大がかりな移動に対して近年疑義が提出されているが，考古学上の発掘品（武具や武器，装身具など）などから，規模の大きさは別として，部族の集団的な移動がおそらくいくつかの地域で起こったことは否定しがたい。ケルト人のブリテン島への最後の移住はガリアの北東部にいたベルガエ族（the Belgae）であった。前100年以前にベルガエ族はイングランド南東部に定住し，大陸のケルト文化と彼らの習俗と信仰をもたらした。

スコットランドへのケルト人移住については，前700年頃までに第一波が到来したのではないかと推測される。ケルト人はいくつかのルートでスコットランドへ上陸したとみられるが，多くは海上ルートで渡来したかもしれない。しかし，近年はスコットランドのケルト人は外部から移住してきたのではなく，スコットランドに住んでいた青銅器時代人の直接の子孫であるとの説も出ている。

アイルランドの場合は，前600年頃に最初のケルト人集団が渡来し，鉄器使用技術をもたらしたとされる。ヨーロッパ大陸から波状的に到来したが，ブリテン島を経由したルートやスペインから海路を北上したルートなどが考えられる。前500年頃にはケルト社会が形成されたが，この時期は青銅器時代および鉄器時代と重なる。前200年頃には大陸のラ・テーヌ文化が流入した。　　　　　　　　　　　（木村正俊）

ブリテン島の初期ケルト人　the early Celts in the British Isles

ブリテン島に移住したケルト人は，大陸のケルト人とほぼ同じく，部族社会を形成し，城砦（ヒルフォート）に集落をなして生活した。城砦の多くはケルト人が到来する以前に先住民が居住していたものであったが，ケルト人が居住したあと増改築したり，新たに建造したものも多かった。規模は大小さまざまで，小高い丘の上に防御壁を巡らせて造られた。なかには海抜の高い場所に築造されるものもあり，ダービーシャーのピーク地域にあった城砦の場合は，海抜460mのところに建てられていた。ケルト人が居住した最も進化した城砦のひとつはグロースターシャーのクリックリー丘陵にある城砦で，前600年頃にはケルト人が居住していたとみられる。

城砦の防御壁は岩や丸石，木材などでできていた。数百人の住民からなる村や単一の家族がそこで暮らしたが，堀を巡らせたり，複雑な門を作るなど外敵から安全を守る工夫はかなりされていた。しかし，必ずしも永続的な構造ではなかった。城砦の外あるいは内部には石の基礎の上に材木や編み枝で作った円形のあばら屋が建てられていた。防塁の中では，住民がほぼ自給自足の生活が営まれるに十分な食糧や衣類，日用品などの生産力があった。村落は牛や羊などの飼育ができるほどの広さがあった。

初期ブリテンのケルト社会では農耕が行われていたが，鉄器時代ではあったものの，作物を刈り取る鎌などは十分普及していなかったらしい。食料を加工する用具はさまざま種類があった。おもな作物は小麦と大麦であった。カラスムギやライ麦をおもに耕作するところもあった。収穫した穀類は4-6本柱の建物内に保存した。前2世紀には島嶼地域での青銅を使用した製品の生産が衰退し，大きな，贅沢な品はまれにしか見られないものとなった。鉄製品の生産技術は大西洋ルート経由で南西イングランドに入り，そこで確立し，やがて南ウェールズに入った。紀元前1世紀に鉄の供給が大幅に増え，薪載せ台や釜など大きな用具に使われるようになった。金属細工師の地位は高かったが，生産技術の高度な職人と低い

職人では，作る製品の種類が異なった。紀元前1世紀から紀元1世紀頃に，戦争の起こる回数が増え，脅威が高まるにつれ，鉄器の生産が高まり，技術が地方にも広がった。また製品の交換も活発化した。

　当時のケルト社会のありようを伝える遺構や遺物がブリテン島の各地で発見されている。たとえばウェールズでは，前650-600年頃に湖へ奉納されたとみられるハルシュタット様式の青銅製や鉄製の馬具や車両用の備品が出土している。それらは初期ケルト文化が武器や用具の製造にかけては驚くほど洗練された芸術的，装飾的技巧の高みに達していたことを示している。1984年にはチェシャーのリンドウ・モスの泥炭地で古代人の遺骸（いわゆるリンドウ・マン）が発掘され，ケルト人とその社会の実態を明らかにする貴重な証拠となっている。リンドウ・マンは祭儀で殺された犠牲者とみなされるが，保存状態がよく，ケルト人の身体的特徴にとどまらず，当時の生贄の風習などについても多くを明らかにしている。

　ブリテン島最北部のケルト人についてはほとんどわかっていない。スコットランドについて最初に言及した記録は，前350年頃のギリシアの船乗りピテウスによる航海の報告である。彼はブリテン島の最北端の港の名を「オルカス」（Orcas）と書いている。これはケルト人の部族の名前で「若い猪」の意であるが，現在のオークニーを指しているのは間違いない。ただ，この記述をもって，早くも紀元前4世紀にブリテン島の北端にケルト人が住んでいたと断定することはできない。紀元1世紀になって，ローマ人によって北の果てでも西の果てでもケルト語が使われていたことが確認されている。現代ではスコットランドの多くの地名や宗教，民俗，芸術的製品などから，前5世紀の前半までにスコットランドでケルト文化が普及していたことが明らかになっている。紀元前の数世紀にケルト社会は，不平等が拡大し階層化が進んだことによって，大きな政治的変化をきたし，部族制社会へ移り変わった。スコットランドの部族制社会はおよそ大陸のケルト社会と同じ構成で，部族長（後に王）の下に貴族，ドルイド・詩人，小作人，職人，奴隷などの階層があった。

（木村正俊）

アイルランド島の初期ケルト人　the early Celts in Ireland

　ケルト人は前600-300年のあいだに大陸からアイルランド島に到来したとみられるが，大きな集団をなして一挙に渡ってきたのではなく，数次にわたって，それもいくつかのルートで移住した可能性がある。前500年頃までには，アイルランドは完全にケルト社会になった。ケルト人は大陸から鉄文化をもたらしたが，青銅器時代からのアイルランドの居住民はこの新しい冶金技術を受け入れ，青銅器時代末期と鉄器時代初期の2つの文化が共存する状態が起こる。前100年頃におそらくガリア地方から来島したゲール人（またはゴイデル人）が支配力をもち，アイルランドのケルト／ゲール社会の基盤を形成した。

　前200年までにアイルランドへラ・テーヌ文化が伝わったことが確認されているが，アイルランドで発見されたラ・テーヌ期の金属製品などの分析によれば，2つの様式のグループに区分できる。1つは大陸に直接の起源をもつ様式で，もう1つは，製作時期が少し遅れるが，アイルランド独自の特徴を示す様式である。後者のアイルランド様式は，大陸から芸術的影響を受けてはいるが，外部から同じようなものが見つかっていないことから，アイルランドで発展した製作技術からつくられたと考えられる。このことは，ケルト文化がすべて大陸から渡ってきたのではないという主張を支える論拠となるかもしれない。

　ゲール人が来島してから，幾世紀ものあいだ，アイルランドでは，キリスト教時代

が始まる以前に、全土にわたって多くの小王国（ないしは自立した部族社会）が成立した。これら小王国はやがていくつかのグループを形成し、やがて特に有力な王家のもとに統合されていった。紀元4世紀までに、アイルランドには五つの地域王国が成立した。すなわちアルスター、レンスター、マンスター、コナハト、それに最小のミーズである。

やがてこれらの地域王国は2つの強力な部族、マンスターを中心に南部を支配したオーナフト族と、北部を支配したコナハト族に支配される。後者の中でとくに強力な部族として頭角をあらわしたのが、アルスター地方西部とレンスター地方北部を支配したイー・ネール一族で、「北のイー・ネール族」と「南のイー・ネール族」に分かれ、のちにアイルランドを支配する王朝を築いていく。7世紀以降、タラのあるミーズは「南のイー・ネール族」が支配し、アイルランド全土の上王（アルド・リー）であることを主張したが、オーナフト族とは対立した。これら勢力の強い部族集団のもとに、およそ150の小王国が割拠していた。

アイルランドの政治形態は、上王の出現によって完成する。上王はみずからの領地を支配するとともに、ほかの地域の王に対して至上権を行使した。上王はアイルランド北東部ミーズにあるタラの丘（ダブリンの北西35kmに位置するなだらかな丘）で選ばれ、特別の威厳を込めて「タラの王」とよばれた（その事実を疑問視する意見もある）。紀元1世紀までにはマンスターが最も強力な王国となり、他の王国に大きな影響力を及ぼした。イー・ネール王のもとでタラの王であることが最高の王権とみなされるようになった。

アイルランドのゲール人社会は厳格な階層社会であった。大きく分ければ、貴族、自由人、奴隷の三階層である。貴族階級は、部族の王のほかに、戦士、判事、ドルイド、詩人、歴史家・語部などから成り立つ。自由民は少なくとも27に細分化できた。農民、商人、貿易商人などで、ゲール社会の基盤をなした。奴隷は鍛冶、医術などの専門的な技能があれば、自由民になることもできた。　　　　　　　　　　（木村正俊）

島嶼部のケルト人部族　the Celtic tribes in the British Isles

ブリテン島に渡来したケルト人は、各地に大陸と同じような部族社会をなして居住した。前55年と54年にカエサル（シーザー）がブリテン島へ侵入した時期には、ブリテン島全域にケルト人の諸部族社会が存立していた。

ブリテン南部にはドゥムノニイ族、カトゥエラウニ族、トリノウァンテス族、イケニ族などの部族が領地をもち、中部にはパリシイ族やブリガンテス族、カルウェティ族の部族が居住した。北部にはウォタディニ族、ノウァンタエ族、ドゥムノニイ族、カレドニイ族などの部族が勢力圏を築いていた。各部族間の境界が厳密に決まってはいなかったかもしれない。

一口にケルト人といっても、まとまった統一的組織であったわけでなく、各部族の関係は複雑で、連合を組む時もあれば敵対関係になる時もあったと推定される。前1世紀の終わりにローマ人がスコットランドのケルト人と接触した頃には、ブリテン北部の部族は集合的にカレドネス族とよばれていた。ローマの歴史家タキトゥスは北方の人びとは「髪の毛が赤く、手足が太い」と述べ、隣接する南部の人びととの違いを明らかにしている。これら北部のケルト人は一体となり、連合組織を作っていたことがわかっている。

ローマ軍がブリテンに侵攻した頃のアイルランドでケルト人部族がどのような状況にあったかは、ブリテンの状況ほど明らかでない。2世紀頃にアレクサンドリアの天文学者で地理学者のプトレマイオス（Ptolemy, *c*.83-*c*.168）が2世紀に『地誌』

(*Geography*)で記録したアイルランド地図によれば，南部にイオウェルノイやボリウェラボリ，ブリガンテスなどの部族，中部にマナピイやカウキ，北部にナグナタエ，ウォルンティイ，ダリニ，エルナエイなどの部族，あわせて16の部族名が記載されているが，一部は正確さに欠けており，場所を特定することが難しい。タキトゥスは，当時のアイルランドの海岸部は商人たちの報告によってよく知られていたが，内陸部についてはあまり知られていなかったと述べている。　　　　　　　　（木村正俊）

カエサルの侵入　Caesar's expeditions to Britain

　カエサルはガリア遠征の途次，ブリテン島からガリアのケルト人に対して支援が行われていることを知り，これを絶つために紀元前55年，54年と2度にわたりブリテン島へ遠征を行った。

　紀元前55年の夏の終わり，カエサルはガイウス・ウォルセヌスを偵察のためにブリテン島へ送ったが，遠征の準備中に，商人によって計画がブリテン島のケルト人に伝えられた。ブリテン島の諸部族はカエサルに使者を送り，ローマに服従する旨を伝えた。カエサルはこれを受け入れ，使者とともにアトレバテス族の王コンミウスをブリテン島へ派遣した。それからカエサルは二箇軍団を率いてブリテン島へ渡ったが，コンミウスはブリテン島で拘束されており，ブリテン島の人びとはカエサルの上陸を阻止するべく，海岸線で待ち構えていた。カエサルがこれを打ち破ると，ブリテン島の諸部族はコンミウスとともに講和の使者を送ってきたが，天候の悪化により，ローマの艦隊が被害を受け，物資が不足していることを知ると，再びローマと敵対した。カエサルはケルト人の戦車隊に遭遇し，慣れない戦法に苦戦したが，何とか攻勢を耐え，講和を結び，ケルト人の部族から人質を集め，撤退した。

　カエサルは，紀元前54年の夏に再びブリテン島へ遠征を行った。ブリテン島ではカッシウェラウヌスに総指揮を委ね，カエサルに対抗したが，ローマ軍に敗れ，カエサルはブリテン島の諸部族に人質と租税を課し，撤退した。　　　　　　（疋田隆康）

クラウディウスによる支配　Britain under Claudius

　紀元前55年，54年のカエサルの遠征以来，歴代皇帝によりブリテン島への遠征は幾度も計画されたが，実行には至らなかった。43年，第4代ローマ皇帝クラウディウスはブリテン島へ遠征を行った。もっともクラウディウス帝自身は16日間ブリテン島に滞在しただけで引き上げ，アウルス・プラウティウスが指揮を引き継いだと伝えられる。ブリテン島では，南部を勢力範囲とする有力部族カトゥウェッラウニ族の王クノベリヌス（Cunobelinus）が死に，王子トゴドゥムヌスとカラタクスの兄弟間で王位をめぐる内紛が起きていた。ローマ軍はカトゥウェッラウニ族を破り，属州ブリタニアを設立した。ブリテン島北部のブリガンテス族や東部のイケニ族などは親ローマの立場を取り，ローマと協約を結び，独立を保った。遠征軍は四箇軍団で構成されており，第2軍団はブリテン島の南西部，第9軍団と第14軍団はブリテン島中部へ派遣され，第20軍団はコルチェスターに駐屯した。カトゥウェッラウニ族の王子カラタクス（Caratacus）は，属州設置後も，シルレス族のもとへ逃げ，ゲリラ戦でローマの支配に抵抗を続けた。47年，イケニ族がローマに反旗を翻したが，敗れ，庇護王国として，ローマの宗主権の下で独立を維持した。ローマ軍は抵抗勢力の掃討を続け，カラタクスのいるシルレス族へと進軍，これを打ち破り，カラタクスの妻子や兄弟を捕虜とした。追い詰められたカラタクスは，51年，ブリガンテス族のもとに逃げ込み，カルティマンドゥア女王（Cartimandua）に支援

を求めたが，親ローマの立場を取る女王は，カラタクスをローマ軍へ引き渡した。カラタクスはローマへ連行されたが，すでに捕虜となっていた妻や兄弟とともに恩赦が与えられた。このようにして，ローマ軍は，クラウディウス帝の治世下で，現在のイングランドの一部とウェールズまで属州の範囲を拡大し，属州とは別に3つの庇護王国が残された。ブリテン島南部にはコギドゥムヌス王（Cogidumnus）の王国，東部にはプラスタグス王（Prasutagus）が支配するイケニ族の王国，イングランド北部にはカルティマンドゥア女王が統治するブリガンテス族の王国である。　　　　（疋田隆康）

ローマ統治下のブリテン　Roman Britain

43年，属州ブリタンニアが設置された当初，ブリテン島には属州とは別に3つの庇護王国が残されていた。コギドゥムヌス王の王国はカエサルによって送り込まれたコンミウスの建てた王国が起源である。コンミウスは王国建設後，カエサルを裏切り独立した。コギドゥムヌス王の王国では，65年頃フィッシュボーン（Fishbourne）に宮殿が建設されるなど，ローマ化が進展し，おそらく73年頃，ローマの属州に編入されたと思われる。イングランド東部イケニ族の王国は，60年頃王プラスタグスの死後，プラスタグスの妃ボウディカに率いられ，ローマに反旗を翻したが，鎮圧された。

イングランド北部ブリガンテス族の王国は，カルティマンドゥア女王が治めていた。カルティマンドゥア女王は，1世紀ローマの歴史家タキトゥスによれば「ブリガンテス族を統治し，その高貴な血統で勢力を誇っていた。」とされる。51年，ゲリラ戦で抵抗を続けていたカラタクスがローマに追い詰められ，助けを求めてきた時，カルティマンドゥア女王はカラタクスを捕らえ，ローマ軍に引き渡した。女王の夫ウェヌティウスは反ローマの立場を取っており，これに反発したため，女王は夫ウェヌティウスと離婚し，ウェヌティウスおよびその兄弟，親戚を暗殺し，ウェヌティウスの盾持ちのウェッロカトゥスを夫にした。これはウェヌティウスを支持する人びとの反感を買い，ブリガンテス族は内乱に陥った。カルティマンドゥア女王はローマの援助を受け，一度は反対派を鎮圧したが，再び反乱が起きると，女王の手には負えず，ローマ軍はカルティマンドゥアを保護し，71年，ブリガンテス族はローマによって征服された。

その後，78-83年にかけて，総督アグリコラがブリテン島北部へ遠征を行い，スコットランド低地地方まで領土を広げた。2世紀になると，スコットランドのケルト人に備え，防壁が建造された。ハドリアヌス帝は122年，属州ブリタンニアに巡幸した際，防壁の建造を命じ，122-127年にかけて，タイン川からソルウェイ湾まで約118kmに及ぶ防壁を建造した。これがハドリアヌスの長城であり，二重の土塁と堀，途中には15の砦があった。さらに142-143年にかけて，フォース湾からクライド湾に至るアントニヌスの長城が建設された。こちらは土塁と堀，途中には19の砦があったとされるが，163年頃には放棄され，ローマの防衛線はハドリアヌスの長城に後退した。その後も長城以北へ遠征することはあっても国境線を押し上げることはなかった。

ローマ支配下のブリテン島では，ケルトの文化とローマの文化の融合した新たな文化が栄えた。それは特に宗教の面で顕著に現れており，ケルトの神々がローマ風解釈によってローマの神の名で呼ばれたり，ローマの神の姿で表現されたりしながらも，ケルト風の添え名を保持している例などが知られている。

4世紀になると，北からピクト人，海岸線にはアイルランドからスコット族，大陸からアングル族やサクソン族などのゲルマン人が襲来するようになったが，ローマはライン川を越えて襲来するゲルマン人の対

処に追われ、ブリテン島を維持するのが困難になる。最終的に、410年、西ローマ皇帝ホノリウスは、アラリック率いる西ゴート族の襲来に備え、ローマ防衛のためブリタンニアから軍隊を引き上げ、事実上、ブリテン島を放棄した。　　（疋田隆康）

ボウディカの反乱　the revolt of Boudica

　クラウディウス帝の治世下、イケニ族の王国は、ローマの庇護王国とされ、ローマの宗主権のもと、独立が認められた。61年、イケニ族の王プラスタグスが、ローマ皇帝ネロと、自分の2人の娘を遺産の受取人に指定する遺言を残して死ぬと、ローマ人はその遺言を盾に取り、イケニ族の王国の接収を図った。ローマ人はプラスタグスの王妃ボウディカを鞭打ち、王女たちを凌辱、さらに有力者から土地や財産を奪い、王の親族を奴隷にした。イケニ族は、ボウディカの指導のもと、属州総督ガイウス・スエトニウス・パウリヌス（Gaius Suetonius Paulinus）がウェールズ北部モナ島（Mona, 現アングルシー島）のドルイド討伐に出た隙を見計らい、すぐ南に住むトリノウァンテス族とともに蜂起した。このとき、ボウディカは戦車に自分の娘たちを乗せ、士気を鼓舞し、自ら陣頭に立ったという。反乱軍はまずカムロドゥヌム（現コルチェスター）を陥落させ、次いで討伐に来たクイントゥス・ペティリウス・ケリアリス（Quintus Petillius Cerialis, c.30-c.83）率いる第9軍団ヒスパナを返り討ちにした。さらにロンディニウム（現ロンドン）とウェルラミウム（現セントオールバンズ）を焼き討ちし、数万人を殺戮したと伝えられる。属州総督スエトニウス・パウリヌスはこれを知り、急ぎ引き返し、各地に駐屯していた第14軍団および第20軍団と合流し、反乱を鎮圧した。敗れたボウディカは毒を仰いで自決し、この戦いで8万人のケルト人が殺されたと伝えられる。

　なお、女神ボウディカに捧げられた奉献碑文がボルドーから出土しており、ルシタニア（イベリア半島西部、現在のポルトガルからスペイン西部に相当）からは、フラックスの娘ボウディカとかトングスの娘ボウディカといった名前が刻まれた碑文が出土している。しかし、これらとイケニ族のボウディカとの関連は不明である。

　中世になるとボウディカのことはほとんど忘れられたが、ルネサンス以降タキトゥスが再び読まれるようになると、ボウディカの名前も歴史書の中に再登場することになる。その嚆矢はイタリアの人文主義者ポリドーロ・ビルジリー（ポリドール・ヴァージル、Polydore Virgil, c.1470-1555）であり、1534年に刊行された彼の『イギリス史』（Anglica Historica）ではボウディカの反乱について、タキトゥスの内容をほぼ踏襲した記述が見出される。ボウディカに関する記述は1577年に刊行されたラファエル・ホリンシェッド（Raphael Holinshed, 1529-80）の『年代記』（Chronicles）やウィリアム・カムデン（William Camden, 1551-1623）の『ブリタンニア』（Britannia, 初版1586年、第6版1607年）などにも見られる。ただし、女王の名前については、ビルジリーがウォアディキア（Voadicia）と綴り、カムデンは版によってブンドゥイカ（Bunduica）、ボーディッカ（Boodicca）などさまざまな綴りを用い、記述内容も大き

戦車に乗りローマ軍と戦うイケニ族の女王ボウディカの像（ロンドン）

く異なるなど、まだこの当時は女王の呼び名が定まっていなかったようである。ホリンシェッドやカムデンといった、17世紀以降しばしば参照されることになる著作により、次第にボウディカの知名度は高まっていき、フランシス・ボーモン（Francis Beaumont, 1584-1616）とジョン・フレッチャー（John Fletcher, 1579-1625）による悲劇『ボンドゥカ』（*Bonduca*, 1610年）やリチャード・グローヴァー（Richard Glover, 1712-85）の戯曲『ボーディシア』（*Boadicea*, 1753年）、ウィリアム・クーパー（William Cowper, 1731-1800）の詩「ボーディシア」（'Boadicea : An Ode', 1782年）のような、ボウディカを題材とした文学作品も現れるようになる。

ボウディカの名は勝利を意味するケルト語から派生したものと考えられており、ヴィクトリア朝期には、ヴィクトリア女王と同じ勝利を意味する名前であることもあり、ボウディカへの関心が高まった。テニスン（Alfred Tennyson, 1809-92）は「ボーディシア」（'Boadicea'）と題した詩を書き、ロンドンにはボウディカの像が建てられ、また、イギリス海軍では1797年進水のフリゲート艦から1944年に戦没した駆逐艦まで、数隻に女王の名前にちなむ「ボーディシア」の名が与えられている。（疋田隆康）

カラタクスの抵抗　Caratacus' resistance against Rome

カラタクスは、ブリテン島南東部を支配したカトゥウェラウニ族の王クノベリンの息子。ウェールズではカラドグ（Caradog）とよばれ、最も初期のウェールズの英雄とみなされている。

西暦43年、ローマ軍がブリテン島に侵攻すると、カラタクスはこれを迎え撃つが、メドウェイ川とテムズ川の戦いに敗れ、ウェールズに落ち延びる。彼はそこで南東ウェールズのシルレース族や中部ウェールズのオルドウィケス族を糾合し、ゲリラ戦や会戦でローマ軍に戦いを挑み続けた。しかし西暦51年、遂に敗れ、ブリガンテス族の女王カルティマンドゥアを頼り彼女のもとに逃れるが、女王は彼をローマ軍に引き渡し、これによりカラタクスの抵抗は終わる。

カラタクスは鎖に繋がれローマに送られたが、処刑を免れた。ローマの歴史家タキトゥスはカラタクスの堂々とした態度と感動的な演説がローマ皇帝クラウディウスを感動させたためとしている。（吉賀憲夫）

カレドニア人の抵抗　the resistance of the Caledonians

紀元前1世紀当時、ローマ人からブリタニアとよばれていたグレート・ブリテン島に居住していたのは、ブリトン人とよばれるケルト人集団の子孫たちである。彼らは血族を中心とした独特の氏族制社会を営み、イングランド南東部から北部ノーサンバランド地方さらにエディンバラ周辺まで、大小の部族集団に分かれて居住し、特に今日のハドリアヌスの長城以北には、ローマ人がカレドニア人とよび、体に青の刺青をしていたと伝えられるピクト人らにより構成された混合部族が、定住していた。

紀元43年、古代ローマ帝国皇帝クラウディウス（Claudius, 在位41-54）が4万の大軍を率いて来寇するとブリタニア南部を掌握、1世紀末にはブリテン島はほぼローマの支配下に置かれる。しかしこの時も北部カレドニアだけはローマの支配が及ぶことはなかった。

そのカレドニア制圧に乗り出したのが、ブリタニア属州総督アグリコラ（Agricola, 40-93）である。彼が78年にカレドニア制圧に着手すると、カレドニア低地（現在のノーサンバランド地方）や北部の大部族は次々と征服される。そして84年（83年とも）激戦地スコットランド高地モンズ・グラウピウスで最大の決戦の時を迎える。この時、全軍の長カルガクス率いる3万からなるカレドニア連合軍が2万のローマ軍を迎え撃

つが，カレドニア軍は惨敗，カレドニア北東部も制圧される。アグリコラの女婿である歴史家タキトゥスはその『アグリコラ伝』(98)のなかで，カルガクスが戦闘を前に「ローマは略奪や殺戮によるものを帝国と称し，その荒野を平和と呼ぶ」と兵士に檄を飛ばす演説をしたと伝えている。今日，この演説はタキトゥスの創作であろうというのが歴史家の間での定説とはいえ，カレドニア魂の片鱗を窺わせるものではあろう。カレドニア全土の征服を悲願としたアグリコラが本国に召還されると，以後，奥地の山岳地帯に住みこの地域の特殊な地形を知り尽くしているピクト人などのケルト諸族は南下し，砦や耕作地を奪還する。ローマはアグリコラによるカレドニア征圧の20年後にはブリタニア北部を失うことからも，カレドニア人の抵抗と結束力がいかに強固なものであったかが窺われよう。9世紀にスコット人との統一王国が成立すると，ピクト人は統合され歴史の舞台から姿を消すが，カレドニア人の精神はブリテン土着のケルト文化の礎をなし，南部のケルト諸族がローマの慣習に馴化したのとは対照的に，その抵抗の精神は，その後の対イングランドとの独立を懸けた戦いやスコットランド・ケルト固有の精神文化の中に，今なお色濃く受け継がれているように思われる。　　　　　　　　　　　（立野晴子）

ハドリアヌスの長城　Hadrian's Wall

紀元122年頃，古代ローマ帝国皇帝ハドリアヌス（Hadrianus，在位117-138）が，属州ブリタニアを巡察した際，カレドニアの辺境地域で南をうかがっていたピクト人らケルト系諸族の侵入を阻止するため建造を命じた帝国最北の防壁である。東部ニューカスル・アポン・タイン近郊から西部ソルウェイ湾岸ボウネスに至る，全長約120kmに及ぶ石造りの防壁で，完成までに約10年を要した。壁の幅約3m，高さ最大6m，この防壁に沿って要衝ごとにほぼ一定間隔で砦が築かれ（その数21），1ローマ・マイル（約1.4km）ごとに城塞（マイル・キャッスル）が設営され，城塞間には2つの監視塔が設置された。砦には，司令部のほか兵舎や穀物倉庫，鍛冶屋などの工房から病院，ローマ式浴場まで，兵士の生活に必要な施設が完備された。防壁を挟む南北のケルト系住民との交流が進む頃には，農・牧畜・商業地区を含む古代世界最大の軍産一体の複合施設にして消費地に発展する。ブリタニアがその豊かな鉱物資源を背景に，安定した生産活動と流通経済を楽しむ帝国内の重要な経済拠点の一つに成長したことを考えると，この防壁が防衛以外に果たした役割も大きかったといえよう。1987年にユネスコにより世界文化遺産に認定。　　　　　　　　　　（立野晴子）

アントニヌスの長城　Antonine Wall

古代ローマ帝国皇帝ハドリアヌスのあとを受けて皇帝となったアントニヌス・ピウス（Antoninus Pius，在位138-61）の命により建造された防塁。アントニヌスはその治世の初期にスコットランド南部の征服を構想すると，将軍ロリウス・ウルビクスをブリタニア総督として派遣，ウルビクス麾下のローマ軍はハドリアヌスの長城を越えて北へ進軍し，142年にはスコットランド南部を制圧する。この時，さらなる支配強化のためハドリアヌスの長城の北方，フォース湾とクライド湾を結ぶ東西約60kmにわたる地峡に築いた防塁がアントニヌスの長城である。防塁の規模は，距離にしてハドリアヌスの長城の半分ほどで，防衛線に沿って約3kmごとに砦が造られ，壁の高さ約4m，石の上に泥炭土を固めた土塁であった。しかし完成後わずか8年で放棄，防衛線として果たした期間は20年にも満たず，同帝の治世が終わる前でさえ，ローマの国境はハドリアヌスの長城のさらに南に後退していた。当初の目的を果たせたかどうかは疑問視されている。　　　（立野晴子）

ローマ人撤退後のブリテン　Britain of the post-Roman period

ローマ帝国がブリテンを支配した期間はおよそ370年に及んだが，ブリテン島を完全に属州化することはできなかった。4世紀末から大陸でゲルマン民族の大移動が始まり，ローマの支配力が弱体化した。辺境の島ブリテンでも支配を続ける余裕がなくなり，410年，ローマ軍はブリテン島から撤退した。ローマ人がブリテンを去った後，ケルト人がみずから主体となって統治する時代が始まる。

ローマ人撤退後の最初の数十年間については，ローマの著述家も言及することがなく，はっきりわかっていない。この時期2度にわたり（428-9年/445-6年）ブリテンを旅行した司教聖オーグゼールのゲルマヌスによれば，ブリトン人の生活は，ローマ支配時代と全く変わることなく続いていたようである。長期にわたるローマ支配によって，2つの文化の融合（ローマ化）が広い範囲で進んだ一方で，一部地域では古来のケルトの文化や伝統が損なわれず，脈々と生き続けていた。ローマ化はブリテン全体に及んでいたわけではない。ローマ世界と接触のなかった北部や南西部の多くの地域では，ほとんどローマ化されることなく，ケルト独自の本質的価値を維持していた。たとえば，ケルト古来の中心的都市であるキウィタスは，ローマの温存政策のおかげで完全なローマ化をまぬがれた。それは，ケルト人自身の統治能力を高め，後に強大な王国を形成する足がかりになった。

ローマ人が撤退したあとのブリテン島は自立したケルト人の支配する世界となったが，ケルトの諸部族は，ローマ支配以前のような分立体制に戻り，部族集団のあいだで対立や抗争を繰り返しただけでなく，カレドニアのピクト人やアイルランド人，アングロ・サクソン人らの侵略を受けるなど，きびしい苦難の時代を迎えた。いわゆる「暗黒時代」あるいは「英雄時代」のはじまりである。ケルト社会が戦争に明け暮れた時代といえる。だが，その一方で，「暗黒時代」を通してケルトの部族社会は，「英雄」が登場して連合や合併を繰り返し，やがてより強大な集合体として王国を形成していく。王国の繁栄のもと文化が高まり，さまざまな形の交流がなされ，新しい思考方法や芸術的感性がはぐくまれることになる。

古代から口承で伝えられてきた神話や伝説がラテン文字で書写されたり，細密で華麗な金工品が制作されたり，キリスト教の伝来によってキリスト教芸術が隆盛し，ケルト芸術と融合した装飾写本が制作されたりしたのは，ケルト社会の成熟の証である。

　　　　　　　　　　　　　　（木村正俊）

ケルトの王国　the Celtic kingdoms

ケルト社会で覇を競ったいわゆる「暗黒時代」については資料が乏しく，明らかなことはあまりわかっていない。現在資料として主に用いられるのは，ギルダス（Gildas, c.500-570）の『ブリタニアの破壊と征服』（De Excidio et Conquestu Britanniae），ネンニウス（Nennius, 9世紀）の『ブリタニア史』（Historia Brittonum），ベーダ（Bede, 673-735）の『英国民教会史』（Historiae ecclesiastica gentis Anglorum）などである。これらの文献のほか，各部族の系図や年代記などの歴史資料，さらに考古学の証拠などから，この時期のブリテン社会は部族間で政治的な合同や併合，吸収が進み，かなり広域にわたって支配権をもつ王国が形成されていたことがわかる。

ブリテンの危機は三方から侵入をねらう敵—西のアイルランド人，北のピクト人，東のアングロ・サクソン人—に囲まれた状況から生じていた。いずれもまだ，侵入に成功してはいなかったものの，5世紀後半のブリテンの危機感は極度に高まっていた。

紀元600年頃のブリテン（アングロ・サクソンの諸王国は除く）の強力な王国の配

置をみれば，現在のコーンウォールにあたる地域にドゥムノニア，ウェールズにあたる地域の南東部にグウェント，南西部にダヴェッド，中東部にポウイス，北部にグウィネズなどの王国があった。現在のイングランド北西部にフレゲッド，スコットランドの南西部にはストラスクライド，南部にはゴドジンなどの王国があった。スコットランド北部は西側にダルリアダ，東側にはピクト人の王国が北と南に分かれて存在した。

それぞれの王国は王の支配のもと階層社会をなし，戦争や外敵の襲来のときなどには戦士階級を中心に戦った。王に仕える職能詩人が戦地に同行し，戦いの状況などを詩の形で報告した。各王国は対立や紛争を引き起こすことがしばしばだったが，外敵や異民族の襲撃を受けたときは，民族的意識を高めて連帯を組んだり，応援に駆けつけたりした。

5世紀中頃，アングル人，サクソン人，ジュート人が波状的にブリテン島へ来襲してきたときは，ブリトン人の諸王国は連合しながら熾烈な戦いを展開したが，結局防衛しきれず，ブリトン人は今のウェールズなど辺境地域に追いやられてしまう。600年頃，ゴドジン王国と同盟国の軍団はカトラエスでアングル人と戦ったが，ゴドジン側軍はほぼ全滅するという悲劇に終わったことがウェールズの詩人アネイリンの詩『ゴドジン』によって伝えられている。この時期にブリテンの英雄的戦士としてアングロ・サクソン人と戦ったとされるのが「アーサー王」である。アーサー王伝説は広く流布しているが，彼が実在したという明確な証拠はなく，「半歴史的」人物の域を出ない。

またブリテン諸島は8世紀から11世紀にヴァイキングの襲撃を受け，多くの地域で略奪行為に見舞われるなど大きな被害を被った。一部の王国の瓦解が起こるほどであった。　　　　　　　　　（木村正俊）

アングロ・サクソン人の侵入　Anglo-Saxon invasion

『アングロ・サクソン年代記』(The Anglo-Saxon Chronicle) によれば，449年に現在のドイツ北部（シュレスヴィヒ・ホルシュタイン）からブリテン島に到来したゲルマン民族がイングランド各地に定住し，ケルト系のブリトン人を周縁地域に駆逐しながらアングロ・サクソン七王国（Anglo-Saxon Heptarchy）を形成していった。アングロ・サクソン人とは，このゲルマン民族（アングル人，サクソン人，ジュート人）の総称である。彼らは，ブリトン人の王ヴォーティガーン（Vortigern）がブリテン島北部のピクト人に対抗するために支援を要請した人びとで，大陸に留まったオールド・サクソン人（Old Saxons）と区別される。制圧されたブリトン人がスコットランド，ウェールズ，コーンウォール，フランス北部のブルターニュ地方へと逃れた一方で，アングル人はイングランド北部にノーサンブリア王国，中部にマーシア王国，東部にイーストアングリア王国を建国した。サクソン人はブリテン島東部から南部にかけてエセックス王国，ウェセックス王国，サセックス王国を建国し，ジュート人は南東部にケント王国を建国した。これらのうち最も有力となったウェセックス王国がマーシア王国を統合するに至り，ルネサンス以降はアングロ・サクソン人がアングル人およびサクソン人として解釈されるようになった。　　　　　　　　　　（米山優子）

ピクト人　the Picts

ケルト人とみなされる一種族。ブリテンがローマに支配されていた頃から，ハドリアヌスの防壁の北側に広大な王国を築いていたピクト人は，アイルランドから渡ってきたスコット人の創建したダルリアダ王国と連合を組んでしきりにブリテンを襲った。しかし，9世紀にダルリアダ王国に併合され，歴史の表舞台から消える運命をた

どる。不明なことが多く，「謎の民」ともいわれたが，言語や考古学の証拠から，現在では，アイルランドからスコットランドに渡ってきたスコット人と同じく，ケルト人とみなされている。しかし，ケルト人以前の文化要素ももっており，一概に断定できない。ケルト人が謎に包まれることになった一因は，彼らが，一部はケルト語であるが，一部はケルト語よりもっと古い伝統をもつ言語を話したことであるとされる。「より古い言語」とは，おそらくスコットランド東部で後期青銅器時代の土着民が話した言語（非ケルト語）であろうと考えられる。ピクト語の性質を示す証拠はほとんど残っていない。ピクト人の王の名，ばらばらな地名の名残，石や骨，金属に刻まれた碑文だけが解明の手掛かりである。

ピクト人の名は3世紀末にローマ人がつけたものである。「ピクト」という語は，身体に「彩色した（あるいは刺青をした）人びと」を意味するとされるが，実際にピクト人が彩色していたかどうかはわからない。ローマ人は「裸体で裸足」とも書いているから，ローマに屈せず抵抗する北方人を蔑視した表現かもしれない。

ピクト人は，スコットランドのフォース・クライド線の北側に居住し，南西部に住むスコット人と隣接していた。ピクト人の居住地（ピクトランド）は北と南に分かれ，さらにそれらはあわせて七つの王国に分割されていた。すなわち，北方はカイト，フィダッハ，ドルイマルバンの三王国，南方はフォルトルゥ，フィブ，アスフォルタ，キルキンの四王国である。また，オークニーにも王国が存在していたと推測される。考古学の証拠として，ピクト人によるとみられる建造物や宝石類が発掘されており，ピクト人の複雑な社会組織の一端を明かしている。

ピクト人は勇猛で，連合軍を組織して戦争をした事実がある。ピクト人の連合軍がモンズ・グラウピウスの戦いでローマ軍と対戦し，ローマの大勝に終わったとされるが，ローマ軍のカレドニア征服を食い止める大きな働きをなした。

500年頃に，ダルリアダ王国のスコット人がアーガイルに入植地を建設すると，ピクト人は東部を拠点とするようになり，二つの王国はドラマルバンの山地を境に長らく対立を続けた。しかし，9世紀に入ると，ダルリアダのケネス1世がピクト人を征服し，同世紀半ばにはピクト王国を併合した。

ピクト人の文化は未知の部分は多いが，彼らの残した有名なシンボル・ストーンは，考古学的史料としてだけでなく，芸術的作品としても高い価値をもっており，ピクト人の実態を探求する上できわめて貴重である。

（木村正俊）

スコット人　the Scots

アイルランドからスコットランドへ渡り，「スコットランド」のもとになる王国を築いたケルト人の種族。古代ローマ人がアイルランドに居住するゲール人（ケルト人）を指して使った言葉である。スコット人の一派が，紀元490年頃から500年頃にかけて，スコットランド西岸部へ移住し，アーガイル地方に暗黒時代の王国の一つとなるダルリアダ王国を建国した（ただし，最近はスコットランドの地元ゲール人が建国したとの異説も出ている）。

7世紀か8世紀の資料によれば，移住した一行の数は王家の血筋を引くエルクの3人の息子ら150人ほどであった。しかし，彼らは未知の国へ到着したわけではなく，アーガイル地方にはすでに定住していた人たちがいた。一行はすぐ家族集団をもとに地域社会を形成した。

スコット人たちはほとんど抵抗なく受け入れられたようである。定住した地域は人口が少なく，土地が肥えていて，恵まれた環境であった。スコット人は北と東にピクト人，南西にブリトン人がいたが，紛争になると武器を取り，戦いに勝利を収めた。

ダルリアダ王国を建国後，アイルランドのダルリアダ王国と一体的関係を維持し，スコットランド中心部へ向けて勢力を拡大した。ピクト人との覇権争いを強めたが，結果的にダルリアダ王国とピクト人の王国は併合し，同君連合の形でアルバ王国へと発展していく。

840年頃ダルリアダ王国の王位を継承したケネス1世マカルピンは，842年頃ピクト王国の王位を兼ねることでアルバ王国の王となり，政治の中心をフォーテヴィオットに据えた。また宗教的な拠点をダンケルドに置き，王国の東部支配に重心を移して統治の安泰を目指した。アングル人支配圏を攻撃するが，一方でヴァイキングやブリトン人（ケルト人）よる侵攻されたために，融和政策に追われた。

ダルリアダの時代にアイルランドとスコットでは共通のゲール語（Qケルト語）を話した。その後アイルランドとスコットランドのゲール語は分かれることになる。ゲール語は当初ダルリアダだけで話されたがアイオナの修道士たちがピクト圏で布教したことから，ゲール語はピクトの領地でも知られるようになった。11世紀までにはゲール語はスコットランドの広い領域で使用された。しかし，12世紀から13世紀にかけてイングランド人やノルマン人と接触することで，スコット人の国家的制度や習俗，使用言語などに変化が生じ，ゲール語・文化はしだいに北西部に後退していく。

（木村正俊）

ダルリアダ王国　　Dalriada ; Dál Riata

アイルランド北東部（現在のアントリム州）からスコットランド西部（現在のアーガイル地方）に渡来したゲール民族スコット人（'Scoti'）の王国。500年頃にスコットランドに建国された王国は，アーガイル地方北部および中部のケネル・ローリン（Cenél Loairn），アイラ島のケネル・ガウラーン（Cenél nGabráin），キンタイア半島周辺のケネル・ニーンガサ（Cenél nOengusa）に分けられる。その国王の系譜と戦闘や財政に関する記録は『スコット人の歴史』（Senchus fer nAlban）に残されており，最も有力であったケネル・ニーンガサでは574年に聖コルンバ（St Columba）によってエイダン・マクブレイン（Aedán mac Gabráin）が王に任命されたという。8世紀末頃からシェトランド諸島，オークニー諸島，ヘブリディーズ諸島とスコットランド西岸部がヴァイキングに掌握されたが，843年頃に即位した王ケネス・マカルピン（Kenneth mac Alpin）がピクト人を制圧してスクーン（Scone）に拠点を移し，アルバ王国として領域を拡げた。

（米山優子）

ヴァイキング来襲　　Viking raids on Britain

8世紀末から11世紀初頭にかけて，スカンディナヴィア半島やデンマークのゲルマン民族がブリテン島やアイルランド島に襲来するようになった。彼らはデーン人（the Danes），ヴァイキング（the Vikings）とよばれ，特にスコットランド西岸部や西方諸島，イングランド北部で略奪や破壊行為を繰り返した。ヴァイキングとは「入江の人びと」の意味である。『アングロ・サクソン年代記』（The Anglo-Saxon Chronicle）には，787年に初めてデーン人の船がイングランドに来航したと記されている。アングロ・サクソン人の修道院では多くの損害を被り，貴重なキリスト教文化が失われた。ウェセックス王国のアルフレッド大王（Alfred the Great, 在位871-99）は878年にエディントン（Edington）の戦いでデーン人を破り，休戦条約を締結した。それによりロンドンとチェスターを結ぶ北東地域がデーン法の及ぶ「デーンロー」（'the Danelaw'）となった。アングロ・サクソン人はアルフレッド大王に統一され，その治世を通して『アングロ・サクソン年代記』の編纂やラテン語文献の古英語への翻訳な

ど古英語文化の基盤が築かれた。一方でデーン人の侵略は続き，991年のモルドン（Maldon）の戦いを経てイングランド王エセルレッド（Æthelred, 在位978-1016）が国外に追放され，デーン人の王クヌート（Cnut, 在位1017-35）がイングランド王となった。

　デーン人の古ノルド語は主に地名や日常語を表す英語に借入され，特に「デーンロー」に該当する地域では古ノルド語に由来する地名や人名が多く残されている。基本語彙である人称代名詞やbe動詞にも影響を与えるなど，アングロ・サクソン人との接触が緊密であったことをうかがわせる。

　　　　　　　　　　　　（米山優子）

ケルト語の系統と分類

インド・ヨーロッパ語　Indo-European language family

　漢字表記では印度欧羅巴語族と書き，我が国ではその略称で印欧語族とよばれることが多い，話者人口も分布範囲も世界最大の語族。今日の英語，ドイツ語といったゲルマン諸語やイタリア語，フランス語，スペイン語，ポルトガル語といったロマンス諸語，ロシア語やチェコ語，ブルガリア語などのスラブ諸語，ヒンディー語，ベンガル語，ペルシア語といったインド・イラン諸語などが属し，歴史的に見てもラテン語，ギリシア語，梵語，古代ペルシア語，ヒッタイト語といった古代世界の主要言語でこの語族に属するものは多い。この語族に属する諸言語は次の10のグループ（この下位区分を語派という）に分けられる。

インド・イラン語派
　◇インド語派：梵語，ヒンディー語，ウルドゥー語，ベンガル語，シンハラ語など。
　◇イラン語派：アヴェスタ語，古代ペルシア語，現代ペルシア語，スキュタイ語，オセット語，メディア語，ソグド語，ホータン語，バルーチー語など。

アルメニア語派：アルメニア語

ギリシア語派：ミュケーナイ・ギリシア語，古代ギリシア語諸方言（ホメーロス・ギリシア語，アッティカ方言，イオニア方言，レスボス方言，ボイオーティア方言，ラコニア方言，クレタ方言等），現代ギリシア語，古代マケドニア語

アルバニア語派：アルバニア語（ゲーグ方言，トスク方言）

バルト・スラブ語派
　◇バルト語派：古プロシア語，リトアニア語，ラトビア語
　◇スラブ語派：ロシア語，ウクライナ語，ポーランド語，チェコ語，ブルガリア語，現代マケドニア語，セルビア語，スロベニア語など。

ゲルマン語派
　〔東グループ〕ゴート語，ヴァンダル語，ブルグンド語など。
　〔北グループ〕原ノルド語（ルーン文字碑文），デンマーク語，スウェーデン語，ノルウェー語，フェーロー語，アイスランド語
　〔西グループ〕英語，フリージア語（以上アングロフリージア語群），オランダ語，ドイツ語

イタリック語派
　◇ラテン・ファリスク語群：ラテン語，（その子孫イタリア語，ルーマニア語，フランス語，オック語，カタルーニャ語，スペイン語，ポルトガル語）ファリスク語
　◇オスク・ウンブリア語群：オスク語，ウンブリア語，サビーニー語など。

ケルト語派：ガリア語，レポント語，ブリタンニア語，ウェールズ語，ブルトン語，ケルトイベリア語，タルテッソス語，アイルランド語，スコットランド・ゲール語

アナトリア語派：ヒッタイト語，リューディア語，リュキア語，カーリア語など。

トカラ語派：トカラ語A，トカラ語B

その他：トラーキア語，ダーキア語，イリュリア語（アルバニア語の直系の先祖か？），メッサーピア語，プリュギア語など。

この語族の特徴は一般的には屈折語といわれているが，古くなればなるほど，膠着語(ちゃく)的になっていき，幹母音，接尾辞，語尾といったパーツに簡単に分解できるのも特徴である。また，激しく母音交替するが，これは今日の英語やドイツ語にも残っており，たとえば，ドイツ語の「知っている」weiß（単数1），wiss-en（複数1）はギリシア語の「知っている」(F)$o\tilde{\iota}\delta$-α（単数1），(F)$\tilde{\iota}\delta$-μεν（複数1）と母音交替も含め，寸分たがわず対応し，英語の「裂く」tear，過去分詞tor-nもギリシア語のδέρ-ω, δρα-τός とは過去分詞の接尾辞が -n- か -t- かの違いを除くと，母音交替の仕方（現在e母音，過去分詞零〔eもoも落ちた形〕）が全く同じである。こういう全面的に対応するもののみならず，接尾辞も綺麗に対応し，英語のbir-th, stea-d, drif-t（元の動詞はbear, sta-n-d, drive）等に見られる-th～-d～-t と環境によって交替する行為名詞接尾辞「～すること」はラテン語の-ti-ō（女性名詞）や梵語の-ti-s（女性名詞），ギリシア語の-σι-ς（女性名詞）と完璧に同源であり，英語のbir-thは梵語のbhr-ti-sと対応し，英語のstea-dはラテン語のstā-ti-ō，梵語のsthi-ti-s，ギリシア語のστά-σι-ς と対応する等語根部の母音交替も含め綺麗に対応する。英語のsta-n-dが過去形になるとstoo-dと語根部の-n-を脱落させるのもラテン語の「勝つ」vinc-ō, -ĕ-reが完了形でvīc-ī「勝った」，行為者名詞でvīc-tor「勝者」（英語に借用されたVinc-e-nt : vic-tor の関係を参照）となり現在幹の-n-を落とすのと全く同じ現象で，印欧祖語に遡るのである。

（吉田育馬）

ケルト語派　Celtic branch

アイルランド語，ウェールズ語，ガリア語，ケルトイベリア語などの一群の諸言語は共通の先祖言語である原ケルト語（Proto-Celtic）に遡ると考えられ，この原ケルト語から派生した諸言語のグループをケルト語派という。ケルト語派は印欧語族の中の一グループであり，英語をはじめとするゲルマン語派やギリシア語や，梵・古代ペルシア語をはじめとするインド・イラン語派とも親近関係を持っているが，最も近いのはラテン語をはじめとするイタリック語派である。

ケルト語派は次のようなグループに分れるものと思われる。

ガリア語グループ：ガリア語（死語），ガラティア語（死語），レポント語（死語），ブリタンニア語（死語），ウェールズ語（英領），コーンウォール語（英領，死語〔復興しつつある〕），ブルトン語（仏領）

アイルランド語グループ（ゴイデリック語群）：オガム文字碑文原アイルランド語，アイルランド語（アイルランド共和国公用語），スコットランド・ゲール語（英領），マン島語（英領，死語〔復興しつつある〕）

ヒスパノケルト語群：ケルトイベリア語（死語），タルテッソス語（死語）

このうち，ガリア語はカエサルが紀元前58年–紀元前50年に戦ったガリア人の言語で300枚程の碑文と多数の地名によって知られ，ガラティア語はそのうちの一派が紀元前278年にガラティア（『新約聖書』の「ガラテヤ人への手紙」によって知られる）とよばれる，今日のトルコ共和国中央部に移動して分化した言語であり，固有名詞によってのみ知られ，レポント語はLēpontii族の話した言語で，現在のイタリア・スイス国境地帯のアルプス湖水地方から見つかった80枚くらいの碑文によって知られ，スイス南東部の地名Val Leventinaにその名を残す。ブリタンニア語はガリア語のブリテン島方言と考えてよく，その末裔がウェールズ語（カムリ語），コーンウォール語（ケルノウ語），ブルトン語（ブレイス語）であり，これらはブリタンニア語からの派生

ということで、ブリソニック語群とよばれる。ケルトイベリア語は200枚程の碑文とスペイン中央部の地名によって知られ、タルテッソス語は今日のジブラルタルからポルトガル南部にかけて見つかった95枚の碑文によって知られる。年代はガリア語が紀元前3世紀から紀元後4世紀と紀元前後にまたがるのを除いて、すべて紀元前の碑文によって知られる諸言語である。

　ケルト語派の大きな区分としては原ケルト語においても保存されていた印欧祖語時代の無声唇軟口蓋閉鎖音（voiceless labiovelar stop）*kʷがそのまま保存されているグループ（Qケルト語）とpに変化したグループ（Pケルト語）に分れるということである。その区分は以下の通りである。
　　Pケルト語：ガリア語グループ
　　Qケルト語：アイルランド語グループ（ゴイデリック語群）、ヒスパノケルト語群
　たとえば、オガム文字碑文原アイルランド語の初期（4世紀末-5世紀）にMAQQI単数属格「息子の」という形で現れた語はガリア語では神名Maponos（>ウェールズ語Mabon）の構成要素として現れ、いずれも原ケルト語の*makkʷos「息子」を引き継いでいるものの、*kʷはアイルランド語グループ（ゴイデリック語群）ではそのままの形で保存されているが、ガリア語グループではpに変化している。ちなみに、この単語は日本でも有名なMcDonald, MacArthur, Macintosh, Paul McCartneyの語頭の部分に現れるので、非常に馴染み深いものと思われる。また、印欧祖語時代の*pは語頭や母音間では零になり（ラテン語pater：古アイルランド語 athir「父」）、閉鎖音・摩擦音の前では無声軟口蓋摩擦音/x/になった（ラテン語septem：古アイルランド語secht n-/ʃéxt/「なな（つ）、7」）ので、原ケルト語では/p/は存在せず、初期アイルランド語やヒスパノケルト語群ではpがなく、ガリア語グループでは*kʷ由来のpがあるというのもケルト語派の特徴である。

　なお、近年では、現在のポルトガルにあたりローマ時代Lūsītāniaとよばれた地域で話されていて、5枚の碑文によってのみ知られるルシタニア語をケルト語派に入れるという考えもあり、現在のスコットランド北部に住んでいたピクト人の言語ピクト語もケルト語派に入るという考えもあるが、いずれも証拠があまりにも少なく、臆測の域を出ない。　　　（吉田育馬）

原ケルト語　Proto-Celtic
　ケルト語派の項でも述べたが、アイルランド語、ウェールズ語、ガリア語、ケルトイベリア語などの一群の諸言語が遡る共通の先祖言語を原ケルト語（Proto-Celtic）という。原ケルト語の特徴としては以下のようなものが挙げられる。
【音韻論】
① 印欧祖語時代の*pは語頭あるいは母音間で零になり（*hあるいは*ɸという説もあり、スイスにいたHelv-etiīはその名残か。ギリシア語πολύ-s「多い」、ゴート語filu, ドイツ語vielと対応）、閉鎖音または摩擦音の前で*/x/になる。（→巻末表参照）
② 音節を形成する共鳴子音（syllabic resonant）は次のようになる。（→巻末表参照）
　印欧祖語　*r̥　*l̥　*n̥　*m̥
　原ケルト語　*ri　*li　*an　*am
③ 短母音の*i, *e, *a, *o, *uはそのままの形で保存された。（→巻末表参照）
④ 長母音の変化は次の通りである。（→巻末表参照）
　印欧祖語
　　*ī　*ē　*ā　*ō　　　　*ū
　原ケルト語
　　*ī　*ī　*ā　*ū（最終音節）*ū
　　　　　　　　*ā（それ以外）
【形態論】
① 形容詞の最上級は英語の-est系統ではなく、-isamo-s系統を用いる。（→巻

② 中受動態が -r に終わる。(→巻末表参照)

　以上が原ケルト語の特徴であり，音韻体系と形態論の両面でラテン語に代表されるイタリック語派と近い関係にあるのが見てとれる。　　　　　　　　　　（吉田育馬）

Pケルト　P-Celtic

　「ケルト語派」の項でも解説したが，印欧祖語時代ならびにそれを引き継いだ原ケルト語時代の無声唇軟口蓋閉鎖音 *k^w が p になったグループのことをいう。ガリア語グループはこれに属する（具体的な対応は巻末表を参照）。

　印欧祖語時代の *k^w を残したラテン語やQケルト語とは一線を画す。古代においてはどの位置においても *k^w 起源の p は維持されていたが，現代のPケルト語では母音間では有声化して（日本語の連濁と同じ原理）b になった。　　　　（吉田育馬）

Qケルト　Q-Celtic

　「ケルト語派」の項でも解説したが，印欧祖語時代ならびにそれを引き継いだ原ケルト語時代の無声唇軟口蓋閉鎖音 *k^w が古い時代にはそのままの形で保存されたグループ。アイルランド語グループ（ゴイデリック語群）ならびにヒスパノケルト語群がこれに属する。ケルトイベリア語では明瞭で，同じく *k^w を保存したラテン語との対応が鮮やかである。

　ケルトイベリア語
　　-*Cue*/k^we/　　　　ne*Cue*/nék^we/
　　(Botorrita I〔8回〕)　(Botorrita I - A2〔3回〕)
　ラテン語
　　-*que*　　　　　　　ne*que*
　梵語
　　ca/ʧa/　　　　　　　náca

通常のアイルランド語では歴史の始めからc/k/ でしか出てこないが，オガム文字碑文の初期段階に限ってはQ/k^w/が保存されていた。

　古アイルランド語
　　*c*enn　　　　　　　Crithe
　　(cf. *Kennedy*)
　オガム碑文
　　*Q*ENO-VENDAGNI　*Q*RITTI 単数属格
　　(Cloonmorris)　　(Greenhill)
　ガリア語
　　Penno-crucium　　*Prittius*
　　　　　　　　　　　　　　　（吉田育馬）

ガリア語　Gaulish

　ローマ時代Galliaとよばれていた，今日のフランス全土，ベルギー全土，ルクセンブルク全土，オランダ西半分，ドイツ・ライン川左岸地域（ラインラント），スイス西部，北イタリアというRubicō川以北，ライン川以西，ピレネー山脈以東に及ぶ非常に広大な地域で話されていた古代ケルト語の一種。文献年代は紀元前3世紀頃（北イタリアで発見されたもの）から紀元後4世紀に及び，碑文も300枚以上に及ぶ。中央フランスのシャマリエール（Chamalières）で1971年1月に発見された鉛板の碑文や，南仏のラルザック（L'Hospitalet-du-Larzac）で1983年8月に発見された碑文，Ain県Colignyで1897年11月に発見された青銅板碑文であるいわゆるコリニーのカレンダーといった長文のものもあり，全古代ケルト諸語の中では最も実体のわかっている言語である。碑文以外でもWien, Rhein, lac Léman, Genève, Rhône, Seine, Bourges, Lyon, Limoges, Reimsなどの河川名，湖水名，都市名などはガリア語由来であるし，古代作家に記録されている固有名詞，普通名詞にもガリア語のものは数多く残っており，英語のcar, gladiator などは古典作家に記録されたcarrus（二輪荷車）やgladius（両刃の剣）というガリア語に由来する。

　形態論に関してはケルト語，ひいては印欧語の非常に古い特徴を残しており，もっと資料が多かったら，ラテン語，ギリシャ

語，ヒッタイト語，梵語に並ぶほど古風な言語であり，印欧比較言語学に大いに寄与していたものと思われる。

【名詞】

1. r-音幹

　この手のパターンとしてはdux*tīr*（Larzac）「娘が」やa*tre*-bo（Morbihan県Plumergat）複数与格「父達に／へ」があるが，dux*tīr*にはギリシア語のθυγάτηρ，リトアニア語のduk*tė*，英語のdaugh*ter*が綺麗に対応し，a*tre*-boにはラテン語のpa*tr*-ibusが綺麗に対応し，印欧祖語の単数主格に由来する英語のfatherも同源である。詳細は英語のmother「母」と同源の巻末表を参照。

2. 特殊型

　巻末の表を参照。

【動詞】

1. 現在　巻末の表を参照。

2. 中受動態　巻末の表を参照。

3. 過去（語例はいずれも3人称単数）

　i）畳音完了：巻末の表を参照。ラテン語で畳音完了（c*ec*in-ī「歌った」, st*et*-ī「立った」など）に相当するもので，英語のdoの過去形*did*もこれに属する。

　ii）s-アオリスト：巻末の表を参照。ラテン語のs-完了（scrīp-*s*-ī「書いた」, dī*x*-ī「言った」）がそうで，いずれも印欧祖語に遡る非常に古い形態である。　（吉田育馬）

ブリトン語（ブリソニック）　Brythonic branch

　前述のガリア語のブリテン島方言がブリタンニア語とよばれているものであるが，このブリタンニア語ならびにその直系の子孫であるウェールズ語（英領），コーンウォール語（死語・英領〔復興運動中〕），ブルトン語（仏領）をまとめてブリティッシュ語群またはブリソニック語群（Brythonic branch）と言う。この語群の特徴は印欧祖語時代ならびにそれを引き継いだ原ケルト語時代の唇軟口蓋閉鎖音 *k^w がいったん p となり，ブリタンニア語ではこれが全面的に維持されたが，その後継諸言語では母音間では有声化して（日本語の連濁と同じ原理）b になったことである。また，原ケルト語時代の二重母音 *ei は融合してブリタンニア語でē となり，ウェールズ語ではそれがwy /ui/ となり，印欧祖語時代，原ケルト語時代の*s はブリタンニア語では維持されるものの，その後継諸言語では語頭で母音の前ではh- になった。これはギリシア語やイラン語派やアナトリア語派のリュキア語でも起こった現象である（ラテン語*s*eptem, 英語*s*even：ギリシア語*h*eptá「7」, ラテン語*s*unt, ドイツ語*s*ind：リュキア語*h*āti, 古代ペルシア語*h*antiy "they are"）。巻末の表を参照。

　ブリタンニア語の後継諸言語の現況であるが，ウェールズ語は話者人口は50万人ほどではあるものの安定的ではあるが，ブルトン語は衰退の一途を辿っており，英国南西端のコーンウォール語は18世紀末に母語話者を失ったものの，復興運動が続けられている。　（吉田育馬）

ケルトイベリア語　Celtiberian

　ローマ時代 Celtibērī とよばれていた，イベリア半島中央部に住んでいた民族が話した言語で，印欧語族ケルト語派ヒスパノケルト語群に属する。アイルランド語グループ（ゴイデリック語群）と同様Qケルト語に分類され，印欧祖語時代ならびにそれを引き継ぐ原ケルト語時代の無声唇軟口蓋閉鎖音*k^w をそのままの形で残している。言語資料としては200枚程の碑文があるが，多くは短い。ただ，1970年4月にスペイン中央部Zaragosa（< Caesar Augusta）近郊の古代遺跡Contrebia Belaiscaで発見された縦10cm，横40.5cmの青銅板には11行にわたって半音節文字（semisyllabary）のフェニキア系イベリア文字で記された碑文が刻まれており，発見地の現代名からBotorrita I 碑文とよばれるが，この長文の碑文のお陰でケルトイベリア語の実体がつかめるようになった。それ以外にはカエサル『内乱

記』，プリニウス『博物誌』，プトレマイオス『地理学叙説』などに記録されたあまたの固有名詞（人名，部族名，地名）があり，これも大きな資料になっている。

　ガリア語に次いで実体のつかめている古代ケルト語であり，形態論はガリア語よりも古風である。レポント語，ガラティア語とならんで印欧祖語時代ならびにそれを引き継ぐ原ケルト語時代の二重母音*eiをそのままの形で全面的に残しているのが特徴で，語順も印欧祖語時代の（S）OVを保存している。

【名詞】
　o-音幹：巻末の表を参照。ケルトイベリア語ではo-音幹の幹母音-o/e-が完璧に保存されているほか語末の-mも完全な形で保存されており，印欧祖語に一番近い形が残っている。*lī*Tomは英語のletと同根（イタリックの部分。以下同様）で*slei*Tomは英語のsplitと同根である。

【動詞】巻末の表を参照。

【語順】次の例に限らず他の文でも完璧な（S）OV型であり，また，等位接続詞が名詞のあとに置かれるのも古い印欧語全体に共通する規則であり，上の-ueと全く同源のラテン語の-veも同じ位置に置かれる。後置詞が現われるのも他の古い印欧語と同じである。カエサル『内乱記』第3巻6節のSax*a*（中性複数対格）inter（後置詞）「岩の間に」を参照。

ToCoiTei	eni	uTa	oś-Cue-s
単数所格	後置詞		S単数主格
トゴイトムにて	中に	そして	誰でも
[Pouś*T*om	-ue	Coŕuinom	-ue
O_1	conj.	O_2	conj.
[牛小屋を	あるいは	囲いを	あるいは
māCaśi[a]m	-ue	ailam	-ue
O_3	conj.	O_4	conj.
壁を	あるいは	外壁を	あるいは

amPiTiśeTi
V単数3人称
再建するような]

（トゴイトムの中においてそして，牛小屋をあるいは囲いをあるいは壁をあるいは外壁を再建するような者は誰でも）
　　　　　　　　　　　　（吉田育馬）

レポント語　Lepontic

　印欧語族ケルト語派ガリア語グループに属し，Como湖，Lugano湖，Maggiore湖，Orta湖に代表されるイタリア・スイス国境地帯アルプス湖水地方で発見された80枚程の碑文によって知られる言語。ガリア語の古い形態であると考えられ，その名はカエサル『ガリア戦記』第4巻10節のRhēnus川（現ライン川）の流路の記述中に，Rhēnus川の水源地域に住んでいると書かれているLēpontiī族に由来し，今日のスイス南東部のVal *Leventina*にその名を残す。貴族に献上された壺の底に作者である陶工の名前（単数主格）や献上先の貴族の名前（単数与格）が簡単に記されているだけの碑文が圧倒的多数なので，名詞の曲用も単数主格と単数与格がほとんどで，動詞も3例ほどしか出てこないので，碑文のある古代ケルト語中最も正体不明の言語。文献年代は紀元前7世紀から紀元前1世紀にかけてである。

【名詞】
　n-音幹：巻末の表を参照。斜格（単数主格以外）はレポント語では接尾辞部が短母音の-ŏになるが，これはケルト語では一般的にそうで，ガリア語でもn-音幹の斜格は-ŏn-で，ルカヌス『パルサリア』第1歌254行Sēn*ŏnum*（複数属格），398行Ling*ŏnăs*（複数対格），437行Tūr*ŏnes*などに実証される。巻末表のラテン語の斜格の-ĕn-（>-in-）は母音交替形である。ラテン語も含めてだが，単数主格の接尾辞部の母音が延長される主格延長はレポント語，ガリア語を含む古代

ケルト語では完全に維持されていた。
【語順】

PelK*ūi* :	Pru*iam* :	T*eu* :	KariT*e* :
男単与	女単対	男単主	過去3単
ベルゴスに	墓を	デイウー	作って
IO	DO	S	V

iš*os* :	KaliT*e* :	Pal*am* （Vergiate）
男単主	過去3単	女単対
彼は	建てた	石碑を
S	V	O

（デイウーはベルゴスのために墓を造って，彼は石碑を建てた。）

※KariT*e* とKaliT*e* の末尾の-*e* はギリシア語の完了3人称単数-ε（γέγον-ε「生まれている」）や上代ラテン語の完了3人称単数-e-t < -e-d（FEKED /féːkɛd/「なした」）に対応するもの。

LaTumār*ūi* :	SaPsuT*āi* :	pe :
男単与	女単与	等位接続詞
IO₁	IO₂	conj.
ラトゥマーロスに	サプスタに	と

uin*om* :	Naš*om* （Ornavasso）
中単対	中単対
DO/N	A
葡萄酒を	ナクソスの

（ラトゥマーロスとサプスタにナクソスの葡萄酒を〔捧げた〕）

いずれにせよIO-DO-Vという印欧祖語以来の語順は守られていたようである。等位接続詞の位置はラテン語の同源形式-queと同じで，A B-que（羅Senātus〔A/男単主〕populús〔B/男単主〕-*que* Rōmānus「元老院とローマの人民」）であり，これも印欧祖語以来の語順が守られているようである。性・数はともかく格は絶対同じという絶対的規則も維持されている。 （吉田育馬）

ゴイデル語 Goidelic branch

ゴイデリック語群とも言い，アイルランド語（アイルランド共和国公用語），スコットランド・ゲール語（英領），マン島語（英自治領，1974年死滅）が所属するが，後2者はいずれもアイルランドからの移民である。これらは皆原アイルランド語に遡るが，原アイルランド語は原ケルト語と異なり，ごくわずかではあるが，文献として残っており，オガム文字による碑文という形で300点ほど残っている。ただ，これらの碑文はいずれも非常に短く，所有者を表すだけのものも多いので，単数属格形がほとんどであるものの，アイルランド語の最も古い形であることは間違いない。ゴイデル語はケルトイベリア語とタルテッソス語で形成されるヒスパノケルト語群とともにQケルト語に属する。印欧祖語時代，原ケルト語時代の*k^w がそのまま維持されたグループではあるが，ただ，実際のゴイデル諸語ではw がとれて単なるc /k/ で現われており（かつての母音間では緩音化〔lenition〕によりch /x/），/k^w/ が維持されているのはオガム碑文の初期段階（4世紀末-5世紀）のみである。巻末の表を参照。

また，印欧祖語時代，原ケルト語時代の無声閉鎖音（/t/, /k/, /k^w/）が母音間で調音が緩む現象（緩音化）が起こる際，ブリソニックでは有声化して有声閉鎖音（/b/, /d/, /g/）になるのに対しゴイデル語では摩擦音化して無声摩擦音（th /θ/, ch /x/）になったのが非常に大きな相違点である。

（吉田育馬）

ウェールズ語（カムリ語） Welsh ⓦ Cymraeg

印欧語族ケルト語派ガリア語グループ・ブリソニック語群に属する言語で，英領ウェールズ（英Wales /weɪlz/，ウェールズCymru /kámri/）を中心に約50万人によって話されている。仏領ブルターニュ（仏Bretagne）で約20万人によって話されるブルトン語（ブレイス語）や，アガサ・クリ

II 歴史・考古・言語

スティーの小説にも出てくる英国南西端のコーンウォール半島で18世紀末まで話されていたコーンウォール語（ケルノウ語）とともにブリタンニア語（最初の記述はカエサル『ガリア戦記』第4, 5巻）に遡り，ブリソニック語群を形成する。ウェールズ語としての歴史は8世紀に始まる（西暦712年の『古事記』に始まる日本語とほぼ同じ）が，この時にはほぼ今のウェールズ語と同じような音韻論的特徴を備えている。他のブリソニック諸語とも重なるが，ウェールズ語の音韻論的特徴は巻末の表を参照。

形態論的には非常に単純化した言語で，名詞の曲用は格を全てなくし，単数形と複数形の2つだけになったし，動詞もアイルランド語と比べて著しく単純化している。ガリア語やブリタンニア語に存在した名詞の音幹も複数形から辛うじてわかる程度である。たとえば，パリのノートルダム大聖堂で発見されたガリア語の碑文にある TARVOS TRIGARAN*V*S「3羽の鶴が乗った牡牛」の後半の部分のu-音幹は，ウェールズ語では対応する単語garan「鶴」（英語craneと同源）の複数形garan*au* の末尾によってかろうじてわかるのである。

（吉田育馬）

コーンウォール語　C Kernewek　E Cornish

島嶼ケルト語を構成する二派の一つ，ブリトニック語（Brittonic）／ブリソニック語（Brythonic）に属し，ブリテン島南西部のコーンウォール半島で18世紀末頃まで話されていたとされる。ウェールズ語（Welsh）およびブルトン語（Breton）も同系であり，これら3つの言語の対応語を並列すると以下のようになる。

	ウェールズ語	ブルトン語	コーンウォール語
エニシダ	banadl	banazl	banadhel
曲がった	crwm	kroumm	kromm
花崗岩	graean	grouan	growan

音韻に見られる違いを一例挙げると，ウェールズ語とブルトン語のdまたはtの音がコーンウォール語ではsまたはzとなる。

	ウェールズ語	コーンウォール語
風	gwynt	gwyns
父親	tad	tas
渓谷	nant	nans

コーンウォール語の歴史は，原始コーンウォール語期（Primitive Cornish, 600-800年），古コーンウォール語期（Old Cornish, 800-1200年），中世コーンウォール語期（Middle Cornish, 1200-1575年），後期コーンウォール語期（Late Cornish, 1600-1800年）に分けられる。古コーンウォール語期にはウェールズ語の南西部方言を素地とするコーンウォール語がコーンウォール全域で話されており，コーンウォール語話者とウェールズ語話者はそれぞれのことばを理解することができた。1100年代以降，両言語は別個の言語として発展し，現存するコーンウォール語文献のほとんどが中世コーンウォール語で書かれたものである。

ブルトン語はコーンウォール語との近似性がより強く，16世紀まで両者は相互に理解できる関係にあった。その背景には，中世にコーンウォールおよび隣接するイングランド南部のデヴォンやドーセットのブルトン人が，アングロ・サクソン人の支配を逃れてフランス北西部のブルターニュへ移動してきた経緯がある。18世紀末頃に最後の話者が死亡してコーンウォール語は死滅したとみなされたが，19世紀以降も言語学的な研究と共に地域言語の復興運動が続けられ，複数の綴り字体系や文法が標準形として併用されている。

（米山優子）

ブルトン語　[Bret] Brezhoneg

　ブルターニュで話されているケルト語。ウェールズ語やコーンウォール語と同様にインド＝ヨーロッパ語族のケルト語派のブリソニック諸語に属する。「ブルトン語」という名称はフランス語のbretonに由来し、原語呼称はブレゾーネック（brezhoneg）である。ブルターニュはブルトン語でブレイス（Breizh）とよばれることから「ブレイス語」と表記されることもある。

　ブルトン語は4-8世紀にブリテン島南西部から渡来したブリトン人によってもたらされた。ローマの侵攻を免れた地域の大陸ケルト語が起源であるという説は、18世紀のケルトマニアに由来する俗説である。ブルターニュとブリテン島の強い関連性は、ラテン語のブリタニア（Britannia）が両者の共通の呼称として使われていたことからもうかがえよう。

　ブルターニュのブルトン語圏は、伝統的にバス＝ブルターニュ地方とよばれるブルターニュの西部地域である。東部地域のオート＝ブルターニュ地方では、フランス語およびフランス語方言（ガロ語）が使用されている。バス＝ブルターニュ地方の範囲は9世紀後半に最も東側に伸張したが、以後は後退している。

　ブルトン語はコルヌアイユ方言（kerneveg）、レオン方言（leoneg）、トレゴール方言（tregerieg）、ヴァンヌ方言（gwenedeg）の4方言からなる。各々の方言の言語圏は中世に創設された司教区に相当する。これらの方言のうちヴァンヌ方言のみが特異性をもち、ほかの方言との相互理解が困難である。

　ブルトン語の書きことばは、18世紀のイエズス会士による正書法、19世紀におけるル・ゴニーデックの改革などを経て、20世紀にはコルヌアイユ、レオン、トレゴールの各方言を記述するための共通の正書法が提案されるが、1940年代にはヴァンヌ方言も含めた「統一正書法」（peurunvan）が登場し、その後も50年代に「大学正書法」（skolveurieg）、70年代に「方言横断的正書法」（etrerannyezhel）が考案されて、「1つの言語、2つの陣営、3つの正書法」と言われる状況が生まれたが、現在では「統一正書法」が多数派になっている。（梁川英俊）

カンブリア語　Cumbric

　スコットランド南西部からイングランド北西部に位置するブリトン人の王国（ストラスクライド〔Strathclyde〕、ゴドジン〔Gododding〕、レゲド〔Rheged〕）で話されていたケルト諸語の一つ。古ウェールズ語に近く、古ウェールズ語詩人のアネイリン（Aneirin）の哀歌「ゴドジン」（*Y Gododdin*）は6世紀頃のカンブリア語の口承に基づくとされる。ブリトン語（British）、ブリトニック語（Brittonic）、ブリソニック語（Brythonic）などよりも範囲の限定された地域言語を指す呼称として、ケネス・ジャクソンによって採用された。カンブリア語は中世以後に消滅しており、該当地域の地名や数詞にその痕跡が見られるという説もあるが定かではない。現在のカンブリア地方の英語の変種は、スコッツ語やヨークシャー地方の変種と関連が強い。

（米山優子）

アイルランド語　[Ir] Gaeilge

　アイルランド語は20世紀初頭まではゲール語（Gaelic）とよばれることも多いが、現代ではゲール語はゲール諸語、特にスコットランド・ゲール語を指し、アイルランド・ゲール語はアイルランド語（Irish）とよぶのが普通である。

　言語史上、アイルランド語はおよそ次のように区分される。

4-6世紀：原始アイルランド語（Primitive Irish）
6-7世紀：初期古アイルランド語（Early Old Irish）
8-9世紀：古アイルランド語（〔Classical

Old Irish）
900-1200年：中期アイルランド語（Middle Irish）
1200-1600年：初期近代アイルランド語（Early Modern Irish）・古典アイルランド語（Classical Modern Irish）
1600-1900年：近代アイルランド語（Modern Irish）
1900年-：現代アイルランド語（Contemporary Modern Irish）

　これらは文法的特徴から見た言語史区分であるが、大きな節目でバイキングの侵入（8世紀末-10世紀）、アングロ・ノルマン人の侵攻（12世紀末）、イギリスによる植民地化（16-17世紀）に呼応していると見ることもできる。

　原始アイルランド語はオガム碑文に見られる。碑文の性質上、少数の単語の属格形（MAQQI「息子の」、AVI「孫の」など）と人名しか明らかではないが、その単語は古アイルランド語の同じ単語より長く、古い格変化語尾を保持している。

　古アイルランド語はラテン語の宗教書の行間や欄外に書き込まれた「古アイルランド語注釈」（Old Irish Glosses）に比較的安定した形で見られる。これらは大陸の修道院に保存されていて、中でも最も首尾一貫しているのは「ヴュルツブルグ注釈」（Würzburg Glosses）である。他の資料には、聖人伝、法律書、叙情詩、神話、歴史物語などがあり、最も古い版の『クアルンゲの牛捕り』（Táin Bó Cuailnge）が含まれる。それらの写本は12世紀以降のものしか残っていないが、「古アイルランド語注釈」の文法を基準にして元は古アイルランド語の時期に書かれたものと判断することができる。また、これらの資料を基にして書かれたのがルドルフ・トゥルナイゼン（Rudolf Thurneysen）の『古アイルランド語文法』（A Grammar of Old Irish）である。

　中期アイルランド語は初期近代アイルランド語が確立されるまでの不安定な過渡期である。新しい文法形態が古アイルランド語と混じるだけでなく、筆写者の擬古文体が加えられることもしばしばである。写本『レンスターの書』（The Book of Leinster）に収められた版の『クアルンゲの牛捕り』はこの時期の言語に属する。文法面では名詞の格変化が単純化し、動詞の目的語に独立した代名詞が現れ始める。

　12世紀の末から再び安定期に入り、詩人フィリ（filidh）による初期近代アイルランド語が17世紀まで約400年続いた。彼らは各地で詩学派（bardic schools）を形成し、複雑な韻律・文法規則を定め、詩の文体の維持に努めてきた。つまり、写本に残る書き言葉の初期近代アイルランド語は統制された雅語であり、当時のアイルランド語使用を反映したものではない。したがって、そのアイルランド語は古典アイルランド語ともよばれる。しかしながら、詩人たちは文法規則書の中で2つの文体、「詩人の規範」（ceart na bhfilidh）と「話し言葉」（canamhain）を区別しており、後者は少なくとも学識者の話し言葉をある程度反映しているのではないかと推測される。文法面では、動詞接頭辞がdo-に統一され、人称代名詞（mé, tú, séなど）が動詞の主語として現れ始めた。

　17世紀に入るとアイルランド貴族の衰退とともに詩人の詩学派も消滅した。地域の話し言葉を反映した方言差が顕著になり、詩は音節詩から強勢詩に変わった。スコットランド・ゲール語とマン島語がアイルランド語から分岐したのもこのころからである。散文ではジェフリー・キーティング（Geoffrey Keating, c. 1580-1644）による「アイルランドの歴史基盤」（Foras Feasa ar Éirinn）が著された。これは19世紀のゲール語復興運動に多大な影響を及ぼし、キーティングの著作を規範としてアイルランド語を復興しようと試みられた。

　しかし、キーティングのアイルランド語は古典アイルランド語の規範に近いので、

現代の話し言葉とはかなり異なっていた。これを是正するため，独立後1958年に政府によってアイルランド語の標準綴りと文法規則を定めた手引書「標準アイルランド語文法」(Gramadach na Gaeilge: An Caighdeán Oifigiúil) が公刊された。2012年には改訂され，現在広く用いられている。

(梨本邦直)

スコットランド・ゲール語　ScG Gàidhlig　E Scottish Gaelic

【歴史】原語の発音はガーリック。スコットランドにおけるゲール語群に属する言語。紀元5世紀頃にスコットランド西岸部に定住しはじめたアイルランド人のゲール語を起源とするのが定説である。海峡を挟んで拡大したゲール人のダルリアダ王国は，5世紀後半にその中心を現在のアーガイル地方に移した。その後，先住のピクト人を抑えながらスコットランド中に領土を広げた。ゲール人である聖コルンバによるキリスト教布教活動の力も大きい。9世紀半ばにダルリアダはピクト人の国と統一し，ゲール語の使用が拡大した。一方8世紀末から北欧人が襲来し，本島北部および西部，北部諸島，外ヘブリディーズ諸島などに定住した。11世紀初頭にはブリトン人との南の国境ができた。この頃本土はゲール語を話す王の統治下にあり，ゲール語が広い範囲で使われていた。しかし11世紀後半，イングランドへの追放から戻り王になったマルコム三世は宮廷を非ゲール語化した。

1266年外ヘブリディーズ諸島はノルウェーからスコットランド王に譲渡され，この地に「島々の領主」(The Lordship of the Isles) が成立し，15世紀末までゲール語文化が復興した。再びアイルランドとつながり，古典ゲール語を共通として文学作品が作られた。一方，東岸部では英語化が進み，ゲール人は山や丘の多い北部と西部に追いやられ，14世紀半ばにゲール語圏のハイランドと英語圏のローランドという区別ができた。だが，16世紀以降に宗教改革と王の中央集権化が進むにつれ，ゲール人の文化と言語は破壊されていった。貴族の長子は英語を学ぶよう法で定められ，ゲール語は野蛮で教養のない者の言葉だという認識が定着していく。ゲール語は教育からも宗教からも疎外された。

ようやくゲール語聖書が1767年（新約）と1801年（旧約）に出版されてゲール語が見直されるが，ハイランドからの農民の強制退去の影響もありゲール語人口は激減していった。1800年には約30万人いたゲール語のみの話者は1891年には約4万4,000人に減少し，二言語使用が増加した。ゲール語話者はカナダ，アメリカ，オーストラリアなどに移住し，移住先でゲール語のコミュニティーを作った。

【言語的特徴】ゲール語の綴りを発音するのは難しい。綴りに現れない音や，綴りにあっても発音されないものがある。方言による違いもある。たとえば，l, n, rが含まれる連続する子音間の母音の挿入。ゲール語でスコットランドを表すAlbaはブリテン島の古名アルビオンAlbionに由来し，発音はアラバ/alabə/である。閉鎖子音の前有気音化は，強閉鎖子音p, t, kの前に/h/または/x/が入る現象であり，外ヘブリディーズ諸島と本島北西部に見られ，この地に長く定住していた北欧人の影響という見方がある。語頭cnは/kr/と発音し，cnoc（丘）/krɔxk/となり語頭srは/str/と発音し，sràid（街路）/straːhtʲ/となる。また，語尾のchdは/xk/と発音する。単語の途中や語尾のdh, gh, th，語頭のfhなど発音されないものがある。bòidheach（美しい）/bɔːjəx/。アクセントは一般に第一音節に置かれる。

名詞には主格（対格），属格，与格，呼格の格がある。人称代名詞は，mi（単数1人称），thu/tu（単2），e（単3男），i（単3女），sinn（複1），sibh（複2），iad（複3）。定冠詞はan（単）とna（複）で不定冠詞はない。

II　歴史・考古・言語

語順は動詞＋主語＋目的語。現在時制の動詞はtha（存在を示すbe動詞に相当）とis（コピュラ）のみである。現在の行動を述べる場合にはTha Iain a' leughadh.（tha＋主語＋aig（において）＋「読む」の動名詞形で「イアンは読書している」）とする。否定文はChan eil Iain a' leughadh.で疑問文はAm bheil Iain a' leughadh? 単純な「はい」と「いいえ」の答えはなく、この疑問に対する肯定の返答はTha，否定はChan eil.と，動詞の変化形で答える。　　（岩瀬ひさみ）

マン島語　MxG Gaelg ; Gailck　E Manx

原語の発音はゲルク／ギルク。アイルランド島とブリテン島の中間に位置する英国王領マン島におけるゲール語群に属する言語。ブリトン語群の言語が話されていたマン島に，紀元5世紀頃，古アイルランド語を使用するアイルランド人が移住してきた。9-13世紀までの北欧人による支配の時代を経て，マン島のゲール語は13世紀に初期近代アイルランド語から，そして15世紀にスコットランド・ゲール語と分かれた。このため，発音，文法ともアイルランド語よりスコットランド・ゲール語に近い。支配階級の使用する言語が英語になってもマン島語は民衆の言語として生き続けた。最古の文献は1611年の英語の『祈祷書』(*The Book of Common Prayer*) のマン島語訳で，1707年に出版された95語の語彙集が最初の印刷物である。19世紀になってから文法書や辞書が出版された。マン島語で残る文献は，聖書をはじめ多くがキリスト教関係のものだが，カーヴァル（carval）とよばれる宗教的民衆歌，世俗的民衆歌や民話などの写本も含まれる。アイルランド語やスコットランド・ゲール語とは違い，英語を元にした正書法を採用している。

18世紀初頭までは人口の多くをマン島語話者が占めていたが，英語使用の重要度が増したことと貧困による移民に伴って話者数は急激に減少した。1874年の調査によれば約4万人のマン島人口中マン島語話者は約30％の1万2,340人で，マン島語のみの話者は190人であった。その後の国勢調査によれば話者数はさらに1901年の4,657人から1961年の165人に減少した。マン島語を母語とする話者は1957年には4人で，1974年に最後の1人が亡くなり，いったんは死語とみなされた。しかし，現在は復興の途上である。　　　　　　　　　（岩瀬ひさみ）

ケルト語と他の諸言語との影響関係　the influence of the Celtic languages on other languages

大陸で話されていた古代ケルト諸語は現代の西欧諸語の成立に大きな影響を与えている。紀元前後，ヨーロッパ亜大陸にはわかっているだけでも，ガリア語，ブリタンニア語，ガラティア語，レポント語，原アイルランド語，ケルトイベリア語，タルテッソス語という7つのケルト諸語が話されていた。

このうちガラティア語地域（アナトリア半島中央部）と原アイルランド語地域を除く他の地域は，ローマの帝権の伸長に伴って，いったんはラテン語圏になった。ラテン語圏となった5言語のうち，人口も多かったガリア語はその地域のラテン語に大きな影響を与え，フランス語を形成したし，同じく人口の多かったケルトイベリア語はその地域のラテン語に大きな影響を与え，スペイン語になった。

ガリア語がラテン語に与えた影響としてはフランス語に残る300程のガリア語起源の単語以外に発音上の癖がある。たとえば，ラテン語の*oct*ō ("eight"「8」)，fa*ct*us（完了分詞，「なされた」），o*pt*imus（最上級，「最も良い」）といった母音間に異なる閉鎖音の連続を持つ形式はイタリア語ではo*tt*o, fa*tt*o, o*tt*imoというように後半の閉鎖音に単純に同化したものの，フランス語では特異な変化を経てh*ui*t, fa*i*tとなった。これにはガリア語に代表されるケルト語独特の癖

が絡んでいて，それが出発点だと考えられる。印欧祖語時代の母音間の異なる閉鎖音の連続は原ケルト語で前半が摩擦音化し，古代のケルト諸語ではほぼそのままの状態で維持されていた。

ギリシア語	ἑπτά	ὀκτώ
ラテン語	sep*t*em	oc*t*ō
ガリア語	se*xt*am-etos	o*xt*ū-metos
アイルランド語	sea*cht* /ʃaxt/	o*cht* /ɔxt/
英語	se*v*en	eight

つまり，この発音上の癖はガリア諸属州に根付いたラテン語に移り，たとえばoctō「8」という単語はガリアで次のような変化を経てフランス語になったと考えられる。

ラテン語　　　　oc*t*ō
> ガリア・ラテン語　**oxtū*
 （/kt/ > /xt/　前半が摩擦音化；-ō > -ū
 →「原ケルト語」の項【音韻論】④）
> **uxtū*
 （*o- > *u- 末尾の後舌円唇高母音*-ū によるu-Umlaut）
> **uçtū*
> **ujt*
 （/ç/ > /j/　有声化）
> フランス語　　hu*it* /ɥit/

つまり，フランス語のhuitの成立には基層言語（substratum）のガリア語の存在が大きく影響している訳で，ラテン語時代の母音間の無声閉鎖音の緩音化（lenition）による消滅あるいは有声摩擦音化も緩音化を著しく行ったガリア語の影響であると思われる。

ラテン語	sā*p*ōnem	nā*t*am	facit
フランス語	savon	née	fait
	せっけん	生まれた	なす，する
ポルトガル語	sa*b*aõ	（→日：シャボン）	

無声閉鎖音の例ではないが，ガリア語では語中のmは非常に緩音化しやすい存在で，次のような例がある。

ラテン語	nō*m*en	
英語	na*m*e	
ドイツ語	Na*m*e	Hi*mm*el

ガリア語	Κέμμενον
	（ストラボン『地誌』）
an*u*an-a n.pl.	Ce*v*enna
（Larzac）	（カエサル『ガリア戦記』7.8〔2回〕）

　上のような例からガリア語の緩音化は紀元前から始まっていたと見るべきで，これがガリアに移植されたラテン語に大きな影響を与えたことは間違いない。あと，フランス語になったガリア語には次のようなものが代表例としてある。

フランス語	bouleau	cervoise	char
	白樺		山車
ガリア語	betulla	cervēsia	carrus
	白樺	ビール	二輪荷車
フランス語	chemin	pale-*f*-	roi
	道		儀仗馬
ガリア語	*cammanom	para-*ve*-	rēdus
	道		

　フランス語を中心に述べたが，スペイン語や英語の成立にもケルト諸語は深く関わっていて，英語のwhiskeyがスコットランド・ゲール語の*uisge* beatha（命の水）の前半の部分「水」から来ているなど英語にもケルト語起源の単後は数多い。ケルト語は発音上の癖に影響を与え，多くの借用語も残したのである。　　　　　　（吉田育馬）

文字

碑文に残る文字　characters in inscriptions

　「ケルト語と他の諸言語との影響関係」でも述べたように，古代のケルト諸語はわかっているだけでも7言語あった。そのうち碑文を持っているのは5言語で，あとの2言語，すなわちブリタンニア語（イギリス・ブリテン島）とガラティア語（アナトリア半島中央部）はローマ時代のラテン語やギリシア語の碑文や古典作品に記録された固

II　歴史・考古・言語

タルテッソス語碑文。特異な文字が刻まれている

有名詞，物産名などによって実証されるに過ぎない。碑文を持っている5言語は以下の通りである。

　ガリア語：フランス全土，ベルギー全土，ルクセンブルク全土，オランダ西半分，ドイツ・ライン川左岸地域（ラインラント），スイス西部，北イタリア

　レポント語：イタリア・スイス国境地帯アルプス湖水地方（コモ湖，ルガーノ湖，マジョーレ湖，オルタ湖）

　原アイルランド語：アイルランド全島

　ケルトイベリア語：スペイン中央高地

　タルテッソス語：スペイン南西部〜ポルトガル南部

　文字は言語系統とは異なり，歴史的・文化的環境によって決まるので，この非常に広範囲に分布していた古代ケルト諸語はさまざまな文字で記された。

　ガリア語　ギリシア文字：南仏中心に初期の碑文。ラテン文字：カエサルによるガリア征服後の紀元前1世紀から増える。エトルスク系文字：かつてGallia cisalpīna「アルペースのこちら側のガリア」とよばれた北イタリアから出土した6点ほどに見られ，Briona, Todi, Vercelliといった場所から出土した最初期（紀元前3世紀-紀元前2世紀）の碑文に見られる。

　レポント語　エトルスク系レポント文字

　原アイルランド語　オガム文字：見た感じはバーコードのような文字でアイルランド独自のもの。他では全く見られない。

　ケルトイベリア語　フェニキア系イベリア文字：隣接するイベリア語（現在のカタルーニャ地方で話されていた）で用いられていた文字。初期の碑文に多い。ラテン文字：紀元前2世紀初頭のローマ征服後より見られる。

　タルテッソス語　フェニキア系イベリア文字：半音節文字（semisyllabary）で記された95点の碑文がある。

　以上概観してわかるように6種類の文字で記されてきたが，独自発想的な原アイルランド語のオガム文字を除く5種類は究極的にはフェニキア文字に由来するアルファベット系である。そのうちフェニキア文字に直接由来するのはケルトイベリア語とタルテッソス語を記した文字であるが，結局イベリア半島地中海岸がフェニキア人の勢力圏で，Barcinō（＞［西］Barcelona），Gadēs（＞［西］Cádiz）をはじめとする植民市（羅colōnia）が沢山でき，同時に文字も根付いたからであろう。同様に南仏を中心とする初期のガリア語がギリシア文字で記されたのも，今の南仏がギリシア人の勢力圏で，Massilia（＞［仏］Marseille）など沢山のギリシア植民市ができ，文字も移入されたからにほかならない。北イタリアのガリア語の一部やレポント語でエトルスク系文字が用いられたのも，イタリア半島西海岸の中北部にエトルリア人がいて，その文化圏だったからなのである。（吉田育馬）

オガム文字　Ogam script

　原アイルランド語を記した文字で，文献年代は4世紀末から7世紀に及ぶ。現在のウェールズ地方やマン島からも出土している

が，間違いなくアイルランドで発明された文字で，アイルランド全島を中心に隣接するブリテン島南西部やアイリッシュ海峡に浮かぶマン島でも用いられた。外見はバーコードのような形をしており，縦線，横線，斜線の比較的単純な組み合わせから成り立っている。資料としては原アイルランド語の300点ほどの碑文があるが，いずれも短く，所有者を記しているだけのものが圧倒的多数なので，単数属格がほとんどで，たまに単数与格や単数主格が出てくる程度である。

ここでは原アイルランド語についても述べたいが，初期の原アイルランド語は原ケルト語に非常に近く，最終音節で*o>a になったのと*ei>ē と母音間の閉鎖音が摩擦音になったこと（緩音化）以外は原ケルト語の状態をほぼ残していた。　（吉田育馬）

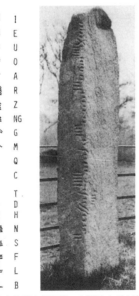

オガム文字を刻んだ石碑。左側にオガム文字とローマ字アルファベットとの対応を示している

地名

大陸のケルト語由来地名　place names on the Continent derived from Celtic languages

ヨーロッパには古代ケルト諸語起源の地名が沢山残っている。次のようなものがある（現代地名の元となったガリア語が部族名の場合は右に「部」と記す）。

［墺］＝オーストリア，［葡］＝ポルトガル，［西］＝スペイン，［独］＝ドイツ，［仏］＝フランス，［瑞］＝スイス，［蘭］＝オランダ。

①

ガリア語	-briga 城砦, 都市
ケルトイベリア語	-briga 城砦, 都市
ゲルマン祖語　Asci-	burg-ium
	（トネリコの城砦）

タキトゥス『ゲルマーニア』第3章

ドイツ語	Burg 山城
英語	Canter-bury
古代ケルト語	現代の地名
Βριγάντιον（Gaul.）高貴な	Bregenz［墺］
Conium-briga（Celtiber.）コニイー族の城砦	Coimbra［葡］
Sego-briga（Celtiber.）勝利の城砦	Segorbe［西］

②

ガリア語	Cambo-	曲がった
ウェールズ語	cam	曲がった
ガリア語		現代の地名
Καμβό-δουνον 曲がった城砦		Kempten［独］
Cambo-ritum 曲がった浅瀬		Chambord［仏］

③

| ガリア語 | -dūnum | 城砦 |
| 英語 | town /tú:n/ > /tɔ́ʊn/ > /tʰáʊn/ 町 | | |

Ⅱ　歴史・考古・言語

ドイツ語　　　　Zaun　　　　　生け垣
ガリア語　　　　現代の地名
Καμβό-δουνον　Kempten
　曲がった城砦（[独]高地ドイツ語の第
　　　　　　　　二次子音推移起こす）
Lug(u)-dūnum　Lyon [仏]
　ルグ神の砦
Novio-dūnum　Nevers [仏]
　新しい城砦　　Neuvy-sur-Barangeon [仏]
　　　　　　　　Nyon [瑞]
Sego-dūnum　　Sion [瑞]
　勝利の砦
④
ガリア語　　　　Lemo-　　　　楡の樹
ラテン語　　　　ulmus f.　　　楡の樹
　　　　　　　　（複数対格ulmōs）
ドイツ語　　　　Ulme　　　　　楡の樹
英語　　　　　　elm　　　　　楡の樹
　　　　　　　　（母音交替形）
ガリア語　　　　現代の地名
lacus Lemannus　lac Léman [瑞]
　楡の生い茂った（湖）
Lemo-vicēs部　　Limoges [仏]
　楡の樹の勝者達
Lemo-vic-ī́n-us　Limousin/limuzḗ/ [仏]
　（上の地域）　（リムジンの語源）
⑤
　　　　　　　　　　　　　　複数形
ガリア語　　-magus n.　　　magia
　野原　　　　　　＜ *magea
　　　　　　　　　＜ *mageha
　　　　　　　　　＜ *mag-es-a)
古アイルランド語　　　　　maige /máγ'e/
　　　　　　　mag n.（＞現代má)
ガリア語　　　　現代の地名
Magia 中性複数　Maienfeld
　野原　　　　　（アルプスの少女ハイジの故郷）
Novio-magus　Neumagen [独]
　新しい野原　　Nijmegen [蘭]
　　　　　　　　Remagen [独]
Rīg-o-magus
　王の野原

⑥
ガリア語　　　　Novio-　　　新しい
ウェールズ語　　newydd　　　新しい
リトアニア語　　naũjas　　　新しい
英語　　　　　　new　　　　新しい
ガリア語　　　　現代の地名
Novio-dūnum　Nevers [仏]
　新しい城砦　　Neuvy-sur-
　　　　　　　　Barangeon [仏]
　　　　　　　　Nyon [瑞]
Novio-magus　Neumagen [独]
　新しい野原　　Nijmegen [蘭]
⑦
　　　　　　　　　　　　単数主格
ガリア語　　　　rīg-o-　　　-rīx
　　　　　　　（Ver-cingeto-rīx, Dumno-rīx,
　　　　　　　　Orgeto-rīx etc.) 王
ラテン語　　　　rēg-em　　　rēx m. 王
　　　　　　　　　　　　　　単数対格
ヴェーダ語　　　　　　　　　rā́ṭ m. 王
ガリア語　　　　現代の地名
Rīg-o-magus　Remagen [独]
　王の野原
Bitu-rīg-ēs部　Bourges
　世界の王達　　　　[仏：古代名Avaricum]
Bitu-rī́g-ia（上の地域）　Berry /bɛʁi/ [仏]
⑧
ガリア語　　　　Sēqu- (< Seiqu-) ~ *Sip-
ケルトイベリア語　　　　　　　　　　Sic-
ドイツ語　　　　seihen 漉す
古代ケルト語　　現代の地名
Sēquăna (Gaul.)　Seine [仏]
*Sípăris (Gaul.)　Sèvre/sɛvʁ[ə]/ [仏]
Sicoris (Celtiber.)　Segre [西]
　流れ，川
⑨
ガリア語　　　　Vindo-　　　　白い
英語　　　　　　winter　　　　冬
ガリア語　　　　　　　　現代の地名
Vindo-bona　　　白い町　　Wien [墺]
Vindo-nissa　　　白い（？）Windisch [瑞]
　　　　　　　　　　　　　　（吉田育馬）

島嶼のケルト語由来地名 place names in the British Isles derived from Celtic languages

ヨーロッパ島嶼部（主にイギリス，アイルランド）にもそれぞれブリタンニア語，原アイルランド語といった古代ケルト諸語起源の地名が沢山残っているが，イギリスにはブリタンニア語由来のものに加えて，スコットランドに移植されたスコットランド・ゲール語のものも数多く残っている。以下がその概要である。

① *Ire*-land → 巻末表を参照。

②
ブリタンニア語	現代の地名
Ab*ona* 川	Av*on* ［英・イングランド］(7つほどの川の名前)
cf.Ἀρ- άβων (Gaul.) 支流	R*aab* ［独］ R*ába* ［洪］

③
ブリタンニア語	Dubr-
(＞ ウェールズ語	dwfr /dúvr/ ＞ dŵr /dú:r/ 水)

ブリタンニア語	現代の地名
Dubrīs 水辺（複数所格）	Dover ［英・イングランド］
cf.Verno-dubrum (Gaul.) ハンノキの水辺	Ver*double* ［仏］

④
ブリタンニア語	Ebor- イチイの樹
(＞ ウェールズ語	efwr /évur/ クロウメモドキ)
ドイツ語	*Eber*-esche ナナカマド

ブリタンニア語	現代の地名
Eborācum (＞Efrog /évrog/ ［ウェールズ］)	York ［英・イングランド］
cf.Ebora (Celtiber.) イチイの町	Evora ［葡］
Eburo-vicēs (Gaul.) イチイの樹の勝者達	Évreux ［仏］

⑤
ブリタンニア語	Sabr- 水
梵語	sabar 樹液
英語	sap /sæp/ 樹液

ブリタンニア語	現代の地名
Sābrīna	Severn[※1] ［英・イングランド／ウェールズ］
(＞H*afren* /hávren/ ［ウェールズ］) 川，水	
cf.Sabis (Gaul.)	Sambre ［白］

※1 ブリタンニア語がまだ語頭のs- を保存していた6世紀以前の借用。第1音節の前舌中母音eは後続音節，すなわち第2音節の前舌高母音iに引き寄せられて，調音点が1段階上に上がったもの。いわゆるi-Umlautである。

⑥
ブリタンニア語	現代の地名
Venta Belgārum ベルガエ族の市	Winchester ［英・イングランド］
Venta Silurum シルレース族の市	Silchester ［英・イングランド］

-chesterはラテン語のcastra（中・複）「陣営」からきており，かつてローマ軍の陣営があった名残である。他にColchester, Manchester, Chester, Lancasterなどがある。

⑦
原アイルランド語	*Windo*- 白い
英語	winter

原アイルランド語	現代の地名
Βου-ουίνδα[※2] 白牛	Boyne ［愛］
cf.Vindo-bona (Gaul.) 白い町	Wien ［墺］

※2 プトレマイオス『地理学叙説』第2巻2章8節

以上が古代文献にも出てきて，現代まで受け継がれた地名の一部であるが，現代の英領スコットランドに残るスコットランド・ゲール語由来の地名は次の通り。

現代の地名

Glasgow	［英・スコットランド］
灰色の犬，グレイハウンド	
Glen Mor	［英・スコットランド］
大谷	
Inish Mor	［英・スコットランド］
大島	
loch Ness	［英・スコットランド］
水溜まり	

（吉田育馬）

ケルト人の特徴

身体と容姿 stature and appearance

　ケルト人の身体的特徴を普遍化してまとめることは難しい。ギリシアやローマの古典作家たちはケルト人の目立った特徴として，高い背，白い肌，がっちりした体格，青い目，金髪（あるいは赤みがかった髪），しわがれ声などを挙げるが，決定的なものではない。ケルト文化に共通的な特質を認めることは可能としても，ケルト人の生物学的な特徴はかなり多様なのではないかと思われる。ディオドロス・シクルスは「ガリア人は背が高く，筋骨隆々としており，肌が白い」と述べたが，そのことがブリテンのケルト人にも当てはまるかはわからない。ケルト人といっても，さまざまな地域に特徴をもった集団がいたと考えられる。

　ケルト人は身長が高いと述べたギリシア・ローマ人の記録を裏づける証拠は乏しいが，一説によれば，鉄器時代には女性が150cm以下，男性は170cm以下であった。中央ヨーロッパでの発掘調査では，ケルト人の身長は地域で相当ばらつきがあった。現在のチェコ共和国で発掘された人体の例では，ある地域で男女とも，相対的に小柄で150-160cmが多く，180cm以上はまれだった。別の地域では，160-170cmが平均であった。ケルト戦士の埋葬からみるデータでも，身長については数値にかなりの差があり，一概にはいえないようである。

　頭部の形には，人類学的におおまかに「長頭」と「短頭」の2種類があるが，一般論として（青銅器時代の頃には），長頭はヨーロッパ中部・西部に広がっており，短頭はアルプス北部に広がっていたとみられる。頭形は，スイスの墓地の場合は，両種が混在していたことがわかっている。ボヘミアでは長頭のほうが多かったが，モラヴィアやオーストリアでは短頭がふつうであった。このことは中央ヨーロッパでの人種はかなり異質のものが混合していたことを裏づけるひとつの証拠となるであろう。

　ガリアのケルト人は一般に長い髪とあごひげ，長く伸ばした口ひげを特徴とした。ケルト人は金髪であるとの記録が多いが，たしかなこととしては認めがたい。地域によっては赤みがかった髪の人もいたことがはっきりしている。ケルト人は自分を飾り立て，自慢することを好むといわれるが，髪については特にこだわり，髪の色や型を美しく見せることに努力した。

　ケルトの男性はふつう髪を長く伸ばした。アイルランド神話にも，戦士たちが黄色がかった長髪をなびかせ戦いに向う場面がある。といっても，髪型は地域によってまちまちで，前1世紀の南部ガリアのガリア人の彫像をみると，髪は短く髯もきれいに剃っている。

　髪にこだわったケルト人は髪を染めることを習慣とした。ディオドロス・シクルスは，「（ケルト人は）髪は金髪だが，生まれながらの金髪ではあきたらず，自然が与えてくれたその特徴的な色を人工的な手段でさらに際立たせるのを常としている。いつも石灰水で洗っているのだ。その髪をオールバックにして，うなじにたらしている。こうした調髪で，彼らの髪は馬のたてがみのようにごわごわしていた」と述べている。髪は石灰水で固めるのが普通であった。ストラボンも，ケルト人は髪を染める風習を

もち，さまざまな溶液や染色剤を使って色をつけていたことを記している。髪を逆立てるのは戦場で恐ろしさを高めるためだったとの見方もあるが，裏づける根拠は弱い。ケルト人は体毛を剃っていたと思わせる剃刀や鋏がガリアから出土している。彼らはまた化粧品も用いた。

女性の髪は，おさげ髪にすることがしばしば行われたようである。アイルランドの神話で美少女エーダインは，黄色っぽい金髪を2つのふさに分け，それぞれのふさを4つのおさげ髪に編み，それぞれのおさげ髪の先端に黄金の球を結わえて登場する。

(木村正俊)

気質 temperament

ケルト人の気質や心性などについても，身体的の特徴の場合と同じく，普遍化するのは容易でない。明らかな判断材料はギリシア・ローマの古典作家たちの残した記録であるが，これらは異民族のものであり，また記録の姿勢や仕方に客観性や公平さを欠くことがありうるから，そのまま受け止めるには問題がある。古典作家たちによって，ケルト人は概してけんか好きで，勇気と気概があるが，その一方，子供っぽく純真であり，自慢したがる性格があると表現された。ストラボンは，ケルト人は好戦的で，武器の立派さや冒険の偉業を誇りにし，宴会や娯楽を好んだと伝え，ローマの歴史家アンミアヌス・マルケリヌスは「(ガリア人は)恐ろしいほど鋭い眼光をしており，けんかとこの上ない粗暴さを好んでいる」と記している。

ケルト人は旅行者や貿易商人を引きとめてもてなし，未知の土地の話をこまかく聞いたが，その会話で雄弁は多弁になりがちだってようである。こうした状況で得られた情報は，尾ひれをつけ，誇張して伝えられる傾向があった。カエサルは，ケルト人は落ち着きが無く，新しいものに追い回し，聞き知ったものをまねるのが早かったと記録している。

ケルト人は概して激情的で，興奮しやすい性格をもつかのように伝えられることが多い。たとえば，祝宴などで余興に格闘技などが披露されると，当の競技者は興奮して本気になり，命を賭けて争う場面に展開することが多かったといわれる。おそらく祝宴の出席者(見物人)のほうも興奮し，宴席が途方もない混乱をみせる闘技場には早変わりすることがたびたびだったかもしれない。ケルト人が好戦的といわれるのも，そうした気に早さ，興奮しがちな性質と無縁ではないだろう。しかし，そうした性質は，文化や芸能面からすれば，激しく情熱的感情表現の力ともなりうるもので，ケルトの伝説や物語を豊かで魅力的にする根源であるに違いない。

ケルト人はさまざまな事物に装飾をほどこすことを特に好んだ。彼らは自らの身体をも装飾した。カエサルは『ガリア戦記』で，すべてのブリトン人は身体に文様のような青色を塗って，戦場で恐怖心をあおったと記している。実際，ブリトン人は身体を青く塗ったり，刺青をしていた。ポンポニウス・メラはも「ホソバタイセイ」(青い染料で，刺青に用いられた)を使用する習慣にふれ，この事実を確認している。

カエサルによれば，「ブリトン人は裸身であった」。ただし，それは戦場での姿であるとも断り書きしている。この記述で，ケルト人は野蛮人であるとの見方を広めたかもしれないが，後の発掘やアイルランドの文献によって，ケルト人は衣装に気をくばり，高価な宝石などにしばしば金を使ったことが明らかになっている。実際は，衣装や化粧に熱心な民族であったであろう。

(木村正俊)

III　ケルト社会

部族社会

大陸の部族　Celtic tribes in continental Europe

　ケルト人はハルシュタット期から多数の部族に分かれていたと思われるが，文字による記録がほとんどないため詳細は不明である。移住によって1つの部族が分かれたり，戦争により統合されたり，といった変動やケルト系かどうか見解が分かれる場合などがあるため，ケルトの部族の正確な総数も明らかでない。大陸の部族について最も史料が豊富なのはガリアであり，現在のフランスでも首都のパリを含む多くの都市がかつてのケルトの部族名にちなんで名付けられている。紀元前1世紀のガリアを例に取ると，カエサルの『ガリア戦記』には，ケルトかゲルマンか曖昧なものも含めて100以上の部族名が記録されているが，その中には名前以外は詳細が不明な部族もあり，実際に居住地などが判明している部族は80程度である。また，ルカヌス『内乱』1巻には，部族表とよばれる，カエサルのもとに集められたガリアの部族についての説明があるが，そこでは，列挙されている部族名は18に過ぎない。これらの史料から，おそらく紀元前1世紀のガリアでは，部族の総数は80から100，そのうち有力な部族が20ほどで，これら有力部族の勢力範囲はおおよそ現在のフランスの1県か2県ほどに相当したものと考えられている。

　カエサルの『ガリア戦記』によれば，ガリアではすべての部族が2つの党派に分かれており，紀元前1世紀にはハエドゥイ族とセクアニ族がそれぞれの中心であった。さらにそれぞれの部族内でも2つの派閥に分かれていたという。

　ケルト人の部族は，一般的には王を頂点とするピラミッド型の階層社会であったとされるが，『ガリア戦記』では，ハエドゥイ族のように，一年任期の，ガリア語で「ウェルゴブレトゥス」とよばれていた政務官が毎年1人選ばれ，部族を支配する例などもある。

　主な大陸の部族名としては，ガリアではビトゥリゲス族，アルウェルニ族，セノネス族，ハエドゥイ族，アンバリ族，カルヌテス族，アウェルキ族，ボイイ族，セクアニ族，ガラティアではテクトサゲス族，トリストボギオイ族，トロクモイ族，ケルトイベリアではティッティ族，ベッリ族，ベロウァキ族，アレウァキ族などが知られている。

(疋田隆康)

クラン社会　clan society

　クラン(clan)とは，スコットランドの北西部に位置するハイランド(Highland)

で話されているスコットランド・ゲール語で「子供たち」を意味する"clann"に由来しており、日本語では「氏族」と訳されている。スコットランド国内でもとりわけハイランドはケルト文化を比較的色濃く継承していて、多数のクランから成る地域であった。それぞれのクランは、同じ祖先からなる集団と考えられていて、クラン・チーフ（clan chief）を頂点とするクラン社会を構成していた。伝統的なクラン社会は、1745年のジャコバイトの蜂起が連合王国政府によって鎮圧された後に解体されていった。

今日、クラン・チーフが集う団体（The Standing Council of Scottish Chiefs）があり、この団体に所属しているチーフは120名になる。この団体に所属しないチーフもおり、そもそもすでにチーフがいなくなったクランもある。

日本において知られている代表的なクラン名というと、ブレア（Blair）、キャンベル（Campbell）、キャメロン（Cameron）、マクドナルド（MacDonald）が挙げられる。Mac（またはMc）はゲール語で「息子」を意味し、マクドナルドはドナルドの息子ということになる。他にも、マケンジー（Mackenzie）、マカーサー（MacArthur）、マグレガー（MacGregor）、マキントッシュ（McIntosh）、マカートニー（McCartney）などさまざまある。クラン名でいうときは、たとえば、クラン・キャンベル（Clan Campbell）というようにいう。

伝統的なクラン社会では頂点にクラン・チーフがいる。チーフは、有事でも平時でも究極の力をもった社会的中心人物である。チーフには世襲的司法権（heritable jurisdiction）が認められていて、立法者であり裁判官であった。それぞれのクランはさながら小さな独立王国的な存在だった。クラン内では、チーフは御主人様というよりは、クランの父とみなされており、貧しい人、弱い人に対して父親的な義務を感じ

ることが期待されていた。クランの福祉は彼の力量にかかっていたのである。そのため、飢饉に際して破産してしまうチーフもいた。

チーフの下にタックスマン（tacksman）がくる。タック（tack=lease）という借地契約で、タックスマンは借地契約保有者を意味する。ときには、彼らはチーフの血族の者で、チーフテン（chieftain）と称されることもあった。それぞれのタックスマンは、チーフから与えられた借地契約でそれなりの規模の土地を保有し、その土地をクランズマン（clansman）に又貸しした。クランズマンは、共同で土地を借り、麦などを栽培し、放牧地で羊や牛を放牧していた。タックスマンは中間管理職的な立場にあり、農地の管理運営者としてそこに住む人びとの面倒をみたり、ビジネスマンとして土地で育てられた家畜を売りに出したりした。

しかし、伝統的なクラン社会は経済的組織というよりは軍事的組織であった。戦場においてチーフは司令官である。チーフに対するタックスマンの第一の存在意義は、借地契約保有者としてよりはむしろ軍人としてであった。クラン間の争いの際、タックスマンは自身の下にいるクランズマンを率いて戦場に現れるのだった。

1745年のジャコバイトの蜂起は主にハイランドの住民によってなされた。名誉革命体制から政権を奪取することを目指し、一時はイングランドのダービーまで進軍するものの資金難により反転し、最終的にはスコットランド北東部のカロデンで連合王国政府軍に鎮圧された。この後、連合王国政府はハイランドを他の地域と同化すべく、クラン社会を解体する法律を成立させていった。その一つがクラン・チーフの世襲的司法権の廃止であったのである。ハイランド的なものはゲール語を含め禁止された。

クランに由来する文化には、格子柄のタータン・チェック（tartan check）、男性も

Ⅲ ケルト社会

身につけるスカートのようなキルト (kilt), 空気を吹き込んだカバンのような管楽器であるバグパイプ (bagpipe), ハイランド・ゲーム (Highland games) がある。これらは, 19世紀に復権したもので, 現在ではスコットランドの観光資源になっている。スコットランドから移民した人びとの子孫が自身のルーツを求めてスコットランドを訪問するのである。　　　　　　　　　（松下晴彦）

階層構成　the hierarchy of Celtic society

ケルト社会の構成や階層については, 発掘物など考古学の資料やカエサルら古典作家の記録, 伝承された物語などからおおまかに知ることができる。それらによると, 時代や地域で差はあるものの, ケルト社会は基本的に明確な階層によって区分されていた。カエサルはガリアのケルト社会には3つの主な階級集団──ドルイド, 騎士, 自由平民──があったと記録している。アイルランドでもほぼこれと同じ階層区分であったとみられる。古典作家によるケルト社会についての記録は初期アイルランドの物語や法律書の記述に著しく類似している。

社会構造の頂点に立っていたのは王である。王の下位には権力をもつ有力な貴族たちの階層があった。しかし, カエサルがガリアを征服した頃には, いくつかの部族において王という最高支配者がいなくなり, 代わりに複数の主要な執政官が貴族とともに統治する制度ができあがっていた。その理由をカエサルは貴族階級の力が強大になり, 彼らが忠誠を誓う王の存在が必要なくなったためと解釈している。

ドルイドは部族集団のなかで最高の地位にあるのが普通であったが, 宗教的儀式や供犠を司ったほかに, 自然学や道徳哲学を究め, 裁判, 教育などの面でも指導的任務を担った。彼らはまた戦士階級以上に強い政治権力を行使した。一般的にどの部族にも, ドルイドのほかに, 特別に高い栄誉を与えられた職能階級として, ウァテス (予言者), バルド (詩人) が存在した。

戦士階級は, 一種の軍事的貴族階級といえる性格をもっていた。戦争や危急の時には戦士階級が軍団を組織し, 王 (あるいは部族長) に報いる集団を守るために戦った。戦争が勝利に終わったときは, 王は戦士たちを手厚くもてなし, 土地や戦利品などを与えたことが物語にも記録されている。戦争や敵対関係が続いているあいだ戦士集団は組織され続けた。

戦士階級の下に自由人, たとえば土地と資産を持った農民, 最高の技能を持つ職人 (特に鍛冶職人) などの階層があった。これらのほかに, 市民権を与えられない不自由民, 土地も資産ももたない人びと, 奴隷などが最下層階級をなしていた。

支配力をもつ王や戦士階級と庶民との区分は死後に明確になった。前者は戦車や宝石類, 貴金属類, 武器, そのほかの私物を含む墓に埋葬されたのに対し, 後者は火葬されるか, 墓がめったに見つからないように, さらされて動物に食われる状態におかれた。有力な戦士の墓からは権力の象徴である剣, 鞘, 槍など武具や戦車が発掘される例が多い。また, 戦士階級の墓のすぐ近くにある女性の墓から出土する豪華な埋葬品は, より下層の人びととの平均的な墓の埋葬品とは著しい対照をなしている。戦士に関わる女性の墓は広い空間をとって造られ, そこからブローチや腕輪, 指輪 (金銀のものもある), トルクなどの立派な装身具類が多く出土する。　　　（木村正俊）

王権　kingship

ケルト社会の各部族のなかで最上位に立つ支配者である王は, ガリア語でリークス (rig-s), アイルランド語でリー (ri) と呼称された。王が支配する体制はラ・テーヌ期に至ってもなお続いていた証拠はあるが, カエサルの時代のガリア中部や南部では, 王権あるいは王支配の体制は廃れ, 貴

部族社会

タラの丘。中世初期を通じてアイルランドの上王（アルド・リー）の根拠地だった

族によって選ばれた複数の執政者が統治する政体に取って代わられていた。アイルランドでは5世紀頃にはおよそ150の部族集団（「王国」）が存在し、集団の長である「王」が統治した。

王が死去すると先代王の一族が王位を引き継いだが、必ずしも息子である必要はなかった。部族によっては選挙で選ばれたところもあった。王の権力と権利は多くの公的任務、たとえば戦争や紛争に関わる行為、他の部族との親交関係の樹立などに行使された。王にとっては寛大で親切なもてなしをすることが特に重要な義務であった。王は国土や部族民を守護する最高の責任者であったから、身体的、精神的にその任に耐えられないと判断されれば王の資格を失った。初期アイルランドの物語『アイルランド侵寇の書』（Lebor Gabála Érenn）では、ダヌ族の王ヌアドゥが戦争で片腕を失ったため一時王位を退き、後に一族の銀の義手をつけて王位に復帰した話が語られる。これは王の資格として身体に欠陥がないことを求めている部族の掟を反映している一例であろう。

前1世紀にはセノネス族やニティオブロゲス族などでは王制がまだ残っており、王たちの二輪戦車（チャリオット）や武器がさまざまな色彩で輝いていたことが伝えられている。浪費ぐせで知られたアルウェルニ族の王ルエルナは、二輪戦者で田舎地方を巡回中に、金銀の貨幣を人びとにばら撒いたといわれる。さらにまた、彼は四角の囲いのある土地に大量の飲み物や食べ物を置いておき、欲しい人はだれでも勝手に飲食できるようにしたという。王の権勢がいかに大きく、同時に気ままなものであったかを示すエピソードである。

アイルランドの場合は、キリスト教が伝わった5世紀にはおよそ150人の「王」がそれぞれの「王国」を支配した。その後、統合によって5つの「国」にまとまり、それらの上に立つ上王（アルド・リー ard-rí、英語ではハイ・キングhigh-king）が置かれたが、上王は実質支配力がそれほど強かったわけではない。スコットランドでは血族的な絆の強い伝統的なクラン社会が18世紀まで存続した（クランは氏族を意味し、ゲール語でclann、英語ではclan）。クランを代表する支配者はクラン・チーフである。

（木村正俊）

ヒルフォート　hillforts

新石器時代以来、鉄器時代に至るまでヨーロッパ各地で築かれてきた防御性集落の総称。「土砦」あるいは「丘砦」とも訳される。通常は、土塁あるいは石塁と、その外側を巡る溝で囲まれて丘陵の頂上部分に築かれることが多いが、崖を生かすパターンや細長い尾根の先端を切断するパターンなど、立地によってさまざまな例が見られる。

ヒルフォートには単に村落共同体にとっての防衛の拠点や非常時の避難場所としてだけでなく、食料の備蓄や交易や流通、手工業のセンターなど、さまざまな機能があったと考えられている。大規模な土木工事が必要となるため、ヒルフォートの築造にはある一定数以上の人口が必要となるが、必ずしもヒルフォート内で住居址が多数見つかるとは限らない。また、その面積にも

ヒルフォートごとにかなりの幅があり、たとえヒルフォートが多く分布する地域でも、防御施設を伴わない大集落が拠点的集落になっている例もある。そのため、ヒルフォートがない地域であってもその地域が社会・文化的に立ち後れた地域だったとも言い切れないのが現状である。ただ、比較的共通しているのは、ヒルフォート内の居住区域で検出された遺構や遺物をみる限り、王や貴族の存在を示すような権力の集中や階層差が殆ど認められないことである。このことは、ラ・テーヌ期の社会構造を考える上で留意すべき点であるといえる。

ハルシュタット期およびラ・テーヌ期に比定されるヒルフォートは数多いが、特に紀元前2世紀以降にフランスやドイツ、チェコ、英国などで築かれてゆく大型のヒルフォートは、さまざまな手工業や流通・交易の中心として成長を遂げており、「オッピドゥム」の名で別途扱われることが少なくない。

（望月規史）

オッピダ oppida

ラ・テーヌ文化後期に特有のセトルメントとして知られるのが、オッピダである（オッピダの単数形はオッピドゥムoppidum）。オッピダは、先行するハルシュタット文化に至るまで続く防御性集落の伝統と、同時代併行期のヘレニズム世界の都市定住スタイルに影響を受けて成立した、防御施設を伴う大規模セトルメントであった。もともとこのタームは、カエサルが『ガリア戦記』のなかでガリアのセトルメント・パターンを3類型に分けて説明する際に用いていたものだった。すなわち、防御施設を伴わない村落「ウィクス」、牧畜を営み単独の住居を伴う農園「アエディフィカエ」、そして防御的性格の強い「オッピドゥム」である。このうちオッピドゥムが、紀元前2世紀頃からローマによるガリア征服までにアルプス以北一帯で営まれた大型の防御性集落遺跡全般に敷衍される形で、今日一個の考古学的タームとして認知されている。現在ではフランスやドイツ、チェコ、英国などを中心に、ヨーロッパ全体で合計約170遺跡がオッピドゥムとして数えられている。

このうち、ガリア地域のオッピドゥムは『ガリア戦記』において、防御に適した険阻な丘上や山地に位置し、緊急時には多数の住民を収容する一種の「逃げ城」となるような堅固な要塞として描き出され、ともすればその軍事的側面を中心に論じられる傾向にあった。それゆえ、オッピドゥムとして包括されうる各遺跡の規模や形態、立地、存続年代などに関する比較検討は、やや後ろに押しやられるかたちとなり、オッピドゥムの性格が総合的に把握できているとは言い難かった。しかし、1950年代からマンヒンク（Manching）をはじめドイツ各地で行われてきたオッピドゥムの発掘調査は、その実態を考古学的に把握する契機となった。

マンヒンクは、バイエルン州インゴルシュタット近郊のドナウ川とパール川に挟まれた平坦地に所在するオッピドゥム（紀元前3世紀頃から紀元前50-30年頃）である。もともと当地には、紀元前4世紀後半頃（ラ・テーヌB2期）に防御施設のない小規模な村落が存在していた。これが紀元前2世紀頃から急速な拡大を続け、総面積380haにも及ぶ巨大な円形オッピドゥムへと成長し、紀元前120年頃には高さ5m、総延長7.2km（推定）にも及ぶ防壁と幅10mにも及ぶ街路、および規格性の強い街区を維持するまでになっていたことが発掘調査から明らかになっており、オッピドゥムの性格を総合的に把握する上で、不可欠な遺跡となっている。

さて、大半のオッピドゥム遺跡において、最も目につきやすい遺構が防壁である。このうち、ガリア一帯のオッピドゥムを中心にみられる防壁は、『ガリア戦記』のなか

で「ムルス・ガリクス」(=ガリアの壁)とよばれるもので、特に火攻と破城槌からの攻撃を念頭においた工法で築造されたものだった。すなわち、丸太を約60cm間隔で井桁状に組み上げてから木枠内側に土や割栗石を込め、外壁面は粗割した一抱えほどの大きさの石を平積ないし野面積にしたものとなっていた。したがって、火攻に対しては丸太の間を充填する石が延焼を防ぎ、破城槌の衝撃からは木枠構造が防壁の崩壊を防ぐ役割を果たしたわけである。「ムルス・ガリクス」は、文字通りガリア特有の防御施設として、アレシアをはじめガリア各地のオッピドゥムで盛んに採用された。

だが、ライン川以東の地域では、「ムルス・ガリクス」とは工法の異なる独特の防壁が築造されていた。「プフォステンシュリッツマウアー」とよばれるこの防壁は、1-2m間隔で地面に丸太を打ち込み、外壁面にある程度サイズが同じになるように粗割した石を積み上げたものである。石積の背後は「ムルス・ガリクス」のような丸太を組み上げた井桁構造をとらず、各丸太の横桁が土盛り状の防壁内部に向かって水平に伸びている。またこの土盛りは、オッピドゥムの内部区画側へと傾斜しており、極めて分厚く築造されていた。この手の防壁は、マンヒンクをはじめ、ライン川以東、とりわけモーゼル川周辺から南ドイツを経てモラヴィア一帯に掛けて分布している。こうしたオッピダ防壁の形式差は、当時のアルプス以北地域で展開していたラ・テーヌ文化、すなわち「ケルト人の文化」が、決して均質ではなかったことを示している。なおマンヒンクでは、紀元前104年頃に「ムルス・ガリクス」を「プフォステンシュリッツマウアー」にわざわざ改築している点が目を惹く。マンヒンクは「ムルス・ガリクス」形式で防壁が築造された最東端の遺跡であり、さらにガリアとゲルマニアでそれぞれ別個に発達した防壁形式が両方築造された唯一の例であることを踏まえると、少なくともこのオッピドゥムが東西ラ・テーヌ文化のひとつの接点となっていたことが窺える。そして、全くの平野部に発達したマンヒンクは、その規模や形態、立地の面でオッピドゥムにさまざまなヴァリエーションがあることを示しており、それは当時のアルプス以北地域における経済的・社会的な複雑さを推測させるものとなっている。

(望月規史)

エンガスの砦 Dun Aengus [Ir] Dún Aonghusa

アイルランドのゴールウェイ州アラン諸島にある先史時代の要塞。イニシュモア島南西海岸の海抜100mの断崖の上にある。西ヨーロッパでこの種の建造物としては最も壮大なものとみなされる。現在は同心の半円形をなす三層の巨大な石造の防壁と外郭の四層目が残っているが、中央部が高く盛り上がっていることなどからみて、この要塞が祭式の場として使われた可能性がある。王の即位や供犠の行事などが行われたかもしれない。建造された時期は正確にはわからないが、遺跡の大部分は青銅器時代か鉄器時代にさかのぼるとみられる。発掘調査によると、最初の囲いは紀元前1100年頃に築かれ、直立した石柱の周りに石の瓦礫を積み上げて造られたことが明らかになっている。前500年頃に三重の防壁が要塞の西側に完成したようである。

絶壁の上に造られた砦は海からの侵略を防ぐ

III ケルト社会

この遺跡の特徴は、釘のように先の突き出た石をぎっしり並べて敵の侵入を防ぐ防御柵（chevaux-de-frise）があることである。高さが約1mで、石灰石の岩盤に割り込ませたものであるが、これと同種の防御柵は鉄器時代のスペインやフランスにもみられる。この最も内奥の半円は直径が45mあり、そこには幅5m、高さ4mの防壁、石室、階段のついた通路、大きな入口が造られている。1839年にこの要塞の壁の部分から鉄器時代初期に作られた鳥の頭の形をした青銅のフィブラ（留め金）が発見された。

（木村正俊）

ブロッホ　brochs

スコットランドに残る石造円塔。ハイランド地方からヘブリディーズ諸島、オークニー諸島、シェトランド諸島などに現在500くらい残存している。ブロッホのほとんどは崩壊しており、円塔の基礎部分だけが残るものが多い。鉄器時代の紀元前500年以降に建造されたと考えられる。最初は比較的小さい石造の要塞であったが、前100年までには、自然石を積み上げた造りの巨大な円形の塔に変化した。現存している石積みの円塔の高さは5mから13mまでさまざまである。平均的な規模は直径が13mほどで、上へいくにつれて直径が小さくなっている。壁は外壁と内壁の二重構造で、2つの壁のあいだは空間になっている。壁の厚さは2mから4mある。壁のあいだの空間には階段が設けられており、それを上っていくと最上部へ出られるようにできている。

ブロッホは外敵を防御する軍事目的に使用されただけではなく、避難場所や集会場所などとしても用いられ、多目的用途をもっていたとみられる。大部分のブロッホは内部に囲炉裏や箱型寝台、貯水槽、食糧貯蔵室などの設備があることから、なんらかの形で人が住んでいたと考えられる。もとは農家であったとの説もある。大きいブロッホの場合は、広範囲の地域を支配した族長の本拠地だったかもしれない。たいていのブロッホは孤立した場所に建てられているが、周囲にはより小型の建造物が密集している場合もある。

石造円塔で最も有名なのはシェトランド諸島のムーザ島に残るムーザ・ブロッホ（Mousa Broch）である。紀元1-2世紀の建造であるが、当時の外形をほとんどそのままにとどめており、ヨーロッパの先史時代の建造物のなかでこれほど完全な形で現存しているものは珍しい。現在のムーザ・ブロッホは高さが14.1mあり、海岸を向いてドアが1つついている。内部が平均より狭いにもかかわらず、基底部の壁が非常に厚くできており、そのために壁の石が崩壊しなかったのかもしれない。内部には生活ができるように囲炉裏もあり、外敵から逃れる避難場所として用いられたと思われる。

シェトランド諸島のメインランド島の首都ラーウイック近くにあるクリッキミン・ブロッホ（Clickimin Broch）も有名な石造円塔で、入江に突き出た土手道の先端にある岩盤の上に築かれている。紀元前1世紀頃の建造で、当初は10mほどの高さであったとみられるが、現在は5mほどが残っている。内部の直径は約20m、壁の厚さは6mにも及ぶ。防壁の一端には入口を守る頑丈な小型城壁があったことから、族長が住ん

スコットランドのシェトランド諸島（メインランド島）にあるムーザ・ブロッホ

でいた可能性もある。円形の防壁に接して一部木造の2階ないしは3階建て家屋が数軒建てられていた形跡がある。それらの家屋の1階は馬小屋として使われたか，あるいは粉挽（こなひ）き，皮の加工，陶器製造，調理など日常の作業に使われたかもしれない。

また，アウター・ヘブリディーズ諸島のルイス島には前200年頃に建造されたとみられるカーロウェイ・ブロッホ（Carloway Broch）がある。　　　　　（木村正俊）

ブレホン法　Brehon Laws

ブレホン（brehon）とは古代アイルランド語で「判決人」を表す語ブリテウ（brithem）の複数属格形ブリテウィン（brithemain）から派生した英語であり，「ブレホン法」とは本来，イングランド人たちが，イングランド由来ではないアイルランド土着の法現象全般を指して呼んだ語である。今日では一般的には，7世紀から8世紀頃にアイルランド語で書記され，中世後期に至るまで判決人の教育に使用され，紛争解決の法源となった成文法群を指すことが多い。

その制定者については，教会立法である「アダウナーンの法」など一部を除き，ほとんど明らかになっていない。さまざまな分野をカバーする約50の法書から構成された法集成である「シェンハス・モール」は，アイルランド東北部にその淵源をもち，詩人や聖職者などの権利義務について規定した「ブレタ・ネウェド」やいくつかの法書は，南西部マンスター地方に由来することが，法書の記述から推察される。しかしながらそれを書記している古アイルランド語に方言的特徴は全くと言ってよいほど見られず，またほとんどの法書がアイルランド全体をその適用地域として想定しており，いわば統一権力なき統一法とでもいうべきものを志向していることが見て取れる。

法規定の内容は身分，契約，家族，婚姻，財産，契約など多岐にわたり，身分に基づいた権利義務および賠償は極めて詳細に規定されている。また，ミツバチの群れの帰属の方法を定めた「ベヒブレタ」のように，世界的に見ても独特な内容を持つ法書も存在する。

近年の研究においては教会立法以外の法書・法規定についても，キリスト教的要素の影響や制定における聖職者の関与の可能性が強調される傾向にあるが，教会がどの程度直接的・組織的に関係したかについては議論の余地が残されている。また考古学資料との照合から，法規定の相当部分は純粋な思弁ではなく何らかの形での実生活の観察に基づいていることが明らかとなっているが，そのことは直ちに，ブレホン法が「慣習法」であること，すなわち慣習といえるだけの反復性をすでに有していた規範を書記したものであることを意味するとは限らない。いずれにせよ歴史資料としての扱いには最大限の注意が必要である。

9世紀を過ぎると新たな法書の作成はあまり行われなくなり，中世後期には既存の法書への注釈及び註解の付加がさかんとなった。現在残っているマニュスクリプトはこのような注釈・註解が付されたものであり，最も古いもので12世紀，大半は14世紀から16世紀のものである。わずかな逸文や名前しか残っていない法書も多い。

イングランド政府はチューダー期の再征服，九年戦争を経た17世紀の初頭にその使用を最終的に途絶させた。　　　（廣野元昭）

里子制度　the institution of fosterage

現代の里子制度は，物理的に実の親による子女の養育が困難な場合に里親がそれを代替するという意味合いが強いが，中世アイルランドにおいては，むしろ積極的に子女に対しより適切な教育を施す方策として，実の親以外の人物の下へ里子に出すことが広く行われていたとみられる。クー・フリンや聖コルム・キレ（聖コルンバ）を

はじめとして、物語文学や聖人伝においても、多くの事例を見つけることができる。

里子となる時期は乳児期から7歳頃までと幅があったようで、その満了年齢についても、14歳ないしは17歳と、法書によって差異が存在する。

法書は里親・里子関係について、里親が実の親から養育費を受け取るものとそうでないものとに二分するとともに、前者についてはこれを契約関係とみなし、身分ごとの養育費や里親の義務を定めて、さらに里子に与えられるべき衣服、食物などについても身分ごとに詳細に規定している。

里子期間中に義務付けられる教育についても、性別や身分で異なっており、平民の息子に対しては、農作業、薪割り、家畜の飼育や撚糸を、娘の場合には窯の使い方やパンの焼き方などを教えることが要求された。王や貴族の息子の場合には、乗馬、水泳、弓術に加え、戦略的思考を学ぶための、フィドヒェルとよばれる、チェスに似たボード・ゲームの訓練があり、娘に対しては裁縫や刺繍が必須であった。

また複数の技術を身に着けるために複数の里親と里子関係を結ぶというケースも存在した可能性が、前述のクー・フリンの物語などから推察される。

中世アイルランドにおける里子制度の機能は、このような子女の教育の手段というだけにとどまらない。里子と里親の間、里子と里親の実子の間、同じ里親の下での里子どうし、実の親と里親の間といった、里子制度を通して形成される複数の次元の密接な関係は里子期間の満了後も継続し、そこに基盤を置く社会的紐帯は、国家機能が未発達で闘争や戦乱が絶えない環境下において、政治的、経済的、軍事的な相互支援を行う上できわめて重大な意義を有していたと考えられる。

中世後期になると、イングランドからの入植者と原住のアイルランド人との間にも、このような里子制度を介して主従関係や保護関係が形成され、それをイングランド側が問題視したことが、1366年の「キルケニー法」における禁止規定や16世紀末の記録から見て取れる。

ウェールズの『マビノギの四つの枝』や、17世紀頃のスコットランドの記録においても、アイルランドの事例に類似した里子関係が登場する。　　　　　（廣野元昭）

戦争

戦士・戦士階級　the Celtic warriors

ギリシア・ローマの古典作家によれば、ケルト人は勇猛果敢な人びとであるとしばしば述べられており、カエサルは騎士とドルイドがケルト社会で重要な地位を占めていたことを伝えている。ケルトの戦士階級は社会の中で王に次ぐ地位、おそらく貴族層に相当する階級であったと考えられている。

カエサルの伝えるところでは、ケルトの戦士階級は身分と財産の許す範囲で、従者や庇護民を抱えていた。また、戦争の際には従者は予備の馬を連れて戦士に帯同したと伝えられる。アテナイオス（200年頃）が伝えるところでは、ケルトの戦士は戦いのときでも食客とともに行動していた。この食客がどのような人びとなのか明らかではないが、アテナイオスの前後の記述からは、歌によって賛辞を述べるバルドイとよばれる人びとであったと思われる。

ローマ略奪やデルフォイ包囲などにより、ケルト戦士の武勇が知られるようになると、ギリシア本土や地中海沿岸のギリシア人植民市、ギリシア系の王が君臨するヘレニズム諸国などで傭兵としてケルト人が求められるようになった。ただし、ケルト人傭兵は勇猛だが、気まぐれで信の置けない、いわば両刃の剣とみなされていたようである。

シチリアのディオドロスによれば、ケルト人の戦士は長い大盾、動物の角や頭部を模した飾りのついた兜、鉄の鎖で編んだ鎧(よろい)で武装し、鎧の上には縞模様や花柄の軍衣を着用していた。武器は幅広の長剣や投槍を携帯しており、ストラボンによれば、そのほかに弓矢、投石器を使用することもあった。剣、槍の穂先、鏃(やじり)、頭部を模した飾りのついた兜、盾などは、ヨーロッパ各地から出土しており、鎧についてもケルトの戦士を描いた石彫などで確認することができる。その一方で、防具を着けず、上半身裸で戦う者もいたことがしばしば記録されており、「瀕死のガリア人」など上半身裸の戦士像の例もある。

ケルト人の戦士は名誉を非常に重んじており、名誉を守るために食事のときでも些細な口論から一騎打ちに発展することもあったと伝えられている。この点に関しては、ギリシア・ローマの著作家の記述と同様の場面が、アイルランドの神話にも描かれている。 （疋田隆康）

刀剣と鞘　swords and scabbards

刀剣はつねに戦闘できわめて重要な武器であった。紀元前700年頃以降のハルシュタット期には切っ先と刃を同時に使う青銅製の刀剣が多く使われたが、青銅器時代後期には鉄製のものに取って代わられた。鉄の使用によって武器の質と耐久性は大幅に改善され、戦闘での効率もめざましく向上した。

戦士が携行した武器はおもに剣（長剣と短剣）と槍である。長剣は身体の右側腰部にくくりつけていたが、前5世紀から前3世紀までのものは刃渡りが短かった。短剣は接近して戦うときに用いられ、長剣と同じく鞘に入れて携行された。短剣には人間に似た形の柄（つか）がついているのが通例である。すなわち、柄の先端に人間の頭部とみられる彫刻がついているのである。これはケルト人の人頭崇拝の一端を示すもの

鉄製の刀剣を収める鞘（部分）。スイスのヌーシャテル湖で発見されたラ・テーヌ期のもの

であろう。

鉄製の剣は、鉄、青銅、木あるいは皮の鞘に収められた。鞘は剣よりも重要視され、剣以上に入念に文様で装飾された。剣と鞘は聖性を帯びるものとして崇められ、それを所持する戦士のアイデンティティーともなっていたと考えられる。

ハルシュタット期の長剣は短く、およそ40-60cmであったが、ラ・テーヌ期の長剣は55-80cmほどの長さになり、刺すよりも切り付けるのに適していた。ラ・テーヌ期の長剣は切っ先は丸みを帯び、普通は皮、鉄あるいは青銅の剣帯につるした。剣は鞘の後ろにある金属の輪でベルトにつないだ。部族によっては、ヨークシャーのパリシイ族がそうしたように、剣を背中にたすき掛けのような形で携行する場合があった。しかし、その携行の仕方では剣を抜くまでに時間がかかったであろう。

剣の硬度あるいは出来具合については技術が低く粗雑なものもあった。ギリシアの歴史家ポリュビオスは前225年にテラモンの戦いへの言及のなかで、北イタリアでガイウス・フラミニウスと戦ったガリアのインブレス族の使用した剣は質がよくなかったと軽蔑的に述べている。インブレス族の剣は、斬るのには適したが、突き刺すのに

Ⅲ　ケルト社会

は十分な硬さがなく，戦闘の最中に曲がってしまい，彼らはいったん退却して剣を足で踏みつけ，まっすぐ伸ばしてから戦わなければならなかったという。

刀剣製造には高度な洗練された技法が要るので，時期と場所によっては不十分な製法で造られることがあった。技術が進歩し，質のよい長剣が製造されるようになったのは，前2世紀から前1世紀になってからである。遺跡から出る剣はしっかりした造りのものがほとんどで，ケルトの刀剣製造技術の水準が高いものであったことを明らかにしている。　　　　　　　　　　（木村正俊）

槍　spears

ケルト戦士にとって，戦場で槍を投げたり，槍で突いたりして効果をあげることは，きわめて重要な技術であった。戦士たちは，長い槍は投げるのに用い，短い槍は突き刺すのに用いて使い分けた。ギリシアの歴史家ディオドロスは，ケルト人の槍の穂先はローマ人の剣のそれよりも長い場合があったと書き留めている。戦士の墓から出土した葉型の穂先がついた槍のなかには，穂先の長さが46cmのものもあった。ラ・テーヌ期の槍の全長は最大で2.5mあり，ローマ軍はこうした長槍が彼らのほうに飛んでくると，戦術を変えなければならなかったと伝えられる。長さが2m以上もある槍を使って活躍する槍兵は非常に重要視された。

前5世紀から前1世紀までの槍の穂先は一般に大きかった。ラ・テーヌの遺跡からは，ぎざぎざをつけた，炎型の，刺さりやすいように刃に凹みを入れ，刃先を鋭利にした槍穂が出土した。ラ・テーヌ期には穂先を文様で飾った槍もつくられたらしく，テムズ川で見つかった前1世紀の鉄製の穂先はラ・テーヌ様式の青銅の文様を象嵌していた。

ストラボンによると，ケルト人はまた手で投げると弓矢より遠くまで飛ぶ木製の槍を用いた。これは狩猟用のものであったと考えられるが，戦闘でも用いることは可能であったようである。戦場では戦士は1本から4本の槍あるいは投槍をもち，まず短い槍を投げて敵を追い散らすか威嚇し，そのあと敵陣を襲って，剣で斬ったり長い槍で刺すといった戦術を用いた。ケルト・イベリア人は槍を長距離で投げ，大いに効果をあげたといわれる。

アイルランド神話でダーナ神族に属する光の神ルグが槍の巧みな使い手で，「長腕のルグ」の別名をもって登場するのは，戦いにおいて槍が重要であったことを神話化したものであろう。また，あるスター物語群のなかで，英雄クー・フリンはスコットランドの女性の武芸達人スカータハから魔法の槍を与えられ，それを用いて戦闘で活躍する。ケルトの神話では槍を投げる場面がしばしば叙述される。　　（木村正俊）

投石器と弓矢　slings, bows and arrows

ケルト人が古来用いた攻撃用の武器の一つに投石器がある。ヨーロッパ中部ではケルト人によって投石器は使用されなかったが，紀元前1世紀にブルターニュで最初に

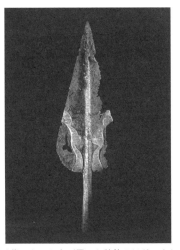

鉄器時代のケルト人が用いた装飾のほどこされた槍

使用され，ブリテン島などに広がったようである。ブリテンのドーセットシャーにある要塞集落メイドン・カースル（Maiden Castle）をローマ人の攻撃から守ろうとしたとき，ケルト人は投石器を補助的に用いられたとみられる。投石のために用意された石の山が門のそばに，2万2,260個の丸石が蓄えられた穴があったことが有力な証拠である。石の重さは1個が平均して約50gあり，それらは苦労して選別されたものであろう。

また，ハンプシャーのデーンベリー（Danebury）の要塞跡でも同じような投石用の石が埋蔵場所が見つかっている。城砦を守るときに投石器が特に役立ったようで，カエサルはガリアで体験した例を記録している。カエサルによれば，ある包囲戦のとき，ガリア人は真っ赤に熱した石状の鉄くず（スラグ）を投げたという（『ガリア戦記』7.25）。

弓矢もケルト人の戦闘では重要な武器であった。ローマ人と対決したケルトの勇将ウェルキンゲトリクスは，弓の射手全員に対し，一斉に弓矢を放つことを命じた。騎兵には弓の射手が同行して守りを固め，敵の進撃を抑えた。弓矢が出土することはまれであるが，青銅の矢じりは発見されている。 　　　　　　　　　　（木村正俊）

盾　shields

ケルト人戦士にとって盾は防具としてきわめて重要であり，戦闘技術の面で決定的な役割を果たした。戦士は盾を左手にもち，右手に剣や槍をもって戦った。盾は紀元前3世紀以降の墓から多く出土しており，長い盾の遺物はフランスやデンマーク，アイルランドなどで発見されている。盾のさまざまな形はフランスのオランジュにあるローマ人のアーチやスコットランドのロジアンにある彫刻からもうかがい知ることができる。

最初期の盾は革あるいは木でできた質素

青銅製の盾。紀元前1世紀のもの（テムズ川で出土）

なもので，比較的に小さな円い形をしていた。ハルシュタット期のある時期以降は，長方の六角形か楕円形，もしくは楕円の先端を切り落した形の盾を用いるようになった。皮製か木製（あるいは小枝製）だったが，金属を張って強化したものも使われた。アイルランドで発見されたいくつかの盾はハンノキ材を使っていた。

ラ・テーヌ期の戦士は頭を隠すことができるような長い盾を好んだとみられる。ヌーシャテル湖から出土したラ・テーヌ期の盾は楕円形で1.1mの長さであったが，ディオドロスは，ケルト人の盾は戦士の身長くらいの長さのものもあったと述べている。ウェルギリウスもまた盾はケルト人の身体を守ったと書いた。実際長さが170cmもある大型の盾が発見されているから，ケルト人が長くて大きい盾にこだわったのは事実のようである。

ケルト人は盾の中心を背柱状の木で補強し，真ん中を円形にくり抜いてつかみ所を取り付け，手の指関節を守る工夫をこらしていた。盾の表と裏の平らなところには皮

Ⅲ　ケルト社会

や毛織布を張り，上辺には剣や斧の振り下ろしに備えて金属を取り付けた。しかし，盾は中心近くで厚さがおよそ11mm，縁のほうは薄くなりわずか3-4mmしかなく，あまり強力ではなかった。カエサルはガリア人の盾の多くは1本の剣で刺し貫けると説明したが，そのことは考古学によって得られた事実と一致している。ガリアの戦士は役立たずの，じゃま物となった盾を捨てて戦うことも多かった。

　盾の表面は思い思いの色彩と文様で装飾がほどこされ，色合いによっては目立ちやすく，戦闘意欲を掻き立てたかもしれない。あるいは敵に脅威を与えたことも想像される。バターシー（Battersea）のテムズ川とリンカーンのウィザム川（the River Witham）で発見された金属製の盾はきわめて入念に装飾がほどこされており，ブリテンのケルト美術の特徴を示すものとして知られる。　　　　　　　　（木村正俊）

鎧　armour

　紀元前3世紀頃までのケルト人戦士は鎧あるいは鎖かたびら（chain mail）をあまり着用しなかったようで，発掘品は少ない。発見されても，時代や場所が集中している。しかし，ローマ軍との戦いがひんぱんになるにつれて，族長や裕福な戦士は鎧や兜を身に着けるようになった。鎧はふつう胸から腰の下までの胴部を防護するので胴鎧（cuirass）あるいは胸当て（breast plate）ともよばれるが，しばしば飾りの付いた肩当て（shoulder plate）がそれに付随していた。ガリアの東部では胸当てを着用した。

　ローマの詩人スタティウスは，1世紀にブリテンの総督ウェルティウスがブリテンのある王の胸当てを戦場で奪い取ったと述べている。またディオドロス・シクルスもケルト人が身に着けた鉄の鎖かたびらや胸当てについて言及した。ケルト人の鎧の着用の仕方は，ペルガモン（古代小アジア西部の都市）に現存するモニュメントの人物像やフランスのケルトの聖域にある石の胸像などに表されている。

　ディオドロスは「（ケルト人）鎖状に編んだ鉄製の胸当てを着ている者もいる一方，……裸身で戦う者もいる」と書いた。実際多くの戦士は裸で戦うことを好んだが，族長や裕福な戦士は鎧や兜を着用したようである。金属の輪を組み合わせた，シャツのような鎧あるいは鎖かたびらを発明したのはケルト人であるとの説があるが，その使用は限定されていた。

　肩当てが付いていると防御する範囲が広がるが，鎧の重さも拡散して戦う戦士としては楽になったかもしれない。1892年，フランスのバス・ザルブ地方で発見されたガリアの若い貴族戦士の像は，半袖シャツのような胴部の鎧を細長い肩当てで覆うように補強している様子をはっきり示している。肩当ては胸の下あたりでずれないように大きい鋲で留められている。（木村正俊）

兜　helmets

　防具としての兜も鎧と同じく初期ケルト世界ではあまり着用されなかった。発見される数は少なく，特定の時代のものが特定の場所からまとまって出土する傾向がある。後世にローマ軍との接触が増えるにつれ，ケルト人は兜を身に着けることが多くなった。発見された兜は鉄，青銅，金などを用い，装飾されたものが目立っている。

　ケルト人が使用した兜の形については一定の特徴がないように思われる。ラ・テーヌ期初期の前5世紀後期にガリア人が使用していた兜は変化に富んでいた。優美な円錐形で，先が尖っているものもあれば，くり抜かれた部分で終わっているものもある。時代とともに兜は進化し，前4世紀前半には品質のよいものが生産されたが，後半になると量産により質が低下したといわれる。兜は皮ひもでしっかり固定され，皮ひもは左右の頬当ての金属の輪や鋲に結ばれるようになっていた。

鳥の飾りのついた兜。紀元前3世紀のもの（ルーマニアで出土）

ケルト人の兜は形態や装飾の面でユニークなものが多い。北イタリアのモンテフォルティノで発見された兜は騎手帽に似た形で，ほとんどは青銅製であった。ほかに騎手帽の形の兜はフランス北東部のコオルス地方で見つかっている。1869年にテムズ川のウォータールー橋近くで発見された前1世紀の兜は，頭部に2本の角をもっているが，これは奉納されたもので，しかもほかに角が2本ついた兜は発見されておらず，このタイプのものがふつうであったとはいえない。フランスのマルヌ県ベルーの墓から出土した前4世紀初頭の兜は円錐形で，先がゆるやかで優美な線をなして尖っている。

兜の頭頂に装飾突起物をつけた兜が多く発見されている。頭頂に3つの突起物がついていたほか，前方にアヒルかガチョウの頭部がついた前1世紀の青銅製兜がドイツで見つかっている。ルーマニアのキウメシュティで出土した前3世紀前半の鉄製兜は，翼がばたばたと動く仕組みの鳥を頂に載せたものである。兜の頂にはいくつかこぶがあり，その中央の先端には枝状の金属が差し込めるように穴がつくられている。ケルト・イベリア人は兜の頂に紫色の羽根をつけて飾ったことが知られている。猪など動物の小さな飾りがつけられている兜も多い。

念入りに装飾された優美な兜は，祭儀用のものである可能性があり，実際に戦闘で着用されたとは考えにくい。フランスのシャラント県アグリで出土した兜（前4世紀と推定される）は儀礼用のもので，司祭帽のような形をしている。鉄に青銅のめっきをほどこし，その上さらに金箔で全体を覆っており，きわめて豪華で輝かしく見える。装飾も手が込んでおり，しゅろの葉文様を用い，珊瑚の飾りボタンを銀の鋲で留めている。また，イタリア最南端プーリア県のカノーサで出土した前4世紀半ばのケルトの兜は，流動的な植物文様で装飾されている。

（木村正俊）

戦闘の方法　tactics

ケルト人の戦術は，ディオドロスなど古典文献の記述によると，まずカルニュクスなどを吹き鳴らし，敵を威嚇した後，一騎打ちで敵を挑発し，投槍，投石などの飛び道具で攻撃した後，槍や剣を携えて突撃する，というのが一般的なやり方であった。敵の首級が武勲の証であり，馬にくくりつけて持ち帰り，家に飾ったり，名高い者の首は樹脂につけて保存したという。

古くは戦車を用いていたと伝えられる。カエサルやディオドロスの記述によれば，ケルトの戦車は馬2頭立ての二輪戦車で，御者1人と戦士1人が乗っており，戦士は戦車で敵に近づき，まず投げ槍で攻撃した後，戦車から降りて徒歩で敵の戦列に突撃した。その間，御者と戦車は戦士が敵を追撃したり，逃げるときのために近くで待機していた。

戦車は，騎兵が普及すると，騎兵に取って代わられた。騎兵の戦術も戦車の場合と同様，まず投げ槍で攻撃した後，敵に突撃するというものであった。ケルトの騎兵は馬上から槍や剣で攻撃するだけでなく，必

Ⅲ ケルト社会

要があれば，馬から下り，歩兵として戦列に加わることもあったという。

ケルト人の突撃は強力だが，最初の突撃が敵の戦列に防がれたり，側面に回り込まれた場合は脆く，簡単に突き崩された。そのため，平原での戦いは得意だが，山地や森林など，突撃に不向きな地形や，攻城戦などは苦手であった。しかし，時代が下ると騎兵を側面に配置して敵に回り込まれるのを防いだり，敵陣を堀で囲んだ後，火攻めをしたりとケルト人の戦術も変化していった。おそらくローマとの戦いの中で敵の戦術に学び，応用していったものと考えられている。　　　　　　　　　（疋田隆康）

二輪戦車　chariots

ケルト人は二輪の車と四輪の車を用いていたが，四輪のものは主として荷車として用いられたもので，戦車は，副葬品として墓に入れられた戦車の模型などから，2頭立ての二輪戦車であったと考えられている。ハルシュタット期の墓から出土するのは四輪の車であり，二輪戦車が出土するようになるのは紀元前5世紀からで，主に紀元前5-4世紀の墓の副葬品として出土している。紀元前3世紀以降は減少していき，紀元前1世紀以降はほとんど出土しなくなることから，ガリア人が戦車を戦いに使用していたのは紀元前5-4世紀頃までであり，

二輪戦車で戦場へ向かう戦士たち

それ以降は騎兵の重要性が高まるにつれて，戦車は廃れていき，紀元前1世紀にはほとんど消滅したと思われる。

ケルトの戦車の基本的な構造は，2つの車輪を結ぶ軸の上に，台が設置され，御者や戦士が乗る座席が設置されており，車輪に接触しないよう，両側に衝立が設けられていた。車輪の直径は80cmから1mほどで，ホイールゲージは1.3mから1.5mほどであった。詳しい構造は明らかではないが，座席部分は，四角形で，四隅が金属製の楔で台や車軸と繋がれていた。この金具が上下に動くことで振動を吸収するサスペンションの役割を果たすよう工夫されていたという説もある。

ケルトの戦車は，ギリシア・ローマの古典作家たちの興味を惹いたようで，ポリュビオス，ストラボン，ディオドロス，タキトゥスなどの古典文献に記述がある。また，リウィウスによれば，紀元前295年，ケルト人とサムニウム人が同盟してローマと戦ったセンティヌムの戦いの際，ケルト人は二輪戦車と四輪の荷車を用いており，1,000台の戦車が用意されていたという。なお，ブリテン島では紀元前55年のカエサル遠征時にも使用されており，そのときの戦車の使い方は『ガリア戦記』に詳しく述べられている。　　　　　　　　　（疋田隆康）

カルニュクス　L carnyx

カルニュクスというのは，ケルト人の楽器である。カルニュクスは先が怪物の頭の形をし，胴体が非常に長い，ラッパのような楽器で，おそらく戦闘のときに使用されたものと思われる。ディオドロスによれば，ケルト人のラッパは戦の喧噪にふさわしい荒々しい音を出すと述べられており，見た目と音で敵を威圧するために用いられた。

古典文献の記述だけでなく，カルニュクスを描いた図像も発見されている。ゴネストロップ（グンデストルップ）の大鍋には兵士がカルニュクスを吹いている場面が描

ドルイド

ケルト人が用いたラッパ（カルニュクス）を吹き鳴らす戦士。先端には猪の頭がついている（ゴネストロップの大鍋の図像から）

ドルイド　druids

　ケルト社会で主に祭司としての職能のほか，宗教的，政治的面でも指導的役割を果たした階層。古典的記録作家たちの見解によれば，ドルイドは天文学や薬学，道徳思想に通じ，歴史記録，裁判，紛争調停，教育，病気の治療などにもあたった。ケルト社会の最上位を占める階級をなし，王にもまさる権威を認められた。ヨーロッパ大陸ブリテン，アイルランドで知られたが，アイルランドのドルイドには大陸のドルイドとは性格を異にする側面がある。

　ドルイドという言葉は，その由来をめぐって大きく2つの見解に分かれる。ドルイド（druid）の語源：dru-vid-sのvidは，インド・ヨーロッパ語祖語の語根で，ラテン語のvideo，ドイツ語のwissenのように，「見る」「知る」の意味にかかわるwid-からきていると考えることで大方の意見は一致するが，もう一つの語根dru-については意見が割れる。ローマの博物学者大プリニウスは，dru-はギリシア語で「オークの木」を意味すると解釈したが，現在では言語学的に「多く」を意味する強意の接頭語であるとする説が有力になっている。この解釈に従えば，ドルイドとは，「多くのことを知っている人」，つまり「知者・賢者」を意味することになる。「ドルイド」は英語のdruidをカナ書きしたものである。druidはラテン語のdruidesあるいはdruidaeから直接由来していると思われる（ギリシア語はdruidai）。ドルイドの考えや教えを表す「ドルイド教」（druidism）の用語もよく使われる。

　ドルイド（集団）については不明なことが多く，ドルイドがいつ，どこで生まれたのか，古典的資料は明確に記していない。

かれており，カルニュクスを吹いている場面やカルニュクスを騎兵が手にもっている場面など，カルニュクスを描いた貨幣も発見されている。また，2世紀，トラヤヌス帝によるダキア征服を記念して作られたトラヤヌスの円柱にも，ケルト風のカルニュクスが描かれている。

　カルニュクス自体もこれまでに複数の出土例がある。最もよく知られているのはスコットランドで出土し，現在エジンバラの国立博物館に所蔵されているものであろう。これは1世紀頃のものと推測されており，青銅製で，先端部と思われる猪の頭部を模した部分が残されている。より保存状態の良いカルニュクスがフランス西部タンティニャック（Tintignac）で見つかっている。タンティニャックでは，2001年から発掘が行われ，青銅製の長さ約180cm，先端が猪のような怪物の頭の形になっているカルニュクスなど，今日までに7本のカルニュクスが出土している。これらの復元や古典文献の記述から，おそらくカルニュクスを吹いたときの音は，濁った重低音の音が響いたものと思われる。　（疋田隆康）

Ⅲ　ケルト社会

聖なるオークの木の枝を手に持つチーフ・ドルイド

ドルイドの教えがケルト人によって考え出されたともはっきりいえない。ドルイドの教えに似た性格の信仰はテュートン系やスラヴ系の民族のあいだにも存在した。おそらくヨーロッパ史の早い時期にドルイドの起源があったと想像される。

ドルイドの存在についての言及は，前4世紀頃のギリシア人歴史家ティマエウスの著作までさかのぼるといわれる。アリストテレスの著作（現在は消失）にドルイドの名がみられたとの説がかつてあったが，現在は信じられていない。ディオゲネス・ラエルティオスは前世3世紀後期の文献を引用して，ケルト人とガラティア人には「ドルイダエ」(druidae)と「セムノテオイ」(semnotheoi)とよばれる予言者がいると記した。ガラティア人が小アジアのガラティア人を指しているとすれば，小アジアにもドルイドがいたことになるが，ガラティア人がガリア人の意味で用いられることもあるので，小アジアにドルイドがいたと断定できない。いずれにしても，ドルイドは少なくとも紀元前2世紀には存在したかもしれない。

カエサルの時代には，ドルイドは強大な権威を持つ指導者層になっていたとみられる。しかし，イタリア，スペインでドルイドが存在した事実が確認できていない。ガリアとブリタニア（ブリテン島）に認められ，しかもブリタニアで高度な訓練が行われたとされるので，ブリタニアからガリアへ伝わったとする記述もある。ドルイドの教義はブリテン諸島に起源があるとするカエサルの見解は，彼の推定にすぎないとする主張もある。ただし，ドルイドの活動がブリテン諸島で盛んであったことは事実かもしれず，ドルイドの教えの奥義を学ぼうとする者たちが島に勉強にいったとするガリア側の記述がある。

ドルイドの教義や，哲学的，宗教的概念を伝える資料は断片的でしかない。ドルイドに言及した資料は，ブリテン諸島やガリアにしか見出すことができず，それらをもって一面的に断ずることはできない。ドルイドの起源をより広い，そしてより深い視野からとらえることが必要であろう。ドルイドを「ペルシャ人の魔術師」，「バビロニア人・アッシリア人の祭司」，「インド人の裸の賢者（バラモン）」と同列の賢者であったとする見解は，ドルイドの起源と実体を知るうえで重要な意味をもつ。ドルイド像のとらえ方にも，社会の高い地位にありながら公的な役割を果たす活動的なドルイド像と，洞窟や森など人里離れた秘密の場所に引きこもり，魔術的な教えを説く，孤高のドルイド像があることに注目しなければならない。

ローマ帝国はガリアやブリタニアのドルイドを敵対勢力とみなし，ドルイド壊滅の政策を実行した。紀元1世紀頃には，ローマ皇帝による迫害と排除が始まり，ドルイドの勢力は目立って衰微していく。ブリテンでは，紀元60年にローマの総督スエトニウス・パウリヌス率いるローマ軍のアング

ルシー島への攻撃によって，ドルイドの最後の勢力が消滅したとされる。にもかかわらず，一部のドルイドは生き残り，命脈を維持した。少なくともドルイドの教義の核心は形を変え受け継がれる方向をたどった。アイルランドではキリスト教の伝来後，それを受け入れるドルイドと拒絶するドルイドの立場が二つに分かれる。多くはフィリ（予言者詩人）の階層に吸収され，活躍の場を移していった。

17世紀以降の近世・近代にいたって，ケルト文化への再認識がたかまり，かつての栄光と輝きを復興させようとする動きのなかで，ドルイドを聖化し，美化する傾向が強まった。ロマン主義の高揚した流れに合わせ，ドルイドとストーンヘンジを結びつけたり，森の聖域を神秘化するなど，ドルイド・イメージのシンボル化が進められた。ドルイドの容姿や服装のイメージが限りなく多く創出され，それらの多くが後代の想像力の原型をなすものとなった。考古学や古典的記述の検証とかけ離れたところで，ドルイド・イメージがふくらみ，歪曲されたまま固定化し，根強い通念ができ上がった。　　　　　　　　　　（木村正俊）

古典文献のドルイド　the druids in classical literature

ドルイドという言葉は，プリニウスの『博物誌』によれば，古典ギリシア語でオークの木を意味するドリュスという語に由来するとされる。また，プリニウスはドルイドの儀式についても述べており，ドルイドが白い服を着てオークの木の宿り木を黄金の鎌で刈る様子を描写している。儀式かどうかは不明だが，タキトゥスの『年代記』では，ローマの属州ブリタンニア総督スエトニウス・パウリヌスがモナ島へ遠征した際，ドルイドたちが両手を天に向けて呪詛を唱えていた描写がある。

古典文献でしばしば言及されているのはドルイドの教えで，いわゆる「魂の不死」である。カエサル，シチリアのディオドロス，ストラボン，ポンポニウス・メラ（Pomponius Mela）の『地誌』（De situ orbis, 1世紀）などがこれに触れており，紀元前6世紀のギリシアの哲学者ピュタゴラス（Pythagoras）が魂の不死を唱えていたところから，ドルイドはピュタゴラスの教えを信じている，あるいはドルイドは元々ピュタゴラスの弟子で，ピュタゴラスから哲学を学んだと記述されることもある。そのほかに，ドルイドの役割としては裁判や占い，神々への生贄などを司っていたことが述べられている。

また，ポンポニウス・メラは，ドルイドが大地と宇宙の大きさや形，星の運行などについての知識を持ち，洞窟や谷などに隠れて，密かに部族の中で最も優れた人びとにその知識を20年かけて伝えると述べている。

ストラボンや，シチリアのディオドロス，アンミアヌス・マルケリヌスによると，ドルイドのほかにバルドイやウァーテスとよばれる人びとが存在していたと述べている。ストラボンによると，ドルイドは裁判を担当しており，かつては戦争の際に戦士たちの間に入り，戦闘を止めることもあったという。バルドイは頌詩を歌う詩人で，ウァーテスは祭祀を司り，自然について研究する役割を担っていたという。

また，ディオゲネス・ラエルティオス（Diogenes Laertios）の『哲学者列伝』（3世紀頃）では，ケルト人のドルイドがペルシアのマギやインドのブラーフマナ同様の賢者とされており，これらの記述から，紀元前4世紀頃からギリシア人の間ではドルイドのことが知られており，元々ドルイドは哲学を司る人びとであったと考えられている。

このように，ギリシア・ローマの古典文献では，ドルイドの役割などに関して，記述に食い違いが見られる。これは，それぞれの著作家がドルイドの発展と分化の異な

った段階を記述しており、また、ギリシア・ローマの作家がこれらのことを十分に理解しておらず、その経過を混同したためであると考えられている。

ローマの伝記作家スエトニウス（Gaius Suetonius Tranquillus, c.70-c.160）の『ローマ皇帝伝』（De Vita Caesarum）では、ローマの初代皇帝アウグストゥス帝の治世下で、ローマ市民がドルイドの教えを信仰することを禁止され、さらに4代皇帝クラウディウスがローマ帝国内のドルイドを排斥したことが述べられている。

その一方で、『ヒストリア・アウグスタ（ローマ皇帝列伝）』（Scriptores Historiae Augusutae）には、女ドルイドが3世紀のアレクサンデル・セウェルス帝の死を予言したり、ディオクレティアヌスが後に皇帝となることを予言する逸話が収められている。さらに、4世紀の詩人アウソニウス（Decimus Magnus Ausonius, c.310-c.394）の「ブルディガラの教師たちの覚書」という作品にはドルイドの血筋とされる人物の名が挙げられており、これらの記述を信じるならば、必ずしもドルイドの弾圧は徹底したものではなかったとも考えられる。

（疋田隆康）

カエサルの記録　Caesar's mention of the druids

『ガリア戦記』の6巻にはケルト人の民族誌が記述されているが、ドルイドについては6巻の13節と14節でまとめて詳しく述べられている。それによれば、ガリアで重視されていた階級は騎士とドルイドであるという。ドルイドの役割としては、神々へ生贄を捧げることと、裁判を行うことが挙げられている。そのほかに「天体とその運行について、世界と大地の大きさについて、事物の本質について、考察し、若者に教える」と述べられており、ドルイドは自然科学や地理学、哲学といったさまざまな学問に従事し、教育活動も担っていたことが窺える。

ドルイドには免税などの特権があり、多くの若者がドルイドを志して教えを受けに来るという。ドルイドになるためには膨大な詩句を暗記しなくてはならず、修行には20年かかるものもいると伝えている。この教えについては文字に記さないが、ほかのことではギリシア文字を用いると記録している。カエサルは教えを文字で記さない理由について、ドルイドの教えが民衆の間に持ち込まれないようにするためと記憶力の訓練を怠らないようにするためであろうと述べている。また、ドルイドは、魂は滅びず、死後別のものへ移る、という信仰を広めており、この信仰のため、ケルト人は死を恐れず、勇敢であるとされる。カエサルによれば、ドルイドの起源はブリテン島で、本格的に学びたい者はブリテン島で修行を行うとされている。

ドルイドの中で最も勢力のある者が長として君臨し、その死後には次に勢力の強い者が後継者になるが、複数の候補がいるときには選挙で選ばれたり、武力で争うこともあるという。全ガリアのドルイドが毎年カルヌテス族の領地にある聖域に集まり、集会を行い、争い事の裁判を求める者はこの集会に行き、ドルイドの裁定を待つと伝えられる。

（疋田隆康）

社会的地位と階層　social status and hierarchical order

ケルト社会の知的エリートであるドルイド集団にはいくつかの地位を示す階層があり、その階層に応じて職能に差異があった。ギリシア・ローマの古典文献などによれば、ドルイドは、祭司（神官）、予言者、魔術師、詩人、裁定者、教育者などさまざまな職域に従事した。おそらくこれらの職能は一部で重複したり、一人が複数の職域で活動したりする場合が考えられる。

カエサルはドルイドをガリアでの唯一の知識階級として挙げたが、ストラボンとデ

ィオドロス・シクルスは知識階級を3つに区分した。ドルイド（druids, 法や哲学に精通した最高の知の管理者）と，ウァテス（vates, 供儀を差配する予言者），バルド（bardos, 詩人）である。これらの階級のなかで，真の意味でドルイドといえるのは，第一の区分のドルイドだけである。第二のウァテスと，第三のバルドは，厳密にはドルイドとはいえない。しかし，3つの区分も絶対的なものではなく，役割が部分的に重複していたことはありうる。また，ガリアとブリタニア（ブリテン島），アイルランドなど，地域差も考慮に入れなければならない。

3つの階層のなかで最上位のドルイドは，およそ20年間にわたって修業を積んでドルイドの資格を得た者である。彼らは何よりもまず祭司で，彼らだけが神意を悟り，神々と直接意思を通じ合うことができると信じられた。彼らはまた哲学者としても認められた。天体観測，医術，法的な裁定，子弟教育，歴史記録などの領域で実際的な知識をもっていただけでなく，魔法や呪文，占いなどの秘術にも通じていたとされる。

ドルイドは特別に認められた権力をもち，共同体の住民はドルイドの教えと決定には，畏怖と敬意をもって従った。立法者であり指導者であるドルイドの命に従わなかった住民は，カエサルによれば，共同体から追放された。ドルイドは，兵役を免除され，税金を支払う必要がなかったといわれる。カエサルは，「ドルイドは戦闘に加わらないのがふつうで，他の者と一緒に税金を払うこともない。軍務を免除され，他の義務からも免除されている。その大きな特典にひかれて，多くの者が教育を受けに集まってくるが，両親や親戚から奨められて教育を受ける者もある」（『ガリア戦記』6.14）と記している。兵役を免除されたといっても，ドルイドによっては部族長あるいは王以上に支配力をふるったともいわれ，戦闘で指揮に当たったドルイドもいた

と伝えられる。

ドルイドよりすぐ下位のウァテスは，ドルイドに近い職能に従事したが，資格を得るにはおよそ12年間の修業を要した。ドルイドの祭司としての職務（生贄など）を支える仕事をしたと思われるが，予言を行い，複雑な韻文（詩）を作ることも任務であった。

最下位のバルドはおよそ7年間の修練を経て，資格が与えられた。主な任務は，自分の後援者である王などの偉業や人格をたたえる「賛美詩」を創作することや，詩に合わせて楽器を演奏し，楽しませることであった。詩人は「風刺詩」も作ったが，これは辛らつ極まる言葉で対象者を揶揄したり，非難したりするのが特徴である。その厳しい風刺の矛先は王をも恐れさせた。

（木村正俊）

資格と修業　qualifications and training

ドルイドとしての資格を取得するには長く厳しい修業を積むことが必要であった。ドルイドは世襲制によってではなく，才能のあるものが長期にわたる厳しい訓練を受けることによってその資格を得ることができた。訓練を受けるのは志願者だけであった。紀元1世紀のポンポニウス・メラは，ドルイドの学校に入るのは上流階級の息子であると述べたが，訓練を受けたものがみなドルイドになったかはわからない。訓練は，人里離れた洞窟や秘密の森のなかで行われた。隠れるようにして訓練が行われたのは，教えに秘儀性があったことによると考えられるが，ローマ人の目にふれる危険を避けるためだったかもしれない。

ドルイドの修業年限は通常およそ20年であった。その訓練はカエサルも驚くほど長期に及ぶ厳しいものであった。ケルト社会に書き言葉がなかったため，知識や技術は口承で伝達された。訓練生は，呪文，儀式次第，秘儀，医学・薬草の知識，法律・慣習，部族の歴史，系譜，その他の伝統など，

III　ケルト社会

膨大な量を記憶する責務を担わされていた。民間伝承の物語・説話を数多く暗記し、次の世代へ継承させるための課業も重要なものであった。記憶力の盛んな少年時代から修業を始めることが多かった。

　ドルイドになる訓練が口承で行われたのは、カエサルによると、教えを文字にするのは正しくないと考えられたからである。理由は2つで、教えは秘密にされなければならなかったことと、志願者が文字に頼り、記憶力の訓練を怠るのを避けるためである。しかし、現代の見解では、ケルト語が書き言葉に適しなかったからであるとの理由も挙げられる。いずれにせよ、結果的にドルイドの教えは文字記録としてはまったく残らないことになった。　　（木村正俊）

女性のドルイド　druidesses
　ドルイドは男性に限られたわけではなく、祭儀を司ったり、予言をする女性のドルイドもいた。古代ギリシア・ローマの著作家たちは、ケルト世界に女性の祭司もいたことを記述している。ギリシアの著作家プルタークはガラティアの女性の司祭カンマ（Camma）について言及した。男性のドルイドと同じく、女性ドルイドがほかの部族への使節として派遣される場合があった。ハンニバルとケルトの部族のあいだで約定を取り交わすときに、ある女性ドルイドが交渉の助力をするために派遣された事実をプルタークは著作のなかで書いた。さらに彼は、女性ドルイドが部族の集会に出席し、議論が高まり興奮状態になると、なだめ役を果たしたことも伝えている。

　ウェールズの神話では、ケリドウェンはドルイドの知恵を身につけていた女性であった。詩人タリエシンはケリドウェンから生まれたとする物語がある。アイルランドの神話でも女性ドルイドが記述されることがある。フィニアン物語群で、フィンが「知恵のある女性」に育てられたとあり、彼女は女性のドルイドであるとみられる。神話に出てくるモリガン、マッハ、スカサッハらも祭司の性格をもった女性であるとみなされる。　　（木村正俊）

機能と役割　function and roles of druids
　ドルイドは多方面にわたって高度な知識や情報、技術をもっていたことから、さまざまな役割を担っていた。宗教儀式や供犠の際に祭司の役目を果たし、宗教問題を解決したうえに、現代的な言葉でいえば、判事、医者、天文学者、歴史家、教育者などの任務も引き受けていた。伝承的な物語などでは、ドルイドは予言能力をもち、魔術的な力をふるったとさえ語られる。政治的にも重責を果たし、部族長や王の顧問格となって、さまざまな課題を処理するのに力を貸した。ドルイドの指導力なくしてケルトの部族社会は成り立たなかっただろうと考えられる。

　ドルイドはなによりもまず、そして最高度に、祭司であった。彼らは神意を読み取ることができ、その読み取った結果を厳粛な使命と受け止めた。神が必要としている

巨石を背景に立つ女性のドルイド。鎌とヤドリギを手にもっている（ラ・ロッシュ画）

と判断すれば，その判断に従い，実行に移した。そうした行為に生贄も含まれるであろう。考古学的な生贄の確固たる証拠を示すのは難しい。古典作家の記録を事実として受け入れれば，ドルイドの最大の職務のひとつは生贄であったかもしれない。

部族社会において，集団あるいは個人のあいだで争い事が起これば，それを公正と正義の観念に照らし，また慣習や掟に従い，解決へと導くのはドルイドの主要な責務であった。そこに罰すべき科がある場合は，ドルイドの采配と命令のもと，処罰が決行された。時に罪人は生贄の犠牲にされることがあった。古典作家のカエサルもストラボンも，殺人を犯した者は，犠牲者の親戚へ償うべき内容について判決を受けたと述べている。判事は人間的誠実さが信用されていなければならなかった。判決が受け入れられなければ，再審の申請も認められたとカエサルは述べている。部族や個人のなかには生贄を免除される場合があった。自然災害によって不作が予想される場合には生贄が例外的に実行されないことがあった。逆に，部族社会に有害と認められた個人は，社会から追放される習わしであった。秩序を守るために必要だったのである。

ドルイドは医者として重要な存在であった。医学というより薬草医療の知識が深く，多くの病気や怪我から人びとを救ったようである。大プリニウスは，ローマ人が来る前のガリアに，医者であるドルイドが多数いたことを報告している。ドルイドの名声が高かったので，多くの人がドルイドのところへ教えを乞うにきたという。ケルト人の聖樹オークの木に寄生するヤドリギ(mistletoe)の驚くべき医学的効能はケルト人にはよく知られていた。ドルイドが毎月月齢の6日にヤドリギの刈り取りをする儀式を行ったのは，ヤドリギがケルト人にとって生命を守る神木であったからである。

ドルイドはまた，天文学者として天体の成り立ちや運行について深い知識をもつ専門家であった。太陽や月，星などの大きさや地球までの距離，季節の巡り，地球の構造などについて，相当詳しい知識と情報をもっていたと考えられる。ドルイドはそうした天体の知識をもとに，コリニーの暦を作成できた。ドルイドは民族の歴史や出来事を口承で記録したり，ドルイドを目指す子弟の教育にあたったりするなど，多面的な職域で先端的役割を果たした。

(木村正俊)

祭式 rituals

ドルイドにとって，神意にそった祭式を執り行うことは最も重要な任務であった。自然界についての知識が非常に深かったので，ドルイドは物事の兆候によって未来を予知できると信じられた。動物や人間の死を前にした苦しみや，空を飛ぶ鳥の形から，ドルイドは未来を予言できたといわれる。この能力によって，襲ってくる災難や不運を回避ないしは克服できるとドルイドは確信しているとカエサルは述べた。ドルイドの予言は絶対的に信じ込まれたから，ケルト社会の祭式は，ドルイドの采配のもとに厳然と執行された。

ドルイドは生贄の犠牲となる「動物や人間の内臓の鼓動から神意をさぐった」とタキトゥスは述べている。ケルト人は神に願いを聞き届けてもらうために，さまざまな奉納物はもちろん，時には人間や動物を神に捧げる儀式を行った。ローマ人はケルト人の生贄の儀式を嫌悪し，のちにローマ領内での生贄の儀式を禁止した。

祭儀はケルト人にとっての聖域である森林の奥地で行われることが多かった。そこはオークの巨木が生え，神との接触が深まる場所である。さまざまな祭儀が行われたが，その場には大鍋が聖なる容器として用いられることがあった。大鍋は豊饒と多産のシンボルで，ケルト人の特別に崇敬するものである。デンマークで発見された見事

Ⅲ　ケルト社会

オークの木からヤドリギを切り取る儀式

な銀製ゴネストロップの大鍋は，実生活で使われたものではなく，祭式用のものである。

　ローマの大プリニウスによれば，月齢6日に行われるヤドリギを摘み取る儀式では，典礼にのっとり木の下に生贄と食事を用意し，白い牡牛を2頭，角をつないで近づける。白衣を着た1人が木に登り，ヤドリギを黄金の鎌で切り落とす。ほかの人は白い布を木の下に広げ，ヤドリギを受け止めて布に包んだ。それから2頭の牛を犠牲にしたという。儀式では，終始ドルイドが主体であり，神世界と人間界を取り結ぶ役を果たすのである。　　　　（木村正俊）

教義　teachings of druidism

　ドルイドの教義についてはケルト人による記録はなく，カエサルなど古典作家たちの記録に頼って解明するしかない。ドルイドの思想と教えはケルト民族そのものの本質を表わすもので，ケルトを理解するには，ドルイディズムの把握が重要な鍵となる。

　ドルイドの思想の根幹には，不死性への観念がある。彼らは，ディオドロスによれば，「哲学者であり，神学者であり」，「神性に通じていた」ので，神々と対話し，交流ができたとみなされた。神の存在・神の意志を常に意識し，神と人間界の仲介者として力を注いだ。

　ディオドロスの引用するポシドニウスによれば，ケルト人は「人間の魂は滅びることなく，魂は別の体へと移り，第二の生を生きる」と考えた。ストラボンは，ドルイドの「人間の魂と世界は不滅である。しかし，ときに火と水が勝つことがある」というピュタゴラスほかの信仰と同一のものとみなしている。アンミアヌスは，ドルイドは，「現世の運命に尊大な軽蔑を抱いており，魂の不死性を明言している」という趣意のティマゲネスの言葉を引用している。また，ポンポニウス・メラも「魂は永遠で，黄泉の国にもう一つの人生がある」というドルイドの教義を挙げている。

　カエサルは「ドルイドは人びとが次のことを信じるように努力する。すなわち，霊魂は不滅であり，死んだ後は別の体に移って再生するというのだ。つまり死を恐れる必要はないわけで，これこそが彼らによれば勇気を鼓舞する源になるのである」（『ガリア戦記』6.14）と記している。

　古典作家たちは，それぞれにドルイドの教えについて，魂は不滅で，異なった体のなかに入り，永遠に再生を繰り返すと書いたが，いく人かはこの思想をピュタゴラス派の魂の転生の思想と結びつけている。しかし，これは正確ではない。ピュタゴラス派は，人の魂はほかのどの体にも移ることができると考えたが，ドルイドの教えでは，魂の移動は人間同士のあいだに限られており，人間と動物のあいだで起こるとはしていないからである。

　ドルイドの思想によれば，人間の魂は別の体に移り永遠の再生を繰り返すので，現世は死後の世界と連続することになり，死

を恐れる必要がなくなる。カエサルはこのドルイドの教えを強調した。ディオドロスとウァレリウス・フラクス（1世紀初期のローマの詩人）は，ケルト人が不死を信じていたことを明確に記述している。フラクスは，ガリア人のあいだでは，死後にも金銭の貸し借りができるという共通の考えがあって，貸し借りをする当人たちは，そのことを了解して金の都合をつける習慣があったという。

　ケルト人の意識にこの再生と不死の考えが深く根づいていることは，ブリテン島やアイルランドの神話や伝説からうかがい知ることができる。しかし，再生や不死の概念は時代や地域などで微妙な差があり，一概にまとめることはできない。アイルランド文学などでは，人間がほかの動物に変身したりする物語が多く，死生観については単純に一般化できない。　　　〈木村正俊〉

聖域　sanctuaries

　ケルト人にとって，聖性をもつ森林「ネメトン」（nemeton）や水源（泉，井戸，池など）が聖域であった。「ネメトン」という呼び名は，インド・ヨーロッパ語族のほかの語，たとえばギリシア語の「ネモス」（némos，「林間の空き地」の意）やラテン語の「ネムス」（nemus，「神聖な」の意）とも関連がある。古アイルランド語の「天」を意味する語根-nemも聖なるものと関係があるかもしれない。

　古代の著述家たちはケルト人の儀式が戸外で行なわれることについて報告した。ストラボンは『地理誌』で，小アジアのガラティア人がオークの木があるネメトンで集会を開いたと記述した。一方，大プリニウスとタキトゥスも，大陸のケルト人のあいだでは戸外での儀式が行われたことに言及した。ルカヌスはさらに具体的に「森は古代から人間の手でけがされず，その絡み合った枝は闇と冷たい陰の空間をつくっている」と説明し，また「いかめしく，すさまじい形相の神像は，切り倒された木の幹を削った荒削りのものであった」ことを伝えている。ケルト人にとって，うっそうとした暗い森林地は，神々と交歓し一体となるのに好適であったにちがいないが，ケルト人の聖地としての森はローマ人の造った建物に近接していたせいか，ローマ人には許しがたいものだったらしく，カエサルによって完全に破壊されたとルカヌスは言及している。

　ネメトンという言葉は多くのケルト人居住地の名前の一部となった。ガリアのネメトブリアあるいはネメタクム，ケルト人の住んだガラティア（トルコ）のアンカラ近くのドルメトン，スペインのケルト人居住地のネメトブリギア，ブリテン（ノッティンガムシャー）のヴァーネメトン，南スコットランドのメディオネメトンなどがネモトンの名を残した例である。

　水源を聖地とした事実は早くもラ・テーヌ期にまでさかのぼって確認できる。泉や池などの聖域から発見された武器などたくさんの奉納物がその事実を裏づけている。ケルト人は戸外に造った建物をも聖域化し，そこに武器や宝石類，金属製品などを供えることもあった。　　　〈木村正俊〉

供犠　sacrifice

　供物や生贄を神霊に捧げる宗教的，呪術的儀式。人身御供や生贄とほぼ同じ意味内容をもつ。ケルト社会では，季節の祝祭行事のときなどに，一定の間隔をおいて規則的に供犠が行われたが，特に戦争，飢饉，疫病流行などの危難に際しては，神霊をなだめるため，供犠が重視された。血を流せば流すほど，神（大地の神など）が喜ぶと信じられ，ことに人間の生命を捧げることは喜ばれると考えられた。儀式はドルイドが執り行なった。動物にとどまらず，人間も生贄にされ，犯罪者・余計者などのほか，選ばれた子どもや女性などが犠牲になった。

Ⅲ　ケルト社会

ケルト人が行ったとされる人身御供の想像図。大きな枝編み細工の人形に人間を詰め込んで焼いたとされる

　大プリニウスは、ヤドリギを黄金の鎌で切り取る儀式では、2頭の白い牡牛が生贄にされたと書いている。動物の場合は馬、犬、猪・豚、羊などが犠牲にされることが多かったが、鹿、野ウサギ、鳥の場合もあった。ケルト人は神殿よりも戸外の場所を崇敬したので、供犠は森やの聖域で行われることが普通であった。ストラボンは、「彼ら（ケルト人）は、死に捧げるべき犠牲者の背中をナイフで刺し、その瀕死の苦しみを解釈して予言した。だが、ドルイド抜きで供犠を行うことはなかった。……ほかの人が語ってくれたところでは、これとは異なる儀式もあったという。たとえば彼らは犠牲者を矢で射殺し、死骸を神殿で串刺しにしたという」と記録している。また、カエサルは、ガリアのいくつかの部族では小枝細工の巨大な像をつくり、その中を生きている人間でいっぱいにし、そのあと全体に火をつける様子を記述している。この犠牲者たちは犯罪者たちであったと考えられる。

　ほかの一般的な供犠の方法としては、犠牲者を武器によって傷つけ、その血を祭壇や木立など聖なる場所に撒くことが行われた。内臓を調べて吉凶を占うこともあった。ルカヌスの記録では、タラニス神は犠牲者を焼く生贄によって、テウタテス神は犠牲者を溺死させる方法によって、また、エス神は首吊りにすることによって、それぞれの神霊がなだめられたという。

　神に捧げられる人物や動物は原則的に犠牲にされる前に傷をつけられることが多かった。物品の場合は壊されたり、折り曲げられたりした。1984年、マンチェスターの南15キロのリンドウ・モス（Lindow Moss）のピート（泥炭）の沼で発見された「ミイラ化した」人間は、2,000年前の古代人と判定され、「リンドウ・マン」（Lindow Man）と名づけられたが、その遺骸は、3か所に頭を殴られた致命的傷跡があり、喉は切られ紐が巻きつけられていたことから、祭儀で生贄の犠牲になったと推定されている。
　　　　　　　　　　　　（木村正俊）

自然学の知識　knowledge of physics
　ドルイドは部族社会のなかで祭儀を執り行ったり、霊魂不滅などの哲学的な思想を教えたりしたが、実用的な知識や技術をもち合わせた科学者でもあった。ドルイドたちの天文学や数学、生理学・薬学など自然科学についての知識は、現代からみてもかなり深いものであったと考えられている。キケロは、ドルイドたちがギリシア人と同等の「フィジオロジア」（自然学）の知識を有していたと述べた。古代ギリシアの哲学者アリストテレスは「万学の祖」とよばれ、天文学、気象学、生物学など、さまざまな領域に通じ、『自然学』の著作も残した偉大な科学者であった。キケロはドルイドたちがアリストテレス並みに自然学に通じていると評価したのであろう。
　カエサルも、ドルイドたちは「星とその

動き，世界と大地の大きさ，そして自然哲学について豊富な知識をもっていた」と記した。ほかにも，彼らは，ピュタゴラス派と同じように，計算ができ，予言ができたとの証言がある。

ドルイドたちが特別に関心をもって取り組んだ学問分野は天文学であった。天体の運行や時間に対する理解は現代の専門家も驚くほど細密，かつ正確であったらしい。メラによれば，ドルイドたちは地球の大きさと形，宇宙，星々の動きについて知識をもっていると自認していたという。天体の観測は正確な暦を作るうえで必要不可欠であった。暦は祭祀や儀式を行うのに最良の日を決めたり，農事の作業を進めるのに重要なデータを提供した。

ケルト人は昼でなく，夜を単位に月日を計算していた。これらの知識・技術の正確さは，ドルイドの作ったコリニーの暦（the Coligny Calendar）が裏打ちしてくれる。ピュタゴラスのような数学者の理論を用いていたのではないかとの推測もある。

（木村正俊）

ガリア語による銅製の暦で60か月と2か月の閏月が記されている

コリニーの暦　the Coligny Calendar

ガリアのドルイドが製作した前1世紀頃の青銅製の暦（カレンダー）。ケルト圏で知られる唯一の暦である。この暦は，1897年，フランス南東部のアン県にあるコリニーで発見されたが，もとはどこかの聖域にあったものとみられる。150cm×106cmの青銅板に，ラテン文字とローマ数字を使い，最古のガリア語で書かれている。多くの語は省略形で示される。全体で2021行ある碑文は16段に分けられ，おのおのの段が4か月で構成される。

5年間を1周期とし，太陰暦で62か月に分け，誤差（12か月で355日しかない）を調整するため，2年半ごとに1度（1周期に2回）閏月を設けている。個々の月には呼び名がつけられ，大小（30日か29日）の月に分けられている。夜を単位にして数え，吉（MAT）と凶（ANM）の文字による印をつけている。

この暦は本来神像とともに聖域に置かれ，宗教儀式の目的のために供されたとみられる。ドルイドは，太陽，月，星の運行を調べ，宇宙の法則を正確に知る必要があった。季節の変わり目には生贄を捧げて神々の託宣を受け，予言をすることが重要な任務であった。そのためにも信頼できる正確なカレンダーをつくる必要があった。農耕や牧畜の作業手順を決めたり，祝祭行事を実施したりするためにも正確な暦は欠かせないものであった。　　　（木村正俊）

祭式

暦と祭りの習俗　calendar customs and seasonal festivals

ケルトの民は闇と光につつまれて生き，自然の成長を目のあたりにしながら死を体

Ⅲ　ケルト社会

ケルトの暦は、休閑、発芽、成長、収穫といった農業生産の循環過程に基づいている

験し、夜と昼の交代が繰り返されるなかで、そのはじめから天体の運行に時間を感じとったと考えることができる。

　古代エジプトで恒星シリウスの回転を計算して太陽暦が生まれ、メソポタミアでは月の満ち欠けによって日を決める太陰暦が作成され、さらにその計算上のずれを調整するために太陰太陽暦（バビロニア暦）が考案された。古代ギリシア・ローマにおいても基本的には太陰太陽暦が採用されたが、ローマ帝国を築いたユリウス・カエサルは、4年ごとに閏年を含めた太陽暦（ユリウス暦）を制定し、紀元前46年に施行した。この暦法はのちにヨーロッパの国々に受け継がれていったが、ヨーロッパ全体がひとつの暦の体系になるのはキリスト教会が時を支配するにいたった17世紀である。長年にわたるユリウス暦の使用に問題が起きた。つまり、復活祭の日を決める際の基本となる春分点に10日の誤差が生じていたのである。さまざまな論争の後、ローマ教皇グレゴリウス13世は1582年にユリウス暦を改定する勅令を出し、これを制定した。このグレゴリオ暦は400年間に97回の閏年を置いて太陽の位置と暦日とを調節するシステムで、現在もわれわれの間で使われている暦法である。

　ところで、ケルトの時にたいする感覚はどのようなものだったのだろうか。その鍵となる銅製の暦がフランス東部のコリニーで1897年に発掘された。一群の破片は紀元1世紀に作られたと推定され、ガリア語（大陸のケルト語）で書かれた最も詳細な記録といわれている。ほぼ5年の太陽年に等しい、60か月と2か月の閏月が詳述されている。ドルイドはこの銅板に刻まれた暦にしたがい、月の満ち欠けによって暦月や月齢を計算したと考えられている。そして気象などをもとに、月の移り変わりが記されている。10月から11月は実や果皮が落ちる、「種子の落下」の時期であり、11月から12月は日が短く夜が長くなり、「最も深い闇」が訪れる月である。12月から1月は厚い氷が張る「寒い時期」で、1月から2月は悪天候のため「家にいる時」、2月から3月は「氷の時」、3月から4月は春から初夏に移る時で植物が「いっせいに芽吹く」季節である。4月から5月は太陽の光が燦々と大地にそそぐ「明るい時期」、6月から7月は天候に恵まれ、乗馬に適し、7月から8月はやり残した仕事を果たす月であり、8月から9月は争いが法的におさまり、収穫後、人びとが寄り集まるのに適した月である。9月から10月は「歌う時」であり、農耕が終わって、くつろぎたのしむ冬の始まりである。

　このように、ケルトの民にとって、時は「暗」から「明」に、夜陰から昼光へとすすむのである。カエサルが『ガリア戦記』のなかで、ガリア人はみんな先祖が冥界の神ディースから出たものと言い、「時を日で数えず、夜で数える。誕生日や朔日や元旦など、日が夜に次ぐものと考えている」（6.18）と記していることからも、闇の習俗が想像できる。

　島のケルトの暦はヨーロッパ大陸のケルトの暦の伝統に沿っている。9夜を時間の単位としてとらえ、1か月を3度の9夜からなる27日とし、24時間を日没時から数えた。このことは季節の祭が月や星といかに深く

アイルランドにおけるケルトの暦は闇と光の周期からなり，それぞれ祭りによって区分される。暦は休閑，発芽，成長，収穫といった農業生産の循環過程に基づいている。1年が11月に始まるのは奇妙なようだが，収穫が終わり，冬にそなえる種まきが晩秋に始まるという農耕の暦年には太陰周期のシステムが組み込まれているからである。また，多数の巨石の位置と方向から推測できるように，ケルトの民は太陽の動きをしるす冬至と夏至，春分と秋分を知っていた。彼らは太陽の祝祭を行なうことはなかったが，その動きと光が1年の生活の枠組みにもなっているのであり，太陽はことわざや物語にたえず顔を出す。

四季を画する祭りはサウィン（Samain），インボルグ（Imbolc），ベルティネ（Beltaine），それにルグナサド（Lugnasad）である。サウィンは冬と闇の始まりを，ベルティネは夏と光の始まりをしるす。日本ではその昔，清少納言が「星はすばる」（『枕草子』254段）といって陰暦の晩秋の趣を綴っているが，ケルトの見たすばる星はサウィンの祭りに現れ，ベルティネの祭りに消える。　　　　　　　　　　（松村賢一）

サウィン　[Ir] Samain ; Samhain　[ScG] Samhuinn　[MxG] Sauin

ケルトの暦はサウィンで始まる。つまり，グレゴリオ暦の11月1日が元日にあたる。Samainはsam（夏）とfuin（終わり）からなり，四季を画する4つの祭りの中で最も重要な祝祭となっている。コリニー暦にSamoniosの祭りとして示され，これは冬のはじまりでもある。寒く，日が短くなり，木々が葉を落とし，農耕の終わりとはじめをしるす。そして冷気が春の到来にそなえて種子を発芽させる。こうして成長の周期が暗い冬に包まれてはじまり，ものみなすべて生気を失っているように見えるが，休息して光が戻るのを待つ時であり，人びとにとってサウィンは内省の季節のはじまりともいえる。

サウィンはウェールズのホランタイド（Hollantide, Calan Gaef），コーンウォールのアランタイド（Allantide, Alhalwyn-tyd），ブルターニュのカラグウ（Kala-Goañv）にあたる。

アイルランドにおいて5つの地方（アルスター，コナハト，レンスター，マンスター，ミーズ）はタラにおけるサウィンの祝祭に3年に1度，それぞれ代表者たちを送った。また，タラの西およそ20kmに位置するトラフトガ（Tlachtga）の丘は，サウィンの重要な儀式である冬の初まりの点火がされる場所となっていた。サウィンでは3人の女神と交わったルー・ラーンフォダ（トゥアタ・デー・ダナンの族長で神話物語群の中心人物）を記念する式典も執り行われた。それは豊饒を祈る儀式といわれている。そのため，サウィンは最も好ましい妊娠の時期とされた。

アルスター物語群の英雄クー・フリンが異界の乙女たちに出会った時はサウィンであり，アンガス・オーグと夢に現れた美しい乙女カイルが一緒に白鳥の姿で湖から飛び立ったのもサウィンの時である。

サウィンは二分された1年の周期の中間にあり，時間に宙づりになったような観がある。この時に自然と超自然の境界が取り払われて，異界の霊たちが思うままに人間世界に入ってくる。同時に，人間にとっても死者たちの世界が身近に感じられる時である。

サウィンの祭の前夜（Samain Eve）は現在の暦では10月31日の夜にあたるが，祖先との霊的交わりのために異界へとその門が開かれる。祖先は伝説や知恵をたずさえた者として尊ばれていたが，この時期に死者たちが戻って子孫に知識を授け，昔の習慣や物語を伝えて記憶を蘇らせるともいわれている。妖精たちがいっせいにとびまわるこの祭には超自然の出来事が起こる。

III ケルト社会

サウィンにはアイルランドやスコットランドのさまざまな場所で大かがり火が焚かれる。この時期は収穫作業という大仕事が終わった後のくつろぎの時である。ウォーターフォードやコークといった州では、サウィンの前夜に村の若者たちが農家を訪れて小銭や食料を集め、それで祝ったという。コークでは、白衣と馬頭の形にしつらえたものをかぶった「白い雌馬」を先頭に、若者たちが行列して、角笛を吹いたり大きな音を立てながらねり歩いた。スコットランドのアウターヘブリディーズのルイス島（島民はプロテスタントだが）では、エールや食料を寄せ集めて祝いのまねごとをし、カブをくりぬいて中にろうそくを点して土地の豊饒を祈った。

キリスト教の時代になって、サウィンは天上諸聖人と殉教者をまつる「諸聖人の日」（All Saints' Day）に取って代わられ、前夜はハロウィーン（Halloween）として祝うことになった。　　　　　　　　（松村賢一）

インボルグ　Ir Imbolc；Óimelc；Oimelc；Oímelg

インボルグ（Imbolc）はグレゴリオ暦の2月1日にあたる。日が長くなりはじめ、春を予感する暦日である。別名の「オーヴェルグ」は「雌羊が乳を出す」（oí-melg）といわれることもあり、春の前兆と考えられていた。インボルグは古くから火、鍛冶、豊饒、家畜、農作物、詩の女神であるブリジット（Brigit）と結びつけられていた。そしてキリスト教会はブリジットをキルデア修道院の聖ブリジッド（St. Brigid）と結びつけ、インボルグは「聖ブリジッドの日」（St. Brigid's Day）として知られるようになった。聖ブリジッドはしばしば羊や豊饒の守護者とみられている。

インボルグがキリスト教の伝統のなかで従来のまま存続することはなかった。アイルランド語やスコットランド・ゲール語ではそれぞれ「聖ブリジッドの日」（La Fheile Bride, Là Fhéill Brighde）となり、マン島語ではさらにキリスト教化されて「聖燭節」（Laa'l Moirrey Ny Gianle）となり、聖母マリアと結びつく。

また、春の兆しを占うアメリカのグラウンドホッグデー（Groundhog's Day）にインボルグの影響が見られるという。
　　　　　　　　　　　　　　（松村賢一）

ベルティネ　Ir Beltaine　ScG Bealltuin　MxG Boaldyn

ベルティネは英語ではベルテーン（Beltane）とよばれ、グレゴリオ暦の5月1日（スコットランドでは5月15日）に行われた祝祭である。アイルランドではCétshamainともよばれ、ウェールズではCyntefin, Dydd Calan Mai, Calan Mai、コーンウォールではCala' Mē、それにブルターニュではKala-Hañvとよばれている。ベルティネは大陸のケルトの神ベレヌス（Belenus）に由来するという説があるが、定かではない。1年周期の闇の前半の終わり、光の後半の始めとなる祭りである。『アイルランド侵寇の書』（Lebor Gabála Érenn）で、パルトローンやミールとその息子たちがベルティネの日にアイルランドに侵寇したことからも、大いなる企ての開始の吉日と考えられている。

ベルティネにまつわる伝承は数多くあり、この祭式に焚かれる火にはさまざまな意味がこめられていることがわかる。アイルランドやマン島ではベルティネの日に大がかりなかがり火が組まれ、スコットランドではかがり火が山頂で焚かれることもあった。このようなかがり火は、悪霊を払い、家畜に奇効があるとされた浄火とよぶことができる。マン島ではナナカマドの枝や小枝が使われた。暖炉の火は浄化のためにいったん消され、そして再び焚かれたという。牛飼いが牛を追い立て、がかがり火の間を通過させることは伝染病を防ぐための大切な儀式であった。また、人びとはかがり火

の周りを右回り（太陽の進む方向）に踊った。スコットランドでは魔女の人形を燃やす行事が18世紀まで続いた。　（松村賢一）

ルグナサド　Ir Lugnasad ; Lughnasa ScG Lunasduinn　MxG Laa Luanistyin

アイルランドではとりわけルーナサ（Lughnasa）としてよく知られ，グレゴリオ暦の8月1日，マン島では8月の第1日曜日か7月の最終日曜日にあたる。スコットランドでは聖マイケルを祝うミカエル祭に変わり，9月29日である。LugnasadはLug（ルグ）とnásad（祝祭のための集まり）からきている。ルーナサは穀物やジャガイモの成熟を祝い，クーフリンやフィン・マクウィルと並ぶ英雄ルグ・ラーンフォダ（Lug Lámfhota, 長腕の光）を祝う祭である。初期アイルランドの伝統では，ルー自身が養母タルトゥ（農耕の女神）をあがめるために，ボイン川とリフィー川の間に広がるブレガの平野で始めた祭といわれている。また，ルーは馬駆けや武術の競技を催した。やがてルーナサ祭はアイルランドの他の場所でも行われるようになった。

収穫の始まりや子牛や子羊の離乳を標すルーナサの祭はキリスト教会の反対もなく存続した。ただし，別の名称を与えることによって異教の祭をあいまいなものにした。その結果，8月1日と定められた日はくずれて，7月15日から8月15日にかけてのいずれかの日曜日になった。ルーナサ祭とそれによく似たものが競馬，馬の競泳，ハーリングの競技の日に移行した。近くの丘に登って祈祷し，コケモモを摘み集める人もいれば，湖や聖泉に集まって礼拝する人たちもいる。また，ケリー州のキローグリン，アントリム州のバリカースル，キャヴァン州のエニスタイモンなどをはじめとするさまざまな場所で市が開かれ，物の売買が行われる。収穫をめぐるこの祭は土地と人との結合を示唆しているが，アイルランドの田舎では収穫時に結婚することは不幸を招

ルーナサの祭で行われた馬の競泳

くということで避けることが多い。ルーナサでは雄牛が生贄として捧げられるが，これは寄り集まる人びとの食事に供された。
　　　　　　　　　　　　　（松村賢一）

IV　宗　教

ケルトの神々

ケルト人の宗教　religion of the Celts

　ケルト人自身による文書はない（彼らは意図的に文字に記さず，重要なことは口承で伝えた）。したがって，ギリシア・ローマ人が自分たちとは異なる風習の持主としてケルト人について書いた記録と，考古学的出土物を紹介することになるが，前者は当然内容的に偏っており偏見を含んでいるし，後者も時代的，地域的な偏りがあるので，以下の記述は多くの限界を含むものとなる。

　考古学的出土物に特徴的なのは，頭部および曲線文様である。頭部に力があるとする信仰があり，戦闘で獲得した実際の首級を飾りとしたり，首のモチーフを装飾に用いたのであろう。曲線文様はラ・テーヌ期から認められ，後の渦巻き文様や組み紐文様にも繋がっている。レイン夫妻が『ケルトの芸術』（*Art of the Celts*）で指摘しているように，意図的にこうした文様を用いるのは，ギリシア・ローマの文書が伝えるケルト人の霊魂不滅，輪廻転生の考え方の表現かもしれない。

　大陸ケルトの出土物や碑文からは以下のような神々が知られている。エスス（Esus），オグミオス（Ogmios），エポナ（Epona），タラニス（Taranis），テウテタス（Teutates），ベレヌス（Belenus），ルグス（Lugus），ネハレンニア（Nehalennia），マトレス（Matres），マトロナ（Matrona）。

　大陸ケルト人についての記録は，主として同時代のギリシア人とローマ人によって残されている。

　不死の教義については，ローマの歴史家シチリアのディオドロス（Diodorus Siculus, 1BC）が『歴史叢書』（*Bibliotheke Historike*）(5.28)において，ギリシアのストア派哲学者ポセイドニオス（Posidonius, 2-1BC）の失われた著作を用いながら，ケルト人は「人間の霊魂は不死で，定められた年月を経ると別の身体に入り込んで生き返る」と信じていた，と述べている。

　ローマの軍人・政治家のユリウス・カエサルは，『ガリア戦記』(Gaius Julius Caesar, *De Bello Gallico*, 6.16)において，現在のフランスであるガリア地方のケルト人には人身御供の風習があったとして，「ガリアのどの部族もあつく宗教に帰依しており（中略）人間を生贄に捧げる」と述べる。また，「人間の生命には人間の生命を捧げなければ不死なる神々は宥められないと思っている」とか，「ある部族は巨大な像を作り，細枝で編んだその像の四肢に生きた人間を詰め，これに火を放って焰でまいて人を殺す」とも伝える。ただし生贄にされるのは，

「盗みや強奪などの罪で捕えられた者」で、そうした者を「生贄に供するのは不死の神々にとってとくに望ましいと考えられている」という。

なお、人身御供の風習については、ディオドロス（5.31）やストラボン『地理誌』(Strabo, *Geographica*)(4.4.5)やルカヌス『内乱』（別名『パルサリア』）(Lucanus, *De Bello Civili*〔*Pharsalia*〕)(1.458)も伝えている。

カエサル（6.14）、ディオドロス（5.31）、ストラボン（4.4.4）、ルカヌス（上掲箇所）などによれば、宗教儀式や教義はドルイドが独占していたらしい。ケルト人と共通の祖先を有するインド人のもとにはバラモン、イラン人のもとにはマギ、ローマ人のもとにはフラーメンといった祭司集団がいたことから考えると、ドルイドもそれらと共通の古い起源を有する可能性は高いだろう。　　　　　　　　　　　　（松村一男）

多神教　polytheism

世界の多くの民族は自然環境を神格化し、それらとの交流によって社会の維持を願っている。自然環境は天体、大地、水、森、鳥、動物、植物などそれぞれ神格化される。こうした多神教に反して、すべてを唯一の神の創造物とし、神と被造物との絶対的距離を主張する一神教は特殊な環境において成立したものだが、諸物の調和よりも絶対的支配の正当性を主眼としており攻撃性＝伝染性が強く、この結果、現代社会ではキリスト教やイスラムという一神教が優位を占めている。ケルト社会は多神教であったが、キリスト教成立後はいち早くキリスト教化された。これにより多神教は表面的には消え去ったが、キリスト教の修道士によって文字に記録されて残ったことも事実である。また多神教は妖精の丘、季節祭、聖女ブリジッド崇拝、航海譚、聖杯伝説など、姿を変えつつ生き残っている。（松村一男）

ケルト人の信じた神々　deities of the Celts

出土物、碑文、ギリシア・ローマ作家の記述などからは以下のような大陸ケルトの神々が知られている。エスス（Esus）、エポナ（Epona）、オグミオス（Ogmios）、ケルヌンノス（Cernunnos）、コウェンティナ（Coventina）、タラニス（Taranis）、テウタテス（Teutates）、ベレヌス（Belenus）、マトレス（Matres）、マトロナエ（Matronae）、ルグス（Lugus）。カエサル『ガリア戦記』(6.17-18)は、メルクリウス、アポロ、マルス、ユピテル、ミネルヴァ、ディ・パテルというローマ名でガリアの神々については記している。

アイルランド（島のケルト）の神話物語群には以下の神々が登場する。『アイルランド侵寇の書』(*Lebhor Gabála Érenn*)によれば、パルトローン（Partholón）、ネウェド（Nemed）、フィル・ヴォルグ（Fir Bolg、「皮を持つ人」の意）、トゥアタ・デー・ダナン（Tuatha Dé Danann）、ミール（Míl）という5種族が次々にやって来るが、その中で神々の種族とされるのが女神ダヌの子孫とされるトゥアタ・デー・ダナン（ダーナ神族）である。トゥアタ・デー・ダナンが先住民族フィル・ヴォルグといかに戦って勝利したかを述べるのが、『マグ・トゥレドの戦い』(*Cath Maige Tuired*)である。これら2作品には、ダグダ（Dagda）、ヌアドゥ（Nuadu）、ルグ（Lug）、マナナーン・マク・リル（Manannán mac Lír）、ディアン・ケーフト（Dian Cécht）、ゴヴニウ（Goibniu）、オイングス（Oengus）、オグマ（Ogma）、モリーガン（Morrígain）などの神名が記されている。　　　　　　　　（松村一男）

ギリシア・ローマとの比較　comparison with the Greeks and Romans

ローマはギリシアやエトルリアから文化的に多大な影響を受けたので、それ以前の固有の神々の姿は容易に知りがたい。ギリシアもまた東地中海の先進地域の宗教から

IV 宗 教

多くの影響を受けて神々のパンテオン（家族集団）を形成した。しかし，古典期以降にはパンテオンの構成も神話も祭祀も整い，体系化された。ローマもそうしたギリシアの影響のもとにパンテオン，神話，祭祀を体系化した。こうしたギリシア・ローマに比べれば，部族社会の状態にあったケルト宗教では体系化が十分でなかったのは当然である。しかし，以下に見るようにある程度のパンテオン，祭祀者，祭祀の整備は行われていたと思われる。

カエサル『ガリア戦記』（Gaius Julius Caesar, *De Bello Gallico*, 6.17）によれば，ガリアのケルト人は「神々の中ではメルクリウスを最も崇拝する。その像も一番数が多く，さまざまな技を工夫したものと信じ，旅行者を導く者，富の獲得や商売に大きな力を持つ者と思っている。これに次ぐのはアポロやマルスやユピテルやミネルヴァである。（中略）アポロは病気を払い，ミネルヴァは仕事や技の手ほどきをし，ユピテルは大空を支配し，マルスは戦争を司る」と述べる。また続く18節では，「ガリア人はみな先祖がディスから出たと言っている」と述べている。

一般に，メルクリウスとはアイルランドのルグを指していると考えられている。ルグのサウィルダーナハ（Samildánach）「百芸に通じた」という尊称や，ルグに由来する大陸の地名がリヨン，ラオン，ライデン，ライヒニッツなど多数にのぼることも，カエサルによるメルクリウスの特徴と合致する。マイヤー『ケルト事典』によれば，マルスとは大陸ケルトの神テウタテスらしく，ユピテルとは大陸ケルトの神タラニスらしいが，ミネルヴァに相当するケルトの女神については確実な候補はないらしい。

こうした異民族の神々を自分たちの神々と同類と見なして，自国の神々の名前で呼ぶことはギリシア・ローマにおいて一般的であり，ヘロドトスはエジプトやスキュタイの神々を，そしてプルタルコスはエジプトの神々をギリシアの神名で記述し（ギリシア風解釈），カエサルはケルトの神々を，そしてタキトゥスはゲルマンの神々をローマの神名で記述した（ローマ風解釈）。このため，ここでのケルトの神々の場合のように，後代の研究者はその同定に苦労することになる。　　　　　　　　　　（松村一男）

ゲルマンとの比較　comparison with the Germans

カエサル『ガリア戦記』（Gaius Julius Caesar, *De Bello Gallico*）はケルト人の神々や祭祀について記した後，6章21節でゲルマン人について，次のように述べている。「彼らは目で見られもし，また恩恵を受けていることがはっきりしているものだけを，つまり太陽と火と月を，神々として崇める。その他の神々は，噂を通じてすら知っていない」。北欧宗教や神話からはカエサルの言葉には誇張が多いと思われるが，少なくともカエサルというローマの政治家・将軍・知識人が知り得た範囲では，ケルトとゲルマンの宗教は対照的に捉えられていたらしい。

ケルト神話とゲルマン（北欧）神話の間には類似のモチーフが幾つも見られ，マン島を中心とする両者の交易やヴァイキングによって交流があった可能性を示唆する。

（1）大陸ケルトの三者一組の女神たちマトレス（Matres）はゲルマンの運命の女神たちノルン（Norn），複数形ノルニル（Nornir）に類似する。

（2）アイルランドのアルスター物語群に登場する戦闘女神たちモリーガン，ボドヴ，マハは，ゲルマンの戦乙女ヴァルキューレと類似する。

（3）アイルランドのフィニアン物語群の主人公フィン・マク・クウィル（Finn Mac Cumaill）は知恵の鮭を料理していて，熱い身に触れた指を口に入れたことにより知恵を獲得する。ゲルマンの英雄シグルズは，竜を殺し，その心臓を料理していて，やは

り熱い肉に触れた指を口に入れて，鳥の言葉が分かるようになる。こうした「知恵の獲得」神話はシャーマニズム的かもしれない。

(4) アーサー王はカンタベリー大聖堂の前の鉄床に刺さっていた剣を引き抜き，王者として認められる。ゲルマンの『ヴォルスンガ・サガ』ではヴォルスング王の館にオーディン神が現れ，樫の大樹に剣を突き刺して去る。その剣は王の息子シグムンド（シグルズの父）しか引き抜くことができない。

(5) 人身御供に際しては，水，木，火の三要素を用いる3種類の異なる殺害法があったらしい。　　　　　　（松村一男）

ユーラシアとの比較 comparison with Eurasia

　北方アジアの宗教・神話・儀礼を特徴づけているのはシャーマニズムである。宗教学者ミルチャ・エリアーデ（Mircea Eliade）は『シャーマニズム』において，シャーマニズムがゲルマン人にも認められると論じ，その関連でケルト人にもシャーマニズムは認められると述べて，その例として，『サナス・ホルミク』（Sanas Chormaic）が伝える「インバス・フォロスナ」（imbas forosna）の予言法について，次のように述べている。

　「フィリは雄牛の生肉を食べ，その血を飲み，その毛皮にくるまって眠ってしまった。すると眠っている間に，『目に見えぬ友人』が彼に，彼を悩ましている問題に対する解答を与えてくれた，というのである。また，一人の男が親戚か先祖の墓の上で眠ったら，彼は預言者になったともいう。類型論的には，これらの習俗は，夜を死骸の側や墓場で過ごす未来のシャーマンや呪術師たちのイニシエーション，またはインスピレーションに極めて近いものである」。

　歴史物語群に属する『スヴネの狂乱』（Buile Suibne）の主人公スヴネは狂乱となるが，素晴らしい詩作を生みだす。ウェールズのマルジン（Myrddin）も戦場で狂乱となり，森をさまよって予言の力を得たとされる。

　アイルランドのフィニアン物語群のフィン・マク・クウィル（Finn mac Cumaill）とウェールズ民話のグウィヨン・バーハとゲルマン（北欧）神話の英雄シグルズは，いずれも異界の物質に触れたことによって知恵を獲得している。

　アメリカのケルト学者ジョゼフ・ナージュ（Joseph Nagy）によれば，こうした2つの神話モチーフについてもシャーマン的と解釈できるという。　　　（松村一男）

ガリアの三主神 three principal deities in Gaul

　1世紀の詩人ルカヌス『内乱（パルサリア）』(1.458-461)は，ガリアの神々として，「酷烈のテウタテス神がおぞましい（人身供犠の）血で」，「また恐るべきエスス神が野蛮な祭壇で鎮められ」，「スキュティアのディアナに劣らず過酷なタラニス神の祭壇が祀られる」と，三神のみの名前を挙げている。テウタテス（Teutates）は「民の父」の意であり，エススは1世紀のレリーフでは樵夫の姿で表されており，タラニスはケルト語の「雷」（アイルランド語 torann, ウェールズ語 taran）に由来する名を持つ雷神で，車輪を持つ姿の像が残っている。ルカヌスは三神すべてに対して同じような人身御供が行われたように書いているが，マイヤー『ケルト事典』やマク・カーナ『ケルト神話』によれば，ルカヌスへの注釈を集成した「ベルン・スコリア」では，テウタテスへの犠牲は水で満たされた大樽に頭から落とされて窒息死させられ，エススへの犠牲は木に吊るされて刺され，タラニスへの犠牲は木の檻に押し込められて焼き殺された，と書かれているという。こうした三重の供犠法（threefold death）はゲルマン宗教でもオーディンへの犠牲法として知ら

IV 宗　教

れている。　　　　　　　（松村一男）

ディス・パテル　Dis Pater
　カエサル『ガリア戦記』（Gaius Julius Caesar, *De bello Gallico*）（6.18）には、「ガリア人は、自分らはすべて、父なる神ディスの子孫であると吹聴し（中略）それゆえ、彼らはすべての時間的経過を、日の数ではなく、夜の数で計算する」とある。このディスは恐らくギリシアの冥界神ハデス（プルート）に相当するローマの神として理解されており、ガリア人の神も夜＝闇を支配する冥界神と考えられる。ただし具体的にどの神に該当するかについては、スケッルス、スメルトリウス、ドン、ケルヌンノスなど、さまざまな提案がなされており、必ずしも一致していない。いずれにせよ、ケルト人の輪廻再生信仰や、アイルランドの神話においてトゥアタ・デー・ダナンがマイリージャ（ミールの子ら）に敗れた後、地下に下ったが妖精のような存在として生き続けているとされていることなどからするなら、死後世界ないしは地下世界は陰湿な世界というよりは、むしろ新しい生命が誕生してくる場所と観念されていたらしい。　　　　　　　　　　（松村一男）

樹木崇拝

オーク　oak
　ケルト人が最も崇敬した象徴的な意味をもつ樹木。オークはナラ、カシなどブナ科コナラ属の総称。堂々と大きく成長し、長生するので、ケルト人の深い信仰を集めた。オークの木が敬われたもう一つの理由は、その有用性が高かったことである。オークの実（どんぐり）は古代には豚の好物で、それが豚の大量飼育に役立った。豚肉はケルト人の食生活に不可欠であったあったことがオーク崇拝につながったと考えられる。また、オークの材木は硬く長持ちするので、住居や家具などに使われた。樹皮は皮なめし、染料、薬用など幅広い用途があった。オーク材は死者の遺骸を入れる棺にも使用され、死後の世界ともかかわった。
　ローマの大プリニウス（Gaius Plinius Secundus, AD23-79）によれば、オークの樹上に寄生するヤドリギ（mistletoe）は病気を治し、多産と繁殖をもたらす効果があると信じられたことから、ドルイドの手でヤドリギを刈り取る（切り落とす）儀式が月齢で毎月6日に行われた。ドルイドは聖なるオークの木に登り、黄金の鎌でヤドリギの枝を切り落とし、白い布で包んだ。それから彼らは2頭の白い牡牛を生贄にしたという。
　オークの森林は聖域として崇められ、ネメトン（Nemeton）とよばれた。ドルイドの祭式はこのネメトンのオークの木の下で行われた。大陸のガリアにはネメトンが多く存在した証拠がある。古代の古典作家たちはケルト人が戸外で儀式を行ったことに注目した。ストラボンは、古代小アジアのガラティアでケルトの部族民がオークの森のなかで集会を開いたことを伝えている。大プリニウスとタキトゥスも、大陸ケルト人の聖域について同様のことを記録している。ルカヌスは、オークの森は人が入りにくく、枝が絡み合っており、暗くてひんやりした空間を形作っていたと具体的に述べている。こうした場所で神との霊的な交流が行われたことは注目に値する。しかし、ケルト人の森の聖域はローマ人にうとまれ、樹木は切り倒されてしまう。以後ネメトンは石の神殿を意味する語に変わっていく。　　　　　　　　　　（木村正俊）

ヤドリギ　mistletoe
　宿り木あるいは寄生木とも表記される。落葉樹や灌木などほかの木の枝に寄生する常緑小低木。ケルト人にとっては、聖樹であるオークの木に寄生するヤドリギは、オ

ークと同じく聖性をもった樹木であった。宿主のオークが落葉してもヤドリギが常緑を保っていることに，ケルト人は大いに神秘性を感じたであろう。

ケルト人はヤドリギが薬用植物で，さまざまな病気に効能を発揮することを知っていた。病気にかかった，あるいは虚弱な家畜に，ヤドリギの皮のような葉や若枝から取った汁などを与えると，医学的効果が表れたと伝えられる。ヤドリギの効能で長く不妊だった牛が出産したこともあったとされる。解毒剤として多く用いられたようであるが，一種の「万能薬」であったかもしれない。

毎月月齢で6日に，聖なるヤドリギの枝がドルイドによって切り取られる儀式があった。大プリニウスによれば，白衣を着たドルイドが黄金の鎌をもってオークの木に登り，ヤドリギの枝を切り落とし，それをほかの者が木の下で厚地の白い布を広げ，地面に触れないように受け止めたという。地面にふれるとヤドリギの聖性が失われると信じられていたからである。

ヤドリギの生命力の強さにケルト人は畏怖を感じ，崇敬したとの見解がある。19世紀フランスの歴史家ジュール・ミシュレは『ローマ史』のなかで次のように書いている。「……ドルイドはヤドリギが神の手によってオークの木に植えられたと信じ，自分たちの聖なるオークの木と常緑のヤドリギとの結びつきを，不滅の教義の体現と見たのである。ヤドリギは冬の開花期に摘み取られる。この時期のヤドリギは一段と目立つ。長い緑の小枝や黄色い房になった花が裸の木に巻きつき，不毛な自然の中で唯一生命のイメージを与えるのは間違いない」。

こうしたヤドリギの魔法性への信仰は近代ヨーロッパで伝統的な文化風習となり，今も各地に伝わっている。英米などでは，クリスマスにヤドリギがドアに飾られるが，その飾りの下で出会った二人はキスしなければならないという風習が残っている。

（木村正俊）

イチイ　yew

ヨーロッパイチイあるいはセイヨウイチイともいう。ケルト人の植物崇拝の典型的な例の一つで，地域によってはオークの木以上に敬われる樹木である。イチイはたくましい常緑樹で，胴回りが太くなり，ものすごく長生する。下方に伸びた枝が地面に着くと，枝先が地中をもぐり，また地上に伸びて，新しい木に生まれ変わったかのように，生育を始める。一種の再生現象である。

ドルイドはイチイの枝を使って魔法を行ったり，イチイの枝に碑文を刻んだりした。碑文にはオガム文字が使われた。ケルトの諸部族のなかにはイチイをトーテムとし，部族の呼称や地名に用いる場合があった。たとえば，ヨーク（York）の名はイチイに由来する。

イチイは異界，死と再生，不滅と深くかかわっている。この理由から，ウェールズやアイルランドでは，イチイは墓地に植えられることが多い。死者の再生への願望がイチイには託されているのである。

（木村正俊）

ハシバミ　hazel

ケルト人が最も崇敬した聖樹の一つで，知恵の実を生み出すと信じられた。大きな川の河口などに生育する。ケルト人は，ハシバミの木の実は魚（ことに鮭）によって食べられ，魚の肉になると信じた。魚がハシバミの実を1個食べると，魚の身体に1個の斑点となって表れると考えた。最も斑点の多い魚が最も知恵のある魚で，その魚を食べた人に最高の知恵がもたらされると信じた。伝説では，知恵の象徴である鮭は，魔法のハシバミの木に囲まれた水の深みや泉に棲む。

アイルランドとウェールズの伝承や物語

で，ハシバミの森や木の実がしばしば描写される。アイルランドの伝承によれば，タラは初期の頃は快いハシバミの森であった。ボイン川やシャノン川沿岸には，伝承によると，川の水源で泳いだ魚にハシバミの実を与える魔法の森があった。神話のなかでティペアリー州にあるコンラの泉は，9本のハシバミの木におおわれているが，そのハシバミの実を食べた者は誰でもすぐれた詩人か学者になるといわれた。初期アイルランドのオガム文字で，アルファベットの文字Cはハシバミ（古アイルランド語ではcoll）で表された。

アイルランドでもウェールズでもハシバミの木は神聖視されたので，いかなる炉でも燃やすことは許されなかった。国の出来事を布告する伝令官は職権を行使するしるしにハシバミの杖を携行した。妖精の杖はハシバミで作られたとされている。

(木村正俊)

動物崇拝

トーテム totem

ある部族集団の祖先あるいは始祖であると信じられた特定の動物（時には植物）を指して用いられる概念。祖先と関連づけられるため，部族の成員はかつての身内であるトーテムを食べたり殺したりすることは禁じられた。そうした信仰形態は長らく集団のなかで持続され，民俗的伝承となって名残をとどめる。アイルランドの海岸の家族はアザラシ女の子孫である場合があるといった伝承や，伝説的な初期アイルランドの王コナレ・モール（Conaíre Mór）は母親が鳥の子孫であったために鳥を殺すことを禁じられたとかいった物語はその典型的な例である。

古代ケルト人は鹿や蛇，熊，猪，豚，馬，牛，鳥などをトーテムとして崇拝した。トーテムは神話的物語や伝説，彫像や装飾的図像などに多用される。 (木村正俊)

鹿 deer

牛と並んで角を持つ動物の代表格である鹿は，俊足で素早いうえ，森林地の奥に住んで神秘的であることも加わって，ケルト人のトーテムとして重要な位置を占めた。鹿の群れは角があって力強い男鹿（stag）に率いられたことから，男性の神々と関連づけられることが多い一方，母性的愛や多産を象徴する女鹿（doe）は，女神と結びつけられる。鹿は人を容易に近寄せず，身の動かし方が優美であることも，鹿への崇拝熱を高めたかもしれない。

大陸のケルト人が敬った「動物の王」ケルヌンノス（Cernunnos）は頭に男鹿の角をもつ動物神として図像化される。1880年にデンマークの泥炭地で発見されたゴネストロップの大鍋（大釜）にみられるケルヌンノスは，中央にあぐらをかいて座り，頭部には鹿の角が生えている図像である。角がことさら大きく強調されているかにみえるのは，ケルト人が鹿の枝角には驚くべき生命力と再生力が宿されていることを強く意識し，鹿を崇敬していたからである。

鹿の子孫である人間が神話に登場することがある。最も記憶に残るのはアイルランドのフィニアン物語群に登場する鹿の娘シード（Sadb）である。彼女は人間の王フィン・マク・クウィルと性的に交わり，オシーン（Oisín）の母親となった。

鹿は伝統的に狩猟の獲物として鹿狩りの対象動物とされた。鹿狩りのときに，英雄たちが森の奥に引き込まれ，異界へ参入することが物語化されることがある。異界は神々の領域であり，英雄たちはそこで時空を超えた体験をしたり，災難に遭遇したりする。ウェールズの神話的物語『マビノギ』第一話では，ダヴェッドの領主プウィスが狩りの最中に異界へ入り込む。アイルランドのマンスター王の息子は大勢の鹿狩り集

動物崇拝

青銅製の鹿（フランス出土）

団を率い、鹿を追う途中命をおとす。

人間が鹿に変身させられる物語も多い。『マビノギ』第四話で、女性に性的乱暴をした2人の男性は罰として王によって男鹿と女鹿に変身させられ、1年後に小鹿（fawn）を産んで戻ってくる。スコットランドのハイランド地方の物語には鹿の大群を世話する巨人の女神が登場する。これらの物語は鹿と人間のかかわりの深さを示すと同時に、鹿のトーテム性を明かしている。
（木村正俊）

牛 cattle

雄牛（去勢していない牛はbull、去勢した牛はox）と雌牛（cow）で性格が異なる。鹿と同じく角をもち強大であるうえ、運搬や農耕など実際生活で役立つことや食糧として欠かせない動物であることなどから、ケルト人は牛をトーテムとして崇拝した。大陸のケルトの聖地では、儀式のときに生贄にされることが多かった。ドルイドがオークの木に寄生するヤドリギを刈り取る儀式でも雄牛が生贄にされたとされる。聖地の神殿の入り口に牛の頭蓋が飾られることがあった。

大陸で雄牛にかかわりをもつ神はエスス（Esus）であった。このケルトの神はあまり広く知られていないが、その名前は「力」、「すばやい動作」、さらには「怒り」をも意味しているといわれる。エススが木こりの姿で現れ、雄牛のいる場所で木を切り倒している図像が残っているが、これについては、木と雄牛は生贄として類似した性格を持っているからであるとの解釈がなされている。

ケルト人がヨーロッパに出現する以前から、牛はさまざまな民族集団のなかにみられた。各地に牛の図像が残っている。ケルト世界では紀元前800年頃の牛の絵図が発見されている。小アジアのケルト人居住地の聖なる雄牛はデオタロス（Deotaros）として知られた。また、ガリア人は「3本角のタルウォス」（Tarvos trigaranus）とよばれる雄牛を崇拝した。

物語の領域で最も有名な雄牛は、アイルランドのアルスター物語群に含まれる叙事詩『クアルンゲの牛捕り』（Táin Bó Cuailnge）に登場するクアルンゲの巨大な褐色の牛（ドン・クアルンゲ）である。この価値ある牛をめぐってアルスター軍とコナハト軍のあいだに激烈な戦争が繰り広げられる。
（木村正俊）

馬 horse

ケルト社会で馬は、実用的な理由からだけでなく、宗教的、象徴的理由からも深く敬われた。馬の速さ、力強さ、多産性などが人間を圧倒することから、馬は神性をもつ動物として特別に深い意味をもった。

馬は紀元前1600年頃までにヨーロッパの大部分で人間社会に仲間入りしたが、ケルト人はヨーロッパに移動したときに別種の馬を連れてきたかもしれない。鉄器時代のケルトの馬はローマの馬に比べ一般に小さく、軽量であったが、走るのは速く、強健であったとみられている。ケルトの農場では乗馬用（おそらく家畜の群れを駆り集めるため）に用いられただけでなく、荷物の運搬や牽引にも使われた。牛と同じように食用にも供された。馬は鉄器時代初期には

Ⅳ　宗　教

馬の女神エポナの浮彫。右手に果物のような物をもっている

ケルト社会で富裕な階級の地位を示す象徴となり，極めて重要な意味をもつようになる。貴族や上層の戦士たちは，二輪馬車を乗ったが，下層の戦士たちは騎乗した。貴族たちはしばしば馬と馬車，馬具などと一緒に埋葬されたが，このことは，死によって終わらない生への連続をケルト人が信じていたことを示している。

　馬のもつ生命力と豊饒性はケルト人の馬信仰を生んだ。ケルト社会では，馬の女神はエポナ（Epona）である。彼女の名前は「馬」を意味し，ガリア語の'epos'に由来する。ヨーロッパ大陸を通じてエポナ神に捧げられた彫像や祭壇が数多く発掘されている。エポナ神の図像は，彼女が馬（たいていは雌馬）に横座りになり，馬に囲まれているか，時には裸馬に横になって乗っている姿で表現される。馬に乗って腕に子どもや食べ物の入った籠を抱えている場合もある。これらの図像でエポナが豊饒と多産の象徴として描かれているのは明らかである。エポナ崇拝は大陸が中心であるが，ブリテンでもほかのどの女神に増して盛んであったらしい。ウェールズの神話的物語『マビノギ』の第一話では，馬に乗った異界の女性フリアノン（Rhiannon）が人間界に登場し，ダヴェッドの領主プウィスと結婚する。フリアノンという名は古代の女神「リガントナ」（rigantona）と関係があった。二人のあいだに生まれた赤ん坊のプラデリは一時行方が分からず，後に馬小屋の外で発見される。フリアノンは馬とかかわる性格を本質的にもっており，エポナ神の類例と解釈できる。

　アイルランドでエポナ神と推測されるのはマハ（Macha）である。彼女は競馬でアルスター王の馬たちより早く走れることを自慢した。妊娠していた彼女は陣痛のなかで競争に勝つが，双子を産んで死ぬ。

　アイルランドでは馬は王権の女神と関連づけられた。王と土地の女神との聖なる交わりの儀式が行われたと初期の地理学者ギラルドゥス・カンブレンシスは報告している。カンブレンシスによれば，王が王権に就く儀式で，王と雌馬との性的交わりが行われ，そのあと馬は殺され，王は馬のスープを飲んだという。しかし，この報告が事実であるとの確証はない。　　（木村正俊）

猪／豚　boar/pig

　猪も豚もケルト人にとって聖獣であった。猪は最もどう猛で荒々しい動物であるが，その強力さと不屈さ，性的能力が崇敬の対象となった。ケルト社会では，ハルシュタット期の墓から猪（神）を造型した遺物が出土しており，早い時期から儀式的な意味をもっていたことがわかる。この動物への崇拝の念を示す証拠はラ・テーヌ時代以降豊富で，ローマ支配後にも猪あるいは豚の神（モクス）の造型表現が多くみられる。

　猪は攻撃的で抑えがたく，破壊的であることから戦争とのかかわりをもつ。ケルトの戦士たちは猪の像を戦いの記章として採

用し，剣や盾，兜などを飾った。猪の像はお守りの役を果たしていたのである。

猪の肉はおいしいものとされ，ケルトの伝統的な祝宴では，最もすぐれた歌や物語を披露した戦士に，「勝者の分け前」（champion's portion）として猪の肉が与えられた。猪の皮もまた加工され戦士の外套に使われた。猪という語は，いくつかのゲール語でtorcであり，戦士の首環torcと同じであるのは興味深い。

猪はアイルランドのいくつかの物語に現れるが，一般によく知られているのは，レンスター物語群に登場する英雄ディアルミッドを襲ったベン・ブルベン山の猪である。ディアルミッドは猪の毒を含んだ剛毛で致命傷を負い，助けを得られず命をおとす。ウェールズの『マビノギオン』に含まれる「キルフーフとオルウェン」の物語では，破壊的で怪物のような猪トゥルッフ・トゥルイスが登場する。この恐ろしい巨大な猪は，もとは人間界の王であったが，非行のために魔法によって猪に変身させられたのであった。トゥルッフ・トゥルイスとその仲間の猪は異界とかかわりがあるので猛烈な力を発揮する。

猪と同類の豚もケルト社会でトーテム性が高く，その宗教的象徴性は重要である。初期の豚は今より小さく，猪に似て野性的であった。鉄器時代のケルト人は豚を放し飼いにした。豚はオークの木の実（どんぐり）を好んで食べ，ケルト人に必須の食材となったことや，多産であることなどから，豚を畏敬し神聖視する風習が強まった。豚がどんぐりを多く食べたことでオークの木の霊性を取り込んだと信じられたという。初期ケルト社会では，豚は数多く埋葬の犠牲にされた。貴族の墓からの考古学的証拠がその事実を裏づけている。ガリアでは豚の神モックス（Moccus）が信じられた。

豚がケルト社会に持ち込まれた頃は，非常に重要な動物であった。ウェールズの神話的物語『マビノギ』では，貴重な豚を入手するため二つの国のあいだで戦争が起こったことが語られる。　　　（木村正俊）

熊　bear

ケルト人が聖獣として崇めた動物。熊は，視力はおぼつかないのに，聴力は鋭く，驚くほど敏捷である。巨体のわりによじ登る能力があり，四つ足で立って歩くこともできる。そうした能力のゆえに熊は畏怖され，尊敬もされた。ヨーロッパ大陸で熊の彫刻や，彫像のある貨幣が見つかっているうえに，ブリテン北部からは熊の形をした一群の黒玉の魔除けが出土しているのは熊信仰の表れである。

ヨーロッパ中央部の山間地帯は熊の主要な生息地で，ケルト人が出現以前から熊を神聖視することが盛んであったらしい。実際アルプスの洞穴に考古学上の証拠が残っている。ケルト人は先住民の熊信仰の影響を受けた可能性がある。

熊の女神で重要なのはアルティオ（Artio）である。アルティオの彫刻がスイスのベルン（Berne）が発見されているが，ベルンは「熊の町」の意味で，文字どおり熊信仰の本拠地だったと考えられる。ベルンのアルティオの彫刻は，アルティオと熊

熊の女神アルティオと熊

Ⅳ 宗教

が対峙している造形である。女神は果物の奉納品を前に座り，対する大きな熊は，女神を脅かすつもりか，果物を奪取するつもりか，前へ身を乗り出している。熊の後ろにある一本の木は，明らかに熊が棲む原生林の象徴である。おそらく熊の保護者であるアルティオは，同時に狩人や旅行者を熊から守る任務も担っており，二律背反的な立場にあったとみられる。アルティオは，人間と熊の仲介者として崇められたのであろう。

女神アルティオのほかに熊の神としてアルタイオス（Artaios）も崇拝された。ギリシア神話の女神アルテミス（やはり熊と深い関りがあった）を連想させる。熊を意味するケルト語からの名前はアイルランドやウェールズの系図によく表れる。英雄アーサー（王）の名Arthurも熊を意味するケルト語（art, arth）に由来する。　　（木村正俊）

犬　dog

犬は古くから宗教とのつながりが深く，ケルト神話でも大きな役割を果たしている。デンマークで発見されたゴネストロップ（Gundestrup）の大鍋に描かれ，初期ブリテンの神ノデンス（Nodens）ともかかわりをもつ。各地の墓などから犬の骨が多く出土するのは，犬が生贄にされたことを示している。

ケルト文化圏での犬の最初の図像は，ガリアの治癒の女神ネハレンニア（Nehalennia）の祭壇に彫られた小型犬であるとされる。ネハレンニアはきまって犬を伴って描かれる。犬は唾液で治癒させる力をもっており，傷をなめて治す役目を担っていた。ガリアの治癒の女神シロナ（Sirona）も犬を伴って描かれている。ブリテンでは治癒の神ノドンス（Nodons）が犬といっしょに描写されたことで知られる。

犬と深くかかわった有名な英雄はクー・フリン（Cú chulainn）である。物語によれば，彼はまだ7歳のとき，どう猛な番犬（猟犬）に襲われ食われそうになったが，素手でその犬を殺してしまう。その手柄が賞賛され，クー・フリンの別名を与えられるが，「クー」（Cú）は「犬」を意味する。

犬は死や異世界ともかかわりをもつ。アイルランドやスコットランド，ブリテンの神話に出てくるブラックドッグは恐ろしい犬である。この幽霊のような犬は，普通は毛むくじゃらで子牛ほども大きく，島のケルト世界では広く知られた。役に立つこともあるが，警戒を要した。目線が合うと，死ぬこともあったといわれる。各地で呼び名が異なるが，ブラックドッグが現れると破局と死の兆候と受け止められた。ウェールズでは地獄の猟犬として知られた。犬が死とかかわりは，犬が死肉を漁る本能から生じたと解釈されている。　　（木村正俊）

蛇　serpent

ケルト人は蛇を聖獣とみなし，崇敬した。蛇は古から恐れられながらも，脱皮をすることから，死と再生を連想させ，長い期間餌を食べなくても生きられることから，その生命力が尊ばれ，敬われてきた。長い体のくねる動きや男性器に似た形状の頭部も，蛇を崇める風習を生む要因であっただろう。再生と豊饒の象徴としてケルト人の宗教的，象徴的ヴィジョンに大きく作用した。各地に残る図像や芸術品にヘビ信仰の形跡がみられる。

デンマークで発見されたゴネストロップの大鍋に彫像された動物神ケルヌンノスは，右手にトルク（首環）を，左手に身をくねらせる羊頭の蛇を握っている。動物に囲まれたケルヌンノスの頭には鹿の角が生え，図像は全体に生命力と豊饒のイメージに満ちている。蛇の存在感が特に大きいのが注目される。

蛇は豊饒の神として敬われたが，戦争の神としても典型的な象徴であった。ときどき角をもった蛇の姿が描かれた。蛇は地を

這うことから，隠された知恵の象徴ともなりうる。聖パトリックがアイルランドから蛇を追放したとされるが，ローマの地理学者たちは，聖パトリックの時代以前からアイルランド島には蛇がいなかったと記している。　　　　　　　　　　（木村正俊）

鳥　bird
　翼をもち，天空を自由に飛ぶことができる鳥は，ケルト人の重要な信仰対象であった。鳥の能力を重視したドルイドは，鳥の飛ぶ姿と鳴き声から前兆を読み取り，やがて起こることを予言したと伝えられる。
　ケルト神話では，鳥は女神たちの象徴あるいは護衛者となることが多い。烏や大烏のような腐肉を食べる鳥は，特に戦争や死に深いかかわりをもつ。悪運や流血を予知し，戦場へ飛んでいく烏はしばしば物語に登場する。アイルランド神話の女神ボドヴ（Bodb），マハ（Macha），モリーガン（Morrígan）〔またはモリーグMorrigu〕の女神たちは烏に姿を変えて戦場に現れ，戦士たちの闘争心を煽った。
　神話のなかでは鳥に変身したり，変身させたりするストーリーが多い。アイルランド神話で，リルの3番目の妻アイフェ（Aife）は嫉妬に駆られて残酷な義母になり，リルの子どもたちを白鳥に変えてしまう。アイルランド神話のアングス・オグ（Angus óg）とカエル（Cáer）の恋人たちは白鳥に変身して飛び立った。ウェールズの物語では，スレイ・スラウ・ガフェス（Lleu Llaw Gyffes）は体を槍で射抜かれたとき，鷲に変身する。
　神話のなかで神と女神はしばしば鳥を伴って描かれる。ガリアの神エスス（Esus）の神殿には3羽の白鷺が棲む。ガリアの水の女神のセクアナ（Sequana）はアヒルとかかわりがあった。ほかの女神同様，セクアナは治癒力をもつと考えられた。彼女に救いを求める人は川に青銅か銀の奉納物（貨幣でもよい）を投げ入れる必要があった。水鳥はどの種類も太陽信仰と結びつけられ，治癒力があると信じられた。アヒルやガチョウなど身近な水鳥がブローチやトルクの飾りとして造型されることが多かった。白鳥，鶴，鷺のような，より大型の鳥も信仰を集め，彫刻や装飾品などで図像化された。
　鳥は異界ともかかわるとされた。美の女神でコーク州の守護神クリドナ（Clídna）は3羽の異界の鳥を所有し，ウェールズの物語で異界からやってきた王妃フリアノン（Rhiannon）は，美しく歌う超自然的な鳥「フリアノンの鳥」とかかわりがある。
　　　　　　　　　　　　　　　（木村正俊）

鮭　salmon
　ケルトの神話的伝説では知恵と知識を象徴する魚。魚のなかではケルト人に最も敬われ，さまざまな形で信仰の対象として表現されてきた。ガリアで発見されたレリーフには2匹の大きな鮭に挟まれた人間の頭部が彫り込まれている。アイルランドとウェールズの物語では，鮭を，泉（井戸）や水の深み，滝などに生息する魚として描写する。
　アイルランドのフィン神話群のなかで，英雄フィンは，ボイン川の土手に住む詩人フィンネガスが釣って料理した鮭を口に入れたことによって超自然的な知恵と予言力を得る。知恵の木ハシバミの実が川に落ち，その実を食べた鮭には知恵がつくと信じられていた。
　初期アイルランドの神話では，知恵と霊感の源であるコンラの泉（Connla's Well）で鮭が泳いでいたとされる。この泉のあった場所ははっきりしないが，泉の上に生えた9本のハシバミの木が知恵と知識と霊感を与える実を落としたので，それを食べた鮭に神聖な知恵がついたという。鮭の身についた斑点の数は鮭の食べたハシバミの実の数を表すと考えられた。泉の水を飲むか，鮭を食べるか，あるいは実を食べた人は，

知恵か知識か霊感を得られるとの信仰が広まっていた。ボイン川とシャノン川の水源となるセガイスの泉（Well of Segais）でも，泉で泳ぐ鮭がハシバミの木の実を食べ，知恵を得たとされる。

ウェールズ中世の物語『キルフーフとオルウェン』でキルフーフは，ゆくえ不明となったマボンを探すため，地上で一番の長老で知識のあるスィン・スェウの鮭に相談し，結局探し当てる。　　　　（木村正俊）

ケルヌンノス　Cernunnos

大陸ケルトの最も古い神で，紀元前4世紀にさかのぼるとみられる。自然，動物，豊穣，再生，繁栄の神として信奉された。名前はラテン語で「角の生えたもの」（the horned one）を意味する。ケルヌンノスは人間の体であるが，雄鹿の耳をもち，頭には雄鹿の枝角を生やしている。あぐらをかいた姿でさまざまな動物を伴って描かれることが多く，トルク（首環）を着用しているか携帯している。

ケルヌンノスの名前が刻印されているのは，1711年3月，パリのノートルダム大聖堂の地下から発見された記念碑に浮き彫りされた神像だけである。ケルヌンノスの図像には著しい象徴体系が組み込まれている。ノートルダムの神像では，ケルヌンノスは左右の枝角にトルクをはめているが，この枝角は雄鹿のもので，季節の循環，再生，豊饒を象徴する。トルクは高い地位と聖性を示す。また別のフランスの例では，祭壇に彫刻されたケルヌンノス像はあぐらをかいた神として表され，頭部に角をもち，顔一面にひげを生やしている。両側にはアポロとメルクリウスを従えている。ケルヌンノスは，地域によっては3つの頭ないしは3つの顔をもつ神として描かれることもある。

デンマークのゴネストロップ（Gundestrup）で発見された大鍋にもケルヌンノスの像が浮き彫りされている。ここでのケルヌンノスは，見事な枝角を生やして座禅を組むように座っている。首には一本のトルクを着け，もう一本のトルクを右手にもち，左手で角のある蛇を握っている。ケルヌンノスの周囲には雄鹿やイルカ，空想上のさまざまな動物が表現されている。ケルヌンノスが豊饒の神であると同時に冥界の神でもあることをうかがわせる。
　　　　　　　　　　　　　（木村正俊）

崇拝の対象物

太陽／太陽の神　sun/sun-god

古代のケルト人は天体の運行や自然物のありように畏敬を覚え，それへの感情を芸術的に表現し，造形した。なかでも，太陽信仰は，人類の最も素朴にして普遍的な信仰であったが，ケルト人のあいだでも，最も鋭い感受性をもって芸術的に表現された。太陽の表現は初期ケルト芸術で極めて顕著であった。太陽そのものの存在の賛歌にとどまらず，太陽の丸い形を象った鏡や光輪を思わせる車輪，さらには円形のリングを伴ったケルト十字架（ハイ・クロス）などは，太陽信仰の表れで，礼拝の対象になった。太陽を丸い形として表すとき，円は同心円となり，螺旋文となり，さらには

あぐらをかいて座るケルヌンノスの浮彫

巴文、車輪文となる。まんじ文もそれと同じ意味をもつと解釈される。

キリスト教美術のなかにも、キリスト教以前の太陽崇拝の痕跡が残存する。それは光輪である（仏教では頭光、身光となり、後光といわれる）。光輪は変化し、放射状の線になることが多い。キリスト教は至上の存在である神を感覚的な人間として表現し、太陽の形象や崇拝の習慣を巧みに吸収したのである。それによってキリスト教化を容易にした。

太陽信仰が樹木崇拝と一体化する側面があることも見逃せない。円形の中に樹木が取り込まれ、樹木が火炎のように燃えている表現も多く見られる。太陽信仰は具体的に神々の形やイメージで表現されたが、男性の神となる場合と女性の神となる場合がある。ギリシア神話では、アポロ（Apollo）が男性の太陽神であるが、アポロはケルト社会でも信じられた。

アイルランドではルグ（Lug）が男性の太陽神である（ウェールズではスレウLleu）。『アイルランド侵寇の書』では、ルグはアイルランドに移住してきた5番目のダーナ神族にも先住民のフォウォレ族にも血のつながりがある。ルグという名は「光り輝くもの」の意。彼は光の神であり、戦士であり、魔法使いであり、さまざまな技芸の持ち主である。アルスター神話群では、ルグは英雄クー・フリンの父親であり、クー・フリンが戦いで傷ついたり、疲れ果てたりしたときに現れ、癒したり眠らせてあげたりする。

ケルトの信じた太陽の女神にスル（Sul）がいる。Sulはsunを意味する（スリスSulisともよばれる）。スルは泉をつかさどる神でもあり、治癒神である。ローマの治癒神ミネルヴァと同一視される。バースで温泉がみつかったとき、ローマ人がAquae Sulis（Waters of Sul）とよんだ。アイルランドの治癒・工芸・詩の女神ブリギッド（Brigit）と同じとされる。

アイルランドの4大季節祭のひとつ、5月1日のベルティネ（Beltaine）は「火祭り」であるが、これは夏の到来を祝うもので、太陽の熱が家畜や作物の生育の促進を祈願する。太陽の熱が地表をおおうようにたき火が行われる。動物たちが火の輪のなかを潜り抜ける。　　　　　　　　　（木村正俊）

石／岩／洞穴　stone/rock/cave

ブリテン島、アイルランド島、ブルターニュなどの地域では、ケルト人が居住する前の先住民族は、謎に包まれてはいるが、驚くほどの技術をもった石工であった。彼らは石や岩、洞穴などに聖性が宿るものと信じ、信仰の形に合わせてそれらを利用した。洞穴は妖精の住処で異界への入り口とみなされた。

石を用いて建造あるいは装飾する文化はおよそ6,000年間続いた。その文化の担い手たちは石の形によってだけでなく、石の表面に文様や文字を彫り込んだりして、彼らの信仰や美意識を表現した。文様や文字には解読不能なものも多い。

ケルト人は、石のなかに、木や流れる水と同じように、自然を支配する霊性が存在すると信じ、先住民の石の文化を引き継いだ。彼らは、先住民の遺構や遺跡を自らの信仰に合わせて天文観測、祭事や儀式、埋葬などに利用したとみられる。たとえば、ストーンヘンジ（Stonehenge）はケルト人の造ったものではないが、ケルト人の信仰心をとらえて祭式の場所として用いられたりし、現代にいたっている。アイルランドのブルグ・ナ・ボーネ（Brug na Bóinne）もケルト人の造ったものではないがケルト人は儀式や埋葬などに用いたと推定される。建造物は闇の世界を表すように造られ、そこへ光が射し込むようになっている。通路や奥まった部屋には装飾が施されている。

ケルト圏の土地では、島や半島などに、大小さまざまなストーンサークル（stone circles）が数百散在する。巨大ないくつも

Ⅳ 宗教

の立石（standing stones）が円形に並んでいるのでストーンサークル（環状列石）とよばれる。それらはケルト人が移住してくる数千年前，新石器時代から青銅器時代にかけての紀元前4000年から紀元前1000年にかけて造られたもので，その建造の目的は分からないが，太陽や月，星など天体と関係すると考えられ，聖域として崇められたとみられる。ケルトの時代になって，ストーンサークルは宗教的な儀式を行う場所になったと考えられる。ケルトの民間信仰では，そこは妖精の住処とされた。

（木村正俊）

火　fire

水と並んで重要な要素である火は，信仰の対象としてケルトの習俗や神話に多く表現される。火は地，水，風と異なりつねに眼前に存在する要素ではないが，太陽や稲妻と同じく，光の現象を伴うことや，熱によるありがたい効果が得られることなどから，篤く崇拝された。火の力は日常的には野火や炉のなかで発揮されるが，野火の神は男性で，炉の神は女性であるのが典型であるといわれる。大陸ケルトの雷神タラニス（Taranis）は落雷で火災を引き起こすことから火の神でもあった。アイルランドの光の神ルグもタラニスと同じ機能によって火とかかわりをもつとされた。

炉の火を崇めるのは，インド・ヨーロッパ語文化圏に共通する信仰形態である。炉の火を崇敬する習慣は，ローマの炉の女神ウェスタ（Vesta）が一群の女神を従えている姿に象徴的に表される。同様の女神集団はキルデア（アイルランド）の聖女ブリギッド（Brigit）にも仕えている。キルデアの女子修道院で，消えることのない火が，九夜にわたって毎晩一人の修道女によって見守られ続ける習慣があったとされるのは，ケルトの伝統の再現であるとの解釈がある。

ケルト文化圏で火は多くの祭と結びつけられた。5月1日に祝われるベルティネ（Beltaine）は夏の始まりを告げる農業祭で，基本的に火と関係がある。ベルテネの前夜には家庭の炉の火はいったん消され，近くの丘のかがり火から運んだ聖性をもった火が再びつけられた。8月1日の夏祭ルグナサド（Lughnasad）は，その名は光の神ルグに由来するが，基本的に収穫祭である。この祭りではアイルランド各地でかがり火がたかれた。神聖な泉の近くやほかの聖地で祝賀の火がたかれ，人びとは夜通し舞踏を楽しんだ。

火をなおざりにすると，川に魚が棲まなくなったり，畑で穀類やポテトが実らなくなると信じられた。スコットランドでは火はさまざまなものを保護し，清浄にする力があるとして尊ばれた。火を手にもって建物の周囲を回り，建物とそこに住む人びとの安全を祈願する習わしがあった。

（木村正俊）

水　water

ケルト人は火と並んで重要な要素である水を神聖視し，川，沼，湖，泉（あるいは井戸）などを聖域として崇めた。水は生命に欠かせないだけでなく，現世と異界とをつなぐものと信じられた。水がいかに深い信仰を集めたかは，川や泉などの聖なる水域に，安全や治癒，豊穣を祈願して，貨幣，武器，宝飾品，大鍋などの日用品が大量に奉納品として投げ入れられたことから明らかである。

新鮮な水の流れる所は，川であれ泉であれ，聖なる地域とみなされた。そこはこの世と異界との接する（そして時には連続する）場所であった。たとえば，泉のなか，川の深みや中洲，湖の底などは妖精のすみかとして想定された。そこに姿を見せる妖精や魔物は伝承的物語に多く語られる。スコットランドの民間説話には，湖や大洋の波間から現れる恐ろしい水馬（water horse）や水牛（water bull）が登場する。

これらの怪奇な動物は人間界には見られない強力な様子をしており、妖精世界に棲むと考えられた。人間には冷たく残酷に振る舞い、人間を水中に引き込んでしまう。こうした危険な動物は無力な娘や顔立ちよい若者の姿で現われ、手を貸そうとすると一瞬にして残虐な動物に変わってしまう。

　一方、水はケルトの芸術的表現では象徴性の高い重要なモチーフとなる。渦巻き文様は水の動きの最たる図像化である。水は雨とかかわり、雨は雲や雷とかかわるので、イメージ幅は広い。聖なる水は川の場合は「流れ」であり、泉や井戸は「湧出」の文様で表現されるが、容器に入った水は「容器」を象徴化して表現される。水は動物や植物と同化したり、一体化した文様となることが多い。　　　　　（木村正俊）

川　river

　川がケルト人の信仰を集める場所になったのは、元来水そのものの聖性が崇められたことによる。清い水は生活に不可欠であるだけでなく、泉（井戸）や川、湖などの底には異界（the Otherworld）があると信じられた。ケルト人にとって、川は地下世界への入り口であり、生と死の共存あるいは交差する場所であった。ケルト世界の多くの川は、そこに住むと信じられた女神たちの古い名前を今もなお留めている。川の女神は、川で獲れた魚が日々の糧となることから、豊饒さを象徴する母性的存在として重きをなした。

　川の水源となる一帯はことに重要な聖域とされた。泉と同じように、水源には治癒神がいると考えられ、病気やけがからの回復を願って供え物が捧げられ、儀式が行われたらしい。アイルランドのボイン川（the Boyne）やシャノン川（the Shannon）の水源となる泉には鮭が生息し、泉の上の知恵の木ハシバミから落ちる実を食べた鮭は知恵がつくと信じられた。

　ケルトの川とかかわる主要な女神の例を挙げれば、アブノバ（ドナウ川）、ベリサマ（リブル川）、コヴェンティナ（キャロウバラ川）、ボアンド（ボイン川）、ディー（ディー川）、マトゥロナ（マルヌ川）、イカウナ（ヨンヌ川）、サブリナ（セヴァーン川）、セクアナ（セーヌ川）、シナン（シャノン川）などである。

　20世紀を代表するアイルランドの作家ジェイムズ・ジョイスは川の女性性を文学テーマとした。彼は、神話的な物語『フィネガンズ・ウェイク』のなかで、ダブリンを横切るリフィー川（the Liffey）を豊満な「永遠の女性」の象徴ととらえた。リフィー川はウィックローに端を発してくねって流れ、女体の曲線になぞらえられる。川の流れは循環し、永劫回帰のイメージを呈する。　　　　　（木村正俊）

泉／井戸　well　Ir topar ; tobar　ScG tobar　W ffynnon

　ケルトの伝説には泉がそこかしこに登場する。アイルランドには泉が無数にあり、人びとは泉を信仰し、病を癒す霊泉として崇めた。そして収穫期の始めを祝うルーナサの祭りが行われる場所は泉や高地であった。キリスト教の受容後、霊泉は「聖パトリックの泉」や「聖ブリジッドの泉」のように命名され、聖泉（holy well）として存続している。

　泉の不思議にまつわる神話や伝説は数多くある。なかでも、海底に湧きでる「コンラの泉」はあらゆる知恵と記憶の源として知られている。どこにあるかは話しによってまちまちであるが、地誌の『ディンヘンハス』（Dindshenchas）に語られている。コンラの泉は青く囲まれた海の底にあり、そこから6つの流れが立ち上り、7つ目にシャノンが流れる。知恵を表象する9本の榛の木が立ち、実が熟すと泉に落下し、それを鮭が食べる。そして木の実から出る汁が霊妙な泡をなす。泉下は異界であり、死者の国でもある。

Ⅳ 宗　教

コーンウォールのクラントックに古くからある聖アンブルーの泉。入口はドアで堅く守られている

　ボイン川の名の起こりを伝える伝説がある。水の神ネフタン（Nechtan）はセガシュの泉（コンラの泉ともいわれる）という知識の源泉である聖なる泉を所有していた。ネフタンと3人の酌人以外はその泉に近づくことが禁止されていたが、妻のボイン（Bóand）はこの禁忌を破り、泉に入って左回りに歩いた（左回りは禍や死をもたらすとされる）。すると泉の水があふれ出て、ボインの手足をもぎ取って溺死させ、川となって東へと流れていった。

　スライゴー州のオックス山系の東端の小高い山の頂に「タラハンの泉」（Tober Tallaghan）がある。海風の吹きすさぶ荒涼とした場所で、古い石積みの囲いとまわりにはびこった雑草が風に吹かれてものさびしさをさそう。この泉は高所にありながら潮の満ち引きによって水位が変化するため、「アイルランドの不思議」のひとつとなった。ギラルドゥス・カンブレンシスは『アイルランド地誌』の「泉の驚くべき特徴」の章で、「甘い水をたたえた泉が、海から遠いけわしい山の頂きにある。そこでは海水の動きにならって日に2度ずつ満干がある。」と記している。タラハンの泉は聖パトリックが訪れたことにより聖泉となり、巡礼の地となった。

　泉は知恵の表象でもあるが、「泉の下」が黄泉の国を意味するのと同様に、霊泉の下は異界であり、死者の国、不老不死の世界へと通じている。

　日本の能に触発されたイェイツは、「コンラの泉」を下地にしながら詩劇『鷹の泉にて』（At the Hawk's Well, 1905）を書いたが、「鷹の泉」を「タラハンの泉」に設定したふしがある。そして1967年には横道萬里雄による新作能『鷹姫』が観世寿夫の出演で上演された。さらに、J. M. シングによる『聖者の泉』（The Well of the Saints, 1905）がアベイ劇場で上演され、10年後に坪内逍遙によるその翻案劇『霊験』が発表された。

　　　　　　　　　　　　　（松村賢一）

大鍋（大釜）　cauldron

　大鍋（あるいは大釜）は、ケルト文化圏の広い地域で古代から中世を通じて使用された。考古学的証拠および文学的資料によってその使用状況が明らかになっている。最もよく知られている古代の大鍋は、おそらくガリアで作られ、デンマークのゴネストロップ（Gundestrup）で1891年に発見された大鍋である。ただし、この大鍋は実生活で使われたものではなく、祭儀用のものであったと考えられる。隅々まで凝りに凝って装飾されており、そこに表現された図像は古代ケルト人の信仰や思考の内容を細かに伝えている。

　ゴネストロップの大鍋は前4世紀から3世紀のものであるが、この大鍋にはケルヌンノス（Cernunnos）の像が浮き彫りされている。ここでのケルヌンノスは頭に鹿の枝角を生やしており、黄金製の首輪（トルク）を1本首にかけ、もう1本を手にもち、獣たちの間にあぐらをかいて座っている。雄鹿を従え角のある蛇を左手で握っているのが目立つ。ケルヌンノスは大陸ケルトの最も

崇拝の対象物

ケルト人の食生活で重要だった大鍋

古い（前4世紀にさかのぼる）重要な神で，自然，動物，豊穣，再生，繁栄の神として信奉された。

ゴネストロップの大鍋のほかケルト圏ではより小型の大鍋がボッグ（沼地）や湖から発見されている。大鍋はケルト人の家庭生活では特に必要なものであり，食べ物を煮込んだり醸造したりするときに用いられたが，同時に神聖な敬うべき物であった。ケルト人は，大小の規模の差はあったが，たいてい集団で食事をした。そのため豚肉を中心とした肉類を野菜などと一緒に大鍋で大量に調理することが多かった。大鍋がケルト社会の活力と豊饒さを象徴したのは少しも不思議ではない。ケルト人は宴会を好んだので，大鍋はことのほか重宝がられた。立派な大鍋は所有者の権威を示し，地位を象徴するものであった。

ローマの著述家ストラボンによれば，ケルト人は大鍋の上で犠牲となる囚人の喉元を切ったという。大鍋は祭式を行うときに必要な道具であったかもしれない。ゴネストロップのような祭式用大鍋が作られたのは，そうした儀式が行われていた背景があったからと解釈される。

大鍋は物語にもしばしば登場する。アイルランドのトゥアタ・デー・ダナン一族の父神で大地と豊饒の神であるダグダ（Dagda）は，絶えることなく食べ物を供給する魔法の大鍋をもっていた。ウェールズの神話的物語『マビノギ』の第2話では，戦争での死者を何度も生き返らせる魔法の大鍋が登場する。　　　　（木村正俊）

色　colours

色による表現はケルトの数ある伝説の中で際だった特色を示している。色は視覚的認識に直接訴える原始的な形象であり，色名をともなう数々の形容がケルトの民，部族が共有する認識として生まれた。色の表現は長い歴史と風土の中で生まれてきた産物であり，植物や動物の名称が同じであっても場所によって微妙に差異が生じるのと同様に，現実の色と色名による認識にずれが生じるのは避けがたい。

衣裳をめぐる色彩はケルトの具体的な風景を表している。たとえば，古代アイルランドでは布は最初に深紅色（臙脂色），青，緑に色づけされたと伝えられている。衣裳については僕が1色，借地農が2色，役人が3色，小国の王が5色，詩人（フィリ）と最高位の詩人（オラウ）が6色，王ならびに女王が7色を割り当てられている。これは法のもとですでに色彩管理がいきわたっていたことを示している。そしてこの伝統が今日の司教の衣裳の色に反映されているという。だが，褐色，赤，深紅色を除いて，これらの具体的な色については記録がない。

『クアルンゲの牛捕り』（*Táin Bó Cuailgne*）の冒頭部分に家財や装飾，衣裳についての描写がある。アリル王と女王メドヴはクルアハン（Cruachain）の宮で互いに自分の財産の自慢し，比べていた。ついに争いに決着をつけるために両者が家財道具や装身具を持ち寄り，宝石や貴重品を徹底的に吟味して富を競った。この中で衣裳の色が列挙されている―深紅，青，黒，緑，黄，斑，薄青，灰色，青白，縞。ここに赤・黄・青

Ⅳ 宗　教

といった原色が見られる。

衣裳の色については『バリモートの書』(Leabhar Bhaile an Mhóta, c.1390) の長詩の断片にうたわれている。「愚者に斑，女性に青，／王たちに深紅，／貴族に緑と黒，／聖職者に白。」

西暦900年頃，さまざまな色のクロークやマント，チュニカ（2枚の布を使い肩口と両脇とを縫い合わせたひざ丈の着衣），ケープなどが大王や王，小国の王の間で進貢や税としてやりとりされた。『権利の書』(Leabhar na g-Ceart) にはそれが具体的に詩のかたちで表されている。たとえば，キャシェルの王は「アラの民から100着の緑のマント」「深紅のへりを付けた30着の短めのクローク」「白い縁飾りをつけた1,000着のクローク」を献上される。王は返礼として，「ケリーの王に金色の飾り環をあしらった7着のマント」「ラスレンの王に10着の赤いクロークと10着の青いクローク」「アラの王に6着の濃い深紅のマント」を送る。ほかに，赤いクローク，深紅のマント，金の刺繍がほどこされたチュニカ，純金や鮮紅色のチュニカ，斑紋のクロークなどが，剣や盾，槍，軍馬などとともにしばしば描写される。

中世のアイルランドにおいて人びとは自然と密着して生活していたためか，風はそれぞれ方位によって色づけされていた。アイルランド人の諸権利・慣習をまとめた法律である「ブレホン法」の記録に，聖パトリックの時代に成ったとされる法律文書『シェンハス・モール』(Senchas Mór) が収められているが，その序文に風の色が語られている。「主はそれから風の色を創られた。各風の色はそれぞれ異なる。すなわち，白と深紅，青と緑，黄と赤，黒と灰色，斑と暗色，浅黒と半白。東から吹くのが深紅の風，南から白い風，北から黒い風，西から灰褐色の風である。赤い風と黄色い風は白い風と深紅の風の間に，緑の風と灰色の風は半白の風と白い風の間に，灰色の風と浅黒い風は半白の風と漆黒の風の間に，暗い風と斑の風は黒い風と深紅の風の間に生まれる。それに，それぞれの風と四方位の風に含まれる属風がある。」

どこか呪術性を帯びているが，陰陽五行に配当された色（東が青，南が赤，北が黒，西が白）といささか違う。　　（松村賢一）

数　numbers

ケルトの物語や装飾写本における形象はしばしば3・5・7・9といった奇数を軸に展開される。とりわけアイルランドでは数，数と数との組み合わせが宗教的な儀式や迷信，普段の生活などにも関係してくる。

「3」の数でよく知られているのが数をそのままテーマにした三題歌（triads）である。アイルランドやウェールズの中世文学に数多くの三題歌（triads）がある。最も基本的な三題歌は地形をうたったもので，「アイルランドの3つのでこぼこした場所—ブレフニ地域，バレン高原，ベア半島」(Trí haimréide Hérenn: Breifne, Bairenn, Berre.) がその例である。自然現象の観察に基づいた歌も多く，「泡立つ3つの冷たい物—泉，海，入れ立てのエール」(Trí húar fichte: tipra, muir, núæ corma.) というのもある。13世紀と14世紀の写本に保存された『ウェールズ三題歌集』(Trioedd Ynys Prydain) は特に知られ，詩，法律，医学まで，じつに多様な分野に及び，ウェールズの中世騎士物語集『マビノギ』のなかにも引用されている。

3という数は，3つそろえて9になったり，また他の数と組合わさってさまざまな数に変幻する。『フェヴァルの息子ブランの航海と冒険』の冒頭，不思議な衣裳に身をつつんだ女王侯たちの前で，「はるか西方の大洋に50の3倍の島がある」と至福の国のことをうたってブランを誘惑する。それから次の日，「同行者は9人ずつ3隻の舟に分かれて」船出する。こうした3と9の構成は他の物語にもしばしば見られる。また，『マ

イル・ドゥーンの航海』では3人の里子兄弟が強引に加わることによって偶数となり，不吉の前兆となる。

「5」の数もアイルランドはアルスター（Ulad），コナハト（Connacht），レンスター（Laigin），マンスター（Mumu），それにミーズ（Mide）の5つの地方から成っていた。「地方」を示すcócedは「第5」の意で，「アイルランドの5分の5の一つ」という意味である。

「7」と「9」の数はしばしば入れ替わる。たとえば，『ダ・デルガ館の崩壊』（Togail Bruidne Dá Derga）という物語では，館に7つのドアがあったり，9つのドアがあったり，描写に違いが見られる。

夏の始まりを告げるベルティネの祝祭の前夜，タラの王が最初に火を焚き，それを合図にアイルランド全土で火がともされる慣習であったが，聖パトリックは敢えてこの掟を破り，タラの北東を臨むスレーネンの丘でこれ見よがしに火をかかげた。タラのロイガレ王は怒り，ドルイドと臣下の者を伴い，9台の二輪戦車を連ねてスレーネンの丘に向かった。

ケルト社会では鳥の捕獲は習慣的になされたが，クー・フリン誕生の物語のなかで，赤枝騎士団が9台の二輪戦車で一群の鳥を追う場面がある。

また，『クアルンゲの牛捕り』で女王メドヴがアルスターへ軍を進めるとき，自分の乗る二輪戦車の前後左右に二輪戦車を2台ずつ配した。

伝説上の聡明なモーラン（Morann）が醜い子として生まれたとき，父親は彼をどこかへ連れ去って殺すことを命じた。妖精の助言で，モーランは海に連れていかれ，9つの波をかぶるまで海面に留まり，9番目の波が行き過ぎたとき，不思議にもその醜い容姿が跡形なく消えてしまう。

また，ミルの息子たち（Milesians）がアイルランドに侵入したとき，ダナン神族によって彼らは9つの波の向こうに退くことを余儀なくされた。9番目の波が寄せてきたあと，ダナン神族が大あらしを起こして上陸を阻もうとするが，アワルギン（Amairgin Glúngel）が不思議な詩によってこれを鎮め，兄弟たちの上陸を可能にした。

こうしたある種の霊数を尊ぶ慣習は日本の文化にも見られる。たとえば，『大品般若經』に「三尊」「七寶」「五欲」「三悪道」といった数の語句が見られるし，日本の文化に浸透している陰陽五行の事象にも多く現れる。　　　　　　　　（松村賢一）

信仰の特徴・かたち

霊魂不滅　immortality of the soul

不死の教義については，ローマの歴史家シチリアのディオドロス（Diodorus Siculus）（前1世紀）が『歴史叢書』（Bibliotheke）(5.28)において，ギリシアのストア派哲学者ポセイドニオス（前2-前1世紀）の失われた著作を引用しながら，ケルト人は「人間の霊魂は不死で，定められた年月を経ると別の身体に入り込んで生き返る」と信じていたと述べている。

また死後の楽園については以下のような記述が見られる。

『ブランの航海』(Imram Brain) 9-10:「よく知られたあの耕地では嘆きもなく，不信もない。粗暴，苛酷なこともなく，あるのは耳に心地よい甘い調べのみ。／苦悩もなく，悲哀もなく，死もなく，病もなく，衰弱もない。それがエヴナの証。これほど不思議なものはない」（松村賢一訳）

『聖ブレンダン伝』（Navigatio Sancti Brendani）には，「探して御覧なさい，楽園の土地を。輝く，名高い，愛すべき，有益な，高い，高貴な，美しく，喜ばしい地の喜ばしい野。香りふくよかで，花咲く至福の地。多くの旋律が流れる，音楽的な，歓声をあげる，嘆きのない地。」（松岡利次

編訳）とある。

　クレティアン・ド・トロワ『エレクとエニード』(Chrétien de Troyes, *Erec et Enide*)（1933-39行）には，「名を挙げるは／マエロアス（Maheloas），権勢の貴族／ガラスの島の主。／この島には雷がなく／落雷も嵐もない／ガマもヘビもおらず／暑すぎず，冬はない」とある。

　ジェフリー・オブ・モンマス『マーリン伝』(Geoffrey of Monmouth, *Vita Merlini*)（908-40行）には，「『至福の島』とよばれる『林檎の島』はあらゆるものを自然に産み出すと言うことにその名が由来している。そこでは，畑を耕す農夫もいらない。「自然の女神」が恵むもので十分であり，土地を耕し栽培することは全く必要がない。この島は自ら作物や葡萄を豊かに稔らせ，林檎の木も森の灌木の草叢から成長する。この島の土地は草の代わりにあらゆるものをごく自然に豊かに稔らせる。そこには百年以上もの間，人びとが住んでいる。そこには九人の姉妹らがいて，彼女たちはこの世から行く（逝く）人びとを，心地よい掟で治めている。彼女たちの第一の姉妹は誰よりも治療術に熟練していて，その姿形も他の姉妹たちより優れていた。彼女の名前はモルゲンとよばれ，病気の体を治療するため，あらゆる薬草の薬効を知っていた。（中略）われわれは深傷を負ったアルトゥールをバリントゥスに導かれてこの地につれて参ったのだ。バリントゥスは海や天空の星座に精通した人だからである。彼が船の舵手として，われわれは君主と一緒にそこへ到着した。するとモルゲンはわれわれをそれ相応に鄭重に出迎えてくれた。そして，彼女の寝室の黄金のベッドの上に王を寝かせて，自らの高貴な白い手で王の傷から覆いを取って，長い間じっと見つめていた。そして，ついに『彼女とともに長い間そこに留まり，彼女の治療を受けさえすれば，王は健康をきっと回復するでしょう』と言った。したがって，われわれは喜んで王をモルゲンに委ねて，順風に総帆を掲げて帰ってきたのである」（瀬谷幸男訳）と書かれている。

（松村一男）

再生　rebirth ／ resurrection

　中世ウェールズの『タリエシン物語』(*Hanes Taliesin*) には冒頭に『小さなグウィヨン物語』(*Hanes Gwion Bach*) がついている場合がある。これらのうち，『小さなグウィヨン物語』は魔術面に，『タリエシン物語』は歴史面に重点が置かれているが，元来は1つの作品であったらしい。『小さなグウィヨン物語』では，魔法使いのケリズウェン（Ceridwen）が息子のモルヴラン（Morfran，大鴉）の将来を心配して，大鍋に薬草を入れて煮続け，魔法の液体を作り，息子にその滴を浴びさせて予言者にしようとした。しかしその滴は鍋を熱する役をしていた少年，グウィヨン・バーハであった。それを知ったケリズウェンは少年を追いかけた。少年はさまざまに変身して追跡を逃れようとするが，最後にケリズウェンに呑み込まれ，やがて彼女の子として再誕生する。ケリズウェンは彼を殺すことができず，籠に入れて水に投じる。『タリエシン物語』では，エルフィンが冬の最初の日（カライ・ガイアヴ〔Calaugaiaf〕）の晩に簗に鮭を捕えにいくが，鮭は獲れずに籠に入った赤子を見つける。その額が輝いていたので，エルフィンは「輝く額を見よ（taliesin）！」と叫び，タリエシンがその子の名前となった。この子は小さなグウィヨンの生まれ変わりであった。タリエシンは，自分こそがこれまで簗にかかったうちで一番良い獲物だという歌を作って，鮭が取れず嘆いているエルフィンを慰めた。事実，タリニシンを見つけて以来，エルフィンは富と幸運に恵まれ続けた。

　この他，『エーダインへの求婚』(*Tochmarc Étaine*) や『マビノギオン』(*Mabinogion*) の4つの物語にも再生，生まれ変わりが認められる。

（松村一男）

異界　the Otherworld

　異界は中世アイルランドおよびウェールズの物語に現れる風景で、湖や泉の下を含む地下や海上あるいは海底の島という主に二つの空間を意味している。おそらくウェールズ語のアヌーヴン（Annwfn）を除いたら、一語でこの二つの世界を表す語はないと考えられている。英語のOtherworldはthis world（この世）とthe other world（あの世）の二分法に基づくキリスト教の世界観に由来し、あるいは死者の魂は冥府に降るのではなく、'orbe alio'（他界）が示す、どこか他の領域に渡って生き続けるため、「死は連綿と続く生の途中にすぎぬ」というルカヌスの叙事詩『内乱』(1.19) にみられるドルイドの心念の借入語句かもしれない。こうした他の地は通行不能な海によって隔てられているが、中世アイルランドの航海譚に見られるように海の彼方への船渡りと考えることもできる。

　アイルランドの物語に現れる地下の異界はしばしば「妖精の丘」(síd、シード）である。ウェールズの異界はアヌーヴン一つだとされるが、アイルランドではそれとは違って数々の妖精の地下世界が広がる。はるか西の海の上あるいは波の下にある島が異界であったりする。時には冒険的な水夫が遠方の島に辿り着いて異界に入るかもしれないし、あるは別の冒険者が陸地を旅し、丘あるいは神聖なるものの住処に入るかもしれない。アイルランドではこうした場所はトゥアタ・デー・ダナン（Tuatha Dé Danann）がミレシウス（Milesius）の子孫に敗れた後に、住むようになった場所であり、異界である。洞穴はしばしば異界への通路と考えられているが、とりわけクルアハン（Cruachain）はよく知られている。

　異界への旅は動機や物語の枠組みも違うが、異界から美しい女性が現れ、林檎や銀の枝、心地よい調べによって高貴な人間を異界に誘う。ここでいう異界は楽土であり、常世の国を彷彿させるが、古木には花が咲き乱れ、鳥たちが陽気に歌い、食べ物は豊富で、美酒は尽きず、乙女が戯れ、罪や煩労や労苦や死のない、歓喜あふれる西方海上の島が特徴となっている。『ブランの航海』(*Imram Brain*)、『コンラの冒険』(*Echtrae Conli*)、『コルマクの冒険』(*Echtra Cormaic*)、『ネラの冒険』(*Echtra Nerai*) などの物語がある。

　『ブランの航海』のように、一行のなかに望郷の念にかられたネフタン（Nechtan）が現れ、異界を離れる際、アイルランドの地にふれてはならないと島の女頭領に警告される。一行がアイルランドの岸辺に着くやいなや、ネフタンはすかさず舟から飛び降りてしまい、瞬く間に灰と化してしまう。それはあたかもこの地で幾百年が過ぎたかのようだった。異界の時間と此岸の時間が異なるのは多くの物語に見られる。

（松村賢一）

妖精　fairies

　人間の世界と境界を接する異界の住民の総称。英語の"fairy"という言葉は語源を辿ると、中英語"fayré"（「妖精（"fay"）の国あるいはその国の住民たち」という意味）から古仏語の"faerie"へ、さらにラテン語の"fāta"「運命の女神」に行き着く。

　妖精の種類やその個別の名称に関しては、キャサリン・ブリッグズ（Katherine Briggs）や井村君江の一連の著書に詳しい。ケルト語圏の中でも、地域によって名称も描写も多様であるが、アイルランドの「良き民」の意の"*An Sluagh Maith / Na Daoine Maith*"やウェールズの「美しき民」の意の"*Y Tylwyth Teg*"などの婉曲呼称は、妖精の名前を口にすることへの恐れを反映していると考えられている。妖精と、死者・魔女・悪魔などに関する伝承との重なりは大きい。妖精の住みかが、しばしば墳墓や環状立石を入口とした地下世界や、丘や岩山の底にあるとされることも、死者の国との連想を強めたと思われるが、地下にあっても

その国は明るく常春で，贅を極めた豊穣の楽園として描かれる。人間の世界と妖精の国との往来は，夏の始まる5月1日と冬の始まる11月1日，およびそれぞれの前夜に最も頻繁となる。

ケルト語圏の妖精の特徴の一つとして，人間の姿と動物や鳥の姿との間の形態的な流動性が挙げられる。人間と婚姻関係を結ぶこともあり，こうした「異界の花嫁」は，中世ロマンスで人間の騎士の恋人となる妖精の貴婦人と同様，富や繁栄をもたらすが，人間の夫によるタブーの侵犯や，人間社会の規範や常識からの逸脱の咎めを受け，異界へ帰っていく。妖精が人間の夫との間にもうけた子供たちに異界の知識を伝え，特別な知恵や恩恵の源泉と見なされる一方で，人間や家畜の突然のまたは原因不明の病や死の原因ともされる。

特に妖精が人間を連れ去りその代わりに置いていく「チェンジリング」（changeling，多くは乳幼児なので「取り替え子」と訳される）の物語は数多い。こうした物語に先天性の疾患や発育不全，若者の突然死などを説明するという社会的役割を認める研究もある。また成人女性ブリジッド・クリアリー（Bridget Cleary）が「チェンジリング」として退治された「ブリジッド・クリアリー焼死事件」を，19世紀半ばの英国植民地支配下のアイルランドの政治・社会・文化の文脈から読み解く研究もある。

「妖精の花嫁」の伝承が示唆するように，妖精の体の「小ささ」は必ずしも一般的ではない。妖精が極小であるという観念は，主にシェイクスピアの『夏の夜の夢』以降，イングランドの詩人たちによって助長されたもので，ケルト語圏の妖精に一般的とはいえない。また蝶など昆虫の翅を持つ妖精が視覚化されたのは，18世紀以降である。その後19世紀ヴィクトリア朝イングランドで流行した妖精画が，蝶の翅を持つ妖精という視覚イメージを一般に流布するにあたって大きな役割を果たした。

妖精の起源については諸説があるが，まずキリスト教的説明では，大天使ルシファーと共に堕天した（ただしルシファーにくみせず「中立的」だとする見解もある）堕天使で，墜ちた場所によって地の妖精，海の妖精となり，地獄に墜ちたものは悪魔に使える悪しき妖精となったとされる。また19世紀に広く支持された説として，妖精は歴史上の征服された先住民（ピグミーだと考えられていたピクト人やブリトン人）の記憶から生まれたとする解釈があり，20世紀には，自然との親和性が高い古い民としての妖精という観念として，現代のファンタジー文学で復活を見ている。同様に，アイルランドのシード（síd）に退いた神々トゥアタ・デーが零落し妖精（aes síd）となったとするような，零落した神々としての妖精という解釈も，現代作家（J. R. R. トールキンなど）によって再解釈を施されている。

（辺見葉子）

頭部 head

古代ケルト世界を通じて，頭部（首）は彫刻や文学に際立って多く表現される。ケルト人は頭部には霊が宿ると信じ，頭蓋骨にも霊力があるとして深く敬った。切り離された頭部の彫刻は，ケルト文化最初期の骨壺墓地文化時代にまでさかのぼり，さまざまな場所で発見されている。頭部はときどき2つあるいは3つが合体されている場合がある。男女の性器と組み合わされ，性的能力や多産を象徴する例もみられる。人間の頭部とは限らず，聖なる動物の頭部も彫刻などで表現された。

首狩り族ともよばれたケルト人戦士は，戦場で敗北した敵の首を切り取ると，それを槍の先に刺したり，馬ろくや戦車にくくりつけたりして持ち帰り，神殿や聖域に祀ったりした。頭部は人間の個性や本質を最も濃厚に，また純粋に，とどめる所とみなされた。頭部を祀ることは，その霊力で部族集団を保護することに通じると考えられ

た。
　フランスのロクペルテューズのサルウィイー族の祭壇にある石柱には頭蓋骨が安置されている。キリスト教時代をとおして、アイルランドやブリタニアでは、頭蓋骨は霊魂の象徴として各所で装飾のモチーフとなった。11世から12世紀にかけて、多くの教会は入り口を頭骨彫刻で装飾した。たとえば、アイルランドのクロンファート教会の入り口上方には15の頭部像が3角形の枠内に装飾的に彫刻されている。
　彫刻だけでなく物語のなかでも、頭部の重要性が強調された。ウェールズ中世の物語『マビノギ』の第2話で、ブリテン王である巨人ベンディゲイドヴラーン(Bendigeid Vran)の切られた首は超自然的、魔術的力をもっており、その首を携えた戦士7人は、87年間も異界で楽しい、幸福な時間を過ごすことができた。また、アーサー王関連の物語では、緑の騎士はガウェイン卿と対戦したとき、ガウェイン卿に切り落とされた自らの首を床面から拾って腕で抱え、ガウェイン卿と再度の対決を約束して去っていく。緑の騎士の切られた首も不思議な魔法の力をもっている。首に宿る霊力が象徴化されている。アイルランドの若い歌手で戦士のドン・ボー(Donn Bó)は、戦死して首を切られた。その首は、勝利を祝う宴会で展示され、歌うように求められると、心を刺すようなメロディーで歌い始め、誰もが落涙したと伝えられる。切られた首の話したり歌ったりする力は、口承文化のなかで占める音声の重要な役割とかかわるかもしれない。　　　　　（木村正俊）

巨人 giant

　巨人はケルトの神話や伝説、民話などに多く登場するほか、図像などでも描かれる。巨人は男性に限らない。巨大なものに聖性が宿るという信仰は、数多くの巨人伝説を生みだした。ジェフリー・オブ・モンマスは『ブリタニア列王史』のなかで、ブリタニアでは、伝説の建国者（最初の王）ブルータス(Brutus)が到着以前は、一群の巨人に支配されていたと書いた。ブルータスは勇士コリネウス(Corineus)を従えていて、コリネウスが怪物的な巨人の指導者ゴグマゴグ(Gogmagog)と戦い、ゴグマゴグを投げ飛ばして敗死させたという。ブルータスは巨人たちを打ち負かした後、ロンドンを創建し、「新しいトロイ」と名づけたとされる。

　巨人を表した造形としては、イングランド南部の石灰岩の丘陵に彫り込まれた巨人の絵姿がよく知られている。典型的な例として、「サーン・アッバスの巨人」(Cern Abbas Giant)を挙げることができる。この巨人絵は、イングランド南西部ドーセットのサーン・アッバス村近くにある丘陵斜面に、石灰岩層の白い部分を利用して描かれたものである。身長およそ55m、幅およそ51mの巨人は裸体で、性器を立たせ、右手に約37mのこぶのある棍棒をもっている。この巨人は名前がなく、いつ、だれによって、なぜ描かれたかなどは不明である。近くに石灰岩に彫った「アッフィントンの白馬」(White Horse of Uffington)があり、こちらは、ケルト人がブリテンに住んだ鉄器時代のものと確認されている。

　イングランドにはもうひとつ、イースト・サセックスのウインドオーヴァー丘陵にも「ウィルミントンののっぽ男」(Long Man of Wilmington)とよばれる巨人絵がある。白亜の石灰岩に2本の棒をもった巨人像が彫られている。身長は68mで、サーン・アッバスの巨人より身長があるが、目立つような性器は描かれていない。この巨人絵がケルトの神を表現している可能性もあるが、明確にはわからない。土地の伝承では、この辺りの土地で殺された実在した巨人の体の輪郭にそって彫り込まれたとされている。イングランドに残る民俗資料のなかにも、土地の安全を守るため殺戮されなければならなかった巨人に言及しているものが

ある。ノーフォークの英雄トム・ヒッカスリフトはスミーズの巨人を殺したといわれる。

物語の英雄は一般に巨人として描かれることが多い。たとえば、アイルランドのフィン物語群のフィン・マク・クウィルやクー・ロイ、ウェールズの物語集『マビノギオン』のベンディゲイドヴラーンやイスバザデン・ベンカウルなどは巨人である。巨人は異常に大きく表現されることがあり、コーンウォールの巨人ボルスターの場合は、途方もない巨体で、20mの距離を一またぎにできると考えられた。　（木村正俊）

神殿　temple

ケルト人はローマ人と違って礼拝するための堂々とした建物を造らなかった。戸外の聖なる森ネメトンで集会をもつほうを好んだ。ネメトンで供犠が行われ、供え物が奉納された。大がかりな神殿は相当数の祭司を必要とするので、ケルト社会には不向きだったかもしれない。神殿に関連する証拠はほとんどないが、宗教的儀式を行ったことを想定させる冠や被り物、神官の笏、大釜などがブリテンで発見されていることは注目される。イングランドのドーセットシャーにあるメイドン・カースル（Maiden Castle）には円形の建物の痕跡がみられ、儀式を含む集会が開かれたとみられる神殿（ないしは城）のような建物の存在をうかがわせる。円形はケルト人にとって宇宙的な意味を持っていたので、この円形の建物は宗教的な目的をもっていたと解釈される。ブリテンでローマ支配が行われてからは、その影響があってケルト人のための神殿が建造されることがあった。同様に円形の建物の遺構という点では、アイルランドのアルスターのエヴィン・マカー（Emain Macha）も類似している。エヴィン・マカーでは中央部に柱が立っていて、それは森のなかの中心になる柱であったかもしれない。　（木村正俊）

奉納　offering/sacrifice

すべてのほかの民族と同じく、ケルト人は神に捧げものを供えた。定期的に行うのが普通であったが、危難の迫ったときは特別に奉納し、祈願した。必要と判断されれば、人間のほか、馬や犬などの動物も生贄にされた。ケルト人は神殿ではなく、戸外で祭式を行ったので、自然的な場所に奉納場所が設定された。武器、首環などの装身具、宝石類などが川や湖に投げ込まれたり、ボッグ（沼地）に埋められたりした。ドルイドが立会いのもと、人間が生贄にされたことも古典作家たちによって伝えられている。

カエサルは人間と動物を枝編みの巨大な人間の形の籠に入れ、火をつけて生贄にした儀式のことを報告した。ディオドロス・シクルス、ストラボン、タキトゥスなどの古典著作家たちも、ケルト人が人間を神々に捧げたことを記述している。後にこうした生贄はローマ人のケルト人への中傷であるとの弁護論も出たが、現代の証拠では、生贄の事実は存在したとの見解が有効である。

生き物を奉納するときは、生きたまま奉納される場合と、死んだ状態で奉納される場合があった。死んだ動物の場合は、最上の肉を神に供え、残りを食用に回した。

戦いでの勝利を祈願したり、勝利への感謝を表して、剣の神へ剣を奉納することが多く行われた。各地の遺構や遺跡から貢ぎ物として捧げられたさまざまな剣が出土している。剣には神意が宿っており、聖なる力があると信じられた、槍や兜なども同じく、神意と聖性を宿すものであった。

また、部族の王や支配者、有力者が没すると、現世で有用だったことへの感謝や、来世での同様の願いを込め、副葬品として剣を埋葬することが行われた。剣には霊が宿り、死後の世界でも護身などに役立つと信じられた。　（木村正俊）

俗信・迷信

生霊／幽霊　fetches/ghosts

　アイルランドのターシェ（taise）は，存在していない場所で見える生きている人間の姿。見る人を困惑させ，不幸な出来事，たとえば事故や溺死などの前兆とみなされる。最も恐ろしいのは自分自身のターシェを見ることで，死は避けられない。スコットランドでは生霊はタウスク（tamhasg）で，タイシュ（taibhs）は生霊・幽霊を含む。それらを「見る力」はタイシェル（taibhsear）または2つの視覚（dà shealladh）とよばれる。

　死者の幽霊は，何かを伝えに戻ってくる。宝物の隠し場所や，家族の困窮を救う方法など。アイルランドには幽霊に話しかける際の「神の名にかけて，お前を困らせているのは何か？」という決まり文句がある。日本の子育て幽霊に似た話がアイルランドやブルターニュにもある。スコットランドには，溺死者を適切に扱わなかったために，その幽霊につきまとわれる話がある。死者が家の中に入らないように，戸口の上にアライトツメクサを置く習慣がある。

　　　　　　　　　　　　　（岩瀬ひさみ）

怪物／妖怪　monsters/supernatural beings

　動物や人間を川の淵に引きずりこむウェールズのアヴァンク（afanc）はビーバーのような姿とされる。アイルランド，スコットランドとマン島の水馬アッハ・イシュカ（each uisce），ヤッハ・ウィシュケ（each uisge），カーヴァル・ウシュチェ（cabyll-ushtey）は人を乗せて海や湖に潜り，その人を貪り喰う。水馬が若者の姿で娘の前に現れ，娘の膝枕で眠るうちに髪にからんだ水草で正体が発覚し，娘がスカートを切って逃げるという話がある。スコットランドの海牛クロ・マラ（crodh mara），ウェールズの湖牛グワルセーグ・ア・スリン（gwartheg y llyn），マン島の水牛タルー・ウシュチェ（taroo-ushtey）は，水馬ほど危険ではなく，幸運をもたらすこともある。アイルランドの灰色の牝牛グラス・ガヴレン（glas gaibhleann）は海や空から来て貧しい家族に豊富に乳を与えるが，不当な扱いを受けると海や空に戻る。スコットランドの，羊や牛を貪り喰う巨大な水鳥はブーブリー（boobrie）とよばれる。

　マン島の海女ベン・ヴァーラ（ben-varrey）は人魚で，漁師を誘惑する。アイルランドやスコットランドの海乙女マイジェン・ウァラ（maighdean mhara）は，脱いだ魚の皮を隠されて人魚にもどれず，漁師と結婚し子どももできるが，皮が見つかると海に戻る。羽衣型の伝説である。スコットランドのミンチ海峡には船を難破させるフィル・ゴラムたち（fir ghorm, 青人間）が現れる。

　巨人はしばしば巨石や丘陵などの由来譚の主人公となる。コーンウォールの巨人はカーン・ガルヴァ（Carn Galva）。スコットランドのカリャッハ・ヴェール（Cailleach Bheur）は，巨大な老婆で，日没毎に泉の水を大きな一枚岩で堰き止めていたが，あるとき眠ってそれを怠ったので，水が泉からあふれて人や動物を押し流してオー湖（Loch Awe）になった。カリャッハ・ヴェールは冬の化身ともいわれ，天候をあやつり，獣たちの守護者である。類似の存在に，マン島のカリャッハ・ナ・グローマッハ（Caillagh ny Gromagh）やアイルランドのカリャッハ・ヴェーラ（Cailleach Bhéara）がある。

　一本脚で一つ目，胸から一本の手が突き出た恐ろしい姿の妖怪はスコットランドのファハン（fachan）で，名前は残っていないがアイルランドの話にも似た姿が見られる。スコットランドでは幽霊を含め，夜に現れる恐ろしいものの総称はボォカン（bòcan）である。半人半山羊の姿をとるの

はスコットランドのグラシュティク（glaistig）や，農作業を手伝うウーリシュク（ùraisg）やマン島のフィノドゥリー（phynnodderee）がいる。龍や大蛇は，スコットランドではベヒル（beithir），アイルランドではピーアスト（piast）などとよばれる。　　　　　　　（岩瀬ひさみ）

死の予兆　　death omens

　アイルランドの姓にMacやÓのつく一族から死者が出るときに，バンシー（banshee, bean sí, 妖精女）の泣き叫ぶ声が聞こえる。スコットランドのクーニアック（caoineag），ウェールズのカハラエス（cyhyraeth）も泣き声で死を知らせる。スコットランドのベン・ニエ（bean-nighe, 洗濯女）は，死ぬ運命にある者の血に染まったシャツを浅瀬で洗う。スコットランドではボダッハ・グラス（bodach glas, 灰色の老人）が見えると一族の誰かが死ぬという。ある人の生霊を見るのも死の前ぶれである。未来の葬列や不思議な光が見えることもある。アイルランドでは「死の馬車」の馬の蹄の音が聞こえる。マン島のモーザ・ドゥー（moddey dhoo, 黒い犬）は死の予兆であり，守護霊でもある。ブルターニュの屋根の上のカササギ，スコットランドの煙突や家のてっぺんで鳴くカッコウなど特定の鳥も死の予兆とされる。（岩瀬ひさみ）

V　キリスト教との合一

キリスト教の伝来

布教のルート　the missionary routes

　ローマ帝国に支配されたブリテン島の南半分、すなわちローマ・ブリテンでは、ローマ帝国のキリスト教受容とともに、キリスト教が伝わった。コンスタンティヌス帝が「ミラノ勅令」(313年) を出した4世紀には、現在のイングランドやウェールズで、キリスト教の到来を示すモザイク画や碑文などが見つかっている。しかし、これらに別の宗教（キリスト教から見れば「異教」）の要素も混在しており、実際に当時の社会でどれほどキリスト教が受容されていたのかについてはよくわかっていない。

　いずれにせよ、ブリテン諸島においてキリスト教は、ローマ・ブリテン（その一部が後のウェールズ）からアイルランドへ、アイルランドからブリテン島北部へ、ブリテン島北部からイングランドへと時計回りに布教されていった。

　410年のローマ軍撤退後も、ブリテン島の一部ではキリスト教信仰が保持されていた。しかし、ブリテン島本土に異教徒たちが侵入するようになり、ローマ時代に布教されたキリスト教が全土に普及することはなかった。キリスト教は、むしろアイルランドに伝えられ、浸透していった。431年、時のローマ教皇によってパラディウスが司教としてアイルランドに派遣された。5世紀後半には、ローマン・ブリテン出身の司教パトリックがアイルランド西部や北部で布教を行った。パトリック以外にも、アイルランドで布教活動に従事した多数のブリトン人聖職者がいたと推定されている。こうしてアイルランドは、遅くとも600年くらいまでに全土がキリスト教世界の仲間入りを果たしたのであった。

　563年頃にアイルランド出身のコルンバが、スコットランド西部の小さな島アイオナに修道院を建てた。以後、アイオナの聖職者や修道士たちによって、スコットランド北部・東部のピクト人やイングランド北部のイングランド人にキリスト教が布教されていく。635年には、アイオナ出身のエイダンが、イングランド北部のノーサンブリア王オズワルドに招かれ、リンディスファーン司教に就任し、修道院も建てた。そのリンディスファーンから、イングランド各地への布教活動が行われた。

　597年に、教皇グレゴリウス1世によってアウグスティヌスが派遣され、カンタベリーの初代司教となった。アイオナは、このカンタベリーを中心とするイングランド側の布教ルートと並んで、ブリテン島の布教活動において大きな足跡を残した。

（田中美穂）

V　キリスト教との合一

主要な聖人

聖ニニアン　St. Ninian（5世紀頃?）

ベーダ（Bede）が731年に完成したラテン語の『イングランド人の教会史』（Historia Ecclesiastical Gentis Anglorum）によると、ブリトン人のニニアンはウィットホーン（Whithorn, スコットランド南部ダンフリーズ・アンド・ギャロウェイ）の司教で、南部のピクト人をキリスト教に改宗させたとされる。ウィットホーンは、ラテン語で「カンディダ・カーサ」（Candida Casa）とよばれた。

ニニアンは5世紀頃に生きた人物と推定されているが、彼の聖人伝が執筆されたのは12世紀後半であり、ベーダの記述以外に記録がないので彼についてはよくわかっていない。一方、ウィットホーンは、考古学の発掘調査から中世初期における重要な教会であったことが明らかになっている。当時、この地域にはブリトン人宣教者たちが集っていたとも考えられている。

（田中美穂）

聖パトリック　St. Patrick（5世紀頃）

パトリックの生没年については、信頼に足る史料が残っていないが、活躍した時期は5世紀後半であったと推定されている。パトリック自身がラテン語で書いた史料が2点ある。『告白』（Confessio）と『コロティクスの兵士への書簡』（Epistola ad Milites Corotici）である。前者は、司教にふさわしくないと自身が責められたことに対する弁明として書かれたものであり、後者は、ブリトン人の王コロティクスの兵士たちがパトリックにより改宗した人びとを迫害することに対して非難している。

これらの著作は、パトリックの具体的な宣教の時期や場所について教えてくれないが、パトリックが宣教活動を行ったのは、当時まだキリスト教が十分に伝わっていなかったアイルランド北部や西部であったと推定されている。

7世紀以降の聖人伝史料に見られるパトリックを「英雄視」する描き方とは異なり、2点の彼自身の著作からうかがえる彼の実像は、司教職就任後も周囲の批判にさらされ、苦難や苦渋に満ちている。『告白』では、ローマン・ブリテンのキリスト教徒の家に生まれたパトリックが、16歳の時に侵略してきた者たちに誘拐され、6年間アイルランドで奴隷として働いたことが記される。逃亡に成功したパトリックは、故郷に戻り、聖職者になるべく修行し、司教となって布教活動のためにアイルランドを再訪したのであった。

歴史上の人物として、パトリックについて語ることができるのは、せいぜいこれくらいである。パトリックは現在、「アイルランドの使徒」「アイルランドの守護聖人」と見なされているが、それらのイメージ形成に貢献したのが、7世紀以降の一連の聖人伝である。パトリックにまつわるさまざ

聖パトリックの肖像

まな伝説を創作したのも、7世紀以降の諸文献であった。

アーマーは、7世紀以降「アイルランドの首位司教座」の地位を主張するようになり、パトリック関連の文書をいくつも作成した。807年頃に編纂された『アーマーの書』(*The Book of Armagh*) の中には、6世紀後半から末にかけて執筆されたパトリックの二つのラテン語の伝記、ムルフーの『聖パトリック伝』(*Vita Sancti Patricii*) とティーレハーンの『コレクタネア』(*Collectanea*) が収録されている。

ムルフーの作品は物語性が強く、パトリックによるアイルランド初の復活祭の挙行をクライマックスに、パトリックと異教徒との闘い、パトリックによる異教徒の改宗が劇的に描かれている。ティーレハーンの作品は、パトリックがアイルランド各地に教会を創設していく布教活動をたどっている。「(パトリックが)450人の司教、無数の司祭を叙階した」と記すが、むろんこの記述が歴史的事実を伝えているとは言えない。

同時期に作成された『天使の書』(*Liber Angeli*) も『アーマーの書』に収録されているが、この『天使の書』では、「神がパトリックとアーマーにアイルランドのすべての民をお与えになった」との記述もある。つまり、アイルランドにおけるアーマーの「首位司教座」としての地位と、パトリックの「使徒」としての位置づけが主張されているのである。しかし、歴史的事実としては、アーマーとパトリックとの結びつきは認められない。

9世紀の『三部作伝記』(*Vita tripartite Sancti Patricii*、ラテン語とアイルランド語で書かれた) や12世紀以降の「聖パトリックの煉獄」関連の諸作品など、その後もパトリックにまつわる聖人伝や伝説が創作されていった。

現在、3月17日は聖パトリックの祝日として有名で、世界中でアイルランド系移民を中心にパレードが行われるが、遅くとも700年頃からこの日がパトリックの祝日とされてきた。パトリックが三位一体について説明するためにシャムロックを使用したとか、パトリックがアイルランド中のヘビを退治したとかいう伝説も、後代に創作されたものである。　　　　　　　　(田中美穂)

聖ブリジッド　St. Brigit (5–6世紀?)

聖パトリック、聖コルンバと並ぶアイルランドの三大聖人の一人だが、聖ブリジッドについては、歴史上実在した人物であるかどうかさえも不明である。5世紀後半から6世紀前半頃に生きた人物とされるが、同時代の史料がないので、その実態がつかめない。

彼女について伝える最古の史料は、7世紀後半にコギトススによって書かれたラテン語の聖人伝であるが、ブリジッドの出自や生涯についてほとんど語っていない。パトリック関連の聖人伝史料では、これらを書かせたアーマーが「アイルランドの『首位司教座』」の地位を主張しているが、コギトススの『聖ブリジッド伝』(*Vita Sanctae Brigidae Virginis*) は、これに対抗するかのように、ブリジッドが創建したとされるキルデアの教会と修道院について、それぞれ「アイルランドの『首位司教座』」と「アイルランドの首位修道院」の地位を主張している。ブリジッドは「アイルランドすべての女子修道院長が敬う女子修道院長」とされ、キルデアの教会や修道院の繁栄ぶりも宣伝されている。

パトリックやコルンバと同じく、7世紀後半に執筆されたラテン語の聖人伝をもとに、ブリジッドもその後もラテン語やアイルランド語で聖人伝が書き継がれていった。しかし、アーマーが実際に「アイルランドの首位司教座」の地位を獲得していくのとは異なり、キルデアはレンスター地方で最も有力な教会・修道院であったに過ぎない。

V　キリスト教との合一

ブリジッドは、コギトススの聖人伝がヨーロッパ大陸にも多数流布し、また大陸でも聖人伝が執筆され、海外でも有名な聖人となっていく。アイルランドで最も有名な女性の聖人であり、「アイルランド人のマリア」とも称される。

ジェラルド・オブ・ウェールズによって1188年にラテン語で書かれた『アイルランド地誌』(*Topographia Hibernica*) には、消えることのない「ブリジッドの火」に関するエピソードなど不思議な現象が描かれる。女神ブリギッドと混同されたり、祝日2月1日が春の訪れを告げる暦インボルグと同じ日であったり、イグサを編んで作った「聖ブリジッドの十字架」はお守りとして家の戸に飾られたりもする。ブリジッドにはさまざまな伝承が結びつけられるが、実在の人物としてはよくわかっていないというのが事実である。　　　　　（田中美穂）

聖エイダン　St. Aidan (651年没)

アイオナの修道士であったが、635年に北イングランドのノーサンブリア王オズワルドに招かれて、王の領地にリンディスファーン修道院を建てて修道院長となった。司教（在位635-651年）としても活躍した。651年にエイダンが死去した後も、フィーナーン（在位651-661年）、コルマーン（在位661-664年）とアイオナ出身者がリンディスファーンの司教となり、「アイルランド人司教」時代が30年ほど続いた。

現代廃墟となっている12世紀に建てられたメルローズ修道院から数km離れたオールド・メルローズ（スコットランド）に修道院を創建したのもエイダンであった。リンディスファーンやメルローズで多くの弟子を育て、弟子やまたその弟子たちがイングランド各地へと布教活動に赴いた。ベーダ (Bede) もエイダンの温和な性格や敬虔さを称賛している。　（田中美穂）

聖ケヴィン　St. Kevin (618/622年没)

アイルランドのウィックロー州にあるグレンダロッホ修道院を6世紀に創建した聖人とされる。618年あるいは622年に死去した。年代記や暦に記録が残る。ラテン語やアイルランド語で聖人伝が執筆されるが、いずれも成立時期は12世紀後半と遅い。ラテン語の聖人伝については、8-9世紀に成立していたという意見もある。

グレンダロッホが巡礼地として有名になるにつれて、ケヴィン崇敬も高まっていった。グレンダロッホで隠遁生活を送ったと伝えられる。グレンダロッホ修道院の敷地内には、ケヴィンの名の付く教会・十字架などがある。アイルランドとスコットランドで崇敬されるが、アイルランド人の修道院共同体があったドイツのレーゲンスブルクはグレンダロッホとつながりがあり、ここでもケヴィン崇敬が認められる。

（田中美穂）

聖ブレンダン　St. Brendan (577/583年没)

アイルランドのゴルウェイ州にあるクロンファート修道院の創建者。577年あるいは583年に死去した。アダウナーンの『聖コルンバ伝』(*Vita Sancti Columbae*) には、ブレンダンが、他の修道院創建者である聖人たちとともに、アイオナにコルンバを訪問するエピソードが描かれている。彼自身の聖人伝は9世紀以降に執筆された。オファリー州のバーに修道院を創建したブレンダン（565年あるいは573年に死去）としばしば混同される。

8世紀末頃にアイルランドで、あるいはヨーロッパ大陸のアイルランド人によって書かれたと推定されるラテン語の『聖ブレンダンの航海』(*Navigatio Sancti Brendani Abbatis*) は、航海譚（イムラウァ immrama）のジャンルを代表する作品であり、ヨーロッパ各国の言語にも翻訳されるほど人気を博した。それゆえ、ブレンダンもヨーロッパ中で広く知られる聖人となっ

主要な聖人

た。　　　　　　　　　　（田中美穂）

聖キアラン　St. Ciarán（549年没）

540年代にアイルランドのオファリー州クロンマクノイスに修道院を創建した。549年に死去した。アダウナーンの『聖コルンバ伝』（*Vita Sancti Columbae*）では，コルンバがクロンマクノイスを訪問する際，「キアランの修道士たちを訪ねる」と表現されている。

1100年頃に書かれたとされるアイルランド語の聖人伝や，13世紀に執筆されたと推定されるラテン語の聖人伝が残る。これらは古い時代の史料にもとづいて作成されたと考えられている。クロナード修道院のフィニアンの学校で学んだと伝えられる。また，12世紀初めにクロンマクノイスで編纂された文学作品を集めた写本『赤牛の書』（*Lebor na hUidre*）に使われた皮が，キアランが連れていた赤牛のものだという奇妙な伝説がある。　　　　　　（田中美穂）

聖モリング　Ir Moling (d. 697)

聖モリングは聖ケヴィン創立のグレンダロッホの修道院学校が生んだすぐれた司教で，聖パトリック，聖コロムキレ，聖ベルハンと並んでアイルランドの4人の偉大な預言者の一人といわれている。父親がカヒール・モール（Cathair Mór）王の系譜に連なるフィーリン（Faolain）という名であったため，マク・フィーリンともよばれた。聖モリングがいつ生まれたかは不明だが，聖ケヴィンが618年に没しているため，この偉大な聖人に会ったことがあるのではないかといわれている。いずれにせよ，若きモリングが聖書をはじめとするキリスト教の文書の大いなる知識を得たのはまさにグレンダロッホの修道院においてであった。聖モリングが自分の庵と修道院を創立した場所が「モリング修道院」（字義通りには「モリングの家」）となり，聖モリングの名は「モリングの修道院」（Teach Moling）の創立者としてよく知られた。現在は英語化されたSt Mullinsで，遺跡はカーロー州の南西部に流れるバロー川の左岸にある。

モリングは修道士たちのために穀物をひこうとした。そこで修道院の近くの水車を回転させるための水流を得ようと，川から100ヤード以上も離れた所へ水車用導水路を自らの手で掘った。また，庵のそばの川岸にカラフを繋ぎ，祈祷や悔悛の秘跡のために修道院にやってくる人がいつでも広い川を渡れるように渡し舟を用意していた。聖モリングの食べる物は草葉と水で，おそらく聖ケヴィンに倣ってか，長いこと樹洞の中で暮らした。　　　　（松村賢一）

聖コルンバ　St. Columba　Ir Colum Cille（521年頃-597年）

521年頃に生まれた。コルム・キレともよばれる。アイルランド北西部の王族ケネール・ゴニル出身。ケネール・ゴニルはアイルランド語で「コナルの一族」の意味。当時アイルランドで最有力であったイー・ネール王を何人も輩出している。ラテン語で「コルンバ」は「鳩」を意味し，アイルランド語の「コルム・キレ」は「教会の鳩」の意味となる。アイルランドでいくつかの修道院を建てた後，「キリストのために異郷遍歴者」となるべく，スコットランド西岸沖のアイオナ（Iona）に赴いた。アイオナはマル島に隣接する小さな島であり，563年にここに修道院を創建した。初代アイオナ修道院長となり，597年にアイオナで死去した。6月9日が祝日である。

コルンバの死後すぐに，盲目の詩人ダラーン・フォルゲルによってコルンバの生涯を称える追悼詩『コルム・キレ頌歌』（*Amra Choluim Chille*）が作られた。また7世紀中頃にはベカーンによって2編のコルンバを賞賛する詩も創作されている。以上，3編のアイルランド語の詩は現存している。さらに同時期に7代目修道院長クメーネによって『聖コルンバの奇跡についての書』

V　キリスト教との合一

ピクト人への布教活動を続ける聖コルンバ。要塞の門番に門を開けるよう求めている

（*Liber de virtutibus sancti Columbae*）が書かれたこともわかっている。書そのものは現存せず、アダウナーンの『聖コルンバ伝』（*Vita Sancti Columbae*）の最古の写本に写字者ドルベーネが書き足した一部分のみが残された。コルンバのように、死後1世紀ほどの間に複数の詩や聖人伝が執筆され、それらが現存する聖人は珍しい。

　コルンバに関する史料の中で最も重要なものは、9代目アイオナ修道院長アダウナーンが聖人の没後100年を記念して執筆した『聖コルンバ伝』である。アダウナーンが描いたコルンバ像は、世俗を離れ、禁欲的な生活に勤しむ修道士の姿であり、学者であり、写字者でもある。これらのイメージは前述の3編の詩にも認められる。一方、アダウナーンは、コルンバが自身の親族ケネール・ゴニルだけではなく、スコットランドのダルリアダ王やピクト人の王、ノーサンブリア王にも奇跡を起こしたり、予言をしたりするエピソードを数多く描いている。『聖コルンバ伝』には、コルンバがアイルランドやスコットランド各地のアイオナの娘修道院（アイオナ修道院に従属する修道院）を訪問する場面もたくさん出てくる。

　アイルランドとスコットランド各地でコルンバ崇敬が認められ、12世紀後半にデリーで、また16世紀前半にドニゴールで、アイルランド語の聖人伝が執筆されている。

（田中美穂）

聖アダウナーン　St. Adomnán（627年頃-704年）

　627年頃に生まれた。コルンバと同じくアイルランドのケネール・ゴニル出身である。679年に9代目アイオナ修道院長に就任し、704年に死去した。『聖コルンバ伝』（*Vita Sancti Columbae*）の作者であるが、もう一つの作品『聖地について』（*De Locis Sanctis*）も当時よく知られていた。エルサレム巡礼後にアイオナを訪問したアルクルフから聴いた話をもとに執筆したという。ベーダ（Bede）が『イングランド人の教会史』（*Historia Ecclesiastical Gentis Anglorum*）の中で引用しただけではなく、この作品はヨーロッパ中に流布した。両作品には大陸の聖人伝や教父文学の影響が認められ、当時のアイオナがかなりの質量の大陸の蔵書をそろえていたこともわかっている。アダウナーンは、ベーダも称賛する当時屈指の知識人のうちの一人であった。

　ノーサンブリア王アルドフリスの友人であった。アルドフリスの母親はアイルランド人で、彼が王になる前にアイオナに滞在していたとき、アダウナーンが彼の師であったと考えられている。『聖コルンバ伝』で各地の王や修道院長らと交流するコルンバの姿には、アダウナーン自身の交友関係が反映されている。アダウナーンは、アイルランド全土とブリテン島北部の王たちや高位聖職者たちを束ねられるほど影響力の大きい人物であった。

そのことを示すのが、『アダウナーン法』（Cáin Adomnáin）の保証人リストである。このアイルランド語の法は、697年にアイルランド中部のオファリー州バーで開催された教会会議で公布された。ラテン語では『罪のない人びとの法』（Lex Innnocentium）と記される。非戦闘員である女性、子供、聖職者や教会財産を戦争や疫病から守ることを目的として公布された。91人からなる保証人リストが含まれ、教会側権力者の名が前半の40人を占め、筆頭は当時のアーマー司教であった。キルデアやクロンマクノイスの修道院長、アイオナ司教、ピクトランドやダルリアダの聖職者の名もある。世俗権力者側の筆頭は、コルンバやアダウナーンと同じケネール・ゴニル出身のイー・ネール王の名で始まる。アイルランド全土とブリテン北部の各地の王の名が連なる。

アダウナーンはアイルランド北部とスコットランドで崇敬された。アイオナ衰退後にコルンバ系修道院の中心となったケルズで、10世紀後半にアイルランド語でアダウナーンの聖人伝が執筆された。『アダウナーンの幻想』（Fis Adamnáin）もこの頃に創作された。　　　　　　　（田中美穂）

聖ケンティゲルン　St. Kentigern（603年没）

聖マンゴー（Mungo）の愛称でもよばれる。603年に死去した。スコットランドのグラスゴーの守護聖人。同時代の確かな史料はなく、彼にまつわる伝承は、主にファーネスのジョスリンが1185年頃に執筆した聖人伝にもとづく。ジョスリンは、当時のグラスゴー司教のために、グラスゴーに残る伝説やアイルランド語の文献をもとに執筆したという。

ケンティゲルンが6世紀に教会を建てた場所に人が集まり、グラスゴーの町ができたと伝えられる。当時、この地域にあったブリトン人の王国ストラスクライドの最初の司教であったと推定される。12世紀に建築が始まったグラスゴー大聖堂は、「聖マンゴー大聖堂」ともよばれ、ケンティゲルンの墓もここにあるとされる。（田中美穂）

聖アンドルー　St. Andrew（1世紀頃）

『新約聖書』に登場する十二使徒の一人。初代ローマ教皇ペトロの弟である。ガリラヤ湖で漁師をしていた兄ペトロと弟アンデレ（アンドルー）がイエスの弟子となった。ギリシア南部ペロポネソス半島のパトラスでX字型の十字架刑に処せられ、殉教したと伝えられる。11月30日が祝日。ロシア、ギリシア、スコットランドなどで守護聖人とされる。

スコットランドの現在のセント・アンドルーズで「聖アンドルー伝説」が創作されたのは12世紀以降である。伝説によると、8世紀に「聖アンドルーの骨」がこの地にもたらされたという。12世紀以降、諸民族から構成されるスコットランドを王国としてまとめるために、コルンバに代わって、より普遍的な聖人としてアンドルーがスコットランドの守護聖人に採用されたのであった。この頃、セント・アンドルーズ大聖堂の建築も始まった。現在のセント・アンドルーズは、大聖堂だけではなく、大学やゴルフ場でも知られている。　（田中美穂）

聖デイヴィッド　St. David（601年頃没）

ウェールズの守護聖人。601年頃に死去したと推定されている。3月1日が祝日である。同時代の確かな史料はなく、1090年頃にロガヴァルフがラテン語で執筆した聖人伝によってデイヴィッド伝説が広められた。聖人伝はウェールズ語にも翻訳された。

伝説では、デイヴィッドは、ラテン語でメネヴィネとよばれるウェールズ中西部の地域に生まれた。聖職者となる訓練を積んだ後、ウェールズ中を旅して、説教したり、修道院を建てたりした。最終的にペンブルックシャーの現在のセント・デイヴィッズに定住し、厳しい修道生活を始めたという。聖地巡礼も行い、ペラギウス派が異端とし

Ⅴ　キリスト教との合一

て処罰されたブレイヴィの教会会議に出席したとも伝えられている。

デイヴィッドの聖人伝が執筆され，「聖デイヴィッド伝説」が広められた背景には，11世紀末以降，セント・デイヴィッズをウェールズの首位教会にするためのプロパガンダ活動があったと考えられている。聖人伝は創作であるが，11世紀までにデイヴィッド崇敬はウェールズで確立しており，1120年にデイヴィッドはローマ教皇により列聖された。　　　　　　　　（田中美穂）

聖イスティッド　Ⓦ Sant Illtud（5世紀後半–6世紀）

ラテン語名ヒルドゥトゥス（Hildutus）。主として南西ウェールズで活動した聖人。『聖サムソン伝』（610年頃）には，聖ゲルマヌスの高弟にして「もっとも聖書の知識にたけたブリテン人」とある。イスティッドがグラモルガンのスランイスティッドに創設した修道院では，聖書の教えだけでなく修辞学，詩学，文法学，数学など古代ギリシャ・ローマの学芸の基本が教えられていたという。ブルターニュにキリスト教を広めた七聖人に数えられる聖サムソンと聖ペイリン（ラテン語名パウリヌス・アウレリアヌス），ウェールズの守護聖人デイヴィッド，『ブリタニアの破壊』の作者として知られるギルダスらを育てたといわれる。なお，12世紀に書かれた『イスティッド伝』では，ブルターニュの王族で，アーサー王のいとことされている。（森野聡子）

聖ウィニフレッド　Saint Winifred（7世紀）

ウェールズ語ではグウェンヴレウィ（Gwenfrewi）とよばれる殉教聖人。12世紀の伝記によれば，神の道を選んだウィニフレッドは，カドウグという貴族の求愛を拒んで殺されたが，聖ベイノーの霊力によって蘇り，北ウェールズのグウィセリンで女子修道院長として生涯を終えた。ホリウェルにある聖ウィニフレッドの泉は聖女の首が落ちた所から湧き出た霊泉で，治癒力があることから巡礼の場となっている。12世紀にシュルーズベリー修道院副院長ロバートがグウィセリンよりウィニフレッドの遺骨を持ち帰り祀った。その顛末はロバート自身による聖人伝（1140年頃）に記されているとともに，エリス・ピーターズの人気ミステリー「修道士カドフェル」の第1作『聖女の遺骨求む』（1977）の題材にもなっている。実在が疑問視される一方，ウェールズとイングランド双方で信仰され，かつ受容のされ方が異なる点から注目されている聖女である。　　　　　　　（森野聡子）

主要な修道院

修道院の建設　the founding of monasteries

ブリテン諸島では，遅くとも6世紀頃から大陸の修道院の影響を受けて各地で修道院が建設されていった。特に，いち早く全土がキリスト教化したアイルランドでは，大陸や現在のウェールズからやってきた聖職者たちによって，修道院がもたらされたと考えられている。クロンマクノイス，グレンダロッホ，クロンファートなどが6世紀に創建された。また，563年，聖コルンバによってスコットランドにアイオナ修道院が創建された。アイルランドとブリテン島北部各地に点在する娘修道院（アイオナ

アイルランドの初期修道院

修道院に従属する修道院）を含むコルンバ系修道院の共同体が，アイオナを中心に形成されていった。

修道院創建者は，その修道院の守護聖人となった。修道院は，しばしば創建者の親族の支援を得て建設された。修道院の中の教会で親族のために洗礼・ミサ・葬儀が行われただけではなく，修道院付属学校ではラテン語の読み書きなどの初等教育も実施されていた。

大西洋に浮かぶ孤島など，人里離れた所に修道院が建てられることも多かった。また，中世初期の修道院の大部分は，防壁により囲まれていた。ネンドラムの遺跡に代表されるように敷地は丸い形をしており，敷地内に教会，墓地，ラウンドタワー（円塔），修道士たちの住居，写字室，学校，ハイ・クロス（高十字架）などがつくられた。

ブリテン諸島各地の修道院は800年頃までは木造の建築物が多かったが，この頃から始まるヴァイキング襲撃を受けて，次第に石造建築へと変えられていった。現在も残る修道院遺跡は，石造建築移行後のものである。12世紀以降，ブリテン諸島各地の修道院は，シトー会，アウグスティヌス会，ドミニコ会，フランシスコ会などに属するようになった。　　　　　　　　（田中美穂）

クロンマクノイス修道院　Clonmacnoise Monastery

聖キアランによって540年代に修道院が創建された。アイルランド中部オファリー州にあり，レンスターとコナハトの境界に位置する要地で，シャノン川に面している。8世紀までには芸術と学問の中心地となっていた。いくつかの年代記や12世紀初めに編纂された『赤牛の書』（*Lebor na hUidre*）は，クロンマクノイスの写字室で制作されたと推定されている。9世紀初めから12世紀後半までアイルランド人だけではなく，ヴァイキングやイングランド人によっても

クロンマクノイス修道院の遺跡

何度も略奪されたり，放火されたりした。最終的には1552年にイングランド軍によって破壊され，現在は廃墟となっている。修道院付属の博物館も併設されている。

敷地内には八つの教会や二つのラウンドタワー（円塔）がある。現存する石造の建築物は900年頃にさかのぼる。大聖堂もこの頃建てられ，1200年頃，さらには1300年頃に一部が再建された。同じく900年頃に建てられた最小の教会「キアランの聖堂」は，キアランの埋葬地であると伝えられる。900年頃に造られたハイ・クロス（高十字架）もある。　　　　　　　　（田中美穂）

クロンファート大聖堂　Clonfert Cathedral

563年に航海者として有名な聖ブレンダンが，アイルランドのゴルウェイ州に創建したとされる修道院があった。その修道院の跡地に唯一現存するのは，12世紀に建てられた大聖堂である。内陣の一部は10世紀にさかのぼると推定されている。

最も有名なのは，正門出入り口部分であり，上方の三角形の枠の中などに人頭の彫刻が整然と配置されている。6層からなるアーチ部分の彫刻も手が込んでおり，クロンファート大聖堂は，アイルランドを代表するロマネスク様式の建築となっている。
　　　　　　　　（田中美穂）

V　キリスト教との合一

デリー修道院　Derry Monastery

「デリー」の地名の語源は，アイルランド語で「オークの森」。年代記は546年にコルンバがここに修道院を建てたと伝えるが，コルンバ以外の人物が建てたとする説もある。アダウナーンの『聖コルンバ伝』(*Vita Sancti Columbae*) では，コルンバがデリーを何度も訪問しており，ここに教会や墓地，港があったことが記される。デリーはアイオナを中心とするコルンバ系修道院に属し，コルンバと同じケネール・ゴニル出身者がここで生活していた。修道院はヴァイキングの攻撃によって破壊された。

12世紀後半にはデリーは都市化し，アイルランド語のコルンバの聖人伝もここで書かれ，コルンバ系修道院の中心となった。デリー州の州都デリーは，現在はベルファストに次ぐ北アイルランド第二の都市であり，北アイルランド紛争さなかの1972年に「血の日曜日事件」が起こった場所としても知られている。　　　　　　（田中美穂）

ダロウ修道院　Durrow Monastery

「ダロウ」の地名の語源は，アイルランド語で「オークの平野」。アイルランド中心部オファリー州にあり，585-589年にコルンバにより修道院が創建されたと推定される。アダウナーンの『聖コルンバ伝』(*Vita Sancti Columbae*) によると，コルンバはダロウをたびたび訪問している。当時，アイオナを中心とするコルンバ系修道院の一つであり，コルンバと同じケネール・ゴニル出身者などがここで修道生活を営んでいた。

『ダロウの書』(*The Book of Durrow*) の制作場所は，アイオナ修道院説やノーサンブリア説が有力であるが，この聖書写本を9世紀末から16世紀まで保管していたのがダロウであった。　　　　　　（田中美穂）

バンガー修道院　Bangor Monastery

カタカナで「バンゴール修道院」とも表記される。555-559年頃に聖コヴガルによって，現在の北アイルランドのダウン州に創建された。コヴガルの修道院長時代に，大陸に赴く前の聖コルンバヌスがここで学んだ。『バンガー交唱聖歌集』(*Antiphonary of Bangor*) が6-7世紀にかけて作られ，修道院共同体で典礼時に使用された。当時のバンガーは文化・学問の中心地であり，スペインや北イタリアとの学問的交流も認められる。

ヴァイキング期に衰退し，1137年に当時を代表する聖職者のマラキが再建した。再建後はアウグスティヌス会の修道院となった。　　　　　　（田中美穂）

ネンドラム修道院　Nendrum Monastery

北アイルランドのダウン州にある修道院で，7世紀には存在が認められている。ストラングフォード湖西岸にある小さな島の南西部に位置する。伝説では，5世紀に聖パトリックが改宗した人物によって修道院が創建されたという。976年のヴァイキング期に焼かれて廃墟となった。12世紀後半にはベネディクト会士がここで暮らしていた。

初期キリスト教時代アイルランドの修道院共同体の敷地内全容が，その廃墟からうかがえる。円形の敷地内は三つの層に分かれていた。中心部に教会施設などが配置されており，ここは「聖域」であった。その周りには写字室，工芸品制作所，宿泊施設などがあった。さらにその周辺の外縁は農地となっていた。現在は廃墟と化し，10-12世紀にかけて建設されたと推定されるラウンドタワー（円塔）や教会などは，下部しか残っていない。　　　　　　（田中美穂）

グレンダロッホ修道院　Glendalough Monastery

アイルランドのレンスター地方ウィックロー州の風光明媚な場所に位置する。「グレンダロッホ」はアイルランド語で「二つの湖の渓谷」の意味。6世紀に聖ケヴィン

が隠修士として移り住み，修道院を創建したと伝えられる。聖ケヴィン崇敬の高まりとともに修道院も大規模化した。8世紀後半には巡礼地となっていた。9世紀前半にはヴァイキングの襲撃も受けた。1111年に司教区となった。12世紀中頃に修道院長を務めた聖ローレンス・オ・トゥールによってアウグスティヌス会の教会も建てられた。1213年にグレンダロッホはダブリン司教区に統合された。その後衰退したが，19世紀後半と20世紀初めに修復され，現在に至るまで，アイルランドで人気のある巡礼地・観光地の一つとなっている。

敷地内には，10-12世紀に建てられた保存状態の良い建築物が点在する。教会群の中にはロマネスク様式のものや廃墟と化した大聖堂跡もある。30メートル以上の高さのあるラウンドタワー（円塔），聖ケヴィンの名を冠する教会もある。初期のアイルランドの修道院共同体の例としては，クロンマクノイスに次ぐ規模を誇る。

（田中美穂）

アイオナ修道院　Iona Monastery

アイルランド出身の聖コルンバによって563年に修道院が創建された。アイオナは，スコットランドのヘブリディーズ諸島に位置し，マル島の西岸先にある小さな島である。当時，この地域を治めていたのは，6世紀初め頃に移住したとされるアイルランド人の王国ダルリアダであった。歴代アイオナ修道院長は，『聖コルンバ伝』（Vita Sancti Columbae）を執筆した9代目の聖アダウナーンまで，ケネール・ゴニル出身者が大半を占めた。つまり，彼らは，初代修道院長コルンバと同じく，アイルランドで有力な王族の出身であった。

アイオナは，ピクト人の王国にキリスト教を布教したと考えられている。また，5代目修道院長シェーゲーネは，聖エイダンをノーサンブリア王の要請に応じて635年に司教兼修道院長として派遣した。エイダンはアイオナとよく似た島にリンディスファーン修道院を創建した。ここからイングランドのキリスト教化が進められた。このようにアイオナは，ブリテン島北部のキリスト教布教活動の中心となり，大きな役割を果たすことになった。

デリーやダロウなどコルンバがアイルランドに創建したとされる修道院，ヒンバなどスコットランドに創建したとされる修道院，アイオナ出身者が司教を務めた時期（635-664年）のリンディスファーン修道院，これらすべての修道院は，アイオナを中心とするコルンバ系修道院に属し，アイオナの娘修道院であった。歴代アイオナ修道院長は，コルンバの遺産を継承するコルンバ系修道院全体の長でもあった。『ダロウの書』『ケルズの書』『リンディスファーン福音書』はすべてアイオナと結びつくコルンバ系修道院で制作された。当時のアイオナは写本，金属工芸品，ハイ・クロス（高十字架）の制作地として芸術の中心であった。さらにアイオナは，教父作品をはじめ大陸の蔵書を豊富に所有する学問の中心でもあった。

9世紀頃から，アイオナはヴァイキングの襲撃を何度も受けた。806年には68人が殺害された。時のアイオナ修道院長は，アイルランドのミーズ州ケルズに「コルンバの新しい町」を建設し，814年にコルンバ系修道院の中心をケルズに移した。一方，スコットランド王ケネス1世が9世紀半ばに

アイオナ修道院

V　キリスト教との合一

アイオナにあったコルンバの聖遺物の一部をダンケルドに移し、ダンケルドがスコットランドにおけるコルンバ系修道院の中心となった。アイオナはその後も、歴代スコットランド王の埋葬地、聖コルンバの巡礼地として名声を博した。現在は、13世紀初めに建てられたベネディクト会の修道院が残る。

（田中美穂）

セント・デイヴィッズ大聖堂　St. David's Cathedral

ウェールズ南西部ペンブルックシャーの突き出た部分に位置する。聖デイヴィッドが最後に住んだ場所とされ、「セント・デイヴィッズ」と地名に聖人の名が付けられた。デイヴィッドによって修道院も建てられたと伝えられる。この地に12世紀初め以降に建てられたセント・デイヴィッズ大聖堂は、聖デイヴィッドの聖遺物を保管していると主張する。

大聖堂の建設を始めた当時のセント・デイヴィッズ司教バーナードは、ローマ教皇に働きかけてデイヴィッドを列聖させた。またセント・デイヴィッズを巡礼地として宣伝していった。こうしてセント・デイヴィッズは、ウェールズの首位司教座としての地位を獲得していき、12世紀後半には、ジェラルド・オブ・ウェールズもセント・デイヴィッズ司教の座を狙っていたが、かなわなかった。

ウェールズ征服を試みたイングランド王たち、ウィリアム1世、ヘンリー2世、エドワード1世らもこの地を訪れた。大聖堂の隣には13世紀に建てられた司教邸跡が残る。大聖堂の保存状態はよく、現在では風光明媚な観光名所となっている。

（田中美穂）

スランバダルン・ヴァウル　W Llanbadarn Fawr

中部ウェールズのケレディギオン州にあるスランバダルン・ヴァウルは、6世紀に聖パダルン（ラテン語名パテルヌス）が教会を設立して以来、中世ウェールズにおける修道院文化および学芸の中心だった。特に、後にセント・デイヴィッドの司教を2度務めることになるシリエン（Sulien, 1011-1091）は、アイルランドで13年間研鑽を積み、帰郷するとスランバダルンで学校を開いた。シリエンの時代、スランバダルンで編まれたラテン語の彩色写本は、ウェールズにおける初期写本文化の貴重な資料となっている。またシリエンあるいは、その息子フリガヴァルフ（Rhigyfarch, 1099没）を『マビノギの四つの枝』の作者と考える研究者もいる。

（森野聡子）

バージー島　Bardsey Island

ウェールズ語名はアニス・エンスリ（Ynys Enlli）。北西ウェールズのスリーン半島沖にある島。516年に聖カドヴァンが修道院を建てて以来、巡礼の島として有名だった。12世紀には、アイルランドのケーリ・デー（Céli Dé）にあたる修道士コミュニティがあったとギラルドゥス・カンブレンシスが記録している。また、ウェールズ伝承のマルジン（マーリン）との関わりも深い。14世紀にチェスターの修道士ラヌルフ・ヒグデンが著した『ポリクロニコン』には、メルリヌス・シルヴェストリス（ウェールズのマルジン・グウィスト）がバージー島に葬られていると記されている。中世ウェールズ伝承に登場する不思議な力をもった品々をまとめた『ブリテン島の13の宝物』の17世紀写本には、マルジンがこれらの宝を「ティー・グウィドル」こと硝子の館に持ち去り保管したとある。ルイス・モリスやエドワード・ジョーンズらウェールズ文化復興期の古事研究家は、ティー・グウィドルをバージー島としている。

（森野聡子）

グラストンベリー修道院　Glastonbury Abbey

『アングロ・サクソン年代記』には7世紀のウェセックス王イネが建立したとの記載

があるが，修道院の起源はそれ以前，おそらく6世紀前半のケルト系修道院に遡るとするのが研究者の見解である。ブリストル海峡に近接するという地の利から，ウェールズ，コーンウォール，アイルランド，ブルターニュとの水運や人的交流も盛んだったと推測され，11世紀には修道院文化の一大拠点として富裕と権勢を誇った。

修道院はアーサー王や聖杯伝承とも所縁が深い。ジェフリー・オブ・モンマスの同時代人であるウェールズの修道士カラドク・オブ・スランカルヴァン作とされる12世紀の『ギルダス伝』には，「夏の国」(サマーセット)の王メルワースがアーサーの王妃グウェンワル(グウィネヴィア)を誘拐しグラストンベリーに幽閉したところ，修道院に滞在していたギルダスが修道院長とともに調停に乗り出し，妃を返させたとある。

アーサーと王妃の遺骨が「発見」されたのもグラストンベリー修道院だった。ギラルドゥス・カンブレンシスは当地を訪れ，遺骨を見たときのことをいくつかの著作に書き記している。1190年代におけるアーサーの墓の発見によって，カムランの戦いで瀕死の重傷を負ったアーサーが運ばれた地(ジェフリーによればアヴァロンの島)をグラストンベリーと同定する言説が誕生する。遺骨は修道院解体とともに消失したが，「ここアヴァロンの島にかの有名なアーサー王横たわる」との墓碑銘が記された鉛の十字架については，16世紀の古物研究家ジョン・リーランドやウィリアム・カムデンも言及しており，1607年版のカムデン著『ブリタニア』には十字架の挿絵がある。

一方，13世紀中頃までには，アリマタヤのヨセフがイエスの血を受けた聖杯を携え渡来し，ブリタニア最初の教会を建立したとされるアヴァロンの谷こそグラストンベリーであるという伝説が確立する。ヨセフは聖杯を，グラストンベリー市街を見下ろす小丘グラストンベリー・トールの下に埋めたとも伝えられ，現存する「聖杯の泉」(Chalice Well)はその跡とされる。

(森野聡子)

女子修道院　nunneries

聖パトリックの著作から，アイルランドではすでに5世紀に女子修道士がいたことがわかっている。アイルランドで最も有名な女子修道院長といえば，5-6世紀に活躍したとされる聖ブリジッドであるが，同時代の史料がないために彼女の実態はよくわかっていない。しかし，7世紀後半にコギトススによって書かれた彼女の聖人伝から，遅くとも7世紀には，キルデアには女子修道院があったことがうかがえる。

アイルランドには，ブリジッドだけではなく，聖イタなど他にも聖人伝が執筆された女性の聖人がいる。聖イタは，リムリック州のキリーディー修道院を創建したとされ，570年か577年に死去したと伝えられる。ウェールズでは，コンウィ近くの女子修道院長であったとされる聖ウィニフレッドがよく知られている。ブリジッドもウィニフレッドもそれぞれの名の付く泉があり，現在では癒しの名所となっている。

初期キリスト教時代の女子修道院は，このように伝説上著名な女性の聖人が創建したと主張されることがあった。時代が進むにつれ，ブリテン諸島各地に多くの女子修道院が創建されていった。キルデアがそうであったように，しばしば修道院共同体には，男性用と女性用と別々の建物が建設され，男女分かれてそれぞれの建物で修道生活が営まれていた。

女子修道院の役割は，基本的に男性の場合と変わらないが，子供の養育，病人の世話，読み書きなど在俗者への初等教育，人質の交渉など，より世俗社会との結びつきが求められたと考えられている。また社会から疎外された女性の保護も女子修道院の重要な役割の一つであった。　(田中美穂)

修道院活動　activities of monasteries

6世紀以降、アイルランドでは多くの修道院が創建され、ブリテン諸島のみならず、西ヨーロッパ世界全体に大きな影響を及ぼした。「ペレグリナティオ」(peregrinatio) という理想を求め、アイルランド人修道士たちは、布教活動のためにブリテン島やフランス、イタリア、ドイツなどに赴き、そこに修道院を建設していった。聖コルンバや聖コルンバヌスの例がよく知られている。特にコルンバヌスは、禁欲的で厳格な修道生活を大陸に広めたことで誉れ高い。修道士としてだけではなく、教師や学者として大陸に渡った者たちもいた。

修道士は修道院長の配下にあり、規則や会則によって管理されていた。毎日聖務日課をこなし、さまざまな労働や学問、写本制作などに従事した。世俗社会とは切り離されていたが、病人や貧者の世話、巡礼者や旅行者への宿の提供などを行い、地域社会で重要な役割を果たしていた。修道院付属の施療院は、高齢者、孤児、病人、旅人などの介護、看病、世話をする場所であった。修道院は慈善活動、社会福祉活動の担い手であった。

基本的に自給自足であり、修道院では、農作業、ワイン・ビールの醸造なども行われた。工芸品制作、写本制作も重要な仕事であった。聖書や聖書注釈書、教父文学、教会法、典礼書、年代記、系図、聖人伝、世俗法、物語や神話などの文学作品、あらゆる史料や文献が主に修道院で写字され、制作された。ラテン語、ギリシア語に加えて、やがてアイルランド語、ウェールズ語など現地の言葉でも作品が制作されるようになった。中世初期において修道院は「知の宝庫」であり、学問の中心であった。修道院内に学校もつくられた。

8世紀からヴァイキング期にかけて修道院は世俗化し、教会勢力の権力闘争の舞台ともなった。著名な修道院が王や他の修道院によって襲撃される事件もたびたび起こった。ヨーロッパの他地域と同じように、ブリテン諸島の修道院も12世紀の修道院改革運動によって刷新されていった。シトー会に加えて、托鉢修道会もブリテン諸島に導入されていった。　　　　　（田中美穂）

スケリグ・マイケル　Skellig Michael

アイルランドのケリー州アイベラ半島西岸沖にある断崖絶壁の島。ここに6世紀に聖フィーナーンが修道院を建てたという伝説はあるが、修道院の起源については不明である。遅くとも9世紀には修道士たちが定住していたと推定される。「鳥の聖地」となっている小さな島に隣接する大きな方の島に、初期キリスト教時代の遺跡が残る。

蜂の巣の形をした修道士たちの独居が、石を積み上げて築かれた。教会や小礼拝堂も建てられ、島のあちこちに十字の形をした立石が散在する。12-13世紀まで隠修士たちがここで修道生活を営んでいた。現在は無人島であるが、1996年に世界遺産に登録され、観光名所として有名になった。

（田中美穂）

ケリーの海岸から12kmの大西洋上に位置するスケリグ・マイケル

国外での布教

「聖人と学者の島」 'The Isle of Saints and Scholars'

アイルランドはしばしば「聖人と学者の島」と形容される。アイルランドでは600年頃までに全土に教会や修道院が建設されていった。教会や修道院創設者が「聖人」とみなされ、多くの聖人が輩出された。また、キリスト教の到来とともにラテン語と大陸の教父文学などの著作ももたらされた。修道院に学校がつくられ、修道院が聖書研究など学問の中心となり、修道院の写字室では多くの書物が制作された。こうしてアイルランドは多くの「学者」も輩出した。なかには、コルンバヌスやアダウナーンのように「聖人」と「学者」を兼ねそなえる修道院長もいた。

コルンバヌスに代表されるように、7-9世紀にかけて多くのアイルランド人がブリテン島や大陸を異郷遍歴し、宗教的熱心さや学識の高さによって名声を博した。特にイングランド人の高名な学者で「尊者」と称されるベーダ（Bede）が、その著作によって、アイルランドの「聖人と学者の島」としてのイメージを広めた。　（田中美穂）

聖コルンバヌス St. Columbanus（540年頃-615年）

レンスター出身で540年頃に生まれ、615年に死去した。11月23日が祝日。590年に大陸に赴く前に、バンガー修道院に滞在した。異郷宣教者として知られ、現在のフランス東部、スイス、北イタリアを旅した。フランスのリュクスーユ、アンヌグレイ、フォンテーヌなどに修道院を創建し、612年頃に北イタリアに創建したボッビオ修道院で没した。

640-650年頃、生前のコルンバヌスについて知る修道士たちを情報源に、ヨナスが『聖コルンバヌス修道院長と弟子たちの生涯』（*Vita Columbani Abbatis Discipulorumque Eius*）を執筆した。また、コルンバヌス自身が書いた説教、書簡、修道院共同体の規律や規則などが残されている。コルンバヌスについては、同時代の史料が豊富にある。

コルンバヌスは、大陸にアイルランドの厳格な修道院規律や規則、贖罪規定書をもたらした。これらは大陸中に普及し、コルンバヌスも名声を得た。7世紀には、コルンバヌスをはじめとするアイルランド人異郷宣教者たちの影響下、フランスの辺境各地に多数の修道院が創建された。こうしてコルンバヌスは、大陸における霊的刷新運動の担い手となった。

一方で、コルンバヌスは、600年頃、復活祭日付算定法をめぐってフランク人の司教たちと対立し、窮地を打開すべく教皇グレゴリウス宛ての書簡もしたためた。当時、アイルランド方式と大陸方式の算定法の違いが問題となっていた（復活祭論争）。また、ブルグント王テウデリク2世の非嫡出子の祝福をコルンバヌスが拒絶したために、コルンバヌスはガリア（フランス）から追放された。こうしてボッビオが彼の終焉の地となった。

コルンバヌスとともに大陸各地を旅したアイルランド人の聖ガルスは、コルンバヌスと離れ、612年頃に現在のスイスに隠遁した。ガルスの隠遁地に、ガルスの死から1世紀後の720年頃に修道院が創建された。やがてこの地は、聖ガルスの名を冠した都市ザンクト・ガレンとなった。コルンバヌスの聖人伝作者のヨナスは、聖ガルスの聖人伝も執筆した。　（田中美穂）

ペレグリナティオ　L peregrinatio

日本語で「異郷宣教」「異郷遍歴」「異郷放浪」「宗教的遍歴」などと意訳される。『旧約聖書』でアブラハムが、神の声に従って故郷を捨てて宗教生活を送ったように、ア

V　キリスト教との合一

イルランドの修道士たちも，しばしばアイルランドを離れ，ブリテン島や大陸に赴いて修道院を創建し，宣教活動や修道院活動を実践した。聖コルンバや聖コルンバヌスに代表されるように，彼らは「キリストのための異郷宣教」(peregrinatio pro Christo, ラテン語)というキリスト教徒として究極の禁欲的理想を追求したのであった。

親族集団や地域共同体の結束が強いアイルランド社会において，アイルランドからの追放は重罪を犯した者に対する処罰に値した。異郷宣教を選ぶことは，自発的に世俗社会や自身の地位を捨てることであった。また個人の魂を救済するための行為ともみられた。
 (田中美穂)

ケルト文化との融合

高十字架(ハイクロス)　high crosses

一般にケルト十字架(Celtic cross)とも呼称される。柱頭の十字を円環でつないだ独特の形状をもつ2-8mの石造十字架。装飾文様や聖書図像などの浮彫をほどこしている。初期ケルト文化とキリスト教との融合を示すひとつの象徴で，現在もケルト文化圏に数多く残る。

高十字架の分布地域は広く，アイルランドのほか，スコットランド，マン島，ウェールズ，コーンウォール，イングランドの一部にも及ぶ。高十字架にはさまざまな種類があるが，一般的なものの数字を挙げれば，アイルランドには彫刻された高十字架(前ロマネスク期までのもの)が60-70基，スコットランドには同様のものが50-60基，ウェールズには約30基，ノーサンブリアにはおよそ50基，イングランドのほかの地域にも50基ほどが残っている。これらの数字はもちろん当初に存在したもののほんの一部分でしかない。スコットランドでは多数の高十字架が破壊されたことが知られている。イングランドとウェールズでももっと多く存在した。全体として，数千の高十字架が存在したものと推定される。

これらのさまざまな地域の高十字架の関係を明らかにするのは容易ではない。スコットランドの十字架(厚い石板に彫られたものも多い)はアイルランドの十字架に密接に関連がある。ウェールズの十字架もアイルランドの十字架を原型にして造られた可能性が高い。しかし，イングランドとアイルランドの十字架の関係は容易に把握できない。両者には大きな違いが明らかに認められるからである。たとえば，イングランドのものには十字をつなぐ輪がなく，十字架に彫り込む文様にも差がある。

一般に高十字架は2-3mの高さのものが普通であるが，ダブリン北方のモナスターボイス(Monasterboice)修道院の高十字架は5m以上もある大型のものである。それに彫りこまれた具体的な図像などから判断すると，高十字架はキリスト教の教義・テーマの理解を容易にし，信仰を深めるために「教義のシンボル」として使用されたことも推測される。

高十字架は7世紀から12世紀にかけて発展したが，10世紀頃に最も完成された様式に達したようである。最初期の十字架は石板に十字を彫り，素朴な組紐文様を配しただけのものであったが，8世紀には繰り抜かれた形の十字架になり，円環が組み合わされる。9-10世紀になると，聖書の場面の人物や聖人像が浮き彫りされたものとなる。
 (木村正俊)

高十字架の発展　the development of high crosses

ケルト圏の高十字架は長い年月をかけて進化を遂げた。7世紀から12世紀にかけて発展し，10世紀頃に完成された様式に達したといえる。最初期の十字架は，石板に十字を彫り込み，石板全体に素朴で抽象的な絵図や組紐文様などの典型的ケルト文様を

ケルト文化との融合

配しただけのものであったが、8世紀になると石板から繰り抜かれた、独立した十字架になり、輪が組み合わされる。9-10世紀には聖書の場面の人物や聖人像が浮き彫りされ、よりキリスト教的な性格の十字架に変容する。

十字架を彫った最初期の石には、輪のなかに十字架が刻まれただけのものが多かったが、円環のなかにキリストの名を表すカイロー（Chi-Rho、XとPの頭文字の組み合わせ）が刻まれたものもあった。カイローの刻まれた十字架はブリテンのローマ人とかかわりのあった場所などから発見されている。最初期の十字架が彫られた石は5-7世紀に起源がある。この時期はいわゆる「聖者の時代」（Age of the Saints）で、アイルランドでは聖パトリック、スコットランドでは聖ニニアン、ウェールズでは聖デイヴィッドらが活躍した。

この時期には、十字架は自然のままの丸石や石板にラテン文字やオガム文字（ogham）で彫られた。アイルランドにはオガム文字が刻まれた石が、南部を中心に300個残っている。これらはケルト文化を伝えると従来は解釈されたが、最近ではパトリック以前の教会と関係があるとみなされている。十字架を彫った初期の石はウェールズでは150例が記録されている。スコットランドでは12個程度残っている。こうした最初期の十字架の図像は地中海方面からの輸入品を通じてケルト人が学んだと考えられる。

7世紀以降は「十字架で装飾された石」（cross-decorated slab）の数がおびただしく増えた。アイルランド、スコットランド、マン島などに7-8世紀に起源のある石が多く残っている。石の大きさはさまざまであるが、石の背が高い割には十字架は小さい。多くは墓地に立てられたが、十字架がなければ先史時代の巨石と間違われたかもしれない。石板に彫られる十字架はしだいに大型化し、石板の全面を使って装飾的に表現

されるようになる。それは「石のページ」（page in stone）といってもよい表現の場である。十字架の十字の交差する直角部分が円みのある角度にされたり、2つの四角のある形にされたりした。重要なのは、十字が円環でつながれた十字架が現れたことである。しかも、どの十字架もおびただしいケルト文様で埋め尽くされている。そこにのちの高十字架に特徴的なデザインの基本を認めることことができるだろう。スコットランドのテイサイドにあるアバーレムノ（Aberlemno）の装飾的十字架はその典型的例である。

石板に彫られた十字架は「切り離されて独立した高十字架」（independent high cross）に発展するが、その起源については議論があってはっきりしない。アイルランドでは早くも700年頃、ティペレアリー州アヘニー（Aheny）で石板から独立した最初の十字架が現れたことが確認されている。ほかの独立型十字架は8世紀に登場することになった。スコットランドのダンフリースシャーにあるリヴェル（Ruthwell）の十字架はスコットランドで最初の独立型十字架であるが、8世紀初頭の作とされる。ウェールズでは独立型高十字架の出現は9世紀後半から10世紀初めである。

独立型の高十字架では、ケルト的文様は後退ないし消滅し、キリスト教的図像が大きな重きをもって扱われる。聖書の物語、使徒、聖人などのテーマが顕著に表現される。とはいっても、さまざまな点でキリスト教以前のケルト的要素をとどめており、それゆえに高十字架は特異な性格と価値をもっている。　　　　　　　　　（木村正俊）

アイルランドの高十字架　high crosses of Ireland

頭部に輪をつけた十字架が最も発達した形でみられるのはアイルランドとスコットランドのアイオナ島である。石板から抜け出した独立型の高十字架の起源については

V　キリスト教との合一

不明の点が多いが，アイルランドで独立した十字架が初めて登場したのは7世紀に入ってからと推定される。グレンダロッホの聖ケヴィン教会の裏に立つ石板の彫刻には独立型十字架への脱皮を示す兆候がある。オファリー州のガレンにある石板の十字架は，十字架がかなりの厚みをもって浮き出ており，独立寸前といってよい。完全に独立した最初の例は，ドニゴール州のカーンドナー（Carndonagh）にある薄い石板から造られた高十字架である。高さが3mで，十字架部分は丸みがあるが，輪はない。上部に組紐文様，下部には正面を向いたキリスト像（磔刑の図と思われる）が彫られている。

十字架の腕と輪を結んだ独立型十字架の誕生をみるには8世紀まで待たなければならない。

ティペレアリー州のアヘニー（Aheny）の十字架は700年のものとみられるが，最初の輪のついた高十字架とされている。アヘニーにある北と南の両十字架は，正面，背面，両脇とも，組紐文様と渦巻き文様が驚くべき細密さで彫刻されている。基台の人物・動物の図像はピクトの十字架の図像に似ている。

8世紀から9世紀にかけて，アイルランドでは高十字架が著しく発達し，その時期の高十字架が中央部と北部で60-80基現存する。キルデア州のムーン（Moone）にある十字架は，アイルランドの高十字架のなかで最も際立った特徴をもつとされるが，高さが5.1mあり，ウィックローの花崗岩を用いている。人物像は基台にとどまらず，シャフトにまで広がっている。東側の最上層部には再生したキリスト像，西部には磔刑のキリスト像が彫られている。『ケルズの書』とゆかりのあるミーズ州のケルズには，町の大通りに立つ9世紀のいわゆる「マーケット十字架」（market cross）がある。十字架の中心に「磔刑」，シャフトには聖書からのさまざまな場面が彫られている。

10世紀は高十字架の完成期であるが，オファリー州のクロンマクノイス（Clonmacnois）の十字架とラウス州のモナスターボイス（Monasterboice）にある2つの十字架はこの時期の代表例である。クロンマクノイスの最もすばらしい十字架は修道院入口近くの西側に立っているが，これは「聖書の十字架」（Cross of the Scriptures）で，輪の中心にはキリスト像が彫られ，十字架全体を支配している。輪は十字架のアームより前へせり出すような形になっており輪のなかに4つの小さな飾りの輪がある。

モナスターボイスの十字架は，十字の交差する部分を装飾を施した輪が囲んでおり，中心から上下左右は，表裏両面とも聖書から材をとった人物の浮き彫り文様で埋められている。余白部分には組紐文様や動物文様が刻まれ，全体に量感も装飾性も豊かな十字架になっている。アダムとイヴ，カインとアベルなど旧約聖書の図像と，キリストの捕縛と磔刑など新約聖書の図像が数多く表現されている一方で，ケルト的な渦巻文様，組紐文様，動物文様がしっかり

モナスターボイス修道院のムルダックの十字架は聖書十字架ともいわれ，救いを表象する聖書図像が刻まれている

ケルト文化との融合

と用いられている。文様のもつ力が少しも弱体になることはなく，むしろキリスト教の図像を圧するように装飾性を高めている。　　　　　　　　　　　　（木村正俊）

スコットランドの高十字架　high crosses of Scotland

　スコットランドに居住したピクト人が手を加えていない自然石に独特の「シンボル」（抽象的で，象徴性の高い絵図）を刻印し，すぐれた「シンボル・ストーン」(symbol stones)を創出した。キリスト教以前のシンボル・ストーン（クラスⅠ）〔J.R.アレンとJ.アンダーソンの分類による〕には直線的な棒線，日常的用品・用具，抽象的長方形や円形，動物などが線刻（あるいは浮彫）されていたが，8世紀以降にピクト人がキリスト教を受容してからは，十字架を彫り込んだ石板（cross-slabs）のシンボル・ストーン（クラスⅡ）を造るようになった。

　これらの石板は形を整えられた厚みのあるもので，その表面に大きな十字架が浮き出る形で彫られており，裏面にはピクト特有の文様や人物像が彫り込まれている。十字架そのものがケルトの組紐文様などで埋め尽くされているほかに，十字架の周囲の空間にもケルト的装飾がほどこされていて，まだ完全なキリスト教の十字架にはなっていない。現在残る十字架の浮彫された石板は，8世紀半ばから9世紀半ばに立てられたものとみられる。

　その後石板の十字架は，切り離されて独立した十字架（クラスⅢ）に取って代わられた。この独立型十字架からはピクトのシンボルは完全に消えてしまい，キリスト教文化のシンボリズムが圧倒的になる。しかし，ピクト人の石工は石板の彫刻に関心が深く，石板のページに十字架を印象的に彫り込もうとした。石板には十字架にもその周囲の空間にも，ケルト文様や動物，人物の不思議fで怪奇な図像がしきりに表出される。

　例を挙げれば，スコットランド東部テイサイドのロッシー小修道院にある十字架を彫刻した厚板は，「石のカーペット」さながら，縁飾りや組紐文様に満ち，十字の交差する中央部分の直角を円い角度にした，きわめて優美なものである。この十字架の左側には，基本的なピクトの2つのシンボル（三日月とV字型）が組み合わされて使われており，その下には動物の「象」のシンボルがある。左側の最下部の隅には双頭の獣がおり，最上部の隅には2匹の別種の獣の首をつかんだ人間の姿が見られる。右側最上部には（十字架そのものは別として）唯一のキリスト教図像として翼を広げている天使が彫られている。

　また，テイサイドのダンファランディにある十字架の彫られた石の厚板も，十字の交差部分の直角を丸い角度にしたものであるが，この「カーペット」はより立体的で，十字架の上部が段差をつけてせり出している。十字の4つのアームには3-5個のボス（丸い装飾突起）がついており，異様に目を引く。十字架の周囲を埋める図像はまことにピクトらしい，謎めいた，奇態のものが多

アベルモの石板十字架。渦巻，組紐，動物などの文様が一面に彫られている

159

V　キリスト教との合一

い。人間の顔をした獣、4つの翼をもつ天使、爬虫類の頭部をもつ獣、自分の尻尾を口にくわえる獣、人間を呑み込む怪獣、別の獣の下にいる牡鹿などがそれぞれの枠に収まりながら並んでいる。　　　　（木村正俊）

ピクト人のシンボル・ストーン　symbol stones of the Picts

　ピクト人は独特のシンボルを考え出し、骨や石、皮革、木材などさまざまな素材に描いた。シンボルは、ふつう次の4つのタイプに分けて考えられる。①ロッド（棒線）—V字型、Z字型、まったくの直線など。②具体的事物—日常生活に用いる事物を示すもので、実物を想像できるもの、たとえば、鏡・櫛・鋏・鉄床・槌・大釜・蛇など。③抽象的な形—一見ただけでは実物を想像できないもの、たとえば、アーチ・三日月・二重三日月・二重円盤・各種の長方形・円形など。④動物—実在するもの、想像上のもの、たとえば、牡牛・馬・狼・牡鹿・鷲・鷲鳥・鮭などである。

　これらのシンボルは組み合わせて使われることが多く、組み合わせ方は多様である。

ピクト人のシンボル・ストーン。2重円、Z-ロッド、鏡、櫛などが刻印されている

たとえば、三日月はV字型とは合体させて使うが、Z字型と一緒にしては用いない。二重の円盤はZ字とは一体にするが、V字とは結合させない。最もひんぱんな組み合わせは二重円盤とZ字、三日月とV字である。簡略化した線による表現は力強く、印象的で、シンボルとしてきわめて効果的である。シンボルの発生時期は明らかでないが、6世紀頃から9世紀のあいだと考えられる。同時期の装飾写本である『ケルズの書』や『リンディスファーン福音書』などに描かれた動物などを比較すれば、表現の手法がきわめて類似していることがわかる。

　現在残っているシンボル・ストーンの数はおよそ350といわれる。これらはJ.R.アレンとJ.アンダーソンによって、次の3つのグループに分類されて特徴づけられた。

　クラスⅠ—自然のままの石あるいは石の厚板にピクトのシンボルだけが彫り込まれている。青銅器時代あるいは石器時代の石をピクト人が独自のシンボルで装飾したもので、原始性を色濃くとどめる。記念碑、墓碑あるいは部族の領地を示す目印であったことなどが考えられる。表面にも裏面に十字架は刻まれていない。聖コラムキルが到着する前のもので、起源は6世紀から8世紀にまでさかのぼる。

　クラスⅡ—長方形に加工された石の厚板はクラスⅠと同様のシンボルが彫られている。表面か裏面、あるいは両面に、キリスト教の十字架・図像とピクトのシンボルが共に浮き彫りされている。起源は8世紀から9世紀である。

　クラスⅢ—厚板の形状はクラスⅡとほぼ同じであるが、クラスⅠのピクトのシンボルはまったく消えている。十字架が厚板に彫刻されている場合と、十字架のみ独立している場合がある。前者のほうがよりピクト的な図像が際立ち特異である。起源は8紀半ばあるいは9世紀半ばとみられる。

　　　　　　　　　　　　（木村正俊）

スエノの石　Sueno's Stone

　スコットランドの北部インヴァネスに近いフォレス（Forres）に現存するピクト人のシンボル・ストーン。高さは6.5mあり、このタイプの石としては最大のものである（分類ではクラスⅢに属する）。制作の時期ははっきりしないが、ピクト人の時代の終わり頃にあたる9世紀か10紀と推定されている。いくつかの証拠によると、この石は、かつてはもう一つの同様な石と対になっていたという。直立した赤色砂岩（この土地の名産）の石板で、典型的なピクトの手法で装飾がほどこされている。

　西面は大量の複雑な文様のある円環十字架が中心で、十字架の下では、座っている1人の上に2人がかがみ込み、一方、その背後では小柄な2人が祈りをささげている。裏面は98の個別の人物像が描かれている。上部は風化してぼけているが、下部はまだはっきり識別できる。東（裏）面は大がかりな戦闘場面を表す4枚の画板(バネル)で飾られている。最上部の画板は騎兵の行進、第2の画板は武装した歩兵、第3の画板は征服されて首を切られたた兵士と多くの切られた首、弓の射手や騎兵、基底部の画板は勝利のあと戦場を去る軍勢をそれぞれ描写している。この厚い石板の先端部は絡みあう葉、動物、怪獣などで装飾されている。

　戦闘場面はピクト人の最後の戦い、スコット人（アイルランドから渡ってきたケルト人）の勝利（あるいはヴァイキングに対する勝利）を表現した場面とされているが、はっきりしない。十字架の下の座っている人物は、ピクト人を制圧しスコットランドを統合へ導いたケネス1世マカルピン王（在位841-858）といわれている。

　　　　　　　　　　　　　　（木村正俊）

ウェールズの高十字架　high crosses of Wales

　ウェールズとコーンウォールズでは、5世紀から9世紀に、十字架が彫刻されたり、十字架で装飾された石が各地で多数出現した。8世紀には数はさほど多くはないが、さまざまな十字架が彫り込まれた石が現れ、十字架が徐々に進化を遂げているのがわかる。ウェールズでは、9世紀と10世紀に十字架を彫った石板が発展を遂げ、同時に独立型の十字架も登場するようになった。ウェールズの彫刻の仕方は、イングランドとアイルランドの影響を明らかに受けている。ウェールズには130近くの彫刻十字架が残っているが、それらのほぼ半数が東部からの文化影響の大きいグラモーガンに集中しているのが目立つ。アイルランドからの影響が大きいペンブロークシャーやアングルシーにもかなり多い。

　南ウェールズでみられる石板十字架で最も顕著なのは、いわゆる「円形頭部」（disc-headed）型の十字架である。最もすばらしい「円形頭部」型の十字架は、西グラモーガンのコンベリン（Conbelin）にある十字架で、年代は9世紀後期か10世紀初期と推定される。地元ペナント産の比較的薄い砂岩の石板を用いている。円形の直径は1.1m、十字の中心と先端部はケルト文様のある四角がついている。シャフトは短く、円形が大きいので、安定感には欠ける。

　西グラモーガンのシャンガン（Llangan）にある「円形頭部」型十字架は、コンベリンの十字架と同時期のものであるが、磔刑のモチーフを扱っている点で特に注目される。コンベリーのものに比べシャフトは非常に長く、明らかに独立型の高十字架に進化している。装飾もケルト的文様が十字架全体を埋め尽くしている。ウェールズの北部と中部には十字架の数は南部に比べ少ない。

　ウェールズの独立型十字架は、9世紀後期から10世紀初期にかけ南部に出現した。ダヴェッドのラーン（Laugharne）やポウイスのシャナナス（Llanynys）にある高十字架は最初期のものとして特徴的である。後者は1.8mの高さがあり、「ヌアズ・シアーマン」（Neuadd Siarman）の十字架とし

V　キリスト教との合一

て名高い。結び目や組紐文様の装飾が十字架の高いシャフトを埋めつくしている。ウェールズではこの十字架が最もすばらしいものとして一般に評価されている。

　南ウェールズには，これらのほかに10世紀から11世紀の独立型の高十字架が残っている。北ウェールズには10世紀後期あるいは11世紀初期に造られた，ヴァイキングの影響が濃厚な高十字架が現存する。

(木村正俊)

円塔

円塔　round towers　[Ir] cloigtheach

　アイルランドでひときわ目につくのが修道院跡に高くそびえる円塔であり，そのほとんどが本堂とは離れて立ち，独特の雰囲気を漂わせている。上方に縦勾配をなし，天辺に帽子のような円錐形の屋根をしつらえた高い円塔のことは年代記にも記され，古いアイルランドの教会建築の歴史と構造に深く関わっている。

　アイルランドの聖職者たちは聖堂とは別建築の独立した塔を「鐘の舎」(cloigtheach)とよんだ。円形であれ方形であれ，12世紀以前に鐘楼の目的に適した建物は，リー湖の島にある教会を除いて，ほかになかった。円塔は少なくとも2つの目的に適うよう設計された。1つは鐘楼として，もう1つは教会用器具，文書，聖遺物や貴重品などを保管し，急襲に備え聖職者たちが避難できる砦として造られたといわれる。円塔はおそらく信号用のかがり火を焚いたり，見張りをするためにも使われたであろう。

　円塔を見てすぐ気づくのはその構造上の特徴である。出入口は地面から2.5mから4mくらいのかなりの高さに位置している。古くは仰々しく装飾が施され，二重扉であったようである。張り出した小さな帯状の玉縁剔形がよく見られる装飾であるが，戸口の湾曲した上部の両脇に人間の顔の浮き彫りが配されているものもある。窓や開口部は普通の教会の窓の形と類似しているが，壁の断面が壁面まで斜めに広がっていることはない。塔は高さ約3.65mの階層構造をなし，各階は1つの小さな窓から明かりをとる構造になっていた。最上階には4つの大きめの窓があり，天辺には石造の円錐形の屋根がついて塔の形を成していた。壁の厚さは90cmから150cmまでさまざまで，初期の円塔では石積みの隙間が石の砕片で埋められたが，後に切り石積みで作業が行われたという。

　現在およそ70基の円塔がアイルランドに残存し，そのうち13基が完全な状態で，その中でも10基には最初に取り付けられた円錐形の屋根がそのままに残っている。

　ウィックロー州グレンダロッホの修道院跡に30.48mの高さの円塔が森を背景に孤独にそびえ立っている。W. B. イェイツが新婚の妻ジョージとともにグレンダロッホを訪れた時，円塔に内在する躍動的なエネルギーに促されたのか，ジョージに自動筆

グレンダロッホ修道院の円塔

記の現象が起こった。それはイェイツの『幻想録』（*A Vision*）の核となる円錐と螺旋の絶えざる上昇と下降の運動であり，イェイツは「充満して流れる生命」の心象を織り込んで，「円塔の下で」（'Under the Round Tower', 1918）という詩を書いた。

（松村賢一）

VI 生活・民俗

ケルト人の生産・交易

狩猟 hunting
　ケルト人は牧畜で必要な量の食糧を確保できたと考えられており，食料を得るための手段としては，狩猟に頼る必要はなかった。したがって，ケルト人にとっての狩猟は気晴らしのために行われたもの，おそらく軍事訓練を兼ねた有力者の娯楽として行われたものであろう。狩りの対象となったのは，水牛，鹿，熊，ノロジカ，穴熊，ビーバー，ウサギ，狼，狐，貂，雁，鴨，鶴など，地域によってさまざまであった。狩りの際に用いられたのは，投げ槍，投石，弓矢などの道具で，犬が追い込んだ獲物をこれらの飛び道具を使って仕留めたものと思われる。　　　　　　　（疋田隆康）

農耕 agriculture
　古典文献の記述では，しばしばガリアは食糧が豊富である旨が記述されている。実際，ローマによって征服された後，ガリアはゲルマンとの国境線を防衛する軍隊を支える穀物倉として重要な役割を果たしていた。
　ケルト人の農耕については，出土物から鋤などの農耕具を用いて耕し，鎌，大鎌を使って収穫作業を行っていたことが分かっている。土地を耕す際には人力だけではなく，牛に鋤を引かせることもあった。肥料には主に石灰と泥炭土を使用していた。
　栽培していた作物は穀物では大麦，ライ麦，オート麦，小麦，稗などで，野菜ではインゲン，エンドウ，そら豆，レンズ豆などの豆類や根菜類，クロガラシ，にんじん，セロリ，フェンネル，コリアンダーなどの香辛料，そのほかに，亜麻，ケシ，カミツレなどの油性植物を栽培していた。貯蔵には地中に貯蔵用の坑を掘ったり，高床式の貯蔵庫が用いられたりした。　（疋田隆康）

家畜の飼育 animal husbandry
　ケルト人のもとでは牛，豚，羊，山羊，馬，犬，鶏，ガチョウ，鴨，鳩などが家畜として飼育されていた。特に重要であったのは牛と豚であり，牛は食用にされることもあったが，主に農耕の補助と乳製品を得るために重宝されていた。豚は主に食用として飼育されており，古典文献でもしばしばガリアで豚が多く飼育されていることが述べられている。羊も食用とされることもあったが，むしろ乳製品と羊毛のために飼育されていた。山羊は食用，乳製品のためと，服飾などに使用するための皮を得るために飼育されていた。犬は狩猟犬，牧羊犬，番犬などとして重宝された。また，一部の地域では食用とされることもあった。鶏，ガ

チョウ，鴨，鳩は食用として飼育されていた。馬は主として軍事用で，ケルト人の家畜の中では唯一食用に用いられなかった動物であるといわれている。　　（疋田隆康）

漁業　fishing

アテナイオスによれば，沿岸部や川辺に住む人びとは，魚を塩や酢やアニスで焼いて食べる旨が記述されている。また一部の遺跡からは魚の骨だけでなく，甲殻類のからなども発見されており，沿岸部では魚だけでなく魚介類全般をケルト人が食していたことが分かっている。古典文献にはケルト人の漁業についてほとんど記述がないため，詳細は明らかではない。漁業に関する遺物としては，ホッホドルフの首長墓から3本の鉄製釣り針が発見されている。
（疋田隆康）

商業活動　commerce

ケルト人の商業活動の中心はオッピダとよばれた城壁で囲まれた居住地であり，オッピダでは定期的に市が開かれ，穀物などの農産物，塩漬けにされた肉などの食料品，職人によって作られた土器や金工品など，さまざまな生産物が取引されていたと考えられている。ただし，取引方法などその詳細は知られていない。

また，ケルト人はエトルリア，ギリシア，ローマなどの地中海の人びとや北海やバルト海のゲルマン人と交易活動を行っていた。ケルト人は，北海やバルト海からは琥珀などを輸入し，その琥珀や金，銀，錫などの鉱物を地中海へ輸出し，代わりにワインやオリーブオイルなどを輸入していた。交易路として，ポー川からサンベルナール峠を越え，ローヌ川，レマン湖を経て，ジュラ山脈を越え，セーヌ川やマルヌ川，ライン川へ出るルートなどが使われていたと推測されている。　　　　　（疋田隆康）

船と輸送　shipping and transportation

ストラボンによれば，ガリアでは物資の輸送には主に川を用いるとされており，水路が利用可能なときには，ケルト人は水上輸送を行っていた。水路が利用できないときには荷車を使い物資の輸送を行った。

『ガリア戦記』によると，ケルト人のウェネティ族の船は，樫製で，鉄釘で留められており，帆には獣の皮，錨は鉄製の鎖が使われていた。形状は竜骨が平たく，船首と船尾が高いものであったという。このため，浅瀬や干潮など水深の浅い場面にも対応でき，暴風や大波にも耐えられる耐久性があり，速力以外の点ではローマの船に勝っていた。同様の記述はストラボンの『地理誌』にも見られる。また，リウィウスによれば，ハンニバルがロダヌス川（現ローヌ川）を渡る際，同行していたケルト人が木をくりぬいて船を造ったという。ちなみに，アイルランド国立博物館所蔵の船の模型は，一本マストで，櫂が取り付けられている。

なお，ジュネーブでは港の跡が発見されている。岸には足場として，長さ40から60cmの木材が敷かれていた。湾内からは，数千の木製の杭が発見されており，埠頭の防波堤となるよう30mほどにわたり，杭が水中に打ち込まれていたものと考えられている。ただし，これらは紀元前120年頃のものと考えられており，この地域へのローマの進出が始まったのとほぼ同じ時期であるため，ローマの影響も否定できない。
（疋田隆康）

他文化からの影響　Mediterranean influences on the Celts

ケルト人はハルシュタット文化の初期からさまざまな文化の影響を受けてきた。最初にケルト文化に大きな影響を与えたのはエトルリア文化であり，ヴィラノーヴァ文化期のエトルリア製兜などの遺物がハルシュタット期の遺跡から発見されている。ま

た，ごく少数ではあるが，エトルリア文字を用いて刻まれたガリア語の碑文も発見されている。

エトルリアと並んで，ケルト人に強い影響を与えたのはギリシア文化である。特にギリシアの図像表現はケルト美術に大きな影響を与えたことが知られている。たとえば，ケルトの女神エポナの図像表現は，ギリシアの陶器に描かれた「動物の女王」とよばれる女神が2頭の動物に挟まれた姿の表現から影響を受けていることが知られている。そのほかにもケルトの女神マトロナエの像は，3体1組の女性の姿で描かれることが多いが，これもギリシアの地母神を表す母子像がその起源となっているといわれている。

イベリア半島では，紀元前5世紀頃からイベリア文字とよばれる独自の文字が用いられている。この文字はアルファベットのように子音と母音が別の文字になっておらず，わが国のかな文字のように子音と母音を含めた1つの音を1つの文字で表しており，地域により多少の違いはあるが，イベリア半島南部のタルテッソス（Tartessos）や西部のルシタニア（Lusitania），さらにはフランス南西部アクイタニアなどでイベリア文字を用いた碑文が発見されている。ケルトイベリア語の碑文の中にもイベリア文字を用いて記されているものがあり，ケルト人がイベリア半島の文化からも影響を受けていたことが知られる。

ローマ人がイタリア半島外にも勢力を伸ばすようになると，ケルト人はローマ文化の影響を強く受けるようになる。碑文にはギリシア文字に代わり，ラテン文字が用いられるようになり，ギリシアの貨幣の代わりにローマの貨幣を模倣した貨幣が造られたり，といった例がよく知られている。特にローマ支配下のガリアでは，ガロ＝ローマ文化とよばれる，ローマの文化とケルトの文化が融合した文化が栄えた。

そのほかに，ケルト美術に現れる動物像とオリエント，メソポタミアやペルシアの動物像との類似が指摘されている。また，ゴネストロップの大鍋に描かれた鹿の角をもつ神像や，フランスのブーレから出土した有名な神像など，あぐらをかいた姿の像が知られており，フランス東部コリニー（Coligny）から出土した暦と類似した暦法がインドの文献にも記載されている例がある。しかし，これらオリエントやインドの文化とケルト文化との間に何らかの関連があるかどうかは明らかではない。

〔疋田隆康〕

貨幣　coinage

ケルト人は古くは金などの貴金属を棒状の形に伸ばしたものや，輪の形にしたものなどを貨幣代わりに用いていたようであるが，これらは出土例も少なく，それほど普及したものではなかったらしい。ケルト人の貨幣の直接の起源となったのは，地中海，特にギリシアの貨幣である。紀元前4世紀以降，ケルト人は，ギリシアとの交易やギリシアやヘレニズム諸国での傭兵活動の報酬として貨幣を手に入れ，それらを模倣して独自の貨幣を造るようになった。初期にケルト人が好んで模倣の対象とした貨幣はマケドニア王フィリッポス二世のスタテル金貨やテトラドラクマ銀貨，あるいはマッサリアのドラクマ銀貨である。時代が下りローマの影響力が強くなった紀元前1世紀には，ローマの独裁官スラのデナリウス銀貨などが模倣の対象とされた。初めは図像だけでなく銘まで忠実に模倣していたが，すぐに，図像はケルト風に様式化され，抽象的な独自の意匠へと変化していき，銘もケルト人の支配者名や部族名が刻まれるようになっていった。

ケルトの貨幣には打刻貨幣と鋳造貨幣があり，打刻貨幣は材料となる金属によって，金貨，銀貨，銅貨に加え，金と銀との合金で作られたものなどが知られている。鋳造貨幣は小型の青銅貨のみが知られており，

ガリア出土のものは伝統的にフランス語で「ポタン」とよばれている。

　貨幣にはさまざまな用途があったと考えられており，1つは，貢納や税，あるいは商取引や交易の際の通貨や贈与品などといった，経済的用途である。そのほかに，実際に使用するのではなく，保有していることがステイタスとなる，いわば社会的地位を示すための奢侈品としての用途があった。このことは特に墓の副葬品に明瞭に現れている。紀元前4世紀頃まで，ケルトの有力者の墓には，貴金属，特に黄金で作られた装身具や精巧な細工の施された金工品などが埋葬されていた。それが，紀元前3世紀頃から，貨幣がそれらに取って代わるようになる。

　最後に宗教的な性格が挙げられる。例えば，旅行の際に，貨幣は使用目的ではなく，お守りや護符代わりに常に肌身離さず携行された。また，神々への奉納物として河川や泉などの聖域に捧げられたりもした。このような貨幣の宗教性は，虹が大地と接するところに小鉢型のケルトの金貨が見つかるというドイツ南部やボヘミアの民間信仰，いわゆる「虹の小鉢」に受け継がれており，この虹の小鉢には治癒や幸運をもたらす作用があるといわれている。

（疋田隆康）

生活様式

住居　dwellings

　ケルト人の多くは農場か城塞のなかの集落に大家族あるいは小家族をなして居住していた。彼らの住居は木材で造られ，屋根は麦わらぶき（あるいはかやぶき）であった。家屋の様子については，カエサルやタキトゥス，ストラボン，大プリニウスなど古典作家たちによって報告されているが，おおよそのことは考古学の調査結果と一致している。住居はほとんどが小規模なもので，豪華な造りや装飾の目立つものはなかった。

　家屋の形態は多様であるが，大まかに円形と長方形の2種類がある。石器時代（前ケルト時代）以来，ヨーロッパ大陸中央部では長方形家屋が好まれたが，西部のスペインやポルトガルなどでは，ローマによって征服されるまでは円形家屋が一般的であった。ブリテンやアイルランドも青銅器時代あたりから円形が主で，大西洋側の地域では伝統的に家屋は円形であった。アイルランドの文献では長方形の家屋についての言及もあるが，それらは儀式用のものであった可能性があり，大方の居住用の家屋はほとんど円形であったと考えてよい。

　考古学の調査では，ライン川の東側では円形家屋の証拠が出ていない。ストラボンはベルガエ族の家屋について「ケルト人の家は大きくて丸く，板や編み枝でできていて，重いかやぶきの丸屋根である」と述べている。木造でかやぶき屋根の家屋だったため，戦争のときに放火されるとひとたまりもなかった。しかし，軽量の円形家屋の骨組みは移動するのに容易で，利便性があった。

　住居を建てる場所や造り方は，地質や農牧業の方法，地域の伝統，戦時の危険性などで異なった。建物の規模よりも，水などの資源が確保できることや，狩猟に向いて

ケルト人の鉄器時代の住居（レプリカ）

いることなどが重視された。家屋の形態もさまざまで，近年スロヴェニアのモスト・ナ・ソチで見つかった一部屋タイプの丸太小屋から北海沿岸低地地方の側廊つき集会所にいたるまで，特徴に大きな違いがある。家屋の建て方で一般的なのは，円形の場合は，土の上に直接建てるもので，地面を50cmほど（場所によってはさらに深く）堀り，木の骨組みの上に屋根を載せる方式であった。ラ・テーヌ期初期には建物の基底部を石で造る工法が用いられ，前1世紀末まで続いた。上部構造は簡単な造りのように見えるが，柱と柱をつなぎ支える工法は，技術が高く，工夫がこらされている。

ブリテンのメイドン・カースル（ドーセット）で発掘された家屋の場合は，小規模家屋で直径が6mの広さしかなく，中心に立つ柱が丸屋根を支えていた。その柱を囲むように外側に数本の柱を丸く並べて立て，小枝で壁面を作り，それに漆喰（モルタル）を塗っていたと考えられる形跡がある。アイルランドやスコットランドでは漆喰を使わず，2重壁にすることも行われた。壁の隙間にはがれきを詰め込んだ。

内部の構造はさまざまで，多くは1部屋であったが，なかにはもっと多くの部屋をもつ場合もあった（最高で4部屋）。たいていの家屋には窓がなかった。円形家屋の内部は暗くて煙っぽい状態だったが，かやぶきの屋根が絶縁体となって，冬は暖かく，夏は涼しかったと思われる。家の一角に暖炉が作られ，煙は排煙口を通って屋根から抜けた。屋根のはりから暖炉の上に重い鎖で鉄の大鍋が吊るされ，料理がつくられる仕組みだった。二階建ての造りの場合は，二階に女性や子どもが住み（同時に保存食品の貯蔵室ともなった），一階は男性と家畜が同居した。床には動物の皮やわらでつくった敷物を敷くことが多かった。ケルト人の家庭には家具は少なく，地面の上でじかに（あるいは敷物の上に）座って食事をしたり，眠ったりした。 （木村正俊）

クラノーグ crannog Ir crannóc ; crannóg ScG crannag

クラノーグは湖上住居といわれている。古くからアイルランドの部族たちは安全あるいは防御のために，杭や木，低木の茂みに土や石を被った人工の島を湖につくり，その上に住居を造った。また湖上の平坦な小島にも住居を築いた。この"crannog"という語は「木」を意味する"crann"からきているが，今日では島と住居の両方を合わせた全体の構造を指す。岸辺への往復は丸木舟が使われていた。夜間，また警戒を必要とする場合，舟は島のボート小屋に置かれた。普段は住人が島と陸地の間を自由に行き来できるように舟に綱が繋がれ，湖面に浮いたままにしてあったという。

今日，アイルランドの僻地にもクラノーグの跡を見ることができる。アントリム州クシェンドールから北に向かう細い山道をトー岬をかなたに見ながら登ると北東端の断崖，フェア岬（Fair Head）にたどりつく。ベンモア（Benmore）ともよばれ，「大いなる断崖」を意味する「アン・ヴィン・ウォール」（An Bhinn Mhór）の英語名である。この高地に小湖のロッホ・ナ・クラナー（Lough na Cranagh）がひっそりと浮かび，ほぼ真ん中でクラノーグの風景を漂わせている。

クラノーグの廃墟では石や鉄の錨，櫂，火打ち石，青銅の諸刃の剣や鉄製の武器，青銅の盾，陶器，ピンやブローチなど，さ

湖上の住居クラノーグと丸木舟

まざまなものが出土している。『アルスター年代記』(The Annals of Ulster) や『四学者の年代記』(Annals of the Four Masters) には大嵐で破壊されるクラノーグ，包囲，略奪，攻撃される要塞のようなクラノーグが記述されている。一方，はるか古よりエリザベス朝の時代まで使われていたクラノーグについて，ギラルドゥス・カンブレンシスは『アイルランド地誌』の中で，アイルランドはどこよりも湖が多くて美しく，なだらかに隆起した魅力的な島を浮かべ，支配者はそこを舟でなければ近づけない，安全な避難所，住居をかまえてきた，と記している。歴史家・古物研究家のW. G. ウッド=マーティンによると，アイルランドでこれまで発見された湖上生活の地は221か所に及んでいる。

歴史物語群に属する『ベゴラへの求婚』(Tochmarc Becfola) ではタラの上王ディアルミド・マク・アイダ・スラーネの妃（妖精）が森で火炊きをしている若者に出会い，湖に浮かぶ島の宮殿へと一緒に舟に乗って行く場面はクラノーグの風景を垣間見せている。
（松村賢一）

アイルランドの戦士と農民の衣装。アルブレヒト・デューラーがアイルランドを旅行して描いた (1521)

衣服 dress

ケルト人は外観や容姿から服装にはあまり気を配らなかったように見られがちだが，古典作家たちは，ケルト人を服装に気配りした民族であると伝えた。ディオドロス・シクルスによれば，ケルト人は明るい色彩を好み，ストライプやチェック〈格子縞〉の柄物を好んで用いた。早くもハルシュタット期には質のよい，羊毛の素材を使用し，派手なデザインの衣服を仕立てていた。さまざまな色で染め上げ，刺繡をほどこしたケルト人のチュニック（袖の短い上着）は際立っていた。ストラボンも，地位の高いケルト人は，金糸を用いて衣装に光沢感を出したり，凝った刺繡をほどこした色彩鮮やかな服を着たと記述している。鉄器時代の刺繡した衣類の断片がヨークシャーのブルトン・フレミングで発見れている。

ケルト人の服装はチュニック，シャツ，ズボンの組み合わせが基本であった。男性は，かなり色鮮やかなチュニックを着用したようである。ストラボンは，ベルガエ族は腰と尻の下あたりまで届く，袖のあるチュニックを身につけていたと書いた。イベリア人は短めのチュニックを着たが，それには白か紫色の飾り縁がついていることがしばしばであった。アイルランドの物語のなかで，英雄クー・フリンは袖の長い，深紅の五重のチュニックを着用している。ウェールズの物語にも，緑色で縫った，黄色の錦織のチュニックを着た若者が登場する。

クローク（袖なしの外套）も防温・保温のために必要な衣服であった。厚さや長さが社会的身分と関係があり，アイルランドの部族長は五重になった非常に重いものを着たといわれる。ディオドロスは，ガリアのクロークはさまざまな色のチェック模様で綿密に織られ，飾りのある金や銀のブローチで留めたと記述している。クロークにはフード（頭巾）がついていることが多かった。

男性は長ズボンのほかに，ときどきチュ

ニックの下に短い，ひざまでの長さの半ズボン（ブリーチ）をはいた。半ズボンはかなりぴったりのもので，同じくぴったりしたチュニックと上下合わせて着るのが普通であった。この服装スタイルは，ゴネストロップの大鍋に浮き彫りされた騎馬戦士の図像にも表現されている。ズボンはスキュタイ人やイラン人など東方の遊牧民がはいていたのをまねたもので，ヨーロッパでは新しい衣服であった。その後ズボンはケルト人の特徴を示す衣装となるが，ズボンをはく習慣がケルト世界のどのくらいの範囲まで広がったかは確認されていない。アイルランドの貴族階級がはくことはほとんどなかったようである。イタリアのインスブレ族とボイイー族はズボンと軽いクローク着用した。カエサルの時代のガリア人は，幅がやや広いひざまで届く長さのズボンをはいていた。ズボンは皮で作られているとポリビウスは述べている。

　ケルトの女性もまたチュニックやクロークを着用したが，長くてゆるやかなのが特徴である。チュニックの裾は地面にふれる長さだった。季節に応じて，軽いリンネルや厚くて温かいウールを着たが，服装のスタイルはあまり変わらなかった。女性のチュニックやクロークは，男性のものより色も多彩で，飾りも派手であったと想像される。また，女性のなかには短いスカートをはく人もいたとみられている。

　足履きには，皮製とリンネル製の靴が使われたが，リンネル製の靴底は皮でつくられていた。木製のサンダルもあったことが知られている。

　衣服に用いられた一番普通で用途の広い材料は羊毛である。羊毛の糸のよりかた，太さ，布への織り方などは多様である。鉄器時代初期には，今日スコットランドの最北西のセント・キルダ群島にみられるような原生種の羊の毛をむしって衣服を織った。後期には大鋏で毛を刈り，土や石の紡ぎ器を用い，糸をより合わせ，織物にした。

ケルト人は明るい色とチェックの文様の織物を好んだが，前800年頃ハルシュタットで発見された羊毛の手織りの生地は茶と緑のチェックの模様で，世界で最古の織物のひとつである。

　植物のなかで最も普通の材料は亜麻であった。絹と木綿は貴重品で，大多数の一般の人の手に入らなかったが，麻やイラクサのような植物の繊維はよく使われた。繊維を染めるケルト人の技術は高かったようである。イラクサ，ブラックベリー，エニシダ，タマネギの皮などを大鍋で煮て抽出したものを混ぜて用いた。　　　（木村正俊）

装身具類　personal ornaments

　ケルト人の装飾への愛着と願望は並々ならぬものであった。ケルト文化圏で発見された多くのトルク（首環），腕輪，指輪，ブローチ，留め金（フィブラ），ベルト，ベルト鎖，ビーズなどがそのことを明らかにしている。ケルト人の残した金工の装身具はケルト芸術の輝かしい遺産である。

　装身具のなかで特別の重要さを与えられているのはトルク（torc, torque）である。トルクは通常金や銅のたくさんの糸をより合わせて作られ，装飾がほどこされる。トルクの原語綴りのひとつtorqueはラテン語ではtorquesと表記されるが，この語には「ねじれ」の意味が含まれる。しかし，実際にねじれているトルクは少なく，曲がった棒や空洞の管で作られたものがより多い。

　ケルト圏でトルクは紀元前5世紀半ば頃に作られ始めたが，作り方は東方から借りたものらしく，原型がペルシャにあるといわれる。前5世紀終わりから4世紀にかけて，ラ・テーヌ期初期の芸術が勃興した時期に，ケルトの金細工の工房で黄金のトルクが作られたとされる。これらのトルクは，先端が浮彫で極めて芸術的に装飾されていた。ケルトの戦士たちが移動するのに伴い，フランス，ラインラント（ドイツのライン川以西地方），アルプス地方，イタリア，ブ

ルガリア，ボヘミア，スロヴァキアなどに広まった。トルクは身分の高い人によって着用され，彼らの社会的地位と富の象徴とみなされた。歴史家ポリュビオスの記録では，前225年のテラモンの戦いで，多くのケルトの戦士は金のトルクと腕輪をしていた。トルクは島嶼部にも伝わり，ブリテンやアイルランドでも，芸術的価値の高い，すぐれた製品が誕生した。

トルクには宗教的，儀式的意味合いもあると解釈されている。torcには「猪」の意味があり，猪がケルト社会で聖獣であったことから，聖性をもつと信じられた。動物神ケルヌンノスはトルクを首に着けたり，手に握っている姿で表現される。

ケルト人にとって，衣服を肩のところで留めるためのブローチは特に重要な装身具の一つであった。戦士はふつう鉄製のものを用い，高位の女性は青銅製（ときには銀製）のものを好んだ。それらは非常に芸術的な細工をこらしたもので，サンゴをはめ込んだり，エナメル加工をほどこしたりしていた。女性の墓を発掘すると，じつに多くのブローチが発見されることがある。スイスの墓では1人で16個，ドイツでは21個出土した例がある。

衣装を固定するために使われ，安全ピンのような役目を果たしたのがフィブラ（fibula）もまた，貴重な装身具であった。ラ・テーヌ期のケルト人は男女ともフィブラを愛用した。フィブラの形と大きさは地域の服装習慣によってまちまちである。ラ・テーヌ期のフィブラは形状が大きくなり，片側だけについていたバネが両側につくように工夫がほどこされる。装飾の面では，初期のフィブラには動物や人間，あるいは人面が描かれていたが，時代が進むと手の込んだ植物文様が描かれるようになる。

（木村正俊）

食物・飲料　food and drink
　有史以来，人びとは，遊牧でも農耕でも，生きる糧を得て住む場所に合った生活を工夫してきた。食べ物を探して周囲の自然を観察すれば，日夜が巡り，草木は生育し，動物も餌を求めて駆け回り，すべてが時間の経過と共に徐々に移り変わる様子が認識される。

森の民ケルト人の原郷は，オーストリアの山麓湖岸で発掘された遺跡からハルシュタット文化（the Hallstatt culture）とよばれ，「ハル」'hall'はケルト語で「塩」を意味するように，地下の岩塩鉱山で知られている。塩は，肉の塩漬け，植物素材の調味など，食材の保存や調理に欠かせないため，重要な交易品でもあった。ケルトに独自の文字記録はなくても，二輪馬車を駆使した勇敢な戦士の姿は他民族に語り継がれ，来世への旅立ちに豪奢なワインの壺を伴った墳墓，湿地に埋められた祭祀用大鍋や住居跡の考古学的調査などから，当時の食生活が推察される。

森に棲む野生の猪は身近な動物であり，樹木が結実させた知恵の象徴である木の実を餌に，猪突猛進する勇姿が讃えられ，家畜化した豚は，雑食性で飼いやすく多産なため，貴重な食糧となって，冬越しの保存用に塩漬けにすると旨味も増した。なかでも骨付きのもも肉が好まれて，戦勝の宴で賞味された。労働の助けにもなった家畜の牛や山羊の乳は，チーズなど乳製品に加工され，豚のラードと共に脂肪分などの補給に役立った。

主食穀物は，古代小麦（spelt），大麦，燕麦など，各地域で自生する麦類が改良されて栽培種となり，収穫後，地下に掘った貯蔵穴に蓄えられた。大麦は外殻が硬くて脱穀が難しいため，土壌の湿度や降雨で発芽した麦芽を利用してエール（ale）などのビールが醸造された。備蓄した穀物は，土中穴の適度な気密性で鮮度が保たれて，必要分ずつを取り出して円形石臼で粉に挽き，水で練って丸めたものを鍋に入れて煮たり，醸造の副産物である澱の酵母を加え

VI 生活・民俗

て発酵させ、炉で燃やす薪の火力が安定した熾火を利用してパンに焼かれた。

ケルトの円形住居は、炉を中心に構成され、灯りや暖をとるだけでなく、串刺しにした肉を焼くためにも利用され、屋内に保存した塩漬け肉も煙で燻されて風味が増した。火による調理は、腐りやすい獣肉も加熱することで殺菌され、食材を安全で消化しやすく美味しく変化させる。炉の上に鉤で吊した鉄鍋は、地下で採掘した鉄鉱石から、ケルトの卓越した冶金技術によって鋳造され、最大で豚一匹が入るほどの大きさがあった。ポタージュは「鍋の中に入れられたもの」を意味するように、動物の肉、穀物、野草など、入手したあらゆる食材を煮込んだ粥状のスープの滋味で、部族社会の大家族を温かく養った。大鍋を囲む「同じ釜の飯」の絆は、アーサー王伝説で各人が本分を発揮して対等に集う円卓の騎士を彷彿させる。鍋に入れたものは、人びとの命をつなぐ糧として生まれ変わり、生死が循環することから、大鍋（cauldron）は再生と豊穣の象徴として聖なる神器のひとつとされた。地下、水中、空中も含めた自然の有り様を見抜く慧眼を持った賢者ドルイドは、身近に生える植物の効能を知って、人びとの病を癒やすために大鍋で秘薬を煎じた。

原初の生命が海から誕生したといわれるように、聖なる湧き水に宿るとされる生命力は、葡萄や麦酵母の助けを借りて醸造され、ワインやビールなどの発酵飲料となって、水代わりに飲まれた。蜂蜜酒（mead）は、蜂蜜に水を加えて発酵させた人類最古の酒といわれ、ケルト人は、植物の受粉を媒介して食物連鎖の端緒を担う蜂を精霊の使者と信じて、その蜜から作る蜂蜜酒は神々の不死なる飲み物とされた。芳醇な味と香りのワインは、ケルト人に特に好まれて、葡萄栽培に適したローマなどから遙々輸入した取っ手付き土器アンフォラ一杯分のワインが奴隷一人と取引される贅沢品であっ

た。ワインを運ぶ器として、ケルト人が発明したとされる木樽は、軽量で弾性があり、転がして運搬や貯蔵に便利なため、現在でも広く使われている。祝祭に集う人びとが歌や踊りと共に世にも甘美な酒杯を回し飲み、飲むほどに歓喜に満ち溢れ、飲酒の酩酊が心地よい陶酔感や一体感を誘って、身も心も癒やされる様子は、その場に招かれた吟唱詩人による口承文学やバラッドなどのテーマとして生き生きと描き出されて、今日に伝えられている。こうした食文化は、その後、離散した各ケルト地域の特色を生かして引き継がれ、現在もその郷土料理の中に息づいている。

ケルトの人びとは、自然界の躍動し循環する光と影の対比の中で、見えない異界の暗闇部分を眼前に展開する明るい光の世界と等分に感じ取り、そのお陰で生かされて在ることを季節ごとの祝祭で再認識して、飲食を共に分かち合い、感謝の祝杯を捧げ、生命を謳歌してきた。食は文化を映す鏡でもあり、食べて生きた過去の経験と英知に学べば、それを今後に生かすことができるであろう。

（野口結加）

宴会　feasts

部族社会を構成したケルト人は、集団の結束を固める意味からも、にぎやかな雰囲気で共に飲食することを大切にした。大がかりな宴会あるいは祝宴がしばしば開かれ、その場を盛り立てる催しが行われるしきたりであった。ポリビウスは、ケルトの戦士たちの並外れた飲食と宴会好きの傾向を報告している。

ケルトの宴会では社会的な地位や権威が示された。大きな宴会では、出席者は円をなして床に座ったが、中央の座席を占めるのは、集団のなかで影響力の大きい人物で、軍事的功労者、良家の出身者、資産家などであった。その脇に、宴会の主催者が座り、その両脇に重要人物たちが座る慣わしであった。床にじかに座るか、動物の皮を敷い

死と埋葬

アイルランドの部族長が戸外で開いた宴会。詩人とハープ引きが娯楽で座を盛り立てた

死と埋葬 death and burial

　ケルト人の埋葬や葬儀の方法を一概にまとめることはむずかしい。考古学の発掘資料と文学にその証拠を求めることができるが，くわしくはほとんどわかっていない。古代ケルト社会での埋葬は，骨や副葬品の金属が朽ちて消滅してしまったことや，風葬であったり，火葬のあと遺灰を撒いたりしたことなどのために，墓地そのものを探すことさえ容易ではない。

　カエサルは『ガリア戦記』のなかで，ガリア人の葬式は生活程度と比較して，豪勢で贅沢である，と述べている。死者が生前に愛していたと考えられるものすべてが，動物ですら火葬用の薪のなかにくべられる，とカエサルは説明する。しかし，この葬式の方法がケルト圏に普通にみられたわけではない。豪勢な葬式は富と地位に恵まれた人たちのものであった。普通のケルト人の遺骸がどのように埋葬されたかは未知のままである。都合のよい溝にあっさり捨てられたり，穴のなかに投げ込まれたりする場合も多かったであろう。しかし，それ以上に多かったと推測されるのは，遺骸を特定の場所にさらして置き，肉が野生の動物に喰われるがままにすることである。幼児や子どもの埋葬についてはほとんど知られていない。

　埋葬についてかなりはっきり裏づけできるのは，きちんとした墓に埋められた部族長や高貴な貴婦人の場合である。前1300年頃から前700年頃にかけて，ヨーロッパの中部・西部のいわゆる「火葬骨壺墓地文化」が広まった地帯では，多くは土葬が普通であったと思われるが，支配者や貴人たちは火葬に付され，その遺灰が陶器の壺に収められて埋葬された。一部の墓からは精巧な

て座るかして，目の前に置かれた低い食卓から料理を取って食べた。料理は，煮たり焼いたりした牛肉や羊肉，豚肉が多かった。ことに豚肉はケルト人の好物で，焼くか大鍋で煮るかして出された。飲み物は，ガリアの富裕階級の場合は，ワインが好まれた。アイルランドでは，宴会の席で最もすぐれた戦士が「勝者の分け前」(champion's portion) として肉の一番おいしい部位（太ももとされることが多い）を与えられる伝統があった。その賞をめぐって2人以上が競い合ったときは，生死を賭けた争いになることがあった。しかし，一般的にいって，ときどき争乱が起こることがあったにしても，ケルトの宴席では，序列やもてなしの礼節は守られた。

　飲み会や宴席には，詩人（バルド）も出席し，居合わせた人や主人をたたえる詩を歌ったが，リラ（古代ギリシアの七弦の竪琴）に似た楽器で伴奏をつけるのが普通だった。詩人のなかにはときに，鋭い風刺詩を歌うものがおり，支配階級にとって彼らは手ごわい存在でもあった。王・首長たちは，お抱えの詩人に祖先やみずからの英雄的行為や業績を歌わせた。この英雄を賛美する詩を作る伝統は数世紀を経て中世まで伝わり，ケルト文化の輝かしい伝統の一つとなっている。　　　　　　　　（木村正俊）

武器や装飾品が見つかり，上層支配者の富や財産のありようを具体的に示している。その後，社会構成の変化に伴い支配者の勢力が増したためと考えられるが，埋葬品は豪華になり，立派な青銅製容器や車両，馬の遺物が登場する。埋葬品は，来世での生活を意識して必要なものが選ばれているのが明かである。

ハルシュタットでは前7世紀と6世紀のものである墓が2,000以上発掘されたが，戦士の墓の大部分から副葬品として武器，飲物用器，鉢，杯などが見つかった。女性の墓には宝石類が多く含まれていた。ハルシュタット期の戦士の墓から出土する武器や身の回り品から，戦闘が重視されていたことがうかがわれる。ラ・テーヌ期の墓では，男性が黄金の腕輪や指輪などを身につけていたり，黄金の仮面を着用していることもある。女性の墓も豪華な副葬品が埋葬されていることが多い。

ブリテンでは大陸と異なり，念入りな埋葬はほとんど見られない。墓の出土がことに多いイングランド北東部のヨークシャー東部では，前3世紀から前1世紀にかけての墓が多いが，大陸の一部（たとえば，フランス北東部のマルヌ地方）と埋葬の仕方が類似している。これは，ガリアの東部からブリテンへの移住の結果かもしれない。

（木村正俊）

民衆文化

魔除け amulets

イングランドや北欧やアイヌと同じく，ナナカマド(rowan)は強力な魔除けである。スコットランドではナナカマドで十字を作り，赤い糸で結んだものは魔女を遠ざける。アイルランドではハシバミ（hazel）の棒が妖精や幽霊から守ってくれる。アライトツメクサ（pearlwort）も魔除けになる。

妖精は鉄を嫌うと考えられていて，ナイフや釘や蹄鉄などの鉄製品は妖精の害から守ってくれる。お産の際には妖精にさらわれないよう母子を守るあらゆる対策がとられる。スコットランドの例では，近所の女が集まり，3日間は母親をひとりにしない。ベッドの前板に釘を一列に打ち付け，アイロンか鎌をベッドの下と窓に置き，古い蹄鉄を炉に入れ，尿を玄関の柱に撒き，開いた聖書ごしに産婦の顔に息を吹きかけ，穴の開いたオートミールのケーキをベッドの前にかけておくなど。

モルッカ（molucca）とよばれる豆は邪視や魔女を退けるので，子どもの首のまわりにつける。魔除けは牛などの家畜を守るためにも使用される。

（岩瀬ひさみ）

ケーリー [Ir] céilí　[ScG] cèilidh

現在ではほとんどダンスパーティーと同義語である。本来の意味は，親しい人の家を訪問すること。

村の暮らしは春から夏までは日が長く農作業も忙しい。収穫を終え，夜が長くなるとケーリーが始まった。近隣の老若男女が一軒の家に集まり，炉を囲んで世間話をしたり歌を歌ったりして時を過ごした。ラジオもテレビもない時代には，天候，家畜の値段，はやり病，難破船など，話すべき話題はたくさんあった。旅回りの職人や商人がもたらす未知の話も歓迎された。少なくとも村に一軒はケーリーの家があった。糸紡ぎやヒースの縄ないなどの手仕事をしながら聞くこともあったが，尊敬される語り部による英雄物語や氏族の歴史，昔話や伝説などを聞くときは，仕事の手を止めて真剣に耳を傾けた。諺，なぞなぞなども飛びかった。ケーリーは楽しみの場であると同時に，コミュニティーの歴史や知識，言語文化の重要な伝承の場であった。

（岩瀬ひさみ）

Ⅶ　ケルト芸術

大陸のケルト美術

ハルシュタット美術の展開　the art of Hallstatt culture

　幾何学文様や抽象的な意匠伝統が続いたハルシュタット文化期の美術について，大きな画期と目されているのが，各地に首長居館と豪華な副葬品が納められた首長墓が登場するハルシュタットD期である。紀元前600年頃にローヌ川河口に近いマッサリア（現マルセイユ）にギリシア植民市が建設されたことを契機として，地中海地方の文物がローヌ渓谷を経て，ロワール川，セーヌ川，ライン川，ドナウ川などの各流域へと直接もたらされることになった。このことは，アルプス以北で発達したハルシュタット首長制社会をギリシア・ラテン世界とつなぐ交易システムが成立したことを意味する。

　このことを最も雄弁に物語るのが，フランスのモン・ラソワ近郊に所在するヴィクス（Vix）（紀元前6世紀末）やドイツのホーホドルフ（Hochdorf）（紀元前530年頃）といった高塚古墳からの出土品である。ヴィクスでは，墳丘内の木槨に30代半ばの女性被葬者とともに，エトルリアのフラゴンやギリシアのアッティカ杯，青銅製クラテル，金製のトルクなどが副葬品として納められていた。なかでも注目すべきは青銅製クラテルで，把部にゴルゴンの面を大きくあらわし，頸部にはギリシアの戦士や四頭立ての戦車を鋳出すなど，現存する青銅製クラテルのなかでも出色の作行を誇る。また，480gもの金を用いた金製トルクは，繊細な金銭細工にギリシア神話のペガサスを載せた同時代のギリシアの金工技術と較べても全く遜色のない優美な作品である。一方，ホーホドルフでも木槨に男性被葬者とともにさまざまな豪華な副葬品が納められていたが，とりわけ目を引くのが長さ3mにもなる青銅製長椅子である。一輪車に乗った8体の女性像によって支えられたこの長椅子の背もたれ部分には，列点によって躍動感溢れる戦士像や二頭立てで四輪の荷車が幾何学的なデフォルメがなされつつもあらわされており，当地で製作されていた青銅製品の水準の高さをよく示している。また，この長椅子の隣にはイタリア南部のギリシア植民市で製作されたと思われる獅子飾りのついた大釜が据えられていた。

　このように，ハルシュタットD期は，新たな交易路が発達したことにより，青銅器時代以来の在地的伝統に連なる製品とともに，地中海世界で製作された極めて高品質な作品が共存する社会であった。このことは，各種意匠や技法の面でも大きな刺激を与え，後に花開くラ・テーヌ美術の誕生を

下支えすることになる。　　　　（望月規史）

大陸の石造彫刻　continental stone sculpture

　大陸のケルト人による石造彫刻は人頭あるいは人面を表したものが多い。石造彫刻の多くはラインラント，フランス，ボヘミアなどから出土している。それらのほとんどはケルト人の宗教的な概念と密接に関連しているとみられる。総じて粗削りではあるが，線には鋭さがあり，不気味な感じを与える。

　初期ラ・テーヌ期で最も古いのは，ドイツのラインラント州ファルツフェルトから出土した砂岩の石柱で，紀元前5-4世紀にさかのぼる。高さは1.48mあり，4面からなるが，先端は壊れている。各面の中心部にふくらんだ葉状冠をかぶった人面が配置され，全体にうごめくようなS字型の文様が浮彫されている。葉状冠はこの時期のケルト芸術の際立った特徴である。同じような頭部の表現はハイデルベルクで出土した石灰岩の彫刻にもみられる。柱の基底部は男根的であり，儀式と関係があったかもしれない。こうした石柱の表現方法は，北イタリアのエトルリアの石像彫刻の影響を受けたものであろう。

　同じくドイツのホルツガーリングで出土した双頭（ヤヌス）の石像彫刻は，数少ないラインラントのもので，年代は紀元前6-5世紀とみられる。高さが2.5mあり，像の上半分は人体の表現である。腕が腹部をよぎるように表現されているのが目立つ。下半分には彫り込みがほとんどない。この石像にはいかめしい雰囲気があり，顔の表情も厳しい。顔は後ろにもついているので，前後2つの顔で物を見通す力があるヤヌス神への信仰を表している。

　ラ・テーヌ期を代表する彫刻は，チェコのプラハ近郊，ムシェツケー・ジェフロヴィツェの近くで発見された前2世紀のものと思われる人頭彫刻である。頭の高さは23.5cm，顔面は壊れてひび割れがある。口ひげはくるりと巻かれ，もじゃもじゃの眉毛は先端が跳ね上っている。頭髪は角ばった形で整えられており，後方になびかせているさまを想像させる。大きな端飾りのある首環（トルク）をつけているのでケルト人であるのは間違いない。丸い目は極端に突き出ていて，妙に愛嬌を感じさせる。典型的なケルト人の顔の特徴をよくとらえており，多くの人がケルト人に抱くイメージをみごとに戯画化したものと受け止められる。

　この時代の石像彫刻は南フランスで多く発見されている。ブーシュ＝デュ＝ローヌ県ロクペルテューズで発掘された双頭の彫刻は前3-2世紀のもので，高さが42cmある。頭部に毛髪がなく，顔の造りと表情は瞑想的に，また厳格にみえる。一方，同じく南仏のブーシュ＝デュ＝ローヌ県で出土した石灰岩製の怪獣「ノーヴのダラスク」は，同県出土の双頭とは極めて対照的で，奇怪この上ない彫刻である。怪獣の両手がそれぞれ2人の男の頭の上に置かれ，怪獣の顎からはもう一本の手が伸びている。

（木村正俊）

ラ・テーヌ期を代表する石造彫刻。チェコ，プラハ近郊のシェッケー・シェフロヴィツェで出土

青銅製品の美術　bronze art of the Iron Age
「ケルト人」が担い手だったとされるハルシュタットC・D期およびラ・テーヌ文化は，ともに鉄器時代の文化である。しかし，武器武具類や工具類を別とすれば，この時代においても最も用いられていたのは青銅であった。青銅は，銅を主成分として錫を含む合金である。原料となる銅は鉄よりも安価で，しかも鉄に較べて加工性が高く，鋳造にあたっては融点が低い。また，堅さや強度の点では鉄に劣るものの，鉄よりも錆びにくく，しかも錆を生じる前はやや赤みを帯びた黄金色や白銀色の金属光沢がある点も好まれた理由である。こうした幾つもの優れた特性をもつ青銅が，当該期の造形性に果たした役割は非常に大きい。滑らかで生命力の横溢するような自由な形象は，青銅製品ならではのものといえる。

とはいえ，当地では同時期のギリシアやローマのように神や人をあらわしたブロンズ像を作ったわけではない。むしろ，自然主義的な均整のとれた人像表現は極めて低調であり，青銅の利用は各種日用品のほかトルクやフィブラといった個人が身につける装身具や，クラテル，フラゴン，オイノコエなどのワイン用酒器に向けられた。特に酒器については早くから非常に精緻なものが在地製作されており，ともにラ・テーヌ前期を代表する首長墓であるラインハイムとヴァルトアルゲスハイムから出土した青銅製蓋付水差は，同時代地中海世界の水差と一線を画す特異な器形とともに，極めて薄い器壁に細緻な幾何学文様を毛彫であらわしたもので，鋳金・彫金の両面から当時の高度な金工技法を余すところなく伝えている。　　　　　　　　　（望月規史）

トルク　torc
　頸環とも訳される古代の装身具。円形を基本とする首飾りで，両端部に掛け留め用のフックや，瘤状の作り出しを伴うかたちをとる。大半は青銅製ないし金製であるが，銀製の作例もみられる。すでにハルシュタット文化において相当数が作られており，当該文化期における最古級のトルクとしては，紀元前6世紀頃に比定されるヒルシュランデン（Hirschlanden）の砂岩製戦士像（ビュルテンベルク州立博物館所蔵）に明瞭なかたちでトルク表現が見られる。また，ラ・テーヌ期にもトルクはヨーロッパ各地で数多く出土しているが，なかでも英国・ノーフォーク州のスネッティシャム（Snettisham）出土の紀元前1世紀頃の金製および金銀合金を用いて失蝋法により製作された豪華なトルク（大英博物館所蔵）が名高い。　　　　　　　　　（望月規史）

シトゥラ　situla
　シトゥラは，バケツ形をなした古代ギリシアの器種に由来する考古学・美術史の用語である。大まかに言えば，大型の把手付広口壺や桶が該当するが，やや肩の張った胴に水平の隆帯を巡らせて複数の区画を設け，区画ごとに闘争図や宴会図，物語的・神話的な場面展開やさまざまな装飾を，槌を用いた打ち出し技法であらわした青銅製広口壺のことを指す場合が多い。当時の生活習慣や風俗などを知る上で大きな手がかりとなるため，「シトゥラ芸術」として扱われることもある。地中海地方では北イタリアのエステ文化（Este culture）やゴラセッカ文化（Golasecca culture）のものが知られているが，これと並行するハルシュタット文化圏でも広く用いられた。こうした巧みな金属加工技術が，その後華やかに展開するラ・テーヌ文化の金属工芸の基板となっていくことになる。　　　　　（望月規史）

クラテル　krater
　古代ギリシアで用いられた，ワインを水と混ぜるための大型混酒器である。一般には陶製が多いものの，銅製の出土例もある。最も著名なクラテルは，フランス・ブルゴーニュ地方のモン・ラソワ山麓のヴィクス

(Vix)で1953年に発見された紀元前6世紀の首長墓からの出土品である。この首長墓は，石郭内に木製車輪を伴う棺台とそこに安置された女性被葬者とともに，豪華な副葬品の数々で著名だが，特に総高1.64mを誇る蓋付きの青銅製クラテルが注目される。本品は，イタリア半島南部のギリシア植民市あたりからもたらされたものと考えられ，当時から地中海地方の品々がアルプス以北の地域へもたらされていたことがわかる重要な資料となっている。（望月規史）

ギリシア・エトルリア美術との関連 relationship with Greek and Etruscan art

　鉄器時代（初期はハルシュタット期に重なる）のケルト社会は，ローマ人がオッピダ（oppida）とよんだ要塞型「都市」を多く築いたが，そこに住む裕福で有力な支配階級は，ギリシアやエトルリアなど地中海世界との交易に従事し，ワインや陶器，宝石など異質で高価な品物を多く輸入した。それによってケルト人は外部の先進文化と接触し，その影響を大きく受けることになる。ギリシアやエトルリアから運ばれたワインの容器や金属製品，陶器などがケケルト人の墓から多数発見されている。

　ブルガンディのヴィクス（Vix）で王女とみられる貴婦人の墓からは，ギリシアのワイン混酒器である「クラテル」（krater）が出土した。この青銅製の大型クラテルは，容量が1,100リットルあり，前530年頃，ギリシア人が植民したイタリア南部のマグナ・グラエキアで作られた。クラテルの上部は，歩兵と戦車の御者の行進場面で装飾されている。同じ墓から出土した紀元前6世紀の首環の末端にはギリシア神話のペガサスを思わせる翼ある馬の飾りがついていて，ギリシア的装飾様式を特色としている。

　ギリシアとの接触を最もよく明らかにしているのは，オーストリアのシュタイアーマイアーの墓から出土した祭儀用の四輪車である。裸身の女性が頭上に奉納皿を掲げ，彼女を戦士，斧をもつ人物，騎馬の人物，牡鹿が取り囲んでいる。前6世紀のものとみられるが，もっと古い可能性もある。

　エトルリアの影響を表しているのは，「シトゥラ」（stula）である。シトゥラは青銅製のワイン容器であるが，北イタリア，のボローニャ近郊で出土した前5世紀頃のシトゥラは，エトルリアから運ばれたとみられる。動物や人の群像，騎士たち，楽人たちが帯状に突起する工法で装飾されている。アルプスを越え，ケルト圏に輸入されたシトゥラが数多く発見されている。

　ラ・テーヌ期に入っても，ケルト人は交易を通じてギリシア・エトルリア芸術の影響を受けた。戦士たちの墓から発掘される遺物から，当時の戦士貴族がケルト芸術を発展させるのに大きく貢献したことがわかる。富裕な階級はエトルリアからワインを大量に取り寄せた。それに伴い，ワイン容器や陶器，さまざまな備品などが持ち込まれ，ケルトの金工師たちは，それらから美術的様式を学び取り，ケルト独特の製品を創出するようになった。初期ラ・テーヌ美術には，エトルリアの青銅製ワイン容器の装飾文様をケルト的文様に適用し，独創性を高めた例がみられる。ケルト人はハルシュタット期の借用ないしは模倣の段階から脱皮し，ケルト固有の美感と創造性を身につけたのである。　　　　　（木村正俊）

ヤーコプスタール，パウル Jacobsthal, Paul Ferdinand (1880-1957)

　ドイツ出身の古典考古学者，「ケルト美術」研究者。1880年2月23日に，ベルリンのユダヤ系医師の家庭に生まれる。ベルリンとゲッティンゲンで学生生活を送った後，ボン大学で古典考古学をゲオルク・レシュケ（Georg Löschcke, 1852-1915）に学んだ。レシュケは，19世紀末から20世紀初頭のドイツにおいて，アドルフ・フルトヴェングラー（Adolf Furtwängler, 1853-1907）と並び，古代ギリシアの考古学，特に陶器

研究を専門とする古典考古学者の代表的存在であった。レシュケは，それまで主流だった観念的・審美的な鑑賞にとどまらず，古代遺物と直接向き合った観察の重要性を主張したことで知られる。後年の研究手法や関心領域から忖度するに，ヤーコプスタールは，在学中にさまざまな刺激を受けつつも，レシュケとフルトヴェングラーによって開拓されたギリシア陶器研究から，特に大きな影響を受けた。

ボン大学修了後，ヤーコプスタールは1908年にゲッティンゲン大学講師の職に就いた。この頃，ベルリンでは，ペルガモン博物館が建設途次にあり，またギリシア本土や小アジア一帯では，ドイツ隊によって盛んに発掘が行われていた。そして当地で出土したさまざまな古典古代遺物が，数多くドイツへ運ばれていった。ヤーコプスタールは，当時ベルリン大学で古典学の重鎮として知られていた，ウルリッヒ・フォン・ヴィラモヴィッツ＝メーレンドルフ(Ulrich v. Wilamowitz-Moellendorff, 1848-1931) に協力するかたちで，この移送作業の一翼を担っていた。現在，ペルガモン博物館は，ドイツにおける古典古代コレクションの中核を成す博物館として知られている。「ケルト美術史家」として認識されることの多いヤーコプスタールが，こうしたコレクションの成立に関わっていたことは，その後の彼の研究スタンスを考える上で興味深い。また，ヤーコプスタールは，このような国家的規模の事業に携わる一方で，ゲッティンゲン大学が所蔵する古代ギリシア陶器の整理を自ら行い，その所蔵目録を作成している。彼は，この作業を通じて，ギリシアの壺絵に注目し，酒宴の様子を描いた「シュンポジオン」に関する図像分析を行っている。1912年，この成果は『ゲッティンゲンの壺』(Göttinger Vasen) として刊行された。同年，ヤーコプスタールは，ルートヴィヒ・フォン・ザイベル (Ludwig v. Sybel, 1846-1929) の後任としてマールブルク大学の古典考古学講座の教授職を得るに至る。

マールブク大学時代のヤーコプスタールが注目していたのは，赤像式陶器を中心とするギリシア陶器の，把手直下にみられる装飾文様である。なかでも，パルメット文やロータス文といった植物文様にみられる時代ごとの形態変化を，石造浮彫装飾などと比較しつつ，装飾の機能を中心に詳細に論じている。彼が関心を持っていた時代は，ギリシア陶器が黒像式から赤像式に移行する紀元前530年頃から，赤像式が収束する紀元前2世紀頃までであり，この時間幅は後年彼がケルト美術論を立ち上げる際に対象としていた時代に相当する。また，一連の彼の陶器研究で注目されるのは，文様の形態変化を，単なる「退化」ないし「衰退」の過程としてみなすのではなく，それぞれの段階を，ひとつの時代様式として強調している点である。当時，ヤーコプスタールのギリシア陶器研究は，斯界に広く知られつつあり，ギリシア陶器，特にアッティカ杯研究の大成者と知られる英国のジョン・ビアズリー (John Beazley, 1885-1970) に注目され，1930年以降，ヤーコプスタールは，ビアズリーと共編のかたちで，アッティカ杯を中心とするギリシア陶器の大集成事業を行うことになる。

1933年のナチス・ドイツ成立は，ヤーコプスタールにも大きな影響を及ぼした。1935年にマールブク大学の教授職ポストをその出自を理由に剥奪されることとなった彼はドイツを離れ，英国に亡命することを余儀なくされた。ヤーコプスタールは，1937年から1947年まで講師として，そして後には1950年までクライストチャーチのケルト考古学の准教授として教鞭を執った。こうしたなかで，1944年に大著『初期ケルト美術』が著されることになる。「ケルト美術史」が，しばしば「ケルトの国」と表現されるアイルランドや，英国内の「ケルト的辺境」としてイメージされがちなスコ

ットランドやウェールズではなく、ドイツ出身の古典考古学者によって、しかも英国で打ち出されたということは、彼のケルト美術論の成立のみならず、この美術カテゴリー自体の特質を考える上で、留意しておくべき点である。　　　　　（望月規史）

ラ・テーヌ美術の展開　the art of La Tène culture

　いわゆる「ケルト美術」は、古代の鉄器時代（ハルシュタット期後期からラ・テーヌ期）のみならず、中世初頭にまで及ぶ、長大なタイムスパンを有しているところに大きな特徴がある。しかも、古代と初期中世の間には、約3世紀間にも及ぶ様式上の断絶があり、辿りうる造形的系譜はいったん途切れている。だが、中世初頭における「ケルト美術」の唐突な出現は、専ら「復興」ないしは「ルネサンス」という言い回しによって、しばしばこれまで漠然と説明されることが多かった。こうした時間幅を有する美術カテゴリーは、他に例をみない。

　また、空間的な広がりについても、大きな特徴がある。この美術が大きく発展したのは、ラ・テーヌ文化という古代ヨーロッパの後期鉄器時代文化においてであった。そしてその対象となる遺物の分布は、ヨーロッパ内陸一帯、特にフランスのローヌ渓谷からドイツ南西部、オーストリア、およびボヘミア地方を中心としている。英国やアイルランドもここに加えられるが、全体的に時代が下がるものが多い。一方で、初期中世の「ケルト美術」に対応する地域は、ブリテン諸島にほぼ限られる。ここには、かつて「古代ケルト美術」の中心地であった大陸の諸地域はほとんど含まれておらず、あくまでもその中心はブリテン諸島にある。一連の特徴を念頭に、改めてこの美術を構成している枠組みを整理してみると、「古代―異教―大陸のケルト美術」と「（初期）中世―キリスト教―島のケルト美術」という2つの軸が存在していることに気づく。すなわち、「古代」と「（初期）中世」、「異教」と「キリスト教」「大陸」と「ブリテン諸島」という、それぞれ別の時空間に属する造形芸術を「ケルト美術」として包括しているのである。

　だが、古典考古学者にして「ケルト美術史家」たるヤーコプスタールが理解していたこの美術とは、あくまでもキリスト教到来よりはるか以前の中欧一帯を中心とする、古代ヨーロッパ美術であった。つまり、今日ひろく認知されているようなケルト美術のパラダイムは、ヤーコプスタール自身のケルト美術論には設定されていなかったのである。

　これを踏まえた上で改めてラ・テーヌ美術について検討してみると、この美術が富裕な戦士社会のなかで生み出されたものであり、特に金属工芸の分野で顕著な、曲線的で抽象性の高い装飾性と、反自然主義的表現に特徴があることが改めて看取される。当初それは、ハルシュタット文化にみられたような幾何学的表現であったが、紀元前5世紀から前4世紀にかけてギリシア・ローマから新たな意匠を吸収しつつ急速に発達した。静的な厳格さが失われるかわりに、動的で生命力の横溢するような造形が顕著になっていったといえる。最終的に、ラ・テーヌ文化がローマによるガリア征服によって終焉を迎えるに及んで、その闊達な造形性は失われた。しかし、それは新たに「ガロ＝ローマ美術」とよばれる属州美術の誕生の時代でもあった。　（望月規史）

初期ケルト美術の様式　early Celtic art

　ラ・テーヌ文化の美術史的側面を評価し、後に「ケルト美術の泰斗」ともよばれることになったヤーコプスタールは、1944年の大著『初期ケルト美術』において、数多くの鉄器時代資料をもとに自らのケルト美術論を打ち立てた。検討資料全419点は、石造彫刻（15点）、金製品（68点）、銀製品（4点）、土器類（18点）のほか、残りほぼ全

てが青銅製遺物で占められている。ここからは，ヤーコプスタールの様式論を支える資料選択上の特徴がうかがえる。特に，土器類への言及は非常に限定的であり，ガラス類も検討対象としては全く含まれない。先史考古学領域における鉄器時代の土器類やガラス製品は，当時の社会を考察する上で，極めて重要な意味を持つ遺物である。だが，ヤーコプスタールは，こうした資料に対して全く関心を示していない。

ヤーコプスタールは，鉄器時代遺物群を取捨選択した上で，金属器を中心とした遺物から，以下のような3段階の様式変遷案を組み上げた。すなわち，第1段階：「初期様式」（紀元前5世紀後半以降），第2段階：「ヴァルトアルゲスハイム様式」（紀元前4世紀から以降），第3段階：「刀剣様式／立体様式」（紀元前3世紀−紀元前2世紀）である。まず初期様式において古典古代の植物文様が極度に抽象化され，次のヴァルトアルゲスハイム様式では，南方から新たに導入されたパルメット文を主体とする変形植物文様が，ライン川中流域を中心に広く分布する。そして第3段階において，ケルト美術の様式は2系統に分かれ，平面装飾を主体とした刀剣様式と，量塊的な形象によって識別される立体様式が併存する状態を迎える。そしてヤーコプスタールは，こうした様式変遷のなかで，特にヴァルトアルゲスハイム様式から刀剣様式にかけての植物文様の変容に，この美術の独創性を認めている。そして，一連の様式変遷を，この美術の「編年」として提示している。

ヤーコプスタールの提示した様式変遷は，その分類原理がさまざまであることに気づく。初期様式は，「初期」という相対的な年代観に基づく命名であり，ヴァルトアルゲスハイム様式は，同名の遺跡から出土した遺物を標識として構成されている。一方，刀剣様式は，青銅製の鞘に施文される文様の特徴を中心にグルーピングされている。また，刀剣様式と併行関係にある立体様式は，文様の立体的形象自体に注目した様式名となっている。さらに，様式間の時間的・空間的粗密も大きく，各遺物の層位や出土状況に対する言及なども，ほとんど行われていない。こうしたヤーコプスタールの様式観における特徴は，同じく当該期の遺物を扱う先史考古学分野の鉄器時代編年のあり方と，極めて対照的である。

（望月規史）

青銅と黄金の美術品　the art of bronze and gold

青銅と並んで，金はラ・テーヌ文化で非常に好まれた素材であった。金は露天掘りのほか，主にライン川やドナウ川の川底から砂金として採掘され，トルクをはじめさまざまな装身具の素材として用いられた。なお，銀製の装飾品はこれまでほとんど出土していない。

また金は，貨幣素材としても利用された。ラ・テーヌ文化では，マケドニア金貨などを範として紀元前4世紀後半頃から金貨が登場する。古代貨幣のなかでも地中海世界では，貨幣表面には小さいながらも執政官や王，皇帝などの横顔がその人物の特徴を捉えつつあらわされるのが一般的である。しかし，鎚を用いて打刻するという基本的な製作方法は同じであるものの，そこにあらわされる図像は抽象化が著しく，人物の横顔であるかどうかすら判然としないものもある。また，十字形や丸星形，月形，トルク形など抽象的・象徴的な図像のものも少なくない。さらには打刻がきつく中央が深くへこんで小杯状になっているものまである。そのため，貨幣というより威信材として用いられていた可能性もある。ただ，ラ・テーヌ文化では銀貨やビロン貨（＝銀に多量の非貴金属を混ぜた合金），銅貨が軒並み紀元前2世紀後半頃に登場してくることを鑑みると，金貨の登場が突出して早いことは非常に特徴的である。（望月規史）

Ⅶ ケルト芸術

ガラス製品　glass work

　現在，ヨーロッパには実にさまざまなガラス工芸が存在し，各地に個性溢れるガラス工芸の名産地が数多くある。観光みやげとして人気の高いイタリアのヴェネツィア・グラスやフランスのバカラをはじめ，精緻で明晰なカットが美しいイギリスやアイルランドのクリスタルガラス，グラヴュールを用いたエングレーヴィング技法で華麗な意匠を施した中欧チェコのボヘミアン・グラスやドイツのザクセン・ガラス，さらには20世紀初頭に勃興した北欧モダンデザインの系譜をひくスウェーデンのコスタ・ボダなどは，その代表格といえるだろう。基本的にこれら伝統的なヨーロッパのガラス工芸は，どれも透光性が高く，中世に登場したステンドガラスを除けば，古代のローマン・ガラス以来，おしなべて容器類の形をとる。だがそうしたなかで「ヨーロッパ・ガラスの発展から全くかけ離れた一群」などと言われてきたのが，ラ・テーヌ文化のガラス工芸である。

　すでに紀元前5世紀には，フェニキアをはじめとする地中海産のガラス珠がドイツ・ラインハイムに代表される各地の首長墓の副葬品のなかにみられるが，ラ・テーヌ中期（紀元前3世紀後半–紀元前2世紀中葉）には自前でガラス生産を行うようになる。基本的にこの文化にみられるガラスは，「珠（たま）」と「釧（くしろ）」という2種類に大別される。珠は，紐や鉄線で幾つも連ねることで首飾りなどに，また釧は主に腕輪として用いられた。

　ガラス珠の製作法は「芯巻法」とよばれるものである。ガラス工芸史上最も古い技法の一つであり，また最も簡便な技法でもある。まず，金属棒に耐火粘土などの剥離剤を塗り，乾燥させる。次にこの金属棒を芯として，そこに溶かしたガラスを巻き付けて珠（＝胎珠）を任意の形に成形する。その上で，必要に応じて胎珠に色違いのガラスを雫を落とすように貼り付けて加飾するのである。なお，胎珠はやや縦長で黄色のものが多数を占め，この胎珠の上に青色と白色の同心円が交互に重層貼眼されるパターンのガラス珠が，当該期の首長墓からの出土品に極めて多い。

　一方，ガラス釧も盛んに製作されていた。紀元前3世紀頃には青銅製の腕釧が減少し，それにとって代わるようにしてガラス釧が登場してくるところをみると，ガラス釧の場合もラ・テーヌ中期が画期とみられる。これは土製の鋳型に融解したガラスを流し込み成形する技法であり，日本の弥生時代をはじめ，世界各地でみられる古代のガラス製腕釧の製作技法とも共通するものである。ラ・テーヌ文化の場合は，青色を中心とした単色系のものが多いが，外周部に摘まみ出しを設けたり，別色のガラスを重ねてめぐらすなどの華やかな装飾を施している例も見られる。　　　　　（望月規史）

初期様式　early style

　ヤーコプスタールが設定した「ケルト美術」の文様第1段階様式。紀元前5世紀から4世紀にかけて盛行した。それまでのハルシュタット文化期に主流だった幾何学文に，主にエトルリアから搬入されたカンネやフラゴン，クラテルに施されたパルメットロータス文などの地中海世界の植物文様が影響を与えることで成立した。同一文様の連続展開や，規則的で均整のとれた文様割付などから，厳格様式と呼称されることもある。ベルギーのアイゲンビルツェン（Eigenbilzen）やオーストリアのデュルンベルク（Dürrnberg）で出土した蓋付銅製注口壺の胴体部に施文されたものが，その典型としてしばしば挙げられる。（望月規史）

ヴァルトアルゲスハイム様式　Waldalgesheim style

　南方から新たに導入されたパルメット文を主体とする変形植物文様を主体する様式。ヤーコプスタールによって設定された

「ケルト美術」の第2段階に相当する。様式名称は、ドイツ・ラインラント＝プファルツ州のヴァルトアルゲスハイム（Waldalgesheim）遺跡を標識遺跡とする。この遺跡は1869年に発見された戦車墓であり、金製の首飾を中心にその副葬品は当時から先史考古学分野では極めて有名であった。初期様式に続く様式と考えられ、紀元前4世紀頃からライン川中流域を中心にスイスや北イタリアにまで広く分布した。なお、考古学的には、ラ・テーヌ文化前期後葉の遺物がこれに相当する。（望月規史）

刀剣様式　sword style
ヤーコプスタールが設定した「ケルト美術」の第3段階。ラ・テーヌ文化前期末葉から中期前半に相当する紀元前3世紀から紀元前2世紀頃まで盛行し、立体様式と併行した。平面装飾を主体とし、特に鉄剣を納める青銅製の鞘の鞘口付近に施文されることが多い。そのため、本来であれば鞘様式とも言うべきであるが、ヤーコプスタール以来この名で呼称されている。S字状に波打つ巻蔓風の連続植物文様や、渦巻文から派生したと思われる一対のリュラー文が特徴。南ドイツほか、ハンガリーをはじめ中欧・東欧地域のラ・テーヌ文化圏でしばしば見受けられる文様であり、かつては「ハンガリー刀剣様式」ともよばれた。
（望月規史）

立体様式　plastic style
刀剣様式と併行するとみられる文様様式。銅製や金製の鋳造釧などにみられ、全体に肉厚で量塊感のある形姿をなす。なお、ヤーコプスタール自身は、立体様式の設定を試みながらも、その具体的な言及はほとんど行っておらず、後年になってもこの様式について語ることは少ない。初期様式やヴァルトアルゲスハイム様式、刀剣様式と比べるとやや不明確な様式である。刀剣様式にみられる平面的な連続植物文の系統とは異なる装飾的特徴をもつ、という意味で措定したものとみたほうがよいかもしれない。
（望月規史）

植物文様　floral patterns
ケルト美術には生命の力強い流れを感じさせる植物文様が繰り返し表現される。初期の段階では、「ロータス」（蓮）や「パルメット」（シュロの葉）、アカンサス（アザミの葉）などの古典的な植物文様が用いられた。ロータスは中国で創案され、ペルシャを通じて伝えられたと考えられる。エトルリアの青銅製ワイン容器にはロータスの蕾文様があるが、ケルト人はそうしたロータス文様を適宜模倣し、変容させている。パルメットのモチーフにしても同様である。フランスのオーヴェールで出土した金箔の青銅製円盤は、古典的な植物文様を踏襲し、均整美を表した初期様式の好例であろう。

初期のケルト美術は古典的な植物文様を翻案したものであったが、しだいに古典的文様の形式主義から脱出し、ケルト特有の流動的な表現を特徴とするようになった。ラ・テーヌ期のケルト美術は、自然や生命にみられる渦巻きや、螺旋、反転といった現象をとらえるケルト人の意識を表出している。それは、ケルトの植物装飾が自然主義的な原理を捨て、自然を変形し、立体性を獲得する過程を示すものにほかならない。そこからケルト文様の歪曲性、誇張性、怪奇性などが生まれてくる。巻きひげ文様も植物文様の発展的な変種ととらえることもできる。

ケルト美術は独自の展開を遂げ、美術史家ヤーコプスタール（Paul Jacobsthal, 1880-1957）によれば、「初期ラ・テーヌ様式」（前5世紀-前4世紀初頭）の古典的植物文様の時期を経て、「ヴァルトアルゲスハイム様式」（前4世紀半ば-前3世紀初頭）で古典的植物文様から脱し、さらに「立体様式」（前3世紀初頭-前2世紀末）で変形と怪

Ⅶ　ケルト芸術

奇の要素を加え，刀剣の鞘に多い「刀剣様式」（前3世紀初頭-前2世紀末）へいたる流れをたどる。　　　　　　　　　（木村正俊）

動物文様　animal patterns

　植物文様と並んで動物文様もケルト人の自然的で生命的な意識を伝える装飾である。ハルシュタット期の美術では，水鳥（アヒルなど），馬，牛などが多く表現された。しかし，取り上げられる動物は日常的動物に限らず，幻想的，怪奇的動物も多く登場する。不思議で見慣れない動物の装飾は東方の影響を受けたからであると考えられる。つまり，スキュタイやペルシャの美術の特徴を持ち込んだのであろう。

　フランスのモーゼル地方のバス＝ユツ（Basse-Yutz）で出土した，珊瑚とエナメルで象嵌された優美な一対のフラゴンは，前4世紀初頭にラインラントで作られたものであるが，エトルリア美術の影響を受けている。その取っ手部分には，怪獣が飾られている。怪獣の頭部や背筋の曲がり具合などには驚くべき造形美があって，逸品である。ラ・テーヌ期の「立体様式」の時期（前3世紀初頭-前2世紀末）は，ケルト美術のバロック時代ともいえる時代で，動物装飾も怪奇性を強める。オーストリアのデュルンベルクで出土した，前4世紀後期か3世紀後期の容器の注ぎ口には，牡牛の頭と顎の長い生き物の頭が背中合わせに並んでいる。「立体様式」の時期には鳥の表現が多くみられる。チェコスロヴァキアのブルノ＝マルメロツェで発見されたフラゴンの飾りとみられる青銅製遺物には，おそらく取っ手部分と思われる部分に鳥頭の飾りがついている。デンマークのユトラント半島で出土した青銅製大鍋には梟の頭部の飾りがついている。ラ・テーヌ美術の大陸での動物文様は，顔や体，翼などが極度に歪曲され，奇怪な様相をおびた動物として表現される。自然主義からの脱出，反自然主義への沈潜がみられる。　　　　　（木村正俊）

人面の表現　ornamentation with human faces

　ケルト人は人面に執着し，芸術作品として象徴的に造形した。とはいっても，人間の顔だけを単独に表現するのではなく，ほかの器物や道具，あるいは装身具に付随する装飾物のひとつとして素材化したにすぎない。もともとケルト人は人頭に聖性を感じ，敬う傾向が強かった。人間の頭部あるいは顔部分を彫刻や浮彫で表現することには特に心が動いたであろう。

　ドイツのオーバーウィティングで発見された5世紀後半から4世紀初頭のブローチには，優美な曲線で彫刻された人面の装飾がついている。また，ドイツのクライン・アスベルグで出土した前5世紀後期のフラゴン（ワイン注ぎ容器）の取っ手も人面で飾られている。ひげを生やした面相から判断すると，ワインの神かもしれないが，額，両目，頬，顎などは極端に誇張された丸みをもっている。オーストリアのデュンルベルグで出土したフラゴンの取っ手にも微笑する人面が装飾されている。

　ケルト人は貨幣の鋳造にも高い技術を誇ったが，貨幣にも人面を独特のデザインで表現することが多かった。カエサル率いるローマの大軍と戦ったガリア代表の英傑ウェルキンゲトリクスの横顔を刻印した貨幣はよく知られている。

　人面は明らかに獣面と合一ないしは融合したものもあり，どちらか区別がつかない例がある。チェコのブルノ＝マロメリツェで発見された前3世紀の青銅製のワイン注ぎには，人面でもあり獣面でもある奇妙な顔が装飾されており，怖さを感じさせる。人面は，リアルなものではなく，怪奇的で幻想性をもった，変容する人間のイメージを伝える。　　　　　　　　（木村正俊）

大鍋の図像　design of cauldrons

　ケルト人の食生活で重要であった大鍋（大釜）は，ほとんど装飾の対象とはなら

大陸のケルト美術

ゴネストロップの図像の一部（内側）。動物神ケルヌンノスが右手に首環、左手に蛇をもって座っている

なかったが、儀式用に作られた特別のものは、神聖な器として宗教性の濃い装飾がほどこされた。デンマークのリンケビー（Rynkeby）で発見された紀元前1世紀の青銅製大釜（断片）には、神的人物の頭部と牛の頭部の像が飾られている。この大鍋はフネン島の沼地で発見されたが、祭儀に用いられたとみられる。ガラスの目をもつ幅の広い顔の脇には牛の頭部で守られている。人物像は端飾り式の首環（トルク）をつけているが、フランスで多く知られるタイプのものである。鍋の造りはガリア中部の金属細工の手法である。

同じくデンマークのユトラント半島北部のゴネストロップ（Gundestrup）で1891年に発見された銀メッキ製大鍋は、リンケビーのものよりはるかに象徴性の高い際立った装飾がなされている。内面には5枚の飾り板、外面には8枚の飾り板、底部には1枚の円板が用いられている。外面の飾り板の1枚に浮彫された動物神ケルヌンノス（Cernunnos）とその周辺の動物たちの図像は、この大鍋がケルトのものであることを明らかに表している。中心に位置するあぐらをかいたケルヌンノスは、頭に鹿の枝角を生やし、首にトルクをつけ、さらに右手にもトルクをもっている。彼は左手にくね

る蛇を握り、右手に一頭の牡鹿を従えている。そのほかの空間には角のある動物や奇獣、想像上の動物が配され、イルカに乗った少年の姿もみられる。

内面の飾り板の一枚では、2段にわたって戦士たちの行進が浮彫されるが、図像の解釈は多様であるかもしれない。下段の歩兵のような戦士たちは、左側にある魔法の大鍋に入れられ犠牲死することで再生を遂げ、上段の騎馬戦士となって戦場へ行進しているとも受け取れる。上段の戦士たちは角のあるヘルメットをかぶり、力強く勇ましい。下段の行進の最後には、猪頭のついたケルトのラッパ（カルニュクス）を吹き鳴らす戦士たちが続く。トルクをつけた神や女神のほか、ケルトの犬や狼、異国風なライオンや龍など多彩な動物の描写もみられ、この大鍋の装飾は、きわめてケルト的要素が濃い。

底部の円い飾り板は、中央部にさらに小型の円形の枠取りがあり、その円形のなかに、重量感のある牡牛が浮彫されている。剣をもった狩人と猟犬が描かれていることから、牛は死の苦悶にもがいているのであろう。ケルト人にとって牛は神聖な動物であった。大鍋にはケルト人の聖性を敬う強い信仰心が、象徴的装飾の技法をもってみごとに表現されている。　　　　（木村正俊）

貨幣の図像　gold coins

1990年5月、バイエルン州の考古学研究を長年推進してきた州立先史学博物館に、ミュンヘンのある銀行から急報が入った。それは、ある人物が「ケルトの金貨」を大量に発見し、当行に購入を持ち掛けて来たという話であった。直ちに博物館側はその一括購入を申し出、併せて科学的な調査を任意に行わせて貰う旨の確約を得た。博物館から急報を受けたバイエルン州文化財保護当局の埋蔵文化財保護課は、ともかくも博物館によって直ちに出土推定地の調査を実行させる旨を通達した—これが世に知

Ⅶ ケルト芸術

られた「ゾントハイム埋納貨幣」の発見譚である。

さて、このゾントハイム（Sondheim）出土の埋納貨幣410枚のうち大半を占めていたのが、いわゆる「虹の小鉢」（ドイツ語：Regenbogenschüsselchen／ラテン語：scutellae iridis）である。浅く湾曲した小鉢のような形をしており、鳥らしき頭部や十字形、トルク形、五つ玉など、さまざまな抽象的図像がみられる。このタイプの貨幣は、バイエルン地方からボヘミア地方にかけて出土しており、大半が金製であるが、まれに銀製のものもある。「虹の小鉢」というこの不思議な名前は、雨が上がった後に出る虹の端には金が埋まっており、それを発見した者やそこに住む者に幸運をもたらしてくれるという、古くからの民間信仰に由来するものであった。そして「虹の小鉢」はあらゆる病に対して薬効があり、特に癲癇（てんかん）の発作に際しては大いに有効であるとされた。また特に、日曜日生まれの子がこれを容易く見つけるものと言われていた。ドイツ語圏では、日曜日生まれの子は幸運児であると信じられていたからである。

「虹の小鉢」が特別な力を持っているという広く民間に広まっていた考え方に対し、18世紀の啓蒙主義者や神学者は、懐疑的な見解を述べていた。だがその一方で、この謎に満ちた小鉢そのものには関心を持ち続け、その起源や解釈の難しい図像モチーフの意味合いについて、さまざまに思索を巡らせていた。19世紀前半になり、「虹の小鉢」は貨幣に関連するものであるに違いない、という解釈にようやく落ち着いた。だが、ギリシアやローマのような精良な仕上がりのものは少なく、また何よりもその理解を阻むマジカルな図像ゆえに、野蛮人の貨幣であるとされ、さし当たってはゴート人やヴァンダル人など民族大移動期に相次いで登場するゲルマン系部族の所産ということになった。そして19世紀後期以降になると、ケルト人の貨幣であるに間違いあるまい、という意見が最終的に主張されるようになった。

ただ残念ながら、「虹の小鉢」に限らず18・19世紀までに発見された埋納金貨というのは、発見の記録は残っていても実物は散逸したり、大部分は鋳潰されてしまっていることが多い。貴重な「考古学的資料」である前に、それは高価な「金塊」だったからである。また、運良く伝世した場合でも、具体的な出土状況が全く分からないため、現在の考古学の調査手法に基づく評価基準では、資料としての価値が相対的に低くなってしまうのである。とは言え、今もなお「ケルト貨幣」のなかで最も特徴ある貨幣型式としてこの魅力的な名称は使い続けられている。なお、ゾントハイムに続いて1999年には483枚もの「虹の小鉢」を中心とする大量の埋納貨幣が、ラ・テーヌ期を代表する防御性集落であるマンヒンク遺跡から出土している。　　　　（望月規史）

ケルト文様のパターン　ornamental patterns in Celtic art

　ケルト人の装飾志向は強くて豊かであり、文様による芸術的表現は独特で創意にあふれている。ケルト人の感性の根底には、自然や生命の営みにみられる流れやリズムへの率直ですばやい感応がある。ケルト文様の基本的なパターンはそうしたケルト人の感応の具体的表出にほかならない。文様は時代や地域などによって異なるが民族の

ベルガエ族の使用した貨幣（前2世紀末から1世紀初め）。大英博物館所蔵

性向や思念と融合した創造の方法は目立った特性となってしきりに芸術作品に表れる。

ケルト芸術の文様は、先史時代に早くも原型となるものが作られていた。たとえば、円形、渦巻き、網目や格子、組紐、S字などは、非常に古い時代から表現されている。ケルト人は初期の頃から石や金属に図像を彫り、文様で装飾した。ラ・テーヌ期の職人は、コンパスを用いて複雑な文様を創案したことが知られている。自然の事物、動植物のもつ聖性を崇めたケルト人にとって、それらを具象的、写実的に表現するのではなく、むしろ抽象化、様式化して表象することが大切であった。

ケルトの金工職人は、戦士たちの乗る戦車や馬具、刀剣や鞘、首環やブローチ、鏡などさまざまなものに装飾をほどこした。キリスト教伝来後には、修道院文化が隆盛したが、キリスト教美術と合一した荘厳で華麗な装飾写本の芸術を生んだことが、このほか高く評価される。修道院では、高十字架（ハイクロス）にケルト文様が頻用された。

ケルト人は物事を静止したり、固定したりした様態でとらえることを好まない。事物は動くもの、流れるもの、回転（ないしは反転）するもの、増殖するものとして把握しようとする。生成と変容の原理を尊重するといってもよい。それはまたケルト芸術の創作原理でもある。

ケルトの特徴をもつ文様のパターンは多様であるが、ここでは主要なものとして3つの文様を挙げる。

【渦巻文様】

ケルト文様のなかで最もよく用いられる基本パターンのひとつは渦巻文様（spiral pattern）である。自然現象の渦巻と同じように、渦巻文様は、中心の軸から外側へ弧を描いてさまざまに拡大する。あるいは見方をかえれば、内側へ向かって縮小する。この文様にはじつに多くのヴァリエーションがあり、二重、三重にとどまらず多重の渦巻であったり、大きな円形のなかに収められたいくつかの小型渦巻であったりする。横長の帯状の枠取りのなかでは、渦巻文様が一線の上で回転するかのように連鎖している場合がある。渦巻文様は、見た目には似ていても、全く同じであるとはかぎらない。装飾写本や十字架、金属細工品などに多用されている。渦巻文様には四角の渦巻文様もあり、鍵文様の原型となった。

【組紐文様】

組紐文様（interlace pattern）も代表的基本パターンのひとつである。この文様は、ひも状の線が縫うように走るが、別の線と交差するところでは平面的結合はせず、靴紐と同じように、別の線の上か下を通り抜け立体交差する。組紐文様は、一見複雑にみえても、いくつかのユニットの組み合わせであり、1つのユニットの基本構成を合理的に理解すれば、模様全体の広がり具合もわかりよくなる。紐の流動的動きが、正方形や長方形の制限された枠のなかに収められているところに、ある種の不合理と不調和がある。一方、装飾写本の組紐文様では、線の末端などの奇怪な生物や人頭などが描かれることがしばしばである。組紐文様は対角線と組み合わされ、直線と曲線の織り成す美の空間を創り出す。

【動物文様】

ケルト文様のもうひとつの基本パターンは動物文様（animal pattern）である。「森の民」ケルト人にとって、動物は聖性をもつ敬うべき存在であり、宗教的なシンボルでもあった。ケルト美術にはさまざまな動物がモチーフとして取り上げられ、独自の装飾技術で多様に表現された。石や金属を素材に多くの動物の彫刻が造られたうえ、キリスト教伝来以後も、装飾写本や高十字架などに動様文様が多用された。馬や牛、鹿、蛇、鳥、魚などの日常生活と関わる動物のほかに、奇怪な動物や異国的動物、空想上の動物なども描写された。ピクト人のシンボル・ストーンやキリスト教以前の彫

刻などには，異様で，得体のしれない動物の造形がみられる。動物形象を描くとき，ケルトの装飾技術が最高度に高められているようにみえる。　　　　　（木村正俊）

ガロ＝ローマ美術　F l'art gallo-romain

　ガロ＝ローマ美術とはローマ支配下のガリアにおいて制作された美術のことである。属州ガリアでは，都市部を中心に次第にローマ化が進展し，その影響は美術にも反映されている。その一方で，ローマの自然主義的写実性を取り入れながらも，それに拘泥しない量塊性を備えた作品も多く，ラ・テーヌ美術以来のケルト美術の表現様式に由来するものと考えられている。ガロ＝ローマ美術の特徴は，ケルトの伝統とローマの様式との融合で，典型的な例は，有名なブーレ出土のあぐらをかいた青銅像である。具象的なその姿は，抽象性を特徴とするケルト美術とは一線を画し，ローマの影響が強く見られる。その一方で，胴体や足に比して頭部が大きく，首にトルクをつけた様子はケルトの様式を反映している。また，ヌヴィ・アン・シュリア（Neuvy-en-Sullias）出土のブロンズ女性像の，胴が実際以上に引き延ばされたすらりとしたプロポーションは，古典美術の写実的様式とも先史美術のふくよかな女性表現とも異なる独自の表現様式を示している。

　ガリアでは，多数の神像が出土しているが，このような傾向は宗教美術に特に顕著に表れている。メルクリウスやマルスなどローマの神々が，双頭の蛇などのローマ風アトリビュートをもった姿で描かれながらも，配偶神としてロスメルタやシロナなどケルトの女神と並べて描かれた石彫などが代表的な例である。

　これはブロンズ像や石彫に限ったことではなく，同様のことは，多かれ少なかれ，金工品，壁画，モザイク，陶土器，建築など，ガロ＝ローマ美術のあらゆるジャンルに見られる。金属細工に関しては，ガロ＝ローマ期の銀細工の発展にケルトとローマの要素の融合が現れている。ケルト人の冶金術や金属加工の技術が優れていたことはよく知られている。ラ・テーヌ美術では優美な装飾が施されたトルクなど，金製の装飾品が残されているが，ガロ＝ローマ期にはケルト人の技術が銀に用いられ，精緻な装飾の施された銀細工や銀の小像が作られた。さらにガロ＝ローマ期の宝飾品の発展は，ケルトの技術が宝石細工に応用された結果とみられている。　　（疋田隆康）

島のケルト美術

キリスト教以前のケルト美術　pre-Christian Celtic art

　キリスト教がブリテン諸島へ伝来する前のケルト社会には，畏怖や崇拝の対象となった神々が多数存在した。太陽や月，海，島，山，川，泉（井戸），石，岩，動物，植物など，ケルト人が神聖視し敬った自然的事物は多い。ケルト人はそうした信仰の対象物を図像や造形物として芸術的に表現した。

　キリスト教以前の時代のケルト美術は，具体的な事物や神々の「像」を示すギリシア・ローマの美術とは異なり，抽象的であり，様式的である。ギリシア・ローマの美術のように，壮大でも豪華でもない。多くは小規模で，手先の細かい技巧で仕上げた，職人芸的な美術品である。しかし，それらの美術品には，豊かな感性と強烈な美意識，高次の思念に裏打ちされた，独特の巧みな表現がみられる。なかには奇異で不思議な，呪術的要素を濃厚にもつ作品さえある。

　ブリテン島とアイルランドの最初期の美術は，ほとんどが大きな石板に刻印した図像や石造彫刻である。スコットランドのピクト人のシンボル・ストーン（symbol stones）には，たとえば太陽や月，牛，馬，

鹿，蛇など自然物の彫像が目立つが，それらを彫り込んだ石工の技法は相当高度に鍛錬されたもので，図像の抽象的な線は単純素朴に見えても，きわめて力強く印象深い。鍋など日常用具のほか，折れた弓矢や幾何学的な図形などには，当時の社会状況や民族的習俗，神的観念などが表現されているかのように思われる。アイルランドのトゥーローの石（Turoe Stone）はラ・テーヌ様式の文様で装飾されており，ラ・テーヌ文化のひとつの極致を示している。

　ブリテンとアイルランドには，紀元前7世紀までには鉄製品をつくる技術が導入されたが，馬具や盾の表面，刀剣の鞘などには青銅も使われた。金や銀も装身具などに用いられ，金属製品は洗練されたものになっていく。なかでも，すぐれた金属細工は，ヨーロッパの様式の装飾がなされた刀剣の鞘である。イングランドでは前300年頃の装飾された青銅製鞘がオックスフォードシャーのスタンドレイクで発見されたほか，前2世紀の装飾された鉄製鞘がウィルトシャーのフォヴァントで発見されている。北アイルランドでも，前2世紀頃の華麗に装飾文様をほどこされた青銅製鞘がアントリム州リスナクロウアーで発見された。

　鞘と同様に，馬具や馬飾りなどの金属製品にも独自の装飾がなされた。スコットランドのダンフリース・アンド・ギャロウェイのケルトンで出土した仔馬用かぶり物は優美なデザインで装飾されているので知られる。防具の盾にもすぐれた製品がいくつかあり，たとえば前1世紀か2世紀のもので，イングランドのバターシーのテムズ川から出土した盾は，表面を青銅で張っているが，垂直あるいは水平のどちらの面でも対称をなす均衡の美をもつ名品である。また，アイルランドでは「ペトリーの冠」（the Petrie Crown）として知られる優美に装飾された角（つの）のある頭飾りが発見されている。これらのほかに，ブリテン島とアイルランドでは，装飾の極点へ達したともいえるすぐれた黄金製首環（torc）や青銅製鏡などが出土している。キリスト教以前の時代のブリテン島とアイルランドの美術は，共通の起源と連続性をもっていたことをうかがわせる。
　　　　　　　　　　　　　　（木村正俊）

ブリテンの初期美術　early Celtic art in Britain
　紀元前4世紀までにラ・テーヌ文化はブリテン島へ広まり，ケルト美術の新時代が展開したが，ケルト以前の文化要素が加味され，ブリテン島各地で類を見ない独自性をもった芸術品が創作された。

　戦士社会のさなかにあって，大陸的な芸術の様式を取り入れた武器・武具の類ですぐれたものが多く製作された。ブリテン島とアイルランドのケルト芸術の最初期を通じて，とくにすぐれているとみられるのが防具の盾である。リンカーンシャーのウィサム（Witham）川から引き上げられた前3世紀頃の盾は，長方形であるが四隅を丸くし，中央部に突起装飾（ボス）と上下端部に円形装飾をほどこしている。円形装飾には彫金によるらせん状の文様がみられる。長さが113cmあり，2枚の薄い板金を中心部で接合させ，木で裏打ちし，皮を張り合わせている。ガリアの盾の系統を引く作り方であるが，高度な島の芸術の特徴をもっている。戦闘に使用されたものではなく，祭礼や奉納用のものであった可能性がある。

　有名なバターシー（Battersea）の盾は，ブリテン島の鉄器時代芸術のなかで最もすばらしい名品で，3世紀頃のものと推定される。全長77.5cmで，奉納ないしは祭礼用のものであったかもしれない。青銅を木で裏打ちし，中央が少し細くなった形で，対称的な文様を描いた円盤が3つ並んでいる。飾り鋲（びょう）の赤いガラスは地中海起源とされる。

　ワンズワース（Wandsworth）のテムズ川で発見された盾は断片で残っている。2羽の鳥と植物文様が浮き彫りにされており，

鳥の頭の造形が美しい。文様から判断して，ヨーロッパ中東部の様式を基にして制作されたとみなされる。円形の盾も発見されている。ワンズワースの円形の盾は，中央の握りは半球の円錐形装飾突起（アンボー）で覆われている。これは前1世紀以後の盾の特徴である。外側の円いつばは打出し細工の技法で飾られているが，これは長方形の盾と共通であろう。

刀剣を収める鞘は，大陸の刀剣様式を受け継ぎ，新たな様式美を加味して製作された。刀剣の鞘の様式は非対称的な線刻文様が特色であるが，イングランド南部ウィルトシャーのフォヴァント（Fovant）で発見された鉄の鞘は線刻文様で飾られた逸品である。

兜もブリテンの特徴を目立たせたものが発見され，ブリテンの芸術の特異性に注目されることになった。ロンドンのテムズ川のウォータールー（Waterloo）橋の近くで発見された兜は，高さが18cmで，2本の角がついている。角は先端が小さなこぶ状になっており，飾りがまったくない独特のものである。実戦で常用したものではなく，単に誇示するだけのものであったとみられる。被（かぶ）りものでユニークなのはスコットランド南西部カーカブリーのトーズ農場（Torrs Farm）から出土した青銅製「ポニーの被りもの」である。馬に被らせたものであろうが，奉納物であったかもしれない。

装身具，たとえば，首環（トルク），ネックレス，ブローチ，腕輪なども，ブリテンらしい手法のものが多数作られた。金や銀，あるいは青銅製の豪華な首環が各地の埋蔵地で見つかっている。特に注目されるのは，イングランド南部のノーフォークのスネッティシャム埋蔵地（Snettisham Hoard）から出土した50個以上の黄金の首環である。これらは聖職者か王家のものであったとみられる。スネッティシャムのほかにもイングランド南東部サフォークのイプスウィッチでも黄金のトルクが5つ出土しているが，これらはスネッティシャムの様式と酷似している。

ブリテン島の初期ケルト芸術で最もすぐれた達成を示したのは装飾された鏡かもしれない。前1世紀に始まったと思われる装飾的な鏡の製作は，きわめて革新的な局面を切り開いた。ケルト人は金属を磨いて鏡をつくる技術をローマ世界から学んだが，ブリテンではこれまで副葬品のなかから15個くらいの装飾された鏡が見つかっている。グロースターシャー出土のバードリップ（Birdlip）の鏡，ノーサンプトンシャー出土のデズバラ（Desborough）の鏡，メイヤー・コレクションに収められている鏡などが名品として知られている。一般的に直径が20cmから30cmあり，青銅でつくられ，裏面に装飾がほどこされている。

とりわけ評価が高いのは，紀元前50年から紀元50年のデズバラの鏡である。高さが35cmあり，左右対称の植物の葉文様は，典型的な竪琴型の巻きひげ文様を用い，文様と文様のあいだの空間は網代文様で埋められている。もうひとつの逸品であるイングランド南東部デヴォンシャーのホルコム（Holcombe）の鏡は，多数の弧と中心点を含む複雑な構成で，コンパスを使って文様を描いている。コンパスの動きを変えることで，微妙な線形の非対照的なデザインが生まれ，知的で芸術性の高いものになっている。　　　　　　　　　　　　（木村正俊）

アイルランドの初期美術　early Celtic art in Ireland

ラ・テーヌ文化の明確な様式を帯びた事物が紀元3世紀にアイルランドへ到着した。ロスコモン州のクロンマクノイス埋蔵地（Clonmacnois Hoard）から大陸ケルト文化の隆盛を伝える黄金製首環が2個発見されている。これらはドイツのラインラントで前3世紀頃につくられたものと推定され，アイルランドで発見されたラ・テーヌ様式

の最古のものである。

　アイルランドのラ・テーヌ様式の芸術品あるいは工芸品が出土した分布図をみれば、北部の約3分の2にあたる地域（具体的にはダブリンからゴールウェイ湾を結ぶ線の北方）に集中していることがわかる。しかし、アイルランドではケルト以前の青銅器時代後期に、たとえば1931年に西部のクレア州で発見された前8世紀の黄金製のグレニンシーンのど当て（Gleninsheen Gorget）のような、驚くほど繊細な打出し細工による装飾をほどこした名品がすでにつくられており、先住民の芸術的な技巧が高度な水準に達していた事実を看過してはならない。おそらくケルトの芸術文化はそうした先住民の達成した芸術性を吸収し同化することで発展しえたのであろう。8つの青銅製鞘がアルスター北東部から出土している。

　ラ・テーヌの手法による金属製品のなかでも、とくにさまざまな種類のある武器・武具が注目されるが、アイルランドで出土されるものは意外と限定的である。英雄物語の戦争場面で重要な役割を果たす二輪戦車はまったく出土していない。剣や槍、盾のような主要な武器もあまり多く発見されていない。だが、武器や武具を装飾する技法は高かったことは明らかで、その証拠に、ブリテン諸島で最もすばらしいと思われるワルトアルゲスハイム様式8個の鞘が、北アイルランド北東部アントリムで発見されている。入念な美しい装飾から、相当鍛錬された技術の持ち主がこれらの鞘を制作したことが見て取れる。それらの鞘は、さまざまな物を奉納するボッグ（沼地帯）のなかから発見された。アイルランドで装飾された鞘は前3世紀以降につくられたとみられるが、その発見場所の分布が北東部の狭い範囲に限られていることから、特定の専門職によって製作されたこともありうるという。しかし、剣のほうは、皮鞘に入れられている場合は、もっと広い範囲にわたって出回っていたようである。

　装身具もラ・テーヌ様式の粋を示す金属製品がつくられた。なかでも首環にはすばらしいものが多く、ことに北アイルランドのロンドンデリーのリマヴァディ近くにあるブロイフター埋蔵地（Broighter Hoard）から発見された黄金の首環は、明らかにこの地域で作られたもので、ヨーロッパ初期鉄器時代美術を代表するものである。前1世紀の製品で、長さが19cmの太い円管（直径2.86cm）から成る。末端にはバッファ（保護部品）がついている。植物文様や幾何学的な曲線などで装飾されている。空洞の管でつくった首環はほかに比べられるものがなく、アイルランド独自の特徴をもっているが、ブリテンのスネッティシャム埋蔵地から出土した首環と類似点があることが指摘されている。

　この埋蔵地からはほかに、金の腕輪、金鎖、金で作った船の小模型、金の板を延ばして作った吊り下げ式の鉢など黄金製品が多数発掘された。有名な黄金製の船のミニチュアは、アイルランドの特徴を表した優美な工芸品で、文化的な色合いが濃い。縦長さが18.4cm、横幅7.6cm、重さ85gある。7対の櫂（オール）がついている帆船で、中央部にマストが1本立ち、船尾に舵をとる櫂が1つ取りつけられている。

（木村正俊）

島の石造彫刻　insular stone sculpture

　ブリテン島とアイルランドの鉄器時代の石造彫刻は、人物と人頭を表した独特のものが残っている。イングランド北東部のノーサンバーランド州コーブリッジから出土した人頭の石造彫刻は、おそらく3世紀のものであるが、ケルトのマポヌス神を表しているとみられる。鼻から上は大きく、口と顎は比較的小さく彫られている。北アイルランドのアーマー州のタンデラジーで前キリスト教の神殿から出土した石造胸像は、紀元1世紀か2世紀のもので、高さが

VII ケルト芸術

60cmある。円錐形の兜あるいは帽子をかぶっているかにみえる。口を大きく開け，右手を左腕に載せている。

ブリテン島とアイルランドで，2つ以上の顔面のある頭部の彫刻が出土されることは珍しくない。スコットランド北部（ハイランド地方）のサザーランドシャーでは花崗岩を用いた3面の人頭彫刻が出土している。高さが12cmで，年代は1世紀頃と指定される。1つの石の塊に3面が彫られているが，彫りかたは素朴で，表情は明確ではない。

アイルランドでは，カヴァン州のコーレック（Corleck）で，1855年に鉄器時代の3面をもつ人頭彫刻が発掘された。紀元1世紀から2世紀のもので，ほぼ楕円形の石の人頭に3面が彫られている。頭部に毛髪はなく，目が突き出て，鼻は広く，表情は角度と光線によって厳しくみえる。コーレックの一帯は祭祀の行われる場所であったから，3面の彫刻は神殿とかかわりがあった可能性がある。

ケルト圏西部では数字の3は特別に重要な意味をもっている。神話や物語でも3を象徴的に用いた例が多くある。3頭の彫刻もそうした文化背景から聖性をあたえられて造られたと考えられる。

アイルランドのゴールウェイ州に，石造彫刻として有名なトゥーローの石（the Turoe Stone）がある。この花崗岩の立石は，高さがほぼ1m，重さは約4トン。年代は紀元前1世紀から紀元1世紀とみられる。石の表面にはラ・テーヌ様式の洗練されたデザインの浮彫文様がほどこされている。

（木村正俊）

トゥーローの石　the Turoe Stone

アイルランド西部ゴールウェイ州のブラウン村にあるラ・テーヌ期の様式で装飾された立石。紀元前1世紀から紀元1世紀頃にかけて花崗岩を用いて製作されたもので，高さがおよそ1m，重さは約4トンある。男

アイルランドのゴールウェイ州にあるトゥーローの石。洗練されたラ・テーヌ様式の文様で装飾されている

根を象徴しているような形に意図的に作られており，石の上半分には浮き彫りのラ・テーヌ様式の連続的で抽象的な曲線の文様がほどこされている。トゥーローの石は石造芸術の最初期のものではない。

この石のデザインは容易に説明できるものではない。円錐形を4つの個別の平面に分割してみると，文様は基本パターンを繰り返し用いられているのは明らかで，しかもそれらは非対称的であることがわかる。曲線的なデザインを支配しているのは盾状の葉，湾曲した三角形，コンマの形の葉，回転運動する三脚巴紋など，多数の装飾要素である。円形，小型の盾状植物，トランペット白抜きなどもみられる。こうしたデザインは大陸の初期様式を源流とするもので，ブリテンの鏡の装飾モチーフとも似通う面がある。石の基底部には文様がない。ロスコモン州のカースルストレンジの石との渦巻文様と一見似ているようにみえるが，トゥーローの石はより後期のもので，文様は複雑で洗練度が高い。

この石の機能ははっきりしないが，男根を思わせる形にしてあるのは，おそらく性的能力や生殖力への願望を形象化したもの

であろう。あるいは太陽の象徴であり，豊饒信仰とかかわっているかもしれない。トゥーローの石は古代ギリシアのデルポイ神殿のオンファロスとよばれる石（世界の中心であると考えられた）にきわめてよく似ているが，この石にも，「世界のへそ」の意識が込められているようにみえる。石のもつ自然力，あるいは原初のエネルギーのシンボル的表現といってよいだろう。

（木村正俊）

金属工芸　metal work

19世紀の英国・アイルランドでは，古代の金属工芸に対する関心が高まっていた。そして，その独自性と卓越した造形性を指摘することを通じて，ローマ以前のブリテン諸島の歴史を価値あるものとして捉え，それを誇るべき自国の歴史に組み入れようとしていた。当時英国では，ローマ期ブリテンが「文明」段階にあり，それ以前の時代は「野蛮」の状態にあったと考えられ，一部の古物収集家を除けばローマ以前の形象に対する評価は，極めて低かったのである。そこで，「他に真似の出来ぬ技巧と優美さ」を兼ね備えた遺物を，ブリテン諸島のさまざまな古代遺物から抽出することを試みたのであった。そしてこの作業を通じて，ローマ以前のブリテン諸島が「野蛮」を脱した状態にあり，しかもその文化が，他国からの影響によって形成されたものではないことを主張しようとした。

その年代的下限は，ローマのブリテン島侵入までであり，最も注目されていたのが，特定の意匠およびその加飾技法であった。特に，各遺物の共通項として，ローマの造形にはみられないような，「故意に不規則」かつ「曲線的で変化に富んだ造形フォルム」を挙げ，その施文技法に関しては，細密な彫金や打ち出しと共に，エマーユ技法や珊瑚象眼の存在に意を払っている。そして，こうした特徴を備える遺物の形象をひとつの美術様式とみなし，「後期ケルト美術」

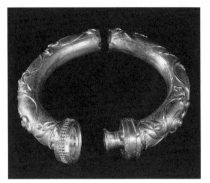

ブロイフター埋蔵地デ出土した首輪（トルク）

(Late Celtic Art) として命名した。「バタシーの盾」は，その代表的な作例である。この盾は，1857年にテムズ川流域のバタシー（Battersea）で偶然発見された青銅製の盾で，発見当時から大きな話題を呼んでいた古代遺物であった。繭形に打ち延ばした青銅板の表面に，3枚の円形青銅板を被せて鋲で固定し，界圏内部に鍛造打ち出しによる施文を行っている。また，こうした曲線を強調して打ち出された部分には，鏨による刺突を施し，さらに曲線の収束部分には，エマーユ技法を施している。とりわけ目を引くのが，その曲線的で流麗なフォルムと鮮やかな赤色エマーユである。いずれも赤・青・黄の各色エマーユの充填を主体とした鮮やかな加飾と，直線的であることを避けるフォルムをもつものが，特に重要な集成対象となっていた様子がうかがえる。すなわち「後期ケルト美術」とは，高度な金工技法によって支えられた，華麗でうねるような植物的表現を多用する金属製遺物群であった。先行する青銅器時代相当の遺物が，同心円文や鋸歯文などを主体とした施文を盛んに行いながらも，全体的に静的でモノトーンな印象を与えているのに比べると，確かにこれら遺物群には，目を引くような鮮やかさと魅力を感じさせるところがある。

（望月規史）

VII ケルト芸術

武具の装飾　the ornamentation of sword scabbards

　大陸同様，ブリテン諸島の鉄器時代においても剣をはじめ斧や槍，弓矢などさまざまな武具が用いられた。このうち美術的観点から特に注目されてきたのが，剣である。

　剣の場合，鉄製の刀身自体が加飾されることはない。その代わり，青銅製の鞘部分に華麗な装飾が施される例（＝装飾鞘）がある。大陸では，ヴァルトアルゲスハイム様式の唐草文を鞘口の右上から左下に掛けて斜めに走らせた剣が，紀元前4世紀後半から出現している。一方，ブリテン諸島では，やや時代が下ってから装飾鞘が見られるようになる。

　ブリテン諸島では鞘への加飾傾向が大陸以上に強かったようである。たとえば1847年に地元の博物館へ持ち込まれたことで有名になった「ウィズベックの鞘」（紀元前300年頃）は，その最も古い作例のひとつと考えられるが，鞘の表面にやや不整形なパルメット・リュラー文を線刻し，左右の端を鋸歯文で縁取る割付をみせている。また，北アイルランドのアントリム州リスナクロアで発見された3点の装飾鞘（紀元前2世紀）は，鞘全面にS字やC字を基調とする均整の取れた唐草文を展開し，しかも主文様の結節部に渦巻文，空隙部に網代文を充填するなど，文様の精緻化がすすんでいる。これらの鞘は，すでに19世紀段階で英国・アイルランドの各国立博物館に分蔵されており，いずれも古代ブリテン諸島を代表する美術作品という評価が，早くから与えられてきた。さらに，英国・東ヨークシャーのアラス文化に属するカークバーン3号墓から男性人骨と共に出土した「カークバーンの剣」（紀元前2世紀頃）は，柄から鞘尻まで完存している希有な作例であり，しかも細密な彫金技法とともに柄部には赤色エナメルが象嵌されるなど，当時最高水準の金工技法が駆使された作品として名高い。　　　　　　　　　　（望月規史）

鏡の装飾　the ornamentation of bronze mirrors

　鉄器時代のブリテン島で極めて特徴的な遺物に，鏡背面に装飾を施した青銅製柄鏡がある。これまでブリテン島以外で発見されておらず，極めて在地性の高い遺物である。これまでに約30例が知られているが，副葬品としての出土例は全体の3分の1ほどで，残りは河床などから出土している。共伴遺物の年代からみて，紀元前50年頃から紀元後50年頃までに集中的に製作されたとみられる。作例によって差異はあるものの，基本的にこのタイプの鏡は，円形の鏡板，鏡板を嵌め込むための覆輪，受け部を伴う断面丸形の環を連ねた柄の3部分からなり，いずれも鋳造製である。最大の特徴は，鏡背面にコンパスを用いてレイアウトした滑らかな曲線パターンを連続展開させたもので，イチョウの葉のような形をなす「トランペット・ボイド」とよばれる無文区画と，この区画同士の隙間を充填する網代文から

青銅製の鏡（ノーサンプトンシャー、デズバラ出土）

なる。その特異な意匠から，「鏡様式」として総称される場合もある。「デズバラの鏡」（大英博物館所蔵）は，最も有名な作例である。　　　　　　　　（望月規史）

キリスト教以後のケルト美術　post-Christian Celtic art

　キリスト教が5世紀末からブリテン諸島で顕著に広まったことで，5-9世紀に洗練されたケルト美術の「ルネサンス」が起こる。アイルランドを中心に修道院文化が栄え，アイルランドのほかにも，スコットランド，ノーサンブリア，ウェールズ，コーンウォール，マン島，ブルターニュなど広範な地域で，輝かしい「島のケルト美術」の黄金時代が築かれた。

　修道院ではキリスト教の教義の追究や布教活動にとどまらず，古典文学や言語，科学など広い領域の学問研究も行われた。聖職者たちは修道院の写字室で福音書の装飾写本の制作にも従事し，この上なくすぐれた芸術作品を生み出した。装飾写本はキリスト教文化とケルト文化の奇跡的融合・合一の所産である。

　島の写本はヨーロッパの福音書写本の先端を行くもので，アイルランドのダロウで制作された『ダロウの書』(The Book of Durrow)，ノーサンブリアで作られた『リンディスファーン福音書』(The Lindisfarne Gospels)，スコットランドのアイオナ（のちにはアイルランドのケルズ）での『ケルズの書』(The Book of Kells)は，ケルト系の三大写本と位置づけられる。これらの写本は，キリスト教の教えや聖書の言葉を書き写すにとどまらず，福音書を美的に装飾することをも目的にしていたのは明らかである。その価値はおおかたその芸術的図像表現にあるといってよい。

　これらの写本は，イエス・キリストや使徒たちの名の頭文字を凝った装飾文字にしたり，十字架をおびただしく装飾したり，キリスト教美術の本質を前面に出している一方で，ケルト美術特有の文様もあふれるばかりに頻用している。渦巻き文様，組紐文様，動物文様などが頁一面を埋め尽くす手法である。モチーフとなる動物は，福音書の目的から，ケルトの儀式的動物である猪や牛，馬，羊などからキリスト教的シンボルである動物が多い。猫，鼠，魚，鳥など恐怖心をあたえない動物が好まれ，人間の頭部あるいは胸像も描き込まれる。文様は精緻である反面，流動的，生命的であり，連続的である。ケルト文様の循環し，増殖し，回転する動きが，みごとに表されている。写本の濃密な装飾頁のなかで，伝統的ケルト文様が激しく動き回っているかのようである。

　各地の修道院の敷地に建てられた高十字架（ケルト十字架）にも，装飾写本と同じく，キリスト教文化とゲルト文化の融合した例がみられる。高十字架の十字とそれに組み合わされた円環，そして柱の部分に，渦巻き，組紐文様，動物文様がすき間なく彫り込まれている。しかし，9-10世紀の高十字架には，聖書の場面の人物や聖人像が多くみられるようになり，ケルト的図像や文様は弱体になるか消滅してしまう。とはいえ，ケルト美術の伝統は，キリスト教文化のなかで長らく命脈を保ち，キリスト教の教会建築や聖具，聖人の持ち物などにも装飾文様として大いに活かされた。　　　　　　　　　（木村正俊）

ケルト美術のルネサンス　the renaissance of Celtic art

　ケルト人がキリスト教へ改宗したことで，ケルト文化はキリスト教文化と融合し，ケルト美術は新たな展開を遂げることになった。紀元400年から1200年のあいだに，アングロ・サクソン人の侵入，ピク文化の流入，ヴァイキングの来襲などの影響を受け，ケルト文化は複雑な要素を増すが，ケルト美術は確実に独自性を創出し，黄金時代を築いていく。この輝かしい長期にわた

る黄金時代は，ケルト美術のルネサンスともよばれる。

ルネサンス発祥の地となったのは，修道院文化が隆盛したアイルランドである。アイルランドを中心とした各地の修道院では，ケルト的文様でおびただしく装飾された福音書の写本や高十字架が作られた。『ダロウの書』(The Book of Durrow)や『ケルズの書』(The Book of Kells)は装飾写本の代表である。キリスト教美術のもつシンボリズムがこうした写本美術の核心にある。そのシンボリズムには，ピクト人のシンプルであるが，雄勁な力強さをもつ図像表現が影響したかもしれない。『ケルズの書』や一部の高十字架の装飾文様のなかに，ピクト人のシンボル・ストーンと共通する，怪奇で不可思議なイメージを読み取ることができる。装飾写本の頁に描き込まれた文様は，流動的で生命的であることを特長とし，増幅したり反転したり，変容の度合いが大きい。『ケルズの書』がケルト美術の最高傑作でありうるのは，限定的な頁の枠内で流動し，変容する自在のパワーがあるからである。

ケルト美術の究極の美が表現されるのは，装飾写本にとどまらない。ブローチやブレスレット，聖杯，聖遺物箱や笏杖（crosier，キリスト教の司教または大修道院長の職標）などの金工品にもこの上なくすぐれた芸術表現がみられる。たとえば，スコットランドの西部エアシャーのハンターストン近くで出土した「ハンターストン・ブローチ」(Hunterston Brooch)は700年頃のもので，金銀の細線細工と琥珀の飾り留めで精緻に装飾されている。ブローチの最高傑作とされる8世紀初期の「タラ・ブローチ」(Tara Brooch)は19世紀にアイルランドのミーズ州タラで発見されたが，「ハンターストン・ブローチ」と類似している。「タラ・ブローチ」は金線細工が施された鍍金青銅製で，琥珀とガラスで縁取りされている。渦巻，組紐，動物などのケルト文様が細部にわたって用いられ，豪華な輝きを放っている。

8世紀後半からはヴァイキングがブリテン諸島を襲い，9世紀初めから12世紀までは，ヴァイキングの様式がケルトの様式に大きな影響を与えた。ヴァイキング様式の動物文様とケルト様式の動物文様の類似性がそのことを証明している。アイルランドの金工品美術にもヴァイキング様式との結合例がみられる。

アイルランドでは11世紀以降ケルト文様を豊かに用いた聖杯や聖遺物箱が多く作られた。聖杯で最もよく知られるのはリマリック州アーダーで出土した「アーダーの聖杯」(the Ardagh Chalice)である。「タラ・ブローチ」とほぼ同じ頃のもので，繊細な帯状の金銀細工で装飾されている。聖遺物箱では1100年頃の「聖パトリックの鐘形聖遺物箱」(Shrine of St, Patrick's Bell)が代表作である。ヴァイキング由来の曲線文様（ウルネス様式）も施されている。ほかに，スライゴー州のタバーカリー出土の「モイロックのベルト型聖遺物箱」(Moylough Belt Reliquary)，「モニマスクの聖遺物箱」(Monynymusk Reliquary)，「聖ラクティンの腕型聖遺物箱」(Shrine of St. Lachtin's Arm)などが特徴ある装飾や形態で知られる。

笏杖もケルト文様が精緻にデザインされたものが多く作られた。「ケルズの笏杖」(Crosier of Kells)の先端部には人面が飾られている。「リズモアの笏杖」(Lismore Crosier)の頭部はウルネス様式の頭飾りがついている。「クロンマクノイスの笏杖」(Crosier of Clonmacnois)はオファリー州クロンマクノイスの修道院長のものである。

これらのほか，金属製十字架もすぐれたものが作られた。1123年頃の「コンの十字架」(Cross of Cong)はシャフトにリッチフィールド福音書の装飾頁に似た動物の組紐文様がみられる。　　　　　（木村正俊）

装飾写本美術 the art of manuscript illumination

ケルトの修道院史の流れからみると、6世紀は黄金時代で、初期の宣教者に対し大きな崇敬の念を抱かせたが、それがすぐ芸術的繁栄をもたらしたわけではない。しかし、7世紀、8世紀になると文化が成熟し、修道院文化は荘厳に装飾された芸術を生み出した。キリスト教の伝道や典礼に用いられる聖書の写本はその代表で、ギラルドゥス・カンブレンシスが「天使の御業」とよんだ彩色写本はゲルマン人、ブリテン人、ピクト人、それにアイルランド人の文化が混合して生まれた芸術作品である。ケルト特有のデザインで装飾された「島の写本」はヨーロッパの福音書写本芸術の先端を行くもので、当時のケルト圏修道院スクリプトリウム（写字室）で制作された。

アイルランド中部のダロウで650-690年に制作された『ダロウの書』（The Book of Durrows）はケルト写本の中で現存する最古のものである。ノーサンブリアのリンディスファーン島で作られた『リンディスファーン福音書』（The Lindisfarne Gospels）は『ダロウの書』の芸術性を継承し、より洗練された、きわめて微細な装飾空間を創出した。スコットランドの西部の島アイオナにある修道院で着手され、コルンバゆかりのアイルランドのケルズにある修道院で完成した『ケルズの書』（The Book of Kells）は、豪華な典礼用装飾写本で、隆盛を極めた時代に多くの写本を制作したアイオナのスクリプトリウムの技術の集大成ともいえる傑作である。これらの装飾写本は三大写本とよばれる。

『聖コルンバのカタック（勝利者）』など初期のものには凝った文字が描かれおり、600年よりすぐ後の時期に制作されたとみられる。三大写本のほかに、ウェールズの『リッチフィールド福音書』（The Lichfield Gospels）がある。これらケルト文化圏の写本はローマ系の描写的な挿絵入り写本と好対照をなしている。 （木村正俊）

『ダロウの書』 The Book of Durrow

現存するブリテン諸島の写本の中で、おそらくは最古の福音書写本。写本の装飾プログラムが良く残る最初の例であり、修道院文化の質の高さを示す。アイルランドのダロウ修道院に伝わり、現在はトリニティ・カレッジ・ダブリン（Trinity College Dublin）所蔵である。248フォリオが伝わり、寸法は24×14cm以上あり、仔牛の皮に没食子インクで書かれ、赤、黄、緑で彩られている。

制作地については諸説あるが、ダロウ修道院、あるいは北部イングランドのノーサンブリア地方の修道院とする説が有力である。いずれも一般的にはコルンバ系の修道院と関連づけられる。7世紀後半の作品と考えられ、当時のブリテン諸島に特徴的な

『ダロウの書』のカーペット・ページ

VII　ケルト芸術

美術様式であるハイバーノ＝サクソン（Hiberno-Saxon）あるいは島嶼（とうしょ）（Insular）で描かれる。制作者は不明であるが、一人の手とされる。9世紀頃には銀のクーダフ（cumhdach, 聖遺物箱）が作成された。

本書には純粋なウルガタ（ヒエロニムスによるラテン語訳）による福音書本文があり、対観表（エウセビオスによる）が冒頭にまとめられている。福音書の要約、カーペット頁（頁全体が多色使いの文様——組紐文（くみひも）や螺旋文（らせん）やトランペット文など——に覆われている）や四福音書記者の象徴図像などの装飾頁が各所にある。なお福音書記者の象徴図像はヒエロニムスの定義のものとは異なる。

『ダロウの書』は、同時代や前後の時代の金属工芸品（サットンフー船葬墓の出土品など）や写本との関連性をよく示しており、インシュラー体（insular script）の文字と文様とが以前の写本より複雑に美しく組み合わされている。

特徴的な視覚表現としては、たとえば、四福音書記者の象徴の中心にある十字架が組紐文で構成される点、マタイを表す人物の胴体がさまざまな幾何学的な文様で覆われたベル型で表現され非自然主義的である点、ルカを表す牛が赤い斑点に覆われ、関節部分にピクト美術と関連づけられる渦巻き文が描かれている点などが挙げられる。

（風間泰子）

『リンディスファーン福音書』　The Lindisfarne Gospels

イングランドのノーサンブリア地方にあるリンディスファーン島の修道院で700年前後に書かれた福音書の装飾写本。大英図書館蔵。『ダロウの書』や『ケルズの書』と同様に仔牛の皮で作られ、多色で彩られ、制作年代は両書の間に位置づけられる。本文はウルガタ（ヒエロニムスによるラテン語訳）である。ほかにヒエロニムスの書簡などが対観表を含む装飾頁とともに収められている。『イードフリスが神とカスバートのために書いた』と記され、ほかに関わった人名（いずれもイングランド出身か）を挙げている奥付が、10世紀後半につけ加えられ、同時に古英語による逐語訳が本文の合間に書かれた。

『ケルズの書』などと比較すると、本書では福音書記者の図像表現はイタリアを始めとする地中海世界の様式に近い。また渦巻きや組紐文などの装飾文様はどの頁でも、より整然と並べられている。一方で、カーペット頁や装飾頭文字の一部は、タラ・ブローチやダーラム福音書に類似した表現を呈する。

（風間泰子）

『ケルズの書』　The Book of Kells

ブリテン諸島でキリスト教を受容した後の島嶼美術（とうしょ）（Hiberno-Saxon/Insular art）を代表する、福音書の装飾写本。800年前後に制作されたと考えられている。トリニティ・カレッジ・ダブリン（Trinity College Dublin）に所蔵され、アイルランドの国宝とされる。スコットランドのアイオナ島にあるアイオナ修道院で制作が開始されたが、その後ヴァイキングの侵略を逃れてアイルランドのケルズ修道院で完成された。いずれもコルンバ系の修道院である。典礼に使用される時以外は収納されていたとみられるが、後世の盗難や未熟な修復作業により、本体の一部が破損し、現在は340フ

頭文字がしばしば人間や動物の文様で飾られる

ォリオが伝わる。

　本書は前付け部分と，四福音書本文（ウルガタ（ヒエロニムスによるラテン語訳）を主としているが，それ以前のラテン語訳も混入している）から構成されている。制作者に関しては諸説があり，文字の書き手として3人以上，肖像画や装飾頁などの描き手として2人以上が関わったと考えられる。

　当写本の評価が高い理由は，貴重な材料の豊富さと素晴らしい視覚表現にある。寸法はおおむね33cm×25cmと島嶼写本の中でも大きく，大量の仔牛の皮が使用され，鉱物や植物から作られた多量の顔料・インクが用いられた。挿絵や頭文字装飾などには創造性に富みかつ緻密な表現が見られ，西洋カリグラフィーの頂点の一つであるインシュラー体（insular script）の文字と装飾とが見事に組み合わされている。

　表現方法やモチーフには，キリスト教美術やケルト美術のものが見られる。たとえばキリスト教美術由来のものとして，ヒエロニムスの定義に従う福音書記者の象徴（ライオンがマルコを表すなど）があり，コプト美術にもある組紐文が用いられ，聖母子像にはビザンティン美術との関連性が見られる。また十字やブドウ・聖杯などの象徴的なモチーフや，ライオン・クジャクなどのブリテン諸島に生息しない動物がある。一方ケルト美術由来として，随所に配置された巴文・トランペット文・渦巻き文がある。顕著な例として，キリストを表す文字「XP」の装飾頁では，ケルト文を中心とする装飾文様群がローマ以来の伝統であるモノグラムを埋め尽くすばかりでなく，増殖し，頁全体を覆うようである。その他にもピクト美術と関連づけられる文様が関節についたオオカミが確認されている。　　　　　　　　　　（風間泰子）

VIII ケルト圏文学 I 初期・中世

ケルト圏の初期文学

ケルト圏神話・伝説の体系 system of myths and legends in the Celtic domains

カエサルの『ガリア戦記』(6.13-15)の伝える民衆 (plebes)、ドルイド僧 (druides)、騎士 (equites) の三身分はインドのピシュトラ (カーストの古形) に類似して聖性・戦闘性・生産性の三要素を象徴しており、フランスの神話学者ジョルジュ・デュメジル (Georges Dumézil) の唱える印欧語族三区分世界観がケルト語圏においても存在したと考えるなら、神話の神々についても同じような職能区分が認められる可能性がある。

そうした目でアイルランドの神話物語群を見ると、トゥアタ・デー・ダナン (Tuatha Dé Danann) の主神たち、ヌアドゥ・アルガドラーウ (Nuadu Argatlám)、ルグ・マク・エトネン (Lug mac Ethnenn)、ダグダ (Dagda)、マナナーン・マク・リル (Manannán mac Lir)、ディアン・ケーフト (Dian Cécht) のうち、ヌアドゥは神族の主神でありながら、片腕を失う点が印欧語族の「片腕の律法神」との類似を示し、ルグは敵のバラルを倒すことから、戦闘性の象徴と思われ、ダグダは無尽蔵に食物を出す大鍋を持ち、死者を生き返らせる棍棒を持つとされることから、生産・豊穣の機能を体現していると考えられる。このようにアイルランドの主神群については三区分的な構図が想定できるが、フィニアン (フィン) 物語群、ウェールズの『マビノギ』、アーサー王伝承についてはこうした構図が確認が困難である。

アルスター物語群は英雄伝説であり、その中核をなす『クアルンゲの牛捕り』(*Táin Bó Cuailnge*) は、印欧語族の戦士社会の叙事詩において伝統的なテーマであった牛の争奪 (ターン、牛捕り〔táin〕) を詠っている。また、二手に分かれた英雄たちの戦闘を描くというその構図は、神話物語群の『マグ・トゥレドの戦い』、ギリシアの『イリアス』、インドの『マハーバーラタ』や『ラーマーヤナ』、イランの善悪の最終戦争、北欧の「神々の黄昏」と同一である。主人公のクー・フリンが3人の敵を倒すこと、戦場で「戦士の激憤」によって姿が変わること等も印欧語族叙事詩の英雄像に合致している。　　　　　　　　　　(松村一男)

他文化圏神話・伝説との比較 a comparison with myths and legends of other cultural domains

ケルト神話は他文化圏神話・伝説と異なる次のような特徴がある。

(1) 創世神話がない。世界の創造につい

てはアイルランド，ウェールズどちらの神話も語っていない。神々の出現（＝到来）についてはアイルランド神話が語っており，すでに存在していたアイルランドの地に海を越えて（スペインから？）異なる神集団が何度か繰り返して到来したとされている。こうした海を越えての到来神話は他文化圏では知られていない。

一方，共通性としては次のようなモチーフが挙げられる。

(2)『クアルンゲの牛捕り』を中心とするアルスター物語群は，他の印欧語族の英雄叙事詩と共通性を示す（ギリシアの『イリアス』，インドの『マハーバーラタ』，イランの『シャー・ナーメ（王書）』）。

(3)『アイフェの一人息子の最期』ではクー・フリンが自分の息子と戦い，息子を殺してしまう。これと同じモチーフは，イランの『シャー・ナーメ（王書）』における英雄ロスタムと息子ソフラーブの戦いとソフラーブの死でも語られている。また，ゲルマン神話でも，『ヒルデブランドの歌』（Hildebrandslied），『ヒルデブランドの挽歌』，『勇士殺しのアースムンドのサガ』などでは，ヒルデブランドが自分の息子と戦って殺している。

(4) ゲルマン神話との間には以下のように多くの共通のモチーフが認められる。

・大陸ケルトの三者一組の女神たちマトレス（Matres）はゲルマンの運命の女神たちノルン（ノルニル）に類似する。

・アイルランドのアルスター物語群に登場する戦闘女神たちモリガン，ボドヴ，マハは，ゲルマンの戦乙女ヴァルキューレと類似する。

・アイルランドのフィニアン物語群の主人公フィン・マク・クウィル（Finn mac Cumaill），ウェールズ民話のグウィヨン・バーハ，そしてゲルマンの英雄シグルズは，いずれも異界の物質に触れた指を口に入れたことで知恵を獲得している。

・アーサー王はカンタベリー大聖堂の前の鉄床に刺さっていた剣を引き抜き，王者として認められる。ゲルマンの『ヴォルスンガ・サガ』ではヴォルスング王の館にオーディン神が現れ，樫の大樹に剣を突き刺して去る。その剣は王の息子シグムンド（シグルズの父）しか引き抜くことができない。こうした聖剣伝承はユーラシアに広汎に認められ，おそらく遊牧民族スキュタイの東西への移動によって広まったと思われる。

・人身御供に際しては，水，木，火の三要素を用いる三種類の異なる殺害法があったらしい。

(松村一男)

日本神話との比較　comparison with Japanese mythology

日本の記紀神話は支配者の権威を正当化する目的で編纂されているので神々のパンテオンも世界の起源から現在の秩序の完成までの過程もともに体系化が著しい。異伝も『日本書紀』の一書，『風土記』，『古語拾遺』などに少しは見られるが例外的である。これに対してケルト神話はそうした歴史的な編纂過程をあまり明確には示していない。もちろん，現存の形になるまでには編纂されたのだが，意図的というよりも修道院において修道僧によって結果的に現在の形にまとめ集成写本となって残った場合が多い。

しかし共通性も認められる。アイルランドやイングランドは大陸から離れた島国であり，風土的に自然と人間が近い関係にあるという感覚があるためか，森や川が神聖視される，自然の中での異界訪問が身近である，死後の世界への関心が低い，などの特徴が共通に認められる。ただし，動物の位置づけについては異なることが多い。ケルト神話でよく登場する動物はウマ，ウシ，イノシシ，シカ，イヌ，カラス，サケである。日本神話ではヘビ，カラス，サル，ワニ，イノシシであり，風土の違いが動物の種類や神格化するか敵視するかという態度の違いとして表れている。

(松村一男)

ストーリーテリング　storytelling　Ir scélaigecht　ScG sgeulachd　W adrodd straeon

ケルトの社会ではストーリーテリングの伝統が脈々と続いていた。古くはアイルランドではフィリ (fili, scélaige)、スコットランドではバルド (bard, sgeulaiche)、そしてウェールズではカヴァルウィッズ (cyfarwydd, storïwr) といったストーリーテラーによって物語などが語られた。

中期および初期近代アイルランド語の語りは文字の媒体を通してのみ知ることができる。12世紀における社会的および文化的変化がもたらした最も重要な影響は、古い修道院の写字室という適切な環境の中で何百年間も文書が書かれてきたのが、そこを離れて世襲的な写字生が私家で行うことになったことである。このような書の伝統の物理的な移動は口承の伝統にはなかった。ノルマン侵寇後の変化した環境が高貴な館で語られる物語の種類に様式の変化をもたらしたが、11世紀から13世紀にかけて着実に継続したと考えられている。

12世紀のフィリは350話のうち250話を主な話、100話を付属的な話に分け、タイトルの最初の語によって列挙した―Togla (破壊)、Tána (牛捕り)、Tochmarca (求愛)、Catha (戦)、Uatha (洞窟)、Immram (航海)、Aite (死)、Fessa (祝宴)、Forbasa (包囲攻撃)、Echtrai (冒険、旅)、Aitheda (駆け落ち)、Airgne (殺害)、Tomadmann (噴出)、Slúagaid (遠征)、Tochomlada (追放)、Físi (夢、幻)、Serca (愛)。現在は物語の主題や背景によって分類されている。

ストーリーテリングは冬の夜に行われた。昼間に英雄の話を物語るのは不吉だといわれていた。『モンガーンの誕生』(Compert Mongáin) で、フィリのフォルゴル (Forgoll) は王位にあったモンガーンに毎夜物語を語る場面がある。その語りが見事だったため、フォルゴルは「サウィンからベルティネまで」('ó samuin co béltaine') モンガーンに語った。この表現は慣用句のように定着している。　　　　(松村賢一)

フィリ　Ir fili ; file

初期アイルランド社会における高い地位の詩人にして予言者であり、下級の詩人バルド (bard) と一線を画していた。職業としては詩人のほかに、語り部、史家であり、サガやロマンス、称賛の辞、王の系譜、地誌を散文で書いた。とりわけフィリの風刺 (アイル. áer) は鋭い言葉の武器として怖れられた。後に近代アイルランド語でフィレ (file) とよばれるように「詩人」となった。この職業は世襲制であるが、各フィリは王室に属していた。氏族の長に付くことができるフィリはある特定の家系に与えられた特権であった。厳しい知的訓練を受けながら、少なくとも12年間の修練を積むことによって、350の物語に精通し、ケニング (婉曲代称法) や謎めいた文句、伝承される隠喩、神話や儀式の引喩などが混ざった秘儀的言語 (bérla ne filed) を身に付けた。

フィリは7つの階級に分けられていて、その最も高い地位がオラウ (ollam) であった。とりわけ、オラウはインバス・フォロスナ (Imbas forosnai) やディーヘダル・ディ・ヘニヴ (dichetal do chennaib)、テンム・ライダ (teinm laída) といった予言法に熟達していなければならなかった。たとえば、インバス・フォロスナは『コルマックのささやき』(Sanas Chormaic, 英語では一般にCormac's Glossaryとして知られる) によれば次のように行われた。詩人が豚か犬か猫の生肉を噛み、それから戸の近くの敷石の上にそれを置いて呪文を唱える。彼は両手のひらに呪文を唱え、眠りが妨げられないよう祈る。それから両手のひらを頬にあてて眠りにつく。彼の眠りが妨げられたり、寝返りを打たないよう男たちが見守る。三日三晩の最後に、詩人は輝ける霊感がやってきたかどうかを判断する。こうしてオラウは法のもとでは小王と同じ地位に

あり，とりわけオラウの吟ずる風刺は怖れられた．王宮におけるオラウは王の系譜を正確に諳誦することをはじめ，詩人，語り部，年代記編者の職務を併せ持っていた．

(松村賢一)

バルド　[Ir] bard　[ScG] bard／**バルズ**　[W] bardd

詩人を意味するケルト語．本来「声を上げる者」の意で，詩の吟誦を指していた．古代ケルト語形のbardosが古代ギリシャ語の文献に見られる．ラテン語形はbardus．バルドの職務と身分はケルトの国によって異なる．大陸のケルト社会では歌人であり詩人であったが，ワーテース（vātēs, 予言者）やドルイド（druid）よりも地位は低かった．

アイルランドにおいて，バルド（bard）はオラウ（ollam）を最高位とする7階級のフィリ（fili）よりも地位が低く，後の時代のフィレ（file）に開かれていた高い地位を求めることはできなかった．だが，公式の詩人であるフィレが衰退した後の13世紀から16世紀にかけて，それまで侮られてきたバルドは興隆を極め，アイルランドで最も重要な文人と見なされた．

その職務は詩を作り，哀歌を歌うだけでなく，相当な政治力を有し，首長に情熱をたきつけたり，激情をなだめたりする人物であった．首長の先祖の行いを歌って人びとを戦へと駆り立て，忠告や警告を発し，脅威を与え，勇気づけた．また，他の土地をさすらい，いたるところで歓待された．彼らは別に組織をつくり，相当な報酬に対しては保護者に有益な情報を与え，士気を鼓舞した．

スコットランドのバルドは高度に訓練された詩人で，クランの歴史を語り，クラン・チーフや戦士たちの武功を讃え，死を悼む哀歌をうたった．

ウェールズではバルズ（bardd）の権力と地位は世襲の統治者よりも上で長く続いた．6世紀にさかのぼる最も初期のバルズはアネイリン（Aneirin），タリエシン（Taliesin），ブルフヴァルズ（Blwchbardd），キアン（Cian），それにタルハイアルン（Talhearn）であり，カンヴェイルズ（cynfeirdd, 初期の詩人たち）として知られ，彼らの詩はヘンゲルズ（hengerdd, 古詩）とよばれている．後の時代に，9年間の修練を積んだペンケルズ（pencerdd, 首席詩人）がバルズを教えることを許された．やがてウェールズのバルズは詩人結社（the Bardic Order, Bardd Teulu）を形成し，1,000年以上にわたって王や統治者に尽くし，その特権のもとに社会において独特の機能を果たした．

(松村賢一)

詩人（バルズ）は王の前でハープを演奏しながら，王のために物語などを朗読した

初期アイルランド文学

初期アイルランド文学　early Irish literature

アイルランド語文学の伝統はその始まり

から現代まで実に長い。ヨーロッパではギリシャ語・ラテン語に続く長い伝統がある。

【記述文化の流れ】アイルランド島において文字の使用が始まったのは、島南部にオガム文字が登場した3-4世紀頃である。さらに5世紀ごろキリスト教がこの島に伝わると、ラテン文字が使用されるようになった。最初はラテン語でキリスト教関連の宗教書が制作されたが、まもなくラテン文字で書かれたアイルランド語文献が登場した。アイルランド語の聖人伝や頌歌などの宗教関連作品が成立したが、やがて世俗の法律や年代記や王の系譜などさまざまな分野の文献が作成され、古来の口頭伝承を題材とした物語（彼らにとっては歴史）が書き記されるようになった。

初期アイルランド文学とは、広い意味では古代末のキリスト教伝来以降の写本作成から中世に至る長い時代に成立した文献に書かれたものを指すが、狭い意味では主に12世紀以降中期アイルランド語から初期近代アイルランド語の時代に成立した写本に、7-10世紀前後のもっと古い形の言語、つまり古アイルランド語や中期アイルランド語で書かれた物語を軸とする文学作品群を指す。この時代はまさにアイルランド語文学の黄金期だった。

【初期アイルランド文学の担い手】当時の記述文化の担い手はキリスト教の修道士たちであり、そのほとんどすべてが彼らによって書き記されたものだったとされる。彼らによって残された文学作品は、近現代人が行うような黙読のために書かれたものではない。識字率が低かった中世アイルランド社会では、朗読者が聴衆の前で、読み語って聞かせるためのものだった。そのため、朗読者や聴衆がよく知る話題や場面、あるいは逆にあまり人気のない箇所は省略された。その結果、多くの物語は私たちの目からは、論理の飛躍や矛盾が多々ある不完全な作品に映るが、それらの部分は朗読者の知識と判断によって即興で話を補った

り、省いたりしたと考えられる。

【初期アイルランド文学作品】現在知られている物語は断片も含めて約130話である。これらの物語を収録した写本については、写本項目を参照していただきたい。中世の文献に、アイルランド社会で非常に重要な位置を占めた知識階級のフィリたちが口頭伝承した物語の題名リスト、いわゆる物語録が2つ現存し、600話あまりの物語名が残されている。これらには現存する物語と重複するものもあるが、失われてしまったものが大半を占める。

物語は当時の人びとによってテーマごとにジャンル分けがなされていた。破壊、牛捕り、求婚、戦い、隠れ、航海、最期、饗宴、包囲戦、冒険、駆け落ち、殺戮（掠奪）、浸潤、幻想、恋煩い、遠征、開拓が挙げられているが、他にも誕生や饗応や話などの題名で残る物語もある。

近代以降の研究者は物語で取り扱われている題材をもとにして、神話物語群、アルスター物語群、フィニアン（フィン）物語群、歴史物語群の4ジャンルに分けている。神話物語群は神話的題材を扱った最も古層のものである。アルスター物語群は、アルスター王コンホヴァルを中心にした勇者たちやそのライヴァルたちにまつわる題材を取り扱ったものであり、イエス・キリストが生きた時代前後の出来事として設定されている。また、フィニアン物語群は東部レンスター（ラギン）や南部マンスター（ムウ）を舞台とした、やや時代が下がった3世紀頃に起きた、フィン・マク・クウィルとその戦士団にまつわる出来事を取り扱ったものである。歴史物語群は歴史上に実在した、あるいは実在したと考えられる人物に関するもので、紀元前2世紀の人とされる王にまつわる物語からさまざまある。

【特徴】初期アイルランド文学作品の特徴は、まずその文体が挙げられる。散文語である。しかも会話が多く、中には韻文が混じっているものもあるが、韻文のほと

んどは散文より言語形態が新しく，後になって挿入されたものである。さまざまな地名の由来が物語の出来事に結び付けて語られ，偏執的に多い。また，とくに神話物語群やアルスター物語群などに顕著だが，他のケルト語圏に伝わる作品との類似性が高い。

近代になって民族主義が台頭すると，ケルト語圏ばかりか，ヨーロッパ諸国で古代のケルト文化に関心が高まった。初期アイルランド文学が注目されるようになると，これらの作品はケネス・ジャクソン (Kenneth Jackson) による「鉄器時代の窓口」('A Window on the Iron Age') という言葉が示すように，古代ヨーロッパ大陸に栄えたラテーヌ期の鉄器文化や，ガリアやブリテン島に栄えた古代ケルト文化の名残を伝えるものとして捉えられた。古代から続く口頭伝承された物語が修道院において書き残されたとする考えが強調され，古いと考えられる部分が恣意的に解釈され，脚光を浴びた。しかし，20世紀前半から近年にかけての研究は，むしろそれぞれの作品が成立，あるいは書き記された時代の環境や書き記した修道士たちの経験や思想や政治状況などが作品に色濃く反映されていることを明らかにしている。　　　　　（平島直一郎）

写本　manuscripts

アイルランドにおいて写本が作成されるのは5世紀頃のキリスト教伝来以降である。まずは，キリスト教にとって不可欠な聖書の作成やその他の宗教関連文献がキリスト教の公用語であるラテン語で制作された。その担い手は修道院の修道士たちであり，シュクリブニド (scribnid, ラテン語のscribaからの借用) とよばれた。現存する初期の写本の代表的なものは，7世紀後半に成立した装飾入りの福音書『ダロウの書』(The Book of Durrow) や，9世紀初頭に成立し福音書や聖人伝を納めた『アーマーの書』(The Book of Armagh)，同じ頃成立した福音書を納めた装飾写本『ケルズの書』(The Book of Kells) である。

また，この時代はアイルランドの修道士たちがブリテン島や大陸で積極的に巡教や布教活動を行ったが，彼らが記したラテン語習得に必要な文法書やラテン語文献読解に必要なアイルランド語註釈がヨーロッパ各地に残されている。パウロ書簡に註釈を施した，8世紀末の『ヴュルツブルク註釈』，『詩篇』に註釈を付けた，9世紀初頭の『ミラノ註釈』，ラテン語文法家プリスキアヌスのラテン語文法書に註釈を付けた，9世紀中頃の『ザンクト・ガレン註釈』などが重要である。

現存するアイルランド語最古の文学作品は，6世紀末に成立したとされる韻文『コルム・キレ頌歌』(Amra Choluim Chille) である。コルム・キレ (Colum Cille,「教会の鳩」の意) はアイルランドで最も重要な聖人の一人であり，デリーやダロウに修道院を創設し，さらにスコットランドやイングランド北部に布教し，アイオナ島に修道院を創設した。彼の死後，その業績を讃えて書かれた頌歌である。

現存するアイルランド語の神話・英雄伝・歴史・詩・聖人伝などを納めた文学集成写本の中で，最古で最重要なものを3つあげると，12世紀の初めまでにクロンマクノイスの修道院で成立した『赤牛の書』(Lebor na hUidre)，12世紀中頃キルデアあたりの修道院で成立した『レンスターの書』(Lebor na Laignech)，『ローリンソンB502』(Rowlinson B502) である。後者は出所の異なる2つの写本をとじ合わせたもので，前版は11世紀頃にクロンマクノイスで書かれ，後半は12世紀に成立して失われた『グレンダロウの書』(The Book of Glendalough) と考えられている。

アングロ・ノルマン人の侵入以降も写本制作は続けられたが，担い手は世俗権力の庇護を受ける書き手が徐々に増えた。この時代の重要な写本に，14世紀末頃に成立し

た『レカンの黄書』(Lebor Buide Lecáin) や『バリーモートの書』(Leabhar Bhaile an Mhóta)、15世紀に成立した『レカンの書』(Lebor Mhór Mhic Fhir Bhishigh Leacáin) などがある。

　イングランドのテューダー朝の再征服以降、アイルランド語文献の印刷禁止などの悪条件下、紙の使用が普及すると18-19世紀には多くの紙製写本が成立した。これらの多くは貧困から海外移民した人びとに持ち出され、彼らの子孫によってあるいは家庭で、あるいは新天地アメリカなどの公共図書館や大学図書館に保存されているが、その内容や価値については未だ詳らかでない。
（平島直一郎）

アルスター物語群　the Ulster Cycle
　近代以降の研究者が初期アイルランド文学諸作品を題材の時代設定と関連性を基準に4つに分けたジャンルの一つ。

　アルスターとは、古アイルランド語名ウラド（単数Ulad、複数Ulaid）とよばれた人びとがいた土地の英語名である。この物語群に属する物語は、アルスター王やその周りの有力者にまつわる出来事を取り扱っている。主な登場人物は、ウラドの人びとの王コンホヴァル・マク・ネサとその甥クー・フリンやコナル・ケルナハなどの勇者たちである。コンホヴァルはウラドの主邑エウィン・ワハにある赤枝の館に住み、隣国のコナハト王夫妻アリルとメドヴと敵対して多くの物語の中で競い合う。

　この物語群の時代設定は、『コンホヴァルの誕生』(Compert Chonchobuir) や『コンホヴァルの最期』(Aided Chonchobuir) に見られるように、王の誕生と最期が救世主イエスと同時期、つまり紀元前後のこととされている。これは中世に物語を写筆した修道士たちによる設定であり、物語の題材となった出来事がいつ起きたのか、実際に生じたのかどうかは定かでない。神話物語群よりも後の時代の出来事、フィニアン物語群や歴史物語群よりも古い時代の事と解釈されるが、例外は少なくない。これはこの物語群の中心になっている『クアルンゲの牛捕り』が古来人気のある物語だったので、写本に書き残された物語の言語形態や内容から、本来もっと古い神話やもともと関係のなかった伝承がこの物語に関連付けて再話・翻案された例が多数見出されるからである。

　この物語群に属する作品は多数残されているが、『クアルンゲの牛捕り』以前に起きた出来事を扱い、この牛捕りと関連している作品は前話 (remscél) とよばれる。それらの中で重要な作品は、『クー・フリンの誕生』、『ウラドの人びとの衰弱』、『二人の豚飼いの誕生について』、『フロイヒの牛捕り』、『オイングスの夢』、『ネラの冒険』、『ウシュリウの息子たちの流浪』などである。

　この他の重要な作品に『マク・ダトーの豚の話』、『ダ・デルガの館の崩壊』、『ブリクリウの饗応』、『ウラドの人びとの酩酊』、『クー・フリンの最期』などがある。
（平島直一郎）

『クアルンゲの牛捕り』　Ir Táin Bó Cuailnge
　初期アイルランド文学の中心的な作品であり、現代に至るまで時代を超えて好まれてきた。英語では一般に The Cattle Raid of Cooley（『クーリーの牛捕り』）として知られる。アイルランド語話者が減少した後も英語に再話・翻案され、題材は児童書から詩や戯作に至るまで、さまざまな形で取り上げられている。

　この物語の最も古い稿本は『赤牛の書』と『レカンの黄書』などに残されており、第一稿本とよばれている。この稿本にはさまざまな矛盾や話の飛躍などが含まれていて不完全である。そのつじつまを合わせた第二稿本が『レンスターの書』などいくつかの写本に残されている。さらに、第二稿本をさらに再編集した第三稿本が2つの写

本に残されている。第一稿本では，コナハトの王夫妻アリルとメドヴが大軍勢を率いてクアルンゲに向かうさまが描かれているが，その理由は明らかにされない。第二稿本では，冒頭で，王夫妻が寝所でどちらが上か，つまりどちらが王権を握っているのか議論となった。その決め手となるのは，夫婦のどちらが財産をたくさん持っているかである。お互いに財産を列挙したところ，アリルの方が牡牛フィンドヴェナハ（Findbennach，「角がある白いもの」の意）の分だけ多かった。こうして，悔しい思いのメドヴはフィンドヴェナハと同じ価値がある牡牛ドン・クアルンゲ（Donn Cuailnge，「クアルンゲの黒牛」の意）を捕るためにウラドへの遠征を企てる。

アリルとメドヴはウラド以外のアイルランドの国々から大軍勢を仕立てて黒牛のいるクアルンゲに向けて進軍した。その途上，ドルイドや女予言者に遠征を占わせるが，はかばかしいお告げは得られなかった。

大軍勢がウラドの国境に近づいたとき，ウラドの男たちは『ウラドの人びとの衰弱』にあるように，マハの呪いで寝所にあった。まだヒゲのない未成年のクー・フリンと父スアルティウが敵の襲来に気付いた。クー・フリンは父をコンホヴァル王に知らせに走らせ，一人で大群に立ち向かった。クー・フリンは敵の物見を討つと，コナハト軍に襲い掛かり，さまざまなゲシュをかけて敵の進軍を遅らせた。クー・フリンを知らない敵軍に，フェルグスたち亡命者が彼の少年時代の業績を語って聞かせた。クー・フリンは敵の侵攻を遅らせるため，勇者一人と一騎打ちしている間は敵が進軍してもよいという条件で孤独な戦いを続ける。メドヴはフロイヒをはじめ，次々とすぐれた勇者を送り出し，姑息にも複数の勇者を送り出すこともあったが，みんな未成年の英雄に討たれた。物語のクライマックスは里子兄弟フェル・ディアドとの戦いである。フェル・ディアドはスカータハの下で一緒に修練を積んだ仲である。決闘は3日続き，昼間両者は熾烈な戦いを繰り広げ，夜は互いに相手を労り，友情を深めた。とうとう4日目クー・フリンが水中の戦いでフェル・ディアドを討ち取り，勝利を収める。度重なる決闘にクー・フリンは深く傷つき，疲労困憊となったが，彼が戦っている間に衰弱の状態から治癒したウラドの勇者たちが反撃し，コナハト軍は敗走した。

アリルとメドヴは敗れたものの牡牛ドン・クアルンゲを連れてクルアハンに戻ることに成功した。しかし，この黒牛が到着すると，白い牡牛フィンドヴェナハと戦いが始まり，アイルランド中で戦いを繰り広げた。ついにドン・クアルンゲが相手を角に掛けて勝つとそのまま故郷クアルンゲに向かって走った。国境に達すると，牡牛の心臓は張り裂け，その場に倒れて死んだ。

（平島直一郎）

『フロイヒの牛捕り』 [Ir] *Táin Bó Froích*

アルスター物語群に属する物語の一つで，『クアルンゲの牛捕り』の前話の一つである。

コナハト人の主人公イダトの息子フロイヒ（Froich mac Idaith）は川の女神ボインの姉妹ベー・ヴィンド（Bé Find）の息子である。この物語は『フィンダヴィルへの求婚』と『フロイヒの牛捕り』とよぶべき，つながりのない内容の2つの部分から成り立っており，物語としての完成度は低いが，アイルランドにおける物語の伝承の変遷を示す重要な作品の一つである。

フロイヒはコナハト王アリルとメドヴの娘フィンダヴィル（Findabair）に求婚するため，王夫婦が住むクルアハンを訪問すると，フロイヒは歓迎される。金髪碧眼の痣一つない白い肌を持ち，この世のものではない美しさと形容されるフロイヒとフィンダヴィルは結婚を約束する。フロイヒが王夫婦に縁談を申し込むと，二人はフィンダヴィルに求婚している他国の王たちとの友

好関係が崩れることを恐れ，フロイヒを亡き者にしようとする。ある日，王夫婦はみんなを伴って川辺に出向いた。王の求めに応じて，フロイヒが川で泳ぐと，深い淵に住む怪物が襲いかかった。瀕死の重傷を負ったフロイヒを，シード（異界）の女たちが連れ去ると，翌日にはフロイヒは無傷の身体で戻る。王夫婦はフロイヒがクアルンゲの牛捕りに参加した後，フィンダヴィルと結婚させることを約束する。

その後，フロイヒが家に帰ると，母親が彼の妻子と家畜が奪い去られたと訴える。フロイヒと仲間たちはウラドの英雄コナル・ケルナハの助けを受けて妻子と家畜を捜す旅に出る。一行の旅はアイルランドからアルヴァ（スコットランド），サクソン人の国（イングランド），さらにドーヴァー海峡を渡り，フランク人の国（フランス）を経由してランゴバルド人の国（ロンバルディア）に及び，アルプスでついに連れ去られた家族と牛を取り返して帰国する。

この物語は，古い伝承が人気の高い『クアルンゲの牛捕り』に関連付けられる中で出来上がったものだと考えられる。物語で語られる耳の赤い白い牛が神使である女神ボインやその姉妹ベー・ヴィンド（白い女または白い牛が語源）やフィンダヴィル（白い幽霊が語源，ウェールズ語のグェンフィヴァルと同語源）など，神話的要素が強い。フロイヒに関する別の伝承は近代に至るまで，アイルランドやスコットランドにいくつか残っている。

後半の話は，聖コルンバヌスなどアイルランド人修道士たちによる布教活動の旅路を追っている。

なお，フロイヒは『クアルンゲの牛捕り』（第二稿本）では，クー・フリンと一騎打ちするコナハト方最初の勇者として登場し，討たれる。　　　　　（平島直一郎）

クー・フリン　　[Ir] Cú Chulainn
『クアルンゲの牛捕り』の主人公であり，アルスター物語群の多くの物語で活躍するアイルランド一の勇者。古より現代に至るまで語り継がれた英雄であり，アイルランド人は幼少のころからこの英雄にまつわる伝承に接する。アイルランド独立の発端となった，1916年のイースター蜂起の戦場だったダブリンの中央郵便局には，祖国独立のために殉じた人びとを追悼する，死にゆくクー・フリンのブロンズ像がある。

幼名はシェーダンタ（Sétanta）という。彼の半神的出自については，物語『クー・フリンの誕生』に明かされている。また，少年時代の活躍については，『クアルンゲの牛捕り』で，ウラドの亡命者フェルグス・マク・ロイヒらが敵方に語って聞かせる『クー・フリンの少年時代の業績』（*Macgnimrada Con Culainn*）に描かれている。クー・フリンの名前の由来は，幼いシェーダンタが鍛冶クランを訪れると，彼の家や家畜を守っていた猛犬が少年に襲い掛かったので,やむなく犬を殺してしまった。クランが嘆くのを見て，少年は代わりの犬

二輪戦車に乗って戦うクー・フリン（J. C. レイェンデカー画）

を自分で育てることと，その犬が成長するまで猛犬の代わりとして自分がクランの家と家畜を守ることを誓った。そこで，彼はクー・フリン，すなわち「クランの犬」とよばれるようになる。

『エウェルへの求婚』では，クー・フリンはアイルランド中の女たちや娘たちのあこがれの的であり，ウラドの人びとが自分の妻や娘たちとの不祥事を恐れ，彼に嫁を見つけようとして徒労に終わるさまや，クー・フリン自らが選んでエウェルを娶る次第が述べられる。また，彼が女武芸者スカータハを師として武芸百般を修め，師に敵対する姉妹アイフェに一人息子コンラを産ませる経緯も描かれている。

クー・フリンは常に馭者ロイグ・マク・リアンガヴラ（Loeg Mac Riangabra）が駆る，愛馬リアト・マハ（Liath Macha,「マハの葦毛」の意）とドゥヴ・サングレン（Dub Sainglenn,「サングレンの黒毛」の意）の二頭立ての戦車に乗り，名槍ガイ・ヴォルガ（Gae Bolga）と名刀カラドヴォルグ（Calatbolg）を携えて，狩り，異界行，逢い引きなどの冒険を行った。若き英雄は数多の武勲を建てるが，そのほとんどで自ら戦いを望まない。人びとを窮地から救うため，あるいは友や自分たちの名誉を守るため，義侠心からやむにやまれぬ戦いに挑んだ。武人としての名誉と節度を重んじ，女を手に掛けることがなかった。しかし，時には戦意が高まって興奮の頂点に達すると，身体が捻じ曲がって恐ろしい姿形（riastrad）となり超人的な力を発揮する。しかし，その高ぶる闘争心を自ら鎮めることができないので，女たちが裸になり，恥ずかしがって目をそむけたところを，男たちが取り押さえて水を張った桶に放り込み，熱気を取り鎮めたという。

『クー・フリンの最期』では，無敵のクー・フリンが逆恨みする者たちの企みと魔術で，ゲシュを冒して命を落とすさまと，乳兄弟コナル・ケルナハが暗殺者たちに容赦ない復讐を遂げるさまが描かれている。
（平島直一郎）

赤枝戦士団　The Red Branch Knights

日本語では一般的に赤枝騎士団とよばれるが，実際には戦士団の呼称がふさわしい。ウラド（アルスター）王コンホヴァルの3つの居館の一つは，天井の梁に「赤枝」（Cráebruad）が使われていた。そこから，この館に集う戦士たちは赤枝戦士団とよばれるようになった。王を中心にクー・フリンや英雄コナル・ケルナハや勝利のロイガレなど，アルスター物語群の主要人物が含まれる。
（平島直一郎）

コンホヴァル　Ir Conchobar mac Nessa

ウラド（アルスター）王。アルスター物語群に登場する。物語『コンホヴァルの誕生』では，フィリの賢者カトヴァド（Cathbad）とウラド王女ネス（Ness）の息子とされる。彼の妹デヒティネ（Deichtine）の息子が英雄クー・フリンである。実父カトヴァドに養育された。

ウラド王となったフェルグスはネスに求婚するが，彼女は息子コンホヴァルに1年間だけ王の座を譲ることを提案する。1年後，フェルグスは復位しようとするが，コンホヴァルの治世が素晴らしかったので，コンホヴァルは王位に留まり，フェルグスは亡命する。多くの物語では，賢く武勇に優れた正義の王として登場するが，『ウシュリウの息子たちの流浪』では，好色で邪な王として描かれている。

物語を書き記した修道士たちによって，コンホヴァルはイエス・キリストと同世代の人物とされた。『コンホヴァルの最期』では，イエスが磔刑に処せられたと伝え聞き，その不正に激怒したため，古傷が悪化して落命した。
（平島直一郎）

メドヴ　Ir Medb

コナハトの王妃。英語ではMaeve, Maev,

Maiveなどと綴られ、「メーヴ」と発音される。アルスター物語群に登場する才色兼備の女武者で、アルスターの強敵である。夫アリル・マク・マータ（Ailill mac Máta）はコナハト王であるが、アイルランド王の娘である自らが王権を揮おうとする。また、『クアルンゲの牛捕り』の第二稿本では、王夫妻が寝床で家長は夫婦のどちらかという議論から牛捕りのウラド（アルスター）遠征が起きた。メドヴはいくつかの物語では、王や勇者たちに「太ももの交わり」の誘いをかける。初期アイルランド文学に現れるメドヴには、物語を書いた修道士のキリスト教的な女性観が現れ、王や勇者を惑わす、男勝りな出しゃばり女として描かれる。

彼女の名の意味は「酩酊」である。アイルランドの伝統では、王となるには王権の正当性を付与する地母神との聖婚を執り行い、その際にエール（ビールの一種）を飲んだ。また、他の伝承では、彼女はウラド王コンホヴァルや他王の妃ともされる。このような描写からメドヴはもともとキリスト教伝来以前の地母神の名残ではないかと推測されている。 （平島直一郎）

フェル・ディアド　Ir Fer Diad

フェル・ディア（Fer Dia）の名でも伝わる。『クアルンゲの牛捕り』で、クー・フリンと一騎打ちする勇者。フェル・ディアドは好敵手クー・フリンとともに女武芸者スカータハのもとで武術を極め、熱い友情を交わした里子兄弟だった。彼はコナハト側に加わったが、クー・フリンとの対戦を望まなかった。クー・フリンの活躍に手を焼いたコナハト王夫婦アリルとメドヴが策を弄してフェル・ディアドに里子兄弟との対戦を余儀なくさせる。二人は一騎打ちの前夜お互いの友情を確かめ合い、健闘を約束する。翌日、両者は戦う。フェル・ディアドは体が胼胝で覆われ、刃を通さない不死身の戦士とされたが、水中で格闘の末、クー・フリンの名槍ガイ・ヴォルガで肛門を切り裂かれて落命する。生き残ったクー・フリンは悲嘆に暮れながら、友を弔う。彼が討たれた場所の名はアート・イル・ディアド（フェル・ディアドの浅瀬）とよばれた。今日のラウズ州アーディー（Ardee）である。 （平島直一郎）

フェルグス・マク・ロイヒ　Ir Fergus mac Roich

アルスター物語群に登場する元アルスターの王。フェルグスは「男の力」を意味し、ロイヒは「強い馬」つまり、強い精力を表す。彼は甥コンホヴァル・マク・ネサに王位を奪われた。さらに『ウシュリウの息子たちの流浪』で、自らが保護を約束したノイシウやデルドリウらが王の命令で討たれたので、一族とともにコナハトに亡命した。

『クアルンゲの牛捕り』では、コナハト側に参加した。ウラド（アルスター）国境を独りで守る未成年の勇者クー・フリンの幼少時代の業績をコナハト人たちに語って聞かせる。物語『フェルグス・マク・ロイ

女王メドヴ、コナハト王アリルの妃（J. C. レイェンデカー画）

ヒの最期』では、コナハト王妃メドヴの「太ももの交り」の誘いを受けて情を通じたことでアリル王の嫉妬を買い、暗殺される。
（平島直一郎）

マグ・ムルテウネ　Ir Mag Muirthemne

今日のラウズ州ダンダーク（Dundalk）の南に拡がる平原。モイ・ムルヘヴナ（Magh Muirthemne）ともよばれる。若き英雄クー・フリンの故郷であり、そこにあったドゥーン・デルガ（Dún Delga）の城砦に住んでいた。
（平島直一郎）

クルアハン　Ir Cruachain

古名はクルアフ（Cruachu）。アルスター物語群に登場するコナハト王アリルとメドヴの夫婦が住んだ首邑とされ、さまざまな物語や文献に登場する。

物語『フロイヒの牛捕り』（Táin Bó Froích）には、王夫妻の居館が金銀財宝で豪華に飾られていた様子が描かれている。メドヴと主人公フロイヒは、館を飾る宝石のまばゆい輝きのせいで夜に気付かなかったので、三日三晩フィドヘル（fidchell, チェスの一種）を遊び続けたという。

現在のコナハト地方ロスコモン州のラークローアン（Rathcroghan）の遺跡であると考えられる。ラークローアン・マウンドは円形の城砦跡で、直径は約90m、高さ6mほどである。近くに「猫の穴」（Uaigh na gCat）とよばれる遺跡があり、ここが地下の異界（シードの世界）への出入り口だと信じられた。周りには「王たちの墓」（Reilig na Rí）とよばれる遺跡などたくさんの遺跡が存在する。ここは重要な聖地だったと考えられる。『ネラの冒険』もこの地にまつわる物語である。
（平島直一郎）

ゲシュ　Ir geis

「禁忌、タブー」を表す。この語源はguide（祈る）からきている。これを破ることは破った者の身の破滅を意味した。

当時の社会秩序を保つために、超自然的なものや神を冒涜することの禁忌や、性的な禁忌や、太陽の運行とは逆方向に旅するような特定行動の禁忌など、さまざまなゲシュが存在したことが明らかになっている。

古い文献では、特定の地位にある者に対する禁忌が課されている。『髭ある者のゲシュ』（Geisi Ulchai）では、成人男性戦士の行動規範が示されている。たとえば、太陽は寝床にいる彼の上に昇ってはならない（早起きしなければならない）。動揺して笑ってはならない。労働してはならない。女や子供を虐待したり、「怠け者の習慣」を乱用したりしてはならない。

これらのゲシュは予め決められており、変更はできない。

しかし、12世紀以降書き記された多くの物語の中では、実際に社会に存在したであろう禁忌やタブーに相当するゲシュとは違った趣のゲシュが登場する。たとえば、シェーダンタにクー・フリン（クランの犬）というあだ名が付けられると、彼は犬の肉を食べてはならないというゲシュが生じた。彼は後に犬の肉を食べざるをえない状況に追い込まれて命を落とす。

さらにある人物が特定の人物の行動を規制するためにゲシュを課すという例が多くみられるようになる。たとえば、『クアルンゲの牛捕り』では、クー・フリンが敵方コナハト勢の進軍を阻むために自分と一騎打ちしなければならないというゲシュを課す。その様子は次のように語られる。「クー・フリンは森に入り、オークの若木を一太刀で打ち切り、片足、片手、片目を使い、それを曲げてリングを作り、そのリングの留杭にオガム文字を刻みつけ、そのリングをアルド・クイリンの立石（メンヒル）のくびれた部分に載せた。彼はリングをその石の太い部分に達するまで押し下げた。」このほかにも物語中には同じようなゲシュが登場するが、これらはもはや実在したゲ

シュというよりも、物語を面白くするための語りの道具として使われていると言ってよいだろう。物語の中でゲシュが語られるときは、そのゲシュを破るだろう人物や動物の将来の破滅を物語の聞き手に予告する機能もあったと考えられる。

近代以降のアイルランドにおいては、社会的な通念としての禁忌のほかに、ある特定の人物に「～してはならない」あるいは「～しなくてはならない」という行動の規制を働きかける意味で使われる例もある。

(平島直一郎)

『ブリクリウの饗応』 Ir *Fled Bricrenn*

アルスター物語群に属する。『赤牛の書』や他の写本に違った形で収められている。古代の著述家ポセイドニオスは、ケルト人は宴会で、一番強い者が豚の腿肉を食べてよいことにすると、お互い力を競い合い、時には相手を傷つけ、ついには生死をかけた決闘まで及ぶことがあると報告している。この物語には、まさにこの記述そっくりの事態が発生する。アイルランドでは、一番の勇者に与えられた豚肉の最上部分はクラドミール（Curadmír、勇者の奢り）とよばれた。

ウラド（アルスター）王コンホヴァルのところに、家来の一人ブリクリウ（Bricriu）がやって来て、王と臣下一同を宴に招待する。彼はウラドでは忌み嫌われた、毒の舌を持つと渾名された問題児だった。彼の行くところいつも不和と諍いを引き起こした。そこで、フェルグスは、宴に行けば生きている者よりも死者の方が多くなる、と言って行くべきでないと諫めたが、ブリクリウは、自分の宴に来なければ、ウラドの父と息子、母と娘に諍いを引き起こし、もしそれができなければ、女たちの両乳房にお互いがつぶし合って腐ってしまうまで争わせるとした。結局脅しに負けて、コンホヴァル王とウラドの勇者たちは各々の妻と大軍を引き連れて宴に向かった。

宴は、豪華なご馳走と飲み物に音楽と、みんなが楽しみ、盛会となった。するとブリクリウは邪な思いに駆られ、アルスターの勇者たち、ロイガレ・ブアダハとコナル・ケルナハとクー・フリンの3人にウラド一の勇者を証明するクラドミールを手に入れるように唆す。3人はお互いに譲らず、三つ巴の戦いとなる。コンホヴァルのフィリ、シェンハ（sencha）の調停によって3人は矛を納め、宴は続けられた。後日、みんなでアリル・マク・マーガハ（Ailill mac Mágach）のところに赴き、誰が一番の勇者か判定してもらうことにする。

すると、ブリクリウは3人の勇者の妻たちを唆し、誰が一番美しいか競わせた。その結果、夫たち3人が自分の妻たちのために戦おうとしたが、またもシェンハが仲介し、和やかな宴となった。

三日三晩の後、王の一団は誰がウラド一の勇者か、誰がウラド一の美女か裁定してもらうためにアリル・マク・マーガハのところへ行った。アリルと王妃メドヴは思案の末に、夜にクルアフの異界に通じる穴から出てくる化け猫に3人を襲わせた。コナルとロイガレは逃げたがクー・フリンは踏み止まった。王妃メドヴは判定として、ロイガレには青銅杯、コナルには白い銀杯、クー・フリンには赤い金杯を個別に渡し帰国させた。みんなはアルスターに戻った後、この判定を知るが、ロイガレとコナルは、クー・フリンが王夫妻を買収したに違いないとして、この判定を受け入れずに戦い始めた。コンホヴァル王は3人を分けさせると、ムウ（マンスター）王クー・ロイ・マク・ダーリ（Cú Roi mac Dáire）に誰が一番か判定してもらうように言い渡した。

3人がクー・ロイの城に到着すると、王は不在だったが、3人は一夜ずつ1人で夜番をするように言い渡された。ロイガレとコナルは海から現れた巨人に敗れたが、クー・フリンにはさらに9人の戦士たちや怪物が現れ、最後に巨人が襲い掛かったが、すべ

て退けた。

　やがてクー・ロイはクー・フリンが倒した戦士たちや怪物の首を持ち帰ると，クー・フリンがウラド一の勇者であると判定した。

　3人が帰国すると，ロイガレとコナルがクー・ロイは判定しなかったと言い張り，クー・フリンも勇者の奢りのために争うつもりはないとした。

　その後，ある晩コンホヴァル王とその勇者たちが赤枝の館に集っていると，醜く汚らしい大男がやって来て勇者たちに挑戦した。誰か我と思わん勇者は，自分の首を切れ，その代りに明くる晩にはその者の首を自分に刎ねさせろというのだ。すると，勇者ムンレウァル (Munremor) が大男の首を切ったが，大男は自分の首を抱えると去って行った。明くる晩になると，大男は戻って来た。ムンレウァルは恐れて姿を消していた。他の勇者たちが次々に挑戦したが，結果は同じ，大男の首を落とした勇者たちは，ロイガレもコナルも含めて明くる晩には逃げ出した。最後にクー・フリンが試みたが，大男は首を抱えて立ち去った。翌晩，大男がやってくると，クー・フリンは逃げずに大男との約束を守り，首を切るよう促した。大男はクー・フリンの首を切らずに，彼こそがアルスターばかりでなくアイルランド一の勇者であると告げると去って行った。　　　　　　　　　　（平島直一郎）

『マク・ダトーの豚の話』　Ir Scéla mucce Meic Dathó

　アルスター物語群に属する。この物語も『ブリクリウの饗応』と同じようにクラドミール（勇者の奢り）にまつわる話である。『レンスターの書』に最古の稿本が収められている。

　マク・ダトー（「二人の聾啞の息子」の意）はレンスター王で，素晴らしい犬アルヴェ (Albe) を飼っていた。コナハト王アリルはその話を伝え聞き，ぜひ我が物にしたいと思い，家畜や馬車と交換に譲ってもらおうと使者を送った。同じころ敵対するウラド（アルスター）王コンホヴァルも同じ目的の使者を送った。マク・ダトーは敵対する両国の王たちの依頼に悩んだ。一方に利する答えを与えれば，他方から自国が攻められかねない。それを見かねた王妃は，両者に犬を与えると約束し，宴に招待するように促した。そうすれば，敵対する両者が争い合うだろう。マク・ダトーはその通りにした。

　ウラド王と従者たちと，コナハト王夫妻とその従者たちはレンスター王の館にやって来て宴が始まった。マク・ダトーはたくさんの素晴らしい料理と飲み物を用意した。大きな豚の素晴らしい料理が運び込まれると，その肉を誰が切り分けるかという争いが始まった。一番の勇者が肉を切り分けられるというのだ。ウラドの勇者が名乗りを上げ，コナハト人に対する自分の戦績を告げると，コナハトの勇者が立ち上がり，相手を上回る戦績を告げるというやり取りだった。コナハトのケト・マク・マーガハ (Cet mac Mágach) が立ち上がって戦績を誇ると，アルスター側は黙り込んでしまった。ロイガレが対抗して立ち上がったが，ケトが，国境の一騎打ちで，槍で一突きしたら，ロイガレは馬車や馬を置いて逃げ出したことを告げると，ロイガレは腰を下ろした。

　こうして，ウラドの勇者たちで誰もケトに対抗する者がなくなり，ケトが肉を切り分けようとしたとき，コナル・ケルナハが館の中に入ってきた。ケトが肉を切り分けようとしていると聞くと，コナルは槍を手にした時から，コナハト人を殺さない日は一日も無かったと述べる。ケトは，アンルアン (Anluan) がいないのでコナルが館にいる一番の勇者であると認めた。すると，アンルアンはここにいると，コナルはその頭をケルトの胸に投げつけた。こうして，コナルは肉を切り分けると，コナハト人に

は前脚だけしか与えなかった。コナハト人たちが跳び上がると、ウラド人たちも跳び出し、戦いが始まった。館の内から外に激しい戦いが拡がった。マク・ダトーはどちらが勝っているのか確かめるために、猛犬アルヴェ（Ailbe）を放すと、犬はウラド側に付き、コナハト王夫妻の車を襲い、車軸に咬みついた。御者が犬を切り、体は脇に落ちたが、頭は車軸に留まった。その場所は「アルヴェが原」（Mag nAilbe）とよばれるようになった。　　　　（平島直一郎）

『ダ・デルガの館の崩壊』　Ir Togail Bruidne Da Derga

　アルスター物語群に属する。その主な舞台はレンスターである。『赤牛の書』（Lebor na hUidre）と『レカンの黄書』（The Yellow Book of Lecan）などに伝わっていて、物語の成立は11世紀とされている。英語では一般にThe Destruction of Da Derga's Hostelとして知られる。コナレ（Conaire Mór）王についてはいくつかの年代記に現れているが、遥か古の伝説的な王のためか、在位の年代がそれぞれかなり異なっている。17世紀に編纂された『アイルランド王国年代記』（Annála Ríoghachta Éireann）（『四師の年代記』（Annála na gCeithre Máistrí）ともよばれる）によると、コナレ・モールは前110年から前40年までアイルランドの上王とされている。

　この物語は、神話物語群に属する『エーダインへの求婚』（Tochmarc Étaíne）の3番目の話から始まり、それから若いコナレの出自が語られる。母親（エーダイン）はエデルシュケール（Eterscéle）王の妃メス・ブアハラ（Mess Búachalla）だが、王と結婚する前にすでに身ごもっていた。隔離された小屋の天辺の隙間から鳥が降りてきエーダインと交わり、「お前はわが息子を産むだろう、その息子は鳥を殺してはならない、そしてその子をコナレと名付けよ」と告げてその場を去る。やがてエダルシュケール王が世を去り、王位継承者を決めるタルヴェシュ（tarbfeis、牡牛の宴）とよばれる託宣の儀式が行われる。リフィーの野で二輪戦車に興じていたコナレがタラに呼び戻される途中、大きな鳥の群に出会う。鳥人の長が、タルヴェシュで予見されるように投石器をもって裸でタラに行くように告げ、コナレが王位に就くにあたってゲシュ（geis、禁忌）を言い渡す。コナレ王は8つの禁忌を一つ一つ破り、物語は凶兆を孕んでいく。

　コナレの一行がマンスター北部のトモンドに出かけ、禁止されている2人の臣下の争いを仲裁してタラに戻ろうとするが、タラの宮を9夜にわたって離れてはならないというゲシュをすでに破り、帰途ウシュネフ（Usnech）から進行し、タラを右手に、ブレガの野を左手に見て進むことでゲシュを破り、宮に帰還できず、タラから南に走る街道へと進むうちに日が暮れてきて、街道沿いのダ・デルガの館へ向かって南下する。道中、赤い装束をまとった騎馬の3人が前方を行き、「赤い館に向かうとき、3人の赤い者たちを先に行かせてはならない」というゲシュが破られる。館（bruiden）は主に高位の者が宿泊する迎賓館ともいうべき宴の館である。川が館を貫流し、入口が7か所、49室からなる円形の館で、異界の風景そのものである。コナレの一行がこの館に入ったあと、各部屋の明かりが外に洩れることによって、「日没後、中から外の火の明かりが見え、また外から中の火の明かりが見える建物に宿泊してはならない」とうゲシュが破られる。さらに、見るも恐ろしい老婆が戸口に現れ、これを館の中に入れることにより、「日没後、連れのない男あるいは女の来客を入れてはならない」というゲシュが破られる。やがて、アイルランドから追放されたコナレの3人の里子兄弟とブリトンの王の息子インゲール（Ingcél）が率いる5,000人からなる匪賊がベンエディル（Beinni Étair）の岬に上陸す

る。インゲールによる各部屋の偵察とコナレの里子兄弟のフェル・ロギン（Fer Rogain）による場面の説明の後，館への急襲がはじまる。コナレは喉の乾く魔法をかけられ，臣下のマクケフト（Meic Cécht）が陣を抜け出て夜明け前に泉の水を持ち帰ると，コナレの首は刎ねられていた。マクケフトがコナレ王の喉に水を注ぐと，「マクケフトはりっぱな男だ，」と王の口から声が発せられる。こうしてコナレ王は悲壮な最期を遂げる。　　　　（松村賢一）

テウィル（タラ）　Ir Temair　E Tara

　アイルランド上王（アルド・リー ard-rí）の居住地とされ，現ミーズ州ナヴァンの南東10kmにある高さ約150mの丘（現タラの丘，the Hill of Tara）にあり，中央平野を一望できるこの場所から歴代の王たちが周囲の肥沃な牧草地を見下ろすことができた。このタラの丘の北側斜面に「大広間」の遺跡があり，2つの堤が南北に平行してのびている。「心をゆさぶるハープの音色が／在りし世にタラの広間に流れたが，／今では魂が抜けたように／壁にかかっている」とうたったのはトマス・ムアである。『ディアルミドとグラーニャの追跡』で名高いタラの王コルマックの娘グラーニャは，円形の濠と堤による「囲い地」によってしのばれ，デー・ダナン神族が持ち込んだといわれる「運命の石」（Lia Fáil）が立つ。

　若いフィン・マク・クウィルは毎年タラの宮を炎上しにやって来る「火を吐く怪物」ことアレーン（Aillén）を退治して，一躍英雄となった。すぐ近くのガウラの谷はフィン・マク・クウィルのフィアナ（戦士団）がモルナ一門との戦いで壊滅し，オスカルが戦死した伝説的な地である。

　初期アイルランド文学の多くがここを舞台とし，あるいは関係しているが，いずれも遠い過去に起こったことが語られる。なかでもコナレ・モール王の物語はタラの不思議な王国を描いて，禁忌をはじめタラの王にまつわるさまざま様相を映し出す。また，聖パトリックは，伝承によれば5世紀の中葉，タラの祝祭前夜に王国の掟を破り，ロイガレ・マク・ネール王に先んじてタラの北方のスレーンの丘でこれ見よがしに復活祭の火をかかげ，キリスト教の宣教を開始し，古代アイルランドに歴史的な転換をもたらした。これを伝える聖パトリックの数多くの物語や伝説が残っている。

　　　　　　　　　　　　　（松村賢一）

タルヴェシュ　Ir tarbfeis; tarbhfeish; tarb feish

　王位継承者を予言する儀式。英語では'bull-feast'（牡牛の宴）あるいは'bull-sleep'（牡牛の眠り）といわれる。『赤牛の書』（Lebor na hUidre）の残された『クー・フリンの衰弱』（Serglige Con Culainn）によると，それは白い牡牛を屠殺し，1人の男がその肉と煮出し汁を飽食する。男は横になって眠り，真実を招き寄せる呪文が4人のドルイドによって眠る男に唱えられ，夢の中に現れる者が王位を継承するという儀式であった。もしその者が虚言を吐けば，首を切られることは必定であった。タルヴェシュは『ダ・デルガの館の崩壊』（Togail Bruidne Da Derga）や『クー・フリンの衰弱』に現れるが，それはさながら古代ギリシアにおいてアカイアの女祭司が牡牛の血を飲んで身の清浄を証し，それから予言の洞穴の中へ，はるか地底の神域へと下り立つ光景（パウサニアス『ギリシア記』7）を彷彿させる。　　　　　　　　（松村賢一）

館（ブルデン）　Ir bruiden

　ブルデンは宿泊所で大広間のある館を指す。『レカンの黄書』（Lebor Buíde Lecáin）では「館は昼夜をおかず開いていた。ブルデンは口喧嘩している者の口に似ているところからそうよばれた」とあり，語源とともに'bruiden'は「口論」を意味する。『マク・ダトーの豚の話』（Scéla mucce Meic Dathó）

によると，当時アイルランドには主要な館が5邸あったといわれている。レンスターのマク・ダトーの館，ダブリン北方のフォルガル・マナハの館，アイルランド北西ブレヴネのダ・レオの館，ミーズ西のダ・ホカの館，ダブリンの南方クルーのダ・デルガの館。『ダ・ホカの館』の物語ではアルスターのブライの館が加わる。『ダ・デルガの館の崩壊』(Togail Bruidne Da Derga) の舞台となる館には川が貫流しているという異様な光景である。入口が7か所，各入口の間には7つの大きな部屋があり，入口の扉は1枚のみで風によって別の入口へ動くという不思議な構造をしている。この館は49室からなる円形の造りで，屋根から吊るされた1枚の扉が風に吹かれてそれぞれ7つの入口に風見のように移動する。ダ・デルガの館はまさに異界の風景の中にあるため，おぼろな輪郭しか見えてこない。

(松村賢一)

『ウラドの戦士たちの酩酊』　Ir Mesca Ulad

アルスター物語群に属する。物語の始まりの部分は『レンスターの書』，終わりの部分は『赤牛の書』に，この2つをまとめたものが16世紀頃に成立したエディンバラの写本に残されている。

コンホヴァル王はウラド（アルスター）を3つに分けて，東部を甥のクー・フリン，西部を里子フィンタン・マク・ニアル・ノイギアラハに委ね，残りを自ら治めた。1年が過ぎ，新年の祭りサウィンの宴を催すことになったが，クー・フリンとフィンタンはコンホヴァルをはじめウラドの人びとを宴に招待する。コンホヴァルはどちらに行くか迷った末，二人の面子（enech）を立てて，夜の前半はフィンタンの宴に，後半はクー・フリンの宴に行くこととした。みんなはフィンタンのもてなしで飲んで食べて大いに楽しんだ。真夜中となると，客一同はクー・フリンの居所に向かった。しかし，みんな酩酊していたので，東へ向かうはずが，道に迷ってアイルランド南部の敵地ムウ（マンスター）に達し，クー・ロイ・マク・ダーリの城砦に着いた。クー・ロイは驚きながらも彼らを一番大きい館でもてなす。しかし，この館は実は鉄でできており，その外側と内側は木造だった。ムウの召使たちは1人ずつ館から抜け出して最後の者が扉を閉じると，館は鎖で巻かれ，館の下に設けられた炉に火が付けられた。この絶体絶命の窮地に，クー・フリンが活躍し，みんなの力を合わせて危地を脱した。ウラドの人びとは戦いながら，クー・フリンを先頭に彼の城砦に辿り着くと，その後40日間宴に酔いしれた。

(平島直一郎)

『コンホヴァルの誕生』　Ir Compert Chonchobuir

アルスター物語群に属する。『レカンの黄書』と『バリモートの書』に収録されている。

ウラド（アルスター）王エオフ・サールブデ（Eochu Sálbuide）に娘が生まれた。12人の養父が彼女を育てた。彼女は子供のとき慎み深く，おとなしかったので，アッサ（「やさしい者」の意）と名付けられた。当時，カトヴァド（Cathbad）と名乗る戦士の一団の統率者が南からやって来た。彼はウラド人だが，南に住んでいた。彼は戦士であり，その統率者であるばかりか，ドルイであり，知識が深かった。あるとき，彼は手下と集まっていた娘の12人の養父たちを殺した。彼女以外誰も生き残らなかった。娘は父王のところへ訴えた。王は誰がやったのか知らないので復讐はできないと答えた。そこで彼女は怒って養父たちの復讐をするために，自ら9人の男たち3組を率いて遠征に出た。そして各地を次々地荒らし掠奪した。それまで，人びとは彼女をアッサとよんだが，ニアッサ（Ni-Asa「やさしくないもの」の意）とよぶようになった。よそ者を見ると，彼女は仇の消息を尋ねた。あるとき，他の仲間が炊事をしていると

き，彼女は1人になって武器と衣服を置くと，水浴びをした。その時カトヴァドと仲間たちが現れた。カトヴァドは娘と彼女の武器の間に立って剣をかざした。娘が命乞いすると，カトヴァドは自分の身の安全と二人の友情と，彼が生きている限り彼女が妻となることを求めた。彼女はそれを受け入れた。

二人が彼女の父王のところへ行くと，王はカトヴァドにウラドのコンホヴァルの小川の近くにある城と土地を与えた。ある夜，カトヴァドはひどい渇きに悩まされた。妻が起きて飲み物を捜したが見つからない。コンホヴァル川まで行き，杯に水を汲んできた。カトヴァドに渡したが，彼が水の中に虫が2匹いるのを見つけると，妻に飲み干すように命じた。こうして，彼女は身ごもった。

カトヴァドは妻を連れて王のところへ行く途中，彼女は産気づいた。今夜生まれる子供は王となりアイルランドの男たちの上に立つだろう。今夜東方にも素晴らしい子供が生まれ世界の男たちの上に立つだろう。それはイエス・キリストだと，カトヴァドは予言した。

子供はその夜生まれた。その子は母が飲んだ虫を両手に1匹ずつ握っていた。彼は小川にちなんでコンホヴァルと名付けられ，ウラドの有名な王になった。

(平島直一郎)

『ウラドの人びとの衰弱』　Ir *Noínden Ulad*

アルスター物語群に属する。『ウラドの人びとの病』(*Ces Ulad*) の題名でも知られる。『レンスターの書』や『レカンの黄書』などに収められている。

ウラド（アルスター）の山間にアグノマンの息子クルンフ (*Crunmchú mac Agnomain*) という裕福な農民が住んでいた。彼は豊かで，多くの子供たちに囲まれて暮らしていたが，その母親は亡くなっていた。彼は長い間独り身だった。ある日彼が納屋にいると，立ち居振る舞いも立派な，若くて美しい女が母屋に入って行くのを見た。彼女はマハといった。彼女は家事を切り盛りし，クルンフと暮らすようになった。やがて彼女は身ごもった。二人の生活はますます豊かになり，彼の身なりも立派になった。

ウラドの人びとは軍事演習を行い，祭日の催しにもしばしば集った。あるとき，クルンフも他の者たちみんなと同じように祭りに行くと言い出した。すると彼の妻は，「祭りに行ってはいけない。祭りで私たちのことを話す危険があるから。もし彼が祭りで自分のことについてしゃべったら，二人の生活はおしまいになるからだ」と言った。男は絶対に言わないと言って出掛けた。

ウラドの人びとは祭りに集っていた。クルンフも他の人と同じようにやってきた。競馬で王の馬が勝つと，王のお抱え歌人が王を褒め称えた。王妃もフィリもドルイも従者たちも居合わせた人びとも，王の葦毛の2頭に匹敵する馬はいない，アイルランド一速いからと。「私の妻はこの2頭よりも速い」とクルンフが漏らした。すると，王はその男を妻が王の馬と競争するまで捉えるよう命じた。王の使者が妻を訪れ，用向きを伝えると，彼女は身ごもっており，すでに陣痛が始まっているので無理だと答えた。

使者が，それでは夫が殺されると答えたので，彼女はやむなく使者と集まりに向かった。人びとは彼女を見るために近寄った。彼女は陣痛があるので，しばらくの猶予を願うが，王は夫の命を取ると脅して，王の馬との競争を強いた。彼女は馬との競争に勝ったが，鋭い痛みとともに，その場で双子の男の子（フィル）と女の子（フィアル）を産んだ。病んで力を失った彼女はみんなに向かって呪った。ウラドに住む限り，この国が危急存亡の秋は，みんな産褥の女の力しかなくなる。それは9世代にわたって，産褥にある女と同じように5日と4晩か，4

日と5晩続く。

それは真実となった。それはクルンフの時代から，ドウナル（Fergusa maic Domnaill）の息子フェルグスの時代まで続いた。　　　　　　　　　（平島直一郎）

マハ　Ir Macha

アルスター物語群に登場する農夫クルンフの妻。足の速いマハは身重の時，夫のつまらない虚栄心から，ウラド（アルスター）王一番の駿馬と競争をさせられる。彼女はこの駆け比べに勝つと出産した。彼女の子供エウィン・ワハ（Emain Mhacha，マハの双子）はウラドの首邑の名となる（今日のナヴァン・フォート Navan Fort）。彼女は出産後，自分に致命的な競争を強いたウラドの男たちを恨み，ウラド危急の秋，ウラドの男たちが産褥の苦しみを味わうように呪った。

別の伝承では，彼女はアルスターの聖地アルド・マハ（Ard Macha，マハの高み）に名前を与えており，本来王権に結び付けられる女神だったとされる。この土地こそ，聖パトリックがアイルランド最初の教会を建てたとされる，今日のアーマー（Armagh）である。　　　　　　　　　（平島直一郎）

『ウシュリウの息子たちの流浪』　Ir Longes mac nUislenn

アルスター物語群に属する。『ウシュネフの息子たちの最期』（Longes Mac Uisnech）の題名でも知られる。『クアルンゲの牛捕り』の前話の一つであり，『レンスターの書』と『レカンの黄書』などの写本に伝わっている。

コンホヴァルの語り部フェドリミド（Fedlimid）の家にウラド（アルスター）の人びとが集まって酒盛りをしていた。彼の妻は出産間近だった。人びとが眠りに就こうとしたとき，彼女のお腹の子が叫んだ。ドルイドのカトヴァドが，生まれる子は女で，美女となり，ウラドの人びとに戦いと死をもたらすだろうと予言し，名前はデルドリウであると告げた。

やがて，子供は生まれた。ウラドの人びとは女の子は殺すべきだと訴えたが，コンホヴァル王は娘は自分のために育てられ，自分の妻とすると決めた。人びとは彼を説得することができず，王の言う通りになった。コンホヴァルのもとで，アイルランド一美しい乙女となった。しかし，彼女はコンホヴァルと褥を共にするまで，ウラドの男たちが彼女を見ることができないように一軒家で育てられた。この家には里親と魔女のレヴォルハム（Leborcham）以外は立ち入ることができなかった。

ある冬の日，里親がデルドリウに料理を作るために雪の上で仔牛を解体していた。乙女は鴉がその血を飲むのを見てレヴォルハムに私は鴉のような髪と血のような頰と雪のような肌をしている男を愛するだろうというと，レヴォルハムは，その男は近くの城にいるノイシウだと答えた。

デルドリウはある日ノイシウが一人でい

身重のマハは駿馬との競走に勝利し，その瞬間に双子を生み，アルスターの男たちを呪った

るのを見つけると近寄り，妻とするよう求めた。ノイシウは予言のために拒むが，彼女は彼の両耳を掴み，妻としないならば，恥と嘲笑になるだろうと叫んだ。そこで，ノイシウが雄たけびを上げると，彼の兄弟が駆けつけた。ウラドで戦いが起きないように話し合い，一族郎党と一緒にデルドリウを伴なって亡命することにした。こうして彼らは，アイルランド中をあちこちさまよったが，コンホヴァルが策略と悪知恵によって長居できないようにした。

こうして，ノイシウたちはとうとうアルヴァ（スコットランド）に渡って荒地に入植し，スコットランド王に仕えた。彼らは家を建てデルドリウを人目から避けたが，あるとき，王の代官が家の中にいるデルドリウを覗き見，王にふさわしい美女がいるから，ノイシウを殺して女を奪うように報告した。王はそれを拒むと，毎日代官を送り，彼女を妃に迎えようとしたが，適わなかった。そこで，王はノイシウたちを危険な任務に就かせ，戦いや災厄で亡き者にしようとしたが，彼らは戦い抜いた。とうとう王はスコットランド人を集合して，ノイシウたちを殺そうとしたが，夜間に洋上の島に逃げ延びて危機を脱した。

この出来事がウラドに伝わると，人びとはノイシウたちが敵の手で殺されるよりも，帰国させるべきだとコンホヴァルに迫った。王はフェルグス（Fergus mac Roich）とドゥフタハ（Dubthach）と息子のコルマク（Cormac）の3人を保証人として安全に帰国できると約束した。ノイシウたちが帰国すると，エウィン・ワハ（Emain Macha）の前庭で，王が差し向けたエオガン（Eógan mac Durthacht）らの刺客が襲い掛かり，ノイシウたちは同伴したフェルグスの息子フィアフ（Fiachu）と共にみんな殺されてしまい，デルドリウは一人コンホヴァルのもとへ連れて行かれた。この日の戦いで300人のウラド人が死んだ。保証人の3人はコンホヴァルの息子や甥を殺し，3,000人の ウラド人とともにコナハトのアリルとメドヴ王夫妻を頼って亡命した。

デルドリウはその後1年間生きたが，一度も笑うことはなかった。コンホヴァルとエオガンがデルドリウを馬車に乗せて走った時，デルドリウは突き出た大きな岩に頭を打ち付け，自殺した。　（平島直一郎）

デルドリウ　Ir Derdriu

アルスター物語群に登場する美女で悲恋の主人公。デアドレ（Deirdre）ともよばれ，英語ではデアドラとよばれる。生まれたとき予言者によって国難をもたらすとされ，遺棄されようとしたが，コンホヴァル王の命で，塔の中で若い男を見ないように育てられた。あるとき偶然に見たノイシウに恋し，彼にゲシュを掛けて恋仲となり，老王から逃れた。亡命先のアルヴァ（スコットランド）でノイシウとその一族とともに生き延ようとする。王が和平を約し，みんなの命を保証すると，デルドリウは王の策略だと従わないように言うが，ノイシウたちは望郷の想いに駆られ，約束を信じて帰国したところを王の手下に討たれる。デルドリウは王たちの虜となることを拒否して馬車から身を投げて自殺する。（平島直一郎）

ノイシウ・マク・ウシュレン　Ir Noisiu Mac Uislenn

アルスター物語群に属する物語の主人公。英語ではニーシャ（Naisi）とよばれる。『ウシュリウの息子たちの流浪』や『ウシュリウの息子たちの最期』などと題される。ウラド（アルスター）の勇者で美男子だった。コンホヴァル王の妻となるため育てられた美しい娘デルドリウにゲシュを掛けられて恋仲になる。二人は王の制裁を恐れ，一族を連れてアルヴァに逃避するが，王が和平を約束して命を保証したので，望郷の想いから帰国する。王は約束を破ってノイシウ一族を討たせ，デルドリウを手に入れようとするが，彼女は自殺する。

(平島直一郎)

『クー・フリンの誕生』 Ir Compert Chon Cualainn

アルスター物語群に属する。『クアルンゲの牛捕り』の前話の一つで『赤牛の書』などに残されているが，2種類の稿本があり，内容が異なっている。

コンホヴァル王の妹デヒティネ（Deichtire）は，50人の侍女とこつ然といなくなった。何の手がかりもなく，3年間行方が分からなかった。彼女たちは何度も鳥の姿でエウィン・ワハの前庭に現れて草をついばみ草一本残さなかったので，ウラド（アルスター）の人びとは怒って，馬車9台で鳥を追った。コンホヴァルやフェルグスやアワルギンやブリクリウらもいた。鳥たちは南に向かって飛び，フアドの山を越えて広い河瀬の上を飛んで行った。夜になると，鳥の大群は消えた。彼らは馬を馬車から放した。

フェルグスが辺りを見まわっていると，小さな家を見つけた。家にいた夫婦から歓迎され，みんなを連れて家に入る。

しばらくして，ブリクリウが外に出た。すると，音が聞こえてきたのでその方へ行くと大きな立派な家を見つけた。家に入ると，女から歓迎され，若い主から声を掛けられた。いなくなった50人の乙女たちはこの家にいるという。そして，主の隣に座る女はデヒティレで，彼女たちは鳥の姿でエウィン・ワハを訪れ，ウラドの人びとが追ってくるように仕向けたというのだ。女はブリクリウに紫のマントを与えた。

ブリクリウはみんなのもとに帰ると，立派な家を見つけ，立派な主と美女と清純な女たちがいたことしかコンホヴァルに語らなかった。

コンホヴァルが女を自分の寝床に連れてくるように命じると，フェルグスが使者として赴き，女を連れてきた。女は身重で，翌朝みんなが目を覚ますと，コンホヴァルの衣類の中に小さな子供がいた。ブリクリウはようやく，女がコンホヴァルの妹デヒティレだと明かした。みんながこの子の里親になりたがったが，エウィン・ワハに帰ると，法律家のモラン（Morann）による裁定で，コンホヴァルが後見となり，シェンハが言葉と弁論術を教えるなど，みんなの役割を割り振った。こうして，この子はコンホヴァルの詩人（フィリ）アワルギン（Amairgin）とその妻で，コンホヴァルのもう一人の妹フィンハイウ（Finnchaem）の夫婦に託され，ムルテウネ平原（Mag Muirthemne）のイムリトの城砦で育てられることになった。

別の稿本では，コンホヴァルの妹デヒティネが，百芸に通じた神ルグ・マク・エトネン（Lug mac Ethnenn）の子を宿した。コンホヴァルはスアルティウ（Sualtaim）と妹を結婚させ，子供が生まれる。子供はシェーダンタ（Sétanta）と名付けられる。

(平島直一郎)

『エウェルへの求婚』 Ir Tochmarc Emire

アルスター物語群に属する。『クアルンゲの牛捕り』の前話の一つ。『赤牛の書』や『レンスターの書』などの写本に残されており，いくつかのヴァージョンがある。

英雄クー・フリンはウラドの女たちや娘たちのあこがれの的だった。クー・フリンは未だ妻を娶っていなかったので，自分の妻や娘が奪われはしないかと危惧した人びとは彼に妻を見つけようと相談した。そしてコンホヴァルはアイルランド中に物見を送ったが，ふさわしい女性を見つけることができなかった。

そのころ，クー・フリンはフォルガル・マナハの娘，エウェル（Emer，英語読みではイーマー）との逢い引きに出かけていった。彼女の父はアイルランドの六大館の一つを有し，妖精の血を引いている。エウェルには6つ恵まれているものがあった。それらは美しさと，美しい声と，甘美な話

術と，針仕事の才と，知恵と，貞節であった。クー・フリンは彼女が同い年であり，姿，血筋，そしてアイルランドの娘で最高の職人としての技能と腕前を持ち，彼女以外に自分にふさわしい妻はいないと思い，求婚した。エウェルは彼との恋に落ちた。しかし，エウェルの父フォルガルは，まず彼女の姉フィアルが結婚しなければならないことと，結婚するにはクー・フリンがまだ武術の修練が足りないことを挙げて，婚姻を拒み，クー・フリンがアルヴァ（スコットランド）のドウナルのところで修行するよう言い渡した。クー・フリンが親しい仲間とドウナルを訪ねると，ドウナルはアルヴァの東方に住む女武芸者スカータハ（Scáthach）の下で修練するように言い渡した。クー・フリンは独りで旅を続け，スカータハのもとに辿り着いた。

フォルガルはエウェルをテウィル（タラ）王ルギドと結ばれるように仕向けた。しかし，彼女のクー・フリンへの想いとクー・フリンに対する恐れから，ルギドは彼女と褥を共にせず，この企ては失敗した。

スカータハは当時姉妹の女武芸者アイフェ（Aife）が支配する人びとと戦っていた。クー・フリンはアイフェと一騎打ちで戦って勝つと，彼女の命を救う代償に，以後スカータハに刃向わないこと，褥を共にすること，彼の息子を産むことの3つを誓わせ，彼女と寝た。

スカータハからさまざまな武術を学んだ後，クー・フリンはアイルランドに戻った。

クー・フリンがフォルガルの城砦に近づくと，戦いが始まった。求婚者から逃げようとフォルガルは城壁から跳んで死んだ。クー・フリンはエウェルを連れてコンホヴァル王の赤枝の館に帰り，ウラドの人びとに迎えられた。 　　　　　（平島直一郎）

『クー・フリンの病』 Ir Serglige Con Cualainn

『クー・フリンの病とエウェルのたった一度の嫉妬』（*Serglige Con Cualainn ocus oenét Emire*）ともよばれる。アルスター物語群に属する。『赤牛の書』と15-16世紀頃の写本に残されているが，本来は2つの違った物語を1つにまとめようとした作品と考えられる。前半ではクー・フリンの妻はエトネとされ，後半ではエウェルとされている。幻想的な作品で人気があり，近現代のアイルランドの作家たちによっても再話・翻案されている。

ウラド（アルスター）の人びとはサウィン（Samain）の前3日とサウィン当日とその後の3日の計7日間，マグ・ムルテウネに集った。近くの湖に美しい鳥の群れが羽を休めた。クー・フリンは淑女たちが両肩に1羽ずつ鳥を留まらせたいと望んでいると聞き，鳥を捕まえた。しかし，妻の分が無かったので，別種の鳥を捕まえる約束をした。鳥を捕まえ損ねた後，クー・フリンは立石（メンヒル）の横で眠りに落ちる。夢の中で，彼は緑衣の女と赤衣の女と出会う。二人は彼に笑いかけ，鞭を打つ。すると，クー・フリンは力が萎え，衰弱してしまう。

その後，クー・フリンは次のサウィンの前まで，ほぼ1年間病に伏せた。彼は招きを受けて，シード（異界）に赴くと，病は癒され，美しい妖精ファン（Fand）が彼を慕っていた。クー・フリンは立石のもとに連れ戻され，彼を鞭打った緑衣の妖精リー・バン（Lí Ban）と出会う。彼女の夫ラヴリドが現れ，彼の敵と1日戦えば，妻の姉妹，妖精ファンと一月共に過ごせると約束する。クー・フリンは見事敵を討ち果たした。クー・フリンの妻エウェルは事の成り行きを知ると，怒って50人の侍女たちとファンに復讐しようと押し掛ける。エウェルの話を聞いたクー・フリンは彼女と一生共に生きることを誓う。その二人を見たファンは置き去りにするようにと言うが，それを聞いたエウェルはファンの無私の愛を悟り，自分こそが諦めると言った。突然ファンの夫，海神で妖精の王マナナーン・マク・リ

ル（Manannán mac Lir）が現れ、彼女を連れ去った。

その後、クー・フリンは飲まず食わずだったが、エウェルがコンホヴァルに事の次第を告げると、王はドルイドたちを遣わした。彼らはクー・フリンとエウェルに忘れ薬を飲ませ、彼の失恋の痛みと彼女の嫉妬を忘れさせた。マナナーンはクー・フリンとファンの間で魔法の外套を振って、彼らが永遠に二度と会えないようにした。

（平島直一郎）

『アイフェの一人息子の最期』　Ir Aided Oenfir Aífe

アルスター物語群に属する。最も古い形の稿本は『レカンの黄書』に収められている。人気のある題材で、アイルランドからスコットランドにかけて、さまざまな伝承が残されている。なお、父子がそれと知らずに戦う題材は、古高ドイツ語の『ヒルデブラントの歌』やペルシャの『シャーナーメ』にも見られるなど広く流布したものである。

クー・フリンはアルヴァ（スコットランド）の女武芸者スカータハの下で修業しているとき、彼女の姉妹で敵の女武芸者アイフェに一騎打ちで勝つと、彼女に彼の息子を産むことを約束させた（『エウェルへの求婚』参照）。

アイフェは息子コンラ（Connla）を産んだ。クー・フリンは彼女に指輪を渡していた。そして、息子がその指輪を付けられるようになったら、アイルランドに来させること、また、相対する戦士に名前を名乗らないようにすることを言い渡した。

7年後、ウラド（アルスター）の人びとが海岸に集まっていると、船で近づいて来る若者があった。若者は投石器で鳥を撃って捕えて放す遊びを繰り返していた。ウラドの人びとは見知らぬ若者に名乗るように迫った。名乗らなければ力ずくで陸に上げないという。若者は名乗らずに、コンデレと勇者コナル・ケルナハと相次いで対峙し、二人を打ち負かして縛り上げてしまった。エウィルは若者をクー・フリンの息子と察し、夫が息子と戦うのを止めようとした。しかし、クー・フリンは妻の願いを振り切り、ウラドの人びとの名誉をかけて若者に立ち向かい、死にたくなければ名乗るよう迫った。戦いの火ぶたが切られると、戦いは熾烈を極め、陸から水中へと移った。終には、クー・フリンが名槍ガイ・ボルガを投げ、若者の腹は切り裂かれた。若者がその技をスカータハから学ばなかったことを述べると、こと切れた。クー・フリンは息子の亡骸を両腕に抱え、我が子であることを人びとに告げた。

（平島直一郎）

『オイングスの夢』　Ir Aislinge Óenguso

『クアルンゲの牛捕り』（Táin Bó Cuailnge）の前話の一つで、『レンスターの書』（c. 1150）に伝えられている。英語では The Dream of Angus として一般に知られる。

ある夜、オイングスはひとりの若い女性が近づいてくるのを夢の中で見た。オイングスはこのアイルランドで最も美しい女性の手をとり、部屋に招き入れようとしたが、突然その姿は消えた。オイングスの心は乱れ、悩み、食べ物も口に入らなかった。翌夜になるまで床にいると、この女性がティンパン（ヤナギ材のフレームに真鍮の弦が付いた、ハープに似た楽器）を手にして再び現れ、この上ない心地よい楽の音を響かせた。彼女はオイングスのために楽を奏で、翌朝まで共に過ごした。まる1年、女性はオイングスのもとにやってきティンパンを奏でた。オイングスは恋にやつれ果てた。アイルランド中から医者が集められたが、どうしてオイングスがかくも衰弱したかはわからなかった。そこでコンホヴァル（Conchobar）の医者フィンゲン（Fíngein）が呼ばれ、やつれたオイングスをすぐ見て取り、愛の虜になっていることがわかった。重い病を告げられたオイングスの母ボーア

ンド（Bóand）はその女性を探したが見つからない。そこでオイングスの父親ダグダ（Dagda）の使者たちがマンスターの妖精の王ボドヴ（Bodb）のもとへ行き，恋にやつれ果てたオイングスのことを話し，その女性を捜すよう伝えた。

そして，その年の終わりに，ボドヴの民がベル・ドラゴン湖でその女性を見つけたことをフェヴェンの塚（Síd ar Femen）のボドヴに告げると，その知らせは直ちにダグダに伝わった。オイングスは二輪戦車に乗ってフェヴェンの塚を訪れ，三日三晩の宴会の後，ボドヴと共に湖に赴いた。湖には150人の若い女性たちの中にいつも夢の中に現れたひときわ背の高い美女がいた。ボドヴは，女性の名はカイル・イヴォルメト（Caer Ibormeith）で，コナハトのウーアヴァーンの塚から来たエタル・アンヴーイル（Ethal Anbúail）の娘であることをオイングスに教えた。エタル・アンヴーイルはコナハトのアリル王とメドヴ女王の領地にいるため，ダグダは60台の二輪戦車を伴ってコナハトへ向かい，エタル・アンヴーイルの娘御を自分の息子にくれるようふたりに頼んだ。しかし，エタル・アンヴーイルはこれを拒絶した。その後，アリルとダグダの軍が立ち上がり，シードを滅ぼして60級の首を持ち帰り，王をクルアハン（Cruachain）に閉じ込めた。エタルは首をはねられるのを恐れて言った，「娘は今度のサウィンに鳥の姿になります。娘は150羽の美しい白鳥たちと一緒にベル・ドラゴン湖にいるでしょう。」オイングスはサウィンにベル・ドラゴン湖の岸辺でカイルと会い，二人は白鳥の姿で眠り，そして湖を3周したあと，2羽の白鳥の姿でオイングスの住処とされるブルグ・マク・インド・オーグ（Bruig Maicc ind Óicc / Brug na Bóinne）へ飛んでいった。二人は歌をうたい，これを聞いた人びとは三日三晩眠り続けた。その後，二人は一緒に暮らした。このことがあってオイングスはアリルとメドヴと近付きになり，クアルンゲの牛捕り（Táin Bó Cuailnge）で進攻するコナハトの大軍に300人の軍勢を送った。

オイングスはアンガス・オーグ（Angus Óg）ともよばれ，英語による多数の作品の題材になっている。　　　　（松村賢一）

『ネラの冒険』　Ir　*Echtra Nerai*

アルスター物語群に属する異界行。『クアルンゲの牛捕り』の前話の一つ。10世紀頃に成立したとされ，『レカンの黄書』などの写本に残る。新年サウィン（ハロウィーン）の夜の間は，アイルランドではシード（異界）の出入り口が開き，異界の住人や死者やその霊魂とこの世の人間が行き来できるときと考えられてきた。この作品はまさにその夜の肝試しに端を発する物語である。

コナハト王夫妻アリルとメドヴの居所クルアハンの城砦でサウィンの宴が催されていた。アリルが前日に縛り首になり，絞首台に下がっている死者の足に柳の枝を結び付けた者に金の象眼を施した剣を与えようと提案した。ネラ（Nera）も試みたがうまくいかない。そこに死人の一人が助言して，ネラは首尾よく事をやり遂げた。すると，この死人が渇きを訴えたので，ネラは死人を背負い家々をさまよい，やっと汚い家で汚水を飲ませることができたが，死人がそれを家の者たちに吐きかけると，みんな死んでしまった。。死人を絞首台に運んで帰ると，ネラは帰路クルアハンの城砦が攻められて燃え上がっているのを見た。そこで，ネラは城砦を襲った戦士の一団を追ってクルアハンの洞窟，シードの住人の住処に入っていった。ネラはシードの王から家を与えられ，女と結ばれた。妻から，彼が見た者は幻想で，クルアハンの城砦が炎上するのは1年後であると知らされる。ネラは女の助言に従ってこの世に戻った。ネラはニンニクとサクラソウと金のシダを持ち帰り，彼がシードにいたことを示すと，アリ

ルは約束の剣を与えた。予言を聞いたアリルとメドヴは，コナハトの人びとを率い，シードを攻めて掠奪した。

1年後のサウィンに，ネラは異界の妻のもとへ戻った。異界の住民たちは，ネラが前年自分たちを攻撃した者たちを連れてきたことを知らずに，彼を歓迎した。

ネラは彼女の妻と息子たちとともに最後の審判の日までシードで暮らしているとされる。
（平島直一郎）

神話物語群　Mythological Cycle

初期アイルランドの物語を4つの物語群に分類したものの一つ。こうした分類は近代にあくまで便宜的になされたもので，「神話物語」としての選集が存在したわけではない。

神話物語群は，超自然的な魔術に長けたトゥアタ・デー・ダナンを中心とした神話的な作品を指す。書かれた時代はさまざまながら，大半は中期アイルランド語期に属する。神話物語群の主題は，トゥアタ・デーと先住のフィル・ヴォルグやフォウォレ，また後から到来したミールの息子たちとの遭遇であるが，トゥアタ・デーは神話物語群外の作品（たとえば疑似歴史書の『アイルランド侵寇の書』や地名の由来を語る『ディンヘンハス』など）においても重要な役割を果たしている。

神話物語群の代表格は『マグ・トゥレドの戦い』で，古アイルランド語と中期アイルランド語の2つのヴァージョンが伝わっている。一般に『マグ・トゥレド第二の戦い』として知られ，先史・神話時代のアイルランドを舞台に，トゥアタ・デーと先住フォウォレとの抗争，トゥアタ・デーの勝利を物語る。トゥアタ・デーの主要な神々，「銀の腕の」ヌアドゥ（Nuadu Argatlám），ダグダ（Dagda），オイングス（Oengus Mac ind Óc），ボドヴ／バドヴ（Bodb/Badb），医師のディアン・ケフト（Dian Cécht），鍛冶屋のゴヴニウ（Goibniu），マハ（Macha），オグマ（Ogma）などが登場する。フォウォレを率いるのは一つ目の怪物的なバロル／バラル（Balor/Balar）である。トゥアタ・デーの母とフォウォレの父を持つブレス（Bres），トゥアタ・デーの父とフォウォレの母を持つ「百芸に通じた」ルグ（Lug Samildánach）も主要な役割を果たしている。

変身・転生といった神話的なエピソードが扱われている『エーダインへの求婚』も，神話物語群の代表的な作品と見なされている。変身のエピソードは古アイルランド期の『オイングスの夢』（*Aislinge Óenguso*）にも登場するが，このテクストは，アルスター物語群に属する『クアルンゲの牛捕り』の前話となっている。また『トゥレンの息子たちの最期』（*Oidheadh Chloinne Tuireann*）のように初期近代アイルランド語で書かれ，キリスト教文学の色彩が濃い作品が，神話物語群に数えられている場合もある。
（辺見葉子）

『アイルランド侵寇の書』　Ir *Lebor Gabála Érenn*

11世紀頃に作られた中期アイルランド語の疑似歴史書で，数多の写本が存在する。アイルランドの神話的，伝説的な過去を，旧約聖書「創世記」における大洪水に始まるキリスト教の枠組みの中で語る試みである。スキュタイの王フェーニウス（Fénius）がバベルの塔の言語の混乱時に居合わせ，彼の指示により72の言語から創られたのがゲール語（bélra Féne）であるという言語の起源，スコティ（Scoti）すなわちゲール人の名称は，フェーニウスの息子ネール（Nél）が結婚したエジプトのファラオの娘スコタ（Scota）に由来すること，ネールとスコタの息子ゴイデル・グラス（Goídel Glas）がゴイデル人（ゲール人）の始祖となり，彼の子孫が最終的にはスペインを征服したことなどが語られる。

ついでアイルランドへの6つの侵攻が次

のような順番で語られる。

(1) ノアの息子ビト（Bith）の娘ケスィル（Cesair）は、父親を含む3人の男性と多数の女性を率いて到来する。大洪水でフィンタン・マク・ボーフラ（Fintan mac Bóchra）だけが生き残り、過去の生き証人となる。

(2) パルトローン（Partholón）が大洪水後300年ほどして到来する。フォウォレ（Fomoire）との最初の戦い、湖の出現、平原の開墾、農産業の始まり、法的な保証人制度の確立などが語られる。トゥアン（Túan）を除き全員が疫病で死滅。

(3) ネウェド（Nemed）はフォウォレに3度勝利を収めるが、ネウェドおよび多数が疫病死、生存者はフォウォレの圧政・重税に苦しみ、反乱を起こすも敗退する。生き残りのネウェドの民は、ギリシア、ブリテン、北方諸島へと三手に分散する。

(4) ギリシアに逃れたネウェドの子孫フィル・ヴォルグ（Fir Bolg）はアイルランドを5分割する。エオヒド・マク・エルク（Eochaid mac Eirc）の正義ある完璧な統治は国土の繁栄と連関し、王権およびその神聖性という観念が確立する。

(5) 北方諸島に逃れたネウェドの子孫とされるトゥアタ・デー・ダナン（Tuatha Dé Danann）はその名が示すように神族であり、アイルランドに空から黒い雲で山に飛来したなど、超自然的な面影を色濃く帯びる。先住のフィル・ヴォルグとのマグ・トゥレド第一の戦いで勝利を収める。その後のフォウォレとの戦いはマグ・トゥレド第二の戦いとよばれ『アイルランド侵寇の書』でも描かれるが、独立した物語が存在する。

(6) スペインを征服したゲール人の末裔ミール（Míl）の息子たちは、イート（Íth）殺害の復讐のために大艦隊を率いて到来した。彼らはトゥアタ・デーを破り、テウィルの王宮へと進軍する途上、アイルランドの国土を体現する三相の女神（バンヴァ〔Banba〕、フォードラ〔Fótla〕、エーリウ〔Ériu〕）と出会い、それぞれの名前を国土に冠することを約し、エーリウからアイルランド統治の承諾を得る。テウィル（タラ）の王宮でアヴァルギンは、9つの波のかなたでいったん退き、再び上陸すると裁定する。トゥアタ・デーのドルイドや詩人は呪文を唱え魔法の風を起こしたため、ミールの息子たちは遙か遠くへと流されるが、詩人アヴァルギンがアイルランドの地に歌いかけると、風は凪ぎ、海は鎮まる。ミールの息子たちは再びアイルランドに侵攻し国土を掌握した。

『アイルランド侵寇の書』は、敗退したトゥアタ・デーのその後を描いていないが、たとえば『ウラドの戦士たちの酩酊』の冒頭では、アヴァルギンの裁定により、トゥアタ・デーはゲール人たちと国を二分し、地上の世界は人間が、地下の世界はトゥアタ・デーが治めることになったとされている。

（辺見葉子）

『エーダインへの求婚』　[Ir] Tochmarc Étaíne

アイルランドの神話物語群に属する主要な物語で、3部の話から構成される。物語の成立は9世紀で、11世紀に手が加えられたと考えられている。

第1部の冒頭では、ダグダ（Dagda）の魔法が絡む、オイングス（Oengus Mac ind Óc）の誕生の経緯が語られる。長じてオイングスは、アイルランド一の美女、アリル（Ailill）王の娘エーダインを、養父であるブリー・レイト（Brí Léith）の妖精の王ミディル（Midir）の花嫁として得る。しかしミディルにはすでにトゥアタ・デー・ダナンの魔術に精通した妻フアムナハ（Fuamnach）がおり、彼女はエーダインをナナカマドの杖で打ち、ひとたまりの水に変える。水たまりはやがて毛虫となり、紫色のハエ（蝶と訳されることも多い）へと変身を遂げる。しかしミディルを慰めるこの美しく芳しいハエは、フアムナハがドル

イドの魔法で起こした風によって吹き飛ばされてしまう。しばしオイングスに保護されるが、再びフアムナハの魔法の風で吹き飛ばされ、衰弱の末にアルスターの戦士エーダル（Étar）の妻の盃の中に落ち、飲み物と共に飲み込まれ、その子宮に宿ってエーダルの娘エーダインとして生まれ変わる。アリルの娘エーダインとして生を得てからこの「転生」までに1,012年の時が経っていた。

第2部は、アイルランドの上王となったエオヒド・アレヴ（Eochaid Airem）が、臣下たちから王妃不在を理由に納税を行うテウィル（タラ）の祭りの開催を拒まれるという、王権に関する観念が読み取れるエピソードから始まる。王妃として迎えられたエーダインに王の弟アリル・アングヴァ（Ailill Ánguba）が恋煩いし、衰弱する。夫王の留守中アリルを看病することとなったエーダインは、病の原因を知ると彼を癒すために逢い引きの約束をするが、アリルは約束の時間になると昏睡してしまう。これが3回繰り返され3日目にエーダインは、アリルの姿をまとって現われるその見知らぬ者の素性を正す。すると彼は前世のエーダインの夫であったミディルであり、アリルの恋煩いも昏睡もミディルの魔法に因るものであったと明かす。エーダインは夫エオヒドが命ずるならばミディルと共に行くと返答して別れる。

第3部では、ミディルがエーダイン奪還のためにテウィルに現れ、エオヒドとフィドヘル（チェス）の試合を行う。ミディルは3度続けてエオヒドに勝たせた上で、4度目の試合では勝者が賭け物を指定するという取り決めをし、自らが勝って「エーダインを腕に抱き接吻すること」を要求する。1か月後に戻ってくるように言われたミディルは、厳重な警備の中、広間に忽然と姿を現し、エーダインに腕を回すと、天窓へと昇り、2羽の白鳥に姿を変えて飛び去った。妖精の丘（シード）への攻撃を繰り返すうち、ブリー・レイトからミディルが出てきてエーダインを翌朝返すことに同意するが、翌朝赴くと、エーダインにそっくりな50人の女性が並んでいる。エーダインの特技であった酌の仕方で1人を選んで連れ帰るが、後にミディルから、それがエーダインが産んだエオヒドの娘であったと知らされる。しかし彼女はすでにエオヒドの子を身籠もっており、娘が生まれる。エオヒドはその赤子を捨てるよう命じ、家来が荒野の牧夫の家の犬小屋に放り込む。赤子は牧夫夫婦に育てられ美しい娘に成長し、やがてエダルシュケール（Etarscél）王の妻となり、コナレ・モール（Conaire Mór）の母となった。

コナレ・モールの悲劇を語る『ダ・デルガの館の崩壊』（Togail Bruidne Da Derga）は、コナレの誕生譚としてのエーダインの物語を枕としているが、ここではエダルシュケールの妻となる娘はメス・ブアハラ（Mes Buachalla）とよばれている。

（辺見葉子）

『マグ・トゥレドの戦い』　Ir Cath Maige Tuired

『モイ・トゥラの戦い』ともよばれる。神話物語群に属する、偽史と言っていい作品である。現存する最も古い稿本は11世紀頃の中期アイルランド語の形態で、16世紀頃に書かれた写本に残されている。マグ・トゥレドの戦いとよばれる争いは2度起きた。

トゥアタ・デー・ダナン（Tuatha Dé Danann）はアイルランドに4番目に入植した集団である。彼らの王ヌアドゥ（Nuadu, 古代ガリアの神ノドンスと同起源）や、ダグダDagda（「善い神」の意）や、ルグ（Lug, 古代ガリアの光の神ルグスと同起源）など、この集団の主要な者は古代ガリアの神々を思い起こさせる。また、ダグダは食べ物が尽きることのない大がめや、生き物を生かすことも、殺すこともできる棍棒を持ち、医者のディアン・ケフト（Dian Cécht）

は負傷者や死者をティブラ・スラーネ（Tipra Sláine,「健やかな泉」の意）に投げ込んで蘇生させるなど魔法や魔術に長けているのも特徴である。

　トゥアタ・デー・ダナンが海を越えてアイルランドにやってきて，ベルティネの日（5月朔日，夏の始まりの日）に，マグ・トゥレドでフィル・ヴォルグと戦って勝利を収めた。フィル・ヴォルグはフォウォレに庇護を求め，アラン島やアイラ島やマン島など四方の島々に逃げて行った。

　しかし，王ヌアドゥはこの戦いで片腕を失った。五体満足でない者は王位に留まれなかったので，トゥアタ・デー・ダナンはブレス（Bres,「美しい」の意。本名はエオフ〔Eochu〕）を新に王に選んだ。彼はフォウォレ王とトゥアタ・デー・ダナンの女の間にできた子だった。新王はトゥアタ・デー・ダナンの有力者たちに重税と苛酷な夫役を課したので，人びとは王に退位を迫った。窮地に立たされた王は父の一族フォウォレに助けを求め，決戦に臨んだ。

　こうして生じたマグ・トゥレドの戦いは，最初の戦いから，27年（9年の3倍）後のサウィンの日に（11月朔日，昔は日没が1日の始まりだったので，現在の10月31日の日没が1日の始まりだった。そしてこの日は冬の始まりであり，1年の始まりでもあった）に起きた。銀の義手を付けたヌアドゥが再びトゥアタ・デー・ダナンの王位に就き，戦ったが，フォウォレの首領である毒眼のバロル（Balor）に斃された。バロルの瞼は戦いの時だけ4人がかりで開かれ，その眼を見た者は戦意を失ってしまったのだ。バロルの孫ルグが彼を討ち倒し，勝敗は決した。こうしてフォウォレはアイルランド島から逃げ去った。

　その後，ブレスは鋤で畑を耕す農法と種蒔きや収穫をトゥアタ・デー・ダナンに教えて赦された。

　トゥアタ・デー・ダナンがミールの息子たちにタルティウの戦いで敗れ，アイルランドのシード（異界）に住むようになるのは後の話である。
　　　　　　　　　　　　　（平島直一郎）

フォウォレ　Ir Fomoire
　神話物語群に登場する詳細が詳らかでない鬼神的な種族。『アイルランド侵寇の書』と第二次『マグ・トゥレドの戦い』に登場するが，個々の描写が互いに一致しない。語源ついては諸説あるが，「海中の者たち」という解釈と，印欧語の「幻」が起源であるとする解釈とが有力である。

　アイルランド島に人間がやってきたのは，伝承によれば，ノアの孫娘ケスィル（Cesair）で，ノアの大洪水の前にやってきたが，大洪水で一人を除き全滅した。それから300年後に第二派としてパルトローンたちがやってきたが，すでにそのとき，フォウォレはこの島にいた。両者はアイルランドで初めて戦った種族となった。パルトローンの種族が疫病で死に絶えた後，ネウェドの一族が来島する。彼らも疫病によって大半が死に，生きながらえた者たちはフォウォレへの貢納に苦しんだ。続いてフィル・ヴォルグがやってきたが，やがて後続のトゥアタ・デー・ダナンに両者とも征服され，フォウォレたちの多くは海中に逃げていった。
　　　　　　　　　　　　　（平島直一郎）

フィル・ヴォルグ　Ir Fir Bolg
　神話物語群に属する『アイルランド侵寇の書』や『マグ・トゥレドの戦い』に登場する人びとで，ネウェドたちの後にアイルランドに入植した。その名称や由来については古代ガリアの部族で，ベルギーの語源となったベルガエ族との関連を説くなど諸説ある。彼らによって，アイルランドは5つの国に分けられ，王権が確立したとされる。また，彼らは法の下に支配したという。後から来島したトゥアタ・デー・ダナンとの『マグ・トゥレドの戦い』（第一次）に敗れた。
　　　　　　　　　　　　　（平島直一郎）

『トゥリンの息子たちの最期』　Ir *Oidheadh Chlainne Tuireann*

英語ではThe Tragic Death of the Children of Tuireann や The Fate of the Children of Tuireannとよばれ，探求と冒険の物語でもある点に配慮して『賠償の品の探求』（*The Quest for the Eric-Fine*）という副題が付されることもある。『リルの子どもたちの悲しい物語』や『ウシュナの息子たちの流浪』と並んで，アイルランドの三大悲話の一つとして知られる。物語は神話物語群に属し，物語の外枠としてトゥアタ・デー・ダナン（Tuatha Dé Danann）とフォヴォール族（フォウォレ族，Fomorians）との戦いがある。

主人公はトゥリン（Tuireann）の3人の息子たちブリーアン（Brian），ユハル（Iuchair），ユハルヴァ（Iucharba）である。彼らの母親は女神ダヌ（Danu）である。3人がルグ（Lugh）の父キーアン（Cian）を惨殺したことが悲劇の始まりとなる。ルグは3兄弟に自分の父を殺した罪に対する賠償（Eric）を求める。3人はルグの要求を満たすために旅立ち，最後の戦いの痛手が元で息を引き取る。

キーアン殺害までのいきさつは次のようなものである。フォヴォール族が重い税を課してトゥアタ・デー・ダナンを抑圧していたため，ルグはトゥアタ・デー・ダナンと連帯してフォヴォール族に戦いを挑む決意をする。ルグには両方の民族の血が流れていた。ルグの父キーアンはトゥアタ・デー・ダナンの一人で，ルグに加勢すると約束し，軍勢を集めるために二人は別れる。キーアンはトゥアタ・デー・ダナンの3兄弟ブリーアン，ユハル，ユハルヴァと対立関係にあった。キーアンは彼らがいるのに気づき，3対1では勝ち目はないと判断して彼らの眼にとまる前に豚に姿を変え，衝突を避けようとする。だが結局キーアンは3人にむごいやり方で殺されてしまう。彼らには血のつながりがあった。大地は親族殺しに怒り，キーアンの埋葬を拒んでその死体を6度吐き出した。

父の無残な死を知ったルグが罰として兄弟に課した8つの難題とは何か。まずは比類なき7つの財宝，すなわち，リンゴ，豚の皮，槍，2頭の馬と馬車，7匹の豚，子犬，焼き串を手に入れることで，すべてがそれぞれ異なる国に厳重に保管されていた。最後の1つはミケーンの丘（Hill of Midcena / Miodhchaoin）の上で3回叫ぶことだった。ルグは兄弟に獲得させたものをフォヴォール族との戦いに役立てるつもりだった。

兄弟の冒険はギリシア，ペルシア，シチリア島など，広範に及ぶ。目的の品に近づくため，3人は鷹に変身したり，詩人を装うなどの謀略をめぐらす。多くの場合，武器を振るって力ずくで宝を奪うことになり，多くの血が流された。噂が広まり，各地で防衛が強化された。冒険の旅は3兄弟を成長させた。勝ち取った槍は次の戦いの武器になった。戦わずして宝を差し出す王も出てきた。敗北した王を殺害せずに友好関係を結ぶこともあった。

6つの使命を達成した兄弟にルグは魔法をかけて望郷の念を催させ，いったんアイルランドに帰国させ，獲得物をすべてアイルランド王に預けさせた後に再び残りの探索に向かわせる。3人は海底の国の女性たちから焼き串を手に入れた後，ミケーンの丘でキーアンの友人だったミケーンと戦って瀕死の重傷を負うが，ルグが要求した通りに丘の上で雄叫びの声を上げる。アイルランドに戻り，ルグから癒しの力を持つ豚の皮（リンゴとするバージョンもある）を借り受けて死を免れようとするが，断られ，息を引き取る。

パトリック・マギー（Patrick Magee）はこの物語をベースにして『故郷より―ある物語』（*As Baile: A Story*, 2012）を書いた。

（池田寛子）

『リルの子たちの悲しい物語』　Ir Oidheadh Chlainne Lir

　アイルランドの三大悲話の一つで，英語では The Tragic Story of the Children of Lir や The Fate of the Children of Lir とよばれる。リル（Lir）の4人の子どもたちの苦難の物語である。舞台は神話時代に組み込まれており，12世紀の写本に残る神話物語群と接点を持つが，実際に物語が成立したのは14世紀から16世紀頃であると考えられている。最古の写本は1500年代以降のものと推定される。ダブリンのロイヤル・アイリッシュ・アカデミーには18世紀から19世紀にかけて書き記された25もの写本が保管されている。

　時はトゥアタ・デー・ダナン（Tuatha Dé Danann）がタルテュー（Tailtiu）の戦いでミールの息子たち（Milesians）に敗れた頃のことである。新しい王としてボズブ（Bodb）とリルが候補に挙がったが，リルは王には選ばれず，アーマー（Armagh）の自分の砦に戻った。リルは最初の妻を失い，ボズブの娘の1人と再婚した。この妻は息子のイズ（áed）と娘のフィングアラ（Fionnguala）の双子を産み，次に双子の男の子フィーアフラ（Fiachra）とコン（Conn）を産んで死んだ。リルはボズブの2人目の娘イーファ（Aoife）と再婚する。

　イーファは子どもに恵まれず，リルが寵愛する子どもたちへの嫉妬に狂い，1年間床に臥す。イーファは父親のボズブの訪問を決め，4人を連れて出発する。旅の途中でイーファは，デラヴァラ湖（Lough Derravaragh）に入った子どもたちを魔法の杖で白鳥に変え，900年間3か所の水辺を白鳥としてさすらう運命を宣告する。イーファは悪事が露呈した後，風の悪魔になって永遠にさまようという罰を与えられる。

　子どもたちは鳥になっても人間の言葉を失うことはなかった。人としての感覚と歌う力も保った。彼らがデラヴァラ湖で歌うのをボズブとリルも聞き，慰めを得た。古い写本は子どもたちの歌の歌詞を多数記録している。

　2番目の滞在場所は「モイル海」（Sea of Moyle）とよばれるアイルランドとスコットランドの間の海峡だった。最後の300年はアイルランドの西岸エリス（Erris）とメイオーのイニシュグローラ（Inishglora）島の間だった。この3度目の漂泊の旅の間，リルの子どもたちの美しい歌声がエリスに隠遁していた聖人アイヴリック（Aebhric）の耳に届く。白鳥の子どもたちから話を聞き，それを書き留めて後世に伝えたのはこの聖人だったとされる。

　900年のエグザイルが終わり，子どもたちは父親リルと暮らした砦に戻るが，すっかり荒れ果てていた。子どもたちはイニシュグローラ島で聖パトリックの弟子ムー・ヒーヴォグ（Mo Cháemóc）がキリスト教の福音をもたらすのを待った。ムー・ヒーヴォグは白鳥たちを銀の鎖でつなぎ，自分の庵に入れる。

　物語の最後にイーファの予言が成就し，コナハトの王とマンスターの王の娘が結婚してアイルランドの南と北の統合が実現される。王妃が白鳥たちを所望し，王が妻のために無理やり白鳥たちを連れて行こうとした時，白鳥は人間に戻る。

　人間に戻った子どもたちについては，塵となって崩れおちる，痩せさらばえた老人の姿になるなど，さまざまの描写が認められる。祝福されて天国に召される場面が付け加えられたバージョンもある。聖人は子どもたちが死ぬ前に洗礼を施し，不死の魂を救う。

　18世紀以降，この物語にインスピレーションを得て多数の翻案作品が生まれた。トマス・ムーア（Thomas Moore）の歌「静まれ，モイルよ」（'Silent, Oh Moyle'）はジェイムズ・ジョイスの短篇（'Two Gallants'）や小説（Ulysses, Finnegans Wake）にも挿入されている。ダブリンの独立記念公園には子どもたちが白鳥に変わる瞬間を捉えて

作成された大きな像が据えられている。時を超えてアイルランド人を惹きつけ、その意識に深く浸透した悲劇である。

(池田寛子)

『二つの牛乳差しの館の養育』 Ir Altrom Tig Da Metar

神話物語群に属するが、神話伝承の題材とキリスト教信仰を結び付けた作品。アイルランドの異界に関する言い伝えがたくさん盛り込まれている。

トゥアト・デー・ダナンはミールの一族との戦いに敗れた後、アイルランド各地のシード（Síd）の古墳や丘などに住むことを選んだ。一族の娘たちはブルグ・ナ・ボーネ（ボイン川流域のニューグレンジなどの古墳群を指す）に住んだオイングスのもとで養育されるようになる。その中でもっとも美しいエトネ（Ethne）は、あるとき訪問者に侮辱されて飲食ができなくなったので、オイングスがインドから連れてきた自分の牛から搾った乳を金で作った牛乳差しから飲ませることにした。マナナーン・マク・リルも同じように自分の牛の乳を飲ませるようにした。こうしてエトネは生き続けた。

時が流れ、パトリックがアイルランドにキリスト教を伝えた。あるとき、エトネが一族の娘たちとボイン川で水浴びすると、彼女たちの姿が見えなくなった。仲間を探し求めるうちに彼女は修道士と出会う。エトネは自分の一生について語り、修道士が祈るとパトリックが現れた。エトネはパトリックから洗礼を受け、半月後天に召された。彼女の亡骸はブルグ・ナ・ボーネに葬られた。

(平島直一郎)

フィニアン物語群 Fenian Cycle ; Finn Cycle ; Ossianic Cycle

神話的な英雄、フィン・マク・クウィル（Finn mac Cumhaill）とフィンが頭領として率いる戦士団（Fianna）を中心に伝えられた韻文や散文からなる物語群でフィン物語群ともいわれ、スコットランドのジェイムズ・マクファーソンの『オシアンの詩』（Poems of Ossian, 1773）がつとに有名にしたオシアン（オシーン）に由来してオシアン物語群（the Ossianic Cycle）ともいう。フィニアン物語群は8世紀にはじまり、一般大衆に普及し、内容も広範囲におよんでいる。書承および口承ともにアイルランド、スコットランド、マン島に広がった。

狩猟や武術の訓練、さまざまな王の下における武装した集団の活動の語り口は歴史上の記憶を色濃く反映している。こうした武装集団（fiana, 単数 fian）のなかでも、フィンの率いる戦士団（Fiana Éireann）は平清盛が采配を振るった日本の中世武士団に酷似している。フィアナの物語はアイルランドやスコットランドのさまざまな場所で記録されたが、挿話はしばしばレンスター地方やマンスター地方を映し出すものであった。フィンとその一族バスグネ（Baíscne）がコナハト地方のモルナ（Morna）一族と争う話が頻出する。11世紀頃からフィニアン物語群のテクストは13世紀のコルマク・マク・アルト（Cormac mac Airt）やその息子、カルブレ・リフェハル（Cairbre Lifechair）の行動に多くを充てている。フィン、息子のオシーン（Oisín）、孫のオスカル（Oscar）、それに駿足のカイルテ（Caílte mac Rónáin）や男前のディアルミド・ウア・ドゥヴネ（Diarmit ua Duibne）といった戦士団の主要メンバーがしばしば中央から離れた根城のアレンの丘(現キルデア州西部)において振る舞う様が語られる。

フィンをはじめ、戦士団の英雄たちの物語は数多い。中でも、『古老たちの語らい』（Acallam na Senórech）、『フィントラーグの戦い』（Cath Finntrága）、『ガウラの戦い』（Cath Gabhra）、『フィンの詩歌』（Duanaire Finn）、『コナーンの館での宴』（Feis Tighe Conáin）、『フィンの少年時代の行い』（Macgnímartha Finn）、『ディアルミドとグ

ラーニャの追跡』(*Tóraigheacht Dhiarmada agus Ghráinne*) はよく知られている。
(松村賢一)

フィン・マク・クウィル　Ir Finn mac Cumhaill
　フィニアン物語群の中心人物。英語ではフィン・マクール (Finn MacCool) としてよく知られている。名高い戦士団（フィアナ）の頭領で伝説的なタラの王コルマク・マク・アルト (Cormac mac Airt) に仕えた。父親のクウィルは、コルマクの祖父でタラの王コン・ケドハタハ (Con Cétchathach, 百戦のコン) を警護する戦士団の頭領であった。クウィルはドルイド、タイグ (Tadg) の美しい娘ムルネン (Muirnenn) との恋に落ちたが、タイグの反対されたために駆け落ちを強いた。その結果コンや張り合うモルナの戦士団と敵対することになった。戦いでアイド・マク・モルナ (Áed mac Morna) は片目を失ったが、クウィルの命を奪った。ゴルは「片目」の意で、かくてゴル・マク・モルナ (Goll mac Morna) という名がついた。身ごもったムルネンは追跡者から身を隠し、やがて生まれた息子のデヴネ (Demne) を里子として2人の女ドルイドに預けた。クー・フリンの少年期のように、デヴネは並外れて大きく育ち、猟りや武芸、競技に秀でていた。やがて男前で背が高く、肩幅の広い戦士に成長し、深い知識と予言能力を有し、最も人気のある物語の主人公となった。
(松村賢一)

オシーン　Ir Oisín
　フィン・マク・クウィルの息子で、フィアナの戦士であり詩人。ニーアヴに誘われて常世の国 (Tír na nÓg) を訪れる話やフィアナの物語の多くがオシーンをめぐって展開し、またオシーンの視点から語られている。また、ジェイムズ・マクファーソンの翻訳とされる『オシアンの詩』(*The Poems of Ossian*, 1773) などにより、オシアン (Ossian) として広く知られた。鹿を母親とするオシーンの誕生をめぐっては2つの話があるが、そのひとつ。ドルイドのフェル・ドルフ (Fer Doirich) に魔法をかけられてソイヴ (Sadb) が雌鹿の姿でフィンのところへやってくる。猟犬のブランとシュキーオラングがその雌鹿をアレンの丘 (Almu) まで追いかけると、フィンに保護される。この雌鹿は翌朝美しい女性に変身したのでフィンは驚く。二人は間もなく結ばれ、ソイヴは身ごもる。フィンが元の風に戻ると、ソイヴは再びフェル・ドルフの魔法にかかり、生まれたばかりのオシーンを捨てて、ドルイドについて行く。そして7年後にフィンはベン・ブルベン (Beinn Ghulbain) のナナカマドの下にいる裸のオシーンを見つける。
　なお、初期アイルランドの物語に登場する人物の名の多くは何らかの形で動物名からきているが、Oisín は os(s) (子鹿) の指小辞である。
(松村賢一)

オスカル　Ir Oscar
　フィニアン物語群のなかでも、アーサー王伝説のガラハッドに匹敵する有力な戦士であり、オシーンの息子で、フィン・マク・クウィルの孫である。英語ではオスカーとよばれる。Oscar は os-car (鹿・愛する) に由来してとも考えられている。11世紀までフィニアンの物語に現れていないが、若いオスカルは武骨だったために戦士団（フィアナ）の者たちは彼を連れて行くのを拒んだ。オスカルは最も勇敢、頑健で、よく戦果を挙げ、恐ろしい戦士との一騎打ちに買って出たとされ、オスカルの名は英雄戦士を意味する名詞 oscar として使われるようになった。そして後にストーリーテリングに登場する格好の存在となったのである。
　オシーンが常若の国 (Tír na nÓg) でニーアヴと関係をもって生まれた第二子の名はオスカルという。
(松村賢一)

ディアルミド・ウア・ドゥヴネ　Ir Diarmait ua Duibne

　タラの王コルマク・マク・アルトの娘グラーニャは宴の席で婚約していたフィン・マク・クウィルに会って、歳の差に啞然とし、若い美男のディアルミドに目をつけて駆け落ちするという物語『ディアルミドとグラーニャの追跡』の主人公。戦士団の中でもとりわけ美男のディアルミドがゴルやコナーン・マク・モルナ、オスカルらと4人で狩りをしていると、森の小屋で老人と猫と去勢した雄羊と一緒に暮らしている若くて美しい女性に出会う。一行が食事をしようと座ると、老人の猫が食卓の上に跳びのった。戦士団の誰一人として猫をどけることができなかった。老人が説明するには、その羊は世界で、猫は死である、という。4人が床に就くと、その美しい乙女も同じ部屋で眠る。彼女は若さの化身であり、女性が見たら愛さずにはいられないシミを自分の愛する人につける、と言明して、ディアルミドの額に触り、愛のシミをつける。こんなわけで、ディアルミドの額には女性を惹き付けては離さないという不思議なシミがあった。

　ディアルミドは妖精の王オイングスの里子としてブルグ・ナ・ボーネで育てられた。　　　　　　　　　　　　　（松村賢一）

カイルテ・マク・ローナーン　Ir Caílte mac Rónáin, Caoilte

　近代アイルランド語ではキールタ（Caoilte）。フィニアン物語群に現れる英雄でフィンの甥といわれる。歴史物語群の『モンガーンの誕生とモンガーンのドゥヴ・ラハへの恋』（*Compert Mongáin ocus serc Duibe Lacha do Mongán*）ではフィンの里子となっている。戦士団のなかでも駿足で知られるが、すぐれた語り手であり詩の朗誦を得意とした。フィンの戦士団の最後の戦いである『ガウラの戦い』ではカイルテはオシーンと共に生き延びた。そして二人はキリスト教の時代まで生き、『古老たちの語らい』では戦士団について聖パトリックに語った中心的な人物である。
　　　　　　　　　　　　（松村賢一）

アレンの丘　the Hill of Allen　Ir Almu ; Almhain

　現キルデア州西部の高さ206mの丘。フィン・マク・クウィルとフィアナ（戦士団）の根城として描写される。タラの王フェルガル（Fergal）が敗死した8世紀初期の『アレンの戦い』（*Cath Almaine*）の戦場として知られる。戦いのあとの祝賀会でフェルガルの首は切られ、髪は洗われてとかれ、矛の先に据えられた。このあと間もなく、戦の前後によく現れる鬼神バドヴが大鴉の姿でフェルガルとやはり首を切られた青年ドン・ボー（Donn Bó）の頭上をうろついた。その夜、勝利の宴でドン・ボーの首がフェルガルをほめ讃える歌をうたい出した。
　　　　　　　　　　　　（松村賢一）

『ガウラの戦い』　Ir *Cath Gabhra*

　フィニアン物語群に属する。フィン戦士団（フィアナ）の力はオスカルの死をもって終焉を迎えることになる。アイルランド上王の地位にあるカルブレ・リフェハル（Cairbre Lifechair）は娘が婚約したときフィアナに貢ぎ物を納めるのを拒絶した。フィアナの醜行によって荒廃したアイルランドを支配するよりも、フィアナの地を攻撃し、蜂の巣状にして死ぬと決心する。カルブレはフィン・マク・クウィル配下のフェルディアを殺すことにより争いを駆り立て、フィアナの戦いを誘う。そこでガイル（現ダブリンの北西のカリスタウン）が凄まじい戦場となる。戦いで致命的な傷を負ったカルブレが槍でオスカルの心臓を突き刺した。フィンは唯一このときばかりは涙を流し、やがてアフレフ（Aichlech）に殺される。そしてオシーンは逃れた。
　　　　　　　　　　　　（松村賢一）

『フィントラーグの戦い』　Ir Cath Finntrága

　フィニアン物語群に属する。英語ではThe Battle of Ventryといわれることが多いが，Finntrágaは「白浜」の意。この物語は15世紀の稿本に残されているが，12世紀の写本にも言及が見られる。「世界の王」といわれるダーレ・ドン（Dáire Donn）とその軍勢がアイルランドに侵寇し，フィン・マク・クウィルとフィンの戦士団がそれと対峙する物語である。戦はディングルの西2.5km，現ケリー州のヴェントリーの浜で行われた。ダーレが誰だったか，ローマの皇帝あるいは神聖ローマ帝国皇帝などと，いろいろと憶測がなされる。また，侵攻の理由は，それ以上征服する国がなくて遠く離れたアイルランドが必要であったとか，あるいはフィンの名声を聞き及び，この偉大な英雄への挑戦を望んだから，といろいろと見方が分かれ，さまざまなバージョンが存在する。　　　　　　　　（松村賢一）

『フィンの少年時代の行い』　Ir Macgnímartha Finn

　フィニアン物語群に属する。英語ではThe Boyhood Deeds of FionnあるいはThe Boyish Exploits of Finnとよばれる。12世紀に成ったとされている。写本は終わりの部分が欠けていて，よく比較される『クー・フリンの少年時代の行い』（Macgnimrada Con Culainn）の影響が見られる。『クヌーハの戦い』（Fotha Catha Chnucha）がクウィル（Cumull）とルーイニ族（Luaigni）のウールグリュウ（Urgriu）の間で行われた。「ねじれた首」のモルナという異名をもつダーレ（Dáire）はウールグリュウの側について戦った。モルナにはアイド（Áed）という息子がいて，ルヘット（Luchet）との戦いで片目を失ったためゴル（Goll，「片目」の意）とよばれていた。ゴルはその戦いでクウィルを殺したが，クウィルの妻はみごもっていて，やがて男子を生んだ。ルーイニ族の戦士たちやモルナの息子たちを怖れて，この子は母親の元を離れて森の中で秘かに育てられた。この子の名はデヴネ（Demne）であったが，後にフィン（Fionn，「美しい髪の者」の意）とよばれるようになる。そして戦士団の偉大なる頭領への道のりを前に，フィン・マク・クウィルはさまざまな体験をする。

　若者のフィンは詩を学ぶためにある詩人のところへ行った。この詩人はボイン川で，食べるとあらゆる知識が授かるフェーグ湖の鮭を7年間待っていた。詩人はついに鮭を捕え，フィンに料理するよう渡した。ただし，一口も食べてはならぬと言い添えて。フィンが鮭を料理して詩人のところへ持ってきたとき，「若者よ，これを少しでも口にしたか？」と問われ，「いいえ。でも料理していたとき親指を火で傷め，しゃぶってしまいました」と言った。「汝こそ，この鮭が与えられ，食すべき者である。その方は真なるフィン」と詩人は言った。それからフィンは鮭を食べた。フィンは親指を口にくわえてテヌム・ライダ（teinm laeda，芯を噛む）によって唱えると，どのようなわからないことでも明らかになった。そして詩人を聖なる者とする3つの秘技，テヌム・ライダ，インバス・フォロスニ（imbas forosnai，光明をもたらす霊感），ディーヘダル・ディ・ヘニヴ（díchetal di chennaib，即興の呪文）を学んだ。

　このあとフィンはさらに詩の技巧を学ぼうとフィンタン（Fintan）の息子ケテルン（Cethern）の所へ行った。その頃，妖精の塚エレ（Brí Éle，現オファリー州のクロハンの丘）にはエレという名の美しい乙女がいて，サウィンには塚が開き，男たちはこの乙女に求婚しにくる。だが，そのうちの誰かが殺される。フィンは悲しみ，そこを去り，叔母で里親だったコンヘン（Conchenn）の息子フィーアカル（Fiacail）の家にやってくる。エレの塚のことを話し，二人でアヌーの丸山（Da Chich Anann，現ケリー州キラーニーの東に乳房の形をして

233

並ぶ2つの山）へくると，両方の山から不思議な声が発せられ，殺しのことが語られる。フィンとフィーアカルはそこを離れ，ボイン川の河口インヴェール・コルブサ（Inber Colptha）にやってくる。ここでも夜中に3人の女が泣き叫んでいるのが聞こえる。

　こうして，戦士団の偉大なる頭領への道のりを前に，フィン・マク・クウィルは少年時代にさまざまな体験をする。

（松村賢一）

知恵の鮭　　Ir eó fis

　魚と水と知恵はアイルランドで霊性を育む伝統となっているが，鮭の話は『フィンの少年時代の行い』に語られ，広く知られている。鮭は卵を産むために海水から淡水へと移動するが，アイルランドやウェールズの伝統では泉や池や滝，あるいはボイン川やセヴァーン川のような主要な川沿いの定まった場所に棲んでいると伝えられている。知恵の鮭がアイルランドの2か所に棲んでいた。1か所はボイン川のよどみ，リン・フェーグ（Linn Féic）で，もう1か所は現ゴールウェイ州バリシャノン近くの滝，エサ・ルアド（Essa Ruaid）だが，フィン・マク・クウィルは両方で知恵の鮭を手に入れている。

　泉のまわりにはハシバミの木が立ち，実が熟すと泉に落ち，それを鮭が食べて知恵を得る。コンラの泉では鮭の背中にある斑点の数はいくつの実を食べたかを表している。海神マナナーン・マク・リルの孫娘シナン（Sinann）が秘奥の知を求めて海底のコンラの泉を訪れたが，しきたりを犯してしまい，知を拒まれた。泉は怒って噴き上がり，シナンを溺れさせて川岸に打ち上げた。シャノン川の名はこれに由来する。

　ジョージ・ラッセルは「知識の実」（'The Nuts of Knowledge'）という詩で，聖なるハシバミの木が，吹く風の間を縫って流れるコンラの泉に実を落とし，この不思議な生命の木からいたるところに実が落ちる，とうたっている。

（松村賢一）

ゴル・マク・モルナ　　Ir *Goll mac Morna*

　アイド・マク・フィドガ（Áed mac Fidga）という名でも知られている。フィニアン物語群ではコナハトの戦士団の頭領でフィン・マク・クウィルの敵対者，後にフィンの同僚の時もあった。ゴルは現ダブリン州カースルノックで行われた『クヌーハの戦い』（*Fotha Catha Chnucha*）でフィンの父クウィルを殺し，全アイルランドの戦士団の采配をもぎ取った。この戦いで片目を失ったため，ゴル（「片目」の意）という名はあだ名と考えられている。若いフィンが，タラで火を吐く謎の怪物アレーン（Aillén）を殺害した時，ゴルはフィンを支持し，戦士団の陣頭指揮をあきらめた。そしてゴルとフィンの間で一時的には争いはなかった。ゴルはフィンの詩人フェルグスを魔法の洞窟から放し，ゴルがコナラーンの娘たちの略奪からフィンを救ったとき，その返礼としてフィンの娘との結婚が成立した。ゴルとフィンをめぐる話には多くのバリエーションがある。

（松村賢一）

『古老たちの語らい』　　Ir *Acallam na Senórach*

　フィニアン物語群に属する。1175年から1200年にかけて編纂された散文と韻文の物語の集成で，15世紀の写本『リズモアの書』（*Book of Lismore*）などに残されている。

　この物語はフィニアン物語群の中心人物であるフィン・マク・クウィル（Finn mac Cumhaill）の死後相当の年月が経っている時代に設定されている。3世紀のフィンの息子オシーン（Oisín）とフィアナ（戦士団）の英傑キールタ（Caílte）の二人，それに数人の生き残りの戦士たちが共にレンスターの北の地域で流浪していた。それから，オシーンは母親を訪ねようと北へ向かい，一方キールタと他の者たちは放浪を続ける。ボイン川を渡ってドルム・ダルグ

（Druim Dearg）に向かったところで5世紀の聖パトリックと従者たちに出会い，キリスト教伝来以前のアイルランドの習慣や制度などについて語り合う。その語らいの中心となるのはオシーンの父親のフィン・マク・クウィル。キールタとその仲間たちは，聖パトリックと従者たちと共にアイルランドの西や南を旅するが，訪れた場所の名について，キールタはまさに「ディンヘンハス」（Dindshenchas）風に説明する。彼はその時分には使われていない古い地名を時折明らかに語り，ノルマン人の進入とゲール社会への融合に伴うアイルランド社会の重大な岐路を示唆する地名にも触れる。オシーンはやがて一行に加わり，フィンやフィアナの英雄的な行状をさらに語るが，キールタの方が重要な語り役となっている。「聖人と異邦人の対話」はしばしばフィアナの物語を透かさず引き入れて織りなす格好の枠組みとなる。そして，キールタの孤独と老いにもかかわらず，物語には晴れやかな雰囲気が漂う。

　初期および中世に行われた語りの多くは後に文字によって記録されたが，『古老たちの語らい』では「書き留める」という行為そのものが語りの中で展開する。キールタが英雄フィン・マク・クウィルの行状および地名の由来をディンヘンハス風に聖パトリックに語る場面で，「キールタよ，お見事，祝福あれ……汝が語った話はじつによい。写字生のブロガーン（Brogán）はどこにおるのか？……キールタが語ったことを残らず書き留めよ」と聖パトリックが写字生に指示する。この物語の中で同様の光景が「書き留めよ」ということばと共に頻繁に繰り返される。書かれたテクストから口頭の技と対話にまでたどることで中世アイルランド文学にはたらく創造的能力に富む一面を示している。物語では英雄たちと異界の住民たちとの交わりも喚起され，トゥアタ・デー・ダナンのハープ奏者カス・コラフ（Cas Corach）がフィアナの戦士たちの忠誠心を知ろうとキールタについてゆく。こうして『古老たちの語らい』は地誌や伝説，神話，歴史，聖人伝，称賛詩，さらには引喩がつなぎ合わされ，中世アイルランド文学の集積された風景を見せている。

（松村賢一）

『ディアルミドとグラーニャの追跡』
Ir *Tóraigheacht Dhiarmada agus Ghráinne*

　英語では*The Pursuit of Diarmaid and Gráinne*とよばれ，フィニアン物語群に属する。トリスタンとイゾルデの物語やデアドラとウシュナの息子たちの物語と似たプロットを持ち，しばしば比較される。ディアルミドとグラーニャの話は脱線が多いために長いという特徴がある。

　妻を失ったフィン・マク・クウィル（Fionn mac Cumhaill）が新しい妻を探し，王コルマック・マクアルト（Cormac mac Airt）の娘グラーニャ（Gráinne）が候補に挙がる。縁談は成立するが，グラーニャはフィンが自分の父より年を取っていることを知り，失望する。両家そろっての宴の間，グラーニャはフィンの息子オシーン（Oisín）をはじめとする若い男たちに目を向ける。口承の伝統では，この時グラーニャはディアルミド・ウア・ドゥヴネ（Diarmait ua Duibne）の「愛のしるし」（ball seirce）を目にし，その摩訶不思議な力によって即座に恋に落ちたとされている。

　グラーニャはディアルミド以外に眠り薬を飲ませて眠らせ，自分と逃げるようにディアルミドを誘う。ディアルミドはフィンへの忠誠を口にしてためらっていたが，グラーニャはゲシュ（geis）をかけて自分に従わせる。オシーンはフィンとその仲間が近づいているという警告を送るが，ディアルミドは無視する。逃亡中シャノン川沿いの森でディアルミドは7つの扉のある家を建てる。ディアルミドはあえてフィンが待ち構える扉を通り，フィンを出し抜く。恋人たちが危機に陥った時にはディアルミド

の守護神ブルーのアングス（Aonghus of the Bruigh）が登場し，二人を連れて逃げる。

恋人たちの逃亡は，アイルランドのみならずスコットランドに及んだ。しばらくの間ディアルミドはフィンへの忠誠を守っていた。だが川を渡る途中グラーニャの足に水がかかり，グラーニャは水のほうがディアルミドより大胆だと言ってディアルミドを挑発する。まもなく二人の愛は成就し，グラーニャは子どもを身籠る。

グラーニャは異界の実から育ったナナカマドの木の実を欲しがる。その木は現在のスライゴーにある森に生え，片目の巨人に守られていたが，この怪物をディアルミドは倒し，二人は高い木に登って赤い実を食べる。やがて木の下にフィンの一行が到着し，チェスのゲームを始める。オシーンがフィンに負けそうになったところで，ディアルミドは実を投げてオシーンの駒を誘導し，オシーンを勝利に導く。フィンの目の前でディアルミドはグラーニャに3度キスをして怒りを買う。アングスはグラーニャを連れてブルグ・ナ・ボーネ（Brug na Bóinne）へと逃げ，ディアルミドも二人に追いつく。

二人はスライゴーのケシュ・ホラン（ケシュコラン，Céis Chorrain）に落ち着き，子どもたちを育てる。ある夜，ディアルミドは猟犬の鳴き声に目をさまし，ベン・グルヴァン（ベン・ブルベン，Benn Ghulban）とよばれる山でかつての同胞たちの猪狩りに加わることになる。ディアルミドは豚を殺してはいけないというゲシュに縛られていた。ディアルミドは猪との戦いで致命傷を負う。

フィンの手から水を飲めば死に瀕した者も生きながらえるといわれていたため，ディアルミドはフィンに水を所望する。フィンは嫌々ながら水を手ですくって運ぼうとするが，途中でこぼしてしまう。フィンが3度目に水を運ぶ途中で，ディアルミドは息絶える。

結末にはバリエーションがある。グラーニャは息子たちにディアルミドの復讐をさせようとした，というものや，死ぬまで喪に服した，というものもある。17世紀に『フィン詩歌集』（Duanaire Finn）として残されたコレクションではフィンと再婚するため，これがよく知られている。

1651年のものとされる完全な写本が残っているが，口承の伝統でも人気を保った。アイルランド各地に逃亡中のディアルミドとグラーニャのベッドと称される巨石遺跡がある。

20世紀に入ってこの物語を劇化した作品として，レイディ・グレゴリーの劇『グラーニャ』（Grania）とW. B. イェイツとジョージ・ムーアの合作劇『ディアルミドとグラーニャ』（Diarmuid and Grania）がある。
（池田寛子）

歴史物語群　the Historical Cycle

「王の物語群」（the Cycle of the Kings）ともいわれ，紀元前3世紀から紀元11世紀にかけての伝説および歴史上の王ならびに王権にまつわる作品群の総称で，著名な王が物語の中心になっている。英雄戦士をあつかう「アルスター物語群」や超自然のトゥアタ・デー・ダナンをめぐる「神話物語群」，それにフィン・マク・ウィルやその戦士団をめぐる「フィニアン物語群」と区別される。史話は登場する王の名に分類できるが，伝説と史実の境目は定まらない。最も古い人物は『ディン・リーグの殺戮』（Orgain Denna Rig）の主人公で，紀元前3世紀のレンスターの王とされるラヴリド・ロングシェフ（Labraid Loingsech），最も新しいのはアイルランドの上王ブリーアン・ボーラヴァ（Brian Bórama）となっている。虚構と事実の融合はその関わる時代によってさまざまである。この多数の史話はアイルランドの歴史の源泉として無視できない。

歴史物語群に現れる重要な人物は，W. B. イェイツの詩「バーリャとエイリン」

('Baile and Aillinn', 1903) にもうたわれるバレ・ビンベールラハ・マク・ブアン (Baile Binnbérlach mac Buain) と恋人のアリン (Ailinn)、『ベゴラへの求婚』(Tochmarc Becfola) のベゴラ、『カノ・マク・ガルトナーンの話』(Scéla Cano meic Gartnáin) のカノ、『ダ・デルガの館の崩壊』(Togail Bruidne Da Derga) の主人公、コナレ・モール (Conaire Mór)、コン・ケードハタハ (Conn Cétchathach, 百戦のコン)、伝説的なタラの王コルマク・マク・アルト (Cormac mac Airt)、『マグ・ラトの戦い』(Cath Maige Ratha) の背景となる上王ドウナル・マク・アイダ (Domnall mac Aeda)、3世紀にアイルランドを治めた王、ルギド・マク・コン (Lugaid mac Con)、海神マナナーン・マク・リルの息子、モンガーン (Mongán)、6世紀の王、ムルヘルタハ・マク・エルカ (Muichertach mac Erca) など。物語としては『スヴネの狂乱』(Buile Suibne)、『マグ・ムクラヴァの戦い』(Cath Maige Mucrama)、『コンラの冒険』(Echtrae Conli)、『ブヘットの館の調べ』(Esnada Tige Buchet)、『清らかな声のバレの物語』(Scél Baili Binnbérlaig)、『ローナーンの息子殺し』(Fingal Rónáin) など多数にのぼる。
(松村賢一)

『ディン・リーグの殺戮』 Ir Orgain Denna Ríg

歴史物語群に属する。『レンスターの書』と、『レカンの黄書』と12世紀の写本に残っている。ラギン (レンスター) 王アリル・アーネ (Ailill Áine) の息子は、子供の頃しゃべらなかったので、モイン (Moen,「聾啞」の意) とよばれたが、あるときハーリングをしていてけがをしたとき「痛い」と叫んだ。そこで、他の子供たちはラヴリド・モイン (Labraid Moen,「聾啞が話している」の意) と言ったので、それが呼び名となった。父アリルがおじのコフタハ・コイル (Cobthach Coel) に毒殺され王位を簒奪されたので、ラヴリドは難を逃れて亡命した。そのためロングシェフ (Longsech「亡命者」の意) のあだ名も付けられた。亡命先のムウ (マンスター) で王女モリアト (Moriath) と結ばれ、父王の援助を受けて城砦ディン・リーグ (Ding Ríg) を奪還した。こうしてラギンの王となったラヴリドはアイルランド王になっていたコフタハと講和した。そしてディン・リーグに鉄の館を作らせて、コフタハと彼に従う30人の王と家来たちを酒宴に招いた。酒宴のさなか、ラヴリドは鉄の館から密かに抜け出すと、扉を鉄の鎖で縛らせ、火を放って中にいる者すべてを焼き殺させた。
(平島直一郎)

『マグ・ムクラマの戦い』 Ir Cath Maige Mucrama

歴史物語群に属する。『レンスターの書』に残されている。3世紀、ムウ (マンスター) 王アリル・アウロム (Ailill Aulom) の息子エオガン (Eogan) とアイルランド王コン・ケードハタハ (Conn Cétchathach) の孫ルギド (Lugaid) は乳兄弟だった。二人はあるとき楽師をめぐって争いとなり、戦った。ルギドは戦いに敗れ、アルヴァ (スコットランド) に亡命した。エオガンが父の後を襲いムウ王になったことを聞いたルギドは、アルヴァ王の援助を受けて、アルヴァ人やブリトン人やサクソン人の援軍を率いて帰国した。エオガンはルギドの伯父アルト (Art) と連合して、マグ・ムクラマで戦うが、二人とも討ち死にした。勝利したルギドはアイルランド王となり7年間統治した。しかし、あるとき間違った裁定により「王者の正義」(fírfla themon) は破れ、国が荒廃したので、王座を追われてしまった。ルギドは故郷に帰る途上、里親のアリルに礼を尽くして挨拶に行ったが、アリルの復讐を受けて命を落とした。
(平島直一郎)

『ブヘトの館の調べ』　Ir *Esnada Tige Buchet*

歴史物語群に属する。『レンスターの書』や『レカンの黄書』などに収められている。ラギン（レンスター）のブヘト（Buchet）は寛大なもてなしの人で、アイルランド王カタル・モール（Cathar Mór）の娘エトネ（Ethne）を里子として養っていた。カタルには12人の息子がいて、大勢の仲間とブヘトの館に押し掛け、彼の財産を食いつぶした。カタル王は老いてしまい、息子たちを止められないので、ブヘトに夜逃げするよう促した。ブヘトは老いた妻とエトネとわずかに残った家畜を連れて逃げ、森の中に隠れ住んだ。エトネは老いた養父母を支えた。

その頃アルトの息子コルマク（Cormac）は王となっていたが、ある日若い娘が搾った乳や、刈り取ったトウシン草や、川から汲んだ水から一番いいものを選り分けているのを見て、娘に訊ねたところ大切な方のためであり、その方の名はブヘトだと答えた。乙女がカタルの娘エトネだと知ったコルマクは彼女を妻とすると、彼が居城の城壁から1週間の間に見た牛馬や奴隷をすべてブヘトに与えた。こうして、ブヘトの館からは50人の戦士たちが奏でる調べと、50人の乙女たちが歌う調べと、50人のハープ奏者が奏でる調べが朝まで客たちを楽しませた。

（平島直一郎）

『美声のバレの話』　Ir *Scél Baili Binnbérlaig*

ウラド（アルスター）の王子、美声のバレ（Baile）はラギン（レンスター）の娘アリン（Ailinn）の恋人だった。彼を見たり聞いたりした者は男も女も、誰もが彼を好きになった。二人はボイン川のほとりで逢い引きする約束をした。バレは北から南へやってきて、彼女の到着を待っていた。すると、恐ろしい幻影が南からすごい速さでやってくるのが見えたので、その理由を問いかけると、逢い引きに向かっていた娘アリンがラギンの戦士たちに捕まり殺された。ドルイドや占い師たちが以前二人は生きているうちに会えないし、死んだ後会ったら二度と離れないだろう、と予言したと告げて立ち去った。これを聞くとバレは死んでしまった。彼は葬られ、墓からはイチイの木が生えたが、その梢はバレの頭に似ていた。同じ男は南へ向かい、アリンのところにも来た。そして、バレが死んだことを告げると、アリンも命途絶えて倒れた。そして、彼女の墓からはリンゴの木が生えて、梢はアリンの頭の形だった。7年が過ぎると、ウラドの詩人たちも、ラギンの詩人たちも、墓の木を切って板を作らせ、そこに物語を書きつけた。

テウィル（タラ）でサウィンの祭りが催された時、両国の詩人たちは板を持って集った。アルトがそれらを見て持って来させ、手に取ると2つの板はお互い跳び付き、枝に絡んだスイカズラのように、二度と引き離すことができなくなってしまった。

（平島直一郎）

『スヴネの狂乱』　Ir *Buile Suibhne*

英語では*The Frenzy of Suibne, The Madness of Sweeney*などとよばれる物語で歴史物語群に属する。現存する『スヴネの狂乱』の稿本は12世紀に成立したとされ、韻文が主要な部分をなし、散文が全体の枠組みを構成している。

コルマーンの息子スヴネ（Suibne mac Colmáin）はダール・ナラゼ（Dál nAraide）という小王国（ダルリアダの南部、ネイ湖を境とする領地）の王である。ある日、領地内で教会の敷地の線引きをしていた聖ローナーン（St. Rónán）の鐘の音がスヴネの耳に入った。彼はかっとなってこの聖者を追い出そうと家をとび出したが、妻のオーラン（Eórann）がマントの縁を引っ張って制止しようとした。その拍子でマントが脱げてしまい、スヴネは素っ裸のまま聖ローナーンの所に飛び込んで行った。聖者から

日課祈祷書をとりあげて湖に投げ捨て、彼を教会から引きずり出そうとしたとき、「モイラの戦い」(Cath Maige Rátha) を知らせにコンガール・クライン (Congáil Chlaoin) の使いがやって来た。スヴネは聖ローナーンを放って、急ぎ使者とともにその場を去った。翌日、カワウソが湖から無傷の祈祷書を拾って聖ローナーンに戻した。彼は神に感謝し、裸で世界をさすらうようスヴネを呪った。

聖ローナーンはモイラに出向き、ドウナル (Domhnall) 王と里子であるウラド (Ulaidh) の王コンガールの仲をとりもとうとしたが失敗に終わった。そこで彼と弟子の僧たちが軍勢に聖水をふりかけた。スヴネにふりかけたとき、彼は怒って僧の一人を槍で殺し、次に聖ローナーンめがけて槍を投げたが、首に掛かっていた鐘にあたり、柄が宙に飛んだ。鐘にひびが入り、激怒した聖ローナーンはスヴネが槍の柄のように空中を跳び、槍に突き刺さされて死ぬよう呪った。

戦いが始まると、両軍から鬨の声が3度あがった。轟く声にスヴネはおののき、武器が手から落ち、体は震え、狂乱して鳥のように逃げ、ついには戦場からはるか離れたイチイの木にとまった。

スヴネは逃げ、長い間アイルランドを飛び回り、やがて狂人たちの住むグレン・ボルカーン (Glenn mBolcáin) にやってきた。四方に谷があり、芳香な森、清らかな井戸や冷たい泉、クレソンや長く波うつブルックライムの浮かぶ澄んだ流れがある。そこでゆっくり休息して元気を回復してから、クルアン・キレ (教会の牧草地) やスナーヴ・ダー・エーン (2羽の鳥の泳ぎ) や、エリスの西のキル・デルヴィル (ダーヴィルの教会) などさまざまな場所を放浪するのである。アルバ (スコットランド) では森の狂人とおぼしきフェル・カレ (森の男) に出会った。やがて正気に戻ったスヴネが自分の民のところへ帰ろうとすると、それが聖ローナーンの耳に入り、呪いによって行く先々で、頭のない体とか胴体のない頭が恐ろしい叫び声を上げて空中を追ってきたので、スヴネは雲の中に入って逃れた。

スヴネはついに聖モリングの修道院 (現カーロー州西端のバロー川沿いに位置する) にたどり着いた。モリングは彼をあたたかく迎え、放浪の話を書き留めるので毎晩ここに帰るように言った。女の料理人が牛糞に穴をあけてミルクを満たしておくと、スヴネがそれを飲むのであった。これに嫉妬した料理人の夫である豚飼いは、ある晩ミルクを飲んでいるスヴネを槍で刺した。死に際にスヴネが聖モリングに罪を告白すると魂は天に昇った。

スヴネがアイルランド中を放浪するこの物語には多数の地名が散りばめられ、「ディンヘンハス」(Dindshenchas) の伝統を垣間見せている。

この物語が与えた文学的な影響は多岐にわたるが、なかでもW. B. イェイツの詩「ゴル王の狂気」('The Madness of King Goll')、フラン・オブライエンの小説『スウィム・トゥー・バーズにて』(At Swim-Two-Birds)、シェイマス・ヒーニーの英訳版『さまよえるスウィーニー』(Sweeney Astray) はよく知られている。　　　(松村賢一)

『マグ・ラトの戦い』　[Ir] *Cath Maige Ráth*

歴史物語群に属する。稿本は『レカンの黄書』(*The Yellow Book of Lecan*) に残され、アダウナーン (Adamnán, c. 624-704) の『聖コルンバ伝』(*Vita Columbae, c. 692-c. 697*) にもラテン語で 'bello Roth' と表されている。英語では*The Battle of Magh Rath*あるいは*The Battle of Moira*とよばれている。これは中世の物語だが古い素材を組み入れているのが特徴である。637年の夏、アイルランドの上王ドウナル・マク・アイダ (Domnall mac Aeda) とその里子でアルスターの王コンガール・クライン (Congáil Chlaoin) との戦いが伝えられている。戦場は現在のダ

ウン州モイラの近辺の森であった。

　背景には小王国における部族の対立や融合，あるいは部族同士が引き裂かれたり，領地をめぐる群雄割拠の状況があった。そのため同族が敵対する側にもいたりして，定まらない状況であった。ドウナルとコンガールの両者は宴の席で些細なことから角突き合わせることになり，大きな戦となった。コンガールとダルリアダ（Dál Riada）の援軍は敗れ，コンガールは敗死した。

　サミュエル・ファーガソン（Samuel Ferguson, 1810-86）は戦の精神を浮き彫りにする叙事詩『コンガル』（Congal: A Poem in Five Books）を1872年に発表し，モイラの戦いがいかに大きな戦いであったかを描いている。　　　　　　　（松村賢一）

冒険物語　Ir echtra ; echtrae

　Echtra（エフトラ）は「遠出」を意味する語（複数形はechtrai）で，15世紀から17世紀初期にかけて花開いた冒険や旅，遠征の物語の題名に現れている。冒険譚は人間が超自然の地へ旅する物語であり，そこはケルトの神々やケルト特有の異界の住民たちが軽やかに，不釣合いもなくうごめく地である。初期の冒険譚には『コンラの冒険』(Echtrae Conli, Echtra Connla, Conle)，『コルマックの冒険』(Echtrae Cormaic)，『ロイガレの冒険』(Echtrae Lóegairi)，『ネラの冒険』(Echtra Nerai)，『コンの息子アルトの冒険』(Echtrae Airt meic Cuinn)などがある。

　エフトラはアイルランドの異教の時代の神話を反映しており，古いケルトの語りに分類される。妖精の女，不思議な林檎をつけた楽を奏でる枝などが異界行への誘いの糸口となっている。異界に赴くヒーローの旅路は『コンラの冒険』のように海上であったり，『ロイガレの冒険』のように湖底であったり，あるいは『ネラの冒険』のようにシード（妖精の丘）であったりする。こうした異界行はキリスト教会の枠組みの中で展開する航海譚（イムラウ）とは違い，それ以前から盛んに語られていた古い世俗の物語である。旋律が溢れ出る楽の音，妖精の女，魔法の枝などの超自然の光景が楽土に現れ，悦びの約束，時間から解き放たれた生が，「遊戯の平原」（Mag Mell）や「約束の地」（Tír Tairngire），「生者の国」（Tír na mbeo），「女人の国」（Tír na mban）などの言葉によって喚起される。　（松村賢一）

『コンラの冒険』　Ir Echtrae Conli ; Echtra Connla

　アイルランドの古い物語で，8世紀頃に成ったと考えられている。写本が『赤牛の書』や『レカンの黄書』に残されているが，「冒険物語」もしくは「歴史物語群」に分類される。主人公はコン・ケードハタハ（百戦のコン）王の息子コンラである。

　ある日，コンラがウシュネフの丘で父親のかたわらにいたとき，不思議な衣をまとった美しい妖精の女が現れ，「死もなく，罪もなく，咎もない生者の国から来た」と告げる。「斑のある首をした，赤く燃えたつコンラよ，わたしと一緒に来なさい。あなたの紫色の顔にかかる黄色い髪は秀れた王位の風貌。わたしについてくれば，最後の審判の日まで，あなたの若さと美貌を失うことがありません。」と言って，不死の王ボザハの治める喜びの草原へコンラを招く。だが，コンラのほかは誰もその女が見えなかった。息子を誘う女の出現はコンの手に負えなく，ドルイドが呼ばれる。ドルイドはコンの擁護者であり，永遠の国から来た女と対決しなければならない。その時ばかりはコンラには女が見えなかったが，ドルイドの力も無限であるわけではなく，コンラが誘惑されるのを防ぐことができなかった。ドルイドが呪文を唱えると，女の声は止み，1個の林檎をコンラに投げて，姿を消した。コンラはその月の終わりまで水も飲まず，食物も口にせず，その林檎だけを食べて過ごした。どんなに食べても，

林檎はもとのままであった。

　コンは王位や自分の民にふりかかる危険を感じとり、女の言おうとしていることがわかっているのかどうかを息子のコンラに問いただすと、コンラはそののっぴきならぬ状況を察知しながらも、女への抑え難い思いを伝える。

　それ以後、コンラのこの女への思いはつのるばかりであった。月が終ろうとするある日、コンラが草原で父親と一緒にいると、女が近づいてきて言った、「死にゆく者の中で高く座すコンラよ、生ける不死の者たちがあなたを招いています。あなたはテトラの民の英雄です。」女は水晶の舟でボザハ（「勝利」の意）の妖精の国へ行こうとコンラを誘う。「行けば誰もが喜ぶ国で、女や乙女だけがいる地です。そこは遥か彼方ですが、暗くならないうちに着くでしょう。」コンラを連れて昼間に発ち、夜の帳が降りる前にボザハの妖精の国へ着こうと、女は算段する。音楽の調べのような女の語りかけは呪法のような響きをもち、コンラが舟に乗る行為を促す。

　やがてコンラは水晶の舟に飛び乗った。そこにいた者たちはふたりが離れ去るのをかすかに見た。それ以来、二人を見たものはいない。

　林檎は異界からもたらされる不思議な果実や枝や花とならんで、初期アイルランドの物語のなかによく現れる。いくら食べても尽きず、もとのままで存在する林檎はコンラを待ちうける不死の印であり、コンラと異界を結ぶ仕掛けとなっている。日々の食事は喉を通らず、林檎だけをむさぼるコンラの心はすでに此岸を離れているとみることもできる。永遠の国から来た女とじかに接触できるのはコンラだけであり、ドルイドの行為はただコンラの離岸を引き延ばすにすぎない。

　『コンラの冒険』は美しい草原や生者の国、永遠の林檎、水晶の舟などのモティーフを織り混ぜながら、女の最初の来訪、コンラのひと月の待望期間、そして2度目の女の来訪という整った構成になっている。
　　　　　　　　　　　　　　（松村賢一）

ウシュネフ　Ir Uisnech

　ウェストミーズ州マリンガーの西20kmほどに位置する高さ184mの丘で、地理的にもコナハト、レンスター、アルスター、マンスターの各地方がこの丘に面し、その四地方の中心となっている。まさにアイルランドの臍であった。そのため、ウシュネフの丘を囲む地がミデ（Mide）とよばれ、後年ミーズ地方（Meath、「中心」の意）となる。祭祀が行われる場所としてエヴィン・ヴァハ（Emain Macha）に次ぐ重要な場所で、荘厳な儀式の火が焚かれた。『アイルランド侵寇の書』において、ネウェドのドルイドだったミデがここウシュネフで最初の火を点したとされ、ベルティネの祝祭にかがり火を焚く場所であった。百戦のコン王の祖父であるトゥアタル・テフトヴァル（Tuathal Techtmar）は、1世紀に全アイルランドを支配したとされるが、年1度のフェアを開催し、その最盛期にはタルトゥ（Tailtiu）およびタラ（Tara）と並ぶ大祭であった。

　ウシュネフに関連した物語は『コンラの冒険』のほかに、デアドラの物語として知られる『ウシュリウの息子たちの流浪』がある。しかし、不運な兄弟たちのウシュネフとウシュネフの丘と同じであるかどうか疑問の余地を残す。
　　　　　　　　　　　　　　（松村賢一）

『幻影の予言』　Ir Baile in Scáil

　歴史物語群に属する。成立は1056年以前で、15世紀および16世紀初期の写本に残っている。

　ある日の早朝、コン・ケードハタハ（Conn Cétchathach、百戦の王コン）が3人のドルイドと3人の宮廷詩人とともにタラの城塁に上った。コン王が気づかぬうちに妖精たち（トゥアタ・デー・ダナン）がアイルラ

ンドを占領することのないよう見張っていたのである。コンはたまたま足下の石を踏んだ。すると石は大きく叫んでタラやブレガ一帯に響き渡った。それから53日が過ぎ、詩人のケサルン（Cessarnn）は王に告げる。石の名はファール（fál）、そして石の叫ぶ回数は将来アイルランドを支配することになるコンの子孫の数である。その時、辺りに巨大な霧が立ちこめ、馬の蹄の音が彼らに近づいてくるのを聞く。騎馬の戦士は矢を3本放ったが、コンの素生を知り、自分の館に二人を招いた。彼らが原野にやってくると、そこには黄金の木が1本立ち、およそ9mに伸びる白色合金の棟木が組まれた館があった。中には黄金の冠を頭にのせた乙女が水晶の玉座に座っていた。その脇には赤いエールに満たされた大桶があり、そのへりには金の柄杓（ひしゃく）が置かれ、女の前には黄金の杯があった。そして脇には麗しい幻が二人を前にルグ・マク・エトネン（Lug mac Ethnenn）と名乗り、コンの統治や子孫がタラを統治する期間を告げようと現れたという。乙女はアイルランドの君主であり、桶からエールを注ぐとき「この杯をどなたにあげたらよいのか」と訊ねると、ルグはタラの王となるコンの末裔一人一人の名をあげた。ケサルンはそれを4本のイチイの棒にオガム文字で書き付けた。すると、幻のルグと館は消え去り、エールの桶と杯とイチイの棒がコンに残された。

とりわけ、「この杯をどなたにあげたらよいのか」という問いをめぐっては、パーシヴァルと聖杯の物語がしばしば比較される。

（松村賢一）

『コルマクの冒険』　Ir *Echtra Cormaic*

歴史物語群に属する。『レカンの黄書』と『バリーモートの書』と『フェルモイの書』に収録されている。

百戦のコン（Conn Cétchathach）の息子、アルトの息子コルマクは年代記によれば、3世紀のアイルランド王だった。ある朝、コルマクはテウィル（タラ）の城壁で、戦士が近づいてくるのを見た。男は黄金のリンゴを3つ付けた枝を運んでいた。その枝は揺すると、素晴らしい調べを奏で、聞く者を眠りに誘った。男は不老不死の、悲しみも、妬みも、憎しみも傲りもない、真実だけの国の者だという。コルマクはこの者と友になった。コルマクが望むと、男はリンゴの枝を与えた。その代りに、後日コルマクの娘アルヴェと息子カルブレと妻エトネを連れ去った。コルマクは妻を追って50人の戦士と後を追ったが、魔法の霧で一人になり、不思議な光景を目にした。やがて立派な館に招き入れられた。コルマクが眠りから覚めると、そこには彼の家族と50人の戦士がいて、館の主は彼に黄金の杯を渡した。嘘を三度つけば杯は割れ、三度真実を言うと杯は元に戻るという。男が三度うそをつくと盃は割れた。そして、エトネとアルヴェが男と言葉を交わさなかった、カルブレが女と言葉を交わさなかったというと杯は元に戻った。男は自分がマナナーン・マク・リルであることを告げ、コルマクに「約束の地」（Tír Tairngiri）を見せたのだと言った。

翌朝コルマクが目覚めると、皆はテウィルの芝地にいた。リンゴの枝と杯が傍らにあり、コルマクは杯で真実を見極めて国を治めた。コルマクの死後、杯は消えた。

（平島直一郎）

『コンの息子アルトの冒険』　Ir *Echtra Airt Meic Cuinn*

歴史物語群に属する。唯一の稿本が残されている。

2世紀にアイルランドを支配した百戦のコン（Conn Cétchathach）の妻エトネが亡くなった。コンは独りテウィル（タラ）を出て、姦通の罪で「約束の地」を追放されたベー・フマ（Bé Chuma）と出合った。彼女はコンの息子アルト（Art）に恋していたが、アルトを国外追放する約束でコン

の妻となった。コンが妻をテウィルに連れ帰ると、それから1年アイルランドは不作になり、牛は乳を出さなかった。ドルイドたちはコンの妻のせいで災害がもたらされたので、貞節な夫婦の穢れなき息子を生贄に捧げないと回復しないとした。そこで、コンは追放したアルトに留守を預け、生贄探しの旅に出た。コンはそのような異界の少年を見つけて帰ったが、彼の母が息子を救い、コンに罪深い女を追放しないと国はさらに荒廃するだろうと告げたが、コンはそれを受け入れなかった。

ある日、アルトとベー・フマはフィドヘル（fidchell、チェスの一種）をし、勝ったベー・フマがアルトにモルガーンの娘デルヴハイヴを連れ帰るまでアイルランドでは食事できないとするゲシュをかけた。アルトは航海に出て苦労の末に、彼女を連れ帰ると、ベー・フマはテウィルを去った。

(平島直一郎)

『ロイガレの冒険』　Ir Echtrae Lóegairi

『レンスターの書』と『フェルモイの書』に残されている。ウェールズの物語『ダヴェッドの領主プウィス』との共通点が見られる。

クリウタン・カス（Crimthann Cass）がコナハト王の頃、ある朝マグ・ナイ（Mag nAí）のエーンロホ（Énloch）の集りに一人の武者が霧の中を近づいてきた。クリウタンの息子ロイガレ（Lóegaire mac Crimthainn）が訪問者に応対した。男は異界マグ・ダー・ヘオ（Mag Dá Chéo、「2つの霧の野」の意）王フィアハナ・マク・レータハ（Fiachna Mac Rétach）で援助を乞いに来たという。彼の妻がエオヒド（Eochaid）に連れ去られ、フィアハナはエオヒドを討ったが、妻は別の異界マグ・メル（Mag Mell、「悦びの野」の意）王ゴルのもとへ逃げてしまった。フィアハナはゴルと七度戦ったが破れ、今日決戦に臨む。共に戦えば、金銀を与えると言った。ロイ

ガレは50人の男たちと同行してフィアハナの陣に入ると、ゴルの軍と戦って勝った。ゴルは戦死した。ロイガレはさらにマグ・メルに進みフィアハナの妻を取り返した。フィアハナは娘デール・グレーネ（Dér Gréine）をロイガレに、50人にはそれぞれ乙女を与えた。ロイガレたちは1年間楽しく過ごした後アイルランドに帰ろうとする。フィアハナはみんなに馬を与え、馬から降りないように忠告した。ロイガレたちがコナハトに帰ると、人びとは彼らを待っていまだに集っていた。ロイガレは別れを言いにきたのだというと、父王の留めるのを振り切り、異界への帰らぬ旅に出発した。

(平島直一郎)

航海物語　Ir imram ; Immram

Immram（イムラウ）は「漕ぎまわる」を意味する語（複数形はimmrama）で、初期アイルランド文学のひとつのジャンルである航海物語を指す。いずれも作者不明。異界の女人に誘われて楽土を訪れるという冒険物語の要素が混ざった『フェヴァルの息子ブランの航海と冒険』（Imram Brain maic Febail ocus a Echtra）、船出直後に漂泊の憂き目にあい、異界の島々を巡って帰還する『マイル・ドゥーンの航海』（Immram Curaig Maíle Dúin）、贖罪を求めて海上を巡礼する『コラの息子たちの航海』（Immram Curaig Ua Cora）、そして修道士が風にまかせて漂流する『スネードゥグスとマク・リアグラの航海』（Immram Snédgusa ocus Maic Rriagla）、などの物語がある。こうした航海譚ではあらゆる出来事に安全が保証されていて、ひとつの話の枠内にうまく結合されている。この枠を逸脱しない限り、場合によってはエピソードが追加されたり、削られたりもする。そのため、時にはその内容に不整合がみられる。つまり、枠の中で、話の諸々の出来事には動機があり、それも唐突ではなく頷づけるような結末があり、周航そのものの語りの中で特定のエ

ピソードでつないでいくなんらかの素材がある。この点で、ラテン語で書かれた『聖ブレンダンの航海』は航海物語の構造をよく表している。これは明らかにキリスト教の様式のもとで構成された聖人の航海譚である。　　　　　　　　　　（松村賢一）

『ブランの航海』　Ir *Imram Brain*

　タイトルは写本によって異なるが、『フェヴァルの息子ブランの航海と冒険』（*Imram Brain maic Febail, ocus a Echtra*）が示すように航海物語と冒険物語の要素をそなえている。アイルランド語で書かれた最も初期のもので、成立年代はおよそ7世紀とされる。詩の言語は、韻律や類韻のような原理にまもられてほとんど損なわれずにそのままに残っているが、一方、散文は部分的には近代語に近くなり、動詞形が最も大きくその影響を被っている。そして10世紀に成った手稿がその後のすべての写本の原典であるとされている。

　ある日、城砦のあたりをブランがひとりで歩いていると、背後に音楽が聞こえ、その調べの心地よさに誘われてブランは眠ってしまう。ブランが眠りより醒めると、白い花をほころばせた銀の枝が脇にあるのを見つけ、その枝を王宮に持ち帰った。王宮に集っていた一同は、不思議な衣裳をまとった女の歌に聞き入り、眺め入った。女は50からなる四行連をうたい、苦悩や悲哀や死もなく、音楽にあふれた極彩色の風景、色とりどりに着飾った幾千もの女がいる、清澄な海で囲まれた「女人の国」の楽土へブランを誘う。うたい終わると、ブランが握っていた銀の小枝は女の手に飛び移り、女は何処ともなく姿を消してしまう。次の日、ブランは船出する。同行者は9人ず3艘の舟に分かれて乗り、ブランの里子兄弟がそれぞれの舟を率いる。2日2晩海を漂うと、海上を二輪戦車を駆ってアイルランドに向かう海神リルの子マナナーン（Manannán mac Lir）に出会い、マナナーンは蜜がほとばしる川、喜悦の平原、極彩色の国をブランにうたい、日の沈むまでに着くだろうと語る。間もなく、ブランは大勢の者たちが大笑いしている「喜びの島」（Inis Subai）にやって来る。偵察のために一行の一人をその島に上陸させるが、島の者たちと同じように笑い始めたので、ブランたちはその者を残して島を離れる。その後間もなく彼らは「女人の国」（tír inna m-ban）に着いた。船着きで女頭領が、「フェヴァルの息子ブランよ、よくぞこられた」と出迎えるが、ブランは岸に上がろうとはしない。女が投げた毬がブランの手の平にぴたりとくっつき、女は毬の糸先をもってカラハを船着きにたぐり寄せる。それからブランたちは大きな館で歓待される。そこには各男女のための27の床があった。皿に盛られた食べ物はいくら食べても無くならならず、彼らの嗜好はいつも満たされていた。やがてネフターン（Nechtán mac Collbrain）が望郷の念にとらわれてしまう。女頭領は島を離れるブランたちにアイルランドの地に触れてはならないと警告する。一行がアイルランドの岸辺に着くやいなや、ネフターンはすかさずカラハから跳び降りてしまい、またたく間に灰と化してしまう。それはあたかもこの地で幾百年が過ぎたかのようであった。「われはフェヴァルの息子ブランである」と岸辺の衆人にブランは名乗るが、誰ひとりとして知らず、「『ブランの航海』という昔話はあるが……」ということばが返ってくる。ブランは漂泊の始まりからその時までのことすべてを語り、木片に四行連をオガム文字で記して岸辺に流し、人びとに別れを告げた。その後のブランの漂泊を知る者はいない。　　　　　（松村賢一）

『マイル・ドゥーンの航海』　Ir *Immram Curaig Maíle Dúin*

　'Curaig'（「カラハ」の意）を除いて、*Immram Maíle Dúin*とすることもある。この航海物語は8世紀に成ったと考えられて

いるが，10世紀の断片が『赤牛の書』(Lebor na hUidre) や『レカンの黄書』(The Yellow Book of Lecan) に残っている。これは異界から招かれることもなく，父親を殺害した者に対して復讐するという動機のもとに船出し，島から島へ漂流して，帰還するという航海譚である。

その昔，武勇の誉れの高い族長アリル・オヒル・アーガ（Ailill Ochair Ága）が王に従って他の王国への侵略に出かけ，一行が山中で野営していたとき，夜課の鐘を鳴らしに現れた修道院長である尼僧を押し倒して交わった。その地を略奪した後，アリルは部族のもとに戻ったが，別の部族の襲撃に会い，焼討ちにされてしまう。やがて尼僧はマイル・ドゥーンを産み，尼僧と親しい王妃にあずけられ，養育される。時がたち，誰よりも聡明で快活で，美貌の戦士に成長したマイル・ドゥーンを妬んだ者が面と向かってその素性をほのめかした。出自を知ったマイル・ドゥーンは焼討ちにされた父親の復讐を入れ知恵される。そこでドルイドより舟の建造と出発の日取り，乗船者の数についての託宣をうける。そしてドルイドから告げられた通りに，17人を連れて船出しようと船着きを離れると，間もなくマイル・ドゥーンの3人の里子兄弟が同行すると言って海に飛び込んだため，仕方なく3人を舟に乗せて船出する。17人に3人が加わり，ドルイドとの誓約が破られたことにより，舟行はのっけからぐらついてしまう。

一行は2日目の真夜中に島から「アリル・オヒル・アーガは俺が殺したのだ」と武勇を誇る殺害者の声が聞こえてきたので上陸しようとするが，嵐で海に引き戻されて島に上がれず，風の吹くままに漂流する羽目になる。その後，巨大な蟻の島，巨大な馬が疾走する悪霊の島などさまざまな異界の島が現れてくる。1週間の飲まず食わずの船旅の後，寄せる波によって無数の鮭が転がり込む崖っぷちの家で空腹を満たし，神に感謝してそこを離れる。長い航海で一行が飢えに苦しんでいると，四方八方に高い崖がはりめぐらされた不思議な果実の島を発見し，マイル・ドゥーンの手にする枝の先にたわわについた林檎が全員の40日間の食糧となる。やがて，高所で体を回転させ，離れ業を演じる野獣の島，監視猫の島，羊と枝の島，豚と炎の川と大きな牛の島，粉碾きのいる巨大な石臼の島に着く。

その後，黒装束をまとい，頭に髪紐をつけた者たちが延々と嘆き叫ぶ島にやってくる。マイル・ドゥーンのふたりの里子兄弟が籤引きで島の様子を見に行くことに決まって島に上がるが，このふたりも島の者たちと一緒になって泣きはじめたので，舟は島を離れる。その後，金と銀と銅と水晶の4つの柵で仕切られた島，ガラスの橋がかかる要塞の島，長い白髪で裸体を被った巡礼者の島に着き，それから3日後，黄金の壁がはりめぐらされた不思議な泉の島にやってきたが，ここにも長い髪で体を被った巡礼者がいた。一行が波に揺られて長らく漂流していると，果てしない海原に巨大な銀の角柱がそびえ，その天辺から膨大な網が彼方まで垂れていた。舟がその網目を通り抜けたとき，デュラーン（Diurán）は網の一部を聖パトリックの祭壇に据えるために切り取った。

それからマイル・ドゥーンの一行は大きな要塞がそびえ立つ島に着く。女王に誘われるままに中へ入ると，大皿に盛られた馳走と水晶の器に入った美酒が運ばれ，女王と彼女の17人の娘の歓待を受けた。3か月が過ぎると，国へ帰りたいと訴える者が出てきて，女王の糸巻の毬の術をやっとのことで逃げて，一行は岸を離れた。その後，長い間波に揺られていると，広い平らな島を見た。おびただしい数の人が笑いながら戯れているのを見て，籤によってマイル・ドゥーンの3番目の里子兄弟が様子をさぐりに島に上がったが，とたんに島の者たちと一緒になって笑い始めたので，一行はこ

の島を離れた。

長い航海の後に、遥か彼方の波間に白い鳥のような形が見え、近づくと長い髪で裸体を被った者が大きな岩の上でひれ伏して拝んでいた。その後、夕刻に小さな島に上陸した。ここはマイル・ドゥーンたちが航海に出て最初に上陸しようとした島である。族長は一行を歓待し、マイル・ドゥーンは父親を殺害した者を許す。そして、マイル・ドゥーンは帰還する。　　（松村賢一）

『コラの息子たちの航海』　　Ir *Immram Curaig Ua Corra*

この航海物語では破壊や略奪を繰り返す三兄弟が天国と地獄の夢によって改心し、贖罪のために海上巡礼をする。異界の島々が織りなす風景は『マイル・ドゥーンの航海』とかなり似ている。

コラの子孫であるコーナル・デルグ（Connall Dearg）はコナハト地方の富裕な土地持ちで、妻と幸せに暮らし、屋敷はいつも賑やかな雰囲気につつまれていた。二人は子に恵まれなかったことが唯一の不満で、ひたすら神に祈ったが、子は授からない。絶望に打ちひしがれた夫はついに神を離れ、大いなる遺産相続をする子を授かるよう妻と共に魔王に祈祷し、3日間の断食を行った。悪霊が二人の祈願を聞き入れたのか、間もなくして、妻に激しい陣痛が起こり、一時に3人の男の子を産んだ。

3人の兄弟は魔王に仕えることを決意し、コナハトの半数以上の教会を略奪、破壊した。彼らの悪行とその恐怖はアイルランド中に知れわたる。3人はクロハー（Clochair）の教会の保管者である祖父を殺すことに決める。祖父は3人の悪しき企みに気づいてはいたが、やさしく迎えて意心地のよい場所をあてがった。その夜長兄のローハンは深い眠りにおち、天国の壮観と法悦、地獄の苦しみと恐怖が色鮮やかに夢に現れた。夢から覚めたローハン（Lochan）は2人の弟にそのことを伝え、神に従うことを決意する。

隠者のように勤行に励み、キリスト教の教理を学んだ1年後に、3人は破壊した教会を修復し、贖罪の航海に出る。一行を乗せた舟は強風によって大海を漂流し、嘆き悲しむ者たちの島、香しい林檎の木の島、柱脚に支えられた天空の島、川が虹のように天空に向かって流れる島、などを巡り、海上で銀と白色青銅の漁網が柱の天辺から海底まで伸びているのを見て、それからひとりの老人が祈りを捧げている島に着く。一行は古老に別れを告げて島を後にし、航海は終わる。　　（松村賢一）

『スネードゥグスとマク・リアグラの航海』
Ir *Immram Snédgusa ocus Maic Riagla*

キリストの生誕、磔、復活、最後の審判へと宗教色を濃くしてゆく航海物語で7世紀半ば頃に成った。

ロス（Roiss）の民はドゥナル（Domnaill）王の死去でフィーアフ（Fiachu）の支配下になり、大きな苦難に直面する。フィーアフの圧制のもと、民は武器をもつことも許されず、着衣は1色のみに限られた。ボイン川の河口で激しく王に責められたロスの民は、1頭の鹿を追って臣下たちが不在となったすきに、王を殺した。それを見た王の弟ドンハド（Dondchad）は民を捕まえて家の中に閉じ込め、彼らを火あぶりにしようと思ったが、その前に聴罪司祭のコルム・キレに相談すべく使いをやった。そしてコルム・キレはスネードゥグスとマク・リアグラという2人の修道士を差し向けた。修道士たちはドンハドと協議して、ロスの民の60組の夫婦を海に送り出し、神の裁きを仰ぐということになった。

それからふたりはアイオーナ島への帰途につくが、外海へと進路を向けて巡礼することを共に考えつく。海上で3日間過ごした二人はひどい喉の乾きに襲われ、キリストが憐れんでミルクのような良い味のする流れへと二人を連れて行った。櫂は舟の中

初期アイルランド文学

に仕舞われて風まかせで，巨大な鮭が飛び跳ねる島，猫の頭をした戦士たちの島へと舟は漂流した。ある島では木の梢にとまる黄金の頭と銀の翼をした大きな鳥が世界の始まりを語り，処女マリアによるキリストの誕生，その洗礼と受難と復活について語り，そして最後の審判について語った。主をほめたたえる鳥たちの歌う賛美歌や聖歌の調べは旋律に満ちて美しい。

櫂を舟にしまい，神に身をゆだねて風の吹くまま海上を漂流し，さまざまな人に会って2人の修道士の航海は終わる。

（松村賢一）

『聖ブレンダンの航海』 Ⓛ Navigatio Sancti Brendani Abbatis

成立年代に関しては，10世紀前半，800年頃，あるいは786年以前と諸説ある。中世における人気の高さは，現存ラテン語写本，ヨーロッパ各国語への翻訳・翻案の数多さが物語る。

ヒベルノ・ラテンの聖人伝の伝統に属するラテン語作品であるが，地上の楽園を目的地として7年間にわたり驚異に満ちた島々を巡る聖ブレンダンの航海の物語は，教会・修道院文化を背景にした航海譚としての色彩が濃い作品であり，『マイル・ドゥーンの航海』とも比較されるゆえんである。

聖ブレンダンの一行は大口を開いた巨大な魚の尻尾まで達するのに無我夢中で4週間かかった。

る。

クールアン・フェルタ（クロンファート）の修道院長聖ブレンダンとその弟子たちの航海の目的地は「約束の地」（terra repromissionis sanctorum），すなわち地上の楽園（エデンの園）である。エデンは中世において「聖人たちを昇天に先立ち受け入れる場所」と一般に見なされていた。エデンは「創世記」（第2章8節）によれば東方に位置するとされたが，『聖ブレンダンの航海』では，「約束の地」はアイルランド沖からさほど遠くない西方の海の島となっている。この方位変更の背景としては，西方に海が開けるというアイルランドの地理的条件，西方の海の島々を舞台とした修道士たちの海の巡礼の伝統，聖ブレンダンが埋葬されたクールアン・フェルタを，巡礼地として修道院の繁栄に寄与させようという意図，そしてアイルランド初期の世俗文学に登場する西方の海の異界の楽園という観念の存在などが挙げられる。「約束の地」というラテン語のアイルランド語訳は，ティール・タルンギリ（tír tairungiri）であり，異界の楽園をさす。『コルマックの冒険』ではティール・タルンギリは海神マナナーン・マク・リルの住処とされている。

聖ブレンダン一行は西方の海で，羊の島，クジラのヤコニウス，鳥の楽園（巨大な樹を覆う白い鳥の堕天使），水晶の柱，鍛冶の島，炎の山，不幸なユダなどの驚異を体験し，最後に東方のアイルランドに向かって40日間航海して「約束の地」に至っている。

聖ブレンダンの航海を，アイルランド人による新世界発見を示唆する証拠と見なす説もあり，カラフ（革舟）で北大西洋横断を再現する実験も行われた。 （辺見葉子）

初期アイルランド詩 early Irish poetry

12年間におよぶ特別な訓練を受けたフィリ（fili）は社会的に特権を享受していたが，その職務のひとつは歴史的伝承の記録であ

り，その歴史的な詩文が数多く伝えられている。この中にフィリの筆による幾つかの魅力的な詩が含まれている。しかし，12世紀のノルマン侵寇によりフィリの旧秩序が衰え，それに代わって初期には低い階級にあったバルドが唯一の職業詩人として台頭した。彼らは高貴な館に宮廷詩人として仕え，高貴な人びとのために詩を詠み，喜びや悲しみ，敬神や矜恃をうたった。

現存する最古の詩は律動も押韻もなく，ただ頭韻のみを有する6世紀のものである。そして，6世紀の終わりに押韻が現れるが，定まった数の強勢や音節は見られない。今日に伝わるこうした最も初期の形の断片は，多少の生き生きとした風刺が含まれるものの，大方は歴史的あるいは賛辞的なものであり，文学的価値は低いと見られている。7世紀になると，さまざまな韻律における押韻と組み合わさった規則的な律動が現れ，抒情的な調べが入ってくる。そして，おそらく8世紀に，音節の数が際立ち，規則的な揚音はなく，語強勢が頭韻と脚韻のみに用いられるようになる。そして，この形式は17世紀まで実践された。

宗教詩は四行詩から長い作品にいたるまで宗教生活のさまざまな面にふれている。その多くは初期アイルランドのキリスト教会の特異性を明らかにしている。寂しい庵に暮らす隠者，勤行する修道士，修道院の写字室で文書を書き写す修道士，大きな修道院を出て，森や寂しい島で苦行する修道士といった風景が展開する。また，隠遁の詩と関連するのが流浪(エグザイル)の詩であり，隠遁者たちを鼓舞した苦行の精神が修道士たちを流浪の旅へと駆り立てた。12世紀の聖コルム・キレの作とされる「さらば，アイルランド」は自然の心象で織りなされ，その美しい感性は『スヴネの狂乱』(*Buile Suibhne*)にも見られる。宗教的感性が形式や色彩，音色に喚起される「夏の歌」や「冬の歌」などにみることができる。

これと関連して初期アイルランドの詩でとりわけ注目されるのが自然詩（Nature poetry）で，独特の位置を占めている。これは風景の精緻な描写ではなく，光と巧妙な筆致によって一連の心象を呼び起こす。クーノ・マイヤーは『古代アイルランド詩』(Kuno Meyer, *Selections from Ancient Irish Poetry*, 1911)の「序文」で「ケルト人は，日本人と同じように，芸術的な仄めかしをいつも素早く感じ取った。彼らは明白なものやありふれたものを遠ざける。半句が最も大切なのである」と記している。自然詩の作者は明らかに修道士とされる。

風刺詩，恋愛詩，哀歌などの世俗詩は職業的学者階級のフィリやバルドの当意即妙の言葉によってうたわれた。彼らの関心事はサガを記憶することとは別に，世の事象，王家や首長の系図を記録し，保護者（パトロン）を称賛することであった。13世紀から17世紀にかけて，職業詩人のバルドたちはアイルランド社会において最も強力な世俗的影響力をもっていたため，イギリス政府の弾圧の対象となった。フィリの階級はすでに消滅していて，8世紀あるいは9世紀にダーン・ディーレフ（dán díreach）とよばれる韻律形式を発展させたバルドたちのみがこの領域を支えたといわれている。

（松村賢一）

自然詩　nature poetry

初期アイルランド文学における抒情詩のうち，自然を描く詩。古アイルランド語（600-900頃）と中期アイルランド語（900-1200頃）で書かれた自然詩のほとんどは音節詩（強勢でなく音節を構成原理として組織化する詩）である。自然の景物の印象をうたい，自然に興を感じた際の情緒も添える。ただしその情緒は個人的感情よりも伝統的な型を重んじて表現される。自然詩における自然の描き方について，クーノ・マイヤー（Kuno Meyer, 1858-1919）は「情景を丹念に描写するというより，印象派の画家のように視覚イメージを呼び起こすので

ある」と指摘する。ジェイムズ・カーニー（James Carney, 1914-89）はその典型例として，日本の俳句を想わせる，クロウタドリの黄色い嘴（くちばし）からさえずる声が湖上を渡る詩を挙げている。キリスト教の影響が認められない自然詩も中にはあるが，多くは神の被造物としての自然を讃える詩である。自然界の事物をいわば外から描く詩のほかに，自然の中での生活を通して内から自然を描きだす詩もある。修道院で文字で書きとめられた自然詩と，世俗において口承で伝えられた自然詩とは題材や主題が似ていることもあるが，前者に登場する人物は聖人や聖職者が多い。後者の人物として際立った例に，狂人スヴネ（Suibne Geilt, 英語でMad Sweeneyなどと表記）がある。野に棲む裸の狂人スヴネを主人公とする詩群は自然をさまざまに描く。人間の手が作ったものよりも自然の方を賛美する傾向の強い特異な詩で，後世の文学に大きな影響を与えた。　　　　　　　　　　　（菱川英一）

韻律　Irish metrics

　8世紀から17世紀に至るアイルランド語の詩の韻律は，音節詩（音節を基本的な構成原理として組織化する詩）を基本とするが，強勢詩（強勢を基本的な構成原理として組織化する詩）も並存していた。17世紀以降，現代に至るまでは強勢詩が中心である。アイルランド語は英語などと同じく強勢でリズムをとる言語（強勢拍律言語）なので，本来は強勢詩の方が言語的には自然である。

　初期アイルランド文学における音節詩は，従来はラテン語の聖歌の模倣とされていたが，アイルランド音節詩の主な特徴はインド・ヨーロッパ語族の詩に起源を発するという説が唱えられ，これに一定の賛同が得られて現在に至っている。ただし韻については，その萌芽がラテン語の修辞的散文に見られるものの，大いに発達をとげたのはアイルランドにおいてである（ラテン語の詩でもアイルランド語の詩でも）。

　アイルランド語の韻には厳密な特徴がある。母音同士が同一であり，子音同士が同質（広子音か狭子音か）かつ同類（6つのクラスのいずれに属するか）でなければならない。子音の6つのクラスとは，(1) 有声閉鎖音 (b, d, g), (2) 無声閉鎖音 (p, t, c), (3) 無声摩擦音 (ph (f), th, ch), (4) 有声摩擦音および弱く発音する有声流音 (b (=v), m (=鼻音のv), d (=th), g, l, n, r), (5) 強く発音する有声流音 (m (=mm), ll, nn, ng, rr), (6) s (=ss) である。(5) の子音は長母音または二重母音に続くとき(4) と韻をなすことができる。(6) のsはそれ自身としか韻をなさない。同じクラス同士が韻をなす例は，dúinとúirなど（nとrとは同じクラスに属する）。代表的な音節詩の詩形をあげると，ラニーオホト・ウォール（rannaíocht mhór ／ rannaigecht mór）は4行連で，7 (1), 7 (1), 7 (1), 7 (1)の構成である。各行の音節数がそれぞれ7, 7, 7, 7で，各行末の強勢以降の音節数（括弧内）がそれぞれ1, 1, 1, 1という意味である。同じく4行連のデヴィー（deibhí ／ deibide）詩形では強勢音節と非強勢音節とが韻をなす（cliusとáithiusなど）。この特徴は強勢詩（強勢音節のみが韻をなす）とは対照的である。

　一つの詩の全部の連が同じ韻律でなければならないことはない。17世紀に音節詩に代わった強勢詩の代表的な韻律は「歌の韻律」（amhrán）とよばれたが，実際に強勢詩の韻律は歌でよく用いられる。強勢詩でも音節詩のような子音のクラスにもとづく韻がある程度もちいられるが，強勢詩の主たる特徴は母音韻である。1行あたりの強勢の数は2から15までの幅がある。強勢詩の最古の型であるロスク（rosc）は1行に2ないし3の強勢を含むが，そのロスク詩形を除き，アイルランド語強勢詩の行の組織化をになう基本単位は句である。句は2または3強勢からなる韻律上の単位である。

句と句とは種々の技巧（母音韻，頭韻，子音韻など）により結びつけられる。行は句が組合され脚韻によって終わる。強勢詩行では句末（行末を含む）の母音韻が音調上の装飾的技巧の中心である。　（菱川英一）

『**フィン詩歌集**』　Ir Duanaire Finn

フィン・マク・クウィル（Fionn mac Cumhaill）やオシーン（Oisín），あるいはフィンの戦士団（Fiana）をめぐる中世の詩とバラードが集められて筆写された本。'Duanaire' は「作詩者」や「詠唱者」，または「歌集」を意味する。英語では The Poem Book of Fionn あるいは The Book of Lays of Fionn とよばれる。エイ・オダルタ（Aodh Ó Dochartaigh）を筆頭とする筆写者たちがパトロンのソウィルレ・マク・ドウニル（Somhairle Mac Domnaill, c. 1580-c. 1632）の依頼に応じてベルギーのルーヴァンで1626年から1627年にかけて編纂した稿本。

含まれている作品は，オシーンの頭を洗う女性，鶴に変えられたイーファ（Aoife）とその後を伝える「クレーン・バッグ」（Crane bag, アイルランド語でCorrbholg），オスガルの剣の伝来，ゴル・マク・モルナ（Goll Mac Morna）の死，老いて眼が見えなくなったオシーンが味わうナナカマドの実，追われるディアルミド（Diarmaid）を寝つかせようと歌をうたうグラーニャ（Grainne），シュリーヴ・ローフラ（Slíabh Lúachra）におけるフィン戦士団の8人とノルウェーの巨人との出会い，ドゥーン・ガーイル（Dún Gáire）の地名の由来，オスガルが上王カールブレ（Cairbre Lifechair）を討ち止めた「ガウラの戦い」（Cath Gabhra），カイルテ（Caoilte, キールタ）の剣，デーン人の襲来とフィンの予言，30人の戦士と140匹の猟犬を血祭りにした魔の豚，オシーンとパトリックの対話，フィンを訪れる不思議な外套を着た女，イチイの木の下でチェスをしているオシーンと木の上から実を落として駒の進め方を指図するカイルテ，など69篇で，フィアナ（戦士団）の生き残った戦士たちが逸話を語っている。　（松村賢一）

キーティング，ジェフリー　E Keating, Geoffrey　Ir Céitinn, Seathrún (c.1580-c.1644)

アイルランドの歴史家，詩人，カトリック司祭。アイルランド南部ティペレアリー州ブリーズ生まれ。代表的著作『アイルランド歴史総論』（Foras Feasa ar Éirinn, c.1618-34）は，国の始まりから12世紀に至るまでを扱うアイルランド通史としてよく読まれ，その後に影響を与えた。言語面でも影響が大きく，キーティングが「明晰なアイルランド語を完成させた」とダグラス・ハイドが評した。文学史的には，アイルランド語詩の韻律が音節詩から強勢詩に移行する過渡期の詩人として，一篇の詩の中に音節詩と強勢詩とが並存する興味深い作品を残している。　（菱川英一）

幻想・夢の物語　Ir aislinge ; aisling

幻想・夢の物語としては，『クー・フリンの病』のように英雄が異界に誘われる物語，『コルマクの冒険』のような異界行物語，それに『ブランの航海』をはじめとする不思議な島を巡る航海譚がまずあげられる。異界はシードとよばれ，『コンラの冒険』のように死も罪もないところ，あくせくせずに絶えることのない富を楽しみ，諍いもなく平和で，不死の王が治め，涙も悲しみもない喜びの地と詠われることもあるが，『ネラの冒険』のように現実の権力争奪を象徴する襲撃，殺戮，処刑，差別に満ちた苦界として描かれることもある。天国と地獄を思わせるが，そこに住む人たちの活動は現実の世界のようである。ただし，現世と大きく異なるのは時間が自由に変わることで，長い時間も瞬時にたち，過去が現実になることもあれば，未来のことが現在よりも先に発生することもある。

このような異界感と，異界について語る

のに用いられるモチーフは，キリスト教の教えを伝える黙示録的な幻想物語にも利用された。黙示録というのは神の使者を通して啓示を受けた聖人賢者が神の言葉を語るものであるが，アイルランドの幻想物語での啓示の語り方には，神秘的宇宙である天国と地獄を巡る別世界行の形式をとるものと，終末へ向かう世界で起きる不思議な出来事を時系列として記述していくものがある。前者の代表例が『アダウナーンの幻想』で，後者の例が創世から終末までを説教する『常新舌』(In Tenga Bithnua, 9-10世紀)である。

　残存するキリスト教的幻想物語で最も古いのは7世紀の『フルサの幻想』(The Vision of Fursa)である。アイルランド人でイギリスのサフォークに修道院を創設したフルサが死にかかったと思ったとき天使が現れ，彼の魂を連れていった。暗い闇の谷間で業火に焼かれる魂を見たり，天使と悪魔の論争を聞いたりした後，また肉体に戻された。9-10世紀の『ラシレーンの幻想』(The Vision of Laisrén)でも，霊魂が天使に導かれていくという同じような形式で，ラシレーンは9日間の断食後，眠りに落ちたとき，天使たちが自分の身体から離れた魂を連れて昇っていくのを見た。

　10世紀から11世紀にかけては，審判の日について詳細に描く『審判の日の十五の徴』(Airdena inna Cóic Lá nDéc ria mBráth)，使徒がキリストに聞く『終末の話』(Scéla Láí Brátha)，復活にあたっての肉体の扱いを語る『復活の話』(Scéla na hEsérgi)など黙示録的な説教が多く記録された。

　12世紀にラテン語で書かれた『トゥンダルの幻視』はヨーロッパで広く読まれた。アイルランドの騎士トゥンダルが昏睡状態に陥り，彼の肉体から離れた魂が天使とともに地獄と煉獄と天国を巡った後，贖罪と救いへの道を説く。同じようにイギリスや大陸で読まれたのが『騎士オーエンの聖パトリックの煉獄の幻視』(12世紀終わり頃)である。アイルランド北部のデルグ湖に小島があって，聖パトリックの煉獄とよばれている。騎士オーエンが悔悛の心を持ってその洞穴に入り，悪魔に連れられてさまざまな地獄の苦しみを味わい，最後には楽園にたどり着き天国を仰ぎ見るが，そこにとどまることは許されず洞穴の入口に戻り，その後，聖地巡礼に旅立ったという。

　もう一つ，幻想的な物語の区分として「夢想」がある。その代表作の『オイングスの夢』は，神話で指導的役割を果たすダグダとボアンの息子であるオイングスが夢に出てきた美女に恋をする話である。これは『クアルンゲの牛捕り』の前話の一つで，その女を探し出すのに，コナハトの王夫妻アリルとメドヴが手助けする。女は年に一回150人の侍女たちと鳥の姿で湖に現れることになっているなど，人が鳥の姿になるというモチーフがみられる。この物語区分の総集編とも言えるのが中世アイルランドのキリスト教文学と世俗文学のさまざまな作品をパロディ化した『マッコングリニの夢想』である。

　これらの中世の幻想・夢物語の伝統は18世紀のアシュリング詩やブライアン・メリマンの『真夜中の法廷』などに引き継がれていった。
　　　　　　　　　　　　　　　　(松岡利次)

『トゥヌクダルスの幻視』　L Visio Tnugdali

　アイルランド南部の都市コークにおいて，1149年に貴顕トゥヌクダルス(トヌーズガル，あるいはトゥンダル)の魂が天使とともに死後の世界で見聞したことを記した作品である。彼から直接幻視体験を聞いたアイルランド人修道士マルクスがそれをラテン語に訳し，バイエルンの女子修道院長に捧げた。後にドイツ語ほか十指にあまる言語に翻訳され，西洋中世における異界遍歴譚の代表作のひとつとされる。

　肉体を離脱したトゥヌクダルスの魂は天使とともにまず，人殺し，不実な者，傲慢な者，強欲な者，盗人，暴食者・姦通者，

VIII ケルト圏文学 I 初期・中世

泥棒と盗賊に与えられる罰の場面が夢に現れる

姦淫を犯した聖職者、罪を重ねた者など、神の裁きが未決である魂がそれぞれ懲罰を受ける場を巡る。時にトゥヌクダルスの魂も厳しい罰を体験する。

より下にあり、すでに裁きが決まった魂の場を、つづいて両者は訪れる。巨大な炎柱の中でさいなまれる魂を見た両者は、さらに地獄の門からその深淵を見る。そこでは「闇の帝王」の下、救いを受けられない魂が永遠の懲罰を受けている。

この「神の敵たちの牢獄」に次いで、天使はトゥヌクダルスの魂を、光あふれる「栄光の場」に誘う。さまざまな壁や門を越えて上昇しながら、時折の苦行に耐えつつ歓喜と栄光の内に暮らす者たちの場を巡った両者は、さらに、敬虔な夫婦、殉教者、修道士・修道女、教会の創設者と守護者の場をへて、世界を一望できる天使たちの空間に至る。

さいごに聖ルアダヌス、聖パトリキウスおよびアイルランドの司教たちの姿を見て、トゥヌクダルスの魂は肉体に帰った。

西洋におけるあの世の観念に「煉獄」が成立する、その過程に本作品をいかに位置づけるかが、これまで議論されてきた。つまり、ここには「『浄罪』の観念(およびこの語の使用)が見られ」ず、厳密に言えば「煉獄」はいまだ誕生していないと論じ

られる(ジャック・ル・ゴフ)一方、「天国」と「地獄」と、そのどちらでもない「『煉獄』的場」の三元構造のもとにこの作品を読み解く可能性の指摘もある。

このほか、アイルランドの王たちの登場に「民族主義」、つまりアイルランドの諸氏族(クラン)統一への呼びかけを読み取る可能性の示唆(ル・ゴフ)や、アイルランド出身の修道士たちが今日のドイツ西南部でさかんに活動する時代における、修道士の社会的存在意義の顕彰など、作成意図についてもさまざまな説がある。

(有光秀行)

『アダウナーンの幻想』　[Ir] *Fís Adamnáin*

The Vision of Adamnán とよばれ、天国の輝きと地獄の責め苦を黙示録的に描く。この作品はヨーロッパに流布した『パウロの黙示録』、『トマスの黙示録』、『マリア被昇天』などの影響を受けている。煉獄の概念はまだ確立されていないが、天国、地獄、煉獄を語るダンテの『神曲』を先取りしているともいえる。

アダウナーンはアイルランド三大聖人の一人であるコルム・キレ(Colm Cille)の後継者で、679年から704年までアイオナの修道院長であった。彼の名を冠しているが、作品が書かれたのは9世紀から10世紀にかけてである。

はじめに聖書の『詩篇』147にのっとって、「気高く驚異なるは創造主」と主を称え、「主は情け深く慈悲深く心優しく憐憫の情ある者たちを天国へ迎え入れるが、信仰心のない無益な呪われた子らを滅ぼし、地獄へ投げ落とす」と言って、審判の日を怖れ、善をなし、主の慈悲を乞えと説く。

アダウナーンの魂はまず光り輝く聖人の地に行き、さらに慈愛と光明に満ちた主の王座と主を取り囲む聖なる人たちを見る。『アダウナーンの幻想』には七天の話が組み込まれている。肉体を離れた魂は七つの大罪に応じた七天を一つずつ通って行く。

その際，天国がふさわしい者はなんなく通過して行くが，天国がふさわしくない者はその一天一天を，鞭打たれ，火に焦げ，火の渦に巻き込まれながら，何十年もかけてやっとの思いで通って行く。そうして神の御前に立ったとき，正義の人の魂は歓迎されるが，心汚い魂は地獄の悪魔の口に落とされる。天の至福を見たあとだけに，その落差はこの上なくつらい。地獄は写実的に描かれる。「火の柱に縛りつけられ，あごまで火の海に浸かり，腰のところに蛇の姿をした燃える鎖が巻きつけられている。」「顔のくぼみに火が流れている者，舌に火の釘が突き刺さっている者，またそれが頭を貫通している者たちがいる。」

これらの啓示を受けた後，アダウナーンの魂は聖人の国へと連れ戻された。アダウナーンはそこにとどまりたいと思ったが，もといた肉体に戻り，俗人と聖職者の集いで天の報酬と地獄の責め苦を語って聞かせるようにと命じられた。彼は，審判の日に主は世界のすべての人にしかるべき報いを与えるのだが，罪人は永遠の苦の深淵に置かれ，聖人，義人，施しをする人，慈悲深き人は天の王国に永遠に住み，年をとることも弱ることもなく，大きな栄光の中にいることになると説いていった。（松岡利次）

『マッコングリニの夢想』 Ir Aislinge Meic Con Glinne

英語では*The Vision of MacConglinne*とよばれる，中世アイルランド文学におけるパロディ物語の傑作である。

物語の設定は，マンスター王カタル・マク・フィンギン（Cathal mac Finguine, d.742）が出てくるので8世紀であるが，言語からみて11世紀の作である。作者は不詳だが，キリスト教学とアイルランドの文学伝統に精通したうえに，当時の教会およびアイルランド南部の政治状況を把握していた人と推測される。この作品は一作品あるいは一ジャンルにとどまらず，中世アイルランド文学の伝統総体のパロディであり，英雄伝説，神話，聖書外典，聖人伝，讃美歌，系図，法律，格言などさまざまなジャンルからとった表現をもじっている。この作品に出てくるパロディを全部拾って，詳細な注解をつけるとすれば，アイルランド文学様式の発達史に近いものになるであろう。この点，ジェイムズ・ジョイス（James Joyce, 1882-1941）の『ユリシーズ』（*Ulysses*）や『フィネガンズ・ウェイク』（*Finnegans Wake*）の先駆けともいえる。

カタル・マク・フィンギン王に巣食った，アイルランドを食いつぶす勢いの大食鬼を退治するため，マッコングリニはコークの修道院に赴くが，その宿坊でひどい扱いを受ける。そこで，修道院長のマンヒーンを風刺するのだが，罰としての磔の刑を言い渡されてしまう。処刑の前夜に天使から啓示を受ける。翌日，そこで見た夢想を語り始める。まずは福音書のキリストの系図にならって，マンヒーンからアダムまでたどる。「蜜袋の息子，肉汁の息子，脂身の息子，ポリッジの息子，オートミールの息子，……脂ののったソーセージの息子，搾りたての牛乳の息子，……とても辛い詰め物の息子，太腿肉の息子，腰肉の息子，……噛みでのある木の実の息子，アベルの息子，アダムの息子」。その後，長々とさまざまな食べ物が出てくる夢想を語り続ける。これを聞いたマンヒーンはマッコングリニが大食鬼を退治することができるのではないかと考え，カタル・マク・フィンギン王に会いに行かせる。

マッコングリニはカタルに会い，そのすさまじい食欲に驚く。しかし，彼は言葉巧みに，カタルに断食させることに成功する。

カタルにとって，食事をしない苦しみは耐え難かったが，もっとつらかったのは，彼の前で，大量で多様な食物が列挙されることだった。マッコングリニは畳み掛けて，さまざまな食べ物が出てくる寓話を始める。

VIII ケルト圏文学 I 初期・中世

寓話の中で，マッコングリニは食欲の治療法を得られるように早飯国の予言医のところへと向かうことになる。その道中のつぎの一節は明らかに航海物語のパロディである。「牛脂を塗った，肉汁のしみたコンビーフの小舟がありました。……フレッシュミルク湖の広い湖面を漕いで渡って行きました。乳漿の荒波を越え，蜂蜜酒の河口を越え，恐れおののくようなバターミルクのうねり荒れ狂う波を越え，絶え間のない脂っこい雨を抜け，肉汁の露の森のそばを通り過ぎ，どろどろのグリースの泉を越え，ソフトチーズの島に入り，脂したたる牛脂の堅い岩を越え，サワー凝乳の岬を越え，乾いたプレスチーズの海岸を越え，固い平たい下船場に着きました。」

予言医は飢餓・大食の病の治療法を示しながら，食べ物を延々と列挙する。食べ物の話を聞いて，たまりかねて大食鬼が飛び出てくる。それは悪魔で，マッコングリニとのやりとり（実は教会風刺）があった後，地獄の人びとの中に飛び込んでいった。

この作品は巧妙な構造になっていて，全体がパロディであるが，さらに，後半の食べ物世界の寓話が前半の夢想のパロディという入れ子型になっている。前半の修道院社会の風刺が後半の食べ物世界の寓話によってパロディ化されているのである。アイルランドの11世紀はまさにこのような狂文を生み出す社会状況にあった。パロディ発生のために必要な文学の熟成があり，12世紀のアイルランドの教会改革を前に，聖職者や知識人内部に保守派と改革派の鋭い知的対立があったのである。　　（松岡利次）

『ディンヘンハス』　Ir *Dindshenchas* ; *Dinnshenchas*

地名の由来や語源を説明する地誌集成で，9–12世紀に成った。ディンヘンハスという語はdind「山，有名な場所」とsenchas「伝説，故事，歴史」から成り，「有名な場所の故事」という意味で使われた。砦，集落，平野，山，湖，川，島などについてのこの地誌は，物語を維持管理する詩人・学者たちの学問の基礎の一つとなった。現在残っているものでは，12世紀の写本『レンスターの書』に収められている散文と韻文が最も古い。他にもレンヌ（Rennes）写本などに多くの散文の項目が収められている。

上王の居所タラに始まり，時計回りにアイルランドの五国，中央のミデ，レンスター，マンスター，コナハト，アルスターの順に各地域の地名考が記されている。まずタラ（アイルランド語名テウィル，Temair）について，地名の由来は何で，いつからそうなったのか，神話の時代のパルトローンの頃なのかあるいはフィルヴォルグの頃なのかという問いかけをする。それに対して，この地名の語源は無垢な女性テア（Tea）とその家を囲む塁壁（múr）からきているという説明がなされる。

記されている故事・伝承は，一見すると歴史として口承で伝えられたもののようにみえる。しかし，実際は神話上のトゥアタ・デー・ダナンの人物などがふれられることからみても，歴史的事実を記したというよりは，地名の由来について詩人・学者が因果関係を創作したように思われる。

アイルランドを東西に分け，リムリックから大西洋に注ぐアイルランド最長の川，シャノン川について『ディンヘンハス』にはいくつかの起源が記してある。そのうちの一つによると，魔力を持ったハシバミの実がシャノン川を含む七つの川の水源である泉に落ちた。実の汁から神秘的な泡が立った。トゥアタ・デー・ダナン神族の美しい乙女シナンは，緑に溢れる川の美しい神秘的な泡に魅せられ，溺れた。川はシナンという名前になった。

そのシャノン川沿いで，クロンマクノイス修道院の南西にスナーウ・ダー・エーン「二羽の鳥の泳ぎ」という浅瀬がある。聖パトリックが布教の途中越えたところであ

り、『スヴネの狂乱』でスヴネが放浪する場所の一つでもあった。この地名は英語に直訳されフラン・オブライエン（Flann O'Brien, 1911-66）の小説のタイトル『スウィム・トゥー・バーズにて』（At Swim-Two-Birds）にもなっている。この地名になった理由はつぎのように説明されている。ナルの妻であったエスティウにブイデという恋人ができた。ブイデは義兄弟のルアンといっしょに二羽の鳥の姿になってエスティウに会いにきた。それを知ったナルは怒り、彼らを一撃で殺した。しかし、ルアンのほうは虫の息ながら川を上りアート・ルアン（現在の英語名Athlone）「ルアンの浅瀬」で死んだという。

日本でも風土記や古事記などに地名の由来が記されているが、アイルランド英雄物語の長編『クアルンゲの牛捕り』の多くの場面が地名譚となっているし、13世紀に編纂された『古老たちの語らい』にも土地や名所旧跡にまつわる神話や言い伝えが語られている。

『ディンヘンハス』は11世紀頃国が統一されていく中で、地名を把握し管理する必要があったため編纂されたとも考えることができるが、後にイギリスがアイルランドの植民地化を進めたときも、支配するために地名の確定と標準化が必要であった。1825-41年に、課税制度改革のための土地建物の評価基礎資料となる陸地測量が行われたが、測量と並行して、ジョン・オドノヴァンらのアイルランド学者も参加した地誌班が設けられ、各地の自然、植物、歴史、伝承、民俗、社会経済についての詳細な情報が集められた。この時期を舞台にしたブライアン・フリール（Brian Friel, 1929-2015）の『トランスレーションズ』（Translations, 1980）の二幕一場は、アイルランド語の地名を英語の発音に変えたり、意訳して新しい地名にしたりする作業の場面である。地名の英語化により、『ディンヘンハス』に記録されたいわば土地の記憶が抹消されていったのである。（松岡利次）

『アイルランド地誌』 Ⓛ Topographia Hibernica

ジェラルド・オブ・ウェールズ（Gerald of Wales）あるいはジロー・ド・バリ（Giraud de Barri）とよばれる聖職者ギラルドゥス・カンブレンシス（Giraldus Cambrensis, c. 1146-1223）が1188年に仕上げた作品。アイルランドを扱ったこの種の作品の嚆矢であり、後世のアイルランドのイメージに大きな影響を与えた。

本書の内容について作者自身は以下のようにまとめている。「第一部は鳥たち……野獣、爬虫類、東と西の比較について……第二部は聖職者と話をしたオオカミ（人間狼のこと）、ひげが生え、たてがみをもった女、半牛人、半人牛、シカウシ、人間の女と性交したヤギ、人間の女を愛したライオン、聖人たちによる驚くべき避難場所、サケの跳躍……奇蹟のように描かれた書物……ブレンダヌスの生涯……第三部ではアイルランド人の特徴、暮らしぶりについて……その音楽の快適さ。そしてこの部の最後ではイングランド人の王ヘンリー2世の勝利、またその王子たちの功績について記しています。」

いくつかつけ加えれば、まず、第一部ではアイルランドに毒が存在しえないと言われ、空気が清浄で健康的な「われら」の「西」の世界が、「東」と対比され称賛される。一方、その「東」の驚異譚がよく知られているのに「西」のそれがほとんど知られていないとされ、第二部の驚異譚が展開する。

また第三部の「アイルランド人の特徴、暮らしぶりについて」では、人びとが天与の美しさを持つ一方、原始的な牧畜から離れない、農業労働や都市での営みにも無関心である、土地は肥沃なのに怠惰のため耕作に力を入れない、信仰・道徳の面でも欠点が多い、などの点から、野蛮な未開人であることが強調されている。

作者の一族は12世紀半ば以来、イングランド王ヘンリー2世（『アイルランド地誌』は「西のアレクサンドロス」とたたえる）とのかかわりで展開する。イングランドやウェールズの有力者によるアイルランド攻略に参加しており、ギラルドゥスも数度この島を訪れた。アイルランド人を肥沃な土地を生かせない怠惰な野蛮人としているのは、攻略の正当化にも結びつく。信仰上の欠点が列挙されることも同様である。この十字軍の時代に、ギラルドゥスが「東」との対比を強調するのも、上述の事情とのかかわりで理解できるだろう。ちなみに当時のヨーロッパでは東方に、驚異と聖性のないまぜになった「プレスター・ジョンの王国」があると広く信じられており、ギラルドゥスもそれをよく知っていた。

（有光秀行）

聖人伝　lives of the saints

アイルランドの数多くの聖人について伝記が記されている。7世紀のムルフー（Muirchú）やティーレハーン（Tírechán）による『聖パトリック伝』（*Vita Sancti Patricii*）、コギトスス（Cogitosus）による『ブリジッド伝』（*Vita Brigitae*）、アイオナの修道院長アダウナーン（Adamnán）による『聖コルンバ伝』（*Vita Columbae*）などはラテン語で書かれた。その後、850年から1050年にかけては、かなりの分量の聖人伝が900年頃の『三部作パトリック伝』（*Vita Tripartita*）も含めてアイルランド語で書かれるようになった。

聖人伝の執筆には政治的な意図があった。『聖パトリック伝』はアーマーの教会の首位権を確立しようとしたものであり、『ブリジッド伝』はキルデアの、『聖コルンバ伝』はアイオナとケルズの地位を喧伝しようとしたものである。また、聖パトリックは奇蹟を行う布教者であり、異教のドルイドを鎮圧する英雄として描かれ、コルンバすなわちコルム・キレは修道士としてのお手本、預言者、奇蹟を行う人として描かれている。ブリジッド（Brigid）については、キリスト教伝来以前の女神のブリギッドの特徴を取り込んでいるようで、古くから家畜や農耕の守護聖人として崇拝されたことがうかがえる。

聖人伝は偉大な聖人を英雄として描くため、英雄物語に似通った物語の展開になっている。聖者の生誕の不思議とその聖性が強調され、少年時代には人間離れした能力で活躍し、青年時代には他国を旅し奇蹟を起こす。『アダウナーン伝』（960年頃）でも、アダウナーンは奇蹟を行う超人、また世俗の権力に対抗する英雄として描かれる。

伝記には幻想的世界との行き来など、土着信仰・迷信などが混在し、聖人の魔力や現実離れした出来事などの民間伝承的なモチーフが盛り込まれている。たとえば、怪物を退治する、穀物を奇跡的に短時間で生育させる、夢解釈や予言の能力をもつ、幻覚を引き起こさせる、眠らせて魂を自由に飛び回らせる、敵に山をのしかからせるというような聖人の力が示される。このような民話的な語り口になっていったのは、聖人伝が聖人の祭日の説教などに取り込まれて、一般の人に語り聞かせられるようになったからであろう。

聖人の生きた時代と書かれた時代にギャップがあり、聖人伝は聖人そのものよりも、むしろ書かれた時代の教会と社会生活と政治状況と一般の人たちの精神を読み取るのに役に立つ場合もある。たとえば、12世紀前半に書かれた『聖コルマーン・マク・ルアハーン伝』（*Betha Colmáin maic Lúacháin*）は教会による土地保有や特権を正当化するような聖人伝に仕立てられている。

（松岡利次）

聖書物語　Bible stories

聖書に基づいたアイルランド語による物語が豊富に残っている。原典は聖書だけでなく、聖書外典、聖書注解、教父著作など

広く利用されている。多くが9世紀から12世紀にかけて書かれた。アダムとイブの話、アダムの悔悛、ダビデとソロモンの話、エズラ記第三書と第四書からの話など旧約聖書および旧約聖書外典からの物語もあれば、新約から、イエスの幼児物語、主の日の法、洗礼者ヨハネの話、キリストの黄泉下り、使徒の生涯と行伝、マリアの生涯と被昇天など幅広い。

　黙示録的な終末・復活の物語はアイルランド人の得意なジャンルである。その代表作は9-10世紀に成立した『常新舌』(*In Tenga Brithnua*)で、宇宙の成り立ち、被造物の詳細、地獄と責め苦、終末の兆し、七天と天の王国などアイルランドの黙示録的宇宙論的文学に用いられるテーマのほとんどすべてが盛り込まれている。常新舌というのは使徒ピリポの異名で、彼は異邦人に説教したとき、9回も舌を切り取られたが、そのつど舌が新しくなり、9回とも説教できたという。作品の結びの描写は壮大である。「何よりも不可思議なのはマリアの腕に眠れるみどり児。被造物おしなべて、天使さえもうち震えるなか、その拳は七天、地、地獄と外囲む海を掴む」。

　アイルランドで最もなじみが深かったのは旧約聖書の『詩篇』であった。修道院に入る子供の最初の学習は『詩篇』の読み書きで、わが国における『論語』のように暗誦した。この事情を反映しているかのような大作『韻文詩篇』(10世紀)は『詩篇』に合わせて150篇から成るが、その内容は主に旧約聖書物語である。『アダムとイブの生涯』や『モーセの黙示録』など聖書外典からの話も自由に取り入れている。150篇の本体に終末の兆し、復活、最後の審判などの12篇の詩が付け加えられ、全体として創世から終末までを語る叙事宗教詩となっている。四行詩の形式をとり、合計8,392行にも及ぶ。

　聖書物語を書いたのは、キリスト教関連文書にも世俗の文学にも造詣が深い知識人たちであった。彼らはラテン語で書かれたキリスト教と学問の種々の著作(聖書、聖書外典・偽典、聖書注解、アウグスティヌス、ヒエロニムス、大グレゴリウス、イシドルスなどの著作、ラテン文学、博物誌や歴史書、ラテン語文法など)を学んだ人であると同時に、アイルランドの聖人暦、聖人伝、説教、ミサ典書、讃美歌、祈祷書、修道院規則、贖罪規定書など宗教書の継承者であった。　　　　　(松岡利次)

『詩篇─ミラノ注釈』の第56篇の注釈に古アイルランド語による欄外注が施されている

初期スコットランド文学

『リスモール首席司祭の書』　ScG *Leabhar Deadhan Lìos-Mòir*　E *The Book of the Dean of Lismore*

　スコットランド最古とされるゲール語詩歌集。16世紀前半に成立した手稿本で、そこに書き込まれている原題はLiber Do*mi*ni Jacobi MacGregor Decani Lismoren*sis*(ラテン語、イタリック部分は後の研究者による

補正），すなわち『リスモール首席司祭ジェイムズ・マグレガー氏の書』である。このアンソロジーは，18世紀後半に偶然スカイ島で発見されるまで，その存在すら知られていなかった。経緯には不確かな点が少なくないがロンドン・ハイランド協会（the Highland Society of London）に預託された後，1903年に国立スコットランド図書館の所蔵となって現在に至っている。小型の四つ折り本で300頁を超えるという。

リスモールはアーガイル地方にある島の名であるが，ここではリスモール司教区の意。また，そのディーンとは，この書の筆写と編纂にあたった主要人物，すなわちフォーティンガル（Fortingall，ハイランド中央部やや東寄りにある小村，当時は交通上の要地）の司教代理を務めていた公証人ジェイムズ・マグレガー（James MacGregor, c. 1480-1551，スコットランド・ゲール語ではSeumas MacGriogair）のことで，彼はリスモールの首席司祭（Dean）の肩書も持っていた。このアンソロジーの発案は彼ではなく，マグレガーの土地に近い由緒あるクラン，マクナブ（Macnab）一族のチーフ，フィンレイ（Finlay, ? -1525）であり，実際に詩歌の収集にあたったのはこのフィンレイと，フィンレイから協力要請を受けたデュガル・マグレガー（Dugall MacGregor, 生没年不詳）であった。フィンレイは当初この企画を『詩歌集』（An Duanaire）とよんでいた。デュガルからこの事業を引き継いだ二人の息子の一人が上記のジェイムズである。

手稿は，ゲール語そのもので書かれているのではなく，当時普通のやり方であったスコッツ語（Scots）による音写である。したがって，手稿本の解読自体には多大の困難が伴い，一部は解読不能に近いといわれている。解読・解釈された範囲で言うと，収録されている詩歌の中にはラテン語やスコッツ語のものもあるが，多くはゲール語であり，しかもほとんどは口語ではなく文語のゲール語（当時，詩文のゲール語はアイルランドのゲール語とほぼ同一であった）であることが注目される。

主題は，アイルランドの英雄，ことにクーフリンやフィン・マクールに関係する短い物語詩（heroic ballads），宗教的な内容のもの，世俗的な，ときに卑俗な内容のもの，主だったクランの家系に関する年代記（分量的にはやはりマクレガー家関係が最多）など，多岐にわたっている。一番古いものは1310年に遡り，最も新しいものでも1520年を下ることはない。また，これらの詩歌は，さまざまな歴史的事実を推定させる証左としてもきわめて重要である。たとえば，収録されているバルド詩法による詩のうちアイルランド由来のものは44篇に上るのに対して，スコットランドのものは21篇にとどまっている。パースシャーやアーガイルシャーのクラン・バルドたちが，14-16世紀の間，アイルランドで語り伝えられている英雄詩を共有し，彼の地のバルドやその組織との緊密な関係を保ち，またバルド詩法の継承に意を用いていたという事実は，この手稿本が発見・解読されなかったらうかがい知ることは困難であっただろう。

(小菅奎申)

初期ウェールズ文学

ユウェンクス・エングラニオン　the Juvencus Englynion

4世紀のラテン作家ユウェンクスによる韻文の福音書を収めた9世紀後半の『ユウェンクス写本』（ケンブリッジ大学図書館蔵）には，頁の余白部分4か所に古ウェールズ語による詩行が書き込まれており，現存する最古のウェールズ語の詩とされる。全部で12行が見つかっているが，各行が3行1連から成るエングリン（englyn, 複数形エングラニオン〔englynion〕）に対応し，

以下の2つのグループに分けられる。

写本の1頁目上部余白に記された9つのエングリンは全能の創造主を讃える内容の宗教詩で，第1行の最後の語句の直前の音節が2行目，3行目の行末と韻を踏むというエングリン・ペンヴィールの韻律が用いられている。最後のスタンザのみ各行7音節で，すべて同じ脚韻を踏むエングリン・ミルールとなっている。10世紀の作とするのが通説である。

残る3つのエングリンは9世紀頃の作とされ，エングリン・ペンヴィールとエングリン・ミルールの折衷形式で，各連の1行目は主脚韻部の後に「今宵」という語句がくり返され，リフレインのような効果を生んでいる。その日の戦闘で部下を失ったと思われる語り手が，「口をきくまい，歌うまい，笑うまい，今宵」と嘆く。かつてはともに大鍋のまわりに集い，蜂蜜酒を酌み交わした仲間をなくした敗戦の将の悲哀は，アングロ・サクソンとの戦乱時代を背景とした詩（たとえば『ゴドジン』や『スラワルフ・ヘーンの歌』）に通底するライトモチーフである。

ウェールズ語はローマ軍のブリテン島撤退以降，ブリトン語から分化していったと考えられるが，書き言葉として残るのは8世紀以降であり，その大半が『リッチフィールド福音書』の「スレクシット・メモランダム」に代表されるように，ラテン語写本への書き込みである。ユウェンクス・エングラニオン，特に後者の3編は，古ウェールズ語時代の言語学的・文学的資料として大変貴重なものといえよう。（森野聡子）

ウェールズ四大古書 the Four Ancient Books of Wales

スコットランドの歴史家ウィリアム・スキーンが中期ウェールズ語詩の英訳およびテクストを1868年に出版する際，書名として使用したことから以下の4つの写本について使われるようになった用語。制作年代は1250-1350年頃で，中世ウェールズ文学の貴重な資料である（年代はDaniel Huws, 2002による）。

（1）『カエルヴァルジンの黒本』（*Llyfr Du Caerfyrddin*）：13世紀半ばに編纂された，現存する最古のウェールズ語写本。16世紀のカトリック修道院解体時に，ヘンリー8世の廷吏サー・ジョン・プライスがセント・デイヴィッズ教会でカエルヴァルジン（英語名カマーゼン）の修道院からもたらされた写本を入手したと後世の記録にあることから，この名がついた。40編の詩のアンソロジーで，宗教詩14編を除くと成立年代も内容も多岐にわたる。主なものとしては，12世紀を代表する宮廷詩人カンゼルーによる3つの頌詩，伝説の預言者マルジン（マーリン）の詩，伝承の勇士たちの墓所を挙げる「墓のエングラニオン」，アーサー伝説に関連する古詩である「誰が門番か」，エルビンの息子ゲラントへの挽歌など。

（2）『タリエシンの書』（*Llyfr Taliesin*）：14世紀前半にウェールズ中部または南部の修道院で編纂された写本。約60の詩が収録されていたと考えられるが，破損により56編が現存する。17世紀のウェールズ出身の古事研究家エドワード・スルウィッドの分類以来，慣例的にこの名でよばれる。ウェールズ文学研究の第一人者イヴォール・ウィリアムズは，北ブリテンの王ーリエンに捧げた頌詩8作を含む12編を，実際に6世紀に活躍した古詩人カンヴェイルズの一人，いわゆる「歴史的タリエシン」の作と考える。一方，題名にタリエシンを冠する詩やタリエシンが語り手として登場する詩20編は，高名なバルズの名を借りて後世，作られた作品である。その他，預言詩，宗教詩などがある。

（3）『アネイリンの書』（*Llyfr Aneirin*）：600年頃に起こったブリテン人とアングル人の戦闘を扱った『ゴドジン』のテクストが不完全ながらも収録された唯一の写本である。その他には，ゴルハン（Gorchan）

とよばれる．本編より長めの詩が4編収められており，そのうちの最後「マエルゼルーのゴルハン」はタリエシン歌うとあるものの，内容は不可解で，アネイリンと同時代とされる「歴史的タリエシン」の作とは容易には同定できない．現存する書は13世紀後半の編纂である．

(4)『ヘルゲストの赤本』(Llyfr Coch Hergest)：14世紀末にハウェル・ヴァッハン・アプ・ハウェル・ゴッホなる人物が中心となって筆写した写本であることが判明している．ハウェルのパトロン，ホプキン・アプ・トマスに捧げる頌詩が5編収録されていることから，南ウェールズはグラモルガンの名士で文芸に明るかったホプキンのために編まれた可能性が高い．縦横34×21cm，元は少なくとも382葉の羊皮紙を使っていたとされる写本は中世ウェールズでは最大級であり，その内容も詩にとどまらず，ジェフリー・オブ・モンマスの『ブリタニア列王史』(Historia Regum Britanniae)のウェールズ語訳を始めとする年代記（ブリット），散文物語（いわゆる「マビノギオン」を含む），三題歌などさまざまで，中世ウェールズ文学の「一巻本図書館」と評される．

スキーンの「四大古書」には含まれないが，12-14世紀の宮廷詩人の詩を収めた『ヘンドレガドレーズ写本』(The Hendregadredd Manuscript)，散文物語のソースとしては『ヘルゲストの赤本』より少なくとも30年は先行する『フラゼルフの白本』(Llyfr Gwyn Rhydderch) も，この時期に誕生した貴重な写本である．　　　　　（森野聡子）

カンヴェイルズ　Ⓦ Y Cynfeirdd

12世紀ウェールズの「諸公の詩人」（ゴガンヴェイルズ）に対し，6世紀頃の「古ウェールズ詩人」を指す語．『ブリトン人の歴史』(Historia Brittonum, 829/830年) 第62章は，アングロ・サクソン侵攻時代，主に北ブリテンで活躍した詩人として，タルハエアルン，ネイリン，タリエシン，ブルッフヴァルズ，キアンの名を挙げている．ネイリンことアネイリンは『ゴドジン』，タリエシンは『タリエシンの書』(Llyfr Taliesin) に収録された12の頌詩の作者に擬せられているが，他の3人の詳細は不明だ．口承による古詩はその多くが消失し，後世の写本に残されていても制作年代や作者の特定が困難なのが現状である．ウェールズ大学のジョン・コッホは，カンヴェイルズの作品を，①5-7世紀の歴史的事件を題材に，②アングロ・サクソンと戦った実在のブリテンの王や戦士を讃えるアウドル（各行が同一の脚韻で構成される詩）と定義し，上述の詩のほかに作者不詳の3編を挙げている．　　　　　（森野聡子）

タリエシン　Taliesin

6世紀に実在したと想定される古詩人「カンヴェイルズ」の一人と，他のさまざまな伝承と結びついて神話化されていった，いわばキャラクターとしてのタリエシンの両者が存在する．

歴史上のタリエシンは，テクストを校訂したイヴォール・ウィリアムズによって，14世紀前半の写本『タリエシンの書』(Llyfr Taliesin) に収録された12の頌詩の作者と同定されている．このうち8編は北ブリテンの王イーリエン・フレゲッドの武勲を讃える詩で，2編にはタリエシンの名が実際に語り手として登場する．詩人は主君からの贈り物を，自らの詩才を武器に手に入れた「タリエシンの戦利品」と誇らしげに歌い，「年老いて朽ち果てるまで，死が襲うその時にも，われ楽しからず，イーリエンを讃わずんば」と結ぶ．その他には，イーリエンの息子オワインの死（595年頃）を悼む歌，エルメットの王グワソウグ・アプ・スラエノウグとポウィスの王カナーン・ガルウィンに捧げた詩が1編ずつあり，その活動範囲は現在のウェールズ国境部からイングランド北部に及んでいたと考えられ

る。

　一方の「伝説的タリエシン」は、変幻自在、異界アヌーヴンを始め至る所に行ったことがあり、あらゆることを見聞し、森羅万象に通じた賢者として自らの知識を詩の形で披露する役柄だ。『タリエシンの書』では、われは鷲であった、雨の雫であった、戦場の盾であった、木の上からブリテン王のために歌ったと豪語し、われを造りしはマース、われを鍛えしはグウィディオンと、人間の生まれではない点を強調する（「木々の戦い」）。また、強大なる王マエルグンと対決し主エルフィンを解放した、木々の戦いでスレイとグウィディオンとともにいた、ブラーンとともにアイルランドにいたとし、生き証人としての体験を語る（「タリエシンの椅子」）。『キルフーフとオルウェン』（1100年頃）には「詩人の長」としてアーサーの宮廷に名を連ね、ジェフリー・オブ・モンマスの『マーリン伝』（1150年頃）では、瀕死のアーサーを林檎の島へと運ぶ船に同乗したとされる。『カエルヴァルジンの黒本』（Llyfr Du Caerfyrddin、13世紀半ば）にはマルジンとタリエシンの対話詩が収録されているほか、「墓のエングラニオン」は、エルフィンの前で昔の勇者の墓所に関するバルズの伝承を披瀝するという設定になっているように読める。以上から、遅くとも12-13世紀までにはタリエシンの伝説的性格とバルズとしての名声が確立されていたことがうかがえる。

（森野聡子）

『ゴドジン』　Ⓦ Y Gododdin

　現在のエディンバラに拠点をもつブリテン人の部族ゴドジンとデイラ軍との戦闘を歌った詩で、600年頃、ヨークシャーで実際にあった戦いを題材にしているとされる。10世紀までには大半がアングル人の手に落ちてしまった、ブリテン北辺の故地（ウェールズ語で「古き北方」〔yr Hen Ogledd〕という）におけるブリテン人のレジスタンスを扱った詩としては他に例のないスケール（1257行）と高い文学性をもつことから中世ウェールズ文学を代表する古典とされるが、現存するのは1250年頃の写本である。『アネイリンの書』（Llyfr Aneirin）には2人の写字生による写稿が残されており、テクストの本格的校訂を最初に行ったイヴォール・ウィリアムズにならい、Aテクスト、Bテクストとよばれる。それぞれ別のテクストを筆写したもので、Aテクストは12世紀、Bテクストは9世紀の写稿（どちらも現存しない）とするのが一般的だ。両テクストには異同が多く、伝承の過程でさまざまな異本が生まれたことがうかがえる。作者の名はアネイリン（Aneirin）として知られる。これは、Aテクストの書き出しが「これなるはゴドジン、アネイリンこれを歌えし。」となっていることに由来する。

　ゴドジン族の王マナゾウグはイングランド軍と戦うためにブリテン島各地から300人（あるいは363人）の勇士を集める。エディンバラの王宮にて1年間、金の杯でワインや蜂蜜酒のもてなしを受けた後、彼らは黄金のトルクに身を飾り、戦場へと馬を進め、カトラエスの地（現在の北ヨークシャー、カテリック）で敵と対峙する。しかし、デイラとベルニカ両国の連合軍からなる百万の大軍を前に、さしもの精鋭部隊も健闘むなしく壊滅、生還できたのはわずか1名（あるいは3名）だった。以上の出来事を背景に、詩人は戦闘そのものを語るというより、戦場で散った若武者たちへ捧げる挽歌を連綿と歌う。2つのテクストを合せて、重複も含め130のオードが現存する。1つのオードの長さは大体10行くらいで、すべて同じ脚韻を踏むもの、あるいは前半と後半で脚韻が変わる形式のものが多い。

　なお、この詩にはアーサーなる勇士の名が登場しており、アーサーに言及した最古のウェールズ語作品と目されてきた。しかし、該当部分は1か所、それもBテクストにしか存在しないことから、カトラエスの

戦の時代にアーサーの名が北方まで知れ渡っていたと断定するのは難しいとする研究者も多い。　　　　　　　（森野聡子）

ブリテン島の三題歌　Ⓦ Trioedd Ynys Prydain　Ⓔ the Triads of the Island of Britain

「賢者にとっての三つの災厄：酩酊，癲癇(かん)，姦通(しゃく)」，「アーサーの三大宮廷：ウェールズのカエルスリオン・アル・ウィスク（カーリオン），コーンウォールのケスリウィッグ，北方のペンフリン・フリオニーズ」。このように，項目や名前をある1つのテーマごとに3つ1組にまとめるトリアウド（triawd; 複数形trioedd）は，格言からウェールズ法を含め，中世ウェールズで広く用いられた語りの形式である。現存する最古のウェールズ語写本『カエルヴァルジンの黒本』（Llyfr Du Caerfyrddin）に収録された「馬の三題歌」の断片を除くと，13世紀後半以降の写本にまとまった形で三題歌が残されている。レイチェル・ブロムウィッチは，「アーリー・ヴァージョン」とよばれるペニアルス16と45に含まれた46編と，14世紀の写本である『フラゼルフの白本』（Lyfr Gwyn Rhydderch）と『ヘルゲストの赤本』（Llyfr Coch Hergest）からの23編，計69編に後世の写本から採ったテクストを加えた97編を『ブリテン島の三題歌』の題名のもとに編纂している。これらの三題歌の大半，特に時代の古いものが「ブリテン島の三大○○」という形をとるため，この呼び名が使われる。

三題歌には，3組の名称に加え，関連するエピソードや短い紹介がついているものがあることから，詩人バルズや語り部が口承を記憶し伝えるために考案された趣向だったことがうかがえる。三題歌は，現存するテクストだけではわからない，中世ウェールズ文学のレパートリーの概要を教えてくれる，いわば，伝承事典のようなものだ。

たとえば，「ブリテン島の3人の剛腕の豚飼い」はドリスタン，プラデリ，コスの3人の名を挙げており，そのうち関連する物語が残っているのは『マビノギの四つの枝』に登場するプラデリと異界アヌーヴンの豚のエピソードだけであるが，トリスタンとイズーの密会への言及があることはウェールズと大陸ロマンスにおけるトリスタン物語の伝播を考察する上で重要な鍵となる。一方，コスが追跡する白豚ヘンウェンが産み落とすパリグの怪猫は『カエルヴァルジンの黒本』に残る「何者が門番か」の詩では，アーサーの戦士カイが殺したとあり，今は失われてしまった伝承の姿がおぼろげに浮かび上がる。

逆に物語の中で三題歌に言及するケースも間々見られる。『マビノギの四つの枝』の第3話で，流浪の身のマナワダンが見よう見まねで靴の作り方をマスターする件のあと，こうして，マナワダンは「三人の黄金の靴作り」とよばれるようになった，という一文が続く。同様に第4話でも，靴屋に変装したグウィディオンがアランフロッドをだまして彼女の息子にスレイという名前をつけさせることに成功したあと，以上が，グウィディオンが「三人の黄金の靴作り」の一人に数えられるゆえんである，と結ばれる。これらの例から，語り部が物語を語る際，三題歌を使って，聴衆がよく知っている他の物語への関連を喚起し，ドラマティックな効果を生み出していたのではないかと想像される。

最後に，現存する伝承との関係で重要な三題歌として「ブリテン島の三大ゴルメス」を挙げておく。ゴルメスこと災厄の第一に数えられるコラン人は，龍と巨人とともに『スリーズとスレヴェリスの冒険』でスリーズに退治される小人族のこと。一方，残りのピクト人，サクソン人は実際に古代ブリテン人を襲った外来民族であり，最初の災厄は本来カエサル軍であった可能性が高い。歴史上と想像上の三大災厄が伝承の過程で混同された結果と思われる。ゴルメスはウェールズ伝承の根幹をなすテーマの一

つで，関連するものとして，ゴルメスから島を守るために埋められた三大護符と，それらを暴いてしまった者たちの名前を挙げた「ブリテン島の三つの幸運な埋葬と三つの不運な発見」がある。　　　　（森野聡子）

「アヌーヴンの略奪品」　Ｗ 'Preiddau Annwfn'
Ｅ 'Spoils of Annwfn'

14世紀前半の写本『タリエシンの書』（*Llyfr Taliesin*）に収録された，「伝説的タリエシン」（6世紀の同名の詩人の名にあやかり，伝承のキャラクターと化したタリエシン）が歌う一連の詩の一つで，アーサーの異界遠征を題材とする。遠征の目的は異界アヌーヴンの頭目がもつ大鍋を奪うこと。縁が真珠で飾られた大鍋は，海の向こう，カエル・シジーとよばれる硝子の城砦にあり，9人の乙女の息吹で火が保たれている。アーサー一行はプラドウェンという船に乗り異界に赴くも，「砦より戻れしは7名のみ」とリフレインは歌う。

大鍋は，アイルランドやウェールズの伝承では，豊饒・不死・詩などに結び付けられた魔法の器として登場する。この詩に登場する大鍋は，「臆病者には食べ物を炊かない」とあることから英雄の力の根源となるものだろうか。『キルフーフとオルウェン』では，巨人アスバザデンが娘の求婚者に与える難題の一つであるディウルナッハ・ウィゼルの大鍋を得るために，アーサーがプラドウェンに乗ってディウルナッハのいるアイルランドに遠征するというエピソードがある。『マビノギの四つの枝』の第2話でも，勇者の島（ブリテンのこと）の戦士たちが攻め込むアイルランドには死者を蘇らす再生の大鍋があり，生還できたのはタリエシンを含む7人とされていることから，このくだりは「アヌーヴンの略奪品」をもとに，異界をアイルランドに置き換えたと考える研究者も多い。

作品の成立時期については諸説ある。8世紀以前に遡るとする研究者の意見に従えば，現存する最古のアーサー伝承の一つとなる。しかし，タリエシン詩の専門家であるマルゲッド・ヘイコックは，扱われている素材は古いものを含むものの，言語的には12世紀以降の作品であるとする。また，「伝説的タリエシン」を語り手とする他の詩同様，詩人の薀蓄を披露するのが創作の目的であって，アーサーが登場するのは，詩人がいかに過去の伝承に通じているかを自慢する手段であるというのがヘイコックの見解である。異界の砦で銀の鎖につながれているグワイルは三題歌「ブリテン島の三人のもっとも位高き囚われ人」の一人として知られており，「プウィスとプラデリのくだりによれば」といった『マビノギの四つの枝』の登場人物への言及も同様の意図によるものと考えられる。（森野聡子）

「ブリテンの預言」　Ｗ 'Armes Prydain Fawr'

14世紀前半の写本『タリエシンの書』（*Llyfr Taliesin*）に収録された作者不詳の預言詩。エゼルスタン統治下のウェセックス王国の勢力拡大に対し，先住民ブリテン人の子孫としてのナショナリズムを鼓舞する内容から930年代の作であるとされ，現存するウェールズ語の詩としては最古のものの一つである。「アウェン（ウェールズ語でミューズの意）は預言する」という歌い出しに続き，戦士らはよそ者を蹴散らすだろう，カムリ（ウェールズ人）とダブリンの男たち（ヴァイキング）の間に和平が結ばれ，アイルランド，コーンウォール，ストラスクライド，ブルターニュの戦士たちも加わるだろう，約束されし勇士たち（カナンとカドワラドル）が到来するとき，ブリテン人は再び立ち上がり，サクソン人はこの島から追い出されるだろうと歌う。伝説の英雄の帰還とブリテンの再興はウェールズの民族意識を支える重要なモチーフである。　　　　　　　　　　　　（森野聡子）

マルジン・ウィスト 〖W〗 Myrddin Wyllt

「野人マルジン」の意で，『カエルヴァルジンの黒本』(Llyfr Du Caerfyrddin, 1250年頃) には，彼に擬せられた4つの詩，「マルジンとタリエシンの対話」，「ブナ」，「林檎の木」，「子豚」が存在する。語り手は，イングランド北辺のアルヴデリーズの戦い(573年頃)で敗退したグウェンゾライの戦士で，狂気に駆られ戦場を飛び出し，敵将フラゼルフ・ハエルを恐れてスコットランドのケリゾンの森に隠れ住むうち預言の力を授かったとある。アイルランドの『スヴネの狂乱』の野人スヴネや『聖ケンティゲルン伝』の狂人ライロケン同様，預言の力をもつ森の野人にまつわる伝承に由来すると考えられる。『ブリテンの預言』(937年頃)がマルジンに言及していることから，10世紀にはウェールズでも預言者としての伝承が流布していたことがうかがえる。ジェフリー・オブ・モンマス以降は，アーサー王伝説の魔術師マーリンに結び付けられるようになった。　　　　　　　　　（森野聡子）

『スラワルフ・ヘーンの歌』 〖W〗 Canu Llywarch Hen

スラワルフ・ヘーン (ヘーンは「年老いた」の意) を語り手とする三行連句の詩群。中世ウェールズの系図によれば，スラワルフは6世紀の北ブリテンの武将で，イーリエン・フレゲッドの従兄弟とされるが，物語の舞台はイングランドと国境を接する中部ウェールズのポウィスとなっており，作られたのは9-10世紀とされる。エングリン (englyn) とよばれる詩形を用い，物語の登場人物が1人称で想いを綴る，サガ・エングラニオンとよばれるジャンルの代表で，かつては，ストーリーを語る散文と登場人物の感情を歌う韻文からなるとみなされていたが，散文は伝わっていない。実在した人物や場所，歴史的事件などを背景にしていることから，聴き手にとってなじみのあるストーリーをもとに創作された詩だと考えられる。

現在では，5編がスラワルフ・ヘーンの物語群に分類される。これらの詩篇によると，スラワルフは24人の息子を自ら戦場に送り込み，戦死させたとある。24人のなかでもっとも勇敢だったグエーンとの対話形式の詩では，もう戦えない老身となったスラワルフが，自分の名声のために息子を出征させたことがうかがえる。また，自分が若かった頃いかに勇敢だったかと豪語すると，「父上のおっしゃることはごもっとも。あなたは生きているが，証人は殺された。若い時に臆病者だった老人はいない。」と息子は皮肉に応じる。

このように，スラワルフの歌は，パトロンの英雄的行為を，その死も含め称賛するオードではなく，より複雑な心理的葛藤を描いている点，ギリシャ悲劇にも通じる文学性をもつとする批評も存在する。「老人の歌」として知られる詩では，「わしの背中が曲がる前は，言葉巧みで大胆不敵，どの酒場でも歓迎されたものだ」と歌い，しかし今は老いさらばえ，頼みは木の杖のみ，色付く秋も愛するものから遠ざかり，酒を片手に談笑する冬も訪れる客はなく，カッコウがさえずる春も乙女たちからは厭われ，自分は風になぶられる木の葉，嫌われ者の屍と孤独の身を嘆く。　　　（森野聡子）

『ヘレーズの歌』 〖W〗 Canu Heledd

ポウィスの王カンザラン (Cynddylan) の死にまつわる三行連句のエングリン (englyn) という詩形を用いた詩群。イングランド軍によって壊滅したポウィスの王家の唯一の生き残りであるカンザランの姉妹ヘレーズが，亡くなった兄弟姉妹や昔日の栄光に想いをはせるという設定である。カンザランが実在したとされる7世紀ではなく，9世紀のウェールズ国境地帯におけるイングランドの侵攻とポウィスの没落を背景にした作品と考えられている。『ヘルゲストの赤本』(Llyfr Coch Hergest) に残

る106連, 17世紀の手稿に書き写された6連, 計113連がヘレーズの物語群に属するものとされる。「カンザランの広間」として知られる詩では, 火もなく明かりもなく, 集う兵士も歌もないと, 主を失って荒廃した城の有様が, 「カンザランの広間は闇, 今宵も」で始まる, 鎖のようにつながった連によって切々と歌われる。語り手が女性であるという点, 中世ウェールズの詩としては珍しい。

(森野聡子)

中期ウェールズ語散文説話 Middle Welsh prose tales

本項では, 13-15世紀の中期ウェールズ語写本に収録された, 法律・歴史・医学・宗教・翻訳以外の散文作品について解説する。

【中世ウェールズ散文説話の文化的役割】

中世ウェールズの語り部はカヴァルウィッズ (cyfarwydd) とよばれる。アイルランドの詩人フィリは語り部でもあったが, ウェールズにおける両者の関係は不明だ。『マビノギの四つの枝』で, 詩人バルズに変装したグウィディオンが, 詩人の長 (ペンケルズ) である自分が王に物語 (カヴァルウィジッド) を披露しようと申し出る場面がある。ウェールズ語で一般に物語を意味するのは「ホエドル」(chwedl) で, 古アイルランド語のscélや英語のtale同様「話す」を語源とする。一方, 「カヴァルウィジッド」(cyfarwyddyd) は, 元来, 案内, 手引きの意で, 同様にカヴァルウィッズも知識や魔術に秀でた者を第一義とする。このことから, カヴァルウィッズは単なるエンタテイナーではなく, 本来はフィリのように, 部族の歴史・系図・地名の由来など, 共同体におけるさまざまな知・語り伝えを伝承する者だったと推察される。けれども, バルズにはペンケルズから宮廷官吏であるバルズ・テイリほか数種の職階があったのに対し, 語り部については不明である。また, 6世紀から1300年頃までに活躍したバルズの名が40名ほど残っているのに対し, 語り部の名は伝わっていない。以上から, 中世ウェールズでは, カヴァルウィッズが本来の機能を失い, 宮廷官職であるバルズに対し, 娯楽を主とする, 民間の語り部へと変貌したとも解釈できる。

一方, ウェールズには長編叙事詩が現存せず, 物語は散文で語られており, しかも物語の舞台はイングランドやウェールズが分離する以前のブリテン島だった。そうした口承説話が書かれたテクストとして成立するのが1060年以降のノルマン政権成立時代である。こうした点から, 異民族との戦いにおける主君の武勲を讃えることで共同体意識を鼓舞したバルズの詩に対し, 散文説話は, 社会の大変動期にウェールズ人の伝統を記録保存することで, 民族的アイデンティティーの形成に寄与したと考えることも可能である。

注目すべきは, 現代ウェールズ語は強調文以外, 述語+主語の構文を取るのに対し, 中期ウェールズ語散文に名詞が語頭にくる形が通常の叙述文として見られる点で, これは古ウェールズ語の散文にも, 古詩人や諸公の詩人の作品にもない特徴である。P. マク・カーナは, 中期ウェールズ語散文の文体は, 南部のブリトン語の影響を受け, 南東ウェールズで書き言葉として考案されたものだと示唆する。そうだとすれば, 伝承物語が口承から書承へと移行したのはイングランドと国境を接する地域であり, 異民族・異文化との接触が, ウェールズ, そして古ブリトンの伝統の保存への意識を醸成したと考えられる。そこには職業的語り部だけでなく聖職者も含めた知識層の関与があったことは容易に推測される。

【中世ウェールズの散文物語の分類】

「マビノギオン」(Mabinogion) と慣例的によばれる散文物語は『フラゼルフの白本』(1350年頃), 『ヘルゲストの赤本』(1400年頃) ほか, いくつかの写本に断片が保存されている。マビノギオンという名称は, ウ

ィリアム・オーウェン・ピューとシャーロット・ゲストが『赤本』より11編を選んで英訳した際に題名として用いたことから、中世ウェールズ説話の意味で19世紀以降、定着した。現在は誤用とされる（そもそもマビノギというウェールズ語はあるが、その複数形マビノギオンの存在は写字生の写し間違い以外、確認されていない）が、11編の総称として便宜的に用いられている。11編は次の物語からなる。

①『マビノギの四つの枝』：「これにてマビノギのこの枝は終わる」という結び文句をもつ4編。すぐれた文学性が評価され、中世ウェールズ文学を代表する古典とされる。

②「三つのロマンス」：オウイン、ペレディール、ゲラヒントを主人公とした中期ウェールズ語アーサー王物語の総称。クレティアン・ド・トロワの韻文ロマンスの翻訳・翻案とみなす意見もあるが、ウェールズで生まれた物語が大陸に渡り、別々に発展したという見解が現在では主流となっている。12世紀末から13世紀前半に書かれたウェールズ版は、トーナメントや宮廷風恋愛などフランス風の装いはしているものの、血族の仇討ち、巨人や魔女退治といった、ウェールズの口承伝承の味わいを残しているのが特徴である。

③その他：『ローマ皇帝マクセン公の夢』、『スリーズとスレヴェリスの冒険』、『キルフーフとオルウェン』、『フロナブウィの夢』の4編で、書かれたのはノルマン侵入以後の12世紀後半から13世紀のあいだであるが、いずれもウェールズ独自の古伝承を題材とする。　　　　　　　　（森野聡子）

『マビノギの四つの枝』　W *Pedair Cainc y Mabinogi*　E *The Four Branches of the Mabinogi*

『フラゼルフの白本』（*Llyfr Gwyn Rhydderch*, 1350年頃）と『ヘルゲストの赤本』（*Llyfr Coch Hergest*, 1400年頃）収録の散文物語のうち、「これにてマビノギのこの枝（カインク）は終わる」という結び文句をもつ作者不詳の4編を指して19世紀末より使われるようになった用語。ペニアルス6写本（1250年頃）に断片が存在し、現在の形に書きとめられたのは1050–1120年の間とされる。

【マビノギの語義とタイトルについて】

14世紀初頭のペニアルス写本14には、「これよりイエス・キリストのマビノギが始まる」（*llyma vabinogi Iesu Grist*）という書き出しで、ラテン語の聖書外典『偽マタイの福音書』こと『マリアの誕生と救世主の幼年時代の物語』（*Historia de Nativitate Mariae et de Infantia Salvatoris*）のウェールズ語訳が収められている。『白本』では同じ物語が「主イエス・キリストの幼年期（*mabolyaeth*）」と表されていることからも、マビノギという語がラテン語のインファンティア（*infantia*）の訳語として採用されたことがわかり、幼年または少年時代、あるいは幼年・少年時代の物語を意味する言葉であったと推測される。それでは、『マビノギの四つの枝』（以下「マビノギ」）は誰の若き日の物語なのだろうか。

印欧語学者エリック・ハンプは、中世ウェールズでマボン・アプ・モドロンとして知られるマポノス神（聖なる息子）にまつわる物語群と解釈したが、現存する作品からマポノス神話の原型を再建することは困難だ。中世写本の常として、4話にはタイトルがないことにも留意したい。現在、用いられている題名は、W・オーウェン・ピューとシャーロット・ゲストの英訳にならい、物語の書き出しに登場する人物名から取ったものである。たとえば、「プウィスはダヴェッドの首領で、ダヴェッドの七つの州の君主だった。」で始まる第1話は「ダヴェッドの領主プウィス」とよばれる（ただし第2話は、ゲストがつけた「スリールの娘ブランウェン」が使われる）。これらの人物は必ずしも各話の主人公ではない

し，4話すべてに登場するプウィスの息子プラデリも脇役的存在だ。ある主人公についての統一的な語りという近代的文学概念を中世の物語に当てはめること自体が問題だともいえる。

「マビノギ」について確実に言える点は，ウェールズ語で息子を意味する「マブ(mab)」（ゲール語の「マク（mac）」）に由来すること，各話において，跡継ぎ，あるいは政略結婚の絆の証としての「息子」の出生や生死が物語の要になっていること，ただし，現在のテクストでは，「息子」と位置づけられる人物の出自も名前も話により異なることである。

【「マビノギ」研究史】「マビノギ」を神話的とみなす見解は以前から存在したが，本格的な研究が始まるのは19世紀末からである。まず，印欧比較言語学者で19世紀を代表するケルティシスト，ジョン・フリースはケルト神話を太陽神信仰と結びつけ，冥界に連れ去られた若き太陽英雄を文化英雄が救出することで地上に光と豊饒が回復するというシナリオのもと，現存するウェールズ伝承の解釈を試みた。『キルフーフとオルウェン』におけるアーサーによるマボンの解放，「マビノギ」第4話におけるグウィディオンのスレイ救出などが代表例とされた。フリースの弟子W. J. グリフィズは，「マビノギ」の原型は（1）誕生（2）冒険（異界行），（3）失踪（捕囚），（4）死，という4部からなるプラデリについての英雄伝だったが，伝承の過程で他の要素が混入し現存の語りが成立したとみなす。比較神話学においては，ブリンリー・リースが，ジョルジュ・デュメジルの印欧三機能体系を受け，魔術に長けたドーンの一族の物語である第4話を第1機能（主権），アイルランド遠征を扱う第2話を第2機能（戦闘），ダヴェッドを舞台とする第1話と第3話を第1機能（生産）に当てはめる解釈を試みた。一方，「マビノギ」の古層にある神話ではなく，中世の作者の創作として評価し，注目を浴びたのがJ. K. ボラードで，一見，ほころびや矛盾の多い語りは，友情・結婚・争いという3つのテーマによって緊密に構成された作品だと考える。

【成立時期と作者】テクストを校訂した中世ウェールズ文学研究の泰斗イヴォール・ウィリアムズは，ウェールズ各地の伝承を集め，ダヴェッドの英雄プラデリの物語に編纂した，ダヴェッドの語り部の存在を想定し，そのような活動が可能だった時期をグリフィズ・アプ・スラウェリンがウェールズのほぼ全域を治めていた1060年頃に求める。一方，ノルマンの封建制の影響を認めるソンダース・ルイスは，ヘンリー2世が南ウェールズを中心に宗主権を確立していった1170-1190年説を唱えた。作者については，ウェールズ法に通じていること，力より思慮，争いより和を尊ぶ思想，形容詞や常套句を多用しない抑制のきいた語り口などから，職業的語り部というよりは聖職者，少なくとも修道院で教育を経た者であると考えられる。アイルランド伝承の影響が第2話において大きいことから，アイルランドでの勉学経験のある，セント・ディヴィッド司教シリエン（Sulien）または息子フリガヴァルフ（Rhigyfarch）が作者である可能性が強いという，アイルランドにおけるケルト学の代表的研究者P. マク・カーナの指摘もあるが，成立時期同様，作者に関しても確たる結論は出ていないのが現状だ。　　　　　　　　　（森野聡子）

「ダヴェッドの領主プウィス」　Ⓦ 'Pwyll Pendefig Dyfed'　Ⓔ 'Pwyll Prince of Dyfed'

『マビノギの四つの枝』のうちの「第一の枝」にあたる物語。南ウェールズ，ダヴェッドの領主プウィスは，ある日，猟に出た際，真っ赤な耳に白い体の犬の群れが鹿を仕留める場に出くわす。プウィスが不思議な猟犬たちを追い払い，獲物を我が物にしようとすると，猟犬の主人である異界ア

Ⅷ　ケルト圏文学Ⅰ　初期・中世

『マビノギ』の「第一の枝」で、異界から馬に乗って登場するフリアノン

ヌーヴンの王アラウンが姿を現しプウィスの非礼を責める。プウィスは償いのため、アラウンと姿を入れ替え1年間アヌーヴンに滞在、アラウンの宿敵ハヴガンを倒す羽目になる。アラウンへの信義を貫いたことから二人は固い友情に結ばれ、プウィスはアヌーヴンの頭ことプウィス・ペン・アヌーヴンとよばれるようになった。その後、プウィスは居城アルベルス近くの塚で白馬にまたがった美女を目撃、その後を追う。彼女は老ヘヴェイズの娘フリアノンといって、プウィスに恋焦がれて会いにきたのだという。フリアノンから教えられた策略をもって、婚約者グワウルを退けたプウィスはめでたくフリアノンと結ばれる。ところが、待望の男児が生まれた夜、赤ん坊が何者かによってさらわれてしまう。侍女たちはフリアノンが子どもを殺したと言い張り、フリアノンは、罰として、毎日、城門に立って通りかかる者を馬のように背にのせて城まで運ぶよう申し渡される。一方、グウェント・イス・コイドの領主テイルノンの宮廷では、毎年5月1日の宵（カラン・マイ）に雌馬が出産するのだが、子馬が姿を消してしまうという怪奇が続いていた。テイルノンが待ち構えていると、大きなかぎ爪のついた手が現れ子馬をつかみ取ろうとしたので、その手を切り落とす。不思議なことに、子馬とともに、錦の布にくるまれた金髪の男児が見つかったので、テイルノンは、金髪のグーリと名づけ大切に育てた。やがてフリアノンの一件を伝え聞いたテイルノンは、この子こそプウィスの行方不明の子であると確信し、アルベルスの城に連れていく。少年はプラデリと名を変え、立派に成長し、プウィスの死後は父の跡を継いだ。

　叡智を意味するプウィスという名にもかかわらず、未熟で思慮に欠ける領主が、異界での冒険を通じて君主としての信望や思慮を得るとともに、異界の乙女との婚姻によって跡取りの息子を得るという物語である。
(森野聡子)

「スリールの娘ブランウェン」　Ⅳ 'Branwen Ferch Llŷr'　E 'Branwen Daughter of Llŷr'

　『マビノギの四つの枝』の「第二の枝」にあたる物語。スリールの息子ベンディゲイドヴランは勇者の島（ブリテン島）の王だった。アイルランド王マソルッフがスリールの娘ブランウェンに求婚、両国は同盟を結ぶ。祝宴のさなか、ベンディゲイドヴランの異父兄弟エヴニシエンが、自分に無断で結婚を許したことに腹を立て、アイルランド王の馬に暴行を働く。その代償にベンディゲイドヴランは、魔法の大鍋をマソルッフに贈る。アイルランドに嫁いだブランウェンは子宝に恵まれたが、マソルッフの持ち馬が辱められた一件への恨みから、台所で煮炊きをし、料理人に毎日、平手打ちされるという罰を与えられる。これは「ブリテン島の三つの不運な殴打」の一つとされる。ベンディゲイドヴランは全軍を召集、報復のためアイルランドへ出陣、このくだりは「ベンディゲイドヴランの集会」という。味方の軍勢をかついで河を渡るほどの巨体の持ち主ベンディゲイドヴランを前に、アイルランド側は恭順を申し出る。勇者の島の軍勢を館に集め皆

殺しにしようとする罠だと見抜いたエヴニシエンは，ブランウェンの息子を火に投げ込み戦いとなる。死者を蘇らせることのできる大鍋をもつアイルランド軍に勇者の島側は苦戦を強いられ，エヴニシエンは自ら大鍋に飛び込み，破壊する。アイルランド軍は壊滅するも勇者の島も生存者は7名のみ。しかもベンディゲイドヴラーンは毒槍で致命傷を負った。王は7人に向かい自分の首をはね，ロンドンの白い丘に持っていき，顔をフランスに向けて埋めるように命じる。一行は魔法の歌鳥の歌に癒されながらハーレッフで7年（「ハーレッフの饗宴」と「フリアノンの鳥の歌」），王の首の不思議な力に守られて80年を過ごす（「切られた首の集会」）が，ある日，南を望む禁断の扉を開けたとたん過去の記憶が蘇り，ロンドンへと旅立つと，主君の首を白い丘に埋めた。伝承に曰く，この首がある限りブリテン島に外敵が侵入することはないという。

文中にかぎ括弧で示したように，各エピソードには名前がついており，これらの伝統的な語りを編成して現行の物語が書かれたことがうかがえる。ベンディゲイドヴラーンの造型には，首となって祖国の護符となるという異教的要素と，法に則り争いを回避しようとする作者の同時代のモラルとが共存する。　　　　　　（森野聡子）

「スリールの息子マナワダン」　Ⓦ 'Manawydan Fab Llŷr'　Ⓔ 'Manawydan Son of Llŷr'

『マビノギの四つの枝』の「第三の枝」にあたる物語。マナワダンは，アイルランドとの戦いで兄弟のブリテン王ベンディゲイドヴラーンを亡くしたばかりか，遠征中に王位も領土もベリの息子カスワッソンに奪われてしまった。アイルランドよりともに生還したプラデリは，自分の母で今は未亡人となったフリアノンと結婚し，ダヴェッドの地を治めるようマナワダンに申し出る。マナワダンはプラデリの厚意に感謝し，一緒にダヴェッドに赴く。幸せも束の間，霧とともにダヴェッドの地から人家が消え失せ，プラデリとその妻キグヴァ，マナワダンとフリアノンの4人だけが残された。さらに，白い猪を追って謎の城砦を見つけたプラデリは，マナワダンの制止を振り切って城内に入った結果，囚われ，息子を探しに来たフリアノンも同じ目に遭う。残されたマナワダンは畑を開墾，見事な麦が育ったが，何者かに食べられてしまう。夜番に立っているとネズミの群れが現れ，マナワダンは捕らえたネズミを絞首刑にしようとする。旅の僧，修道士が通りかかり，身代金と引き換えにネズミを放すよう説得するがマナワダンは耳を貸さない。最後にやって来た司教に対し，マナワダンはネズミの命と引き換えにフリアノンとプラデリを解放，ダヴェッドにかけた魔法を解くよう要求する。司教の正体はスルウィッドといって，すべては，フリアノンの婚約者グワウルをプラデリの父プウィスが辱めたことに対する報復だった。マナワダンは，今後，自分たちに一切手出ししないことを約束させ，ネズミ（スルウィッドの身重の妻）を解放，フリアノンとプラデリを自由の身とする。囚われていた間，プラデリは城門をたたく槌を，フリアノンはロバがまぐさを引くのに使った首あてを首枷としてはめられていた。それにちなんで，この物語は「馬具と槌のマビノギ」とよばれる。

靴を作って生計を立てようとして同業者のねたみを買った際に，争うよりも町を出ようとするマナワダンは，名誉のために戦うことを辞さないプラデリとは対照的な，新しいタイプの主人公であり，作者のモラルをもっともよく代弁した人物といえる。「ブリテン島の三人の慎ましい武将」，「ブリテン島の三人の黄金の靴作り」とされるマナワダンの伝承を，プラデリを親友とすることで取り込み，すべての謎の鍵を第一の枝にあるとして各話をつなげていく技巧は，口承物語とは異なる，本編の構成のう

まさである。　　　　　　　（森野聡子）

「マソヌウィの息子マース」　W 'Math Fab Mathonwy'　E 'Math Son of Mathonwy'

『マビノギの四つの枝』の「第四の枝」にあたる物語。北ウェールズの王マースは，戦に出るとき以外は処女の膝に両足をのせていないと生きられないという不思議な定めの持ち主。ゴエウィンという名の，その処女に，王の甥ギルヴァエスウィが恋したことから物語は始まる。ギルヴァエスウィの兄弟グウィディオンは，南ウェールズの王プラデリがもつ異界アヌーヴンの豚をだましとり，グウィネッズとの間に戦争を引き起こすと，マースの出陣中に兄弟でゴエウィンを犯す。プラデリは，魔法に長けたグウィディオンとの一騎打ちで命を落とす。甥の悪行を知ったマースは，二人を鹿，豚，狼のつがいに変え，1年ごとにお互いの子を産むという罰を与える。贖罪を終えたグウィディオンは，ゴエウィンの代わりに，自分の姉妹にあたるアランフロッドを推薦する。ところが，処女であることを証明するために，マースの魔法の杖をまたいだ彼女は，子どもを産み落とす。恥をかかされたアランフロッドは，息子に3つの呪いをかける。自分以外から名前と武器を得ることができないという呪いについては，育ての親のグウィディオンの策略にかかって，自らスレイ・スラウ・ガフェスという名と鎧を与えてしまう。人間の妻を得ることができないという最後の呪いは，マースとグウィディオンが野の花から乙女を作り出す事で解決される。けれども，ブロダイウェズと名づけられた乙女は，夫スレイの留守中にグロヌーという男と関係をもち，スレイを殺そうと企てる。日中でも夜でも，室内でも室外でも殺されることはないといった，不思議の持ち主であるスレイを殺害する方法をブロダイウェズが探り当てる。グロヌーの槍を受けたスレイは鷲の姿となって飛び去る。グウィディオンはスレイを救出すると，ブロダイウェズには罰としてフクロウとなって，昼の光を恐れ，仲間の鳥からは嫌われて過ごすように命じる。一方，グロヌーはスレイの槍を受けて落命する。その後，スレイはマースの跡を継いでグウィネッズの王となった。

『マビノギ』中もっとも錯綜した筋立てで，つじつまの合わぬところも多い。ギルヴァエスウィとグウィディオン（王の姉妹の息子），ゴエウィンとアランフロッド（王の処女＝前者の姉妹）は本来同一人物がダブルになったと解すとストーリーの骨格が見えてくる。　　　　　　　（森野聡子）

『オワインまたは泉の女伯爵の物語』　W Owain neu Chwedl Iarlles y Ffynnon　E The Lady of the Fountain

クレティアン・ド・トロワの『イヴァンまたはライオンを連れた騎士』（Yvain ou le chevalier au lion）に対応するアーサー王ロマンス。アーサーの騎士カノンが泉を守る黒騎士との決闘に敗れた顛末を聞き，旅立ったオワインは黒騎士を倒し，未亡人となった泉の女伯爵と結婚，自ら黒騎士として泉を守るも，オワインを探しに来たアーサーの求めでいったん帰国，3か月という約束を忘れてアーサーの宮廷にとどまる。女伯爵を裏切ってしまったオワインは，狂乱のあまり野人となって荒野をさまよう。回復したオワインは，ライオンとともに弱きを助け，騎士修行を続ける。主人公は，6世紀後半に実在した北ブリテンの武将，イーリエンの息子オワインに由来。フランス版が女伯爵との再会で終わるのに対し，ウェールズ版はその後も冒険を続け，最後はオワイン自身の領国に戻る点が異なる。

　　　　　　　（森野聡子）

『エヴロウグの息子ペレディールの物語』
W *Historia Peredur Fab Efrawg*
E *Peredur Son of Efrog*

　クレティアン・ド・トロワの『ペルスヴァルまたは聖杯の物語』(*Perceval ou le conte du Graal*) に対応するアーサー王ロマンス。父と兄弟を戦で亡くしたペレディールは，人里離れた地で母に育てられる。ある日，アーサーの騎士たちに行き逢い，騎士に憧れた少年はアーサーの宮廷をめざす。物語は，アーサーの敵を倒し武勲を重ねていくペレディールの冒険と，コンスタンティノープルの女帝を始めとする美しい女性たちとの恋，アーサーの宮廷への帰還というパターンをくり返しながら進んでいく。道中，母の兄弟だという老人の宮廷で，血がしたたる槍と皿にのった男の生首が運ばれてくるシーンがあり，この生首が聖杯の原型であるとの解釈も存在する。首の主はペレディールの従兄弟とされ，彼を殺し，伯父を片足にしたグロースターの9人の魔女にペレディールが復讐するところで物語は終わっている。　　　　　　　　（森野聡子）

『エルビンの息子ゲラints の物語』
W *Ystoria Geraint Fab Erbin*　E *Geraint Son of Erbin*

　クレティアン・ド・トロワの『エレックとエニッド』(*Érec et Énide*) に対応するアーサー王ロマンス。聖霊降臨節の折，アーサーの騎士たちが森で見かけた不思議な白鹿狩りに出かける。一方，狩りに遅れたゲラintは，王妃を侮辱した小人とその主人の騎士の正体を求めて旅立ち，一夜の宿を借りた館の主から，件の騎士が馬上試合に出場することを聞く。ゲラintは騎士を倒し，館の主（実は甥から領地を奪われた伯爵）の娘エニッドと結婚，父の跡目を継ぐために国に戻る。エニッドとの幸せな生活に溺れ，いつしか臣下からも愛想をつかされ，エニッドの心も自分から離れたと疑うようになったゲラintは，エニッドを連れて，再び武者修行の旅に出る。そして，艱難辛苦の末，騎士としての武勇・名声も，エニッドへの敬愛も取り戻す。
　　　　　　　　（森野聡子）

『ローマ皇帝マクセン公の夢』
W *Breuddwyd Macsen Wledig Ymerawdwr Rhufain*
E *The Dream of Macsen Wledig*

　ローマ皇帝マクセンは夢の中で見た絶世の美女を求めブリテン島に渡る。エレンという名の夢の乙女と結婚し7年をともに過ごすが，ローマに新皇帝が立ったことを知り，エレンの兄カナンらブリテンの援軍を率いてローマに戻り，帝位を奪取する。カナン一行はブリテンには戻らず，ガリアの地にブルターニュを建国する。マクセンのモデルは，4世紀のブリタニアの将軍でローマ皇帝を僭称したマグヌス・マクシムス (Magnus Maximus) だとされる。マクシムスはローマ軍をブリタニアから連れ出し，外敵の侵入を許した張本人とされる一方，ウェールズ諸王国の祖となったという伝承も存在する。ヴァレ・クルキス修道院跡近くに残るエリセグの柱（9世紀）には，ポウィス王国の系図を「ローマ人の王を倒したマクシムス」までたどるラテン語の碑文が残されている。　　　　（森野聡子）

『スリーズとスレヴェリスの冒険』
W *Cyfranc Lludd a Llefelys*　E *Lludd and Llefelys*

　ジェフリー・オブ・モンマス作『ブリタニア列王史』(*Historia Regum Britanniae*) のウェールズ語版写本，いわゆる「ブリット」(Brut) のうち，『列王史』の記述のコメンタリーの形で挿入されており，一番古くは13世紀中頃に書かれたスランステファン写本に現存する。『列王史』では，ヘリ（ウェールズのベリ・マウル）の息子で，ロンドンの名祖になったとだけあるルッドだが，ウェールズ伝承のスリーズは，どんな話し声も聞き取ってしまう小人族コラン人，王宮の食料を食べ尽くしてしまう巨人，

そして毎年5月1日の宵宮に響き渡る龍の恐ろしい叫び声という，ブリテン島を襲った3つの災厄を弟スレヴェリスの知恵を借りて解決する。第2の災厄は，9世紀初頭のラテン語年代記『ブリテン人の歴史』(Historia Brittonum)に登場する赤い龍(ブリテン人)と白い龍(サクソン人)の闘いのエピソードと同じ伝承に由来するものと考えられる。　　　　　　　　　　　（森野聡子）

『キルフーフとオルウェン』 Ⓦ Culhwch ac Olwen　Ⓔ Culhwch and Olwen
　キルフーフが，従兄弟のアーサーとその戦士たちに助けられ，巨人アスバザデンの娘オルウェンと結ばれるまでの物語。現行のテクストは1100年前後に成立したとされ，ジェフリー・オブ・モンマスの『ブリタニア列王史』やクレティアン・ド・トロワのアーサー王ロマンスに先行する，現存する最古のアーサー王物語に位置づけられる。アーサーの宮廷に赴くキルフーフの雄姿や，オルウェンの容姿の描写には伝統的な語りの修辞が見られるほか，アスバザデンが娘を与える条件に課す難題（ウェールズ語でアノエサイanoethau）のリストには，魔法の道具，名馬・名犬などについての，おそらく元来は本作とは関係ない，さまざまな伝説が含まれる。
　たとえば，婚礼の宴で客をもてなすための，ディウルナッハ・ウィゼルの大鍋は『ブリテン島の13の宝物』(Tri Thlws ar Ddeg Ynys Brydain/The Thirteen Treasures of the Island of Britain)の一つに数えられる豊饒の器であり，プラドウェンに乗船してアイルランドに攻め入るアーサー一行の冒険は，擬タリエシン作の詩「アヌーヴンの略奪品」を連想させる。巨人ウルナッハの剣を求めにいく場面での砦の門番とのやりとりは，『カエルヴァルジンの黒本』(Llyfr Du Caerfyrddin)に収められた「誰が門番か」と同様の趣向である。このように，現行のテクストは，既存の伝承を巨人の娘への求婚譚という枠組を借りて集めたものと考えられる。巨人が挙げた難題40のうち，実際に物語で扱われるのが20（他に巨人のリストに含まれない2つの冒険が登場する）であるのも，アーサーの宮廷人リストに名を連ねる200名以上の人名のうち，実際に難題の解決にかかわるのが20数名であるのも，本作のカタログ的性格を表すものだ。
　主人公のキルフーフについては，子を授かったとたん正気を失った王妃が豚（フーフ）の小屋で産み落としたとされ，ガリアでモックス（Moccus）とよばれる豚の神の出生譚が変形したという説を唱える研究者もいる。けれども，現存する作品では，難題の解決にも巨人の殺害にもキルフーフはかかわることなく，求婚譚の名目上の主人公に過ぎない。代わりに物語を動かすのは，カイやベドウィールといったアーサーの戦士たちである。大団円となる魔界の猪トゥルッフ・トルウィス狩りは，ラテン語年代記『ブリテン人の歴史』(Historia Brittonum)の「ハーレー写本」(10世紀後半)にすでに言及があり，ウェールズにおけるアーサー伝承のもっとも古いものの一つに由来すると考えられる。　　　（森野聡子）

『フロナブウィの夢』 Ⓦ Breuddwyd Rhonabwy　Ⓔ The Dream of Rhonabwy
　大陸のアーサー王ロマンスとは趣の異なる，異色のアーサー物語。ポウィス王マドウグ・アプ・マレディーズに仕えるフロナブウィは，お尋ね者を追う道中あばら家で一夜を過ごし，夢の中でアーサーの時代にタイムスリップ，ベイドン（Badon）の戦に赴く途中のアーサー王一行に出会う。夢という枠物語を用いた最初の中世ウェールズ文学といわれ，「この話をそらんじている者は誰もいない。詩人や語り部ですら本を見なければわからぬとや。それもそのはず，色とりどりの馬，奇妙きてれつな色合いの鎧に馬飾り，おまけに高価なマントやら魔法の石やらの描写が覚えきれないほ

どあるのだから」という結びからも，口承に典拠せず，最初から書かれた物語として創作されたことがうかがえる。マドウグ王（1160年没）の治世から13世紀前半までの間に書かれたとされ，写本は『ヘルゲストの赤本』にしか現存しない。　（森野聡子）

『タリエシン物語』　Ⓦ *Hanes/Ystoria Taliesin*
　詩人タリエシンを主人公とした物語で，ウェールズ出身の文筆家エリス・グリフィズ（Elis Gruffydd）が16世紀半ばに編纂した年代記に残るのが現存する最古のテクストだが，伝承自体の起源は古い。魔女ケリドウェン（Ceridwen）が息子のために叡智と霊力を授ける秘薬を大鍋で作っていると，火の番をしていた召使グウィオン・バッハが魔力をもつ最初の3滴を口にしてしまう。野うさぎ，魚などさまざまに姿を変えて魔女の追跡をかわそうとしたグウィオンは，一粒の麦になったとき，黒い雌鳥に変身した魔女に食べられてしまう。ケリドウェンは妊娠し，生まれた子を湖に流す。ケレディギオンの王子エルフィンが赤ん坊を拾い，タリエシンと名づける。エルフィンが妻の貞淑さとお抱え詩人の技量を自慢してマエルグン王の不興を買い投獄された際，タリエシンは王宮に出向き，魔法で王の詩人たちの口を封じて自らの詩才と知恵が優ることを示し，主のエルフィンを救う。　（森野聡子）

フリアノン　Ⓦ *Rhiannon*
　『マビノギの四つの枝』に登場する異界の女性。その名は，古代ケルトの女神で「偉大な女王」を意味する「リガントナ」（Rigantona）に由来するとされる。ダヴェッドの領主プウィスと結婚，跡継ぎのプラデリを生み，プウィスの死後は流浪のマナワダンを夫に迎え入れることから，聖なる結婚を通して，王国の豊饒と繁栄を君主にもたらす「主権の女神」とする解釈が存在する。また，魔法の馬に乗ってプウィスの前に現れること，赤子を殺したという濡れ衣を着せられ，償いとして馬のように旅人を背中に乗せて城まで運ぶ役務を命じられること，赤子が子馬とともに見つかることなど，馬との関連が強いことから，ガロ＝ローマ時代に広く信仰されていた馬の女神エポナ（Epona）との関わりを指摘する研究も多い。フリアノンの鳥は，『キルフーフとオルウェン』の物語によれば，死者を目覚めさせ，生者を眠りに誘う魔力をもつ。　（森野聡子）

ベンディゲイドヴラーン　Ⓦ *Bendigeidfran*
　「祝福されしブラーン」の意。『マビノギの四つの枝』にはベリ・マウルの孫にあたるブリテン島の王。アイルランド遠征の際，毒槍で足を刺された王は，部下に自分の首をはね，ロンドンの白い丘（ロンドン塔が建つタワーヒル）に，面をフランスに向けて埋めるよう命じる。ブラーンの頭部が，外敵の侵入を防ぐ護符となったことから「ブリテン島の三つの幸運な埋葬」の一つに数えられている。人頭の呪力にかかわる，古代ケルトの風習や信仰の名残をそこに認める見解もある。一方，『タリエシンの書』（*Llyfr Taliesin*）には，「われはブラーンとともにアイルランドにいた。そこでモルズウィッド・タッソン（「刺された／大きな腿」の意）が殺されるのを見た」とタリエシンが歌う一節があることから，聖杯伝説の漁夫王ブロンの原型とみなす研究者もいる。　（森野聡子）

スレイ・スラウ・ガフェス　Ⓦ *Lleu Llaw Gyffes*
　『マビノギの四つの枝』の登場人物。生みの母であるアランフロッドに名前・武器・妻をもつことを禁じる呪いをかけられる。養父のグウィディオンとともに靴屋に変装し，手先の器用（スラウ・ガフェス）な金髪（スレイ）の子だと母親が感嘆したことから名がついた。このエピソードにより「ブリテン島の三人の黄金の靴作り」の一人に

数えられる。スレイは，ガリアで信仰されていたルグス（Lugus），そしてアイルランドのトゥアタ・デー・ダナンの一人で「サウィルダーナハ」（諸芸に通じた）・「ラームファーダ」（長腕の）と形容されるルグ（Lug）と同一視されてきた。けれども，スレイとルグの物語には共通点が見られない。また，ルグには収穫祭ルーナサなど信仰の名残をとどめる祭祀が存在するが，スレイには奇妙な出生や死をめぐる不可思議な謎以外，神性を感じさせるところは少ない。　　　　　　　　　　（森野聡子）

マボン・アプ・モドロン　Ⓦ Mabon ap Modron

　文字通りには「母の息子たる息子」を意味する，中世ウェールズ伝承の登場人物。『キルフーフとオルウェン』では，マボンは生まれて3日目の晩に母親のもとから連れ去られ，その所在は誰にもわからぬという。アーサーの戦士たちは，世界最古の動物たちの助けを借りて，グロースターの砦に囚われていたマボンを救出する。マボンは，「アヌーヴンの略奪品」で言及されるグワイルとともに，「ブリテン島の三人のもっとも位高き囚われ人」の一人とされる。
　マボンはイングランド北部で碑文が発見されているアポロ＝マポヌス神と同一視され，元来は古代ケルトの母神マトローナの息子たる若き英雄神，アイルランドのマク・インド・オーク（別名オイングス）にあたるような神格だったと考えられている。
　　　　　　　　　　（森野聡子）

トゥルッフ・トルウィス　Ⓦ Twrch Trwyth

　『キルフーフとオルウェン』（Culhwch ac Olwen）では，かつては王だったが，邪悪さゆえに神が猪に変えたとされる。巨人アスバザデンから課された難題の一つ，猪が両耳の間にさしている櫛とはさみを奪うため，アーサー軍がアイルランドに潜伏するトゥルッフ・トルウィスとその眷属を狩り出す。猪は海を渡り，ウェールズ，そしてコーンウォールと逃走するが，ついには波間に姿を消す。キルフーフの物語の白眉をなす，この猪狩りについては，9世紀初頭のラテン語年代記『ブリテン人の歴史』（Historia Brittonum）にすでに言及があり，アーサーの猟犬カバルが豚トロイトを狩ったと記されている。「猪」を表すウェールズ語のtwrchはゲール語ではtorcとなり，「猪の王トルク・トリアト」（Torc Triath）なる名がアイルランドの『侵寇の書』に言及されている。魔界の猪狩りはウェールズ及びアイルランド伝承でたびたび取り上げられる重要なモチーフである。（森野聡子）

アヌーヴン／アヌーン　Ⓦ Annwfn/Annwn

　異界または冥界を指す語。語源としては「深淵」または「この世」を意味する「ドゥヴン」（dwfn）に，否定または「なか」を表す接頭辞 'an-' がついたと考えられる。『タリエシンの書』（Llyfr Taliesin，14世紀前半）に収められた中期ウェールズ語の詩「アヌーヴンの略奪品」では，アヌーヴンは島にある四角い硝子の城砦カエル・シジーとされる。なお，シジーはゲール語で異界を表す「シー」（sidh）に由来する。一方，カンゼルー（12世紀後半）やダヴィッズ・アプ・グウィリム（14世紀）といった詩人たちは地下深くにある国としている。『マビノギの四つの枝』にはアヌーヴンの王としてアラウンの名が登場し，美と富と豊饒の地としての異界が描かれる。民間伝承では，妖精を指して「アヌーンの子どもたち」「アヌーンの女たち」とよび，ウェールズの魔界の狩人が率いるのは白い体に赤耳のアヌーンの猟犬である。　（森野聡子）

グウィン・アプ・ニーズ　Ⓦ Gwyn ap Nudd

　『キルフーフとオルウェン』では，グウィンは地獄アヌーヴンの眷属とされ，魔界の猪トゥルッフ・トルウィス狩りに強力なハンターとして参加する。同じ物語のなかで，アーサーは，クレイザラドという乙女

をめぐって敵対していたグウィンとグウィシール・アプ・グレイドルに対し，毎年カラン・マイ（5月1日）の宵に一騎討ちをし，最後の審判の日に勝利した者が乙女を手に入れるようにしたとある。カラン・マイは中世ウェールズの暦では夏の始まりであることから，冬（グウィンは「白」の意）と夏の戦いを象徴する挿話という解釈がある。グウィンはまたアヌーヴンの犬を連れてワイルドハントを行う猟師であり，妖精タルウィス・テーグの王とされる。16世紀の写本にある『聖コレン伝』では，グラストンベリー修道院を望むグラストンベリー・トールの塚山の地下にあるグウィンの王国を聖人が訪れる話が載っている。

（森野聡子）

グウィオン・バッハ　Ⓦ Gwion Bach

『タリエシン物語』（Hanes Taliesin）でエルフィンの詩人タリエシンが転生する以前の名前で「小さなグウィオン」の意。グウィオンの名はウェールズ語で「白」を意味する「グウィン」（gwyn）に由来し，これはゲール語の「フィン」（Finn）に相当する。「フィンと知恵の鮭」のエピソード同様，偶然，魔法の食べ物を口にすることで詩人としての霊力を得るという点でもアイルランドのフィンと共通する。両者の名前の語源であるケルト祖語ウィンドス（*uindos）はブルゴーニュ地方から発見された碑文「ウィンドヌス」（Vindonnus）に見出される。

（森野聡子）

ベリ・マウル　Ⓦ Beli Mawr

大ベリことマノガンの息子ベリ，ラテン語名ミノカンの息子ベリヌスはブリテン島の伝説的大王で，その一族はローマ来島以前にブリテン島を支配していたと位置づけられている。多くの系図で，ベリは北ブリテン及びウェールズ諸王家の祖とされる。たとえばハーレー系図では，グウィネッズ王家の血統は，キネザ一族を通じてベリ・マウルと聖母マリアの従姉妹アナに遡るとされる。そこからベリを父祖神，その伴侶アナ（アヌ）を，アイルランドの神々の母とされるダヌ，ウェールズのドーンと同一視する学者もいる。ベリは，ガリアやイタリアで信仰されていたベレノスまたはベリノスに該当するとの解釈もあるほか，紀元前3世紀末のガリア人のバルカン半島侵攻の際に軍を率いた将軍ベルギウスまたはボルギオスが神格化されたという説もある。

（森野聡子）

諸公の詩人　Ⓦ Beirdd y Tywysogion　Ⓔ Poets of the Princes

6世紀頃の古詩人カンヴェイルズに対し，比較的古い時代の詩人という意味で「ゴガンヴェイルズ」（y Gogynfeirdd）ともよばれる。1100-1400年頃に活動した詩人の一派。エドワード1世のウェールズ征服によりウェールズ諸公の統治が終わる13世紀末以降の詩人も含まれることから，文学史的には後者の名称の方が適切である。詩人バルズは，中世ウェールズ法が定める24人の廷臣の一人として，君主の美徳とされる気前のよさと戦場での武勇を讃えることを職務とした。今日，知られている者としては，1137年に亡くなったグウィネッズ王グリフィズ・アプ・カナンに挽歌を捧げたメイリル（最初のゴガンヴェイルズとみなされる），その息子グワルフマイ，エドワード1世のウェールズ侵攻の際，戦死した「最後のウェールズ大公」ことスラウェリン・アプ・グリフィズを讃えたブレジン・ヴァルズ，「大詩人」のエピセットをもつカンゼルー・ブラディーズ・マウルらがいる。『ヘンドレガドレーズ写本』（13-14世紀）には200編近い詩が収められている。

彼らの詩は，頭韻，脚韻，そしてカンハネズ（cynghanedd）とよばれる，詩行の中の子音の複雑なくり返しを用いた韻律などを駆使した，きわめて技巧的なものである。たとえば次のカンゼルーの詩は，1行が3部

からなり，最初の2つが「アウド」で韻を踏み，最後の部分は強勢のある直前の語の語頭の子音に呼応するという，カンハネズの一種である。

  Canaf wawd | yr priawd | ae pryn
    awd/ *awd*/
       pr/   *pr*/
（われは歌う，寿ぎの歌を，それを求めし方に）

次に，12世紀のポウィスの君主で詩人でもあったオワイン・カヴェイリオグ作とされる「オワインの角杯」（Hirlas Owain）を見てみよう。イングランド遠征に勝利したオワインが，角杯になみなみと蜂蜜酒をつぐよう酌人に命じながら，部下の勲功をねぎらう祝宴の歌だ。

Gwawr pan ddwyreai, gawr a ddoded
Galon yn anfon anfud dynged.
Geleurudd ein gwyr gwedi lludded
[...]
Dywallaw di, fenestr, gan foddhäed
Y corn yn llaw Rys yn llys llyw ced
Llys Owain ar brain yd ry borthed

まっかな日が昇るや，ときの声が上がる
まけじと敵勢も大声で応じる
まっかな血を，苦闘の後わが兵は浴びる
[......]
つげよ，酌人，気前よく
フリースの手の角杯に，ここはもてなしの館
オワインの宮廷は宴のたびに潤うのだ

勇壮な内容に加え，頭韻，脚韻，子音の畳み掛けるような調音の技巧は，典型的な宮廷詩の作風である。この後ウェールズ詩は，ダヴィッズ・アプ・グウィリムに代表される，カウィッズ（cywydd）とよばれる，より簡潔な2行連句の詩にとって代わられ

ることになる。
        （森野聡子）

ギラルドゥス・カンブレンシス Ⓛ Giraldus Cambrensis (*c*.1146-*c*.1223)

英語ではジェラルド・オブ・ウェールズ（Gerald of Wales）。聖職者，歴史家。ウェールズで生まれ，父はノルマン人の騎士，母親はノルマン貴族とウェールズの豪族の血を引く。パリ大学で学んだ後，若くしてブレコンの助祭長を任ぜられ，1184年にはイングランドの王，ヘンリー2世の宮廷付聖職者となる。翌年，ヘンリーの息子ジョンがアイルランドの王としてアイルランドを訪問した際，随行し，そこで見聞したことをもとに『アイルランド地誌』（*Topographia Hiberniae*）を執筆した。1188年には，カンタベリー大司教とともに，第3次十字軍に参加する兵士を募るためウェールズ全土を巡った。その時の体験を『ウェールズ旅行記』（*Itinerarium Cambriae*）と『ウェールズ風土記』（*Descriptio Cambriae*）にまとめている。セント・デイヴィッズの司教の座が空位になると，1199年，候補として推挙されたが，結局司教になる野望を達成できなかった。彼は多くの著作をすべてラテン語で残しており，その内容から強烈な個性の持ち主であったことが察せられる。彼の作品は読み物として非常に興味深いだけでなく，当時の政治，宗教，文化を知る歴史的資料として，その価値ははかり知れない。
        （和田葉子）

アーサー王伝説・文学

アーサー王物語の形成と発展 the formation and transformation of the Arthurian Legends

【アーサー王の実在性】「アーサーは実在した王なのか」と尋ねられれば，答えは否である。しかしながら，1191年にグラスト

ンベリー修道院（Glastonbury Abbey）でアーサー王の墓と十字架が発見された。「アヴァロン島で埋葬された，かの名高きアーサー王，ここに眠る」という碑文が彫られた十字架は18世紀以降行方不明だが，ギラルドゥス・カンブレンシス（Giraldus Cambrensis, c. 1146-1222/3）による詳細な目撃証言は現在も伝えられている。

　実在しないはずの王の墓が発見されるパラドックスが示す意味はなにか。中世に「アーサー王」の墓が捏造されたこの事件こそ，アーサーをめぐる伝承の形成と発展を象徴的に示しているといえる。

【アーサーとは】アーサー（英語：Arthur，ラテン語：Arthurus）の名はその起源をめぐり多様な解釈が存在する。古ウェールズ語アルス（ars）が熊を意味することから，熊のような猛者とする比喩的な解釈，あるいは熊そのものとみる神話的解釈もある。その一方で，ローマ帝国がブリテン島から撤退した後，アングロ・サクソン人と戦い侵入を食い止めた5-6世紀の伝説的英雄ともいわれている。

【アーサーは「王」だったのか】グラストンベリーで発見された十字架の碑文の記録はマルガム年代記が最古と考えられている。記録の詳細には異同があるが，どの碑文にもラテン語で"rex Arthurus"すなわち「アーサー王」と銘記されている。しかし，ハーレー写本（c.1100, 大英図書館，Harley MS 3859）所収の現存最古ラテン語年代記『ブリトン人の歴史』（Historia Brittonum）および『カンブリア年代記』（Annales Cambriae）には「王」と記されていない。サクソン人に大勝利を収めるアーサーは「戦闘の長」で，肩書はdux bellorumである。duxはローマ帝国の官職名で，北方警備の指揮官のような立場を想定しているようだ。少なくとも「ブリテン島全土を支配下に治める王」としてのアーサーは歴史上存在しなかったのである。

【アーサー王の物語】現代に伝わる物語のアーサーはキャメロットに宮廷を構え，妃にグウィネヴィアを迎え，騎士道の理想のもとに円卓の騎士をまとめブリテン島を統治する王である。ローマ帝国からの要求を拒絶し大陸に出兵，皇帝ルシアスを倒し汎ヨーロッパの覇者となるが，甥（フランス流布本によれば近親相姦による息子）モードレッドの裏切りによって円卓は崩壊。自身はアヴァロンへ傷を癒しに運ばれ，ブリテン火急の際には救世主として再臨すると伝えられる。このようなアーサーをめぐる伝承は12世紀以降に形成された物語体系に負うところが大きい。その枠組みを最初に確立したのがジェフリー・オブ・モンマス（Geoffrey of Monmouth）で，ラテン語散文年代記『ブリタニア列王史』（Historia Regum Britannie, c.1138）は広汎な影響を及ぼした。アーサーをめぐる伝承の古層を探るためにはジェフリー以前の史料が手がかりとなる。

【物語の形成──ジェフリー以前の伝承】ウェールズ語による最古の詩，伝アネイリン『ゴドジン』（Aneirin, Y Gododdin）にアーサーの名が登場する。600年頃の北イングランド，カトラエスの戦いの勇者を評して「その者はアーサーではなかった」と歌われた。このことから，勇猛なる英雄アーサーの名が定着していたとする説もあるが確証はない。ただし，ハーレー写本の「ブリタニアの不思議」にはアーサーの犬の足跡が残る石や測るたびに寸法が変わる息子アムルの墓への言及がみられるので，10世紀頃までにはアーサーの名がウェールズの伝承に根付いていたと推定できる。

　大陸では12世紀のイタリアのオトラントの大聖堂のモザイク画とモデナ大聖堂の彫刻が有名でジェフリーとは別系統のアーサー伝承の存在を示唆している。

　『ブリトン人の歴史』ではアーサーは対サクソン人戦で12連勝をあげ，ベイドンでは1日960名のサクソン人を倒す勇名轟くキリスト教徒の戦闘指導者である。『カンブ

Ⅷ　ケルト圏文学Ⅰ　初期・中世

インスブルックの宮廷内教会にあるアーサー王の像（1480年頃、ペーター・ヴィッシャー作）

リア年代記』は537年頃のカムランの戦い（古ウェールズ語：Gueith Camlann）で「アーサーとメドラウドは斃れる」と記す。メドラウドとはモードレッドのウェールズ語よみだが、アーサーに反乱を起こすモードレッド像はジェフリーの創造であり、ジェフリー以前の「ブリテン島の三題歌」は敵対関係を示唆していない。またハーレー文書自体、オワイン・アプ・ハウェル・ザーの正統性を証明すべく作成されたといわれており、成立の政治的背景を考慮する必要がある。

11-12世紀に書かれたラテン語聖人伝の『聖カドック伝』『聖カラントク伝』『聖パダルン伝』は、いずれも5-6世紀のケルトの聖人に世俗の暴君アーサーが許しを請うという説話のパタンがみられる。この背景にはノルマン人の征服によって圧迫を受けた修道会が、ケルトの聖人の縁起譚を借りて威信の回復を図ろうとしたといわれている。

一転して、俗語による最古の散文アーサー王作品『キルフーフとオルウェン』（*Culhwch ac Olwen*, c.1100）のアーサーは部下を率いて豪快に異界を渡り難題を解決する剛の者で、古参のカイ（ケイ）やベドウィール（ベディヴィア）も顔を揃える。口碑伝承の要素が色濃く残り、古い対話詩「門番は誰か」と同名人物も登場する。活動の範囲はブリテン島全域ではなく、戻るべき拠点はコーンウォールのケスリ・ウィッグ（Celli Wig）、ウェールズ語で「森」を意味する場所である。ロビン・フッドのように物語世界にとどまり、現実に越境しない。

【12世紀からの物語の発展──ジェフリー・オブ・モンマスとクレティアン・ド・トロワ】ジェフリー・オブ・モンマスによってアーサー伝承は「公的な歴史」に変換され、ブルータスに遡及するブリテン史観には懐疑の目が向けられながらも、王位継承権の正統性やイングランドの領有権争いの拠り所に利用されていく。虚実綯い交ぜの『ブリタニア列王史』の年代記としての権威はイングランドのルネサンスの洗礼を潜り抜けて存続するのである。

12世紀は物語としてアーサー伝承が開花した時期でもある。クレティアン・ド・トロワ（Chrétien de Troyes, d.c.1190）は年代記でもなく叙事詩でもなく騎士道ロマンスによってアーサー王物語の可能性を飛躍的に広げた。エレノア・ダキテーヌと娘マリ・ド・シャンパーニュの宮廷の男女を聴衆・読者として、登場人物の心理描写の深さ、機知とアイロニーに富んだ物語を紡ぎだした。ガウェインに代わる主人公ランスロットの物語や、未完の聖杯の物語『ペルスヴァル』は13世紀以降の聖杯物語群へと接続されていく。アーサー王は背景化され、時代も設定も特定されない舞台を提供することによって、後世の作者にアーサー王物語の可塑性を一挙に拡大してみせたといえる。

ドイツではハルトマン・フォン・アウェ

(Hartmann von Aue, *c*.1165-*c*.1210) がクレティアンの作品を引き継ぎ，ヴォルフラム・フォン・エッシェンバッハ（Wolfram von Eschenbach）が聖杯物語『パルチヴァール』（*Parzival, c*.1210）を残し，19世紀のワーグナー楽劇への道を拓いた。

【グラストンベリーふたたび】グラストンベリーとアーサー王伝承のつながりはスランカルヴァンのカラドックの『聖ギルダス伝』（Caradoc of Llancarfan, *Vita Gildae*）に遡る。兄をアーサーに殺されたギルダスが悔悛したアーサーを許したという逸話と，妃グウィネヴィアがメルワスに誘拐されるが修道院長の仲介によって無事連れ戻され，アーサーは修道院長に土地と特権を与えたという逸話である。アーサーの遺骨発見を記録したギラルドゥス・カンブレンシスは，ギルダスが『ブリタニアの破壊と滅亡』（Gildas, *De Excidio Britanniae*）においてアーサーの名前に言及しなかったのは兄を殺害された恨みのためと述べ，アーサー実在説の根拠を与えることになった。さらに「惜しみない寄進をした王」と称えることで，1184年の大火からの再興を願う修道院の声を代弁しているともいえる。

またケルトの異界アヴァロンと同一視されていたグラストンベリーで墓が発見されたことには，コーンウォールやブルターニュで流布していたアーサー再臨説を封じ込める政治的な意図を読むこともできる。アーサー王の遺骨発見にヘンリー2世が関与したともいわれている。年代記ではアーサーの死と埋葬が記述される傾向が強いものの，民間伝承では墓発見後もアーサーの再臨信仰は根強く残った。

グラストンベリーの伝承はさらに肥大化し，キリストの血潮を受けた聖杯をアリマテヤのヨセフがグラストンベリーに運び教会を建てたという縁起譚が13世紀には発生する。『聖ギルダス伝』のような妃を誘拐し救う逸話はクレティアンやマロリーのランスロットにみられるような騎士道ロマンスへと変容する。年代記とロマンスの境界は厳格ではなく騎士道ロマンスの影響が年代記の記述に忍び込むこともままあった。14世紀のグラストンベリーのジョンに至っては『グラストンベリー修道院史』の中でアーサーは母方イグレインの血筋によってアリマテヤのヨセフの末裔に連なると記している。

アーサーは「さまざまな民族によって語り継がれて讃えられる」というマーリンの予言が成就したかのごとく，ジェフリーとクレティアンを得ることによって，アーサー伝承は以降，物語世界という「幻想」と年代記という「史実」を往来し，作者，作品，時代によって変幻自在にマトリックスをシフトさせる。時の王権と宗教界の思惑を絡めながら伝承が膨張し，次の世紀へと「歴史」と「物語」が送り出されるグラストンベリーの様相は，アーサー王物語が聖と俗，口承と書記伝承を両輪に形成されていく過程を如実に描写しているのである。

【アーサー伝説の舞台】
（1）宮廷の舞台：ジェフリーがアーサーの本拠地としたのはローマ時代の遺構が残るウェールズ南東部のカーレオン（Caerleon）だが，最古の写本（ペニアルス16）の『ブリテン島の三題歌』（*Trionedd Ynys Prydein*）第1篇「ブリテン島の3つの部族の玉座」によればアーサーの玉座はウェールズ南西部マニュウ（Mynyw, 現在のセント・デイヴィッズ）とコーンウォールのケスリ・ウィッグ（Celli Wig），そして北方のペン・フリオニーズ（Pen Rhionydd）の3か所である。

宮廷をキャメロットと呼称したのは12世紀のクレティアン・ド・トロワで『ランスロ』が初出。フランスの作品群ではキャメロットを地理上特定しないが，英語の作品群ではイングランド北西部のカーライル（Carlisle）が頻出する。

さらに16世紀のジョン・リーランド以来人気のあるキャメロットの候補地は南西イ

ングランドのキャドベリー（Cadbury）で，1966-70年の発掘調査では460-500年頃の城砦遺構が確認された。グラストンベリーにも近い。さらに15世紀になると，トマス・マロリーのキャメロットはウィンチェスター（Winchester）へと移転する。ウィンチェスターは歴史的にはアルフレッド大王時代の都で，ジェフリーの『ブリタニア列王史』においてはモードレッドの息子が立て籠もり戦死する舞台でもある。エドワード1世の命によって制作された円卓が現存する。

（2）最後の戦いの地：アーサー最後の戦いはウェールズの伝承ではカムランの戦いとよばれ，候補地にはコーンウォールのカメル川説もあるが，スコットランドとの辺境に近いハドリアヌスの防壁南西部が有力。ジェフリー以降は，ソールズベリー平原が主戦場で，ジェフリーはアーサーの父と伯父はストーンヘンジに埋葬されたとも記している。

（3）アーサーの終焉の地：傷を癒しに運ばれる先は「アヴァロン島」とよばれ，アヴァロンはグラストンベリーと同定されることが多い。14世紀の頭韻詩『アーサーの死』では島ではなく陸続きである。

（4）ティンタジェル：マーリンの魔術によりコーンウォール公に姿を変えたウーサーによってイゲルナがアーサーを懐胎する城。トリスタン物語ではティンタジェルはイズーの夫君となるマーク王の居城という設定も。以前は修道院跡と考えられていたが5世紀頃の陶器の破片が発見され城砦説が有力になる。19世紀の桂冠詩人アルフレッド・テニスンはアーサー王伝説の「不道徳性」に文学的修正を施し，アーサーの誕生は略奪婚でなく神秘的である。ティンタジェルのマーリンの洞窟近く，波が打ち寄せる海辺に生を享ける設定となる。

（不破有理）

ジェフリー・オブ・モンマス　Geoffrey of Monmouth (d.1155)

ウェールズのモンマス生まれのブルトン人といわれ，アーサー王伝説の発展を決定づける著作を残した。ラテン語による主著『ブリタニア列王史』(Historia Regum Britannie, c.1138)，『メルリヌスの予言』(Prophetiae Merlini, 1130)，『メルリヌスの生涯』(Vita Merlini, 1150)。メルリヌスとはマーリンのラテン語読み。『ブリタニア列王史』はHistoria Regum Britannieの表記が多いが最近の写本研究ではBritannieを採用している。さらにニール・ライトによると「ブリトン人の武勲」(De gestis Britonum) が原題であったとされる。便宜上本書では『ブリタニア列王史』とする。

『メルリヌスの予言』ではアーサーはコーンウォールの猪として侵略者サクソン人に抵抗し，大陸ガリアを手中におさめ，ローマ帝国を震撼させる長として予言されており，「その猪の最期は神秘の靄に包まれる」という。この予言はのちに『ブリタニア列王史』の一部に組み込まれている。

『ブリタニア列王史』の写本は217本現存し，その3分の1は制作年から数十年以内に転写された事実は，当時の反響の大きさとその後の影響力を物語っている。ジェフリーはブリタニアの歴史の空白を，ウェールズの口伝や古文献に加え自らの想像力によって埋め合わせ擬歴史書を完成させる。本書によれば，トロイアの陥落から逃れたアイネイアースの曾孫ブルートゥス（ブルート）がアルビオンにたどり着き，巨人を倒し，自らの名前に因んでブリテンと名付けた。このブリタニア建国譚は『ブリトン人の歴史』に則している。紀元前12世紀からブリトン人最後の王カドワラドゥルの死去689年までの1900年に及ぶ「歴史」でありながら，およそ3分の1がアーサーの事績の記述にあてられている。ジェフリーによって初めてアーサー王の生涯が中世の読者に提示されたのである。聖杯の探索とランス

ロットは登場しないものの、のちの騎士道ロマンスの物語の要素はほぼ揃っている。

　父ウーテル（ウーサー）・ペンドラゴンはコルヌビア（コーンウォール）公爵夫人インゲルナに恋をし、マーリンの魔術によって姿を変え一夜を共にしてアーサーを儲ける。ゴルロワは戦死、ウーサーはインゲルナと結婚しアンナが生まれる。両親と妹というアーサーの家族の誕生である。ウーサー亡きあとは15歳で戴冠、アーサーは天性の勇気と寛大さと誠実さを兼備し民に慕われた王で、周辺諸国を傘下に収め、妃にローマの血を引くグウィネヴィアを迎え栄華を誇る。ローマ侵攻の途上、聖ミカエルの巨人を退治。留守を託した甥モードレッドの裏切りと妃の不義の報を受け帰国し、王国は崩壊を辿る。アーサーの忠臣ベディヴィアとケイはローマ軍との戦いで落命、モードレッドはアーサー軍との戦いで絶命。両者の相討ちの場面はない。アーサーは致命傷をうけ、傷の手当てにアヴァロンへ移されたのは542年であったと明記されている。アヴァロンで王剣カリバンが鋳られたと記されるものの、アーサー最期の記述に妖精は出現せず、アーサー再臨信仰への言及もみられない。

　ジェフリーは物語の舞台を汎ヨーロッパに拡大しアーサーをシャルルマーニュに比する王者像に造形したのみならず、ウェールズの古伝承から魔術を操りアーサーの誕生に関わる新しい予言者マーリンを誕生させた。アーサー王伝説がブリテン史観の核となり、かつまた現代に至るまで物語として語られ続けているのは、歴史と物語としてのアーサー王伝承を創りあげたジェフリーの功績といえるだろう。　　（不破有理）

ラヤモン　Layamon（c.1200年頃）

　『ブルート』（*Brut*, *c*.1189–*c*.1220）の作者、聖職者。ラーヤモンとも表記される。ノルマン征服以降、為政者の言語アングロ・ノルマン語による年代記が増える中、『ブルート』は数少ない初期中英語による韻文「年代記」で英語初のアーサー王作品。ラテン語によって書かれたジェフリー・オブ・モンマスの『ブリタニア列王史』、アングロ・ノルマン語によるヴァース（Wace）の『ブリュ』（*Roman de Brut*）と共にアーサー王年代記と総称される。現存する写本はコットン・カリギュラ（大英図書館、Cotton Caligula A. ix、13世紀中葉）とコットン・オットー（Cotton Otho C. xiii、13世紀後半）の2本で、カリギュラ写本が作者の言語に近いとされている。

　ジェフリーの年代記を宮廷風に翻案したのがヴァースであれば、アングロ・サクソン語による頭韻や脚韻を用いて骨太の英雄叙事詩を目指したのがラヤモンである。長さは3万2,241半行、1万6,000行を超え、物語はブリテン建国神話であるブルータスのブリテン島到来からアーサーの誕生、アーサーの治世、ブリトン人最後の王カドワラドゥルの死までを記述する。

　『ブルート』は細部にわたる描写が特徴的であたかも活劇のような雰囲気を醸し出す。アーサーが最後の戦いで受けた傷は15カ所、小さい傷でも手袋が2つ入るほど、と細部にこだわるかと思えば、円卓誕生の経緯の描写は実に荒々しい。席次の上下をめぐって争い始めると「パンの投げ合い」から「こぶしの応酬」、はては流血の事態へ。事態を収束するアーサーの命令も、騒動を始めた者の一族は打ち首、親戚の女たちは鼻削ぎの刑と迅速かつ苛烈である。円卓製作は大工が請け負い、めでたく完成というわけである。その一方で、妖精も登場する。アーサー誕生の際には妖精が祝福を施しアーサーに3つの徳を授ける挿話や、瀕死の傷を負ったアーサーを妖精の島アヴァロンへ伴うのは妖精のアルガンテ（Argente, Morganの変形か）という記述はジェフリーにもヴァースにもない。口碑伝承の残滓との指摘もある。　　（不破有理）

ワース　Wace (c.1110–c.83)

ヴァースとも表記。ジャージー島で生まれ、1135年から1170年頃に、ヘンリー2世らのプランタジネット朝の王に文官として仕えた。1165年から1169年の間にバイユーの参事会禄が与えられたという記録がある。

アングロ＝ノルマン方言の古フランス語で、プランタジネット朝の正当性を主張する性質の歴史物語『ブリュ物語』(Le Roman de Brut, c.1155) と『ルー物語』(Le Roman de Rou, c.1160–c.1170年代半ば) を書いた。後者は、未完で終わったため、ヘンリー2世の命により、ブノワ・ド・サント＝モールが、『ノルマンディー公年代記』(La Chronique des ducs de Normandie) を続編として書き継いだ。

ワースの作品のうち、ケルト文化との関連において特に重要なのは、『ブリュ物語』である。ジェフリー・オブ・モンマス (Geoffrey of Monmouth, c.1100–c.55) のラテン語による『ブリタニア列王史』(Historia Regum Britanniae) を下敷きとして、アエネイアスの子孫であるトロイのブルートゥスがブリテン島に到来してから、アーサー王が致命的な負傷をしてアヴァロン島に運ばれるに至るまでの諸王の功績を八音綴1万5,000行で記す。アーサー王伝説をはじめてラテン語以外の俗語で記したのがこの作品である。そこでは、マーリンの介在によってアーサー王が誕生し、妻グウィネヴィアとアーサーの甥モードレッドの裏切りを発端とする戦いが物語に終焉をもたらすという大筋、もう一人の甥ガウェインやケイらの主要な登場人物、アーサー王の剣エクスカリバーなどの小道具は『ブリタニア列王史』から汲まれている。

その一方で、アーサー王宮廷の円卓とそれを囲む騎士団が言及されたのはこの作品が初めてである。また、王の戴冠式に続く祝宴の描写では、意中の女性のために武芸を磨くという騎士のあり様が描かれているが、この物語が献じられているヘンリー2世の妃、アリエノール・ダキテーヌが南仏より持ち込んだとされる宮廷趣味を反映していると考えられている。

すなわち、『ブリュ物語』は、アーサー王神話の「歴史」化に与しつつ、後にクレティアン・ド・トロワらによって展開されるロマンス化の嚆矢となった作品であると位置づけることができる。

『ブリュ物語』はイギリスのラヤモンによる頭韻詩『ブルート』(Brut, c.1200) のモデルにもなった。　　　　　　（高名康文）

クレティアン・ド・トロワ　F　Chrétien de Troyes (c.1135–c.84)

1160年から1185年頃まで、シャンパーニュ伯夫人マリー、フランドル伯フィリップ1世に仕えた北フランスの宮廷詩人。ジェフリー・オブ・モンマス (Geoffrey of Monmouth, c.1100–c.55) のラテン語作品『ブリタニア列王史』(Historia Regum Britanniae) および、ワースによるその翻案『ブリュ物語』(Roman de Brut) を通じてオイル語圏に知られていたアーサー王伝説を題材とする物語5編を制作した。『エレックとエニード』(Erec et Enide, c.1170)、『クリジェス』(Cligès, c.1176)、『ランスロまたは荷車の騎士』(Lancelot ou le Chevalier de la Charette)、『イヴァンまたは獅子の騎士』(Yvain ou le Chevalier au Lion) (以上2作は、c.1177–c.81)、および『ペルスヴァル、または聖杯物語』(Perceval ou le Conte del Graal, c.1181–c.85) である。

これら5作でのアーサーは、平和な時を退屈そうに過ごす王として描かれており、円卓の騎士たちに主人公の座を譲る。いずれも、冒険に旅立つ若い騎士がさまざまな試練を乗り越えて成長を遂げる騎士道物語の嚆矢となった作品である。

マリーの宮廷で書かれた『ランスロ』以前の4作では、恋する人にふさわしい者になろうとすることが主人公の冒険の動機に

なっている。冒険が展開する異界というケルト神話を背景とした素材が、マリーの母であるアリエノール・ダキテーヌが北フランスの文化圏に持ち込んだ南仏由来の宮廷風恋愛と融合しているものととらえることができる。ただし、トルバドゥール的な姦通愛はクレティアンの好みではなかったらしく、アーサー王の王妃グニエーヴル（グウィネヴィア）と主人公の恋を描く『ランスロ』では、物語の終わりを弟子のゴドフロワ・ド・ラニーに委ねている。その他の物語では、夫婦の愛が描かれている。

また、『ペルスヴァル』の漁夫王のエピソードでアーサー王世界の中に初めて登場した「グラール」（Graal）というオブジェは、ロベール・ド・ボロンによりイエスの処刑の際にその血を受けた聖杯という解釈を与えられ、ドイツのヴォルフラム、13世紀北フランスの『ランスロ＝聖杯』、15世紀のトマス・マロリー、19世紀のワーグナーによる創作を生み出した。　　　　（高名康文）

マロリー，サー・トマス　Malory, Sir Thomas
(1415/18-71)

英国におけるアーサー王物語の集大成『アーサー王の死』（*Le Morte Darthur*）は1485年に英国初の印刷業者ウィリアム・キャクストンによって刊行された。作者トマス・マロリーの実像は不詳だったが、21世紀になりウォリックシャーのニューボルド・レヴェル出身の騎士と確定された。特定するに際して妨げとなったのが、その華々しい犯罪歴である。裁判に至ることはなかったものの、殺人未遂、家畜泥棒、強姦、修道院強盗などの嫌疑で投獄されては脱獄と釈放、再投獄を繰り返した強者、ばら戦争においてはエドワード4世率いるランカスター派の城攻めに参加した騎士であった。

『アーサー王の死』のテクストには、1485年のキャクストンによる活版印刷版と1934年に発見されたウィンチェスター写本（大英図書館蔵，Additional MS 59678）の2つの流れがある。キャクストン版の末裔のテクスト間にも多くの異同があり、1634年までの初期印刷本が6版、空白の18世紀を経て1816年に初めて黒字体ではないテクストが登場する。現代なおアーサー王物語が読まれ絵画や小説やアニメなどの作品に登場するのは19世紀のテクスト刊行に負うところが大きい。

ウィンチェスター写本の発見とウジェヌ・ヴィナーヴァ編集のテクストによってマロリー学が触発され、「単なる翻訳者」のマロリー像が変化する。典拠研究の深化によって、マロリーは翻訳者から作者へと変わったといえる。マロリーの種本にはフランス語の散文ロマンス流布本『散文ランスロ』（Prose *Lancelot*, c.1220-30）『聖杯の探索』（*Queste del Saint Graal*, c.1226-30）『アーサー王の死』（*Mort le roi Artu*, c.1226-30）をはじめ、『続編メルラン』（*Suite du Merlin*）『散文トリスタン』（Prose *Tristan*）に加え、中英語の頭韻詩や八行連詩の『アーサーの死』（Alliterative *Morte Arthure*, Stanzaic *Morte Arthur*）、ハーディング年代記など英語の文献がある。このような膨大な作品群から一貫した物語の糸を繰り出し、アーサー王の誕生から王国崩壊に至るアーサー王をめぐる騎士道の一代記をまとめ上げたのである。

マロリーの文体は、直接話法によって人物像が肉付けされ、接続詞「and」を多用した並列構文によって、因果律を作者が説くのではなく読み手に解釈を託す。19世紀のベストセラー作家ウォルター・スコットをして「崇高さをまとう質朴な文体」と評させたマロリーの筆は、相対立する深い愛によって結ばれているがゆえに崩壊へと向かう人間悲劇を描き出した。アーサーへの忠節においては両者相並ぶランスロットとガウェインが円卓の崩壊へと拍車をかける。ランスロットは、妃グウィネヴィアへの揺らがない愛ゆえに二人の不義が露呈し

処せられた火刑から妃を救う際、知らずにガウェインの弟ガレスを殺害する。最愛の弟を失ったガウェインは復讐心から、和平の機会を遅らせ、ランスロットから深手を負い、さらにモードレッドの裏切りによる内戦の中、命を落とす。アーサーはブリテン島を支配したのみならず、ローマ帝国を征服し皇帝となり西欧キリスト教国を支配下に治める王であるが、マロリーの描くアーサーの最期は近親相姦による息子モードレッドとの壮絶な相討ちである。アーサーの剣エクスカリバーは唯一の生存者であるベディヴィアがアーサーの命に二度も背きようやく三度目に湖に投げ入れる。アヴァロンへの言及があるものの、再臨信仰についてマロリーは明言を避け、曖昧である。アーサーの最期が終わりではなく、グウィネヴィアの死、そしてマロリーにとって真の英雄であるランスロットの死をもって円卓の物語は締めくくられているのである。

(不破有理)

マロリー以降 —— 現代まで　Arthurian reception after Malory

エリザベス1世の家庭教師ロジャー・アスカムはマロリーの『アーサー王の死』について「理由なき殺人と姦淫の物語」でありながら「宮廷では聖書に取って代わる人気」と証言している。事実、キャクストン版も含めエリザベス朝までに5版が上梓された。エドモンド・スペンサー(1552-99)の『妖精女王』(*The Faerie Queene*)は寓意的な叙事詩としてアーサー王伝説の新しい文学の方向性を示した。ジョン・ドライデン(1631-1700)はアーサー王を舞台化し、政治劇『アーサー王』はヘンリー・パーセルの楽曲の妙もあり現代でも再演されている。18世紀にはトマス・パーシーの『古英詩拾遺集』(1765)やチャップブックにも登場し、「親指トム」ではロンドン市長の娘とアーサーの息子トムが円卓の騎士になる成功譚で市民社会の娯楽読み物となる。

アーサー王伝説の本格的な復活を牽引したのはウォルター・スコット(1771-1832)である。騎士道精神に富むベストセラーを矢継ぎ早に発表し『マーミオン』(*Marmion*, 1808)では『アーサー王の死』を引き、マロリー待望の土壌を築いた。1816年には一般読者を意識したマロリーのポケット版が2版刊行される。1829年にはトマス・ラブ・ピーコック(1785-1866)がウェールズの洪水伝承を材に政治風刺作『エルフィンの災難』(*The Misfortunes of Elphin*)を、1832年はアルフレッド・テニスン(Alfred Tennyson, 1809-92)が「シャロットの乙女」('The Lady of Shalott,' 1842年改訂)を発表した。テニスンはシャーロット・ゲストの『マビノギオン』やラヤモン、マロリーを種本とし『国王牧歌』(*Idylls of the King*)を半世紀近くかけてまとめる。大英帝国の桂冠詩人の枠に囚われた穏当な作品と思われがちだが、ガラハッドの「聖杯」(1869)の戦いは血生臭く「最後の槍試合」(1872)は混沌無秩序、そして円卓の崩壊。警世の書とでも評すべき作品である。「シャロットの乙女」は『国王牧歌』の「ランスロットとイレイン」("Lancelot and Elaine," 1859)とともに、ヴィクトリア朝の一大人気モチーフとなった。夏目漱石は日本初のアーサー王物語『薤露行』(1905)でマロリーのランスロットとグウィネヴィアとイレインの逸話とテニスンの「シャロットの乙女」を縒り合せ、作品のキーワード「夢」「鏡」「袖」「罪」「舟」を章題に掲げ漢文調の文体で謳い上げた。英文学者漱石が日本の漢籍の伝統に昇華させた珠玉の作品である。

マーク・トウェイン(1835-1910)はマロリーを典拠に『アーサー王宮廷のコネチカット・ヤンキー』(*A Connecticut Yankee in King Arthur's Court*, 1889)でSF的時空間移動をする主人公クレメンスが魔術師マーリンと対決、中世の可笑しみと悲惨さを描く半面、株の不正をランスロットに発見さ

れたモードレッドがアーサーと全面戦争に入り、近代兵器を用いた戦禍と資本主義が行き着くアポカリプス的世界を透徹した視線で描く。

T. H. ホワイトは人嫌いなマーリンが少年アーサーを教育する『永遠の王』(Once and Future King, 1958) を発表、20世紀最高のアーサー王物語といわれる。ディズニーの映画『王様の剣』の原作。女性の視点から捉えたマリオン・ジマー・ブラドリー『アヴァロンの霧』(The Mists of Avalon, 1982)、マーリン3部作とモードレッドが主人公の『運命の日』(The Wicked Day, 1983) のメアリー・スチュアートなど1980年代には女流作品が続き、日本ではひかわ玲子の三部作ファンタジー『アーサー王宮廷物語』(2006) がある。14世紀の英詩韻詩の『ガウェインと緑の騎士』に着想を得たカズオ・イシグロの『忘れられた巨人』(The Buried Giant, 2015) は民族の戦いの歴史と個人の記憶を問う21世紀の名作である。

（不破有理）

円卓　the Round Table

「アーサー王と円卓の騎士」というフレーズはよく知られているが、「円卓」には謎が多い。中世ヨーロッパにおいては必ずしも円形のテーブルを意味していたわけではなく、「組織」や「集い」に対しても用いられた。

アーサーの円卓は12世紀半ば、ワース (Wace, c.1110-c.83, ヴァースとも。) の『ブリュ物語』(Roman de Brut) に初めて登場する。王は家来たちを平等に扱うために「円卓」を作ったと記されており、この文脈からは組織とも家具とも解釈できる。

その後、12世紀後半の作家クレティアン・ド・トロワ (Chrétien de Troyes, c.1135-c.84) は騎士組織としての円卓に焦点をあてた。彼の作品ではランスロットやエレックといった円卓のメンバーが活躍する一方、騎士たちの集う場について詳細な説明がなく、アーサー王は円いテーブルには存在しないはずの上座に着いている。「円卓」は家具というよりむしろ、組織の名称として使われているようである。

他方、ラヤモン (Layamon, 生没年未詳、ラハモンとも。) によるワースの英訳『ブルート』(Brut, 12世紀末-13世紀初頭) には1,600人が着席できる不思議なテーブルが登場する。ただしラヤモンは「円卓」という表現の代わりに、通常は長方形のテーブルを意味する語bordeを用いている。

組織と家具の概念を巧妙に融合したのは、12世紀後半-13世紀初頭に活躍したロベール・ド・ボロン (Robert de Boron, 生没年未詳) である。彼によると、円卓は最後の晩餐を記念して造られたテーブルであると同時に、選ばれし騎士だけが参加を許されるエリート集団であった。

家具としての円卓は、現在でも英国のウィンチェスターで目にすることができる。なお15世紀の年代記作家ジョン・ハーディングは「ウィンチェスターで円卓は始まり、そこで終わり、今でもそこに掛かっている」と記したが、現存する円卓は13世紀末から

ウィンチェスター城の大ホールにある円卓（13世紀半ばのもの）。アーサー王と24人の王の座席が示されている

14世紀前半に建造されたものであり、ハーディングがアーサーの治世とした6世紀よりもずっと後世の建造物である。

また、1469-70年に完成されたトマス・マロリー（Thomas Malory, 1415/18-71）の『アーサー王の死』（Le Morte Darthur）の中ではヨーロッパ大陸における円卓の開催が宣言されており、騎士たちの会合としても認識されていたようである。

アーサー王伝説の登場人物に扮して戦う馬上槍試合「ラウンド・テーブル」の記録も歴史書に数多く残されており、「アーサー王の円卓」という地名も存在する。「円卓」はさまざまな解釈の可能性を秘めたフレーズだといえよう。　　　　（小宮真樹子）

円卓の騎士たち　the Knights of the Round Table

アーサー王に仕える騎士たち。グウィネヴィア王妃の恋人ランスロット（Lancelot）、アーサーの甥ガウェイン（Gawain）とユウェイン（Ywain）、王妃イソードと愛し合ったトリストラム（Tristram）、瀕死の王からエクスカリバーを託されたベディヴィア（Bedivere）、アーサーの乳兄弟として育てられたケイ（Kay）、聖杯の騎士パーシヴァル（Percival）とガラハッド（Galahad）が有名である。

円卓そのものに謎が多いため、円卓の騎士に関しても不明な点が多い。まずは人数であるが、作品によって大幅に異なる。円卓を最後の晩餐のテーブルになぞらえたロベール・ド・ボロン（Robert de Boron, 生没年未詳）の『ペルスヴァル』（Perceval）は、キリストの使徒と同じ12名をメンバーとしている。しかしフランス後期流布本サイクルの『聖杯の探求』（Queste del Saint Graal）は150名の円卓の騎士を挙げており、英国のトマス・マロリー（Thomas Malory, 1415/18-1471）の『アーサー王の死』（Le Morte Darthur）では140人あるいは150人と記されている。なお、1522年頃に塗装されたウィンチェスターの円卓には24の名前とアーサー王の姿が描かれている。

さらに、アーサーの騎士たち全員が円卓のメンバーだとは限らない。13世紀初頭に著されたフランス流布本サイクルの『ランスロット本伝』（Lancelot propre）によると、宮廷には「見張りの騎士」と「王妃の騎士」とよばれる組織も存在したという。

12世紀のワースやラヤモンの歴史書は、アーサー王が家臣を平等に遇するために特別なテーブルを用いたとした。けれどもロベール・ド・ボロンが円卓を聖杯（最後の晩餐で使用され、磔刑にされたキリストの血を受け止めた器）のための場所だとした後には、最も優れた騎士のために「危険な席」が設けられ、平等であったはずのメンバーの間に優劣が生じた。同時に、円卓の騎士たちは君主アーサーに仕えるだけでなく、聖杯の探求という宗教的義務も課せられることとなった。

マロリーによると、円卓の騎士たちは毎年の聖霊降臨祭に円卓へ集い、公正であること、婦人に尽くすこと、敵にも慈悲を与えること、正義を貫くことなどを誓った。ただし彼らの多くは聖杯の探求により命を失い、残ったメンバーもランスロットの姦淫の罪が原因で分裂してゆくこととなる。

　　　　　　　　　　　（小宮真樹子）

ランスロット　Lancelot

フランス語圏ではランスロとよばれる。アーサー王の円卓の騎士の一人で、王妃グウィネヴィア（Guinevere）の恋人。中世ヨーロッパの物語で大いに人気を博した。

12世紀後半、フランスの作家クレティアン・ド・トロワ（Chrétien de Troyes, c.1135-c.84）は庇護者マリー・ド・フランスの要望により、アーサーの妃グウィネヴィアに献身的に仕える騎士の物語『ランスロまたは荷車の騎士』（Le Chevalier de la charrete）を書いた。彼は武芸のみならず、容姿や礼節においても卓越した若者であったが、王

妃への愛ゆえに常軌を逸した行動を取ることもある。

ランスロットの生涯は，13世紀初頭に執筆されたフランス流布本サイクルで詳しく語られる。彼はベンウィックのバン王の息子だったが，赤子の時に湖の貴婦人とよばれる女魔法使いに連れ去られ，身分を知らぬまま成長する。18歳となった彼はアーサー王の宮廷を訪れ，王妃グウィネヴィアを愛するようになる。その後，自らの生まれを発見したランスロットは円卓を代表する騎士となり，聖杯の守護者ペレス王の娘との間に世界最高の騎士ガラハッドをもうける。しかし王妃との関係は続き，二人の禁断の愛はやがて王国の崩壊を引き起こす。

ランスロットは罪深くも魅力溢れる人物で，特に15世紀に『アーサー王の死』(Le Morte Darthur)を著したトマス・マロリー(Thomas Malory, 1415/18-71)のお気に入りだったようである。マロリーはランスロットが亡くなった際，異母兄弟のエクターが「この世であなたに匹敵する騎士はいなかった。盾を持った騎士の中で最も礼儀正しく，女を愛した罪深き男の中で最も誠実だった。剣を振るった者たちの中で最も親切で，騎士たちの中で最も優れており，女性と共に食事した者たちの中で最も穏やかで育ちよく，槍を構えた者の中で最も敵に容赦のない騎士だった」と哀悼の意を述べるシーンを追加している。

また，ランスロットに恋をした乙女エレイン(Elaine)の悲劇も有名である。19世紀の桂冠詩人アルフレッド・テニスンは「シャロットの女」と「ランスロットとエレイン」(長編詩『国王牧歌』(Idylls of the King)の一部)を発表し，L. M. モンゴメリーも『赤毛のアン』の中で女主人公がエレインに扮する場面を描いた。そしてランスロットへの叶わぬ愛に殉じる乙女の物語は，わが国でも夏目漱石の短編『薤露行』の題材となっている。
　　　　　　　　　　　　（小宮真樹子）

グウィネヴィア　Guinevere

Gueneverとも綴る。ラテン語名グウェンフウァラ(Guenhuuara)，ウェールズ語名グウェンフイヴァル(Gwenhwyfar)。古ウェールズ語では「白い妖精・幻」の意味。最古の散文アーサー王物語『キルフーフとオルウェン』(Culhwch ac Olwen, c.1100)ではアーサーの妃とよばれており，ジェフリー・オブ・モンマスの『ブリタニア列王史』(c.1138)においては「ローマの貴族の血筋でカドル公に養育されたブリテン随一の美女」であり，アーサーの妃となるが王の甥モードレッドと不義を犯す。クレティアン・ド・トロワの『荷車の騎士ランスロ』(c.1177-81)では恋人ランスロを意のままに操る王妃として登場する。ウェールズの騎士道ロマンス『オワイン』『ペレディル』『ジェライント』でもアーサー王の妃として言及されるが，いずれもジェフリーの影響を受けた作品である。カラドック・オブ・スランカルバンの『聖ギルダス伝』では，メルワスに誘拐され1年間グラストンベリーに監禁されるが，ギルダスと修道院長の仲裁によってグウェンフイヴァルはアーサーのもとに無事戻る。舞台がサマーセットで1年後に常夏の国（サマーカントリー）から帰還する筋立てに季節神話を読み取る説もある。しかしながら，グウェンフイヴァルをケルトの母なる女神とする説には，ウェールズ文学の泰斗レイチェル・ブロンウィッチはジェフリー以前の文献が欠如しているため否定的である。

「ブリテン島の三題歌」53篇「ブリテン島の不吉な3つの殴打」は「グウェンフイヴァルがグウェンフイバッハから受けた殴打がのちのカムランの戦いを招いた」とされ，アーサーの女たちが騒動の始まりであった可能性も指摘されている。三題歌54篇「ブリテン島の無謀な3つの略奪」ではメドラウド（モードレッド）がアーサーの宮廷を略奪しグウェンフイヴァルを殴打したという。また，56篇「アーサーの3人の立派

な王妃」にもグウェンフイヴァルが登場するので、アーサーの王妃としての伝承は古いようだ。ただし、これらの三題歌は最も古いペニアルス写本16には含まれてはいない。

マロリーの『アーサー王の死』ではグウィネヴィアはランスロットの「真実の恋人」であり、二人には共に死後の救済が待つ。アルフレッド・テニスンの『国王牧歌』(Idylls of the King) 所収「グウィネヴィア」('Guinevere,' 1859) においては、アーサーから王国崩壊の原因を作った者として断罪されるものの、罪への意識を抱えアーサーへの思いに目覚める女性として描かれている。　　　　　　　　　　（不破有理）

イレイン　Elaine

アーサー王物語には2人の著名なイレインがいる。アストラットのイレイン (Elaine of Astolat) とコルボニックのイレイン (Elaine of Corbonec) である。

アストラットとはAlcludもしくはAltclut、古ゲール語でDumbartonのこと。フランス流布本『アーサー王の死』(Mort le roi Artu, c.1226-30) では「アストラットの乙女」とよばれた女性を、イレインと名付けたのはトマス・マロリーである。イレインはランスロットに恋の願いを聞き遂げられず、自ら食を断ち、死後小舟に乗せられ、ランスロット宛ての文を手に握り、アーサー王の宮廷にたどり着く。フランス版ではランスロットに小袖を槍試合で身に付けるように仕向け、ランスロットが負傷すると駆けつけ看病に勤しむ行動的な女性として、マロリーのイレインは献身的かつ明確な意思を持つ女性として、さらに19世紀にはアルフレッド・テニスンが「シャロットの乙女」('Lady of Shalott', 1832, 改訂1842) と『国王牧歌』の「ランスロットとイレイン」('Lancelot and Elaine,' 1859) において新しいイレインとシャロットの乙女を復活させた。「シャロットの乙女」は外界をみることを禁じられ鏡に映る影を織りこむが、ランスロットの姿に振り向き呪いがかかり、キャメロットへと死出の舟旅につく。イレインとシャロットのモチーフは交錯しながら、ラファエル前派の絵画をはじめ現代に至るまで音楽や小説などさまざまな分野の作品に見出すことができる。L. M. モンゴメリー (1874-1942) の『赤毛のアン』(1908) のアンがシャロットの真似事をして溺れそうになる逸話はよく知られている。

一方、コルボニックのイレインは、聖杯探索を成就する純潔の騎士ガラハッドの母となる人物である。イレインはその美しさゆえにモルガン・ル・フェとノースガリスの王妃によって煮えたぎる湯に入れられ責め苦を受けるが、ランスロットによって救われる。ブリゼンの仲立ちと媚薬によってグウィネヴィアと信じ込まされたランスロットと同衾し、ガラハッドを身籠る。イレインの父ペレス王はアリマテヤのヨセフの血筋を引く家系。このヨセフは十字架にかけられたイエスの血潮を盃に受け聖杯物語の発祥となる人物である。

T. H. ホワイト (T.H. White, 1905-64) やハワード・パイル (Howard Pyle, 1853-1911) の作品のように、2人のイレインは融合され新たな人物像を形成することもあれば、さらに「シャロットの乙女」と結びつくこともある。アストラットとシャロットは語源が同じであることは高宮利行の研究で明らかになった。日本初のアーサー王物語である夏目漱石の『薤露行』(1905)、21世紀ではひかわ玲子による3部作『アーサー王宮廷物語』(2006) でもイレイン像の複合的造形をみることができる。
　　　　　　　　　　　　　（不破有理）

トリスタンとイズー　Tristan and Iseult ; Tristram and Isolde　F Tristan et Iseut Ger Tristan und Isolde

フランス語でトリスタンとイズー、ドイツ語でトリスタンとイゾルデ。コーンウォ

ールの騎士トリスタンと、アイルランドの姫イズーをめぐる文学史上最古の物語群は、筋立てや設定の違いによって、ドイツのアイルハルト・フォン・オベルゲ（Eilhart von Oberge, 12世紀）およびアングロ＝ノルマン語によるベルール（Béroul, 12世紀）の伝える流布本系（アイルハルトの作品は1170年頃、ベルールの作品は1180年頃）と、やはりアングロ＝ノルマン語によるトマ（Thomas, 12世紀）およびドイツ語でゴットフリート・フォン・シュトラスブルク（Gottfried von Straßburg, c. 1180–c. 1215）が伝える宮廷本系（トマの作品は1170年頃、ゴットフリートの作品は12世紀初頭）、13世紀になって散文による膨大なアーサー王物語群に組み込まれたフランス語による『散文トリスタン』（Tristan en prose）、さらにマリ・ド・フランス（Marie de France, 12世紀）の『すいかずら』（Chevrefoil）をはじめとする、特定の系統への帰属が明らかでない作品群に分類される。以下にアイルハルト作品の粗筋を記す。

　コーンウォールのマルク王のもとをアイルランドからの使者モロールトが訪れ、久しく絶えていた人質の貢ぎ物を要求する。王の甥トリスタンが決闘によってモロールトを倒し、要求を斥けるものの、彼自身も深く傷つき、舟に乗せられ、海へと流される。舟はアイルランドに着き、トリスタンは素性を明かさぬまま姫イズーの治療を受けて治癒し、帰国する。

　マルク王は甥の帰国を喜び、結婚をせずに領土を彼に譲ろうと決意する。反対する諸侯にはつばめの運んできた一筋の金髪を見せ、「この髪の主以外とは結婚しない」と誓う。トリスタンは髪の主を求めて旅立ち、再びイズーのもとに戻る。彼女こそ求めていた女性だと知ったトリスタンは妃に迎えるべく正体を明かす。モロールトのかたきであり、敵国でもあるコーンウォールへの輿入れを嫌うイズーのために母妃は、共に飲めば恋に陥り、七日互いの顔を見な

ければ死ぬという媚薬を用意し、侍女ブランガンに持たせて一行を送り出す。

　帰りの舟の上でブランガンは誤ってトリスタンとイズーに媚薬を飲ませてしまう。二人は王を裏切って関係を結び、そのことを王には秘密にする。婚礼は滞りなく行われたものの、二人の関係は続き、ついに讒言によって王の知るところとなる。恋人たちは宮廷からの追っ手を逃れて、森の奥深くに隠れ住む。

　4年が過ぎて媚薬の効き目が失われ、トリスタンはイズーを想う心を保ちつつも、彼女をマルク王の下に帰す。トリスタンはアーサー王の宮廷などに寄食した後、カレの城に住まうオエル公を戦の窮地から救い、その戦功によって公の娘と結婚することになる。トリスタンは「白い手のイズー」とよばれる彼女の名前に惹かれて応諾するが、床を共にする気にはなれず、新妻イズーの不興を買う。

　妻イズーの兄カエルダンを加勢した戦いでトリスタンは重傷を負う。治癒する術を知っているのはかつて自分を治療したマルク王の妃イズーのみであり、彼はイズーを手紙で呼び寄せる。「来るならば白い帆を、来ないならば黒い帆を」かけて帰るようにと言付けてあった使いの舟は、イズーを乗せ、白い帆をかけて海を渡ってくる。しかし白い手のイズーは「舟の帆は黒い」とトリスタンに告げてしまう。トリスタンは絶望して事切れ、到着したイズーもトリスタンの傍らで息をひきとる。

　おそらくは12世紀半ばまでにまとめられたトリスタンをめぐる物語は、現在のところその大部分がケルトの伝承に起源を持つとするのが通説である。トリスタンの名はピクト起源であり、ウェールズ語によるトライアッドには叔父マルクの妻エシルトに恋するドリスタンが登場する。またアイルランドに伝わり、その萌芽がおそらく9世紀にまで遡れる『ディアルミドとグラーニャの追跡』には、いくつもの共通するモチ

ーフが登場する。　　　　　（嶋﨑陽一）

ガウェイン　Gawain

アーサー王の甥にあたる円卓の騎士の一人。他の表記にゴーヴァン（Gauvain, フランス語），ガーヴァーン（Gawan, ドイツ語），ワルガヌス（Walganus, ラテン語）などがある。オークニー王ロトとアーサーの異父姉の子であり，弟にガヘリス，ガレス，アグラヴェイン，モルドレッドがいる。ケイやベディヴィアと並び，「円卓の騎士」創設以前に遡る古参メンバーの一人であり，ウェールズの伝承の中には，すでにその存在を確認することができる。アーサー王物語群最古の散文物語『キルフーフとオルウェン』（Culhwch ac Olwen）に登場するグワルフメイ（Gwalchmei）は，一般にガウェインの原型とされ，彼は冒険の旅から手ぶらで帰ることはない傑出した騎士として描かれている。争いごとに対しては，武力よりも華麗な弁舌で解決する優れた従者でもあった。また，正午まで徐々に力が増し，それ以降は弱まるという太陽神の特性を備えている。

12世紀以降，ジェフリー・オブ・モンマス（Geoffrey of Monmouth, c.1100-c.55）の『ブリタニア列王史』（Historia Regum Britanniae）を通して，ガウェインの武勇と名声はより広く大陸に知れ渡った。加えて，ローマでの幼年期から教皇による教育と騎士叙任など，ガウェインの生い立ちも綴られるようになる。しかし，太陽神の威光を背にした彼の初期の栄光は，時代を下るにつれ陰りを見せる。クレティアン・ド・トロワ以降のフランス語で書かれた物語や，それに影響を受けたトマス・マロリーの『アーサー王の死』（Le Morte Darthur）では，ランスロットやパーシヴァルなど他の騎士を引き立てる脇役に甘んじ，貴婦人への礼節を欠いた色好み（中世のジェイムズ・ボンドと形容されることもある），さらには裏切りや殺人を犯す残忍な騎士へと変貌もする。円卓の騎士の中でもガウェインほど，英雄から悪人までの両極の振り幅をもち，毀誉褒貶に富む騎士はいない。

とはいえ中世イングランドにおいて，ガウェインは人気を博した騎士であった。英詩の父ジェフリー・チョーサーは，ガウェインに対して「妖精の国より再来し古き礼節の鑑（かがみ）」と言及し，賛美している。また，14世紀から15世紀にかけて，ガウェインを主人公とする一連のロマンス群が書かれ，騎士と所縁の深いスコットランド境界線カンブリア地域において多くの冒険が繰り広げられる。ここでガウェインの「礼節」は物語の筋書き上，重要な役割を果たし，冒険の途で対峙する敵を味方へと取り入れる一種の魔力的な効果を発揮している。

中英語ロマンスの傑作『ガウェイン卿と緑の騎士』（Sir Gawain and the Green Knight, 14世紀終わり頃）では，ガウェインは冒険先の居城にて，彼の好色家として噂を耳にしている奥方に出会い，3日間の誘惑を受ける。「礼節」の模範である騎士が一転，主人への忠誠心や倫理観といった他の徳目と板挟みとなり，奥方への礼節を犠牲にせねばならないほどの極めて難しい状況に陥る。本作は，騎士である前に，生身の人間としての苦難，葛藤を鮮やかに描き出すという点で，従来の物語とは一線を画す実に興味深いガウェイン像の一端を提示している。

最近では，イギリスのブッカー賞作家カズオ・イシグロが本作にインスピレーションを受け，『忘れられた巨人』（The Buried Giant）を出版し，その中でガウェインの晩年を実に印象的に描いている。本作は，ブリトン人からアングロ・サクソン人へと島内の支配が移行するイギリスの重大な局面を扱った作品であるがゆえに，古代ケルトの神話伝承から中世イングランドで名声を得た騎士ガウェインの存在は必要不可欠であったに違いない。　　　　　（岡本広毅）

緑の騎士 the Green Knight

　中英語アーサー王物語の傑作『ガウェイン卿と緑の騎士』(*Sir Gawain and the Green Knight*, 14世紀終わり頃)に登場する全身緑一色の騎士。クリスマスのある日、アーサー王をはじめ宮廷人や騎士の集う宮殿に突如、緑色の馬にまたがり、片手に巨大な斧、もう片手に平和の象徴である柊の枝を携えた、これまた全身緑色の大男が闖入してくる。彼は「互いの首」を賭けたクリスマス・ゲームを楽しもうというなんとも数奇な提案をする。1年後、「緑の礼拝堂」とよばれる場所で同じ目に遭うことを条件に、先攻権をアーサー王陣営に与える。甥のガウェインが我こそはと前へ進み出て、緑の騎士の首を切り落とすが、首無き緑の騎士は切られた首を難なく拾い上げ、再度約束を確認した上で、キャメロットを後にする。1年後、ガウェインは約束を履行するため、一路「緑の礼拝堂」を求め冒険に出発する。

　本作を基にしたとされるバラッド版『緑の騎士』(*Green Knight*, 15世紀)においても緑の騎士は登場するが、こちらの作中では「衣服」が緑であることのみ記されている。しかし、本作ではそうした言及はなく、それゆえ騎士の鮮やかな緑は一層特異かつ強烈な印象を与えている。中世において、緑は生命の再生、若さ、青春、あるいは魔物、異界などを連想させる色であり、緑の騎士の正体に関しても民俗学的・神話学的見地から、植物神や太陽神、死神や悪魔などさまざまな解釈がなされる。特に、古代ヨーロッパの樹木信仰に由来するといわれる「グリーンマン伝説」との関わりが示唆されている。また、緑の騎士が提案する「首切り」による挑戦というモチーフは、中世アイルランドの物語『ブリクリウの饗応』(*Fled Bricrenn*)に遡り、本作との関連性が多く指摘される。首切りを仕掛けるク・ロイとクー・フリンのエピソードは、緑の騎士とガウェインの関係に一致し、古代ケルト文化の影響が色濃く見られる。

　本作で興味深いのは、一見モンスターのような大男の洗練された側面である。異様な佇まいと恐怖に反して、高価なマントや毛皮に意匠を凝らしたきらびやかな宝石、刺繍など、貴族文化の一面が垣間見える。肩や胸まで伸びている顎鬚は、肘のあたりで刈り揃えられ、その髪が上腕を覆い隠すしなやかなしぐさは、「王が首に羽織るケープ」のようであるとまで喩えられる。

　緑の騎士は極めて複合的かつ暗示的な性質を帯び、野蛮と文明、敵と味方、善と悪といった二元論的価値観に収まりきらない存在である。その表象に込められたメッセージの受け取り方、そして感じ方を、アーサー王宮廷人、当時の聴衆、そして現代の我々個々の想像力に委ねているということが、緑の騎士最大の魅力のように思われる。
　　　　　　　　　　　　　　　(岡本広毅)

聖杯の探索 the quest of the Holy Grail

　聖杯はその初めて登場するクレティアン・ド・トロワ(Chrétien de Troyes, c. 1130-c. 1185)の『聖杯の物語』(*Le Conte du graal*, 1180年代)以降、すべての騎士道物語において、いちど姿を現して後失われるものであり、騎士たちは再び聖杯にめぐり合うべく探索の旅に出立する、とされる。しかし、中世より書き継がれた物語群をつぶさに見ていくと、聖杯探索の旅にはそれぞれに異なるニュアンスが付与されている。

　クレティアンの『聖杯の物語』では、主人公ペルスヴァル(フランス語、英語でパーシヴァル)は「聖杯について、それが誰に食事を供するのかを知るまでは」遍歴をやめないとアーサー王宮廷で誓いをたてる。それがヴォルフラム・フォン・エッシェンバッハ(Wolfram von Eschenbach, c. 1170-c. 1220)の『パルツィヴァール』(*Parzival*, 13世紀前半)においては、パルツィヴァール(ドイツ語)の誓いは「再び

VIII　ケルト圏文学 I　　初期・中世

アーサー王の騎士たちは聖杯の探求に成功した。
円卓の騎士たちの眼前で輝く聖杯の図

聖杯を目にするまでは、喜びを感じることはない」という言葉に変わる。13世紀前半にフランス語で書かれた『ランスロ＝聖杯』(Lancelot-Graal) 物語群の一部を成す『聖杯の探索』(La Queste del Saint Graal) においては、白い布に覆われたかたちで聖杯が円卓に顕現したのを受けて、ゴーヴァン (フランス語、英語ではガウェイン) が「もし見ることが許されるのであれば、ここで見た以上にはっきりと聖杯を見ることができるまで、宮廷には戻らない」と円卓の騎士みなを代表して誓約する。やはり13世紀に書かれた散文物語『ペルレスヴォー』(Perlesvaux) のみが、探索の旅の目的を「聖杯を獲得すること」としている点には注目すべきであろう。

　他方、聖杯探索の旅は誓いをたてた者すべてに対して開かれている訳ではない。クレティアンやヴォルフラムにおいては、そもそも誓いをたてたのが、漁夫王の血縁にあたるペルスヴァル（パルツィヴァール）ただ一人であった。『聖杯の探索』では、円卓の騎士全員が探索の旅に出るものの、父母双方から聖杯の騎士たるべき資格を継承し、円卓の「危険な座」の試練も我がものとした「よき騎士、完全なる騎士」ガラアド（フランス語、英語ではガラハッド）が探索における成功者であることは、旅の始まりより明白である。『ペルレスヴォー』は探索が誰に対しても開かれているように述べているが、全編の序として「よき騎士」ペルレスヴォー（フランス語、パーシヴァルの異名）が漁夫王の甥であることが明らかとされており、彼が異教徒の手に落ちた聖杯城を奪還し、城の王の地位を手に入れるべき者であることが暗示されている。

　そうなると探索の旅自体も、作品によっては別の意味を帯びてくる。『パルツィヴァール』での主人公の旅は、自らの過ちのために漁夫王とその領土を救済できなかったことに対する悔悛の日々であった。また『聖杯の探索』では、ガラアドの旅はアーサー王の領土に出現する数々の冒険のすべてに結末をつけ、未解決の不思議をひとつも残さないためのものと解釈される。聖杯探索の旅は、どこにあるとも分からぬ聖杯をひたすら探し歩く旅ではないのだ。

（嶋﨑陽一）

漁夫王　the Fisher King　F le Roi Pêcheur
　1180年代に書かれたクレティアン・ド・トロワ（Chrétien de Troyes, c. 1130–c. 85）の韻文物語『聖杯の物語』(Le Conte du graal) に初めて登場する。いくつかの作品中では「傷ついた王」(Roi Méhaignié) とも呼びならわされる。

　『聖杯の物語』での漁夫王は、戦いにおいて投げ槍を身に受けて両脚の間に深い傷を負い、助けなしには歩くことができなくなった。また王の負傷と共に、その領地は荒廃してしまった。物語の主人公パーシヴァルと出会ったとき、王は舟に乗って釣りをしており、彼を自分の城に泊まるようにと招待する。その城での晩餐の最中、血の滴る槍と銀の肉切り皿（本文中では「グラアル」(graal) とよばれる）を掲げた者たちが目の前を行き来するが、パーシヴァルはその槍がどこから来たのか、肉切り皿は

誰に食事を供するのかを尋ねようとはしなかった。このとき2つの質問を彼が口にしていれば，漁夫王は傷が癒え，その領地も繁栄を取り戻すはずであった。

クレティアンは漁夫王をパーシヴァルの従兄弟としている。ロベール・ド・ボロン（Robert de Boron, 12世紀末-13世紀初頭）の『聖杯の由来の物語』（Le Roman de l'Estoire dou Graal）によれば，漁夫王はアリマタヤのヨセフの義弟である。『ランスロ＝聖杯』（Lancelot-Graal）物語群は漁夫王をヨセフの血筋とし，ペレスという名を与えている。また同物語群中の『聖杯の探索』（La Queste del Saint Graal）および後流布本物語群では，「傷ついた王」は漁夫王ペレスの父親ペリノールのことで，彼はガラハッド以外触れてはならない剣に触れたために傷を負ったのであった。アーサー王物語の諸作品において漁夫王の設定はさまざまであり，それらをまとめたマロリー（Thomas Malory, c. 1405-71）の『アーサー王の死』（Le Morte d'Arthur）では，漁夫王に関連付けられる登場人物が複数存在する。

ケルトの伝承には，漁夫王の起源とみなし得るキャラクターが存在する。『マビノギオン』第二の枝に登場する，戦で負傷しながらも首だけとなって生き延びたベンディゲイドヴラーン（祝福されたブラン）や，海と漁の神であり，医療の神でもあるノーデンスなどである。

王が身体の自由を失ったことで領土が荒廃し，彼の回復が再びの繁栄を招くというモチーフには，豊穣と不毛が交替する四季の循環のイメージが見てとれる。また12世紀末に書かれたウォルター・マップ（Walter Map, c. 1140-c. 1210）の『宮廷閑話集』（De nugis curialium）には，アルモリカ地方の伝承として，王が宮刑に処されたためにあらゆる動物が子を成さなくなったという話が記載されている。　　　　（嶋﨑陽一）

ガラハッド　Galahad　F Galaad

フランス語でガラアド。アーサー王宮廷の円卓の騎士の一人。13世紀前半にフランスで書かれた『ランスロ＝聖杯』（Lancelot-Graal）物語群の第1作にあたる『散文ランスロ』（Lancelot en prose）に初めて現れる。

『ランスロ＝聖杯』によれば，騎士ランスロット（Lancelot, フランス語でLancelotはランスロ）は武勲に優れるばかりでなく，聖杯をブリタニアの地にもたらしたアリマタヤのヨセフに連なる血筋を持ち，聖杯の探索を成就する資格を持っていたが，アーサー王の妃グウィネヴィアとの不倫の愛ゆえにその資格を失ってしまった。コルブニック城の城主であり，聖杯の継承者であったペレス王は，自らの娘（『散文ランスロ』ではアミートあるいはエリザベル）とランスロットの間に生まれる子こそが，新たに聖杯の守護者となることを予知し，その子を授かるための計略をめぐらした。

すなわち，ランスロットは幻覚を催す飲み物を与えられ，ペレス王の娘をグウィネヴィアと取り違えて彼女と交わった。このときに彼女が宿したのがガラハッドである。相手をグウィネヴィアであると信じ込んでいたランスロットは，妃への忠誠に背いた訳ではない。またペレス王の娘は，肉欲からではなく，聖杯の継承者によって領土に再び繁栄を取り戻すことを願ってランスロットを受け容れた。したがって生まれてくる子ガラハッドは，一切の罪を免れてこの世に生を受けたとされる。またペレス王もアリマタヤのヨセフの血統に連なるため，ガラハッドは父母双方から聖杯の騎士たる資格を受け継いでもいる。

『散文ランスロ』に続く散文物語『聖杯の探索』（La Queste del Saint Graal）において，ガラハッドは父ランスロットの手で騎士に叙任され，アーサー王の宮廷を訪れて，円卓にあって誰も座ることのできなかった「危険な席」に座を得て，円卓の騎士の一

員となる。その後宮廷に聖杯が姿を現したのを受けて、聖杯の真実を知るまでは宮廷に戻らないとの誓いをたて、他の円卓の騎士たちと共に聖杯探索の旅へと出立した。

遍歴の後ガラハッドは、パーシヴァルやボーズと共にコルブニック城に辿り着いて聖杯の継承者となり、聖杯を携えて舟でサラスへと赴き、その地の王位を受け継ぐ。1年後、ガラハッドは聖杯の秘密を知る恩恵に浴し、そのまま天へと上げられる。

(嶋﨑陽一)

パーシヴァル Parcival ［F］Perceval ［Ger］Parzival

フランス語でペルスヴァル、ドイツ語でパルツィヴァール。アーサー王物語群に登場する騎士の一人。

ウェールズの人パーシヴァルの名は、12世紀フランスの作家クレティアン・ド・トロワの『エレクとエニード』(*Erec et Enide*, c. 1170)に初めて登場する。その後クレティアンは最後の作品となる『聖杯の物語』(*Le Conte du graal*, 1180年代)で彼を物語の主人公に据えた。

『聖杯の物語』によれば、過保護な母親のもと、世間はおろか自分の名前すら知ることなく成長した少年パーシヴァルは、ある日通りかかった騎士に魅せられ、自らも騎士となるために母親の制止も聞かずに家を出て、アーサー王の宮廷に赴く。彼は折から宮廷を悩ませていた「朱色の騎士」を倒し、その鎧を得て遍歴の旅へと出立する。

旅の途上でパーシヴァルは足の不自由な漁夫王と出会い、彼の城へと導かれる。そこでの晩餐のさなかに血の滴る槍とグラアルとよばれる銀の肉切り皿(聖杯)を掲げた者たちが再三目の前を通るのを目撃するものの、彼はその槍の由来も、グラアルが食事を供する者の素性も尋ねることができなかった。翌朝彼が目を覚ますと城はもぬけの殻となっていた。

直後にパーシヴァルは真実を知らされる。彼が槍とグラアルについての2つの問いを口にすれば、漁夫王の傷は癒え、彼の領土は再び繁栄を取り戻すはずであったのだ。

『聖杯の物語』は未完に終わったが、その後4人の作家によって書き継がれた続編や、ロベール・ド・ボロンの名を冠せられた散文物語『ペルスヴァル』(*Perceval*)、やはり散文の長編物語『ペルレスヴォー』(*Perlesvaux*, 以上フランス語)、またドイツ語韻文によるヴォルフラム・フォン・エッシェンバッハ(Wolfram von Eschenbach, c. 1170-c. 1220)の『パルツィヴァール』(*Parzival*, すべて13世紀前半の作)は、それぞれにパーシヴァルが再び漁夫王の城を訪れ、聖杯を継承する結末を描いている。

他方、13世紀前半に書かれたフランス語による『ランスロ=聖杯』(*Lancelot-Graal*)物語群では、聖杯を継承するのはガラハッドとされる。

ウェールズ語で伝えられる『マビノギオン』中の「ペレドゥルの物語」と、14世紀後半に中英語で書かれた物語『ウェールズのパーシヴァル卿』は、かつてクレティアン以前のパーシヴァル伝承を伝えるものと見なされたこともあったが、現在ではそれらをクレティアンの作品に想を得たものとするのが通説である。

(嶋﨑陽一)

マーリン Merlin

アーサー王伝説に登場する賢人。6世紀後半に実在したとされるウェールズの戦士と詩人を主なモデルとしつつ、やがて予言や変身の術も操る魔法使いとして描かれるようになった。

マーリン(ラテン語ではメルリヌス、ウェールズ語ではマルジン)という名は12世紀前半に執筆された、ジェフリー・オブ・モンマス(Geoffrey of Monmouth, c.1100-c.55)の『ブリタニア列王史』(*Historia Regum Britanniae*)に初めて現れる。彼は夢魔を父とする不思議な少年で、予知能力

を持っていた。マーリンは建設中の塔の下で戦っている2頭のドラゴンがブリトン人とサクソン人を表していることを見抜き，王国の未来を予言する。また巨石ストーンヘンジをアイルランドから運んだのも，アーサーの受胎を手助けしたのも彼だとされる。

12世紀後半から13世紀初頭の文人ロベール・ド・ボロンは，この不思議な人物の生涯を詳しく記した。悪魔たちは自らの手先として，過去に関する知識を持つ赤子マーリンをこの世に送り出す。しかし母が信心深い女性であったために，神から未来を知る能力も与えられたマーリンは，その知識を善行に役立てる。彼はアーサーの父に円卓を作らせ，騎士パーシヴァルを聖杯へと導くのである。

だが，13世紀初めのフランス流布本サイクルは，マーリンを悪魔の息子として扱った。彼はその邪悪さゆえに愛する乙女ヴィヴィアンに疎まれ，自らが教えた魔法により幽閉されてしまう。その後の作品でもマーリンの毀誉褒貶は激しく，たとえばアルフレッド・テニスンの『国王牧歌』(Idylls of the King) では叡智を体現する老人として登場するものの，妖女ヴィヴィアンに籠絡され命を失う。またマーク・トウェインの『アーサー王宮廷のコネティカット・ヤンキー』(A Connecticut Yankee in King Arthur's Court) は，主人公が駆使するアメリカ最新の科学技術と対比させる形でマーリンの魔術を怪しげなものとして描いている。そしてT. H. ホワイトの『永遠の王』(The Once and Future King) におけるマーリンは良き教育者であり，魔法を使って少年アーサーにさまざまな経験を積ませる。

近年でも英国やフランスなどで，彼を主役とするテレビドラマが制作されている。マーリンは今なお根強い人気を誇るキャラクターなのである。　　　　　（小宮真樹子）

モルガン・ル・フェ　Morgan le Fay

アーサー王物語に登場する妖精の中でも最も影響力ある存在。名前に付与された"le fay（fée）"という肩書きは，モルガンの異界の妖精としての起源を示唆するが，ロマンス作家たちによって魔術に通じた人間女性へと合理化される過程を辿った。

モルガンの名前が最初に言及されるのは，ジェフリー・オブ・モンマス（Geoffrey of Monmouth, c.1100-c.55）の『マーリン伝』(Vita Merlini, c.1150) であり，異界の面影の濃い至福の「林檎の島」の9人の乙女の長とされている。美しく，変身や飛行の術，あらゆる薬草の効能に通じ，カムランの戦いの後，傷ついたアーサーをこの「林檎の島」（アヴァロン）で治療する。モルガンの起源については，『マーリン伝』における"Morgen"という名前のスペリングから，ウェールズ語で「海で生まれた」の意であるという説や，アイルランドの三相の女神モリガン（Mórrígan），ウェールズの女神モドゥロン（Modron）にその起源を求める説などがあるが，少なくともケルト語圏

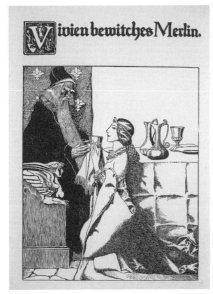

魔術師マーリンと湖の妖精ヴィヴィアン（ニムエ）

の伝承にルーツがあるという前提は共有されている。

モルガンが「妖精」とよばれるのは、クレティアン・ド・トロワ（Chrétien de Troyes）の『エレックとエニード』（Érec et Énide, c.1170）においてが最初である。しかしこの作品では、モルガンはその肩書きに反して、アーサーの姉で魔術に精通し魔法の軟膏を調合できる「人間」の女性とされている。この時期までにモルガンは「妖精」としての評判を確立しており、ロマンス作家によって合理化・人間化されたとはいえ、同時に妖精が持つ力の数々—驚異を働く力、幻影を紡ぐ力、癒しの力、普通の人間の限界を超えたことを行う力など—をある程度は保持していたと考えられる。中英語ロマンス『ガウェイン卿と緑の騎士』（Sir Gawain and the Green Knight）では"Morgne la Faye"および"Morgne þe goddes"と言及され、珍しく醜い老婆として描かれている。モルガンに付与された要素は非常に多岐にわたっているが、グウィネヴィアへの敵意から派生してアーサー王およびその宮廷に対して挑み、さまざまな試練を課すことによって物語を動かす点は、広くアーサー王物語におけるモルガンの主要な役割となっている。　　　　　　　　　　（辺見葉子）

湖の貴婦人　the Lady of the Lake　F La Dame du Lac

「湖の貴婦人」は複数のアーサー王物語の中に登場する妖精の貴婦人で、ニミュエ（Nimue）、ニニアン（Ninianne）、ヴィヴィアン（Viviane）などとも同一視されている。

「湖の貴婦人」は、戦争で国を追われ夫王の死で危機に瀕した母親の元から赤子のランスロット（Lancelot）を連れ去り、親に代わって養育する役割を担う。高地ドイツ語で書かれたウルリッヒ・フォン・ツァツィクホーフェン（Ulrich von Zatzikhoven）の『ランツェレット』（Lanzelet）は、ランスロットの幼少期に関する初期のテクストと見なされているが、この作品で彼女は湖と強固な壁で守られた、乙女たちのみが住まう常春の楽園を治めている。怒りや憎悪や侮蔑がないこの国の水晶の丘の上に建つ美しい城で、「湖の貴婦人」は幼子ランツェレットを15歳になるまで名も素性も明かすことなく育てる。彼女はまた、ランスロットがアーサーの円卓の騎士となってからも、彼の狂乱を癒すなど保護者の役割を続け、モルガン・ル・フェの対極にあってアーサーの騎士たちを守る立場をとる。アイルランドの航海譚に登場する異界の楽園描写や、英雄譚で主人公の訓練・養育に関わる異界の女性との共通項から、「泉の貴婦人」はケルト語圏伝承の伝統を汲むものと見なされている。

後期流布本版『メルラン続伝』（Huth Merlin/Suite du Merlin）とマロリー（1415/18-1471）の『アーサー王の死』（Le Morte Darthur, 1485）では、アーサーは湖の中から現れ出た（湖の貴婦人のものと思われる）手の持つ剣を受け取っており、エクスカリバーは一貫して最後には湖に投げ入れられている。

ニミュエ（ニニアン、ヴィヴィアン）はブルターニュの森の乙女で、森の泉のほとり（またはアーサーの宮廷）でマーリンと出会い、彼の彼女への盲目的な愛情を利用してその魔術の技を学び、ついには彼から学んだ魔法によって眠りをかけ永遠に幽閉してしまうという物語と結びついている。幽閉場所は空気の城、洞窟、墓などで、『メルラン続伝』やマロリーなどのように、マーリンへの嫌悪感が幽閉の動機とされている場合もある。ニニアンも中世ロマンスで森の泉のほとりに出没する泉の妖精の様相を共有しており、水に囲まれた異界の楽園の支配者「湖の貴婦人」との同一視も見られる。　　　　　　　　　　　　　（辺見葉子）

エクスカリバー　Excalibur

アーサー王の名剣の名。ジェフリー・オ

アーサー王伝説・文学

ブ・モンマス『ブリタニア列王史』ではCaliburnus（ラテン語），ヴァース『ブリュ物語』ではChaliburn, Calibore, Caliburne, Caliburn（アングロ＝フレンチ），ラハモン（ラヤモン）『ブルート』ではCalibeorne（英語），英頭韻詩『アーサーの死』ではCaliburnと綴られ，ラテン語の「鋼」chalybsからきていると考えられる。「カリバーン」として知られ，魔法の島アヴァロンで鍛えられた。アイルランドの『クアルンゲの牛捕り』でフェルグスが振るう剣カラドコルク（Caladcolc）／カラドボルグ（Caladbolg）と同一視される。ウェールズの『マビノギオン』中の「キルフーフとオルウェン」ではカレドヴルフ（Caledfwlch）で，アーサーが人には譲れないものの一つとして挙げている。この名は「硬い」caledと「V字の刻み目」bwlchから成るとされる。ロバート・マニングは『年代記』(1338)で，カリバーンの刃の長さは10フィートで，1191年にリチャード1世がシチリアのタンクレドと和解した際，「グラストンベリー修道院で発掘された」「アーサーが愛用した名剣カリバーン」を与えたと記している。

13世紀初頭，ロベール・ド・ボロン『メルラン』でキリスト教と結びつき，石の上の鉄床（かなとこ）に刺さった剣が登場するが，名はない。剣には，「石から剣を抜いた者はイエス・キリストに選ばれし王となる」という銘があった。13世紀の流布本『メルラン物語』では，アーサーが石から抜いた剣はエスカリボール（Escalibor）である。その意味は「鉄も鋼も木も断ち切る」である。アーサーが敵対諸侯との戦いで抜くと，剣は2本の松明（たいまつ）が灯ったかのような強い光を放った。雷の属性を持つと考えられる。アーサーはガウェインを騎士に叙任した際，この剣を自ら甥に佩用（はいよう）させた。12世紀末クレティアン・ド・トロワ『ペルスヴァルまたは聖杯の物語』と流布本『ランスロ本伝（散文ランスロ）』では，ガウェインがエスカリボールを身につけている。『本伝』では，

アーサー王の命により名剣が湖に投げ込まれると，湖水から手が現れて柄を握り，水中に没してゆく

ガウェインがランスロットに貸し与えた。流布本『アーサーの死』では，ランスロットと戦う際にガウェインはこの剣を振るう。15世紀の写本で残るウェールズの『アーサーの誕生』ではカレトヴルフ（Kaletvwlch）という剣をアーサーは石から抜く。

13世紀の『続メルラン』で，水から得た剣の話が登場する。アーサーは石から抜いた剣を折ってしまい，マーリンに連れられて来た湖で，水中から突き出た手からエスカリボールと鞘を手にいれる。マーリンは，剣よりも鞘の方が身を守ってくれて10倍も大事だと忠告するが，アーサーは姉のモーガンに盗まれてしまう。

15世紀のマロリー『アーサー王の死』では，アーサーが石から抜いた剣エクスカリバーを諸侯との戦いの際引き抜くと，松明30本分の明るさで敵の目を射抜いた。これが折れた後，アーサーは新たに湖の姫からエクスカリバーを手にいれる。『ペルスヴァル』に，折れた剣を湖の水に浸して元どおりに鍛え直せる，という話があるので，エクスカリバーもそのようにして再生したのかもしれない。

最終決戦で致命傷を負ったアーサーは，エクスカリバーを湖に返すよう命じる。そ

の任務はマロリーとスタンザ詩『アーサーの死』ではベディヴィア，流布本『アーサーの死』ではジルフレ，14世紀イタリアの『円卓』では従者，14世紀の英詩『三世代の議論』ではガウェインに与えられる。この挿話の起源はおそらく『ロランの歌』の散逸版で，ドイツ語の『カル大帝サガ』および『ランサスヴァルス』に描かれた話からきていると思われる。　（小路邦子）

アヴァロン　L Insula Avallonis　E F Ger Avalon

アーサー王がカムランで負った傷を癒すべく運ばれた，異界の楽園の島としてのアヴァロンは，ジェフリー・オブ・モンマス（Geoffrey of Monmouth, c.1100-c.55）の『ブリテン列王史』（Historia Regum Britanniae, ラテン語，12世紀）が初出でInsula Avallonisとよばれ（第11巻，2章），カリブルヌス（Caliburnus：エクスカリバーのラテン語名）もここで鍛造されたという（第9巻，4章）。同じくジェフリーの『マーリン伝』（908-940行）では，9人の乙女の長モルゲン（モルガン・ル・フェと同一）が治める「至福の島とよばれる林檎の島」（Insula Pomorum, quae Fortunata vocatur）とされる。ジェフリーの描写は，西方の「至福の島」に関する古典伝統を汲む一方で，ケルト語伝承に根ざしたものであると見なされている。その根拠として，中期ウェールズ語の『アヌーヴンの略奪』，さらに遡って紀元1世紀のポンポニウス・メラが記す，9人の異界の乙女の存在が示唆する，ケルト語圏で共有された神話的様相が挙げられる。また同様の共通観念として，林檎と異界の楽園の島との関連がある。『ブリテン列王史』のウェールズ語訳では，アヴァロンが「林檎の島」（Ynys Avallach）と訳されているが，これはアイルランド語の伝承におけるエヴィン・アヴラハ（Emain Ablach）という名称にも呼応する。『ブランの航海』に登場する異界の女もエヴィン・アヴラハの林檎の木の小枝を手にしており，ジェフリーが「林檎の島」と説明したアヴァロンの，ケルト語伝承起源説に寄与すると見なされる。

12世紀末のイングランドでは，アヴァロンがグラストンベリーと同一視されるという展開を見る。「高名なるアーサー王ここアヴァロンの島（insula Avalonia）に埋葬され，在り」という文字が記された十字架が，グラストンベリー修道院でアーサー王と王妃の棺の下から発掘されたとされ，ギラルドゥス・カンブレンシスらの支持を受けて，このアヴァロン＝グラストンベリー説は広まった。グラストンベリー修道院の財政難，またコーンウォールやブルターニュで根強かった，アーサー王のアヴァロンからの帰還伝説に終止符を打とうという政治的意図を背景とした捏造と考えられている。　（辺見葉子）

北欧のアーサー王　the Arthur of the North

北欧語圏へのアーサー王物語の伝播にあたっては，ノルウェー王ホーコン4世（Hákon Hákonarson, 1204-63 在位1217-63）の果たした役割が大きい。ホーコン4世は在位中，いくつかのフランス語の文学作品の自国語への翻案を命じたが，それらホーコン4世が翻案を命じた作品にはトマの『トリスタン』やクレティアン・ド・トロワの『イヴァン』などが含まれる。これらトマの『トリスタン』，クレティアンの『イヴァン』が原典とされる作品は，いずれもホーコン4世の命によるノルウェー語への翻案の後，さらにアイスランド語へと翻案され，それぞれ『トリストラムとイーセンドのサガ』（Tristrams saga ok Ísöndar），『イーヴェンのサガ』（Ívens saga）とよばれる作品となって今日まで遺されている。サガ（saga）とは主として12-14世紀にアイスランドで書き記されたとされる散文の書物である。なお，『エレクスのサガ』（Erex saga）とよばれる作品はクレティアンの『エ

レクとエニッド』が原典とされ，『パルセヴァルのサガ』(*Parcevals saga*) および『ヴァルヴェンの話』(*Valvens þáttr*) とよばれる作品は，それぞれクレティアンの『ペルスヴァル』の前半部分と後半部分が原典と考えられている。これらの作品についても，ホーコン4世の治世下かどうかにかかわらず，ノルウェー語への翻案の後，アイスランド語に翻案されたとの見方が一般的である。なお，ここで挙げた作品群はいずれも当初の翻案とされるノルウェー語の写本は遺されておらず，アイスランド語による写本によってのみ今日まで伝承されている。

一方，アイスランド語へと翻案された作品のうち，ジェフリー・オブ・モンマス (Geoffrey of Monmouth *c*. 1100-55) の『ブリタニア列王史』(*Historia regum Britanniae*) に含まれることになる『メルリヌスの予言』が原典とされる『メルリーヌースの予言』(*Merlínússpá*) および『ブリタニア列王史』が原典とされる『ブリトン人のサガ』(*Breta sögur*) とよばれる作品は，いずれも1200年頃にアイスランドでジェフリーのラテン語の作品から直接アイスランド語に翻案されたと考えられている。

これらアイスランド語の作品は，原典とされる作品に比較的豊富に見られた登場人物の心理描写や独白，物語から離れたところでの語り手のコメントなどが削除された，アイスランドのサガ特有の簡潔な文体が特徴であるが，物語に関しては原典とされる作品から比較的忠実に継承されているケースが多い。しかし，トリスタン伝説を扱ったものでは，前出の『トリストラムとイーセンドのサガ』の内容が古典的なトリスタン物語であるのに対し，14世紀あるいは1400年頃にアイスランドで成立したとされる『トリストラムとイーソッドのサガ』(*Saga af Tristram ok Ísodd*) とよばれる作品は，他言語圏のトリスタン物語には見られない喜劇的な要素がふんだんに盛り込まれ，古典的作品のパロディーとの解釈も存在するなど，アイスランド独自の文化的・社会的影響が色濃く反映した作品である。

この他に，北欧語圏でアーサー王物語に題材を取った作品としては，ホーコン4世の治世下でフランス語からノルウェー語に翻案された，半数ほどがマリ・ド・フランスの作とされる複数の短詩 (lai) のうちの2編 (アーサー王伝説およびトリスタン物語に題材を取った作品が1編ずつ。この2編についてはいずれもフランス語原典はマリ作による)，クレティアンの『イヴァン』のスウェーデン語翻案 (1303年)，トリスタン物語を扱ったデンマーク語のバラッド2作品 (16-18世紀) や民衆本 (1770年代)，およびそのデンマーク語民衆本のアイスランド語翻案 (18世紀後半-20世紀初頭) などがあり，さらにフェロー語 (フェロー諸島の言語) のバラッドにはトリスタン物語に題材を取ったものが1編，アーサー王伝説などに題材を取ったバラッド・サイクル1点が存在する (18後半-19世紀に採録)。

（林　邦彦）

IX　ケルト圏文学II　近現代

18世紀のアイルランド語詩

18世紀のアイルランド語詩　Gaelic poetry of the 18th century

　18世紀のアイルランド語詩の多くは大衆詩とよばれるものである。それは、ゲール族長の血を引く有力者やアイルランド貴族がイギリスに領地を没収され、アイルランド語文化を支えてきた支配階級の没落が加速化したことで、18世紀の後半には、庇護者を失った職業詩人たちは生活の糧を失い、苦難を迫られ、アイルランド語を取り巻く環境が変わったことによる。

　音節に基づく古典詩に取って代わったのは、口語を反映した「強勢詩」である。新しい社会では、詩を作るのも詩を聞き読むのも、それまでの支配階級ではなく、旅回りの詩人や農民や農業労働者など主に下層階級の人びとであった。これら大衆詩の多くは朗誦されるものであり、人びとの伝承に頼ったため、忘れ去られる運命にあった。1720年頃から1830年頃にかけてマンスター地方で流行った「〜という事実に基づき」という法律用語で始まる「召喚状」の形式を取った風刺詩のように、文字化されたものの忘れ去られたものも多くある。

　詩を含むアイルランド語による文学の衰退を憂慮し、それらを文字に書き留める上で大きな働きをしたのはシャーロット・ブルック（Charlotte Brooke, c.1740-93）であった。『遺されたアイルランド語詩選集—英雄詩、頌歌、哀歌と歌謡』（*Reliques of Irish Poetry: Consisting of Heroic Poems, Odes, Elegies and Songs*, 1789）を編み、アイルランド語による詩に英訳をつけ、英語による説明や注を加えた。アイルランド語の原詩も本の最後に掲載されている。採録された歌謡には、たとえばハープ奏者で盲目の旅回りの詩人ターロッホ・カロランによる「グレイシー・ニュージェントに寄せる」（'For Gracey Nugent'）と「メイブル・ケリーに寄せる」（'For Mabel Kelly'）なども収録されている。

　18世紀には、大きな歴史的、社会的変化の中でアイルランド語詩は衰亡の一途を辿ってはいたものの、文学的に見れば特筆すべき点が3つある。第1に、18世紀初めのエーガン・オラハリャ、そして半ば頃のオーン・ルーァ・オスーリャヴォーィンという後に18世紀最大の詩人とよばれることになる2人を挙げることができる。8世紀以来受け継がれてきたアシュリングとよばれるジャンルの詩の特徴である、詩人が美しい女性に遭遇するという型が、18世紀には、美しい女性が外国人によって蹂躙され苦境に落ちたアイルランドの寓意として描かれることが多くなっていた。そして、アイルラ

ンドが圧政から救われ，正統な主権の復活を希求するという政治的アシュリング詩が数多く書かれた。政治的アシュリング詩は型にはまったものがほとんどであったが，この2人の優れた詩人たちによってその全盛期を迎えることになった。この2人は政治的アシュリング詩で有名ではあるが，それぞれにこのジャンルだけに留まらない詩を数多く残している。エーガン・オラハリャには，「オキャラハーィンの法廷」('Cúirt Uí Cheallacháin')，「良き牧師から盗まれた雄鶏」('Ar choileach a goideadh ó shagart maith')，「ヴァリンティーン・ブルン」('Vailintín Brún')などがあり，どうにもならない社会変化に対する絶望感と皮肉や揶揄そしてある種の諦観を交えた詩は評価が高い。オーン・ルーア・オスーリャヴォーィンは，「心の友よ」('A Chara mo Chléibh')と題する詩を始め，人間性と洞察に優れた詩が高く評価されている。

第2の点は，1780年にはアイリーン・ドゥヴ・ニホナルによって書かれたとされる哀歌「アルト・オリーレの哀歌」('Caoineadh Airt Uí Laoghaire')が作られたことである。この詩は，人びとの前で詩歌を詠んで死を悼むという，あくまでも個人的感情を抑える公的な行為であるアイルランド語詩の伝統精神に則りながらも，個人的な悲哀を描きだすことに成功しており，現在でも非常に高く評価されている。

最後に，1780年に物語詩『真夜中の法廷』(Cúirt an Mheon-Oíche)がブライアン・メリマン(Brian Merriman, c.1749-1805)によって書かれたことである。アイルランド語詩の至宝ともいわれるこの作品は，伝統的な文学精神を受け継ぎながら，同時代の社会を忠実に反映させており，さらには，その批判精神とユーモアを通して普遍的な価値を見据える力を内包している作品である。18世紀の後半にこのような文学的な高い価値を持つ詩が書かれた背景には，アイルランド語詩の衰亡を憂い，古典詩の伝統

を学び継承しようとしたメリマンと彼の同時代人たちによる「詩人の会議」(Cúirt Éigse)という活動の存在がある。

(春木孝子)

『真夜中の法廷』　Ir Cúirt an Mheon-Oíche

The Midnight Courtと英訳され，数多くの英訳も出版されている。1780年にブライアン・メリマン(Brian Merriman, c.1749-1805)によって書かれた1014行にわたる物語詩。ケンブリッジ大学に現存する詩人の自筆原稿から定本がオ・ムルフー(Liam P. Ó Muruchú)により出版されている。

物語全体は，詩人が夢の中で体験したことを語るという枠組みをとっている。その夢は，妖精の女王が開く法廷で結婚問題を抱えた若い女性が原告となり，意見陳述をし，被告，そして再び原告という順番で丁丁発止のやりとりが繰り広げられ，最後に妖精の女王により裁決が下されるというもの。傍観者として法廷に臨んでいた詩人もまた裁決の対象として被告席に引き立てられ体罰を下されそうになり，夢から覚める。夢から覚めた詩人はすべてを語り終えて筆をおく。

18世紀のアイルランドが抱えていた社会格差，聖職者の貞節の誓いと私生児の問題，独立が夢物語にすぎなくなっているのに政治的アシュリング詩が作られ続けていることなどをやり玉にあげているが，その鋭い批判をユーモアにあふれた形で表現していることが，この詩の大きな特徴である。社会描写はその多彩な言葉使いで精密で的確であるが，何よりも抑揚に富むリズムがこの詩の面白さを支えている。18世紀アイルランド語詩の至宝ともよばれ，多くの詩人や劇作家などに影響を与えている。

詩は，人生に疲れ果てて心身を休めるために詩人が野山を逍遙する牧歌的な描写で始まる。周りの景色に心慰められ，うとうとしたところに，突然嵐が吹き荒れ，恐ろ

しげな姿をした巨大な女が出現する。正当な権威を持つ法廷を開く妖精の女王の使いであるというこの大女に引っ立てられて詩人は法廷に赴く。

法廷場面は，原告の若い女が未婚で生活に困窮している状況を裁判長である妖精の女王に訴え出ることで始まる。容姿にも恵まれ，あらゆる努力をしてきたのに，亭主をもてず家も家族も喜びも得られないままに，老いと死を迎えるという恐れから救って欲しいと，その女は訴える。

次の場面では，老人の男が被告として証言する。着飾る原告の若い女の金の出所を追求し，身持ちの悪さを持ち出して原告をあばずれ呼ばわりする。そして，夫を裏切る妻をもつ隣人の話と，自分も若い妻に裏切られたことを持ち出して，男を結婚という規則で破滅させるなと言う。この老人は婚外関係で産まれた「自由の子」の方が自然の摂理に従ったものであるし，健康そのもので見目麗しい「自由の子」が実際には世の中に沢山いるのだからと，結婚を廃止してほしい理由としてあげ，証言を終わる。

男の証言に原告の若い女が抗議し，再度証言する場面が次に続く。老人の若妻のあやまちの責任は，夫として不能な老人の方にあると反論する。アイルランドでは老人しか若い女と結婚しない有様なのに，若く精力溢れる聖職者たちが貞節の誓いに縛られ結婚できない。自分のような若い女が未婚で一生を終えるという状況から救い出してほしいとさらに訴える。

両方の言い分を聞いた妖精の女王は裁定を下す。それは，女たちのために21歳になっても結婚の軛に縛られていない男には体罰を加えるという法を制定するというもの。聖職者に関してはローマの委員会からの正式な許可がでて，教皇のお墨付きが与えられる日が，いつの日か来ると予言する。妖精の女王が退廷すると，傍観者であった未婚で30歳の詩人が被告席にひったてられる。原告の若い女が，法廷で下された裁定を実行に移し，詩人に体罰を与えるようにと女たちを焚きつける。裁定が正式に法令となり，詩人は体罰を受けそうな際どいところで夢から覚めて詩は終わる。

18世紀の後半にこのように文学的に高い価値を持つ詩が書かれた背景には，アイルランド語詩の衰亡を憂い，古典詩の伝統を学び継承しようとしたメリマンの同時代人たちが集まって開いた切磋琢磨の場である，「詩人の会議」の存在があることを忘れてはならないだろう。　　　　（春木孝子）

『常若の国のオシーンの物語詩』　Ir Laoidh Oisín ar Thír na nÓg

これは，口承によって広く知られていたティール・ナ・ノーグ（Tír na nÓg, 常若の国）の話に想を得て，ミホール・コミーン（Mícheál Coimín, 1688-1760）が1750年に書いた物語詩である。英語では*The Lay of Oisin in the Land of Youth*（or *of the Ever Young*）とよばれ，'Oisin' が 'Usheen'（アシーン）と綴られることもある。

フィンとその仲間が「ガウラの戦い」（Cath Gabhra）に敗れて全滅してから何百年か経ったあと，やせ衰えて目の見えない老人オシーンが聖パトリックのところに連れてこられた。「フィアナの戦士たちを後にして，それからどのように暮らしたかを語ってほしい」という聖パトリックの要請にたいして，フィン戦士団の最後の生き残りであるオシーンは「声高に語るには哀れをおぼえるが」と話をはじめる。

フィン（Finn mac Cumhaill）と部下たちがレーン湖（現ウェストミーズ州北部）の森に狩りに出かけたとき，世にも美しい妖精の王女，金髪のニーアヴ（Niam）が白馬に乗ってオシーンの前に現れて，不老不死の楽土であるティール・ナ・ノーグへと誘う。「常若の国に着くまで／わたしの馬に乗り，一緒に来なければなりません。」こうしてゲシュ（誓約）が下された。うっとりとしたオシーンは父親や仲間の者たち

に別れを告げ、白馬を駆って海底の楽土を訪れる。二人は王と王妃のもとで契りを結び、3人の子をもうけるが、やがて望郷の念にかられ、王とニーアヴにいとまごいをし、ひとり白馬にまたがってアイルランドに戻った。しかし、昔の面影はなく、かつての白く輝く要塞は跡形もなく、雑草やハコベやイラクサが生えた丘を見て心を痛める。オシーンが谷間で板石の下敷きになっている者たち助けようと鞍からから身をのり出して両手で板石をつかみ、放り投げたときに馬の腹帯が切れ、鞍から地面にずり落ちてしまう。地に足をつけてはならないというニーアヴから言い渡された禁忌が破られ、オシーンは300年の経過をもろにうけて盲目の老人と化してしまう。オシーンはすでにキリスト教に改宗した祖国に帰還したのである。「わたしの目は見えなくなり、…／哀れな盲目の老人となった」と聖パトリックに語り、物語詩は終わる。

　この物語は浦島伝説と類似している。浦島子は漁をしていたときに神女と出会い、契りを結んで海神の宮殿に赴く。嶼子は3年の間この至福の国に住んだが、故郷が恋しくなり、ついに神女と別れることになる。また戻れるようにと神女から玉匣を授けられて郷里に帰るが、そこはすっかり変わり、昔の面影はない。老人にたずねると、もう300年も経っていることがわかる。嶼子は絶望して玉匣を開くと、白雲が立ち昇り、嶼子は白髪の老人と化し、死に絶える。

　W. B. イェイツの物語詩『アシーンの放浪』(*The Wanderings of Oisin*, 1889) はこの物語詩を素材にしているが、舞踏の島、勝利の島、忘却の島という3つの島が設定されている。島から島をめぐるアシーンの漂泊において、イェイツ独自の象徴的な世界が展開されている。　　　　　　（松村賢一）

アシュリング　Ir aislinge ; aisling

　「アシュリング」は夢、ヴィジョンを意味する。アイルランドには、神話時代以来

18世紀のアイルランド語詩

ヴィジョン詩の伝統が存在し、特に異界から現れた美女が人間の男性を魅了する構図がしばしば見られる。しかし、「アシュリング詩」というとヨーロッパ大陸への「伯爵の亡命」(the Flight of the Earls) に続き、ゲール社会が徹底的に破壊され英国化された18世紀、刑罰法のもとで英国の圧政にあえぐアイルランドの苦難を、特に南西部マンスターを中心に活躍する詩人たちが書いた詩、およびその系譜を指す。

　アシュリング詩の原型的ヴィジョンは以下のように展開する。ゲールの窮状を嘆き、疲弊した詩人の夢に、威厳ある絶世の美女が現れる。美女は、夫が海外に追放され、美しく豊かな土地も血の繋がりのない余所者に奪われたうえ、自らも囚われの身となっていると悲しむ。自らを異界から訪れた「空の女」(Spéirbhean) でアイルランドの化身と名乗り、夫である正統な王、あるいはその息子の帰還という希望に満ちた未来を確約する。この王は父ジェイムズ2世の死後、ジェイムズ3世として王位継承を宣言した、老王位要求者ジェイムズ・フランシス・エドワード・スチュアート、あるいはその息子チャールズ・エドワード・スチュアート（愛称ボニー・プリンス・チャーリー）を指す。プロテスタント支配に苦しむ民衆は、カトリック教徒であるジェイムズ2世とその直系を正統の国王を見なし、その復権を目指す運動を大陸にまで広げた。彼らはボイン川の戦でジェイムズ2世を破って王位についたウィリアム3世や名誉革命に対する反逆者と見なされ、ジェイムズのラテン名を用いてジャコバイトとよばれた。

　英国支配により土地、所有権、市民権を失った現状への不満や疎外感をうたった詩は「ジャコバイト詩」(Jacobite poetry) とよばれ、アシュリング詩も、ジャコバイト詩と見なされる。このジャンルを確立させた、エーガン・オラハリャや、オーン・ルァ・オスーリャヴォーンの詩は、ロマ

ンティックで叙情的，優れた音楽性を備え，詩として卓越している。支配者英国に抑圧された美女としてのアイルランドは，「黒髪のロザリーン」，「キャサリーン・ニフーラハン」として引き継がれ，ジェイムズ・クラレンス・マンガン，W. B. イェイツの作品にも描かれた。また，1983年にはポール・マルドゥーン（Paul Muldoon）が詩「アシュリング」（'Aisling'）を発表，アシュリングの系譜は現代にも脈々と引き継がれている。　　　　　　　　　　（真鍋晶子）

オラハリャ，エーガン　Ir Ó Rathaille, Aodhagán (1670–1729)

　詩人。ケリー州シュリアーヴ・ローフラに生まれる。生涯マンスターで創作を続け，アシュリング詩を確立したとされる。その作品には醜い化物も現れるものの，美しい異界の住民がこの世の人間と交歓する幻想的な世界が展開する。細部にはマンスターの風景，人びと，物語が詳細に再現され，作品に通底するのは，クロムウェルやウィリアム3世に弾圧されシュリアーヴ・ローフラへ避難してきたゲール高位の人びとを通じ目の当たりにしたゲールの悲劇だ。卓越した抒情詩人でもあり，完璧と評されるリズムを駆使して，貴族的な響きを帯びた詩世界を産み出した。その詩は過去の遺物となることはなく，後世，ジェイムズ・クラレンス・マンガンやシェイマス・ヒーニーといった各時代を代表する詩人が，アイルランド語で書かれた詩をその時代ごとの優れた英語に翻訳し，今日に至るまで常に新たな息吹を吹き込み続けている。
　　　　　　　　　　　　　　（真鍋晶子）

オスーリャヴォーィン，オーン・ルーア　Ir Ó Suilleabháin, Eoghan Ruadh (1748–84)

　詩人。故郷のケリー州シュリアーヴ・ローフラへの郷愁を胸に，農作業の手伝いや教師をしつつ放浪を続けた。アシュリング詩を完成させ，定型的なアシュリング詩を多く書いた。エーガン・オラハリャの死から20年後に生まれたが，その間に自らの出自であるゲールの世界が完全に破壊されたため，人生と作品にオラハリャとは異なる陰を落としている。「甘美な口のオーン」とよばれた彼の作品は「言葉が示す事物と，言葉の持つ音感・色彩・連想が，完璧に融合した音楽」と評されるほど詩として究められている。同時に，農場や居酒屋，宿で出逢った人びととの話や歌を糧とした作品は古くからの民衆的な色調を持ち，ゲール詩の起源の一つである農民の労働歌の流れを汲んでいる。優れた詩に加えて劇的な人生や多多の恋愛でも後世の人びとを魅了し続け，現代の劇作家であり音楽家でもあるショーン・オリアダ（Seán Ó Riada, 1931–71）がその一生を劇化している。　（真鍋晶子）

ニホナル，アイリーン・ドゥヴ　Ir Ní Chonaill, Eibhlín Dhubh (c.1743–c.1800)

　ケリー州のデリーナネインの裕福な家系であるオコナル家出身の女性詩人。アイルランド解放の英雄とよばれるダニエル・オコンネルは同じオコナル家に属し，アイリーン・ドゥヴの甥にあたる。その生涯に関しては18世紀の中頃に生きたことと幾つかの事実以外の詳細は不明。ニホナルが書いたとされる夫の死を嘆く詩「アルト・オリーレの哀歌」（'Caoineadh Airt Uí Laoghaire'）は，アイルランド語詩の伝統とされる哀歌や恋の歌の中でも最も高く評価されている詩であり，この詩と彼女の名前はアイルランド文学史のなかで確固たる位置を占めている。
　アイリーン・ドゥヴが1767年に家族の反対を押し切って結婚したアルト・オリーレは，血気盛んな軽騎兵隊長であった。二人は結婚後コーク州マクルーン近郊にあるオリーレ家代々の土地で暮らす。アルト・オリーレは，自分の駿馬をその地方の執政長官エイブラハム・モリスに売ることを拒否して，モリスと熾烈な争いとなり，有罪と

されたのちに、モリスを殺そうとする。しかし、逆にモリスの警備員により射殺される。

夫が射殺されたまさしくその場所に横たわる亡骸に覆い被さるようにして、絞りだされるアイリーン・ドゥヴの言葉が詩となったのが、390行の長さの「アルト・オリーレの哀歌」である。作品全体は、単音節の言葉を多用して1行が6音節で3つの強勢という詩形式が用いられている。そのため、「強い愛で結ばれたあなた」("Mo ghrá go daingean tu!") という出だしの行から、強勢が落ちる音節をもつ単語一つ一つが重みをもち、深い余韻を残しつつ、劇的な告白が続く。詩全体は5部に分けられる。第1部で吐露されるのは、二人の偶然の出会いと恋、二人が暮らした暖かく満ち足りた家、そして、突然の信じ難い知らせを受けた有様である。第2部は通夜のときのアルトの妹による非難とそれに対するアイリーン・ドゥヴの応酬、第3部は埋葬準備がほどこされた亡骸の生前とは違ってしまった姿に嘆きが増す様子、第4部ではアルトの妹もアイリーン・ドゥヴに同調してアルトを悼み、第5部では、法律上、いったん別の墓地に埋葬されたアルトの亡骸が家代々の墓地に埋葬されるにあたり、新たな悲しみが歌われる。

18世紀の他の多くの詩と同様、この詩にも筆写されたさまざまなテクストが現存し、さらにコーク州やケリー州では断片的に口伝えでも残っているという事実から、作者がアイリーン・ドゥヴ・ニホナルかどうか疑問を呈する研究者もいる。しかし、「主にアイリーン・ドゥヴ自身の嘆きと彼女の個性が明確に刻印されていることから、詩全体の作者を彼女とすることに少しの躊躇も感じない」(1981)とするショーン・オトゥーアマとトマス・キンセラのように、「アルト・オリーレの哀歌」は、アイリーン・ドゥヴ・ニホナルの作品としてアイルランドの人びとに知られている。　　（春木孝子）

18世紀のアイルランド語大衆詩　popular Gaelic poetry of the 18th century

18世紀の大衆詩とよばれるアイルランド語詩は、おおまかに2つに分類できる。1つは、作者が明らかで、制作年代がかなり特定できる一群の詩である。作者は、農民や農業労働者、ハープやアイリッシュパイプ、フィドルなどを弾く旅回りの詩人など下層階級の人びとであった。別の一群の詩は、作者も制作年代もわからず、口承によって伝えられてきた詩である。後者のグループに属する詩は記憶に頼って引き継がれてきたために、記憶が不確かであったり、好みで作り直されたり、別の作品と混同されたり、短くされたり、名の知られた詩人の作品とされたり、聴衆の反応によって変更されたり、といったようにさまざまな不確実な要素を含んで今日に伝わっている。どちらのグループの詩も、筆写されてもテクストの保存状態が悪かったり、散逸したりしていた。これらの詩は、18世紀から20世紀の収集家や学者、研究者によって聞き書きやテクストの掘り起こしによって、加筆変更を加えて出版されたり、あるいは、口頭伝承のまま今日に受け継がれたものもある。

民衆詩、民謡などとも称されるこれらの詩は、いずれも内容や詩形式の完成度などにおいて、文学的に評価が高いものとは言えない。「ゴミ」とまでダグラス・ハイド (Douglas Hyde) に酷評されたコネマラ地方の旅回りの詩人タラーハラスあるいはテオフィリス・オフリン (Theophilus O'Flynn) の詩ほど低いレベルではなくとも、多くはアマチュア詩程度のものであった。パブ経営者のショーン・オトゥーアマ (Seán Ó Tuama an Ghrinn) を筆頭とする「メイグ詩学派」(Maigue School of Poetry) のマンスター地方の詩人たちや、シェーマス・マコンスィジーン (Séamas Mac Consaidín) などクレアの詩人たちによって書かれた詩も、アマチュアの域を超えないという評

ある。しかし，同時代人のブライアン・メリマンが彼らの詩を筆写して少なからず影響を受けて18世紀アイルランド語詩の至宝といわれる『真夜中の法廷』(1780) を書いたことを考えると，再評価するべき点もあるかもしれない。

一方で，時を経て淘汰されたものだけに，現代の鑑賞に堪える詩もある。たとえば，作者が知られている作品の中には，ダグラス・ハイドが高く評価するハープ奏者で盲目の旅回りの詩人ターロッホ・カロランによる「ドリー・ニドナハ」('Dollaí Ní Dhonncha') と「マクドナハを悼む」('Caoineadh ar Mhac Donncha') がある。また，カロランの友でやはり目が不自由であった旅回りの詩人シェーマス・ダル・マクァルタ (Séamas Dall Mac Cuarta) の「溺死した黒つぐみ」('An lon dubh báite')「小鳥を歓迎する」('Fáilte don éan')「コール・アハーチの家々」('Tithe Chorr an Chait')，放蕩の詩人カハル・ブィー・マッギラフーナ (Cathal Buí Mac Giolla Ghunna) の「サンカノゴイ」('An Bonnán Buí')，旅回り詩人アルト・マックーヴィ (Art Mac Cumhaigh) の「クリャガーィンの教会墓地」('Úr-Chill an Chreagáin') などが挙げられる。

作者不明の名詩のなかには，「ドーナル・オーグ」('Dónall Óg')，「キル・カシュ」('Cill Chais')，「クルアン・マラ監獄」('Príosún Chluain Meala')，哀歌「リアム・オラハリ」('Liam Ó Raghallaigh') などがある。いずれも，聞き書きあるいはテクストを掘り起こした詩選集が18世紀から20世紀にかけて出版されることで日の目をみたものであり，作られた年代は特定されていない。

〈春木孝子〉

19世紀のアイルランド語詩

19世紀のアイルランド語詩 Gaelic poetry of the 19th century

19世紀のアイルランド語詩は瀕死の状態であった。18世紀の詩人たちがかろうじて活動できた新興貴族や裕福な商人などが提供した場までもが失われたことで，詩人たちはさらに貧窮を強いられ，多くは旅回りの詩人となって生活した。下層階級の人びとによって口語詩も生まれたものの，記憶によって伝承された大衆詩が貧しい農村でほそぼそと生き延びるという苛酷な状況になっていた。書きとめられて残っていた作品も，19世紀末までには散逸したり毀損したりして，復元が困難な状態となりつつあった。

このようなアイルランド語詩の状態は，1798年までには，アイルランドの政治的解放を求める民族主義的組織であるユナイテッド・アイリッシュメンによる蜂起が失敗に終わり，アイルランド語自体が支配者階級によって放棄され，さらには蔑視される状況になったことに原因がある。イギリスの完全支配をもたらした1800年の合同法が成立すると，アイルランド語は貧民層の話す言葉という様相がさらに強まった。産業や商業に携わるために英語の必要性が増したことで，アイルランド語が国の発展の障害と見なされるようにまでなった。1827年にカトリック解放令を勝ち取ったことで，「アイルランドの解放者」とよばれるダニエル・オコンネルでさえ，アイルランド語に対しては，アイルランドの近代化を阻む障害という見方をしていたのである。彼は，カトリック教徒でありアイルランド語を話す旧家出身ではあるが，英語を使えることが，アイルランド人がイギリス議会においてイギリス人と同等の立場を得るために必

要なことであると考えていた。

　アイルランド語が決定的にカトリック貧困層の言語となってしまう最後の大打撃は，1845年から1849年まで続いた大飢饉である。主食のじゃがいもが胴枯れ病により不作となり，政府の不十分な対策で疫病が蔓延した。小作料を払えず土地から追放された者の多くはアイルランド語話者であるカトリック農民であった。18世紀の終わりに，ラフタリ (Antoine Raifteari) が糊口をしのぐためにフィドル弾きの詩人として旅回りを始めたころには，同じような旅回りのアイリッシュパイプやハープを弾いていた人たち，乞食，物売り，傷病兵など，貧しい人びとが路上に溢れていたが，その状況は19世紀を通じて見られた。

　支配者階級，有産階級の人びとからは忘れ去られ，人びとの間で細々と語り伝えられていただけで，消え去りゆく運命にあったアイルランド語詩の存在が「発見」され，掘り起こされ，収集され，出版される先鞭をつけたのは，18世紀のシャーロット・ブルックであるが，19世紀になってから，ジェイムズ・ハーディマン (James Hardiman) が『アイルランドの歌謡詩集あるいはアイルランド語詩の遺産』(Irish Minstrelsy, or Bardic Remains of Ireland, 1831) を，ジョン・オダーリ (John O'Daly) が『アイルランドのジャコバイト詩』(Reliques of Irish Jacobite Poetry, 1844) を，トマス・クロフトン・クローカー (Thomas Crofton Croker) が『アイルランド南部の哀歌集』(The Keen in the South of Ireland, 1844) を，エドワード・ウォルシュ (Edward Walsh) が『アイルランドの大衆詩』(Irish Popular Songs, 1847) を，そしてダグラス・ハイド (Douglas Hyde) が『コナハトの恋歌』(Abhráin Grádh Chúige Connacht, 1893) を出版し，ブルックの後に続いた。

　彼らのアイルランド語詩への情熱は，アイルランド独立運動の要としてアイルランド語およびアイルランド語文学の掘り起こしを行った19世紀終わりから20世紀初めのアイルランド文学復興運動につながることになる。20世紀になってからはアイルランド独立運動に深く関わることになる人びとによって，さらにアイルランド語詩の掘り起こしが熱意をもって続けられた。たとえば，オヘギャルティ (Pádraig Ó hÉigeartaigh) の「ああ，息子のドナハよ」('Ochón! a Dhonncha') は，パードリック・ピアスによって英訳とともに1906年に出版されたものである。また，ラフタリの生涯や詩は，ダグラス・ハイドにより「発見され」，収集されて，1903年に『ラフタリの詩と歌謡詩集』(Amhráin agus Dánta an Reachtabhraigh) として自費出版されて始めてその存在が広く知られるようになったものである。しかし，19世紀に出版された詩選集に収録されたアイルランド語詩の多くは，18世紀およびそれ以前のものであり，ごく一部を除き19世紀に作られた詩でみるべきものは，極めて少ない。　　（春木孝子）

マンガン，ジェイムズ・クラレンス　Mangan, James Clarence (1803–49)

　ダブリンで生まれ，貧困，酒癖，栄養失調の末コレラによりダブリンで逝去。ミドルネームのクラレンスは，シェイクスピアの「不誠実で，捉え所のない，偽証するクラレンス」とよばれる登場人物などに由来し，自称し始めたものである。1800年以前には大英帝国第2の華々しさを誇ったダブリンもマンガンの時代には，活気のないみすぼらしい地方都市への転落の道を辿っていた。そのダブリンの暗鬱さと，加えて，父親の酒癖と横暴が，マンガンに逃れようのない閉塞感，憂鬱感を植え付けた。

　マンガンは英語でしか作品を残していないが，その多くは翻訳詩や特に翻案詩の形をとっている。しかし，実際には原作のないものや，実在の詩人の作品からの翻訳という形を取りながらも，原詩が存在していなかったりなど，クラレンスというミドル

ネームの由来を思わせるが，それは詩人として自己確立するためのマンガンの模索を反映したものである．詩人としてマンガンは，詩の形式，リズム，言葉の選択などにおいて巧妙であり創造性に長けていた．そういうマンガンの個性が強く投影された初期作品には，幻想性，滑稽さ，言葉遊びなどといった特徴が溢れている．

しかし，1845年の大飢饉を経たあとの，詩人個人の荒涼とした内的状況と政治的，社会的な荒廃から生まれた「アルバニアの歌」('Song of the Albanian')，「シベリア」('Siberia')は，自身の名前で発表された数少ない自作の詩であり，そのスケールの大きさや言葉の配列の見事なことで，高い評価を受けている．またやはり自作の詩である「名無し人」('The Nameless One')，「輝かしき20年前」('Twenty Golden Years Ago')を含めて，マンガンは19世紀英詩の礎を築いた詩人という高い評価も得ている．

マンガンによる始めてのアイルランド語詩からの英訳詩「牛三頭を持つ女」('The Woman of Three Cows')，「ローマに埋葬されたティローンとティルコーネルへの哀歌」('An Elegy on the Tironian and Tirconnellion Princes Buried at Rome')，「マクリーグのキンコラ哀悼歌」('Lamentation of Mac Liag for Kincora')，原詩はオハナラハーィン（Uilliam ó hAnnracháin）の「キャサリーン・ニフーラハン」('Kathaleen Ny-Houlahan')の4編は，1840年創刊の『アイリッシュ・ペニー・ジャーナル』紙（*Irish Penny Journal*）に掲載された．アイルランド語の知識がほとんどなかったマンガンは，アイルランド歴史や文化に造詣深い友人たちによるアイルランド語詩の文字通りの英訳や，あるいはアイルランド語から英語に訳された散文を元に作品を発表した．1846年には，「オハッシーによるマクガイア頌歌」('O'Hussey's Ode to the Maguire')が『アイルランドの初期自然詩』（*Specimens of the Early Native Poetry of Ireland*）に，そ

して同じ1846年には，『ネイション』紙（*Nation*）に「黒髪のロザリーン」('Dark Rosaleen', 30 May)，「13世紀のコナハト夢想」('A Vision of Connaught in the Thirteenth Century', 11 July)など，マンガンのアイルランド語からの翻訳への情熱とナショナリストとしての熱意が融合した詩が掲載された．カトリック多数派による統治の要求とゲール語文化掘り起こしという時代の機運を映したこれらの詩により，マンガンはナショナリスト詩人として有名になる．死後出版された『マンスター地方の詩と詩人たち』（*Poets and Poetry of Munster*, 1883）には，「金髪の子」('The Fair-Haired Child')，「イグサで編んだ椅子」('Little Bench of Rushes')，「茶色のリンボク」('The Brown Sloe-Tree')など再評価に値する英訳詩も含まれる．

19世紀のアイルランド語による詩の壊滅的な状況のなかにあって，英語文化圏に生きる人びとにアイルランド語文化の息吹を伝え，インスピレーションを与えたこと，そしてアイルランド語口語詩を文学に高めたことなど，英訳を通してとはいえ，マンガンがアイルランド語詩に対する人びとの認識を新たにした功績は大きい．

W. B. イェイツやジェイムズ・ジョイスなどにも高く評価され，彼らにも影響を与えている．第2詩集『ミゼリー丘』（*Misery Hill*, 2000）に「マンガンに贈るソネット」('Sonnets to James Clarence Mangan') 14編を載せた1970年ダブリン生まれの詩人ディヴィッド・ウィートリ（David Wheatley）は，2003年には『詩選集―ジェイムズ・クラレンス・マンガン』（*Poems by James Clarence Mangan*）を編集した．その前書きでウィートリは，人生や社会の問題に明確な解答を出すことなく曖昧さを残しているマンガンの詩が持つ特徴を高く評価すべきであるとして，マンガンを単なるナショナリストの詩人というレッテルから救い出すべき時にきているのではないかとしている．

(春木孝子)

「黒髪のローシーン」 Ir 'Róisín Dubh'
'The Black-Haired Little Rose' あるいは 'Dark Rosaleen'(「黒髪のロザリーン」)などと英訳される詩。17世紀に書かれたとされるアイルランド語による作品は口誦で，そして歌として伝えられてきたものであり，本来は詩人が恋人ローシーンを慰める詩と考えられる。アイルランド語では1行12音節で，詩人がローシーンに語りかける慰めと愛情の言葉が1連4行で6連または7連続く。マンガンが1846年に『ネイション』紙に発表した英訳「黒髪のロザリーン」は1行6音節の形式を取り，またリフレインを多用し鼓舞するようなリズムで書かれている。この英訳により，ロザリーンが英国の支配を受けるアイルランドであるという意味合いを付与されて，19世紀に高まったアイルランド独立運動の機運に寄与し，「黒髪のロザリーン」はアイルランドの人びとに広く知られる政治詩の一つとなった。しかし，この詩がナショナリストによる典型的な父権的な思想を表している側面が受け入れがたいとする現代の詩人イーヴァン・ボーランド（Eavan Boland）のような負の評価もある。アイルランド語による「黒髪のローシーン」の切々とした詩情はその曲と相まって，21世紀の今日でも多くの歌い手たちによる優れたパフォーマンスにより，伝統歌謡として根強い人気がある。

(春木孝子)

ラフタリ，アントニ Ir Ó Reachtabhra, Antoine ; Raiftearaí, Antoine E Anthony Raftery (c.1779–1835)
1779年頃にメイオー州のキル・エーダーィンで生まれ，1835年にゴールウェイ州のキリニーンで死亡。5歳のときに，天然痘で視力を失う。自分の詩や古くからの詩をフィドル（ヴァイオリン）を弾きながら朗誦して家々を巡る旅回りの詩人として生計をたてる。フィドルの腕前はともかく，自作の詩や伝統的な詩の朗誦により人びとに歓迎されたようである。しかし，その生涯や家族のことなどについては不明なことも多い。最もよく知られている詩「私はラフタリ」（'Mise Raifteirí an File'）も，ラフタリの作か疑問視もされる。詩人として広く知られるようになったのは，ダグラス・ハイドによってその存在が「発見」され，ハイドの聞き書きによってラフタリの残した多くの詩が「発掘」されてからである。ハイドは収集したラフタリの詩に英訳をつけて，1903年に『ラフタリの詩と歌謡詩集』（*Amhráin agus Dánta an Reachtabhraigh*）として1,000部を自費出版した。50編以上におよぶ詩には，伝統的な作詩法に則って時代の関心事や人びとの生きざまを写し取った名詩が多数ある。なかでも，人びとの前で朗誦されたアイルランド語詩の伝統を彷彿とする哀歌である舟の転覆事故で溺死した19人を悼んだ詩「アーナッハ・クアン」（'Anach Cuain/Eanach DhÚin'）と，ラフタリ個人の経験とアイルランドの歴史が織り交ぜられた400行におよぶ「盲目のラフタリとトゲのある古木」（'Raifteirí Dall agus An Sceach'）などは高い評価を受けている。

(春木孝子)

20世紀のアイルランド語詩

20世紀のアイルランド語詩 Irish poetry of the 20th century
アイルランド語が少数者言語であることに鑑みれば，20世紀アイルランドで生み出されてきたアイルランド語詩の質と数には目を見張るものがある。詩人を尊ぶというアイルランド古来の伝統の継承という観点からも，この事実はきわめて重い。
19世紀の大飢饉とこれによって加速化した英語化はアイルランド社会に大きな変容

をもたらした。このため20世紀以降のアイルランド語文学はそれ以前の伝統との間に決定的な断絶があるともいえるが、アイルランド語の口承の伝統は完全に途絶えることはなく、20世紀にも受け継がれた。その影響は20世紀のアイルランド語詩に色濃く見られる。

20世紀アイルランド語詩人たちの役目は、瓦礫となったアイルランド語の文学遺産を組み立てなおすことにあったと同時に、新しい時代を表現するためのアイルランド語の力を開拓することにあった。1916年の復活祭蜂起の指導者として知られるパトリック・ピアス（Patrick Pearse, 1879-1916, アイルランド語名はポードリク・マクピアラシュ, Pádraig Mac Piarais）は数篇のアイルランド語詩を残しており、これが近代アイルランド語詩の原点であるともみなされる。

独立後のアイルランドでは、マールチン・オジラーィン（Máirtín Ó Direáin）やショーン・ポードリク・オリールダーィン（Seán Pádraig Ó Ríordáin）がアイルランド詩の伝統に新たな息吹を吹き込んだ。アイルランド語は第一公用語となり、アイルランド語使用を推進する政策はアイルランド語文学の保護育成を促すはずだったが、保守的な圧力が創作の自由を妨げるという弊害も起こった。

1970年3月にユニヴァーシティ・カレッジ・コークの学生たちがアイルランド語詩誌『インチ』（Innti）を立ち上げ、革新の風を巻き起こす。第1号の編集者はマイケル・ダヴィット（Michael Davitt, 1950-）で、リーァム・オムィルヒレ（Liam Ó Muirthile, 1950-）、ゲイブリエル・ローゼンストック、ヌーラ・ニゴーノルらがその中心人物である。『インチ』発行からその6号までに65人の異なる詩人がこの詩誌に詩を寄せた。

20世紀初めには、アイルランド文学は英語とアイルランド語のどちらで創作されるべきか、といった議論もあった。しかしこういった発想ではアイルランド語文学と英語文学の深い結びつきや影響関係が見逃されてしまう。英語世界なしには現代アイルランド語詩は成立し得ない。英語圏のみならず広くヨーロッパや東洋の影響を吸収する開かれた場、それがアイルランド語詩の世界である。

英語とアイルランド語の両方で詩作した詩人には、マイケル・ハートネット、オーン・オトゥアリシュク（Eoghan Ó Tuairisc, 1919-82）、劇作家ブレンダン・ビーハン（Brendan Behan, 1923-64）がいた。英語詩人ミホール・オシール（Michael O'Siadhail, 1947-）もアイルランド語詩に取り組んだ時期があった。

アイルランド語は時代遅れの田舎の言葉であるという偏見を現代アイルランド語詩は覆す力を持つ。オトゥアリシュクには広島の原爆投下を扱った詩がある。ベルファスト生まれのパフォーマンス詩人ギャロージ・マクロッホリン（Gearóid Mac Lochlainn, 1966-）は北アイルランド紛争の只中に生き、紛争を扱った作品も多い。近年ではニゴーノルやオシャルキーがセクシュアリティの表現のタブーを乗り越え、性犯罪を生々しい筆致で詩に綴り、衝撃を与えてきた。

女性詩人の活躍は特筆すべきである。オリールダーィンは詩篇「女性詩人」で「女性は詩人ではなく詩」だと綴って女性詩人たちを落胆させた。しかしながら歴史的にも古くから女性詩人の存在は記録されており、その存在を消そうとしてきたのは女性が詩人であることへの偏見である。20世紀のアイルランド語詩の世界で際立った存在感を保ってきた実力詩人にモーィラ・ヴァッカンツィーとヌーラ・ニゴーノルがいる。ビディ・ジェンキンソン（Biddy Jenkinson, 1949-）とカチリーン・モード（Caitlín Maude, 1941-82）も詩の才能に恵まれ、それぞれ独自の世界を展開してきた。詩選集『白いページ』（*White Page /An Bhileog Bhán*:

Twentieth Century Irish Women Poets）は，1920年以降に生まれ，2000年までに少なくとも1冊の詩集を出版した113人のアイルランド女性詩人の作品を集めたアンソロジーである。アイルランド語で詩を書く詩人として紹介されているのは15人であり，そのうち10名以上が21世紀に入っても活発に詩集を出版している。 　　　　　（池田寛子）

オジラーィン，マールチン　Ir　Ó Direáin, Máirtín (1910-88)

1910年にアラン諸島最大の島イニシュモアに生まれ，17歳で島を離れた。47年間ダブリンで公務員を続けた。詩ではアイルランド語の伝統とイニシュモアでの生活を理想化する傾向があり，そこに近代社会が失ったものがあると信じ，自己の拠り所を求めた。

11冊の詩集を出した。代表作は詩篇「オモルナ」（'Ó Mórna,' 1957）と詩集『我らのみじめな時代』（Ár Ré Dhearóil, 1962）である。オーディラーンはT. S. エリオットの「部族の方言」という言葉を引き，自然な状態にある言葉の力に対する自らの信念の支えとした。アイルランド語の話し言葉をベースにして詩を作りながらも，17世紀アイルランド語詩の伝統的な詩型を強く意識していた。第二次世界大戦中は検閲の仕事に関わり，暗い日々を送った。政治的な内容の詩も多い。アンソロジーにしばしば収録される「私は慰めを見いだす」（'Faoiseamh A Gheobhadsa'）のような抒情的な作品は多くの人びとに愛誦されてきた。アイルランド語現代詩の創始者とされる。　　　　　　　　　　（池田寛子）

オリールダーィン，ショーン・ポードリク　Ir　Ó Ríordáin, Seán Pádraig (1916-77)

21歳でチフスを患って以来，常に死の傍らにいるような人生を送ってきた。こういった詩人の姿は，絶滅の危機を叫ばれるアイルランド語の象徴にも見えた。「三つの季節のあいだ私を子宮に抱えた」母を追悼する詩「母の埋葬」（'Adhlacadh Mo Mháthar'）を28歳で発表し，田舎の言葉とみられがちであったアイルランド語に高貴で洗練された響きを取り戻したと絶賛された。最初の詩集『コマドリの尾』（Eireaball Spideoige, 1952）と没後出版された『私の死後』（Tar éis mo Bháis, 1978）を含む4冊の詩集を出した。ジェイムズ・ジョイスに共感し，またジョイスから大きな影響を受けたのみならず，サミュエル・ベケットやフランスの詩人ボードレール，イマジストの手法から刺激を受け，これまでのアイルランド語の伝統とは異質なものをアイルランド語詩に吸収した。しかし伝統的な韻律を軽視しているということでモィラ・ヴァッカンツィーの批判を受けた。

アイルランド語が新しい思潮を表現する上で何の遜色もないことを示し，アイルランド語詩の表現可能性を切り開いたことには大きな功績が認められる。　（池田寛子）

ヴァッカンツィー，モーィラ　Ir　Mhac an tSaoi, Máire (1922-)

オリールダーィンやオジラーィンなどと並び現代アイルランド語詩の先駆者の一人。第1詩集の『自由市場』（Margadh na Saoire, 1956）以来，『英雄の眠りとその他の詩』（Codladh an Ghaiscigh agus Véarsaí Eile, 1973），『憂鬱』（An Galar Dubhach, 1980），『今まで』（An Cion go dtí Seo, 1987），『ショアとその他の詩』（Shoa agus Dánta Eile, 1999）のアイルランド語による詩集5冊に加えて，研究書『アーサー王伝説二つの物語』（Dhá Sgéal Artúraíocht, 1946），17世紀の詩人ピアラス・フェリテールを主人公とした小説『あの若い娘』（A Bhean Óg Ón..., 2001），小説『メグ・ラッセルは誰だったのか』（Cérbh í Meg Russell?, 2007），歴史小説『ギャロージ伯爵物語』（Scéal Ghearóid Iarla, 2011）の5冊もすべてアイルランド語によるものである。

アイルランド古典詩を含むアイルランド語詩の英訳詩集『心の糧』(*A Heart Full of Thought*, 1959)、偉大な詩人で叔父でもあったパードリック・ジェブルン (Monsignor Pádraíg de Brún) のアイルランド語詩を英訳した『ミゼレーレ』(*Miserere*, 1971)、古いアイルランド語詩を英訳編纂した対訳詩選集『翻訳』(*Trasládáil*, 1997) などを含め、ヴァッカンツィーの作品すべてには、共通した2つの側面がある。第1には、中世から近代にわたるゲール語詩とよばれたアイルランド語詩黄金時代のみならずヨーロッパ文学に対する詩人の深い知識と広い見識に基づいていることである。死や恋などゲール語詩の最大の主題においても、「非個人性という慣習」、つまり個人的な感情や概念は「一人称で書かれる場合でも、殆ど必ず劇的な情況の中の或る人物」が声に出すという形式をとることがゲール語詩の最大の特徴であったとヴァッカンツィーは言う。彼女自身の多くの詩においても、鋭く深い観察眼とともにそのような客観的な態度が、格調高い古典的な詩形式で表現される。このことは高く評価される反面、伝統的な客観性を重んじるあまり個人的な洞察が見えなくなってしまうと批判されることもある。

第2の特徴は、幼少時代から長年親しんできたコルカ・グィーネ (Corca Dhuibhne) 地方の風土と人びと、日常言語としてのコルカ・グィーネのアイルランド語、そして伝統と文化に対する深い敬愛の念が見られることである。この2つの特徴が融合したときにこの詩人の最大の力が発揮される。

2011年には、ヴァッカンツィーの詩選集『奇跡の教区』(*An paróiste miorúilteach / The miraculous parish*) が英訳との対訳という形で出版された。これだけまとまった数の詩が二言語版で出版されるのは初めてのことであり、英訳は詩人本人に加え、編者ジェパオール (de Paor) らアイルランド語詩人10名による。この選集には未発表の4編の新作も含まれる。

なお、2003年には、自伝『国と同じ年に生まれて』(*The Same Age as the State*) が英語で出版されている。　　　(春木孝子)

ハートネット, マイケル　Hartnett, Michael Ir Ó hAirtnéide, Mícheál (1941–99)

リムリック州の貧しい家庭に生まれた。アイルランド語母語話者の祖母たちの会話を聞いて育ったが、アイルランド語で話しかけられることはなかったという。高校卒業後ロンドンで生計を立てることになり、その頃に詩を書き始め、奨学金を得てユニヴァーシティ・カレッジ・ダブリンに1年間在籍する。

英語とアイルランド語の両方で優れた詩を残している。1975年に『英語との決別』(*A Farewell to English*) を出版してから10年間はアイルランド語での執筆に専念し、3冊の詩集『アナグマの角』(*Adharca Broic*, 1978)『浄化』(*An Phurgóid*, 1983)『ヌーラへ――木の忍耐』(*Do Nuala: Foighne Chrainn*, 1984) で高い評価を得た。『浄化』に収められた同名の詩は詩論でもあり、言葉を徹底的に切り詰めていく試みの先に、言語表現を越えたリアリティを凝視しようとした。

英語による連歌的な作品「インチコー・ハイク」('Inchicore Haiku,' 1985) で「英語のダムの堰が切れ / アイルランド語が首を横に振る」と歌い、英語での創作に復帰する。バイリンガル詩集『ミソサザイの首飾り』(*A Necklace of Wrens*, 1987) は、ハートネットの代表的なアイルランド語詩と詩人自身による英訳を掲載している。詩集と同名の詩「ミソサザイの首飾り」('An Muince Dreoilíní') には、詩人が6歳の頃に鳥が群れをなして首に爪を立てた時の痛みが刻まれている。詩の背景にはその時の祖母の「お前は詩人になる」という予言があり、詩人として痛みと共に生きるという決意がある。

古いアイルランド語詩の英訳にも貴重な業績がある。9世紀頃の匿名の詩『ベアラの老婆』の英訳(*The Old Hag of Beare*, 1969)を試み、17世紀の詩人ダーヴィ・オブルーァダルの声を20世紀に蘇らせようとし(*Ó Bruadair, Selected Poems of Dáibhí Ó Bruadair*, 1985)、18世紀の詩人エーガン・オラヒリの詩の英訳(*Ó Rathaille, The Poems of Aodhaghán ó Rathaille*, 1999)も手がけた。

ハートネットの死後、詩人の名前を冠した賞が優れた詩集を出した詩人に贈られることになり、毎年アイルランド語詩人と英語詩人が交互に受賞している。ハートネットは40代以降アルコール依存に苦しみ、結婚は破綻した。だが生涯を通して妥協のない詩作を模索し続け、詩人としての矜持を貫き、死後にもその名声は高まり続けている。　　　　　　　　　　（池田寛子）

ローゼンストック,ゲイブリエル　Rosenstock, Gabriel (1949–)

リムリック州の生まれ。ユニヴァーシティ・カレッジ・コーク在学中にアイルランド語に目覚め、ケリーのゲールタハト（アイルランド語使用地域）に赴き、アイルランド語詩を作り始める。最初のアイルランド語詩集は『お風呂場のスザンナ』(*Susanne sa Seomra Folctha*, 1973)。劇作家、児童文学作家、ジャーナリストでもある。160冊を超える出版物の中には、W. B. イェイツの詩のアイルランド語訳『ビザンティウム』(*Byzantium*, 1991)とシェイマス・ヒーニーの詩のアイルランド語訳『詩選集シェイマス・ヒーニーの詩』(*Conlán: dánta le Seamus Heaney*, 1989)がある。

東洋思想とりわけ仏教への関心が深く、ドルイド的な思想と融合させて豊かな詩の世界を生み出している。アイルランド語の俳句でも知られる。子ども向けの著作『俳句をどうぞ』(*Haiku más é do thoil é!*, 2014)は賞を獲得した。アイルランド語活性化への大きな貢献が認められる。　（池田寛子）

ニゴーノル,ヌーラ　Ir Ní Dhomhnaill, Nuala (1952–)

イギリスのランカシャー生まれ。両親は共に医者でアイルランド語の母語話者だった。5歳の時にアイルランドの南西部ディングル半島のアイルランド語使用地域（ゲールタハト）で叔母と暮らすことになった。17歳の時に英語よりもアイルランド語で表現することが自分には向いていると悟り、アイルランド語詩人になることを決意する。ユニヴァーシティ・カレッジ・コークでアイルランド語文学と英文学を専攻。19歳で家族の反対を押し切ってトルコ人の男性と結婚し、4人の子どもの母となる。処女詩集『サンザシの棘』(*An Dealg Droighin*, 1981)とその次の詩集『摩訶不思議な草』(*Féar Suaithinseach*, 1984)の2冊から選りすぐられた詩は、2011年出版の『草の中の棘』(*An Dealg sa bhFéar*)に再録されている。その他のアイルランド語詩集には『祝祭』(*Feis*, 1991)、『スグリとバラ』(*Spionáin is Róiseanna*, 1993)、『発言許可』(*Cead Aighnis*, 2000)がある。2001年から2004年までの間アイルランド最高の詩人として「アイルランド詩教授」(Ireland Professor of Poetry)に任じられた。

バイリンガル詩集には、マイケル・ハートネット訳を併記した『詩選集』(*Rogha Dánta/Selected Poems*, 1986)、訳者としてキアラン・カーソン、シェイマス・ヒーニー、ポール・マルドゥーン、マイケル・ロングリーといった著名な英語詩人を配した『ファラオの娘』(*Pharaoh's Daughter*, 1990)、マルドゥーンの斬新な英訳を特徴とする『アストラカンのマント』(*The Astrakhan Cloak*, 1992)、2人の女性詩人メーヴ・マガキアンとエレーン・ニフリャノーインの英訳を伴った『海馬』(*The Water Horse*, 1999)、人魚族をめぐる連作詩で人間社会に鋭いまなざしを向ける『人魚のこころの

治療室』(*The Fifty Minute Mermaid*, 2007)の6冊がある。それぞれの詩集は違った特徴と魅力を有し，ニゴーノルの世界の多彩さを裏づけている。『散文集』(*Selected Essays*, 2005) では，ニゴーノル独特の視野の広い文化・社会論が多角的に展開される。

ニゴーノルは1994年に初来日を果たしている。詩集の日本語訳も出版されており，日本との関係は深い。ニゴーノルはアイルランドの民話，伝説，神話の要素をふんだんに取り入れ，斬新かつ大胆な視点で再構築している。ただし詩の素材や着想の源はアイルランドには留まらない。その作品は多数の言語に翻訳され，国際的にも高い評価を得ている。　　　　　　　　　(池田寛子)

オシャルキー，カハル　Ir Ó Searcaigh, Cathal(1956-)

ドニゴールのアイルランド語使用地域（ゲールタハト）の村ゴータホーケ (Gort a'Choirce) に1956年に生まれた。ロンドンやダブリンで働いた後に故郷に戻って本格的に詩作を始める。数あるアイルランド語詩集の中には『白い少年たち』(*Na Buachaillí Bána*, 1995) と『光を求めて』(*Ag Tnúth leis an tSolas*, 2001) があり，後者はアイリッシュ・タイムズのアイルランド文学賞（アイルランド語部門）を受賞した。ネパールを訪れてこの地の人びとと親しい関係を築くことになり，最初の散文作品に『ネパールでの時』(*Seal i Neipeal*, 2006) がある。『帰郷』(*Homecoming /An Bealach 'na Bhaile*, 1993) や『開かれた外へ』(*Out in the Open*, 1997) といった英語とアイルランド語のバイリンガル詩集は多くの読者を獲得してきた。『回想録』(*Light on Distant Hills: A Memoir*, 2009) は英語による自伝的散文である。

アイルランドの北に位置しながら南の共和国に属する故郷，英語とアイルランド語の接し合う日常，ゲイとしてのセクシュアリティ，こういった境界領域を生きてきたことに，オシャルキーは自らのアイデンティティーの立脚点を見出している。
　　　　　　　　　　　　　　(池田寛子)

スコットランド・ゲール語文学

スコットランド・ゲール語文学　17世紀までの概観　Scottish Gaelic literature to the 17th Century

スコットランド・ゲール語（以下，単に「ゲール語」と記す）の場合に限ったことではないが，文学とは「書き言葉」による「創作」であり，「出版」された「作品」を「購買」する「（不特定多数の）読者層」が存在して成り立つものであるという考え方は，時代を遡れば遡るほど成り立たなくなる。ことにゲール語文学の場合，こういう考え方に立つと，17世紀まではほとんど存在しなかったと言わなければならない。このことを理解するには，スコットランドにおけるゲール人ないしゲール語文化の担い手たちの特異な歴史を振り返る必要がある。

ゲール語のルーツは，5世紀末にアイルランドから現在のアーガイル地方に渡ってきたゲール人（ラテン語ではスコット人 Scotti）に遡る。そこにダルリアダ(Dalriada) 王国を建てた彼らは，やはりアイルランドからやって来たコルム・キレ(Colum Cille, 521-597) の修道・布教活動と相俟って勢力を伸ばす。スコットランドには，ゲール人到来の遙か以前，すでに同じくケルト系の言語を持ったピクト人 (Picti) の王国が北部に，ブリトン人の諸王国が南部にあった。また，スコット人到来の後，7世紀頃から，ゲルマン系のアングロ・サクソン人が東南部に出没・侵入している。また，同世紀後半には，コルム・キレ以来のケルト系キリスト教がローマ系のキリスト教に

置き換えられていく。8世紀末からスカンジナヴィア人（ヴァイキング）が盛んに襲来して，北部および西部の島嶼に住みつき，その言語・文化を持ち込んでいる。9世紀中葉に至って，ピクトとゲールの連合王国が成立し，以後，この王国の勢力範囲とゲール系の王統が続く間，ゲール語（このころほぼアイルランド語に同じ）は王朝の言語でもあったから，スコットランドの中で広範囲にわたって浸透している。しかし，文学の名に値するものは伝わっておらず，残っているのはわずかに記録に類するものにとどまる。11世紀にイングランドに侵入して征服したノルマン人のアングロ・ノルマン語は，イングランド語に膨大な数のロマンス語系の語彙をもたらしていたが，12世紀から13世紀にかけて，この変貌した言語を持つイングランド人やノルマン人が南方から徐々にスコットランドへと侵入し，非ゲールの，アングロ・ノルマン的な王も登場する。

この過程は，そのままゲールが徐々に後退して行く過程でもあった。しかしハイランドから島嶼一帯にかけて，同じく12-13世紀にはすでにクラン社会が成立しており，とりわけ島嶼地方を中心に，遠く10世紀ごろに淵源する「島嶼外国人の王」（Rí Innse Gall）の流れを汲んだ「島嶼王」（the Lord of the Isles）の支配（12世紀中葉から15世紀末まで）が及び，この島嶼の王とそれによって束ねられた諸クランが初めてゲール語の文学を産み出した。スコットランドにゲール人が到来してほぼ700年後のことである。ただし，この時期，文学といえば，クラン・チーフに直属する高い地位をもった職能としての詩人かつ語り部，すなわちバルド（bard）が，クランの歴史を語り，クラン・チーフや戦士らの戦功を讃え，またその死を悼む韻文のことであった。しかもその範型を示したのはアイルランドから渡来したあるバルドの家系であった。したがって，その詩の言語にはその土地のゲール語よりも古典的なアイルランド語が用いられ，バルド固有の韻律法・詩作法が守られていた。また，バルドたちはアイルランドのバルド組織と密接なつながりを維持していた。しかし，16世紀以降は，スコットランドに定着したアングロ・ノルマン的イングランド語（スコッツ語）を話す王朝やローランドのスコットランド人勢力，またゲール語に対して敵対的であった宗教改革などの影響を受け，17世紀の初頭にはその王朝がイングランド王も継ぐことになり，クラン社会は次第に弱体化していく。さらに18世紀に入ると連合王国が成立して，クラン社会総体が周縁化され，解体の危機に瀕するようになる。

こうしてゲール語詩歌の担い手は，近代国家の形成を経ることなく，有機的な結束社会であった諸クランとバルドたちから，ゲール人一般民衆へと移っていく。ゲール語の文学は，現代に近づくほど散文の占める割合が増大するとはいえ，昔も今も詩歌が首座にあることに変わりはない。大きな違いは，むしろこの担い手の変化にある。それは同時に，詩の言語の変化（古雅な文語ゲール語から地域の口語ゲール語へ）であり，詩のテーマの変化（クラン社会から市民社会へ）でもあった。この転換が数世代をかけて進行したのが17世紀であった。

（小菅奎申）

17-18世紀

マハクヴーリヒ，ニーアル　ScG MacMhuirich, Niall (c.1637-c.1726)

英語ではナイアル・マクヴリッヒ（Niall MacVurich）。その地位にふさわしい業績を残しているほぼ最後のバルドらしいバルド。マハクヴーリッヒ家は，祖先の地アイルランドを離れて，13世紀以来，島嶼王たるクラン・ドナルドのチーフに仕え，15世

紀末に島嶼王が廃絶されてからは，18世紀後半に至るまで同系のクラン・ラヌルドのチーフに仕えてきた由緒ある家系である。ニーアルも，依然としてアイルランドのバルド組織との関係を維持し，彼の作とされる10篇の詩歌のうち8篇までは，古典的な文語のゲール語で書かれ，バルド詩法に則っている。

しかし，口語のゲール語でも詩作しており，クラン・ラヌルドのチーフであるアランの死に捧げられた挽歌は，格調高い文語で書いたものと，広く口誦されることを意図した口語のものと2篇ある。前者は口誦としては伝わらず，後者は文字では伝わっていないという。ニーアルは，バルドを庇護するクラン社会自体が変容し弱体化しつつある時代に際会していたことから，バルドという地位やバルド詩法に新機軸をもたらそうと模索していたようである。 （小菅奎申）

ナ・ケピヒ，シーリシュ ScG na Ceapaich, Silis (c.1660-c.1729)

英語では，シーラス・オブ・ケポッホ (Sileas of Keppoch)。詩人。本名はシーリシュ・ニーアン・ヴィヒク・ライル (Silis Nighean Mhic Raghnaill) であるが，ロッハーバル (Lochaber) 地方のケポッホを領するクラン，マクドナルド一族のチーフを父としているので，この通り名で呼ばれる。ハントリー侯ゴードンの係累に嫁して，バンフ (Banff) 地方に住み，8人の子を産み育て，1720年には寡婦となっている。才気あふれたシーリシュは，出自に対する誇りと，明確なスコットランド国民意識と，カトリックの信仰をもって，ゲール人のクラン社会をも含むスコットランド全体の大きな転換期を生きた。現存する二十余篇の詩歌は，そういう時代を反映して，主題も技法もさまざまであるが，最もよく知られているのは，グレンギャリー・マクドナルド一族の第11代チーフ，アラステル・ドゥー (Alasdair Dubh) の死を悼む挽歌「グラウナ・ガラグのアラステル」('Alasdair a Gleanna Garadh') である。 （小菅奎申）

18世紀

マハクヴァイスティル・アラステル，アラステル
Mac Mhaighstir Alastair, Alasadair (c.1695-c.1770)

英語ではアレグザンダー・マクドナルド (Alexander MacDonald)。18世紀のみならずゲール語詩歌史上最大の詩人の一人であるが，その生涯には，直接・間接の伝記的資料が乏しいため，詳らかになっていないことが多い。これまでのところ最も厳密かつ詳細な研究はデリック・トムスン（ルアリ・マハコーミシュ）によるものであるが，生没年についてもそれに従っておく。生地はモイダルトのロッホ・シール周辺，おそらくダレーラ (Dalilea) ではないかといわれている。強大なクランであるマクドナルドないし（その流れを汲み，詩人の出自である）クラン・ラヌルドが何世代にもわたって支配してきた地域の一部である。父アラステルは監督教会派の牧師。母も同族の出自。「アラステル先生の息子のアラステル」(Alasdair Mac Maighstir Alasdair) とよばれた彼は，父からヨーロッパ古典などの教育を受け，父と同じくグラスゴー大学に進んだ。しかし，おそらく在学中に早々と結婚しており，そのためか卒業した形跡はないらしい。彼の妻もまたマクドナルド一族である。1715年頃からの約10年間については足跡不明である。1715年のジャコバイト蜂起に関係していた可能性はあるものの推測の域を出ない。

スコットランド・キリスト教知識普及協会 (the Society in Scotland for the Propagation of Christian Knowledge, 略称SSPCK) に職を得た1729年から，最後かつ最大のジャコ

バイト蜂起が起った1745年まで，彼の言動等に関する資料は比較的多く見出される。SSPCKでは教理問答を始めとする教導職に就いたため，父の死後5年を経過していたこともあって，彼は長老派に転じている。任地はアルドナムルハンで，そのいくつかの場所を転々と移動している。後述の「夏の歌」('òran an t-Samhraidh')や，現在でも愛唱され続けている名歌「砂糖の小川」('Allt an t-Siucar')は，この間に作られた。1741年，SSPCKの委嘱を受けて，『ゲール語彙集』(A Galick and English Vocabulary)を出している。しかし，断固たるジャコバイトであった彼に希望を抱かせる動きが1744年頃からあって，その準備工作に奔走していたためであろう，職務は息子に委ねて怠りがちになり，1745年にはSSPCKを去っている。そもそもこのSSPCKは，反カトリック・反ジャコバイト・反ゲールであったから，彼がここに職を得，16年もの長きにわたって勤続したこと自体が驚異的であった。実際彼は，ほどなくカトリックに改宗している。そして，この年，ジャコバイティズムという大義の原点である「ボニー・プリンス・チャーリー」(Bonnie Prince Charlie)こと，チャールズ・エドワード・ステュアート (Charles Edward Stuart, 1720-85) がマクドナルド一族の土地に上陸すると，すでに集めていた蜂起側兵士らを率いて逸早く馳せ参じたのがマハクヴァイスティル・アラステルであった。彼は，これに先立って，蜂起鼓舞ないしチャールズ王子称賛の詩歌を数多く作っている。翌1746年にかけて戦われた蜂起は，結局カロデン荒野の惨敗をもって終わったのであるが，彼は生き延びた。政府軍の探索を妻子共々逃げ果せて，1749年には，当時クラン・ラヌルドに帰属していたカナ島 (Canna) に落ち着き，1751年までここに留まった。この間にも，ゲール魂を鼓舞し，政府の措置を叩く詩を作っている。1751年に詩集『スコットランド古来の言葉の復活』(Ais-Eiridh na Sean Chánoin Albannaich) を刊行している。これは，教会関係以外で出版された（上の『語彙集』を除いて）最初のゲール語出版物である。この中には百年前の詩も収録されているのだが，彼自身のジャコバイト詩が当局の不興を買い，売れ残りは焚書処分になったといわれている。この詩集には，代表作とされる「クラン・ラヌルドのガレー船」('Birlinn Chlann Raghnaill') は含まれていないが，彼の作品として伝わっている58篇のうちの半数が収められている。この年以後，彼が詩を発表した形跡はない。また，彼の足跡に関する直接資料は再び僅少になるが，おそらくは若き日と同様に，一族の土地を歴訪しながら暮らしたであろうといわれている。

　マハクヴァイスティル・アラステルはしばしばジャコバイト詩人といわれ，彼の詩を主題別に，愛，自然，諷刺ないし諧謔，卑猥などに分ければ，半分がジャコバイトに関係するのは事実であるが，それはジャコバイトかつ詩人ということであり，彼は詩を書かなくてもジャコバイトであった。また，古雅なアイルランド語を自在に使いこなす稀有な才能を持っていた彼は，ジャコバイトとして行動していなくても詩人であった。しかも，彼のいわゆるジャコバイト詩は，ゲール人たる気質と誇りとアイデンティティーを確固たる土台として紡ぎ出されたのである。

　また，「モーラック讃歌」('Moladh Mòraig') や「クラン・ラヌルドの鶫(つぐみ)」('Smeòrach Chlann Raghnaill') などには，彼の音楽的・律動的な言語感覚が躍動しており，上記「砂糖の小川」や「夏の歌」では，（特に後者は，影響を受けたと言われるジェイムズ・トムスン〔1700-48〕の『四季』〔The Seasons〕とは趣が異なり）自然と直に接する体感の歓びが詠われている。「クラン・ラヌルドのガレー船」は，彼の死後，1776年に編まれた選集に収録されたものである。南ユーイスト島を出港してか

らアイルランド北岸に到着するまで，ガレー船の祝福，出港の檄，船体・船内の描写，16人の乗組員それぞれの役割や人間描写，船内での生活や舟歌，海の様子，逆巻く大波に翻弄される舟，船内の人間模様などを，緊迫感溢れる措辞で描いたスケールの大きい長篇（568行）である。　　　（小菅奎申）

マハクウーイ, ロブ・ドウン　ScG MacAoidh, Rob Donn (1714–78)

　英語でも「ロブ・ドウン」が通称であるが，ロバート・マッカイ（Robert MacKay）と書かれることもある。詩人。サザランドの「マッカイの国」（Dùthaich Mhic Aoidh, 英語ではReay Country）に農民の子として生まれる。学校教育はまったく受けておらず，10歳年下の大詩人ドナハグ・バーン（Donnchadh Bàn Mac an t-Saoir）と同じく，終生読み書きはできなかった。しかし，幼少から言葉や韻律についての稀有な天稟が現れており，6歳のときに土地の差配人（領主マッカイの血縁）人に雇われ牧場で働くようになったのも，その才能が愛されたからである。ケーリーハウス（集会所）は，彼の詩才が発揮される場であり，彼が物事を覚える場でもあった。1740年に結婚し，やがて13人の子持ちになる。

　ロブ・ドウンは，牛追いや数年間の兵役を除けば，家族共々もっぱらサザランド西北の小さな地域社会で，また地域社会の人びとと共に暮らし，マッカイ家の理解ある庇護のもと，牧場の仕事や狩猟を楽しみながら生きた。ジャコバイトに共感を抱いていた彼は，マッカイ家が親ハノーヴァーであっても，自立した詩人として自分の考えを率直に表明する勇気と自尊心を持っていた。それがまた民衆に崇敬され，マッカイ家も寛容な姿勢で応じたのである。ハイランド・クリアランスが及んで来る前の，こういう幸福な共同体とその生活の中から生まれた彼の詩は，「マッカイの国」に知れ渡り，また，長く人びとに愛され記憶された。古今のゲール詩人の中には，生まれ，育ち，生きた土地で敬愛された点でロブ・ドウンの右に出る者はいないという。

　とはいえ，テーマとしてはおおむねローカル，言語としてはサザランド方言のゲール語であったため，域外の人びとにはさほど知られていなかった。加えて19世紀の初めに，大規模で過酷なクリアランスがこの地を変容させ，ゲール語文化を担う人びとが激減し，その共同体も過去のものになってしまった。しかし，ロブ・ドウンの詩歌は人びとの記憶に残り，1828年に編まれた最初の詩集には，18世紀に生きたどの詩人よりも桁違いに多い207篇もの詩歌が収められていた。同世紀末葉以降，さらに何冊かの詩集が刊行され広く読まれるようになると，措辞の巧みさ，ゲール人に通有の人倫意識，ありのままに人間を観察し表現するリアリズム（彼は口伝えにアレグザンダー・ポウプの詩を知り，影響を受けたといわれている）などが広くゲールダムに知られるようになって，大詩人の一人としての評価が高まった。

　挽歌や恋歌，諷刺詩や叙景詩も数多く作っているが，やはり詩人ロブ・ドウンに捧げられるべき称賛は，リアリズムに徹したこと，詩人としての自恃を貫いたことをもって第一とする。よく知られた詩には，「シーリングにわが胸は重く」（'Is Trom Leam an àirigh'），「ルスパンの吝嗇家」（'Spiocairean Ruspainn'），「デイヴィーのオークニー旅行」（'Turas Dhàibhidh do dh'Arcaibh'），「黒いカソック」（'Na Casagan Dubha'）がある。　　　（小菅奎申）

マハカントゥール, ドナハグ・バーン　ScG Mac an t-Saoir, Donnchadh Bàn (1724–1812)

　英語ではダンカン・バーン・マッキンタイヤ（Duncan Ban Macintyre）という。「歌人ドナハグ・バーン」（Donnchadh Bàn nan òran），「ハイランドのバルド」（the Bard of the Highland）として，今日なお最も愛さ

れているゲール語詩人の一人である。アーガイルシャー北部、グレンオーヒー（Glen Orchy）の奥地にクロフター（crofter, 借地農民）の子として生まれる。一番近い教会や学校でも20km以上離れているという人跡稀な土地であったため、彼はついに読み書きを身につけることがなかった。

伝わっているドナハグ・バーンの詩は、すべて口述筆記したものである。彼は、幼少時より数多の伝承物語や詩歌を耳にし、他方、壮年に至るまで、美しく雄大な自然の中に抱かれて釣りや野鳥の猟を楽しみながら過ごしている。1746年から1766年まで、ブレダラバン伯（Earl of Breadalbane）が領する土地（グレンオーヒー、ベン・ドーラン、グレン・エーチェ）の森番を勤める。そのブレダラバン伯は政府側のアーガイル一族であったため、折しも勃発していたジャコバイト蜂起に対して、これを鎮圧する側の民兵軍を徴集することになった。その召集状を受け取ったものの応召したくなかったフレッチャーなる人物が、ドナハグ・バーンに金銭を約束し、刀剣も貸し与えて代わりに応召させた。しかし、本心では親ジャコバイトであったドナハグ・バーンは、フォルカーク（Falkirk）の戦場から逃げ帰り、その刀剣まで失くしてしまった。怒ったフレッチャーが約束の金銭を拒んだので、ドナハグ・バーンは一篇の風刺詩「フレッチャーの剣とフォルカークの戦いに寄せる歌」（'Òran do Chlaidheamh Mhic an Leisdeir agus do Bhlàr na h-Eaglaise Brice'）をもって応酬した。詩人ドナハグ・バーンの誕生である。しかし、この詩がまたフレッチャーを憤らせ、二人の反目が昂じてしまった。伯の仲裁で二人は仲直りし、ドナハグ・バーンは金銭を手にした。そのうえ、伯のはからいで領地の森番に就いたのである。森の仕事は長閑であった。

このころ、わずか数キロメートルしか離れていないキリン（Killin）の牧師館では、1767年に刊行されることになるゲール語訳新約聖書の翻訳作業が進行中であった。彼自身読み書きはできなくても、彼の周囲には文芸に通じた人士がいたのである。自然の中で目覚めた詩魂はおのずから発露し、よく知られた自然讃歌、コリー（山の急斜面にある円形の窪地）の豊かな自然を数え上げた「霧に煙るコリーの歌」（'Òran Coire a' Cheathaich'）や、「ベン・ドーラン讃歌」（'Moladh Beinn Dòrain'）はこの時期に作られた。特に後者は550行を超える長篇詩で、アラステル・マハクヴァイスティルが切り拓いた清新な自然詩の感覚をもって、キョール・モール（ceòl-mór）、すなわちバグパイプ音楽の形式を採りながら、グレンオーヒーの美しいコニーデ型の名山、ベン・ドーランの自然を謳い上げたものである。山容から渓流、草木から動物にいたるまで、とりわけ山に棲む鹿たちと鹿猟の様を描いて余すところがない。主題（ùrlar）と変奏（siubhal）というパタンが発展的に3回繰り返され、そのあと主題が装い新たに登場し、最後にフィナーレが詠われる。伝統的な讃歌の形式に則っているが、クラン・チーフも戦士も登場せず、また感傷にも思弁にも流れず、簡明な措辞で、ベン・ドーランとその生物的自然と山の生活とが生き生きと映し出された不朽の名詩である。また、施し乞い（スコッツ語でthigging）の歌の傑作として知られる「雌羊に捧げる歌」（'Òran do Chaora'）は、79連に及ぶカプレットで構成された軽妙な作品である。何かと役立った愛すべき雌羊を喪ったため、衣装を調達すべく諸方面に施しを乞い歩くという内容である。彼は、誉め歌や恋愛歌でも並々ならぬ詩才を発揮している。

1767年、エディンバラに移り、市の警護に職を得ている。1790年代に、数年間、フランス革命の余波を恐れた政府の命によって組織された軍隊の一つ（ブレダラバン国防軍）に応召して料理人などを務めたほかは、1806年まで警護職を続けている。ドナ

ハグ・バーンの詩集は生前に3点ほど出版されているが、いずれも友人たちの助力によるものである。都市生活は必ずしも彼の肌合いには合わなかったようであるが、才気を衒わず、平明率直で流れるような詩を産み出し、明るく親しみやすい人柄もあって、周囲には愛されていたという。オシアン熱に浮かされていたエディンバラの知識人たち（literati）は、同時代の偉大なゲール語詩人にほとんど注目していなかったようであるが、この視線のずれは幾重にも興味深い。　　　　　　　　（小菅奎申）

ロス，ウーリャム　ScG　Ros, Uilleam（1762-91）

英語ではウィリアム・ロス（William Ross）。詩人。スカイ島のシーアン（Sithean）に生まれる。母方の祖父は、「盲目のパイパー」として知られたイアン・マハクウーイ（Iain MacAoidh, 1653-1754）である。生来病弱であったが、その聡明さを惜しんだ両親は、望ましい教育環境を求めて、インヴァネス北東の町フォレス（Forres）に一家で転居し、そこのグラマースクールに彼を入学させた。優秀な成績で学業を終えた彼は、健康のためによく旅行した。また、このころにゲール語による詩作も始めた。1786年、家族が移り住んでいたウェスター・ロスのギアロッホ（Gairloch）に腰を落ち着け、教区学校の校長に就任したが、その5年後には肺結核のため夭折している。死の直前、彼は自作の詩を焼却しているので、彼の詩として知られているのは、たまたま残った十数篇以外はすべて口承で伝えられていたものである。

彼は、遠縁にあたるマリオン・ロス（Marion Ross）という年上の女性に熱烈な恋をしていた。この恋は実らなかったが、結果的に、18世紀のゲール語詩人中随一と言われる恋愛詩人ウーリャム・ロスを産み出した。失恋の痛みと消え遣らぬ恋情と絶望を詠った「もう一つの歌」（'An t-Òran Eile'）は、20世紀の大詩人ソーエルリ・マハキルエーインにも深い感動を与えた名詩である。このほか、「月曜日の夕暮れ」（'Feasgar Luain'）、「ギアロッホを讃えて」（'Moladh Gheàrrloch'）などがよく知られている。しばしば主観的・主情的といわれるロスであるが、これらの作品はゲール詩歌の本流を行くものである。　（小菅奎申）

19世紀

マハクラハレーン，イアン　ScG　MacLachlainn, Iain（1804-74）

英語ではジョン・マクラハラン（John MacLachlan）。医者にして詩人。マルヴェーンのラフィ（Rahoy, Morvern）に生まれる。マクラハレーンというクランは、遠くアイルランドの王族オー・ネールにつながる祖先を持つと伝えられ、スコットランドにおける一族の父祖は11世紀にまで遡るという。数あるクランの中でもひときわ古い由緒を持っている。この家系は、代々医術を家業とし、イアンもまたグラスゴー大学で医学を学んでいる。周囲に富裕な血族が数多いる中で、彼は生地を中心とした地域医療、とりわけ生活苦に陥っている一般住民のために並々ならぬ情熱を注ぎ続けた。しかし、時代の流れは抗いがたく、マルヴェーンのゲール人社会はやがて崩壊し、それがまた彼を極度に疲弊させてしまったといわれている。

詩人としてのイアン（英語で言えば、「ドクター・ジョン・マクラハラン」というふうに、医師の称号をつけて呼ばれた）は、天賦の詩才というよりは作詩技術の見事さで詩を作った一群の二流詩人の典型と評されている。しかし、荒廃したマルヴェーン一帯で感じたクリアランスに対する激しい憤りと悲しみは、彼の詩を特別なものにしている。「ああ、私はここに窮まり」（'Och!

Och! Mar tha mi')，「ベン・ヒアンタに登ると」('Direadh a-mach ri Beinn Shianta')などがよく知られている。　　　　　　（小菅奎申）

マハグンレーヴ，ウーリャム ScG MacDhunlèibhe, Ulleam (1808–70)

英語名，ウィリアム・リヴィングストン（William Livingston）。生まれはアイラ島のキラルーア（Cill-a-rubha）であるが，主としてグラスゴーに住む。詩人。本業は仕立屋。生来知的好奇心がきわめて旺盛で，仕事のかたわら独学でスコットランドの歴史や文学を渉猟し，史実や故事・伝承について深い知識を持っていた。それは，「アイラのノルウェイ人」('Na Lochlannaich an Ile')や「スナダールの戦い」('Blàr Shunadail')といった長篇詩に表れている。しかし，これらは詩としては平凡である。だが，326行に及ぶ「グルイニャルド浜の戦い」('Blàr Thràigh Ghruinneard')は注目に値する。これは，アイラ島北岸の入江で1598年に起こった，マクドナルド一族とマクレーン一族との血なまぐさい戦いを叙事詩風に詠ったものである。ゲール人の間ではよく知られているこの戦いでは，マクレーン側の大半が殺されてしまい，一部が近くの教会へ逃げ延びるが，これもまた火にかけて虐殺されてしまうという悲惨な結果になる。

マハグンレーヴは，資料的に裏付けられた事実経過については不明なことが多いこの出来事を，結果は悲惨であるが，双方のクランともゲール人の戦いの掟や礼節を守っていた，という視点で描き出している。彼は，1850年に刊行した『ケルト的気質の擁護』（*Vindication of Celtic Character*）の中でもこの出来事について散文で叙述している。しかし，不運の死に見舞われたマクレーン一族に寄せて，リフレインを多用した哀歌で締めくくった韻文のほうが遙かに強い喚起力を持っている。彼の自学自習の熱は外国語にも及び，ギリシア語やラテン語などの古典語のほかフランス語やウェールズ語も身につけていたという。しかし，自らは強いゲール人意識とプライドを持ち，ゲールの土地にゲール人とゲール語文化が不在となっている現状に悲憤慷慨する詩を数多く作っている。

「アイルランドは泣いている」（'Eirinn a' Gul'）という詩は，ゲールの朋友アイルランドが追い込まれている悲劇的な状況に，アイラ出自のゲール詩人が寄せる共感に溢れた一篇である。代表作と目される「バルドに伝えよ」（'Fios chun a' Bhàird'）は，1863年にブロードシート（大判紙）の形で出た8行14連の詩である。前半では，アイラ島のあるがままの自然が描写され，後半では，そのあるがままの状態を，そこにあるはずのものが奪われた姿として描き，各連の最後に「このメッセージを，私が見たとおりに，バルドに伝えよ」という2行を配している。この「バルド」は大文字でBardと記されているので，「メッセージ」の伝達は，一詩人としてのウーリャム・マハグンレーヴから，ゲール人がゲール人であるためのアイデンティティーとしての「詩人」へ，という流れになっていることが窺われる。　　　　　　（小菅奎申）

ニヒカフェルセン，マーリ ScG Nic a' Phearsain, Màiri (1821–98)

英語名，メアリ・マクファースン（Mary MacPherson）。詩人。職業は看護師。1840年代半ばにインヴァネスに移る。1872年に夫を亡くし，自らも窃盗の嫌疑で有罪とされ，投獄という憂き目に遭って，グラスゴーへ，その後さらにグリーノックへ転居する。自分は無実であるにもかかわらず辱めを受けたという個人的な経験と，長年にわたって不当に搾取され窮乏に苦しんできたクロフター（crofter，借地農民）たちが団結して，土地の権利を求める戦いに立ち上がったという当時の状況とが重なって，非道に対する怒りと社会正義を求める心が彼

女の中で結晶し，ゲールの民衆に寄せる数多くの情熱的な詩を産み出した。ときには故郷の島を美しく歌い上げる望郷歌の趣も加わり，広く愛唱された。彼女の堂々たる体躯とも相俟って「大きな歌姫マーリ」('Màiri Bhòr nan Òran') とよばれた。

1891年に作品集『ゲール語の詩と歌』(Dàin agus Òrain Ghaidhlig) が出ている。ことに有名なのは「私が若かったころ」('Nuair bha mi òg') や「霧に煙る島」('Eilean a' Cheò'，「霧に煙る島」とはスカイ島のこと）であるが，ほかにも，故郷の山にこと寄せてクロフターたちにエールを送った「ベン・リーの歌」('Oran Beinn Li')，ゲール人が愛するスポーツ，シンティーの大会が初めてグラスゴーで開催されることを祝った「グラスゴー・シンティー競技会」('Camanachd Ghlaschu') などがよく知られている。 (小菅奎申)

マハクリョーイド，ニーアル [ScG] MacLeòid, Niall (1843–1913)

英語名ニール・マクラウド (Neil MacLeod)。スカイ島のグレンデイル (Glendale) に生まれる。父親は詩歌の達人として知られ，1811年には小さな歌集も出している。ニーアルは，エディンバラで従兄弟が営む紅茶会社に入り，外回りの販売担当として各地を旅行することになるが，父親譲りの詩心・歌心でたくさんの詩歌を作った。それらには，ローランドないしイングランドの，つまりは非ゲール的な詩法が導入され，内容的にも多くはロマンティックな望郷であり，遠い昔のゲール文化への懐旧であった。たとえば，「スカイ島のクロフターたち」('Na Croitearan Sgiathanach') という8行12連の詩は，正当な土地の権利を求めて立ち上がったクロフターたちの闘争 (1882–83) を機に作られたものである。だが，この詩は故郷で闘っている人びとに送ったエールではない。土地払いは非道で悲しいことだが，反乱によってではなく思慮と道理をもって，雄々しくも慈愛に満ちたゲール人の土地を守ってほしい，それを見た世の人びとは君たちのために立ち上がってくれる，そしてやがては旧に復するだろう，というのである。こうした社会認識の不徹底と回顧的な美化に満ちた彼の詩について，後世のゲール語詩人ないし学者の間での評価はかんばしくない。しかし，ニーアルの歌が当時たいへんな人気を博していたのは事実である。

19世紀の後半，グラスゴーを筆頭に都市部の人口が爆発的に増加しているが，流入民の中には夥しい数の移住ゲール人が含まれていた。その多くは貧困な労働者であり，もともと生地への思いが人一倍深いゲール人であるから，都市で栄えるケーリー (ceilidh) 文化や望郷・懐旧の歌で慰められたのも無理からぬものがある。ニーアルの詩歌はそういうゲール民衆の声でもあったからこそ，広く愛唱されたのである。

(小菅奎申)

20世紀

マハキルエーイン，ソーエルリ [ScG] MacGill-Eain, Somhairle (1911–96)

英語名ソーリー・マクレーン (Sorley MacLean)。詩人。ラーセイ島のオスケイグ (Oscaig) で生まれ，父方・母方ともにゲールの伝統文化とりわけ伝承歌をよく伝えている家庭で育つ。エディンバラ大学に入学する (1929年) まで過ごし，学んだ同島およびスカイ島には，土地をめぐって1880年代に繰り広げられたクロフター (crofter, 借地農民) たちが闘ったラディカリズムの気風が残っていたといわれる。大学では英語・英文学を学び，スコットランド文芸復興の旗手ヒュー・マクダーミッド，モダニズム文学を代表するエズラ・パウンドやT. S. エリオットなどに関心を寄せ

ている。卒業後は教員資格を取得して，1934年から1940年まで，スカイ島，マル島，エディンバラの中学校で英語を教えている。この教員時代にスペインで内戦が起り，義勇兵として赴くか否かで激しい葛藤を経験するが，結局家族を選び，教員生活を継続する。

　1940年から1942年まで兵役に就く。戦地のアフリカで負傷し，入院加療の後，除隊となり，1943年，エディンバラで教職に復帰。1945年，インヴァネス・ゲール協会（the Gaelic Society of Inverness）の専属詩人（bard）となる（また，生涯この地位にあり続ける）。1946年に結婚し，3人の子に恵まれ，エディンバラで平穏な教員生活を送る。1956年，本土西岸，ウェスター・ロス地方のプロックトンへ家族共々移住し，同地の中学校校長兼教員として過重な授業担当と校務に耐える生活を，以後16年にわたって続けることになる。1972年に教職を引退してからは，スカイ島に移り住み，晩年の四半世紀を，故地ラーセイが見えるペンホリンで送っている。彼が死を迎えたのは，奇しくも1943年に治療を受けたインヴァネスの病院であった。

　マハキルエーインは20世紀を代表する大詩人であり，ゲール語詩歌について優れた論考も数多く発表しているが，それらの大半は教員時代に作られている。最初の詩集は兵役に就く直前，1940年にロバート・ギャリオッホ（Robert Garioch, 1909-81）と共同で刊行した『詩17篇で6ペンス』（'17 Poems for 6d.'）であり，ここにはゲール語の詩8篇を収めている。既に1930年代半ばにはゲール語でのみ詩作する方向に向かっていた。そして，労働者階級に共感を寄せる彼の政治的ラディカリズムが反映している長編詩「クーリン」（'An Cuilithionn'），同じく長編の「ラーセイの森」（'Coilltean Ratharsair'）などが書かれている。除隊後の1943年，20世紀ゲール語詩の白眉とも言える『エヴィルに寄せる詩およびその他の詩』（'Dàin do Eimhir agus Dàin Eile'）を出版する。

　かねてより詩人マハキルエーインの詩の革命的な新しさや力強さに注目していたイアン・マハカゴーイン（Iain Mac a' Ghobhainn）は，1971年に，「エヴィルに寄せる詩」全60篇のうち36篇を選び，英語の対訳を添えて出版した。また，クリストファー・ホワイト（Christopher Whyte, 1952-）は，2002年，全60篇について校訂・編集し，新たな英訳と詳細な注釈を施して出版している。この作品に含まれる詩は，各々形式も長さも直接詠われている内容も異なるが，全篇を貫いて「愛」という大きな主題が，歴史的事象であるスペイン戦争との葛藤，また詩人自身の理性との葛藤において詠われている。「エヴィル」は，アイルランドの古譚で語られる英雄クーフリンの妻の名前であるが，個別の詩篇で詠われる古今のさまざまな女性の予型ないし原型として扱われている。

　この作品を発表した後も，ゲール語専門誌に詩を投稿し続け，1954年には，これまた詩人の名を高からしめることになる「ハレイグ」（'Hallaig'）を発表する。この詩が書かれる百年以上も前，ラーセイ島を買い取ったエディンバラの商人によって住民が強制的に立ち退かされ，以後廃墟となっているのが，同島東岸の地ハレイグである。マハキルエーインは，ハレイグの森に棲むアカジカ，生い茂る木々，島の地形や人為の跡，追い立てられて行った人びとなどを詠い，かつてこの地でなされた非道を悠久の次元にとどめようとしている。プロックトン移住後の数年は，詩作こそ休眠状態になるが，この間にも1930年代からゲール語詩をめぐる文章を寄稿していた『インヴァネス・ゲール協会会報』（Transactions of the Gaelic Society of Inverness）やその他の媒体に，卓抜な論考を寄稿し続けている。

　1960年代の初め頃から創作活動を再開し，なかでも，著名な民俗学者であった実

弟カラム（Calum M, 1915-60）の早逝を悼む「カラム・マクレーンの死に捧げる哀歌」（'Cumha Chaluim Iain Mhic Gill-Eain'）という詩は、そのクラシカルな格調の高さで詩人の代表作の一つに数えられている。スカイ島に引退した時点で、教員兼詩人としての彼の類まれな力量は既に知る人ぞ知るところであったが、非ゲール語文化圏も含めて内外に広く知られるようになったのは60歳を過ぎてからである。盛んに朗読会が開かれ、詩選集が刊行され、雑誌に特集が組まれて評論がいくつも掲載され、複数の大学から名誉教授の称号が与えられ、映像も撮られるようになる。

彼の詩の革新性は、ゲール文化の存在とアイデンティティーに新たな生命をもたらすものとして、いや増しに高く評価されるようになった。その訃報に接したイアン・マハカゴーインは、「マクダーミッドがスコッツ語のために成し遂げたことを、ソーリーはゲール語のために成し遂げた」と評している。1995年エディンバラで開催された第10回ケルティック・コングレスの研究報告集に、マハキルエーインはゲール語の序文を寄せており、これが絶筆とされている。1989年に自選詩集『森から尾根へ』（*O Choille gu Bearradh*）が、また批評・散文集としては、1985年に『山腹に向かって』（*Ris a' Bhruthaich*）が出ている。

（小菅奎申）

ジョルサ, ジョルサ・マハキアン ScG Deòrsa, Deòrsa Mac Iain (1915–84)

英語名、ジョージ・キャンベル・ヘイ（George Campbell Hay）。詩人。グラスゴーの西、ペイズリ（Paisley）近郊のエルダーズリ（Elderslie）に、牧師の子として生まれる。両親ともアーガイルのゲール語文化圏にルーツを持っている。4歳のとき父を亡くして、父の郷里タルベルストで過ごすことになり母や叔父や近隣の人びとが話すゲール語を覚え始める。10歳のときエディンバラに移り、奨学金を得てジョン・ワトソン校、次いでフェッティーズ校で学び、1934年、オックスフォードのコーパス・クリスティ・カレッジに入学する。彼には言語修得の才能があって、25歳のときには、英語のほかにゲール語とデンマーク語を話すことができ、そのほかにスウェーデン語・アイスランド語・現代ギリシア語・アイルランド語とギリシア・ラテンの古典語を解し、辞書に依りながらではあるがウェールズ語とスペイン語にも対応できたという。

1938年に大学を出て国政の世界に飛び込む。その翌年、イギリスが欧州大戦に巻き込まれると、親スコットランド・反イングランドの言動が災いして当局に追われる身となる。しかし1942年以後は、自らの政治的立場を抑えて軍役に就く。事務官ではあったが、送り込まれたアフリカ戦線で、一兵卒としては異例なほど空き時間があったため、読んだり書いたりすることができたという。1944年にはイタリアに移り、所属部隊の教官ないし通訳を務める。このころから1945年秋（この時期に休暇が与えられてスコットランドに帰っている）までの1年半の間に、いくつかの優れた作品が作られている。

1946年、ギリシア北部の治安部隊に異動となる。この地で、生来の左翼的心情から労働者階級に接近していたことが、時の王党派・右翼勢力による白色テロの標的にされる。彼は辛くも逃げ延びるが、この経験に起因する精神障害（慢性統合失調症）は、その後、生涯、定職に就くことを妨げることになった。彼は、1947年以降のほとんどを、王立エディンバラ病院に入退院を繰り返しながら主として翻訳料で暮らすという、苦しい生活を余儀なくされた。ゲール語の詩集としては、『山腹の湧水』（'*Fuaran Slèibh*', 1947）、『四方から』（'*O na Ceithir àirdean*', 1952）がある。前者には、均整のとれた韻律で構成されたイメージ豊かな自然詩が数多く収められているが、後者では、

人間的事象を扱った不規則な韻律の詩が目立っている。また，英語の詩集としては，『ロッホ・フィーンを渡る風』（'Wind on Loch Fyne', 1948）がある。　　　　　（小菅奎申）

マハコーミシュ，ルアリ　ScG　MacThòmais, Ruaraidh **(1921-2012)**

　英語名，デリック・トムスン（Derick Thomson）。詩人にしてゲール語学者。出版人・編集人としても知られる。ルイス島のストーノウェイで生まれ，アバディーン大学，ケンブリッジ大学，バンガー大学（北ウェールズ）で文学を学ぶ。3年間の兵役を経て更に研究を重ね，1948年から1963年まで，エディンバラ大学，グラスゴー大学，アバディーン大学で，ケルト学やウェールズ語の講師を務める。1963年から1991年までグラスゴー大学のケルト学教授。この間，1952年にはゲール語文学のための季刊誌『グルム』（Gairm）の共同創刊者・編集者となり，グルム出版（Gairm Publications）を設立してゲール語刊行物の出版事業を始める。1964年以降は同誌の唯一の編集者，同社の唯一の事業主になる。

　また，1966年には『スコットランド・ゲール語歴史辞典』（Historical Dictionary of Scottish Gaelic）の編纂に着手（この辞典は未だ刊行されていない），その2年後にはゲール語書籍審議会を立ち上げ，他方，1962年から1976年まで『スコットランド・ゲール語研究』（Scottish Gaelic Studies）の編集にも携わる。さらに，スコットランド・ゲール語詩歌の研究に不可欠な諸々の文献を丁寧に校訂・出版しているスコットランド・ゲール語文献協会（the Scottish Gaelic Texts Society）の理事長を長年にわたって務めるなど，編集者および研究組織のリーダーとして文字どおり八面六臂の仕事を成し遂げている。

　研究者・著作者としての業績にも目覚ましいものがある。18世紀後半から延々と続いていたいわゆる「オシアン論争」に，100頁少々の小著ながら決定的ともいえる一石を投じた『マクファーソンのオシアンに関するゲール語文献の典拠』（The Gaelic Sources of Macpherson's Ossian, 1952），ゲール語詩歌史の最良の手引きとして今なお必読書である『ゲール語詩序説』（An Introduction to Gaelic Poetry, 1974），ハンディで有益な『新・英語－ゲール語辞典』（The New English-Gaelic Dictionary, 1981）や『ゲール語訳ヨーロッパ詩選』（Bàrdachd na Roinn Eòrpa an Gàidhlig, 1990）は，ゲール語文化と非ゲール的世界を橋渡しする著作であり，『アラステル・マハクヴァイスティル・アラステル詩選』（Alasdair Mac Mhaighstir Alasdair Selected Poems, 1996）もまた，この大詩人の研究には必須の書である。編者としては，『ゲール的スコットランド必携』（The Companion to Gaelic Scotland, 1983）という貴重な仕事を遺している。これら以外にも，ゲール語詩歌の研究や導入に裨益する論文・論説・評論を，さまざまな媒体に寄せている。

　ルアリ・マハコーミシュは現代のゲール語詩壇でも重鎮の一人であった。1951年に出版された詩集，『壊れた絵』（An Dealbh Briste）以来，50年以上にわたって詩を書き続け，合せて9冊の詩集を出している。その詩は，主題こそ多様であるが，詩人のスタンスとしては，自然と人間ないし人間同士の結びつきや愛着，乖離や喪失感，そこに孕まれる緊張やバランスを，知的にあるいは主意的に言語化しようとする志向が感じられる。彼は，生涯を通してゲール語とゲール語詩歌のために全力を尽くし，ゲール語圏以外でも高く評価され，多くの栄誉を授けられているが，その最大の功績は，学術を通じてゲール語文化を非ゲールの世界に開き，彼の仕事を後続の世代が継承するための足掛かりを作ったことにあるだろう。　　　　　　　　　　（小菅奎申）

マハカゴーイン, イアン　ScG Mac a' Ghobhainn, Iain (1928-98)

英語名, イアン・クライトン・スミス (Iain Crichton Smith)。詩人, 作家。生まれたのはグラスゴーであるが, 3歳のとき父が死んだため, 遺された家族 (母と兄と弟, 父の先妻の娘) はルーツであるルイス島に戻り, 信仰深い母の手で育てられる。その生活は苦しく, 年金と母がニシンを捌いて得た収入に頼っていた。長じてアバディーン大学に進み, 第二言語としての英語を学ぶ。卒業後, 英語の教員免許を取得して, 1952年から1977年までグラスゴー周辺とオーバンで教鞭をとる。この間, 1969年に母を喪い精神的に大きな打撃を蒙るが, 彼は, 母が信じていたカルヴァン主義の峻厳な神や, 教条的な信仰を終生遠ざけている。結婚してオーバン近くのタイヌルト (Taynuilt) に居を構え, 文筆一本に専念し始めた1977年の時点で, 彼はすでに多くの作品 (詩, 小説, 短編物語, 戯曲など) を英語およびゲール語で発表しており, スコットランドを代表する文人の一人というだけでなく, 英国の文壇でも高い評価を受けていた。

彼の作品は, 主題としては人間の内面と外面, 自己発見, 言葉, 変化と不変など省察的な主題を多く扱っているが, 措辞は簡明で率直であり, つねに新しい発見に誘われ, 鮮やかな印象を残す。彼は, 作品の文学的価値の高さのみならず, 多分野にわたる多作でも際立っている。1988年に作成されたある書誌には, 両言語による詩が900篇以上にも上り, 英語だけでも小説10篇, 短編物語集6篇, 詩集13篇が挙げられているというが, このあとも彼は旺盛な創作・文筆活動を続けた。

ゲール語による詩集には, 『河水と麺麭』 ('Bùrn is Aran', 1960), 『聖書と宣伝』 ('Biobuill is Sanasan-Reice', 1965), 『空語と事物』 ('Rabhdan is Rudan', 1973), 『ジョークとグラスゴーの間』 ('Eadar Fealla-Dhà is Glaschu', 1974), 『動物たち』 ('Na h-Ainmhidhean', 1979), 『移民たち』 ('Na h-Eilthirich', 1983), 『島と言葉』 ('An t-Eilean agus An Cànan', 1987) がある。ゲール語の散文作品は, 前記の『河水と麺麭』も収録されているが, 短編集として, 『黒と青』 (An Dubh is an Gorm, 1963), 『先生と牧師』 (Maighstirean is Ministeirean, 1970), 『アメリカの空』 (An t-Adhar Ameireaganach, 1973) などから, 最晩年の『ソマリアへの道』 (An Rathad gu Somalia, 1994), 『愛するペイジへ』 (A Pheigi a Ghràidh, 1994) に至るまで10篇以上に上る。

ゲール語文学の場合, 詩歌や物語と比べて戯曲は質・量ともに乏しいが, 彼はこの方面でも数多くの作品を産み出しており, 早くも1967年に, 『彼らは老いなかった』 ('Chan fhàs iad sean') がテレビドラマの形で上演されている。また彼は, ゲール語詩の英訳者としても知られている。ドナハグ・バーンの「ベン・ドーラン讃歌」の優れた韻文訳を出しており, ソーエルリ・マハキルエーインの入魂の詩篇「エヴィルに寄せる歌」('Dàin do Eimhir') の抄訳 (1971年) も意義深い仕事である。これらのほかに文学評論も数多く手掛けている。(小菅奎申)

マハカウーライ, ドーナル　ScG MacAmhlaigh, Dòmhnall (1930-)

英語名, ドナルド・マコーレイ (Donald MacAulay)。詩人, 学者。ルイス島西岸の島ベルナレイ (Bernera) に生まれる。アバディーン大学で英語・ケルト語を, ケンブリッジ大学で古英語・古ノルド語・言語学・歴史・文学を学び, 2年間の軍役に就いた後, 1958年から1996年まで, エディンバラ大学, トリニティ・カレッジ・ダブリン, アバディーン大学, グラスゴー大学で教員職を歴任し, 前二者で言語学を, 後二者でケルト語を担当する。この間, ゲール語教育に関わる公職にも就いている。詩集に『石に生えるサクラソウ』 (Seòbhrach ás a' Chlaich, 1967）がある。　　　（小菅奎申）

マハクネヘカル，ウーナス　ScG MacNeacail, Aonghas(1942-)

英語名，アンガス・ニコルソン（Angus Nicolson）。詩人。「歌姫マーリ」（Màiri Mhór nan òran）ゆかりの土地と言われるスカイ島のウイグ（Uig）に生まれる。係累には作曲家もいる。小学校で英語の世界を知る。ポートリーのハイスクールでは，先生も生徒もゲール語を母語としているのに，英語を介して母語を学ぶという経験をするが，卒業後に，鉄道の仕事のかたわらで彼が詩を書き始めたのは，その英語であった。20代の後半に入った1968年，グラスゴー大学に入学する。詩人としても著名なフィリップ・ホブズボーム（Philip Hobsbaum, 1932-2005）の主宰する文学者グループに加入し，リズ・ロッホヘッド（Liz Lochhead, 1947-）やアラスター・グレイ（Alasdair Gray, 1934-）らと席を並べる。卒業後はロンドンの不動産会社で4年ほど働く。

1977年，スカイ島に戻り，その数年前に同島のスレートに設立されたゲール語学校，サヴァル・モール・オステイグ（Sabhal Mòr Ostaig）に所属し，教鞭をとりながらゲール語の詩を発表し始める。この年，出生時からの英語名を，公式にゲール語名へ変更する。彼は創作活動そのものをワークショップなどを通じて指導する（poet in residence）の地位，あるいは特別研究員（fellowship）の立場を維持しながら，1990年代の初めまで，散文家としては英語を，詩人としてはゲール語だけを用いている。その後は英語でも詩作しているが，多くの外国語に翻訳され，また，それが機縁となり，精力的に外国を回って詩の朗読会を開くなど，幅広い活動を続けているのはゲール語詩人としてである。詩のほかにオペラの台本も数点書いている。

長編詩として発表されたものに，「賢い鮭を探して」（'Sireadh Bradain Sicir', 1983）および「雪との大いなる戦い」（'An Cathadh Mòr', 1984）がある。また，ゲール語詩集としては，『回避，およびその他の詩』（An Seachnadh agus dàin eile, 1986），『正しい教育，およびその他の詩』（Oideachadh Ceart agus dàin eile, 1996），『若き悪魔への賛美歌』（Laoidh an Donais òg, 2007）がある。彼は，20世紀ゲール語詩壇を飾る大詩人たちの影響下にあることを自認しながらも，同時に，諸外国との豊富な交流体験を反映して，また，米国ノース・キャロライナ州のブラック・マウンテン・カレッジ（Black Mountain College）の学際的・実験的精神に共鳴して，ヨーロッパや異文化にも通じる詩境を拓こうとしている。また彼の詩は，大文字も小文字も発音は変わらないという考えから，すべて小文字で書かれている。

（小菅奎申）

カインベル，ムーリシュ　ScG M.Caimbeul, Maoilios(1944-)

英語名，マイルズ・キャンベル（Myles M.Campbell）。スカイ島北部のスタフィン（Staffin）生まれの詩人，文筆家。父親が宣教師だったため少年時代は7回も転校している。ルイス島の学校で学んだ航海術を生かし，卒業後は貨物船等の乗組員として働く。1964年，海の仕事を離れ，事務職で生活しながら夜間学校で勉強を続け，27歳の頃ゲール語を書くことを身につけると同時に詩も書き始める。進級試験に合格してエディンバラ大学に進み，ケルト学などを修めて32歳で卒業する。その後はゲール語に関わる仕事（教師や公務員）に就き，そのかたわら『グルム』（Gairm）などさまざまな専門誌に詩を発表し，ゲール語詩人としての自覚を深める。

1980年に個人詩集『島々』（Eileanan）を世に問うて以来，数冊の詩集を出している。ゲール語は「心の言葉」，英語は「頭脳の言葉」，と考える彼は，ゲールの伝統

を内面化し、しばしば官能的な比喩に依りながら鋭い批評性に富んだ作品を産み出し、ぶれない詩境を拓いている。ソーエルリ・マハキルエーイン、ルアリ・マハコーミシュ、イアン・マハカゴーインといった20世紀ゲール語詩壇の巨星らの影響を受けたムーリシュは、最後の四半世紀を「代表する声」と評されている。　　　（小菅奎申）

ウェールズ語文学

ウェールズ語文学 17世紀までの概観　Welsh literature after the Edwardian conquest

　ノルマン朝イングランドのエドワード1世によるウェールズ征服が完了する14世紀初頭から17世紀までのウェールズ語文学について概観する。1300年以降の400年は、ウェールズが政治的独立を失い、イングランドに併合されるに至って、宮廷詩人バルズの詩歌や散文物語の伝統に根ざした文化的独立も失われていった時代である。一方、大陸ヨーロッパにおけるルネサンスや宗教改革の影響によってウェールズにも人文主義の新たな潮流や聖書翻訳などの動きが起こるが、それらについては別項で扱う。

　(1) 詩歌：ウェールズを制圧したエドワード1世はウェールズを直轄領とし、1301年に息子(後のエドワード2世)をプリンス・オブ・ウェールズに定め、統治権を与えた。こうしてウェールズ諸公の時代が終焉するとともに、「カウィッズ」(cywydd)とよばれる二行連句の韻律を主に用いる、新しい流派が勃興する。彼らは「諸公の詩人」に対し、イングランドの支配下で、小地主階級に解体された在地のジェントリーをパトロンとすることから、「ジェントリーの詩人」(Beirdd yr Uchelwyr/Poets of the Gentry or Noblemen)とよばれる。新世代の詩人たちは、パトロンへの頌詩だけでなく、恋愛や自然の美しさなども題材とした。ダヴィッズ・アプ・グウィリムを筆頭に、オワイン・グリンドゥールへ捧げた詩で知られるイオロ・ゴッホ (Iolo Goch) ほか、ダヴィッズ・ナンモール (Dafydd Nanmor)、ティディル・アレッド (Tudur Aled)、グリフィズ・ヒラエソーグ (Gruffudd Hiraethog) ら、300年間で150人ほどの詩人によるおびただしい数の作品が残されている。けれども、1485年、ウェールズ出身のヘンリー・テューダーがイングランド王として即位、その息子のヘンリー8世が1536年にウェールズを併合すると、宮廷での成功を望むジェントリーたちはウェールズを離れ、言語・文化面でもイングランド化が進行、ギルドによって保存されてきた詩人バルズの伝統は廃れ、1642年の市民革命勃発の頃には、ウェールズ詩歌の黄金時代も終わることになった。

　(2) 散文：ノルマン文化の浸透が深まるなか、ウェールズ語写本の編纂が盛んになり、消え行く伝承の保存・記録が修道院を中心に、古事研究家のジェントリーの支援のもとで行われた。『タリエシンの書』(Llyfr Taliesin)、『フラゼルフの白本』(Llyfr Gwyn Rhydderch)、『ヘルゲストの赤本』(Llyfr Coch Hergest) といった重要な写本が作られたのも14世紀のことである。また、詩歌・散文物語・年代記・法・医術などだけでなく、本来ラテン語を信仰の言葉とするキリスト教の分野でも俗語によるテクストが生まれ、書き言葉としてのウェールズ語の使用が広がっていったことが特筆される。『隠者の書』(Llyfr Ancr Llanddewi Brefi=オックスフォード・ジーザス・コレッジ写本119) は、ウェールズ語による宗教的テクストとしては現存する最古のものである。1346年にスランゼウィ・ブレヴィの隠修士によって書かれたとされ、ウェールズの守護聖人デウィ・サント（聖デイヴィッド）と聖ベイノーについてのウェールズ語の聖人伝、ホノリウス・アウグストドゥネンシスの神学教本『エルキダリウム』

のウェールズ語訳などを含む。

　エリス・グリフィズ（Elis Gruffydd）はテューダー朝の勃興とともにウェールズを離れた典型的なジェントリーであるが、カレーの要塞に勤務するかたわら、天地創造から自分の同時代の16世紀半ばに至る歴史をウェールズ語で記述した『六つの時代の年代記』（Cronicl o Wech Oesoedd）には、伝説的詩人タリエシンに関する現存する最古の物語が収められている。また、彼の手になる中世ウェールズの詩や散文の筆写には他の写本にはない異本が多く、中世ウェールズ文学を研究する上で貴重である。

（森野聡子）

ウェールズ年代記ブリット　Ⓦ Brut

　「ブリット」とはジェフリー・オブ・モンマス（Geoffrey of Monmouth）の『ブリタニア列王史』（Historia Regum Britanniae, c.1136）のなかでブリテン島の最初の王とされるトロイの王族ブルートゥス（Brutus）に由来、もともとはブルートゥスとその一族についての年代記、転じて「歴史・年代記」を示す普通名詞となった。ジェフリーの『列王史』のウェールズ語による翻訳・翻案は13世紀半ばより始まり、15世紀までの写本としては60点以上が確認されている。これらをまとめて『諸王のブリット』（Brut y Brenhinedd/The Chronicle of the Kings）と称する。写本によっては、ウェールズ伝承に基づく『スリーズとスレヴェリスの冒険』を含むものがある。『列王史』の語るブリテン王家の由来、栄華、そして没落、アーサー王の偉業と最期、マーリンの預言（救国の英雄の帰還によるブルートゥスの王統の復興）といった物語が、これらの翻訳を通じてウェールズで広く知られるようになった。

　『列王史』に続く年代記が、14世紀の写本に残る『諸公のブリット』（Brut y Tywysogion/The Chronicle of the Princes）である。これは、教会や修道院に保存されていた各種の年代記を編纂した『ウェールズ諸公の年代記』（Cronica Principium Wallie）のウェールズ語訳と考えられており、ラテン語原本が失われている現在、エドワード1世のウェールズ征服までの中世ウェールズの歴史を知る上で貴重な資料となっている。現存するテクストは、『列王史』でブルートゥスの王統を継ぐ最後のブリテン王とされるカドワラドルの死（681年）から始まり、主としてグウィネッズ、ポウィス、デヘイバルスの公家の事績を編年体で記述、「最後のウェールズ公」ことスラウェリン・アプ・グリフィズの死（1282年）までを扱っている。

（森野聡子）

ダヴィッズ・アプ・グウィリム　Ⓦ Dafydd ap Gwilym（1315/20-1350/70）

　ウェールズの最も偉大な詩人の一人。彼の生涯は正確には分かっていないが、アベリストウィス近郊のブロガニンで生まれ、ウェールズ中を旅し、中部ウェールズのトレガロンの近くのストラタ・フロリダ修道院に埋葬されたと考えられている。また彼の家系はペンブルックシャーのアングロノルマン系の名家に繋がるといわれている。

　伝統的なウェールズ詩は、君主の武勇や庇護者の寛大さを褒め称え、彼らの死を痛むのがその主な役目であったが、エドワード1世に征服されたウェールズでは戦争や内乱、そして君主という存在そのものがなくなり、おのずと詩の扱う内容や詩人自身の心構えに変化が生じてきた。ダヴィッズも庇護者を称える詩を残しているが、そのスタンスは庇護者に対するものというより、むしろ友人に対するものに近い。そのような彼が好んで取り上げたテーマは、以前には扱われることの少なかった自然美であり、また女性への個人的な愛であった。

　彼の愛の詩は、主として恋人のモルヴィズやディジグに関するものだが、浮気性の女性や、彼を忌み嫌う女性も彼の詩には登場する。彼が繰り広げる愛のドタバタ劇は

通常屋内で起きる。中世フランスの卑俗的な韻文物語であるファブリオ（fabliau）の定番である旅館で起きる滑稽な愛の騒動，彼が教会で娘たちから浴びる嘲笑，浮気相手の夫に追われてアヒル小屋に逃げ込む話など，笑いを誘う出来事が満載されている。

一方，真剣な愛は自然の甦った初夏の戸外，特に理想化された空想上の森の中で展開する。彼は森の中に木の枝で家を作り，そこに恋人のモルヴィズやディジグを匿うのである。森は征服者アングロノルマン人の法と権力の及ばない場所であり，それはまた彼と彼の愛する女性たちのための愛の聖域であった。森のツグミ，ナイティンゲール，ヒバリは神の創造の素晴らしさを歌う自然界の詩人であり，森という聖域の司祭でもあった。また彼にとってヒバリ，カモメ，ワシ，サケは，彼の愛のメッセージを恋人のもとに運ぶメッセンジャーであった。風さえもその役を担わされた。このような詩はそれまでのウェールズにはなかった。彼はウェールズ詩の変革者であり，またヨーロッパのトルバドゥールや宮廷愛の要素を伝統的なウェールズ詩と結合させることにより，ウェールズ詩をヨーロッパ文学の主流へと近づけた偉大な詩人であった。　　　　　　　　　　　（吉賀憲夫）

文芸復興期のウェールズ　Welsh learning in the Renaissance period

イタリアで勃興したルネサンスが100年遅れでイングランドに到来すると，テューダー王家に仕えるウェールズの人文主義者を中心に，ウェールズでも文芸復興が開花する。新時代の思潮を伝える上で，俗語による印刷物の流通が大きな役割を果たしたのはテューダー朝でも同様である。グーテンベルクが実用化した活版印刷術は，1476年にウィリアム・キャクストンによってイングランドに導入され，1485年にはサー・トマス・マロリーのアーサー王物語集大成『アーサーの死』がキャクストンより出版された。一方，初めて印刷出版されたウェールズ語書籍は，1546年にロンドンのエドワード・ホイットチャーチから刊行された。作者ジョン・プライス（Sir John Prys/Prise）は，ヘンリー8世のもと修道院解体を遂行した官吏である。冒頭の一句を取って『この書にて』（Yn y llyvyr hwnn）とよばれる17頁の小冊子は，ウェールズ語アルファベットの解説，教会と農事に関する暦のほか，『クレド』（使徒信条）ことキリスト教の教義12か条，主の祈り，モーセの十戒，七つの大罪のウェールズ語訳などを収めたもので，ウェールズ語訳聖書がまだ存在しない時代に，ウェールズ語を母語とする民衆に向けたキリスト教の手引きである。

同じくテューダー朝の印刷文化が生んだ産物が，ディヴィッド・パウエル（David Powel, 1552-98）の『カンブリアの歴史』（Historie of Cambria, now called Wales, 1584）である。ハンフリー・スルウィッド（Humphrey Lhwyd, c.1527-68）による，ウェールズ語年代記『諸公のブリット』の英訳をもとに，680年から1584年までを扱った史書で，1911年にJ. E. ロイドの『ウェールズの歴史』（A History of Wales from the Earliest Times to the Edwardian Conquest）が出版されるまで，中世ウェールズ史の典拠として活用された。パウエルは，1585年にギラルドゥス・カンブレンシスの諸作も編集・出版している。

文芸復興期のウェールズを代表する学者ウィリアム・ソールズベリー（William Salesbury, 1520?-1584?）は，1567年にウィリアム・モルガンに先がけて新約聖書のウェールズ語訳を刊行したほか，1547年頃には，ウェールズの格言・ことわざ集『ウェールズ人の知恵袋』（Oll Synnwyr pen Kembero ygyd）をイングランド化が進むジェントリーの啓蒙のために出版，ウェールズ語入門書や辞書も編纂している。同様に，マスウィッドのジョン・ディヴィス（John Davies of Mallwyd, c. 1567-1644）は，1621

年にラテン語によるウェールズ語文法書，1632年にはウェールズ語・ラテン語辞書を出版，モルガンの聖書翻訳にも協力した。

（森野聡子）

ウェールズ語訳聖書　the Welsh Bible

ウェールズ語による聖書翻訳の最も古い例は，14世紀頃の宗教文献の中にある聖書からの抜粋に見られるが，それらは数も量も少なく，また原典のヘブライ語やギリシア語からの翻訳ではなく，ウルガタとよばれるラテン語訳聖書からの重訳であった。15世紀になると，聖書のウェールズ語翻訳の分量も増えていったが，それらがウェールズの教会で使用されたという証拠はない。

16世紀になると，ウェールズ人の聖書学者ウィリアム・ソールズベリー（William Salesbury, c.1520-84?）が祈祷書の大部分をウェールズ語に翻訳し，1551年に出版した。しかしこの翻訳は，1536年のウェールズ合同法の課した制約で，教会では使用できなかった。その後，教会でのウェールズ語訳聖書の使用が公式に認可されると，1567年に初めてのウェールズ語訳新約聖書と祈祷書がソールズベリー，リチャード・デイヴィス（Richard Davies, 1501?-81），トマス・ヒューエット（Thomas Huet, d. 1591）により出版された。ソールズベリーは使徒書簡とヨハネの黙示録を除く全ての新約聖書と詩篇を含む祈祷書を，デイヴィスは使徒書簡を，ヒューエットはヨハネの黙示録を翻訳した。ソールズベリーは原典に忠実で学問的にという方針の下，華麗だが，古風でいかめしい訳語を用いて翻訳を行ったため，その訳文の評判は必ずしも良いものではなかった。また彼の採用した単語の綴りは非常に癖があったので，後世に課題を残した。デイヴィスはソールズベリーと同様に翻訳の正確さを目指したが，ソールズベリーのような文学的華やかさはもち合わせていなかった。二人は引き続き旧約聖書の翻訳を試みたが，語義に関する見解の不一致から不和になり，その後旧約聖書の翻訳は放棄されたという。

新約と旧約の両聖書は，1588年にウィリアム・モーガン（William Morgan, 1545-1604）により翻訳され，出版された。彼は聖書の原典テキストを，ソールズベリーの翻訳に基づきながらも，彼が用いた古風で奇異な表現を排し，正確で，感受性に富む，知的で力強い言葉で翻訳した。またモーガンは，過去の偉大な詩人たちが用いた格調高い慣用句を多く取り入れ，より美しいウェールズ語聖書にした。この聖書は，将来に向けて，あるべきウェールズ語の姿を示したといわれている。

1620年には，リチャード・パリー（Richard Parry, 1560-1623）によるモーガンの聖書の改訂版が出版されたが，この改訂の仕事の大半は当時の偉大な学者の一人，マスウィドのジョン・デイヴィス（John Davies of Mallwyd, c.1567-1644）によってなされたといわれている。この改訂版では，訳文から硬さが取り除かれ，より自然な慣用的表現が用いられた。1630年には，ロンドン在住の裕福なウェールズ人の金銭的援助を受け1620年版聖書の改訂版が出版された。この聖書の最大の特徴はそのサイズと値段にあった。それは「小さな聖書」（Y Beibl Bach），または「5シリング聖書」とよばれたように，小型で，特に安価であったので，一般家庭にも広く普及した。これは重要な意味をもっていた。それまでのウェールズ語は，家庭や市場や酒場で話される日常生活のための言語であったが，この聖書が普及し，生活の中に入り込んでいくことにより，ウェールズ人は宗教や政治といったレベルの話題も不自由なくウェールズ語で語ることができるようになったからである。

20世紀になるとウェールズ教会，ローマ・カトリック教会，非国教会派の教会の代表者たちが共同で聖書を翻訳し，共同訳聖書

として出版することになった。まず1975年に新約聖書が出版され，1988年には聖書全体が出版されたが，それは文学性に富むモーガンの聖書に完全には取って代わることはできなかった。教会では今もモーガンの聖書が共同訳聖書と併用されているという。　　　　　　　　　　　　（吉賀憲夫）

18世紀

ウィン，エリス　Wynne, Ellis (1670/1-1734)
　国教会聖職者・文学者。匿名で出版された『眠れる詩人の夢』(*Gweledigaetheu y Bardd Cwsc*) はウィンの代表作であるばかりか，1703年にロンドンで初版が出て以来，1932年までに少なくとも32版が刊行された，ウェールズ語散文の古典である。山頂でうたた寝をしていた詩人が妖精族タルウィス・テーグにさらわれた後，天使に導かれ，破滅の市として表される現世，死の王国，地獄を回る物語。スペインの詩人，フランシスコ・デ・ケベードの『夢』(1627) やジョン・バニヤンの『天路歴程』の影響がうかがえるが，イングランドを滅ぼそうとする悪魔の陣営にローマ教皇やカトリック，議会派を入れたり，名声や富を求めてウェールズを去ったジェントリーの荒廃したマナーハウスを描写するなど，強い風刺がこめられている。また，英語使用が広まる以前の，ウェールズ語の慣用句や文体を残す作品としても貴重である。（森野聡子）

『古代の鏡』　Ⓦ *Drych y Prif Oesoedd*
　1716年に初版が出版された，セオフィルス・エヴァンズ (Theophilus Evans, 1693-1767) による歴史書。ジェフリー・オブ・モンマスの『ブリタニア列王史』(*Historia Regum Britanniae*) を大衆向けに翻案した第1部とブリテンにおける信仰の歴史を扱った第2部からなる。ブルートゥスをブリテン王家の祖とする『列王史』は，テューダー朝のポリドール・ヴァージルやウィリアム・カムデンによって偽史と批判されてきた。エヴァンズは，1706年に英訳された，ポール＝イヴ・ペズロンの『ケルト人，別名ガリア人の民族と言語に関する故事来歴』にならい，ヨーロッパの先住民ケルトは『旧約聖書』のノアの孫ゴメルの一族で，カムリことウェールズ人はゴメルの直系の子孫であるとし，ウェールズの愛国心を鼓舞した。エピソードを活写する語り口で，1899年までに少なくとも18回再版されている，ウェールズでもっとも愛読されたウェールズ古代史である。（森野聡子）

讃美歌　hymns
　讃美歌は神を称える歌で，特に16世紀以降は礼拝に集った人びとにより歌われるようになるが，現存するウェールズ語最古の讃美歌は12世紀頃に作られたと考えられている。その後，ウェールズ語の讃美歌に，特に目を惹くものは現れなかったが，17世紀になるとウェールズ語で宗教詩が書かれ，聖書の「詩篇」が韻文で翻訳され，またウェールズの非国教徒たちは英語の讃美歌をウェールズ語に翻訳するなどしてウェールズ語の讃美歌を作り始めた。やがて18世紀中葉になると数多くの讃美歌作家が現れ，ウェールズにおける讃美歌の黄金期が始まる。この時期の讃美歌作家たちは神学と個人の霊的経験を結合させる文学的感覚とその技術をもっていたが，これらの人びとの中でもパンタケリン (Pantycelyn) というウェールズ語の詩人名で知られるウィリアム・ウィリアムズ (William Williams, 1717-91) は最も優れた讃美歌作家であった。
　パンタケリンはカーマーゼンシャーに生まれ，生涯メソディスト派の巡回説教師として過ごした。彼は800以上に及ぶ讃美歌，長編詩，短編詩，散文を書き，それらを安価なパンフレットにして次々に出版した。

彼の讃美歌はウェールズ中で大評判となり、ウェールズのメソディスト信仰復興運動において大変重要な役割を果たした。また彼は19世紀以降のウェールズの言語と文化にもっとも大きな影響を与えた人物の一人と見なされている。

パンタケリンと同じほど高く評価されている讃美歌作家に、敬虔なメソディスト派の信徒アン・グリフィスス（Ann Griffiths, 1776-1805）がいる。彼女は官能的な神秘主義の詩人で、作品には彼女の強烈な霊的経験が表現されており、それらの中にはヨーロッパの言語で書かれた最も偉大な宗教詩の一つと評されるものもある。しかし、彼女のこれらの讃美歌は決して礼拝で歌われることを意図して書かれたものではなかった。

19世紀になると讃美歌作家たちの作品が数多く出版され、また讃美歌を歌うという行為も中部および北ウェールズへと広がっていった。しかしその移動に伴い、讃美歌は歌うということに関心が移り、以前の讃美歌に顕著であった個人の霊的経験という要素が次第に失われて行き、讃美歌はキャロルの影響を受けて、表面上の装飾に走るようになってしまった。そして19世紀の終わりには、それまでの讃美歌に色濃く漂っていた知的な内容、宗教的罪業の自覚と救済への願望というものが失われ、ウェールズの讃美歌黄金期は終焉を迎えたのであった。

（吉賀憲夫）

トゥム・オール・ナント　Ⓦ Twm o'r Nant
(1739-1810)

英語名はトマス・エドワーズ（Thomas Edwards）。劇作家、詩人。デンビーシャーに生まれる。学校教育をほとんど受けなかったが、積極的に読み書きを学ぶ。1749年には中世の幕間狂言から発展したインタルードを演じる地元の巡業劇団に入り、役を演じたり、またインタルードを書いたりするようになる。1763年に結婚し、デンビーで木材運送業を営む傍、インタルードの上演のため北ウェールズを巡る。しかし叔父の連帯保証人になったため彼は破産し、一時南ウェールズに逃亡するが、1786年に北ウェールズに戻り、石工となり、インタルードを再開する。また彼は、インタルードの他、200編以上に及ぶバラッドを書き、1805年には短い自叙伝を雑誌に寄稿している。

今日、彼はインタルードの作者として知られているが、インタルードとは、旅回りの役者たちが定期市や酒場や即席の舞台となった荷車の上で演じる機知にあふれた、娯楽性の強い芝居のことで、ウェールズの中世劇と近代劇の隙間を埋める重要な役割を果たした演劇形態であった。また、このインタルードはよく知られた話や物語を下敷きにして作られた社会批判をたっぷり含んだ劇で、そこでは貪欲な領主や地主、金銭を騙し取る法律家、怠慢で不道徳な聖職者、そして悪名高い税金などが観客の嘲りと批判の対象となっている。

彼の代表的な作品には、『富と貧困』（Cyfoeth a Thlodi, 1789）、『国の四つの柱』（Pedair Colfn Gwladwriaeth, 1786）、『喜びと災難』（Pleser a Gofid, 1787）、『世界の三人の権力者』（Tri Chryfion Byd, 1789）などがあるが、彼はそれらの作品を印刷し、パンフレットの形で出版した。彼の初期のインタルードは粗野で卑俗的な面があり、またその内容や性格においても娯楽的な要素が大変強かったが、後の作品では鋭い知性や豊かな想像力、また深遠な思考が反映されたものになっている。このように彼は娯楽一辺倒であったインタルードを、中世の道徳的、哲学的見地に立ち戻り、人間の有り様を思慮深く観察し、的確に表現することにより、見ごたえのあるものに高めた。彼は力強いウェールズ語を駆使し、当時の不正に対して大胆な攻撃を行った作家として知られているが、また中世から現代に至るウェールズの演劇の歴史の中で最も重要

な作家とも考えられており、時として「カンブリアのシェイクスピア」とよばれることがある。　　　　　　　　　　（吉賀憲夫）

エヴァンズ,エヴァン　Evans, Evan (1731-88)

　学者、詩人。ウェールズ語詩人名はイエイアン・バルズ (Ieuan Fardd)。カーディガンシャーで生まれ、グラマースクールを経て1751年、オックスフォード大学に入学し、ギリシア語やラテン語に精通する。1755年から20年以上、イングランドや北ウェールズで代理牧師を務めるが、不安定な代理牧師の生活からくるストレスで強い酒に溺れるようになり、最後の10年間は母の故郷に住み、篤志家からの年金で生活した。

　オックスフォード大学に入学する前に、エヴァンズはカーディガンシャーに定住した好古家、詩人、そして辞書編纂家でもあるルイス・モリス (Lewis Morris, 1701-65) と知り合い、彼からウェールズ詩の韻律法や、ウェールズの古い手稿本の写本の作り方などを学んだ。このようにモリスから指導を受けた彼は、1757年にオックスフォードに3か月間滞在し、ジーザス・カレッジが所蔵する古写本『ヘルゲストの赤い本』(Llyfr Coch Hergest) の中にある古詩を書き写した。また1758年から1766年まで北ウェールズのさまざまな教区で代理牧師をしていた時には、古写本を探し求めてウェールズ中の旧家の書斎や書庫を訪れ、中世の詩人たちには言及されていたが、長く失われていた6世紀後半に活躍した詩人タリエシン (Taliesin) の作といわれる『ゴドジン』(Y Gododdin) を含む数多くの貴重な写本を発見した。

　彼はウェールズの文学や歴史に興味をもつイングランドの好古家たちとも面識を得るようになった。その中の一人デインズ・バリントン (Daines Barrington, 1727-1800) は、エヴァンズにウェールズの古詩を翻訳するように助言し、彼はそれに応えた。バリントンはエヴァンズが英語に翻訳した古いウェールズ詩をトマス・グレイやトマス・パーシーらに見せると、彼らはエヴァンズにそれを出版するように強く勧めた。そして、それは『往古のウェールズ詩人たちの詩のいくつかの例』(Some Specimens of the Poetry of the Antient Welsh Bards) として1764年に出版されることになる。6世紀から16世紀に至るウェールズ詩人たちの作品の体系的紹介、詩人たちにより言及された人物や場所に関する説明、ウェールズ詩人の感性や思考様式などの解説から成るこの本は、中世ウェールズ文学に強い興味を抱いていたイングランドの詩人や好古家の知的欲求を満たすとともに、トマス・グレイの作品に貴重な素材を提供したのであった。またエヴァンズはこれにより好古家、批評家としての名声を確立することになるのである。　　　　　　　　　　（吉賀憲夫）

オーウェン,ゴロンウィ　Owen, Goronwy (1723-69)

　詩人。アングルシーに生まれる。バンゴールの学院で将来聖職者になることを目指してラテン語を学ぶ。オックスフォード大学に2年間学ぶが、彼はここでローマのアマルティリアスの詩、中世ウェールズ詩、イングランドの新古典主義の詩に興味をもつ。その後デンビーシャーで教職につき、1746年には聖職位を授けられ、イングランドで教員や代理牧師となるが、生活は苦しかった。1755年、ウェールズ愛国者団体カムロドリオンの求人に応募してロンドンに行くが、希望は叶えられなかった。しかし、1757年、カムロドリオンが彼にアメリカのヴァージニアにある名門校カレッジ・オブ・ウィリアム・アンド・メアリー（1779年にアメリカ初の大学となる）での教職を紹介すると、彼は即座にこれを受け入れ、家族とともにアメリカへ旅立つが、これを以て、彼の詩人としての人生は終わる。その後の彼には悲劇が付きまとう。彼は航海中に妻

と末娘を亡くし，アメリカで再婚した女性ともすぐに死別する。そのため，酒に溺れ，その結果職を失ってしまう。彼は晩年の9年間，ヴァージニアで教区牧師を務め，そこで波乱に満ちた生涯を終えた。

彼の詩人としての業績は，ウェールズ語詩の再生に大いに寄与したことである。彼は廃れつつあったカウィズやアウドルという詩形から褒め歌としての役目を取り除き，イングランドの新古典主義的理念を表現する媒体として使用することにより，ウェールズ詩に新しい生命を与えたのであった。すなわち，新古典主義のもつ明快さ，平穏さ，感情の抑制というものを称賛していた彼は，従来のウェールズ詩から君主や庇護者を褒め，その死を悼むという古くからの役割を廃し，それを新たに中庸の精神を説く詩形として使用したのであった。それは，彼にとってウェールズの古典主義とイングランド中産階級の新古典主義の折り合いをつける試みであった。代表作には「最後の審判のカウィズ」('Cywydd y Farn Fawr')，「宝石のカウィズ」('Cywydd y Gem neu'r Maen Gwerthfawr')，そして彼の故郷アングルシーへの望郷の念を雄弁に詠った「赤い詩人ヒューに答えるカウィズ」('Cywydd yn ateb Huw'r Bardd Coch o Fôn')などがあるが，いずれも彼がロンドンを発つ以前に書かれたものであった。詞華集『上品な娯楽』(*Diddanwch Teuluaidd*, 1763) などに収められた彼の詩は広くウェールズの詩人たちに愛され模倣された。また雑誌に載った彼の書簡は文学批評の鑑として受け入れられた。このようにして，彼は同時代の数多くのウェールズ詩人が称賛し，憧れる詩人となったのである。　　　（吉賀憲夫）

19世紀

ジョーンズ，エドワード　Jones, Edward (1752-1824)

ウェールズ出身のハーピスト。パトロンであるプリンス・オブ・ウェールズが1820年にジョージ4世として即位したことから，「王様の詩人」を意味する「バルズ・ア・ブレーニン」(Bardd y Brenin) のバルズ名で知られる。演奏やハープ音楽の編曲・作曲などの音楽活動に加え，『ウェールズのバルズの音楽と詩の遺産』(*The Musical and Poetical Relicks of the Welsh Bards*, 1784；第2版1794)，『バルズのミュージアム』(*The Bardic Museum*, 1802)，『ウェールズの古謡』(*Hen Ganiadau Cymru*, 1820) の3作で，バルズの歴史と代表的な詩のテクストおよび英訳，ウェールズの伝統音楽の解説と楽譜を紹介し，ケルト復興に貢献した。特に，民衆歌謡であるペニスリオン (penillion) を収集，復興に努めた。これは，ハープが奏でる主旋律に合せて，歌い手が即興で節をつけ歌い上げるもので，現在，ケルズ・ダント (cerdd dant) という名で，アイステズヴォッドの種目になっている。
　　　　　　　　　　　（森野聡子）

ウェールズ語雑誌　Welsh periodicals

ウェールズ初の商業的印刷所は，イサーク・カーター (Isaac Carter) が1718年，ニューカスル・エムリン近郊に作ったアドパール・プレスだとされる。その後100年間で，ウェールズ各地に50を数える印刷所が誕生，ウェールズ語印刷文化が開花する。1735年には，古事研究家ルイス・モリスが『古の時代の珠玉集』(*Tlysau yr hen oesoedd*) をホリヘッドより私家出版する。「古代の賢人たちの作品」という副題のついた本誌は，ウェールズ語の詩・散文を手

軽に楽しむためウェールズで最初の雑誌として企画されたが，資金難のため1号で頓挫した。ウェールズ文芸復興の媒体としての雑誌は，結局ロンドンのウェールズ人組織によって支えられることになる。その理由は，カルヴァン派メソジストによる信仰復興運動を背景に，ウェールズ内で発行された定期刊行物の大半がキリスト教諸宗派を母体とした，宗教的性格のものだったからだ。1799年に，当時のメソジスト運動を代表するバラのトマス・チャールズとデンビーのトマス・ジョーンズが創刊した『心の宝物』(Trysorfa Ysprydol) は，宗教的雑誌の先駆である。『太陽』(Yr Haul, 1835-1900) は保守党と国教会派で，ラディカルな非国教会派の『改革者』(Y Diwygiwr, 1835-1911) とのライバル関係で知られた。御用新聞『ザ・タイムズ』に対抗して，紙名をそのままウェールズ語にし，1843年にリヴァプールから発行された『アル・アムセライ』(Yr Amserau) は，辛口の時事コラムで人気を集めた。1859年にトマス・ギーに買収され，『バネルおよびアムセライ・カムリ』(Baner ac Amserau Cymru) となり1971年まで存続する。

一方，1814年にスウォンジーで初のウェールズ語週刊新聞として誕生し，1818年より隔週雑誌に衣替えした『ゴメルの星』(Seren Gomer) は，バプテスト派の聖職者ジョゼフ・ハリスの宗派色を抑えた編集方針のもと，19世紀ウェールズの論壇を牽引する。同様に宗派にとらわれない雑誌としては，1845年にトマス・ギーから創刊された季刊誌『エッセイスト』(Y Traethodydd) がある。『エディンバラ・レビュー』をモデルに，政治・文化・教育など幅広いトピックの匿名記事を扱い，著者のネームヴァリューより内容の質で勝負する総合誌として支持され，現在も刊行されている。より硬派の評論誌としては季刊の『リーク』(Y Geninen, 1882-1993)，著名な学者ダニエル・シルヴァン・エヴァンズを主幹に，宗派の

雑誌では迷信として顧みられなかった民間伝承を積極的に取り上げた文芸誌『ア・ブラソン』(Y Brython, 1858-63)，『パンチ』のウェールズ版『ア・パンチ・カムライグ』(Y Punch Cymraeg, 1858-64) など，特色のある雑誌も刊行された。

女性誌としては，イヴァン・グウィネッズが，良妻賢母教育をうたった月刊誌，『ウェールズ女性』(Y Gymraes) がある。1849年に創刊，2年で休刊したが，英詩「労働者の妻の唄」の作者として知られる詩人・教育者アリス・グレイ・ジョーンズによって1896年に新シリーズが発行され1934年まで続いた。子ども向け雑誌としては『子どもたちの宝物』(Trysorfa'r Plant, 1862-1911) が，カルヴァン派メソジストの資金のもと発行されたが，宗派にかかわらず愛読され，毎月4万部の部数を誇った。

19世紀ウェールズの出版文化は，非国教会派が進める禁酒運動のもと飲酒にかわる娯楽を提供（1847年の政府による教育視察報告書『ブルー・ブックス』刊行以降はさらに民衆の啓蒙の意味が強化された）とともに，ウェールズ語正字法の標準化，近代に対応した新しい書き言葉のレジスターの確立，ウェールズ人が教養として知っておくべき歴史・文化・古典の知識を培う役割も担った。そうした意味で大きく貢献したのがO. M. エドワーズである。（森野聡子）

『ブルー・ブックスの陰謀』 W *Brad y Llyfrau Gleision*

ウェールズ生まれで，ロバート・オーウェンの影響下で社会主義者となったロバート・ジョーンズ・デルヴェル (Robert Jones Derfel, 1824-1905) が1854年に出版した3幕のウェールズ語詩劇。1847年に刊行された『ウェールズにおける教育実態に関する委員報告』，通称『ブルー・ブックス』が巻き起こした社会問題を題材にしている。1830-40年代に南ウェールズを中心にチャーティスト運動や労働者の騒乱が頻発

したことを受け，ウェールズ出身の下院議員ウィリアム・ウィリアムズがウェールズの労働者階級の教育や生活レベルの視察を提案，1846年に3人のイングランド人官僚がウェールズに派遣された。「ウェールズ語はウェールズにとって大きな障害である」と断じる報告書は，ウェールズ語は過去の言葉であり，ウェールズ語を使用する限りウェールズ人は文明の進歩や繁栄から取り残されるとし，さらに，ウェールズ語を母語とし，主として非国教会派の労働者階級の英語リテラシーの欠如や学校教育の遅れと，犯罪・性道徳の乱れ・モラルの欠如を結びつけた。公刊されるや否やウェールズ知識階級の大きな反発を招いたばかりでなく，怒りの矛先は，インフォーマントを務めたウェールズの国教会派にも及び，その後のウェールズのナショナリズムを国教会や保守党ジェントリーに対する非国教会派の抗争という形で急進化させる契機となった。

デルヴェルの戯曲の題名は，セオフィルス・エヴァンズの歴史読み物『古代の鏡』を通じて19世紀の大衆にもなじみ深い，サクソン人の陰謀「細長い刀の陰謀」（Brady Cyllyll Hirion）に由来する。サクソン人の傭兵隊長ヘンギストが，時のブリテン王グルセイルンを篭絡し，味方と信じ込ませた上で酒宴に招く。宴席で，ブリテンの貴族たちは刀を隠し持ったサクソン兵士にだまし討ちにされるという話だ。ブリテン，そしてウェールズは，常に内なる裏切り者によって敗北の憂き目を見てきたというテーゼに従い，デルヴェルが書き上げた戯曲の粗筋は次のとおりである。清く正しい非国教会派のウェールズ人が増えて地獄に落ちる者が減ったことから，3人の悪魔がスパイとして送り込まれ，手先となった国教会の聖職者らがウェールズの言語，宗教，モラルを中傷する虚偽の証言を行う。この裏切りに奮起したウェールズ民衆は，バルスのスラウェリンを指導者に蜂起，国教会の解散を要求する。スラウェリンが，貧しい者が豊かに暮らし，大学も作られた，新生ウェールズの到来を預言し，終幕となる。

本書自体が文学作品として読まれることは今日，少ないと思われるが，エヴァンズにならってデルヴェルが作り出した「ブルー・ブックスの陰謀」という名称は，ウェールズが政治的にも文化史的にも近代化へ向かうターニングポイントとして定着することになった。

（森野聡子）

オーウェン，ダニエル　Owen, Daniel (1836-95)

ウェールズ語で小説を書いた最初の重要な小説家。フリントシャーに生まれ，12歳で仕立屋の徒弟となる。28歳で聖職者養成のための学院に入るが，そこで英文学に目覚め，2年で学院を去る。元の仕立屋に戻った彼は，やがて独立し，仕立屋を営むとともに，小説を書き始めた。

彼は皮肉や風刺や鮮やかな直喩を用い，教会を中心とした共同体の喜劇的な側面を描いた。彼の最初の長編小説『小さな町』（*Y Dreflan*, 1881）には，人物描写や会話や風刺に，早くも彼の才能の片鱗が見て取れる。教会の重要人物たちが登場する『ベセルの牧師リース・ルイスの自叙伝』（*Hunangofiant Rhys Lewis*, 1885）は彼の代表作で，『イーノック・ヒューズ』（*Enoc Huws*, 1891）はその続編である。いずれの作品においても，彼は人間に対する鋭い洞察力を発揮し，人間の外見と，その人物の本質の間にある二面性に注目し，印象的な登場人物を作り出すことに成功している。

（吉賀憲夫）

ケイリオグ　W Ceiriog (1832-87)

「ウェールズのロバート・バーンズ」とよばれる詩人。本名はジョン・ケイリオグ・ヒューズ（John Ceiriog Hughes）といい，デンビーシャーに生まれる。1848年，親戚を頼りマンチェスターに行き，食料雑貨店で働く傍，詩人のR. J. デルヴェルからウ

ェールズの歴史や伝統について、またハープに合わせて歌を歌うイドリス・バハンからはウェールズの伝統的な民衆音楽について学ぶ。彼は特に古いウェールズの音楽に興味をもち、彼自身未知の楽曲を探し、採録するようになり、それは生涯続いた。ロンドンで鉄道の事務員として働いたのち、1868年にウェールズに戻り、北ウェールズの鉄道の駅長などを務める。この間も彼は詩人たちと、酒場やアイステズヴォッド（eisteddfod）という詩人たちが文芸の技を競う大会で大いに交流を深めた。

彼はマンチェスターに行く前から詩を書いていたが、最初の詩集『夕べの時』（Oriau'r Hwyr）は1860年になり出版された。その後、1862年、1863年と出版を続け、1865年には『詩人と音楽家』（Y Bardd a'r Cerddor）を出す。これらの詩集は評判も良く、ウェールズに戻ってからも彼は詩集を出し続けた。

ケイリオグはウェールズに伝わる古い曲に歌詞を付けた。ウェールズを代表する歌の一つである「夜もすがら」（'Ar Hyd Y Nos'）は、このようにして書かれた。また彼は自然、愛、愛国心をテーマとする叙情詩をウェールズ語で書いた。これらの詩は今日の基準からすると非常にセンチメンタルなものであったが、ヴィクトリア朝では人気を博し、その後、彼の詩はウェールズ中で歌われ、朗唱されるようになった。「山のせせらぎ」（'Nant y Mynydd'）、「白い岩のダヴィッズ」（'Dafydd y Garreg Wen'）、「アリン・マボン」（'Alun Mabon'）は今も強い人気を保っている。

ケイリオグが叙情的牧歌とよぶ「アリン・マボン」は1861年のナショナル・アイステズヴォッド（The National Eisteddfod）の田園詩部門での受賞作で、主人公の農夫の求婚と結婚、そして結婚生活を主題にしたものである。それは23の歌（ソング）と3つの朗唱詩からなるもので、「赤い鋤の歌」（Cân yr Arad Goch）を初めとし、有名な歌が多く含まれている。この「アリン・マボン」は、徳と礼節を重んじるヴィクトリア朝の理想的結婚観に基づいて書かれているが、実はこの作品は、ウェールズに私生児が多いのはウェールズ人が性的にふしだらであるからだ、と決めつけてウェールズ人を激怒させた1847年のウェールズの教育に関する政府報告書への彼なりの反論でもあった。　　　　　　　　　　（吉賀憲夫）

イスルウィン　Ⓦ Islwyn（1832-78）

詩人。本名はウィリアム・トマス（William Thomas）。モンマスシャーに生まれた彼は、牧師である義兄の影響で信仰に目覚め、また詩に興味をもつようになる。アイステズヴォッドに応募するため、彼は多くの詩を書いたが、いずれも受賞するには至らなかった。しかし、婚約者の突然の死という悲劇的な経験から生み出された2つの長編詩『嵐』（Y Storm）により、彼は文学史に名を残すことになる。

最初の『嵐』では自然の「嵐」と寓意としての「嵐」の両者が扱われ、そこには自然を愛する若者の情熱的な精神が反映されている。これとは対照的に、エドワード・ヤングの『夜想』（Night Thoughts）に触発されて書かれた2番目の『嵐』は形而上学的瞑想を基調としており、魂の巡礼と人生の「嵐」の克服が中心的テーマとなっている。これら2つの詩は、偏在する神という観念に基づいた、イスルウィンの人間と宇宙との関係に関する神秘的でロマンティックな見解の表明であった。　　（吉賀憲夫）

エドワーズ，O.M.　Edwards, O.M.（1858-1920）

ウェールズの歴史家、教育者。オックスフォード大学在学中は、ダヴィッズ・アプ・グウィリム協会メンバーとしてジョン・モリス=ジョーンズらと「オックスフォード・ウェルシュ」とよばれるウェールズ語正字法の改革にかかわった。大学で教鞭をとる

かたわら1899年から自由党国会議員を1期務め，1907年にはウェールズ視学官長としてウェールズ語教育導入に尽力したほか，ウェールズ民衆の啓蒙のために雑誌や文学シリーズを刊行した。なかでもイラストや写真をふんだんに使った『カムリ』(*Cymru*, 1891-1927)はウェールズの歴史や文学をわかりやすく伝え人気があり，1892年には子ども向けの『カムリの子どもたち』(*Cymru'r Plant*)，1894年にはウェールズ語を読めないウェールズ人を対象とした『ウェールズ』を刊行して，ウェールズの文化的ナショナリズムの鼓舞に貢献した。

（森野聡子）

モリス＝ジョーンズ，ジョン Morris-Jones, John (1864-1929)

文法家，学者，詩人，批評家。1864年，アングルシーに生まれる。オックスフォード大学ジーザス・コレッジで数学を専攻するが，ケルト学教授ジョン・リースの薫陶を受け，ウェールズ研究に興味をもつ。1889年に北ウェールズ大学バンゴール校の講師となり，6年後には教授となる。

彼は学者としてウェールズ語とウェールズ文学の研究のための学術的基盤となる研究を行った。ウェールズ語に対する彼の熱意は『ウェールズ語文法』(*A Welsh Grammar*, 1913)，『ウェールズ語正字法』(*Orgraff yr Iaith Gymraeg*, 1928)，そして『ウェールズ語統語論』(*Welsh Syntax*, 1931)として結実した。またウェールズ文学に関しては伝統的なウェールズ詩のいわゆる「厳密な韻律」を分析，解説した『作詩法』(*Cerdd Dafod*, 1925)を出版した。その他，詩人としての彼は詩集を1冊出版し，またハイネやオーマー・カイヤーム（ウマル・ハイヤーム）を翻訳した。 （吉賀憲夫）

20世紀

ウィリアムズ，D. J. Williams, D. J. (1885-1970)

作家。カーマーゼンシャーに生まれ，16歳からロンダの炭鉱で働き始める。20歳でカーマーゼンの学院に入り，最終的にはオックスフォード大学を卒業し，その後終生ペンブルックシャーのグラマースクールで教鞭をとった。1936年，ソーンダーズ・ルイスらとともに，建設中の空軍施設に放火し，9か月間投獄された。

代表作には故郷の人びとや動物を叙述した『懐かしい人びと』(*Hen Wynebau*, 1934)や，自伝的な『古いファームハウス』(*Hen dŷ Ffarm*, 1953)がある。彼はそれらの作品で，楽しかった過去を振り返り，記憶の中にある充足した至福の時を描いた。しかし彼の語る喜びには，ウェールズがとうの昔に失ってしまい，もはや戻っては来ないあらゆる事物への哀惜の情がほろ苦く漂っている。彼の作品にはウェールズに対する彼の思いと愛情が溢れており，鋭い洞察力からくるユーモアや風刺は，その洗練された文体とともに，彼の作品の大きな魅力となっている。 （吉賀憲夫）

ロバーツ，ケイト Roberts, Kate (1891-1985)

小説家，短編小説家，作家。20世紀のウェールズで最も偉大な散文作家とみなされ，また「ウェールズ文学の女王」として知られる。ケイト・ロバーツは，スレート産業が最盛期を迎えたカナーヴォンシャーのロスガドヴァン村で生まれ育った。彼女の生き生きとした口語のウェールズ語は，彼女が北ウェールズ大学バンゴール校でジョン・モリス＝ジョーンズのもとで学んだ文学的ウェールズ語と融合し，彼女の作品の魅力となっている。大学卒業後，小学校

でウェールズ語を教える。当時の生徒の一人に，後に詩人となるグウェナストもいた。結婚後，夫とともにカーディフで暮らしたが，その後デンビーに移り住み，夫の死後は家業の印刷・出版業を引き継ぎ，1946年，創作活動を再開する。

彼女の文学活動は「ロスガドヴァン期」とよばれる第1期と，第2期の「デンビー期」の2つに分けることができる。第1期は『丘陵湿原から』（*O Gors y Bryniau*, 1925）から『冬の定期市』（*Ffair Gaeaf*, 1937）までで，貧困が登場人物の将来の夢や希望にまで暗い影を落とす北ウェールズのスレート産業の村や南ウェールズの炭鉱の村が舞台となっている。1936年に出版された『鎖に繋がれた足』（*Traed Mewn Cyffion*）では，第一次世界大戦時の砕石夫の家庭の苦しい生活が取り上げられ，ウェールズの労働階級が被った苦痛と苦悩が描かれている。第2期は病床で暮らす主人公の内省的な日記体の小説『ゴシップ通り』（*Stryd y Glep*, 1949）から『太陽と嵐』（*Haul a Drycin*, 1981）までで，そこでは，昔より物質的には恵まれているが，以前の共同体にあった相互扶助の精神がなくなった時代に1人で暮らす老人たちの心の悩みと老年の孤独が扱われている。

彼女の全創作期に共通するものは喪失感であり空虚感である。それは第一次世界大戦での弟の戦死に起因するもので，彼女はそれを克服するために創作を始めたといわれている。彼女は慎ましい家庭の平凡な生活を取り上げ，女性主人公たちが幻滅と失望にいかに立ち向かい，貧困や逆境や死というものに対し，いかに絶望的な戦いを挑んでいるかを描いている。

ロバーツには，厳粛な小説とは対照的な『デイアンとロリ』（*Deian a Loli*, 1927），『ラウラ・ジョーンズ』（*Laura jones*, 1930），『ヒースに囲まれてお茶』（*Te yn y grug*, 1959）などの短編小説集がある。『ヒースに囲まれてお茶』は児童文学であるが，それは大人が生きていかなくてはならない厳しい世界とは無縁の，子供時代のみずみずしさが横溢する傑作である。 （吉賀憲夫）

ルイス，ソーンダーズ　Lewis, Saunders (1893-1985)

劇作家，詩人，文学史家，文学批評家。20世紀ウェールズ文学における最も偉大な人物と評される。チェシャーに生まれる。リバプール大学で英語とフランス語を専攻したが，学業は第一次世界大戦で中断し，将校として軍務に就く。戦後，大学に戻り優等で卒業し，すぐに18世紀ウェールズ古典詩における英語の影響についての論文を書いた。それは後に『ウェールズの新古典主義派』（*A School of Welsh Augustans*）として出版される。1922年ウェールズ大学スウォンジー校の講師となる。

1925年，ウェールズ国民党（後のプライドカムリ）の創設メンバーとなり，翌年党首となるが，1932年，他の2名の党員とともに，当時高まりつつあったウェールズのナショナリズムをウェールズの内外に強く訴えるため，その象徴的行為として当時北ウェールズに建設中の空軍爆撃訓練校の資材置場に放火した。彼らは予定通りすぐさま自首し，裁判においてウェールズの一国性に関する論戦を展開したが有罪となり投獄された。

出所すると彼にはスウォンジー校講師の解雇という処分が待っていた。その後，ジャーナリストや教師として働き，また農業にも従事して生計を立てる。1953年にウェールズ大学カーディフ校の講師に採用され，これ以降彼は徐々に政治活動から退き，カーディフ近郊のペナースに隠棲し，著作に専念した。彼は，時にはウェールズの国家としての理念的，政治的事柄に関しても所信を述べた。これらの中でもっとも有名なものは，1962年のBBCウェールズのラジオ講義『言語の運命』（*Tynged yr Iaith*）で，初期のウェールズ言語協会の活動に強力な

影響を与えた。

彼の業績は驚異的なもので，数多くのドラマ，2冊の詩集，2冊の小説を書き，ウェールズおよびヨーロッパ文学の研究と批評を次々に発表した。彼のウェールズ文学に対する貢献は主として劇作家としてのものであり，代表的な作品には『ゲルマヌスの生涯』(*Buchedd Garmon*, 1936) というラジオドラマや，『反逆』(*Brad*, 1958)，『明日のウェールズ』(*Cymru Fydd*, 1967) などがある。彼は名誉と義務，指導者の責任，政治の本質，エロスとアガペーとの間の葛藤といった，重おもしく厳粛なテーマに取り組んだ。彼の人物描写，特に女性の描写は卓越しており，また会話は気品のある落ち着きと口語的活力のバランスが絶妙に保たれている。彼はまたサミュエル・ベケットの『ゴドーを待ちながら』をウェールズ語に翻訳したことでも知られている。

（吉賀憲夫）

『イン・ノス・オーラ・レイアド』（『ある月夜』）
W *Un Nos Ola Leuad*

カナーヴォンシャーのベセスタ地方の方言を用い，1人称単数で書かれたカラドッグ・プリチャード（Caradog Prichard, 1904-80）の強迫観念や妄想を扱った小説。

この小説は，長い間精神病棟に隔離されていた元殺人犯が，故郷の村に帰っていく間に，さまざまの過去の記憶や妄念に襲われるというもので，過去のバラバラになった脈絡のないイメージが主人公に雪崩のように襲いかかる。殺人，自殺，精神錯乱，貧困などの記憶が，歓喜や恍惚感，ユーモアなどと混じり合う。この小説には直線的なプロットはなく，成人としての現在から，父親を失い，精神を病む母に見つめられて育った陰気な少年時代へと異なった時間の間をジグザクに進み，まるで「意識の流れ」を彷彿とさせる作品となっており，第二次世界大戦後に書かれたもっとも印象的な作品の一つといわれ，1991年に映画化された。

（吉賀憲夫）

グウェナスト W Gwenallt (1899-1968)

詩人，批評家。本名はデイヴィッド・ジェイムズ・ジョーンズ（David James Jones）だが，通常 D・グウェナスト・ジョーンズ，または単にグウェナストと表記される。スウォンジーの産業地帯に生まれる。工場の事故で父を亡くしたグウェナストは，冷徹な産業資本主義や社会的連帯を失った教会に反発し，キリスト教社会主義や無神論的マルクス主義に傾倒していく。第一次世界大戦時には良心的徴兵忌避者として収監され，戦後はウェールズ大学アベリストウィス校で学び，後に母校の講師となる。彼は詩人であるとともに，ウェールズ文学の研究者，批評家，雑誌『タリエシン』(*Taliesin*) の初代編集長として知られている。

産業資本主義が故郷の風景やスウォンジーの炭鉱で働く人びとに与えた害悪を身をもって経験したグウェナストは，詩人として南ウェールズに起きているこれらの事柄への憎悪を詩に表現した。数多くの小学生の命を奪ったボタ山崩壊事件を扱った「アバルヴァンの大惨事」('Trychineb Aberfan') では彼の悲しみと怒りが噴出している。彼はウェールズを，資本主義と産業によって腐敗させられる以前の，信仰にあふれたウェールズに戻すことを理想とした。そしてそれがまた彼のナショナリズムの根底にあった。

彼は1926年のナショナル・アイステズヴォッド（The National Eisteddfod）において，伝統的な韻律で書かれた長編詩「修道士」('Y Mynach') を発表して詩人としてデビューするが，彼の詩の精髄は後に彼が出版した5つの詩集に収められた短詩にある。「フリアノンの小鳥」('Adar Rhiannon') や「ウェールズ」('Cymru') のような初期の詩は叙情性に富んでいるが，後期の宗教的な詩や国家的・国民的主題をもつ詩からは感傷性が跡形もなく取り除かれ，荒々しく，ま

た辛辣なものとなっている。また「ハリネズミ」('Y Draenog')，「蛇」('Y Sarff')，「スカンク」('Y Ffwlbart') などの動物に関する詩では彼の宗教的罪業が直截的手法で述べられている。

彼の主張は図式化できるような単純で理念的なものではなく，経験からほとばしり出たもので，それは彼が慣れ親しんだ風景や伝統から浮かび上がるイメージで表現されている。彼は田園と都市という異なった2つのウェールズや，ウェールズ各地の異なった歴史的経験を1つの糸に縒り合わせ，統合しようとした詩人であった。また彼は20世紀のウェールズ詩人の中で，もっともウェールズの現状をよく認識し，詩の中でそれに立ち向かった詩人であった。

〈吉賀憲夫〉

ウィリアムズ，ワルドー Williams, Waldo (1904-71)

詩人。ペンブルックシャーのハーバーフォードウエストに生まれる。1923年，グラマースクールを卒業すると，ウェールズ大学アベリストウィス校で英語を専攻した。学生時代にウェールズ語で簡単な詩を書き始める。卒業後，1928年からペンブルックシャーで教職につき，幼馴染のリンダと1941年に結婚する。しかし1943年に妻は死に，翌年彼はウェールズを去り，イングランドで教員となった。

イングランド時代には，「プレセリ」('Preseli')，「一つのウェールズ」('Cymru'n Un')，「ウェールズとウェールズ語」('Cymru a Chymraeg') というウェールズの国家的自立性に関わる熱烈な一連の詩を書いた。これらの詩が書かれた直接の理由は，彼の故郷のプレセリの広大な土地を陸軍が射撃訓練場として使用するという発表にあった。自己のアイデンティティーをペンブルックシャーの土地とそこに住む人びとに求めていた彼にとって，これは自己のアイデンティティーに関わる問題そのものであった。

1949年にウェールズに戻った彼は，1950年代にバプティスト教会から離れ，クウェーカ教徒となり，朝鮮戦争中は良心的徴兵忌避の立場から納税拒否を宣言し，実行した。また税金を払う元となる収入を断つため，職も辞した。この納税拒否により，徴兵制度が廃止される1963年まで2度にわたり収監される。彼は行動の伴わない言葉は十分ではないと考えていたのであった。彼は政治的な人間ではなかったが，彼がとった唯一の政治的行動は，1959年にプライドカムリから総選挙に立候補したことであった。このように，彼は徴兵に反対し，またプライドカムリの大義を貫いたが，彼は決して堅苦しい人間ではなく，神秘的で，聖者のようであったという。彼が人びとから愛される理由は，このような彼から滲み出てくる優しさ，穏やかな人間性，無私の精神にあった。

彼が書いた詩は少ないが，いずれも貴重なものばかりで，それらは深い喜びの表現に満ち，彼の用いる言葉はいつも純粋で，口語に近いものであった。最もよく知られている初期の詩「追憶」('Cofio') は，失われてしまった文化，言語，宗教への郷愁に満ちている。存命中に出された唯一の詩集『樹木の葉』(*Dail Pren*, 1956) に収められた「二つの牧草地で」('Mawn Dau Gae') は，彼の少年期の霊的体験を扱ったもので，人間と自然の融合が樹と泉のイメージで表現されており，ロマン的光彩を放っている。

〈吉賀憲夫〉

ヒューズ，T. ローランド Hughes, T. Rowland (1903-49)

小説家，劇作家，詩人。カナーヴォンシャーのスレート採石夫の息子として生まれ，オックスフォード大学を卒業後，ウェールズで教鞭をとる。その後ロンドンで教育行政に携わるが，1936年にウェールズに戻り，カーディフのBBCでプロデューサーとして働き，1949年に死亡。

彼はアイステズヴォッドで詩人としてデビューしたが，小説家としての，血の通った生身の登場人物を描く才能と，悲哀とユーモアが絶妙に織りなす物語を語る才能にも恵まれていた。今日，彼の名声は，家具が人の手から人の手へと移っていくことを通して共同体内の交流を描いた『手から手へ』（*O Law i Law*, 1943），北ウェールズの採石夫が職を求めて南ウェールズの炭鉱に行くという彼の代表作『ウィリアム・ジョーンズ』（*William Jones*, 1944），そして採石場を閉鎖された採石夫とその家族の窮状を描いた『激動』（*Chwalfa*, 1946）などの小説にある。 （吉賀憲夫）

デイヴィス，ジェイムズ・キッチナー　Davies, James Kitchener (1902-52)

　劇作家，詩人。カーディガンシャーで生まれ，ウェールズ大学アベリストウィス校で教育を受ける。ロンダ渓谷に移り住み，さまざまな学校でウェールズ語を教えながら，プライドカムリの理想を推し進めた。

　劇作家としては，1935年のアイステズヴォッドで3幕ものの劇『石炭渓谷』（*Cwm Glo*）でデビューする。その劇では，南ウェールズの炭鉱を襲った大不況と悲惨な社会のありさまが平易な言葉で表現されている。1944年の『虚ろな石』（*Meini Gwagedd*）は，彼が子供時代に経験した田園生活の厳しい現実を扱った韻文劇である。「吹き荒む風の音」（'Sŵn y Gwynt sy'n Chwythu,' 1953）は劇的独白の形をとった自由韻律詩で，カーディガンシャーでの少年時代から1930年代の不況に見舞われたロンダ渓谷に定住するまでの詩人の精神と肉体の遍歴を扱った自伝的作品で，20世紀にウェールズ語で書かれた最高の作品の一つと見なされている。 （吉賀憲夫）

パリー，ロバート・ウィリアムズ　Parry, Robert Williams (1884-1956)

　「夏の詩人」として知られる詩人。カーマーゼンシャーに生まれる。1907年，ウェールズ大学バンゴール校でジョン・モリス＝ジョーンズの薫陶を受け，卒業後は故郷でウェールズ語と英語を教える。

　彼は1910年のアイステズヴォッドで，自然が甦える春を背景に，愛の喜びと苦悩を詠じた「夏」（'Yr Haf'）を発表した。この詩は響きのよい言葉，豊かな語彙，そして時の利那の美しさなどに富み，いわゆる「新流派」の最も重要な作品の一つとなった。パリーの初期の詩はロマンティックなソネットや，天地創造の驚異や事物の移ろいやすさを詠った詩，官能的な手法で書かれた自然詩などがある。しかしソーンダーズ・ルイスの大学解雇を容認するアカデミズムへの不信や第二次世界大戦は，彼の詩に大きな変化を与えた。彼の後期の詩には，人間の狭小さや自己満足を批判するソネットなどがあり，そこには苦々し幻滅感が漂っている。 （吉賀憲夫）

X　ケルト復興

ケルト復興の動き・傾向

復興運動の背景　cultural background of the Celtic revival

　ケルト諸語地域における伝統文化の再発見と文化復興運動の起源をいつに求めるかは一概には言えないが、ケルト復興に関する基本的文献である、エドワード・スナイダーの『英文学におけるケルト復興』(*The Celtic Revival in English Literature*, 1760-1800 1923) にならい、復興の始まりを1750年頃とする。すなわち、イングランドにおいては詩人トマス・グレイの「バード」(The Bard, 1757)、スコットランドにおいてはジェイムズ・マクファーソンが古代詩人オシアンの詩を英訳したとする「オシアン詩篇」第1作『古代詩断片』(*Fragments of Ancient Poetry*, 1760)、ウェールズではエヴァン・エヴァンズの『古代ウェールズのバルズ詩歌選集』(*Some Specimens of the Poetry of the Antient Welsh Bards*, 1764) などが出版される基盤となったケルト観の誕生を考えるのが本項の目的である。

　ローマ帝国以前にアルプス以北に居住していたとされる古代の民「ケルト」(またはガリア人)と彼らの習俗やドルイドに関する知識は、カエサルや大プリニウス、ストラボン、シチリアのディオドロスといった古代の著述家の著作の出版・翻訳によって16世紀に知られることとなった。古代ケルトの存在が認知されると、彼らの出自を『旧約聖書』の大洪水の記述に結びつける試みが続く。フランスではギョーム・ポステルが、イングランドではウィリアム・カムデンが、洪水後の古ヨーロッパの最初の民をノアの息子ヤペテの息子ゴメルの子孫とする説を16世紀に提唱する。18世紀になるとケルト語はバベルの塔以前の始原言語ヘブライ語の流れを汲むヨーロッパ最古の言語と考えられるようになり、19世紀に誕生する印欧比較言語学のなかでケルト語派研究が大きな位置を占めるに至った。

　18世紀後半にはケルト諸語圏での伝承の収集や翻訳出版が開始する。エヴァンズがノルマン朝イングランドと対抗したウェールズ諸公の武勇を寿ぐ宮廷詩を英訳することで、自由の闘士たるバルズの伝統をイングランドに紹介することを試みたのがその一例である。だがケルトというルーツの発見は、独自の伝統をもつ自文化への目覚めをケルト周縁地域において促しただけではない。イングランドの詩人グレイが歌った、エドワード1世の軍隊の前で呪詛とともに自死する反逆のバルドの姿がローマ帝国の侵攻に対抗するケルトのドルイドに重ね合わされたように、「ケルト的なるもの」への憧憬はケルト語圏を超えた大きな文化的

うねりを巻き起こし，中世主義・好古主義・ロマン主義とも結びついて，ギリシャ・ローマやルネサンス，キリスト教を規範とする従来の「ヨーロッパ観」を補完するものとしての異教的伝統や民族起源への関心を喚起した。ゲーテがウェルテルの口を借りて「オシアンがぼくの心のなかでホメーロスを追いやった。」と記したように，けぶる霧のなか先祖の足跡を求めて荒野をさらう孤高のバルドの姿は，18世紀末西欧の文化的気風のアイコンとなったのである。1770年代に流行したピクチャレスク・ツアーは，スコットランド高地地方やウェールズ山岳地帯に代表される北方的な崇高美，そして進行する産業化への反動たる原始的自然の崇拝であり，こうした嗜好もまたケルト復興を支えた。

ケルト復興がヨーロッパにおける近代国民国家の確立の時期と重なるのは偶然ではない。1707年のスコットランド併合によって生まれた統一的ブリテン意識の覚醒は，大陸ヨーロッパとは異なるブリテン独自のルーツをスコットランドやウェールズの文化復興に求めることになった。1865年，ナポレオン3世が古代ガリアの英雄ウェルキンゲトリクスの銅像を建立したのも，フランス人のルーツを脱ローマ，脱ゲルマンに求める当時の民族意識の反映である。

〈森野聡子〉

復興運動の先駆け　early phase of the Celtic revival

ルネサンスの出版文化を通じて知られ始める古代ケルトの習俗にまず関心を抱いたのはアンティクアリーこと古事研究家である。ストーンサークルなどの巨石記念物の由来には諸説あったが，ジョン・オーブリー（John Aubrey, 1626-97）がストーンヘンジをドルイド神殿とみなしたことを端緒に，この説はスチューク リー（William Stukeley, 1687-1765）によって広く流布するに至る。この頃からドルイドは古代の著述にある，人身供儀を行う野蛮な祭司ではなく，アブラハムらイスラエル族長時代，キリスト教の源流に連なる聖なる賢者とみなされるようになった。ウェールズの自称バルズ，イオロ・モルガヌグ（Iolo Morganwg, 1747-1826）は「ブリテン島のバルズのゴルセズ」の名のもとバルズをドルイドの組織として「復活」させ，1792年ロンドンのプリムローズヒルで古代風の儀式を執り行う。以後，ストーンサークルとドルイドは，19世紀に復興されるバルズの祭典アイステズヴォッドの重要な一部となった。

島嶼ケルト語と大陸のケルト語との関係はスコットランドの歴史家ブキャナン（George Buchanan, 1506-82）らによって論じられていたが，ウェールズ出身のスルウィッド（Edward Lhuyd, ?1660-1709）はアイルランド語を含む島嶼ケルト語が大陸ケルト語より派生したことを理論づけ，同じくウェールズ系のオリエンタリスト，ウィリアム・ジョーンズ（Sir William Jones, 1746-94）がケルト語派をサンスクリットや古代ギリシャ語などとともに，今は失われた同一の母語から派生したとした。ケルト語の研究は，ボップ（Franz Bopp, 1791-1867）やツォイス（Johann Kaspar Zeuss, 1806-56）らによって印欧比較言語学に引き継がれる。

18世紀になると，現在言うところのケルト周縁地域の住民を古代ケルトの末裔とする見解が広く受け入れられる。これは，ブルターニュの修道士ポール＝イヴ・ペズロン（Paul-Yves Pezron, 1639-1706）の影響によるところが大きい。ペズロンは，ノアの孫ゴメルの一族であるケルト人はヨーロッパの始祖であるばかりでなく，彼らの言語もまたバベルの塔以前の始原言語へヘブライ語の流れをくむヨーロッパ最古の言葉であると主張した。ジョン・コリスは，ペズロンによって「ケルト人」という概念と「ケルト語」が結びついたとする。

X　ケルト復興

カムデン（William Camden, 1551-1623）の『ブリタニア』（*Britannia*, 1586）にならい，ローマン・ブリテン以前のブリテン諸島の地誌・博物誌と歴史を構想したスルウィッドを引き継いだのがペナント（Thomas Pennant, 1726-98）で，スコットランドとウェールズの風景，習俗や遺物が彼の旅行記を通じ一般に紹介される。フランスではケルト・アカデミー（1805年創設）がケルト・ガリアの遺産の発掘を民俗学的手法で行った。一方，1760年代にマクファーソン（James Macpherson, 1736-96）が古代スコットランドの詩人オシアンの作品の英訳と称して発表した一連の「オシアン詩篇」はケルト諸語の伝承への関心を引き起こし，ウェールズではモルガヌグとオーウェン・ピュー（William Owen Pughe, 1759-1835）が中世ウェールズ写本より『マヴィル版ウェールズ考古学』（*Myvyrian Archaiology of Wales*, 1801, 1807）を編纂，アイルランドではクロフトン・クローカー（T. Crofton Croker, 1798-1854）が3巻本の『アイルランド南部の妖精伝説と伝統』（*Fairy Legends and Traditions of the South of Ireland*, 1825-28）を（オーウェン・ピューによる『マビノギオン』解説を含む），ブルターニュではラ・ヴィルマルケ（Théodore Hersart de la Villemarqué, 1815-95）が『バルザス・ブレイス』（*Barzaz Breiz*, 1839）を上梓している。　　　　　　　　　　（森野聡子）

ブキャナン，ジョージ　Buchanan, George (c.1506-82)

歴史家。スコットランド中部キレーン（Killearn）出身。パリ大学と，ジョン・メイアの指導を受けたセント・アンドルーズ大学で学ぶ。ジェイムズ5世に命じられてフランシスコ派の風刺詩を書いたことで枢機卿の怒りを買うが，ボルドー大学でラテン語教授となった後，ポルトガル国王に召喚されてコインブラ大学でアリストレス哲学を教える。スコットランド女王メアリーの古典の家庭教師になるが，ダーンリ卿の死後は女王を強く攻撃した。1566年，セント・アンドルーズ大学セント・レオナルズ・コレッジ（St. Leonards College）学長に任命され，1570年にジェイムズ6世の家庭教師となる。全20巻の『スコッティア事物史』（*Rerum scoticarum historia; History of Scotland*, 1582）では，ブリテン島とガリア地方の古い地名に類似性を見出し，ブリテン島の先住民はケルト人であると論証した。ほかに主著として『スコットランド人の王権法に関する対話』（*De Juri Regni apud Scotos*, 1579）がある。　（米山優子）

ペズロン，ポール　Pezron, Paul-Yves (1639/40-1706)

ブルターニュ地方南部アンヌボン（Hennebont）出身。レンヌの神学校とパリ大学で学ぶ。シトー派の大修道院長になった後，研究活動に専念する。1703年に『ケルト人またの名ガリア人の民族と言語の古き時代』（*L'Antiquité de la langue et de la nation des Celtes autrement appeléz Gaulois*）を出版し，ガリア人はケルト人であり，ウェールズとブルターニュの人びとはその古いケルト語を話す子孫であると主張した。ノアに系譜を遡るケルト人は，ローマ人とギリシア人に勝利してヨーロッパに勢力範囲を広げ最終的にアレモリカ（Aremorica, ロワール河口からセーヌ河口に至るガリアの海岸地帯）にたどりついたという。ウェールズ及び出生地であるブルターニュを創世記と結びつけることでケルト人の優越性を強調した。1706年に英訳（*The Antiquities of Nations*）が出版され，18世紀のケルト研究に影響を与えた。　（米山優子）

ステュークリー，ウィリアム　Stukeley, William (1687-1765)

ケンブリッジで医学を学び，1718年に王立協会（英国最古の自然科学者の学術団体）の会員となりアイザック・ニュートンとの

知遇を得て，かの有名なリンゴのエピソードを書き残した。ニュートンの最初の伝記作者。その一方で，宗教の歴史への深い関心から，1729年には聖職者となり古代ドルイドを環状列石群（ストーンサークル）と結び付けて論じた著作を1740年に『ストーンヘンジ—蘇ったブリトン人のドルイド神殿』（*Stonehenge: a Temple Restor'd to the British Druids*），1743年に『エイヴベリー—ブリトン人のドルイド神殿その他』（*Abury: a Temple of the British Druids*）を発表する。ステュークリーの執筆目的は古代遺跡の保存という古物研究家としての動機だけではなく，「理神論と戦うべく」ペンを執り，英国国教会のキリスト教の正当性を主張するために古代遺跡の「気高さ」を通して「先祖の敬神」を知識層の心に蘇らせることであると『エイヴベリー』の序文で語っている。旧約聖書の家父長的キリスト教に近い宗教をドルイドが継承したというステュークリーの主張は当時も疑問視されたが，ストーンヘンジやエイヴベリーなどの古代の遺構をドルイドの宗教儀礼の場とみなす「国民的民間伝承」（ステュアート・ピゴットの言葉）の基調を形成した。

ウィリアム・ブレイク（William Blake, 1757-1827）の『エルサレム』（*Jerusalem*）はステュークリーの世界観に影響を受けた作品といわれている。ストーンヘンジにみられるような3本の石柱組み構造をトリリトン（trilithon）とよぶが，その名付け親はステュークリーである。また中世の聖堂のゴシック建築はドルイドが礼拝の場とした森林を模したデザインであると推論したのもステュークリーが初めてである。晩年は，「18世紀におけるもっとも大胆かつ成功した偽作の一つ」といわれるチャールズ・バートラムによる架空の写本『ブリタニア事情』（*De Situ Britanniae*）に基づいた著書を発表したり，マクファーソンの『オシアン』の真正性を擁護したため，単なる風変わりな好古家とみなされたが，綿密なフィールドワークに基づく先史考古学者の先駆者とも評価されている。　　　　（不破有理）

スルウィッド，エドワード　Lhuyd (Lhwyd), Edward (c.1660–1709)

エドワード・スルウィッド（またはスイド）はウェールズ出身の博物学者・言語学者。オックスフォード大学ジーザス・コレッジ入学後，1683年に開館したアシュモール博物館に勤務。植物学や地質学の研究のかたわら，ブリテン諸島の言語の起源を探るべく『ブリタニア考古学』（*Archæologia Britannica*）4巻を企画，1697-1701年にかけてウェールズ，アイルランド，スコットランド，コーンウォール，ブルターニュを回り資料収集を行った。公刊されたのはケルト諸語の語彙と文法を集めた，第1巻「語彙注釈」（Glossography, 1707）のみだが，アイルランド語もウェールズ語・コーンウォール語・ブルトン語と同じく大陸のケルト語から派生したことを音声学的に考証しケルト比較言語学の礎を築く。また，Cブリトン人とPブリトン人を区別し，前者のアイルランド人をガリアから最初にブリテン島へ渡来したとの仮説を立てていたことがわかり，これは後のPケルトとQケルトの分類に発展することになった。
　　　　（森野聡子）

マクファーソン，ジェイムズ　Macpherson, James (1736–96)

スコットランドの作家，詩人，古詩収集家。3世紀頃に存在したとされる古代ケルトの伝説的戦士であり詩人であるオシアン（Ossian）がつくったというゲール語の詩を英語に翻訳したことでその名が知られている。

エディンバラ大学などで学んだ後，1756年にインヴァネスシャーのラスヴァンに帰郷したマクファーソンは，教職に就きながら古詩収集を行った。1759年にマクファーソンは，スコットランドの古詩に関心をも

X　ケルト復興

っていた哲学者のアダム・ファーガソン（Adam Ferguson, 1723-1816）との邂逅をきっかけに，劇作家ジョン・ヒューム（John Home, 1722-1808）と会談することになった。ヒュームは，ゲール語を理解できたマクファーソンに対し，ハイランドの詩を英語に翻訳するように促した。マクファーソンは，ゲール語のバラッドにもとづいてつくった「オスカーの死」（'The Death of Oscur'）をゲール語古詩からの翻訳としてヒュームに提示すると，喜んだヒュームは重ねて翻訳を依頼し，マクファーソンはこれに応じた。

ヒュームからマクファーソンの翻訳を見せられた説教師として有名なヒュー・ブレア（Hugh Blair, 1718-1800）は，マクファーソンにさらに多くのゲール語古詩の翻訳をするように強く求めた。マクファーソンは，ゲール語古詩が現代的思考や現代詩とはかなり異質なものだったので一般読者に受け入れられないことを理由に，翻訳に抵抗を示したが，ブレアに説き伏せられて，1760年に『スコットランドのハイランドで収集された古詩断片』（*Fragments of Ancient Poetry, Collected in the Highlands of Scotland*）を発表するに至った。

『断片』の発表以来，眠ったままのゲール語古詩の収集と復興を望む声が高まり，また依頼を受けたマクファーソンは難色を示したが，ブレアはヒュームやファーガソンらと協力してマクファーソンを説得し，彼にハイランドでの古詩収集を承知させた。

こうしてマクファーソンは，1760年8月にハイランドへと古詩収集の旅に出て，旅先で聴いたゲール語の詩歌を転写した。これをもとにマクファーソンは，1761年には約2万語の叙事詩を完成させ，1762年の『フィンガル』（*Fingal*），そして1763年の『テモラ』（*Temora*）の出版へとつなげた。

この発表に対して懐疑心を抱き，マクファーソンの捏造であると主張したのが英語辞典編纂で知られるサミュエル・ジョンソン（Samuel Johnson, 1709-84）であった。その結果，襲撃騒ぎにまで発展しそうになるほど，二人の間で激しい応酬が繰り広げられることになった。

このような英国内での論争とは対照的に，マクファーソンの翻訳はヨーロッパ大陸で人気を博し，ゲーテやナポレオンなどに大きな影響を及ぼした。　　（三原　穂）

『オシアン詩』　*Ossian*

ジェイムズ・マクファーソン（James Macpherson, 1736-96）が発表した，古代ケルトの伝説的戦士であり詩人のオシアン（Ossian）作とされるゲール語古詩の翻訳作品群。『スコットランドのハイランドで収集された古詩断片』（*Fragments of Ancient Poetry, Collected in the Highlands of Scotland*, 1760），『フィンガル』（*Fingal*, 1762），『テモラ』（*Temora*, 1763），さらに『フィンガル』と『テモラ』の合本版である『オシアンの作品』（*The Works of Ossian*, 1765）そして『オシアンの詩』（*The Poems of Ossian*, 1773）から成っている。この作品群はまとめて『オシアン詩』（*Ossian*）とよばれる。

『オシアン詩』では，自然と人間が境界をもたずに一体化し，死者が亡霊として蘇り，戦士たちが死後の名声を重んじる，現世のみならず来世，後世に広がりをもつ古代ケルトの世界が展開されている。

『オシアン詩』は，その正真性を疑うサミュエル・ジョンソン（Samuel Johnson, 1709-84）を巻き込む真贋論争を引き起こしたものの，古い時代がもっていた想像力の豊かさの表明によって，18世紀のロマン主義勃興の動きに大きく関わるものになり，後にサミュエル・テイラー・コールリッジ（Samuel Taylor Coleridge, 1772-1834）らに影響を与えた。

これまで翻訳の底本の存在が論じられてきたが，最近では，マクファーソンはゲール語の題材にはほとんど頼らずに『オシア

ン詩』を創作したという意見をトマス・カーリー（Thomas M. Curley）が提示している（*Samuel Johnson, the Ossian Fraud, and the Celtic Revival in Great Britain and Ireland*, Cambridge: Cambridge University Press, 2009）。　　　　　　　　（三原　穂）

トマス・グレイの「バード」　Thomas Gray's 'The Bard'

エドワード1世はウェールズを征服すると、捕らえた全てのバルド（詩人）を処刑したという伝説に触発され、トマス・グレイ（1716-71）が書いたピンダロス風の頌歌。この詩の内容は、1人の老詩人がスノードンを行軍中のエドワード軍の前に立ちはだかり、エドワードがウェールズにもたらした破壊を非難し、王の残忍性と悪徳を弾劾する。さらに彼は、悪徳の暴君を諌め、真の美徳と勇気を称えるウェールズ詩の不滅を説き、身を千尋の谷に投ずる、というものである。ケンブリッジ大学教授で、18世紀イギリスを代表する詩人の一人であるグレイは、この詩の創作動機に関して、歴史書の中で見つけたバルドの虐殺に関する記述に触発されたと書いているが、そのような史実はない。グレイのこの詩は、後の英語圏におけるケルト復興やロマン主義運動の先駆けとなる作品で、後世の詩人や画家に多大な影響を与えた。　　（吉賀憲夫）

19世紀初期のイングランドの文人たち　Welsh antiquarians and English medievalists in the early nineteenth century

18世紀後半から高まったイングランド文人による自国の過去への希求は古代ブリトン人の末裔が住まうウェールズへのまなざしでもあり、隣人ウェールズの再発見でもあった。そのようなイングランド人の関心とウェールズにおける文芸復興の動きが交錯する場となったのがロンドンのウェールズ人協会であり、イングランド文人との接点となる主要人物が「古代ドルイドの末裔」を標榜するイオロ・モルガヌグことエドワード・ウィリアムズ（Edward Williams）と「ウェールズにおけるジョンソン博士」ことウィリアム・オーウェン・ピュー（William Owen-Pughe）である。

ウィリアムズは先史からの原初の伝統が連綿と受け継がれているグラモルガンのバルド（Bard）を自認し、イオロ・モルガヌグと名乗る。1792年に古代ブリテンのバルドの儀式と称する「ゴルセッズ」を復活させるが、イングランドの聴衆を意識し、イオロはロンドンを開催場所に選び、英語で自作の詩を朗誦する。その模様は『ジェントルマンズ・マガジン』に掲載されるのである。イオロとオーウェン・ピューの影響を受けて、後の桂冠詩人ロバート・サウジー（Robert Southey, 1774-1843）は、コロンブスに先立つ300年前にアメリカ大陸を「発見」したマドック（Madoc）伝説をもとに長編詩『マドック』（*Madoc*, 1805）を発表している。

オーウェン・ピューは19世紀初頭には、ウェールズ伝承の権威として英国内文人によく知られていた。サウジーをはじめ、S. T. コールリッジやジョージ・エリス、シャロン・ターナー、フランシス・ドゥースなどロマン派詩人や中世研究で名だたる歴史家、故事研究家、書物収集家との書簡が残されている。またスコットランドの古謡集の研究者でありベストセラー作家のウォルター・スコットはオーヒンレック写本『サー・トリストレム』（*Sir Tristrem*, 1804）の校訂本準備のため、オーウェンにウェールズ古文献の照会をしている。

ウェールズはイングランドの文人にとって、古代ブリテンの伝統を継承する土地であり、創作や研究の材源の宝庫であった。中世騎士道ロマンスの起源を探るべく呻吟していた研究者たちにとって、とりわけ『マビノギ』への関心は高く、オーウェンの翻訳草稿は詩人や学者の間で回覧された。18世紀に高まりつつあった古写本の発掘と保

X　ケルト復興

存への要求は「写本の新発見」を誘発し、贋作疑惑がつきものだったが、『マビノギ』の真正性はいち早くエリスやドゥースなどの中世学者によって保証され、その価値はイングランド文人の間で早くから認知されたのである。シャーロット・ゲストによる英訳が出版される1838年を遡ること35年近く前に、イングランド文人の協力のもとオーウェンの『マビノギ』が上梓されるはずであった。しかしながら、自称予言者ジョアンナ・サウコットに心酔したオーウェンの『マビノギ』は日の目を見ることはなかった。　　　　　　　　　　　（不破有理）

イオロ・モルガヌグ　Ir Iolo Morganwg (1747–1826)

英名・ウィリアムズ、エドワード (Williams, Edward)。18世紀末のウェールズ文芸復興の中心人物の一人。イオロは南ウェールズのグラモルガンで石工を生業とし、ウェールズ語と英語両言語で詩作を能くした。『叙情詩と牧歌』(Poems, Lyric and Pastoral, 1794) において「古代ブリタニアのキリスト教がドルイディズムに深く感化されていた」と主張し、ローマの侵略を防いだ自由の旗手ドルイドのイメージを自らに重ね「自由の詩人」(the Bard of Liberty) と称した。ウェールズの文化祭典アイステズヴォッドにバルドの儀礼を「復活」させたことでも知られる。

1789年にはオーウェン・ジョーンズとウィリアム・オーウェン・ピューと共に14世紀の詩人ダヴィッズ・アプ・グウィリム (Dafydd ap Gwilym) の詩集を編纂出版した。巻末にイオロの巧妙な創作が追加されたが、1916年になるまでその真正が問われることはなかった。さらにオーウェン・ピューとウェールズの古写本を蒐集・編集に奔走、古ウェールズ文献の集成『マヴィル版ウェールズ考古学』(The Myvyrian Archaiology of Wales) を1801年に2巻、1807年に3巻出版するが、「ブリテン島の三題歌」を含めイオロの偽作が多く含まれている。

2005年以降、ウェールズ大学出版からシリーズ 'Iolo Morganwg and the Romantic Tradition in Wales' が刊行されており、新たなイオロ研究が拓かれつつある。（不破有理）

オーウェン・ピュー、ウィリアム　Owen-Pughe, William (1759–1835)

18世紀後半から高まった古代ブリテンへの関心と古写本の発掘と保存を促進するウェールズの文芸復興運動を、イオロ・モルガヌグことエドワード・ウィリアムズとオーウェン・ジョーンズと共に牽引した。オーウェン・ピューの貢献は功罪相半ばする。1793年から1803年に出版されたウェールズ語・英語辞典（2巻本）では独自の綴り字を採用し、誤った語源論に基づく作為的な語形表記を用いたためウェールズ語の正書法の混乱原因を作ったとされる。正書法が確立するのは20世紀を待たねばならなかった。

1783年からロンドンでのウェールズ人文化活動拠点グウィネジギオン協会 (Gwyneddigion Society) で中心的な役割を果たし、イングランド文人からもウェールズ学の権威とみなされた。雑誌刊行にも尽力し、「口碑伝承と古写本に秘められたウェールズの宝庫を発掘」し保存することを目的に掲げて、ウェールズ語の原作と英語の対訳を雑誌『カンブリアン・レジスター』(The Cambrian Register, 1795, 1799, 1818) に刊行した。『マビノギ』（第一枝のみ）を初めて英訳したのもオーウェン・ピューである。『ウェールズ人伝』(The Cambrian Biography, 1803) にはアーサーやタリエシン、『マビノギ』の登場人物、18世紀の人物まで記述されており、ロマン派文人のウェールズ基本手引き書となった。

（不破有理）

レイディ・シャーロット・ゲスト　Lady Charlotte Guest (1812–95)

　リンカーンシャーにリンジー伯爵の娘として生まれ，南ウェールズのドウライス製鉄所のオーナー，サー・ジョサイア・ゲストと結婚する。ウェールズに移り住み，ウェールズ文化とその保存に興味をもち，アベルガベニで行われたアイステズヴォッドを支援した。

　シャーロット・ゲストは教育者，蒐集家，慈善家など多彩な顔をもつが，今日彼女は『マビノギオン』（The Mabinogion）の英語翻訳者として最もよく知られている。『マビノギオン』はウェールズの古写本『ヘルゲストの赤い本』（Llyfr Coch Hergest）に収められている11編の中世ウェールズの伝説や物語にウェールズでは大変有名な『タリエシン物語』（Hanes Taliesin）を付け加えて翻訳したもので，この『マビノギオン』により，幻想に富む中世ウェールズ文学の存在が世に知られるようになる。また彼女の翻訳はヴィクトリア朝を代表するアーサー王物語であるテニスンの『国王牧歌』（Idylls of the King, 1859-85）に大きな影響を与えたといわれている。　　（吉賀憲夫）

ラ・ヴィルマルケ　La Villemarqué, Theodore Hersart de (1815–95)

　ブルターニュの文献学者，著述家。カンペルレの貴族の家に生まれる。母親は民謡の収集家であった。1834年にパリに出て，ブリズーやスーヴェストルら首都のブルトン人と交友し，その中心人物であるブルトン語学者ル・ゴニーデック（Jean-François Le Gonidec, 1775-1838）に師事した。ラ・リュ神父（Abbé de La Rue, 1751-1835）のバルドの研究に刺激を受け，中世に存在したブルターニュのバルドのテキストを農民の口頭伝承のうちに探すべく，古文書学校で学びながらブルターニュで民謡採集を行い，1839年に『バルザス・ブレイス』（Barzaz Breiz）を出版した。ウェールズの文学的伝統のブルターニュ起源を主張して，「円卓物語」をめぐる数々の論考や著作を発表し，フランスにおけるケルト学の先駆者となった。またル・ゴニーデックのブルトン語関係の仕事を継承して，『フランス語ブルトン語辞典』（Dictionnaire français-breton de Le Gonidec, 1847）や『ブルトン語フランス語辞典』（Dictionnaire breton-français de Le Gonidec, 1850）を出版し，カトリック信仰を擁護する立場からブルトン語の純化運動に尽力した。　　（梁川英俊）

『バルザス・ブレイス』　Bret Barzaz Breiz

　1839年にラ・ヴィルマルケ（1815-95）によってブルトン語とフランス語の2言語で出版されたブルターニュ民謡集。初版は53篇の民謡が収録されたが，2度にわたる改版の度に増補される。ブルトン人は昔から出来事を歌にして伝えたという前提に立ち，歌によるブルターニュの民衆史として編集され，年代順に並べられた各歌には詳細な解説と註が付された。フランスにおける民謡採集ブームの先駆けとなり，海外でも高く評価されたが，特にドルイドやバルドの伝統を伝えるとされる古い歌をめぐって，1860年代からその真正性を疑問視する声が高まり，歌集の価値は大きく毀損された。1989年にドナシャン・ロラン（Donatien Laurent, 1935-）による未発表の採集ノートにもとづく研究が発表され，ようやくその成立に関する議論が可能になったが，それとは別のところで，この歌集がそのナショナルな性格により，ブルターニュの地域的アイデンティティーを鼓吹する役割を果たしてきたことも忘れてはならない。

（梁川英俊）

ルナン, エルネスト　Renan, Ernest (1823–92)

　宗教史家，古典語学者。ブルターニュ地方北部トレギエ（Tréguier）出身。献身的な姉に支えられてパリの神学校で聖職者を志す。やがてセム語学と聖書原典の研究に

X　ケルト復興

専念するようになり，1851年にフランス国立図書館東洋写本部の司書に採用される。学術誌に寄稿する傍ら，論文「セム諸語の構造比較概説史」('Histoire Générale et Système Comparé des Langues Sémitiques', 1855) が高く評価されて1857年にコレージュ・ド・フランスのヘブライ語・セム語教授に任命され，1859年に碑文文学学士院 (Académie des Inscriptions et Belles-Lettres)，1878年にはフランス学士院の会員となる。「ケルト人の詩歌に関する試論」('Essai sur la poésie des races celtique', 1854) では，故郷ブルターニュが情緒豊かなケルトの詩歌や伝説の源泉であると説いた。1865-66年にオックスフォード大学でケルト文学の講義を行ったマシュー・アーノルド (Matthew Arnold, 1822-88) とは，相互に影響を与えあった。　　　　　　　　（米山優子）

アーノルド, マシュー　Arnold, Matthew (1822-88)

イングランドの詩人・批評家。詩「トリスタンとイズー」('Tristan and Iseult', *Empedocles on Etna, and Other Poems*, 1852) はラ・ヴィルマルケ (La Villemarqué, 1815-95) による『パリ評論』(*Revue de Paris*) の1837年と41年の論考から着想を得た。

3部構成の本作はトリスタンとイズーの物語で有名な媚薬は登場するが，白黒の帆のモチーフはない。第3部ではトリスタンとイズーの死後，未亡人となった白い手のイズーは2人の子供に，ヴィヴィアンがマーリンをブルターニュの森に幽閉する逸話を物語る。トリスタン伝説の枠組みを踏襲しつつ，白い手のイズーにヴィクトリア朝の抑圧された女性像を投影し，アーサー伝説を当代の題材に還元できる可能性を示した本作は，19世紀の本格的アーサー王作品の先駆けである。

オックスフォード大学詩学講座における1865-66年のケルト文学講義ではアングロ・サクソンと古層のケルト民族という二項対立から英国民の国民性を説明し，のちのケルト観に影響を与えた。ケルト人の特質を「ケルトの魔法」(Celtic Magic) という表現で初めて説明するが，それは「自然の驚異に満ちた至福と魔法的な魅惑を表現する天賦の才」というあやしげな定義で後のケルティシズムの元凶と目されている。講義は『ケルト文学研究について』(*On the Study of Celtic Literature*, 1867) として刊行され，1877年オックスフォードのケルト学講座開設へとつながり，ジョン・リース (John Rhys) によって引き継がれた。アーノルドのケルト観は明治期にラフカディオ・ハーンを介して日本において敷衍されることになった。　　　　　　　（不破有理）

キャンベル, ジョン・フランシス　Campbell, John Francis (1821-85)

『西ハイランド地方の民話』(*Popular Tales of the West Highlands*) 全4巻 (1860-62) の著者。そのほか法律家，科学者，役人，旅行家など多彩な顔を持つ。アイラ島の貴族の息子だが，少年時代にバグパイプ奏者に預けられ，ゲール語と土地の民の暮らしのすべを学んだ。盲目のフィドラーの語りを聞くこともあった。全国灯台調査の仕事の傍ら1859年にゲール語の昔話の採集を始める。採集者を雇い，各地の語り手から民話を聞き書きさせる方法を採用した。民話の伝承状況を確かめるため本人も西部諸島でフィールドワークをした。収集した話には手を加えず，語り手の情報を記録し，多くの類話を集める手法は科学的民話研究につながる。残された手稿からはJ. G. マッカイ (J. G. McKay) 編集により『続・西ハイランド地方の民話』(*More West Highland Tales*) 全2巻 (1940, 1960) が出版された。著書には『フェニアン歌謡の書』(*Leabhar na Féinne*, 1872) もある。北欧やアジアなど世界中を旅し，1874-75年に日本を訪れている。　　　　（岩瀬ひさみ）

カーマイケル, アレグザンダー　Carmichael, Alexander (1832-1912)

　民間に伝わるゲール語の祈りや唱え言, 歌謡の収集である『カルミナ・ガデリカ』(*Carmina Gadelica*) を出版。最初の2巻 (1900) は本人が編集出版し, 死後, 娘エリザベス (Elizabeth) が再版 (1928)。孫J. C. ワトソン (J.C.Watson) が1940, 41年に第3, 4巻を, アンガス・マシソン (Angus Matheson) が第5巻 (1954) と索引 (1971) を出版し全6巻となった。カーマイケルは税吏としてアイラ島やスカイ島, 南北ユイスト島などで働くかたわら, 数多くの口頭伝承を採集した。アイラ島でJ. F. キャンベルに出会い, 彼の『西ハイランド地方の民話』と『フェニアン歌謡の書』に採集者として参加し, 調査や記録の仕方を学んだ。仕事で密輸や密造酒の取り締まりをする一方で, 土地の人に慕われて民俗調査ができたのは, 妻メアリー (Mary) の力も大きい。彼が集めた資料はアレグザンダー・ニコルソン (Alexander Nicolson) の『ゲール語諺集』(*A Collection of Gaelic Proverbs*, 1881) などにも使用されている。　　（岩瀬ひさみ）

ウェールズ

カムロドリオン名誉協会　the Honourable Society of Cymmrodorion

　1751年にロンドンで創設された, ウェールズ人の学術団体。カムロドリオンとは, 古事研究家ルイス・モリス (Lewis Morris) が「先住民」の意で命名, その名のとおり, ブリテン島最古の住民ウェールズ人の言語・文化・伝統の保存に加え, 1718年に古代ブリトン人協会 (1714年創設のロンドン初のウェールズ人協会) がウェールズ人貧困家庭のために立ち上げたウェールズ慈善学校の支援, ウェールズ内の復興運動の指導的役割を担うことも目的とした。以下の3期に分類される。

　(1) 第1期 (1751-87): ルイスの弟で海軍省に勤めるリチャード・モリスが初代会長で, 最盛期の1778年には会員228名, 通信会員136名を擁した。その中にはモリス兄弟の一人ウィリアム, ゴロヌウィ・オーウェン, エヴァン・エヴァンズ, ウィリアム・ウィンといったモリス・サークルの面々のほか, トマス・ペナントや, トマス・グレイが『バルド』執筆のインスピレーションを受けた盲目のハープ奏者ジョン・パリーがいる。1779年のリチャード・モリスの死後, 会の活動は停滞し, 同じく在ロンドンのウェールズ人会, グウィネジギオン協会に役目を譲る。目標である「ウェールズ語全書籍の収集」による図書館設立には至らなかったが, モリス・サークルとグレイ, ウィリアム・メイソン, トマス・パーシーといったイングランド文人との交流を通じてケルト復興の中心的役割を果たした。

　(2) 第2期 (1820-43): アイステズヴォッドを運営・開催するためウェールズ各地に設立されたカンブリアン協会を統括する組織として, 1820年に復活。『会報』(*The Cymmrodorion Transactions*) とアイステズヴォッド報告集の発刊ほか, 雑誌『カンブロ=ブリトン』編集などの成果を見たが, ウェールズ知識層の関心が古典の発掘より近代化や教育に移るにつれ衰退した。

　(3) 第3期 (1873-現在): 1861年にアイステズヴォッドが全ウェールズの統一的イベントととなり, 1872年にはアバリストウィスにウェールズ初の大学が創設されると, ナショナル・アイステズヴォッドの運営や, ウェールズにおける教育のさらなる整備のため, ヒュー・オーウェンを中心に協会が再結成される。1907年のウェールズ国立図書館とウェールズ国立博物館の創設など, 会の先導的役割によって誕生したものである。　　（森野聡子）

X　ケルト復興

グウィネジギオン協会　the Gwyneddigion Society

1770年に，カムロドリオン名誉協会の会員オーウェン・ジョーンズ（Owen Jones, 1741-1814）を中心に創設された，在ロンドンのウェールズ人団体。会の名は，北ウェールズ，グウィネッズの出身者が多かったことに由来する。この時期，衰退していた第1期カムロドリオンに代わり，ウェールズ文芸復興に尽力した。1789年には，モリス兄弟が集めた手稿をもとに，ダヴィッズ・アプ・グウィリムの詩集（*Barddoniaeth Dafydd ab Gwylim*）を出版。編集の任にあたったのはウィリアム・オーウェン・ピューである。1792年には同じくオーウェン・ピューの編纂でスラワルフ・ヘーンの詩集（*The Heroic Elegies and Other Pieces of Llywarç Hen*）が刊行された。ジョーンズのバルド名「オワイン・マヴィル」にちなんだ3巻本の『マヴィル版ウェールズ考古学』（*Myvyrian Archaiology of Wales*）は，バルズ詩歌・三題歌・年代記ブリットなどを含む第1・2巻が1801年，格言や法などの散文集である第3巻が1807年に出版され，古文書研究の専門家ジョン・グウェノーグヴリン・エヴァンズ（John Gwenogvryn Evans, 1852-1930）によって，19世紀末より中世ウェールズの諸写本の原典が復刻されるまで，中世文学のテクストとして永らく引用・言及された。しかし，現在では，イオロ・モルガヌグの「贋作」が多く含まれていることが判明している。その他の成果としては，バラ，カエルウィスでそれぞれ1793年と1798年に開催されたアイステズヴォッドを後援し，その後のアイステズヴォッド再興への道を開いたことが特筆される。1830年代には活動が衰退，おそらく第2期カムロドリオンに吸収された。

（森野聡子）

アイステズヴォッド　W Eisteddfod

「アイステズ」（eistedd）とは「すわる」の意で，中世ウェールズにおいては，詩人バルズのギルドの一員として集会の座に加わることを意味した。集会の目的は，韻律や文法の制定，職業詩人としてのライセンスの管理だったと推定され，コンテストも行われたようだ。『諸公の年代記』（*Brut y Tywysogion*）には，1176年に南ウェールズのフリース王が，ウェールズのみならずイングランドやアイルランドにも呼びかけて詩と音楽の競技を行い，それぞれの部門で最高位の者に王と食卓の座をともにする栄誉を与えたとある。現在のナショナル・アイステズヴォッドでも，伝統的定型詩の部門で優勝したバルズが栄誉の椅子に座すという式典がクライマックスとなっているのは，こうした伝統に由来する。パトロンである貴族や地主階級がイングランド化していくなか，1523年と1568年に北ウェールズのカエルウィスでは，12世紀のグウィネッズ王グリフィズ・アプ・カナンの名にあやかった，バルズの職階や活動に関する規則（*Statud Gruffudd ap Cynan*）の確認が行われ

ナショナル・アイステズヴォッドの一場面（1961年）

たが，伝統の活性化には至らなかった。

　ロンドンのウェールズ人団体グウィネジギオン協会の肝いりで，アイステズヴォッドが芸術の祭典として復活するのは1819年，カマーゼンでのことである。イオロ・モルガヌグが創設したバルズの組織「ブリテン島のバルズのゴルセズ」（Gorsedd y Beirdd Ynys Prydain）と，彼らが行う古代ドルイド風の儀式が取り入れられ，以降，イベントの演出に欠かせぬものとなった。復興当初のアイステズヴォッドの運営は，地方ごとに組織されたカンブリアン協会が行った。なかでも南ウェールズのマーケットタウン，アベルガヴニで1830-50年代に開かれたアイステズヴォッドは，レイディ・ゲストの『マビノギオン』を産む土壌となり，またラ・ヴィルマルケら大陸のケルティシストとの交流の場ともなった。現在に伝わるウェールズ民族衣裳が披露されたのも，これらの舞台であった。地方単位の祭典はやがて全国的イベントへと発展し，1861年にはアベルダレで初のナショナル・アイステズヴォッドが開かれた。現在，ナショナル・アイステズヴォッドは毎年8月第1週に開催される。場所は，ダヴィ河を境に南と北で交互に行われる決まりだ。使用言語はウェールズ語で，ウェールズ語による詩・エッセイ，朗読，合唱などの競技を通じて，ウェールズ語・ウェールズ語文化の保存のみならず，15万人の観光客を集める観光資源として地域振興にも大いに活用されている。　　　　　　　　　（森野聡子）

アイルランド

デイヴィス,トマス　Davis, Thomas (1814-45)

　愛国的詩人，ジャーナリスト，青年アイルランド党員。19世紀のアイルランドにおける文化的ナショナリズムの勃興に関わる重要人物。1814年，コーク州マローに，英国軍軍医の末っ子として生まれる。1836年にトリニティ・カレッジ・ダブリンを卒業し，1838年より弁護士となるも，その翌年よりプロテスタントの知識人としての立場を明確に意識した愛国的な言論活動を活発に行った。1842年には，チャールズ・ギャヴァン・ダフィーやジョン・ブレイク・ディロンらの青年アイルランド党員たちと，週刊紙『ネイション』（The Nation）を創刊。この雑誌への詩や論説文の寄稿が，結果的に彼のライフワークとなった。ダニエル・オコンネルと青年アイルランド党の間の政争においても重要な役割を担ったが，1845年9月に猩紅熱で没した。

　『ネイション』へはひんぱんに1万5,000語を越える原稿を寄稿し，アイルランドにおけるすべての階級の人びととの国民意識醸成のために尽力した。「アイルランドのバラッドの歴史」（'A Ballad History of Ireland', 30 November, 1844）では，アイルランドの人びとと固有の文芸に対して，階級を問わず注目するよう促した。自らも多数のバラッドを発表し，「国家にもう一度」（'A Nation Once Again', 13 July, 1844）などを残した。「ケルトとサクソン」（'Celts and Saxons', 13 April, 1844）では，アイルランドのプロテスタントとカトリックの結束を呼びかけた。このバラッドにおいてデイヴィスは，「ケルト」という言葉でアイルランドの農民を中心としたカトリックの民衆を，「サクソン」という言葉で英国本土に出自を持つプロテスタントの支配者階級を明確に指し示している。

　アイルランド文芸復興運動が興隆してゆくなかで，プロパガンダ色を隠そうとしなかったデイヴィスのバラッドは，次第に乗り越えられるべき対象としてみなされるようになっていった。ただし文芸復興運動の黎明期においては，たとえばかつてのフィニアンの指導者ジョン・オリアリーが主宰する文学サークルでは，デイヴィスは必ず読まれるべき詩人とされていた。

X　ケルト復興

(下楠昌哉)

ワイルド, サー・ウィリアム　Wilde, Sir William (1815–76)

　外科医, 文筆家。オスカー・ワイルドの父。アイルランド中部ロスコモン州に生まれ, 貧しい農民の生活, 民間伝承, 超自然信仰を目の当たりにして育つ。眼科医として成功を収めたのち, 1841年, 1851年のアイルランド国勢調査の医学委員を務める。また『季刊ダブリン医学雑誌』(Dublin Quarterly Journal of Medical Science) にジョナサン・スウィフトがメニエール病であったという論文を発表, これをもとに『首席司祭スウィフトの晩年』(The Closing Years of Dean Swift's Life, 1849) を出版する。

　1851年にスペランザことジェーン・フランチェスカ・エルジーと結婚。1853年には総督付き眼科医に任命される。1862年にロイヤル・アイリッシュ・アカデミー所蔵古物カタログを編纂, 1863年には女王陛下アイルランド眼科侍医を拝命, 翌年爵位を授与される。その直後に女性患者に告発されるという事件が起こる。著書は『ボイン川とブラックウォーター川の美』(The Beauties of the Boyne, and its Tributary, the Blackwater, 1849), 『アイルランド庶民の迷信』(Irish Popular Superstitions, 1852), 『コリブ湖とマスク湖』(Lough Corrib, its Shores and Islands: with Notices of Lough Mask, 1867) など考古学, 民族学, 地誌学などに及ぶ。　　　　(山田久美子)

ワイルド, レイディ・ジェーン・フランチェスカ　Wilde, Lady Jane Francesca (1821–96)

　詩人, 評論家。オスカー・ワイルドの母。アイルランド東部ウェックスフォード生まれ, 旧姓エルジー (Elgee)。カトリック解放法案を成立に導いたダニエル・オコンネルが展開した大衆動員運動から生まれたのが, トマス・デイヴィスを筆頭とする政治家集団「青年アイルランド党」(Young Ireland) であった。機関紙『ネイション』(The Nation) に最初は男性名で, のちにスペランザ (Speranza) の筆名で寄稿し, アイルランド独立運動に影響を与えたとされる。

　青年アイルランド党の活動は大飢饉により頓挫するが, スペランザは『ネイション』に詩や評論の投稿を続けた。編集長チャールズ・G・ダフィーが投獄されると, 代わりに記事を書き, 独立戦争に向けて若者を鼓舞したとされる。ダフィーのオーストラリア流刑により青年アイルランド党は自然消滅, スペランザは翻訳を手がける。ヨハン・M・マインホルト著『魔女シドニア』の英訳は評判となった。1851年に眼科医ウィリアム・ワイルドと結婚, ウィリアム, オスカー (Oscar), イソラ (Isola) の3人の子をもうける。夫婦はともに民間伝承や地誌学に関心を寄せ, ダブリン中心部メリオン・スクエアの自宅は芸術家や学者が集まるサロンとなる。夫のスキャンダルをめぐり, 相手の女性に告発される。

　夫の死後, 1879年に移り住んだロンドンで引き続きサロンを主催する。また夫が長年にわたり蒐集した民間伝承をもとに『古いアイルランドの伝説・魔除け・迷信』(Ancient Legends, Mystic Charms and Superstitions of Ireland, 1887), 『古いアイルランドの治療法, 魔除け, 慣習』(Ancient Cures, Charms and Usages of Ireland, 1890) を出版, イェイツらによるアイルランド文芸復興運動に影響を与えた。(山田久美子)

ピートリー, ジョージ　Petrie, George (1790–1866)

　アイルランドの古物研究家, 学者, 伝統音楽収集家。ダブリン生まれ。英国陸地測量部 (Ordnance Survey) の仕事でアイルランド全国を回る際に伝統音楽の曲や歌を収集した。それが代表的編著作『アイルランド古期音楽ピートリー・コレクション』(The Petrie Collection of the Ancient Music of Ireland, 1855, 1882) に結実する。この著作

は，エドワード・バンティングの『アイルランド古期音楽集成』(*A General Collection of the Ancient Irish Music*, 1796) とならび，アイルランドの伝統音楽曲集として欠かすことができない。同書はピートリーが収集した約200曲の旋律と歌詞（アイルランド語・英語），およびそれらの曲の起源についてピートリーが執筆した註釈を収める。古物研究家としてはタラ・ブローチの購入を促したことでも知られる。　（菱川英一）

タラ・ブローチ　Tara brooch

8世紀にアイルランドで制作されたブローチ。円環部分と長い留め針から成り，大きさはおよそ20cm。芸術的で創造性の高い細工が表裏ともに施され，当時の卓越した技術を示す。両肩部分に布を留めるよう対として作られ，王や修道院長など地位の高い人間が着用していたと考えられる。アイルランド国立博物館所蔵。

　メッキされた銀をベースに，赤や青の色ガラス，琥珀などで装飾されているほか，フィリグリー（金線細工）による繊細な動物組紐文やエマイユによる幾何学的文様が施され，ラ・テーヌ様式の渦巻き文，また動物や人物の頭部表現なども見られる。モチーフや様式の点で，ほかの初期中世アイルランドの金工品や装飾写本と，類似性を有する。

　1850年に海岸で木箱の中から発見された

金、銀、銅、琥珀や黒曜石で精巧優美に装飾されたタラ・ブローチ（部分）

とされ，神話や中世を連想させる名前をつけられ，当時のケルト文化復興の象徴的存在となり，以来ジュエリーやデザインの分野に影響を与えている。　（風間泰子）

アーダーの聖杯　the Ardagh Chalice

8世紀にアイルランドで制作された銀製聖杯。高さは約18cm。アイルランド国立博物館所蔵。聖餐のワイン用に典礼で使われたと考えられる。

アーダーの聖杯（8世紀初期）

　取手つき半球型カップを青銅ピンで基台に取りつけた構造である。地中海世界からの影響をうかがわせる形である一方，島嶼美術の独自性も多々見られる（薄彫りされた使徒の名の『リンディスファーン福音書』風の文字，島嶼写本と類似した装飾性など）。飾り気のない地の部分を，十字文や幾何学文のエマイユや，フィリグリー（金線細工）による組紐文などのパネルが，赤や青などの色ガラス，琥珀などとともに装飾している。また基台には水晶が嵌められ，動物文やラ・テーヌ様式の渦巻き文などが細工されている。豊かな色彩，文様，見事な細工はタラ・ブローチと同様，初期中世アイルランドの金工品の技術水準の高さを示す。

　1868年にリメリック州の畑から掘り出され，ケルト文化復興の象徴的存在として多様なレプリカが作られてきた。（風間泰子）

X ケルト復興

ケルト装飾文様の復活　the revival of Celtic ornament

　ケルトの装飾文様は,キリスト教時代の初期に装飾写本などでみごとな開花をみせた。ケルト美術の至宝である『ダロウの書』(*The Book of Durrow*),『ケルズの書』(*The Book of Kells*),「タラ・ブローチ」(Tara Brooch),「アーダーの聖杯」(the Ardagh Chalice),「聖パトリックの鐘形聖遺物」(the Shrine of St. Patrick's Bell)などで,洗練されたケルト的渦巻文様や組紐文様,動物文様がこの上ない精緻な形で用いられた。これらにみられるすぐれて芸術的な装飾の様式は,前キリスト教時代のケルト固有の伝統に加え,外国の影響も作用してできあがったものである。

　19世紀半ば近くになって,中世アイルランドで発明されたともいえる装飾文様への関心が高まり,同種の文様が復活する現象が起こった。復活のさきがけとなったのは,ダブリンの古物研究家ジョージ・ピートリー(George Petrie, 1790-1866)の有名な著作『アイルランドの教会建築』(*The Ecclesiastical Architecture of Ireland*, 1845)である。この書の表紙は組紐文様をあしらったきわめて美しいものであった。19世紀の半ばにはダブリンの貴金属製品業者らがブローチの複製品を製造し販売したことから,ケルト・グッズへの人気が沸騰した。ウォーターハウス・アンド・カンパニーが1849年「クラレンドン・ブローチ」,1951年から「タラ・ブローチ」の複製品を販売したことは,ケルトブームの高まりを象徴する出来事であった。

　1850年代の重要な出版物はヘンリー・オニール(Henry O'neill, 1798-1880)の『古代アイルランドの彫刻図像のある高十字架精選』(*The Most Interesting of the Sculptured High Crosses of Ancient Ireland*, 1857)である。この書には十字架にほどこされた装飾文様の図像が含まれており,ケルト十字架への関心を大いに深めた。オニールは1860年代,70年代にも,その著作を通じてケルト美術の復興に多大の貢献をした。ケルト文様は金工製品,石造彫刻,書籍の装丁の分野で応用されたが,ステンドグラスデザインでも効果をあげた。1863年に制作された聖パトリック大聖堂のトランセプト(左右の翼部)のステンドグラスは,鮮やかな原色を際立たせた組紐文様のデザインである。

　1880年代には,ケルトの装飾はナショナル・アイデンティティーを求める傾向を強め,コークで優良デザイン展示会(1883年)が開かれたりした。80年代にケルト文様を建築に取り入れた教会も出現し,復興運動の広がりを示したことが注目される。　一般の生活の場でも,家具,敷物,テーブルクロス,陶器,カップ類,机や椅子,書簡入れ,書籍の装丁などにケルト文様が幅広く使用された。

　装飾の技能を高めるためのスクールも開校され,受講者でにぎわった。たとえば,

ケルト文様で装飾されたコーク市立図書館正面(一部)。ドミニク・オコナーの設計で1927-30年に建設

ベルファストの美術学校では、ケルトの組紐文様の基本パターンを教えるコースが開設され、人気をよんだ。20世紀に入ってからも、まれにみるすぐれたグラフィック・デザイナーのアート・オマーナハン（Art O'Murnaghan, 1872-1954）が活躍するなど、ケルト装飾文様復活の勢いは続いた。だが20世紀の半ばに国際化が進み、ケルト的な芸術の緊急性と必要性が低下したことで、ケルトの装飾文様の復活に陰りが出た。しかし、ケルトのデザインの細やかさ、入念さなどへの愛着は国際的に根強く、さまざまな領域で新しい工夫がなされており、ケルティック・アートの評価と人気はいまも高い。　　　　　　　　　　　（木村正俊）

アイルランド文芸復興

アイルランド文芸復興運動　the Irish Literary Revival

　1885年頃に始まった文化ナショナリズム。国民文学による国柄の復興と併合取消しを求めるロマン主義的なナショナリズムである若きアイルランド運動（the Young Ireland movement）の復活の気運が高まっていた時期である。アイルランド自由国が建国された1922年頃に終焉した。アイルランド・ルネッサンス（Irish Renaissance）、ケルト復興（Celtic Revival）、あるいはケルトの薄明（Celtic Twilight）ともよばれる。この運動の主導者たちに共通するのは、古代アイルランドの詩歌、伝説あるいは神話に見られるケルト文化をアイルランド国民が国柄として認識すれば誇りと連帯感が生まれ、独立を求める殺伐とした政治闘争に品位と大義を与えることができるという信念であった。

　国民文学の創出をめざすW. B. イェイツらは1892年に国民文芸協会を設立する。初代会長はダグラス・ハイドであったが、イェイツとは異なり、ゲール語中心の文芸復興を提唱し、後にゲール語連盟の会長にもなる。結局、運動の基本路線を決定したのは、イェイツとレイディ・グレゴリーなどが英語中心の文芸復興をめざして1897年に設立したアイルランド文芸劇場という劇団である。1903年にはこれを母体にアイルランド国民演劇協会が設立された。翌年にはダブリンにアベイ劇場が完成し、ここを拠点に上演活動を行うことになる。上演されたのは主として運動の主導者たちの英語やゲール語で書かれたアイルランド色の強い作品である。たとえば、イェイツ、ハイド、レイディ・グレゴリー、ジョージ・ラッセル、あるいはジョージ・ムーアなどの、アイルランドの神話や伝説を素材としたものや、エドワード・マーティンやJ. M. シングなどの現代アイルランド人の生活を描いたものである。排外主義を避け、アイルランドの古典劇の欠如を補完するために、シェイクスピアやモリエールなどの外国人作家の作品も上演された。

　この運動の背景には、ジャガイモ飢饉がもたらした死者と移民の増大によるゲール語話者の激減と肉体的精神的な危機意識の広がりや、アイルランド自治を求めて活躍したスチュアート・パーネルが不倫疑惑で失脚したことによる政治への幻滅感の蔓延があった。さらに、主導者たちの全員がスタンディッシュ・ジェイムズ・オグレイディ、ジェイムズ・マンガン、サミュエル・ファーガソンなどのゲール語文学研究者たちの著作に共鳴していたという事情もあった。特にオグレイディの『アイルランド史』の影響は絶大で、この運動の原点といわれる。国外的な背景としては、マックファーソンの『オシアン詩集』などの影響による汎ヨーロッパ的なケルト文化への関心の高まりがある。

　この運動についてはさまざまな評価がなされている。たとえば、この運動の主導者たちはカトリックとプロテスタントの文

X　ケルト復興

化, ゲール語と英語の文化が共存する混交文化の国であるアイルランドの現実を軽視しているとされる。運動の主導者たちの多くがプロテスタントの支配階級に属する文学者で, ケルト民族の支配階級の英雄的な文化を重視する傾向があるからだ。これに対して, この運動は両文化の共存を是認する共和主義的な非政府系の市民団体による「自立運動」だとする反論が提出されている。さらには, ケルト文化を国柄として想定したこの運動の理念自体を相対化する議論も行われている。これはケルト民族がブリテン島やアイルランド島に大移動したという「島のケルト論」への懐疑に基づく議論である。これに対しては, この運動の主導者たちが創出したケルト文化の豊かな表象やその所産を検証するほうが生産的だという主張がなされている。アイルランド英語がアイルランド人の内面生活を表現する文学にふさわしい成熟した言語であることをアイルランド国民に認識させて国民意識と誇りを高め, 独立に貢献したことが主要な所産として指摘されている。(山崎弘行)

文学と政治　literature and politics

　約200年続いたアイルランド語と英語の二重構造は, 英国政府の禁止令により, アイルランド語が急速に衰退。1800年頃から英語の日常的な使用が一般化した。その結果, 古来の文化伝統の継承が失われる不安が高まり, アイルランド語・文化の復興運動と英語による文学再生運動が軌を一にして起こる。政治においては, 大飢饉後の国土と国民生活立て直しのため, 自治権と土地所有権の回復要求が強く打ち出された。前者は文化的ナショナリズム, 後者は政治的ナショナリズムの表れといえよう。

　パーネル(Charles Stewart Parnell)が私生活のスキャンダルで失脚した後, 政治は有力な指導者を欠いて低迷するが, 文化的には1890年前後から相次いで注目すべき活動が始まる。ハイド(Douglas Hyde), マックニール(Eoin MacNeill)らが伝統文化復興のプログラムを組織し, 言語教育, 音楽, ダンス, スポーツなどさまざまの分野で啓発を進めた。イェイツ(W. B. Yeats), レイディ・グレゴリー(Lady Gregory)は民話・伝説等を精力的に収集し, アイルランド神話の再話・英訳の出版によって普及活動を実践。また, アイルランド独自の演劇を創出するため, 同志を糾合し20世紀初頭の文芸復興を推進した。シング(J. M. Synge)の劇に代表されるその成果は, ヨーロッパ諸国だけでなく日本でも注目された。

　「ウィンダム土地法」(Wyndham Land Act, 1903)によって, 土地所有権の借地農民への移動が急速に進み, プロテスタント支配層とカトリック貧民層との社会における勢力関係に変化が起こる。共和主義と完全独立を掲げるシン・フェイン(Sinn Féin)党の結成, 秘密結社IRB (the Irish Republican Brotherhood)の活動に対抗して, 北部アルスターを中心に英国との連合国家論(ユニオニズム)が強まる。自治法案が成立すると, 施行をめぐって賛成・反対両派の攻防が内戦の危機をはらんでいた矢先, 1914年に第一次大戦が始まり, 自治問題は戦争終結まで棚上げされた。

　1916年4月, 復活祭週間のダブリンでIRB主導のナショナリストが武装蜂起し, 「アイルランド共和国」(the Irish Republic)の樹立を宣言した。蜂起はわずか6日間で鎮圧され, 首謀者16人が処刑された。しかし蜂起の衝撃で世論が一変し, 独立への機運が急速に高まる。無差別攻撃と報復で酸鼻を極めた英愛戦争(the Anglo-Irish War, 1919-21)を経て, 1922年に「アイルランド自由国」(the Irish Free State)が成立した。

　一連の出来事に対する同時代人の文学的反応はさまざまだが, 特にすぐれているのは, 蜂起の意味を歴史的パースペクティヴの中で捉えたイェイツの「1916年復活祭」('Easter 1916')と, この事件に巻き込まれ

た市民生活の悲喜劇を，民衆の視点でリアルに描いたショーン・オケイシーの『鋤と星』(The Plough and the Stars) である。

（松田誠思）

オグレイディ, スタンディッシュ・ジェイムズ
O'Grady, Standish James (1846-1928)

歴史家, 小説家。コーク州のキャッスルタウン＝ベアヘイヴンでアングロ・アイリッシュの家庭に生まれる。父はアイルランド国教会の教区牧師であった。トリニティ・カレッジ・ダブリンを卒業後, 弁護士になる。しかし, 24歳の時, シルヴェスター・オハロラン (Sylvester O'Halloran) の『アイルランドの歴史と古物の研究序説』(Introduction to the Study of the History and Antiquities of Ireland, 1772) と出会い, アイルランドの歴史や文学への興味が芽生える。以後, 歴史家また小説家としてアイルランドの伝説や歴史事実の紹介に献身し, 文芸復興の父とよばれる。イェイツは, 「想像力豊かなアイルランドのすべての作家たちの魂の一部はオグレイディから受け継いだものだ」と述べて, 文芸復興運動に与えた彼の影響力の大きさを称えている。

特筆すべき業績は伝説や歴史事実を一般の読者が理解しやすい流麗な叙事詩風の文体の英語で記述した歴史書である。代表作『アイルランド史 ― 英雄時代』(History of Ireland: Heroic Period, 1878) は文芸復興の起点といわれている。地誌学者のユージーン・オカリーなどがゲール語で書かれた古文書の写本を編集して英語に翻訳したものをオグレイディが叙事詩風の文体で書き直した。英雄クーフリン, フィン, あるいはアシーンを現代の読者の眼前に生き生きと蘇らせた最初の試みであった。『批評的で哲学的なアイルランド史』(History of Ireland: Critical and Philosophical, 1881) と『フィンと仲間たち』(Finn and His Companions, 1892) もこの系列に属する。このほかに, クーフリンが活躍する古代の英雄時代と, 英国の同化政策に抵抗してアイルランドの王や首領が闘争する近世のエリザベス女王時代を扱った歴史小説を書いている。『クーフリンの到来』(The Coming of Cuculain, 1894), 『北の門で』(In the Gates of the North, 1901), および『クーフリンの勝利と死』(The Triumph of and Passing of Cuculain, 1920) は前者に属し, 『鷲の逃走』(The Flight of the Eagle, 1897), 『星の湿地』(The Bog of Stars, 1893), および『囚われの赤毛のヒュー』(Red Hugh's Captivity, 1889) は後者に属する。彼はユニオニスト派の新聞『ダブリン・デイリー・エクスプレス』(Dublin Daily Express) の社説でも健筆を振った。『保守主義と保守民主主義』(Toryism and the Tory Democracy, 1886) はユニオニストとしての政論を述べた論考である。アイルランドの文化と経済の復興には没落寸前のプロテスタント支配階級が責任を自覚して小作人階級と協力することが必須であることが力説されている。

（山崎弘行）

ゲール語復興　Ir Athbheochan na Gaeilge

18世紀末に始まるアイルランド文芸の復興から1世紀経ったころ, 話し言葉としてのアイルランド語衰退が明らかになるにつれて, アイルランド語をコミュニティーの言葉として保存しようという言語復興運動が起こった。1876年, 「アイルランド語保存協会」(Society for the Preservation of the Irish Language) が結成され, 学校教育にアイルランド語を導入する活動が行われた。しかしながら, 政府寄りの緩やかな運動に不満を持った一部のメンバーは, 1880年「ゲール語連合」(Gaelic Union) を形成し, 教科書の作成など, 小学校と中等学校へのアイルランド語の積極的な導入を図った。その機関紙『アイルランド語ジャーナル』(Irisleabhar na Gaeilge) はデイヴィッド・カミン (David Comyn), オーン・マクニール (Eoin MacNeil) などのアイルラン

語学者・活動家によって編集され，現代アイルランド語復活の基礎を築いた。

　この運動を受け継いだのが1893年ダグラス・ハイドらによって設立された「ゲール語連盟」(Conradh na Gaeilge) で，アイルランド語復興だけでなく，その後の独立運動，独立後の言語政策，教育方針に大きな影響を及ぼした。しかし，ゲール語連盟はアイルランド語使用地域であるゲールタハト復興には役に立てなかった。

　ゲール語連盟は中産階級の多大な支持を得て主に英語圏の全国の町々に支部を設け，1908年には支部の数が600近くに達していた。連盟は週刊新聞『光の剣』(An Claidheamh Soluis) を発行し，その編集者にはパトリック・ピアース (Patrick Pearse)，マクニールらがいる。1900年には出版部が設立され，1909年までにはおよそ150冊もの本が連盟から出版された。その著者の中には，パーリック・オコナレ (Pádraic Ó Conaire)，パードリッグ・S・ディニーン (Pádraig S. Duinnín)，パーダル・オリーレ (Peadar Ó Laoighaire) らが含まれ，現代アイルランド語文学の確立に貢献した。また，連盟はアイルランド語の講座を主宰するだけでなく，伝統音楽，ダンス，詩や物語の朗読など社交的なイベントも開催した。1897年にはアイルランド伝統文化の祭典である「アンテリャハタス」(An tOireachtas) が初めて開かれ，現在まで続いている。

　1922年に政治的独立を達成してからは，ゲールタハトを保護することと，アイルランド語をゲールタハト以外の地域でも日常語として復活させることが，政府の政策となった。学校教育でアイルランド語が必修科目とされ，公務員になるにもアイルランド語の知識が必要であった。1937年の憲法第8条ではアイルランド語は国語かつ第1公用語であると規定された。1956年には政府にゲールタハトの諸問題を扱うゲールタハト省 (Roinn na Gaeltachta) が置かれ，1972年にアイルランド語のラジオ局 (Raidió na Gaeltachta) が放送を開始し，1980年にゲールタハトの産業振興を支援するゲールタハト開発庁 (Údarás na Gaeltachta) が設置された。また，1990年ごろからの急速な経済の発展にともなって，アイルランド語のテレビ局 (Teilifís na Gaeilge, 現在はTG4) が1996年に開設されている。　（梨本邦直）

ハイド，ダグラス　Hyde, Douglas (1860-1949)

　著述家，政治家，アイルランド共和国初代大統領。アイルランド国教会牧師の子として，1860年アイルランド，ロスコモン州フレンチパークに生まれた。プロテスタントの家庭に育ち母語は英語だったが，幼年期を過したロスコモン州やスライゴー州ではアイルランド語の伝統が残っており，アイルランド語を身近に感じながら成長した。大学はトリニティ・カレッジ・ダブリンに進み，ヨーロッパの近代語や古典語を修め，一方で在学中にアイルランド語保存協会に所属するなどアイルランド語の普及に尽力した。

　1892年にアイルランド文芸協会の会長に就任し，基調講演「アイルランドの脱英国化の必要性」('The Necessity for De-Anglicising Ireland') においてアイルランド語の衰退を憂い，アイルランド文化の中枢を担うものとしてアイルランド語の役割を強調した。1893年にはアイルランド語の組織的な普及を目的としたゲール同盟の設立に加わり，初代ゲール同盟会長に就任する。『コナハトの恋歌』(*Abhráin Grádh Chúige Connacht or Love Songs of Connacht, Being the Fourth Chapter of The Songs of Connacht*, 1893) などアイルランド語で書かれた文学作品を精力的に英語に訳し，イェイツなどに大きな影響を与え，アイルランド文芸復興運動のきっかけをつくった。1938年にアイルランド初代大統領に就任し，1945年までその職を務めた。　（北　文美子）

アイルランド演劇運動　the Irish Dramatic Movement

　英国の演劇伝統や商業演劇と一線を画して，アイルランド独自の演劇を創造するため，イェイツ（W. B. Yeats），レイディ・グレゴリー（Lady Gregory），エドワード・マーティン（Edward Martyn）らが，1899年にアイルランド文芸座（the Irish Literary Theatre）をダブリンに創設。イェイツ『キャスリーン伯爵夫人』（The Countess Cathleen），マーティン『ヒースの野』（The Heather Field），ハイド『縄ない』（Casadh an tSúgáin）など，新作劇を相次いで上演したが，アイルランド精神再生のための詩劇と散文の現代劇のいずれを機軸にするかをめぐって対立が先鋭になり，1903年にアイルランド国民演劇協会（the Irish National Theatre Society）に再編成された。そして英国人の資産家ホーニマン（Annie Horniman）の資金提供により，1904年にアベイ劇場（the Abbey Theatre）が開設された。劇団は専属のこの劇場名を冠して本格的な活動を展開し，文芸復興期の演劇を主導した。

　1904-10年に上演された新作劇は55本。イェイツの『バーリャの浜辺で』（On Baile's Strand），『デアドラ』（Deirdre），レイディ・グレゴリーの『噂の広がり』（Spreading the News），『月の出』（The Rising of the Moon），コラム（Padraic Colum）の『土地』（The Land）をはじめ，シング（J. M. Synge）の全作品がここに含まれる。実務処理にすぐれたレイディ・グレゴリーは，劇場運営に手腕を発揮しただけでなく，劇作家として1907年から20年間に37本もの劇を発表。喜劇，悲劇，歴史劇，翻訳劇など多岐にわたる舞台に，西部地方の土地言葉を生かしたアイルランド英語を導入した。最も斬新な舞台言語の創出者シングは，アラン島やウィックローの土地に根ざすアイルランド語の響きを英語に生かし，感覚性豊かな言葉が人物の核心を表現できることを示した。しかし偏見や因習から生の喜びを解放しようとした彼の劇が，皮肉にも大衆の社会常識を逆なでし，『谷間の蔭』（The Shadow of the Glen）や『西の国の人気者』（The Playboy of the Western World）は，初演の劇場に暴動を引き起こした。

　プロテスタント支配層とカトリック＝ナショナリストとの対立は，観客との間だけでなく，当初から劇団・経営陣内部にもあり，演目・俳優の選定・賃金等をめぐって頻発した。シングの死後，イェイツは理想の詩劇にふさわしい観客を求めて転身する。1910年代の劇場は興行的に振るわず，劇場運営全般にわたるレノックス・ロビンソン（Lennox Robinson）の精力的かつ多彩な活動にもかかわらず，財政危機に陥った。これを救ったのがショーン・オケイシー（Sean O'Casey）の登場である。復活祭蜂起から対英独立戦争へ，「自由国」（the Irish Free State）の成立と直後の内乱へと激動する社会の生態をリアルに捉えた「ダブリン三部作」は，大衆を劇場に呼び戻した。『鋤と星』（The Plough and the Stars）の初演は，蜂起の英雄たちの犠牲を冒涜するとして暴動を引き起こしたが，現在は『ジューノウと孔雀』（Juno and the Paycock）とともに彼の最高傑作と評価され，繰りかえし再演されている。　　　（松田誠思）

イェイツ，ウィリアム・バトラー　Yeats, William Butler（1865-1939）

　アイルランド文芸復興を主導したアングロ・アイリッシュの詩人・劇作家。生後まもなく，画家を目指す父の意向でダブリンからロンドンに転居。住居が一定しない幼少年期は孤独と不安に苦しむが，母の郷里スライゴーで過ごした日々は，終生心の糧になった。青年期の精神形成を特長づけたのは，ヴィクトリア時代後期の実証主義と科学に対する反発，唯美主義・象徴主義の芸術への憧れ，ヘルメス哲学・インド思想・神智学など非キリスト教的神秘思想への傾

X ケルト復興

倒であり，西欧近代の文明とその根幹にある物心二元論に対する批判である。歴史における「進歩」の観念を否定し，「循環」史観に立った。彼の文学を方向づけたもう一つの要因は，老革命家オリアリー（John O'Leary）との出会いである。植民地支配からアイルランドを解放し独自の文化を創出すること，そのために古代アイルランドの神話と精神を蘇らせる重要性を学んだ。

20世紀の初頭，レイディ・グレゴリー，シングらと共に，アベイ劇場を拠点に新しいアイルランド演劇創造に情熱を注ぐ。劇場運営の経験は，純粋な夢想を重んじた初期の詩風を脱して，社会的現実，他者と自己との関係を批判的に捉え直す契機になった。しかし『西の国の人気者』初演における暴動事件とシングの死（1909）を境に，イェイツは大衆を離れ，反リアリズムの詩劇に向かう。エズラ・パウンド（Ezra Pound）を通じて知った日本の「能」によって，最小限の舞台装置と，仮面・舞踏・言葉による様式化された感情表現の可能性を知る。『鷹の泉』（At the Hawk's Well, 1916初演，1917刊），『骨の夢』（The Dreaming of the Bones, 1919）以後，最晩年の『煉獄』（Purgatory, 1938初演，1939刊），『クーフリンの死』（The Death of Cuchulain, 1939）まで，彼の劇は主として神話の再解釈と死後の魂に関わる超現実の出来事を扱った。

イェイツの生涯に女性の果たした役割はきわめて大きい。初対面から宿命の恋人として，多くの詩を捧げられたモード・ゴン（Maud Gonne）。フォークロアの収集，劇作と劇場運営の盟友であったレイディ・グレゴリーは，物心両面で生涯援助を惜しまなかった。52歳のイェイツと結婚したジョージ・ハイド=リーズ（George Hyde-Lees）は，二児の母となり，波乱の多い夫との家庭生活を支えた。また霊能者として厖大な自動筆記資料を提供し，歴史の動きの法則性を探り，月相と関連づけてパーソナリティの諸類型を解釈する詩人とともに，事実上『幻想録』（A Vision, 1925, 改訂1937）の共著者になった。

彼の人生は「大飢饉」を生き延びた人びとによる政治的・文化的ナショナリズムの高揚期から，第一次大戦中の復活祭蜂起，対英独立戦争を経て1922年に「アイルランド自由国」（the Irish Free State）が成立し，国内世論が対立したまま新国家が出発した時期と重なっている。演劇活動による「文芸復興」への貢献，詩集『クールの野生の白鳥』（The Wild Swans at Coole, 1917, 改訂1919），『マイケル・ロバーツと踊り子』（Michael Robartes and the Dancer, 1921）などにより，不動の声価を確立していた彼は1922年に上院議員に任命され，1923年にはノーベル賞を受賞する。しかし公的詩人としてのイェイツの面目は，むしろこれ以後最晩年まで，時代と社会に鋭く対立する形で示された。

議会においては，離婚を禁ずる法や出版物検閲法反対の論陣を張る一方，詩集『塔』（The Tower, 1928），『螺旋階段その他の詩』（The Winding Stair and Other Poems, 1933），『三月の満月』（A Full Moon in March, 1935），さらには死後出版の『最後の詩集』（Last Poems, 1939）などに収録された詩篇は，アイルランドの社会・政治・文化の趨勢に対する危機感を扱っているだけではない。彼自身の仕事と人生を総括し，「性」と「老い」に関わる真実をも赤裸々に語っている。1939年1月，南仏の療養地カップ・マルタンで死の床に横たわりつつ，あたかも遺書をしたためるように最後の詩と劇の推敲を重ねた。　　　　　　（松田誠思）

マーティン，エドワード　Martyn, Edward (1859–1923)

劇作家。ゴールウェイ州の大地主の家庭に生まれ，オックスフォード大学を卒業する。イェイツやレイディ・グレゴリーと並ぶアイルランド文芸復興運動の中心人物の一人で，1899年に彼らと共にアイルランド

文芸劇場を創設した。初興行で上演された代表作『ヒースの荒野』（The Heather Field, 1899）と『メーヴ』（Maeve, 1900）は好評を博した。イプセン風の写実主義的な問題劇を好み，イェイツ好みのロマン主義的な小作人劇を嫌った。それが原因で文芸復興運動から離脱して1914年にアイルランド劇場（the Irish Theatre）を創設し，アイルランド人作家による写実主義的な問題劇やヨーロッパの作家による傑作の翻訳を上演した。マーティンは敬虔なカトリック教徒のナショナリストで，教会音楽・芸術の保護育成とゲール語復興運動のために資金援助し，シン・フェイン党の初代党首（1904-08）を務めた。　　　　　（山崎弘行）

ラッセル，ジョージ・ウイリアム　Russell, George William (1867-1935)

筆名AE。詩人，画家，神智学研究家，評論家，ジャーナリスト。北アイルランドのアーマー州でアイルランド国教会信者の家庭に生まれる。1884年に入学したダブリン市立美術学校でイェイツに出会い，生涯の友人となる。以後，イェイツと共に神智学団体の運営や文芸復興運動で中心的な役割を演じる。またアイルランド農業組織協会の副会長として西部の農村を巡回し，神智学信仰に基づきアイルランドの国体の基盤としての農村共同体を創造することを目指す。機関誌『アイルランドの農場』（The Irish Homestead, 1905-23）と，これを併合した『アイルランドの政治家』（The Irish Statesman, 1923-30）の編集長として活躍し，言論界の中心人物となる。彼の詩と絵と評論には万物の父としての太陽神への揺るぎない信仰が反映している。筆名AEはラテン語 aeon（永劫）に由来し，大昔からの人類による神秘の探求を示唆する。詩集『故郷に向かう途上の歌』（Homeward Songs by the Way, 1894），絵画「水浴する人」（Bathers），評論『国体 ― アイルランドの政治に関する所信』（The National Being: Some Thoughts on an Irish Polity, 1916）が代表作として知られる。　　　　　（山崎弘行）

グレゴリー，レイディ　Gregory, Lady (1852-1932)

アイルランドの劇作家・フォークロア研究家・翻訳家。旧称（イザベラ・）オーガスタ・パース（née [Isabella] Augusta Persse）。アイルランド西部ゴールウェイ地方のロクスバラにあるプロテスタント大土地所有者一家に生まれる。1880年，近隣のクール荘園のサー・ウィリアム・グレゴリー（英国下院議員も務めた元セイロン総督で35歳年上）と結婚。夫との間に一人息子，ロバートをもうける。

少女時代より文学好きであったオーガスタの80年の人生には2度大きな転機が訪れた。一つは，結婚により，レイディ・グレゴリーとしてヴィクトリア朝ロンドンの社交界に身を置くことになったことである。1892年に夫は亡くなるが，この頃までのオーガスタの政治的立場は，その生い立ちと婚姻関係の影響からユニオニストであった。二つ目はW. B. イェイツとの邂逅で，これにより，オーガスタは，徐々に文化的ナショナリズムの運動に大きな足跡を残していくのである。1894年に青年詩人イェイツと初めて出会って後，1897年からは，彼と共にクール荘園近隣の村キルタータンに伝わるフォークロアを収集，またイェイツを支援しつつ，共にアイルランド文芸復興運動の担い手となる。レイディ・グレゴリーのクール荘園は，多くの芸術家を惹きつけ，また庇護する豊かな交流の場となった。さらに，イェイツとの長きにわたる交友は互いの想像力を育む滋養となり，彼女自身が50歳にして劇作家としてデビュー，喜劇を中心とする多産な作家として活躍する契機を生んだ。イェイツ，J. M. シングと共にアベイ劇場の重役となって，英語圏で初めて政府の助成を受けるアイルランド国立劇場の誕生に尽力した。甥の画商ヒュー・

レインの遺志であった絵画の寄贈問題でも，ダブリンとロンドンの間に立って粘り強く交渉した。彼女の死後，1941年にクール荘園の館は取り壊されるが，著名な文人たちがその名を刻んだ「自署の木」(the Autograph Tree) が荘園内に残されていることはよく知られている。

主な著作として，アイルランド神話の編集・翻訳『ムルヘヴナのクフーリン』(*Cuchulain of Muirthemne*, 1902),『神々と戦士たち』(*Gods and Fighting Men*, 1904),劇作としては，イェイツとの共作『キャスリーン・ニ・フーリハン』(*Cathleen Ni Houlihan*, 1902) に始まり,『トウェンティ・ファイブ』(*Twenty Five*, 1903),『噂の広がり』(*Spreading the News*, 1904),『ハイアシンス・ハーヴィ』(*Hyacinth Halvey*, 1906),『監獄の門』(*The Gaol Gate*, 1906),愛国的な『月の出』(*The Rising of the Moon*, 1907) など多数。回想録『私たちのアイルランド劇場』(*Our Irish Theatre*, 1913) は重要な記録となっている。　　　　　（佐藤容子）

シング, ジョン・ミリントン　Synge, John Millington (1871-1909)

アイルランド文芸復興期を代表する劇作家。家系はアングロ・アイリッシュの地主で，聖職者を多く輩出した。幼少時から病弱であったが，ダブリン近郊やウィックローの山野をめぐって自然の神秘に魅せられた。ダーウィンの進化論を知り，10歳代の終わり頃キリスト教の信仰を失う。トリニティ・カレッジ・ダブリン (Trinity College Dublin) でヘブライ語とアイルランド語を習得し，王立音楽院で音楽を学んだが，演奏家に不向きな気質を自覚して断念する。その後パリに滞在し，古アイルランド語・ケルト文化を学び，フランス文学研究に転向。1896年にイェイツ (W. B. Yeats) と出会い，アラン島 (the Aran Islands) 行きを強く勧められる。

1898年，イニシュモア (Inishmore),イニシュマーン (Inishmaan) 両島を初めて訪れ，天然の土が皆無，全島岩盤のみの荒涼とした風土，「ヨーロッパに残る最も原始的な生活」に衝撃を受ける。その後1902年まで4度，計18週間島民と暮らしを共にし，アイルランド語の習得，民間伝承の収集を行う。島民の暮らしの中に古代と現代が重なり合い，キリスト教とそれ以前の自然宗教が混在していること，悲劇性と喜劇性が分かちがたく結びついた人間存在を発見する。その経緯は，ユニークな紀行文『アラン諸島』(*The Aran Islands*, 1907) に詳しい。

劇作家シングの本領は，人物と劇行動にふさわしい新たな舞台言語を作り出したところにある。英語を基本にして，アイルランド語の構文，イディオムやメタファーを組み入れ，風土に根ざすアイルランド英語独特の響きとリズムを考案して，真に新しいアイルランド演劇の立役者になった。

シングは宿痾のホジキン病が悪化し，38歳を前に亡くなったが，わずか7年の演劇活動の間に，アベイ劇場の理事として運営に力を尽くし，未完の2篇を含め戯曲7篇を書いた。結婚の因習と放浪者の自由を対比する『谷間の蔭』(*The Shadow of the Glen*, 1903)。海と島に生きる人間の忍耐と勇気，非情な運命を描く『海に騎りゆく者たち』(*Riders to the Sea*, 1904)。事実と夢の葛藤を描く『聖者の泉』(*The Well of the Saints*, 1905)。過激な聖職者批判で物議をかもした『鋳掛け屋の婚礼』(*The Tinker's Wedding*, 1909)。古代神話を題材にした未完の遺作『悲しみのデアドラ』(*Deirdre of the Sorrows*, 1910) には，彼自身の死の影が射す。最高傑作『西の国の人気者』(*The Playboy of the Western World*, 1907) は，アイルランド西部の農村が舞台。笑いと涙，虚実相せめぎ合う人間模様と活力あふれる言葉。皮肉なことに，農民や女性に対する誹謗，道徳性の欠如を攻撃するナショナリストの暴動で，初演の舞台は大混乱におち

いった。アイルランドにおける演劇が，しばしば政治や宗教と絡んで社会問題化する典型的事例である。　　　　　（松田誠思）

アベイ劇場　the Abbey Theatre
Ir Amharclann na Mainistreach

19世紀末から20世紀初頭にかけてアイルランド文芸復興運動の活動拠点となった劇場。W. B. イェイツとレイディ・グレゴリーの尽力により，1925年，政府助成を受けるアイルランド国立劇場としての地位を確立する。

イェイツはレイディ・グレゴリーの協力を得て，1899年に「アイルランド文芸劇場」を設立，1903年には，「アイルランド国民演劇協会」（会長　イェイツ）を発足させた。イェイツの友人のイギリス人女性，アニー・ホーニマンがこの協会へ常設劇場の提供を申し出，ダブリンのアベイ下通りの劇場を改装して1904年に「アベイ劇場」が誕生した。劇場柿落としのプログラムの表紙には，狩りをするコナハトの女王メーヴの姿が刻まれ，現在アベイ劇場のロゴとなる。J. M.シング『西の国の人気者』（1907），ショーン・オケイシー『鍬と星』（1926）の上演を巡って暴動が起きたことでも有名である。1951年に火事で建物が全焼，仮住まいとなるが，1966年に元の場所に再建し，以後，新進の劇作家を多数輩出してきた。
　　　　　　　　　　　　　（佐藤容子）

オケイシー，ショーン　O'Casey, Sean (1880-1964)　Ir Ó Cathasaigh, Seán

ダブリンのプロテスタントの家系に生まれ，14歳からさまざまの雑役労働に従事し，当初ナショナリズム運動に関与するが，ラーキン（James Larkin）の社会主義思想に共鳴して労働組合運動に転向。しかし攻撃的で頑固な気性のため，どの職場・組織からも離脱し，独学で文筆修業に専念した。1920年代のアベイ劇場（the Abbey Theatre）第3期を代表する劇作家。

『狙撃兵の影』（The Shadow of a Gunman, 1923）によって，劇作家としてアベイ劇場にデビュー。さらに『ジューノウと孔雀』（Juno and the Paycock, 1924）と『鋤と星』（The Plough and the Stars, 1926）により，対英関係・独立をめぐって揺れ動くアイルランド社会と人間の生態をリアルに捉え，不動の地位を確立した。しかし『鋤と星』初演は，復活祭蜂起の英雄たちに対する侮辱だとして，ナショナリストたちが激昂，暴動になった。彼はアイルランドを去り，以後は英国に定住する。のみならず，戦争を表現主義的に劇化した次作『銀杯』（The Silver Tassie, 1928）をアベイ劇場が拒否したことに激怒し，この劇場との関係も断った。

アイルランドを去った後も，大胆な実験的手法で寓意性の強い劇作活動を続けたが，必ずしも成功したとは言えない。他に長大な『自伝』（Autobiographies, 1939-54）があり，極貧から身を起こし劇作家になるまでを描いた部分がすぐれている。オケイシーの真骨頂は，上記4作のようにダブリン訛りのアイルランド英語を駆使して，きびきびとした話し言葉のリズムとエネルギーによって劇行動を展開し，観客を楽しま

アイルランド演劇運動の本拠地として1904年ダブリンに創立された旧アベイ劇場の建物

X　ケルト復興

せるところにある。　　　　　（松田誠思）

スコットランド

ゲデス, サー・パトリック　Geddes, Sir Patrick (1854-1932)

　スコットランドのアバディーンシャー, バラター出身の生物学者にして社会学者。「近代都市計画の父」とも「環境教育の父」ともいわれる。ゲデスはダーウィニズムの信奉者 T. H. ハクスリー（Thomas Henry Huxley）の下で生物学の研究を始める。のち調査のため派遣されたメキシコで失明の危機に瀕し, 顕微鏡を駆使しての生物学の研究が困難になると, 社会学や生態学に目を転ずる。エディンバラ大学その他で動物学や植物学の教鞭をとるかたわら, 進化論的生物学の知見を, 都市計画と環境管理の理論に応用。人間相互の影響や環境そして活動は自然界における生物学的な見地から理解しうる, とする独自の哲学を展開した。エディンバラ旧市街やエルサレム, インド・ボンベイの都市総合計画にも参画し,「場所・仕事・市民」を基軸とした都市の再生に向けた豊かな街づくりを構想した社会活動家でもあった。主著には『進化する都市』(Cities in Evolution, 1915) などがあり, 美術文芸季刊誌『エヴァーグリーン』(The Evergreen) の創刊者でもある。（立野晴子）

『エヴァーグリーン』　The Evergreen

　生物学者にして生態学者, 都市計画を立案する社会学者でもあったパトリック・ゲデス（Sir Patrick Geddes, 1854-1932）が, 1895年から96年にかけて刊行した季刊の美術文芸雑誌（全4巻）。ゲデスは, 文学・美術・工芸・建築などで活発な芸術運動を展開していたスコットランド19世紀の文芸思潮を, スコットランドにおけるケルト文芸復興の発露ととらえ, スコットランド古来

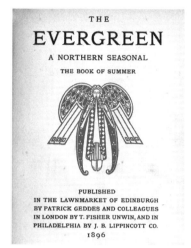

ケルト文様の図をあしらった4分冊からなる四季の書のうち,「夏の書 1896」の扉

の民間伝承や北方の民ケルトならではの独特で豊かな感性また近代哲学や科学技術も含めた新たな分野が互いに共鳴しあう学際的な芸術運動を構想した。自然, 人生, 世界そして北方というテーマを掲げ, エッセイや詩のほか挿画で彩られたこの文芸誌は, スコットランド・ケルトの伝統文化の再興を模索しつつ, 都市計画の立案者らしく芸術と市民と自然との共生を模索するものでもあった。寄稿者には, ゲデス自身のほかウィリアム・シャープ（主に女性の筆名フィオナ・マクラウドの声を反映）が, 挿絵にはケルトの神話や伝説を画題としケルト文芸復興運動を牽引した代表的画家ジョン・ダンカンらが名を連ねている。

（立野晴子）

シャープ, ウィリアム　Sharp, William (1855-1905)

　詩人, 小説家, 批評家。スコットランドのペイズリーに生まれる。本名での文筆活動のかたわら, フィオナ・マクラウド（Fiona Macleod）の異名で, ヘブリディーズ諸島やハイランドの文化や伝承を取り入れた作

品を数多く執筆した。代表作は短編集『罪を食う人，その他の話』(The Sin-Eater and Other Tales, 1895)，詩集『夢の丘より』(From the Hills of Dream, 1896) など。マクラウドはW. B. イェイツらと並び，「ケルトの薄明」(Celtic Twilight) ともよばれる，19世紀末から20世紀初期のケルト復興の中心的人物とされる。スコットランドのケルト復興を標榜する雑誌『エヴァーグリーン』(The Evergreen, 1895-96) が，エディンバラでパトリック・ゲデスらによって刊行された際，シャープは編集に参画するとともに，本名とマクラウドの両名義で作品を寄稿した。マクラウドの幻想と神秘をたたえた作風は，ゲールダムを感傷的でロマンティックに表象し，現実の政治的，社会的状況から読者の目を反らすことにつながったとも批判される。　　　　　　　　　(有元志保)

音楽

ハープ the harp [Ir] cláirseach [ScG] clàrsach [W] telyn

　アイルランドやスコットランド，ウェールズでは古来ハープが演奏されていた。これらケルトの国や地域にはバルドとよばれる詩人，音楽家（系譜学者としての役割もあった）の社会階級があり，彼らが朗誦のときに用いた楽器がハープだった。同じケルトの地域とはいえ，アイルランドとウェールズでは系統の異なるハープが演奏されており，ここではアイルランドを中心に独自の発展を遂げたアイリッシュ・ハープについて詳述する。この楽器はアイルランド語やスコティッシュ・ゲール語でクラールサッハとよばれた。

　他国のハープの弦はガットや馬毛で作られていたのに対し，アイリッシュ・ハープには金属弦（金，銀，真鍮，鉄）が張られていたため，長く美しい響きが得られた。弦は長くとがらせた爪で弾き，不要な残響音を消音する特殊技法も用いられた。共鳴胴は柔らかい柳などをくり抜いて作られ，その他の部分にはオークなど硬い木を用いた。

　現存する最古のアイリッシュ・ハープは，アイルランドのトリニティ・カレッジ・ダブリンの図書館に保存されている。これは11世紀の上王ブライアン・ボルーのハープとよばれていたが，近年の研究で14世紀後半に作られたことが判明した。現在では所蔵機関の名にちなみ，トリニティ・カレッジ・ハープとよばれることが多い。これとよく似た形態のクイーン・メアリー・ハープとラモントハープ（ともに15世紀）がスコットランド国立博物館に保存されている。金属弦ハープはアイルランドだけではなく，スコットランドのハイランドや島嶼部など，ゲール語圏でも18世紀後半まで演奏されていたため，近年はゲーリック・ハープという異称も用いられる。

　アイリッシュ・ハープは16世紀後半から17世紀前半に黄金時代を迎え，英国やデンマークの宮廷でも奏者が雇われるなど，海外でも流行していた。哲学者フランシス・ベーコン(Francis Bacon, 1561-1626) は「ウェルシュ・ハープとアイリッシュ・ハープは調和しない」と説き，後者の音響を称賛している。当時のウェルシュ・ハープは蜂の唸るようなノイズを発生させる楽器で，アイリッシュ・ハープとは対照的な音色だった。ウェールズにはこのブレイ・ハープによる独自の音楽が17世紀末まで残されており，1613年頃にウェールズのバルド，ロバート・アプ・ヒュー(Robert ap Huw, c.1580-1665) が楽譜として書きとめた。

　アイルランドには貴賤や男女を問わず，盲人が放浪のハープ奏者となり，地方の領主らから社会的保護を受ける習慣があった。彼らは婚礼や葬儀でハープを奏でたり，領主の子弟らにハープを教えたりしていた。このような盲目のハープ奏者のひとり，

X　ケルト復興

ターロッホ・カロランは独創的な作曲により一時代を築いた。

1738年のカロランの死後,アイリッシュ・ハープは衰退の一途をたどる。そのささやくような内省的な音色は,リュートやヴィオールなどが好まれた17世紀以前のメランコリックな美意識に属していた。他方で18世紀以降は,ピアノやヴァイオリンなど,より明るく華やかな音色が好まれた。当時流行の3列弦ハープを導入したウェールズ人のハープ奏者らは英国宮廷で重用され,ダブリンの劇場でも活躍するようになった。加えて,18世紀のアイルランドで発明されたバグパイプであるイリアン・パイプスの登場により,アイリッシュ・ハープは盲人の楽器,教会の楽器としての立場までも奪われてしまう。

かくしてアイリッシュ・ハープは一般には時代遅れの楽器となるも,アイルランド古文化の象徴としての関心は高まっていった。1792年には放浪のハープ奏者を奨励する目的で,ベルファスト・ハープ・フェスティヴァルが開かれた。19世紀前半にはハープ協会が次々と設立され,後継者の育成が行われた。アルバート公のハープ奏者で盲目のパトリック・バーン(Patrick Byrne, 1794-1863)も協会で学んだひとりだ。1863年,「最後のアイリッシュ・ハープ奏者」と称されたバーンの死により,アイリッシュ・ハープは歴史の表舞台からいったん姿を消す。

1980年代以降,アメリカのアン・ヘイマンが,長らく忘れられていた古いアイリッシュ・ハープのメソッドを確立し,独自の記譜法を発明。2002年にはアイルランド・ヒストリカル・ハープ協会が設立され,復興運動が本格化しはじめている。

(寺本圭佑)

オカロラン,ターロッホ　E O'Carolan, Turlough　Ir Ó Cearbhalláin, Toirdhealbhach (1670-1738)

しばしばターロッホ・カロラン(Turlough Carolan)ともよばれる。アイルランドの国民的ハープ奏者,作曲家。東部ミーズ州ノバー近郊に生まれ,西部ロスコモン州に移住。18歳の頃に天然痘で失明するも,寄宿先のマクダーモット・ロー夫人の助力でハープを学ぶ。3年後の1691年に修行を終え,放浪の職業ハープ奏者,作曲家として自立。当時の通例では,ハープは10歳前後から複数の師について学び,18歳前後には独り立ちするものだった。楽器を学び始めるのが遅かったカロランは,演奏家としては優れていなかったとされる。

カロランは崇敬するイタリア音楽を模倣しつつ,現地で親しまれていた民謡を古いハープ音楽に採り入れ,独創的作品を生み出した。当時は36弦前後の金属弦アイリッシュ・ハープが演奏されており,彼は高音と低音の対比を活かした劇的な音楽を書いた。その作品の一部は生前から出版され,「カロランのウイスキーの領収書」('Carolan's Receipt for Drinking')などはバ

カロランの銅像(リートリム州モヒル)

ラッドオペラに採り入れられるほど人気の曲だった。

50歳の頃メアリー・マグワイアと結婚し，6人の娘と1人の息子をもうけた。息子ジョンはハープ奏者となり，父の死後カロランの作品集を出版したが，現存していない。

1738年3月25日，カロランはマクダーモット・ローの館で死亡。遺体はロスコモン州キルロナンのオディグナン教会に埋葬され，頭蓋骨はアイルランド国立博物館に保存されている。逸話によると，カロランのハープは家人により燃やされ，もう一台はロンドンに駆け落ちした息子が持ち去った後，所在不明となっている。

カロランの名声は死後もなお高まっていき，次第に偶像化されるようになった。作家オリヴァー・ゴールドスミス（Oliver Goldsmith）はカロランを「アイルランド最後のバルド」（"the Last Irish Bard"）と称し，アイルランド古文化の継承者として描く一方で，天才音楽家としてのエピソードを綴った。

自筆譜はないが間接資料として，ヴァイオリンやフルートなど，別の楽器用に編曲された出版譜と，ハープ奏者らによって口承されていた演奏を採譜した手稿譜がある。1958年，ドーナル・オサリヴァン（Donal O'Sullivan）が点在していたカロランの作品を整理し，計213曲に編纂。後に彼が見落としていた作品も数点発見されている。パトロンらに宛てた詞も残されており，トマス・オマーリャ（Tomás Ó Máille）が編纂している。

カロランは作曲によって，時代遅れとなりつつあったアイリッシュ・ハープ音楽に新たな息吹を与えた。彼の死後も，ドミニク・マンガン（Dominic Mungan）やエクリン・オカハン（Echlin O'Cathain）など優れた演奏家はいたが，同時代の共感を得るような作曲を行うハープ奏者はついに現れなかった。　　　　　　　　（寺本圭佑）

バンティング, エドワード　Bunting, Edward (1773–1843)

アイルランド北部アーマー出身の鍵盤楽器奏者，民俗音楽収集家。英国出身の鉱山技師の父と，アイルランド人の母との間に生まれたアングロ・アイリッシュ。幼少期に両親を亡くした後，ベルファストの聖アン教会のオルガニストであるウィリアム・ウェアに弟子入りした。同地のスコットランド系商人のマクラッケン家に滞在中，民俗音楽に対する関心を強めていったとされる。

1792年，ベルファスト・ハープ・フェスティヴァル（The Belfast Harp Festival）に参加し，デニス・ヘンプソンやダニエル・ブラックら盲目の老ハープ奏者の口承音楽を採譜。その後もハープ音楽の収集を続け，3巻の曲集として出版した。最後の曲集には，アイリッシュ・ハープ特有の演奏技法や調弦法だけではなく，楽曲の採譜年代や場所，情報提供者まで詳述されている。装飾法の記録は近年ウェールズのハープ・タブラチュア『ロバート・アプ・ヒュー手稿譜』（The Robert ap Huw Manuscript, c.1613）の解読にも応用されている。

出版の際にバンティングが行ったピアノ編曲は，本来のハープ音楽を歪曲していると当時から批判されてきた。だが，編曲前のスケッチを含む手稿譜の発見により，在りし日のハープ音楽の実像を垣間見ることができる。そこにはカロランの《エレナー・プランケット》（'Eleanor Plunkett'）など，バンティングが出版を断念し，他資料には見られない珍しい曲も記録されている。1907年にアイルランド民謡協会（Irish Folk Song Society）のシャーロット・フォクスが，バンティングの孫から同手稿譜を入手し，世に知られるようになった。現在はクイーンズ大学ベルファストの図書館に所蔵されている。

バンティングの資料は，19世紀末に伝統が途絶えた金属弦アイリッシュ・ハープ音

楽の諸相を知るための貴重な手掛かりとなっており，1980年代以降の復興運動にも大きな役割を果たした。

18世紀末の民族主義的風潮の高まりの中，バンティングは廃れゆくアイルランド古来の習慣を保護する必要性を痛感していた。彼は文書による保存だけではなく，後継者の育成事業も手がけ，医師ジェイムズ・マクドネルや盲目のハープ奏者アーサー・オニールらとともにベルファスト・ハープ協会（The Belfast Harp Society）の設立にも尽力した。

フィールドワークにより情報提供者と交流を深め，音楽だけではなく，それに付随する情報を体系的に記録していた点において，バンティングは草分け的存在だった。彼の著作や収集活動は，19世紀以降のアイルランド音楽研究の先鞭をつけ，ジョージ・ピートリーやP. W. ジョイスをはじめとする多くの民俗音楽収集家が現れるようになった。　　　　　　　　　（寺本圭佑）

ムーア，トマス　Moore, Thomas (1779–1852)

ダブリン生まれの詩人。特に民族主義的感情を想起させる作風で知られる。カトリック教徒に入学の門が開かれて間もないトリニティ・カレッジ・ダブリンで学び，ロバート・エメット（Robert Emmet, 1778-1803）らと親交を深める。

1807年から1834年にかけて，古いアイルランド民謡に新たな歌詞を付けた『アイルランド歌曲集』（*Irish Melodies*）を発表。経済的に大きな成功を収めるとともに，アイルランドの民俗音楽を国外に流行させた。中でも「夏の終わりのバラ」（'The Last Rose of Summer'）や「春の日の花と輝く」（'Believe me, if all those endearing young charms'）はわが国でも愛唱されている。

その主たる典拠はエドワード・バンティングの曲集であり，バンティングは苦労して収集した音楽をムーアが「盗んだ」ことに強い憤りを感じていた。ムーアから共作の提案もあったが，バンティングはこれを固辞し，二人の確執は長く続いた。

ムーアは詩作だけではなく音楽の才能にも長けており，愛用のロイヤル・ポータブル・ハープを奏で歌っていた。この楽器は現在，ロイヤル・アイリッシュ・アカデミーに保存されている。　　（寺本圭佑）

民衆歌　folksongs

詩歌はケルト文化の中心をなすものの一つである。現在，ケルト文化が残る諸地域で，言語と歌の祭典が文化復興に重要な役割を果たしてきた。古来より，神話的英雄の活躍が歌われ，実在の英雄の武勲やその死を悼む歌が作られ伝えられてきた。厳しい訓練によって複雑な韻律や詩作，歴史等を学んだバルド（bard）階級の遺産が，民衆の歌に流れ込んでいる。

スコットランド・ゲール語の歌に「偉大なコラの息子アラステル」（'Alasdair mhic Cholla ghasta'）がある。アラステルは，17世紀の実在の勇猛なハイランド戦士である。この歌は毛織物を縮絨する合同作業の際に歌われるウォーキングソング（waulking song）とよばれる作業歌として伝承されてきた。8人か10人の女性が台を囲み，布を回しながら台に叩きつける。風雨に耐えるほど布を厚くするには時間がかかった。歌は作業の単調さを紛らわせ，リズムを合わせるために必要不可欠だった。「甘い音色の哀しみ」（'Am Bròn binn'）は夢に現れた美女に恋する英雄の物語歌だが，ヴァージョンにより主人公はフィニアン説話群のフィンやアーサー王，ブリテン王などに変わる。恋愛や望郷の歌も多い。妖精や水馬を主題にした歌もある。作業歌には，船漕ぎ歌，乳搾り歌，糸紡ぎ歌などさまざまなものがある。

アイルランドのリルティング，スコットランドの口音楽プーシュチ・ア・ベウル（puirt à beul）は，歌詞にあまり意味がなく，楽器のように歌うスタイルである。ときに

はダンスの伴奏に使われる。アイルランドの歌唱法にシャン・ノース（Sean-Nós, 古いスタイル）がある。無伴奏で地声の独唱で，歌詞の言葉に合わせてリズムが変化し，装飾音で感情を表す。スコットランドでも，作業歌や口音楽以外，歌のリズムは発話の自然なパターンに合わせる。詩の言葉が聴き手に伝わることが重要なのである。また，歌唱法とバグパイプ音楽の演奏法の関連も指摘されている。ウェールズでは，19世紀半ばからウェールズ語の賛美歌の合唱が盛んになり，伝承歌も合唱で歌われる。ブルターニュで特徴的なものはカン・ア・ディスカン（kan ha diskan）とよばれる掛け合い歌である。初めに歌う人と歌を返す人の2人で歌い，歌に合わせてダンスが踊られる。　　　　　　　　　　　（岩瀬ひさみ）

コーンウォール

コーンウォールのケルト復興　the Celtic revival in Cornwall

　ウェールズ出身でオックスフォードのアシュモレアン博物館長であったエドワード・スルウィッド（Edward Lhuyd, 1660?-1709）は，ブリテン島とアイルランド，ブルターニュで行った言語調査の成果を『ブリタニア考古学』（*Archaeologica Britannica*, 1707）にまとめた。この中には1700年に行ったコーンウォール語の調査結果も含まれており，コーンウォール語自体について論じた最初の出版物となった。コーンウォール語の文法を説明した部分は，ウィリアム・プライス（William Pryce）の『コーンウォール・ブリタニア考古学』（*Archaeologica Cornu-Britannica*, 1790）に再録され，豊富な語彙集が補われた。スルウィッドの調査当時，すでにコーンウォール語はコミュニケーションの手段として十分に機能しているとは言えず，コーンウォール語話者の減少は著しかったが，19世紀以降もコーンウォール語への学術的な関心は途絶えることがなかった。

　コーンウォール各地でコーンウォール語の歌謡，語彙，表現を収集したヘンリー・ジェナー（Henry Jenner, 1848-1934）は，1873年にロンドンの言語学会でコーンウォール語に関する研究発表を行い，1876年には英国考古学会で初期のコーンウォール語とその文学について報告した。ジェナーは現存する最古のコーンウォール語文献を1877年に大英博物館で発見し，最後のコーンウォール語話者として知られるドリー・ペントリス（Dolly Pentreath）の没後100周年の記念行事を挙行した。また，大英博物館で入手した文献に基づいて『コーンウォール語の手引き』（*Handbook of Cornish Language*, 1904）を作成し，コーンウォール語の文法，音韻，文学の歴史，コーンウォール語の地名や氏名などについて詳細に解説した。

　ジェナーは，1792年にウェールズで催された中世の吟遊詩人の集い「ゴルセッズ」をモデルとして，1901年にケルト・コーンウォール協会（Cowethas Kelto-Kernuak）を創設した。同年にブルターニュで結成されたブルトン・ゴルセッズ（Breton Gorsedd）では，ジェナーもバルド（bard）に任命された。1920年にはセントアイヴズ（St. Ives）で古コーンウォール協会（Old Cornwall Society）が設立され，4年後に古コーンウォール協会連盟（Federation of Old Cornwall Societies）へと発展した。同連盟は，ジェナーがコーンウォール語文化の存続を目指して創始したコーンウォール語の祝祭ゴルセッズ・ケルノウ（Gorsedh Kernow）の運営組織である。最初の開催は1928年で，学術研究と地域に根ざした文化振興活動からはロバート・モートン・ナンス（Robert Morton Nance, 1873-1959）などの後継者が生まれた。　（米山優子）

X　ケルト復興

ブルターニュ

ブルターニュのケルト復興　the Celtic revival in Brittany

　ブルターニュが「ケルトの地」として注目され始めるのは，ヨーロッパがオシアン・ブームに沸いた18世紀半ばである。ブルターニュの巨石群がケルトの遺跡として注目を浴びるようになり，1799年にはカンブリー（Jacque Cambry）が『フィニステール県旅行記』（*Voyage dans le Finistère*）を出版して，この土地の特異な習俗に注目する。オシアンを枕頭の書としたナポレオンが帝位に就く1804年には，民俗学的学術団体「ケルト・アカデミー」が創設され，ケルト人の歴史や言語の研究が奨励される。文学史の分野においても，ロマン主義による中世文学の復興の機運とともに，「円卓物語」のケルト起源説が浮上してくる。

　このケルトの地位の高まりは，1830年代に入ると，「未開の地」というイメージが定着していたブルターニュの表象にも変化をもたらす。七月王政という時代を背景に，ブリズー（Auguste Brizeux, 1803-58）の詩集『マリー』（*Marie*, 1831），スーヴェストル（Émile Souvestre, 1806-54）の『最後のブルトン人』（*Les Derniers Bretons*, 1836年），ラ・ヴィルマルケ（La Villemarqué, 1815-95）の『バルザス・ブレイス』（*Barzaz Breiz*, 1839）が次々と出版され，カトリック的価値観にもとづくブルターニュのポジティヴなイメージが形成されていく。

　一方，1838年にウェールズを訪れたラ・ヴィルマルケは，海峡を越えて大陸とブリテン島を結ぶケルト共同体の再興というアイデアを得る。1854年にはトレギエ出身のルナンが「ケルト民族の詩歌」（'La Poésie des races celtiques'）を発表して，人種としてのケルト人の共通の特徴にはじめて明快な定義を与えた。彼らの影響を受けたシャルル・ド・ゴール（Charles de Gaulle, 1837-80）は，1864年に発表された『19世紀のケルト人』（*Les Celtes au XIXe siècle*）において，言語的共通性にもとづく汎ケルト主義を唱え，1867年にはウェールズやコーンウォールからの代表団も参加して，サン＝ブリューで最初の「国際ケルト大会」が開催される。

　このブルターニュ特有の汎ケルト的志向は，20世紀における「ケルト復興」ともいうべき1970年代のアラン・スティーヴェル（Alan Stivell, 1944-）の活躍やロリアンのインターケルト・フェスティヴァルの開催，さらに90年代の音楽プロジェクト「ケルトの遺産」にも継承されている。（梁川英俊）

XI　ケルトの伝統と現代

ケルト語の現状

地域言語としてのケルト語　the Celtic languages as regional languages

　本項目では，地域言語であるケルト諸語が使用者数の減少や使用領域の縮小，使用頻度の低下などによって「少数言語」と位置づけられている側面について述べる。欧州評議会の「地域言語・少数言語欧州憲章」（European Charter for Regional or Minority Languages；以下「憲章」と記す）は，消滅の危険性があるヨーロッパの地域言語・少数言語を保護し促進することが「民主主義と文化的多様性の原則に基づいたヨーロッパを建設するための重要な貢献」であるとうたっている。同憲章が定義する地域言語・少数言語とは，「他の住民より少数の集団を構成する国民によって伝統的に使用され」，その国家の公用語や公用語の方言，移民の言語とは異なる言語を指す。同憲章は批准国の地域言語・少数言語にとって，社会的地位の向上や奨励活動の推進を左右する効力をもつ。

　イギリスは同憲章に2000年に署名し，2001年に批准した。これにより，スコットランド・ゲール語，アイルランド語，ウェールズ語は，ゲルマン語のスコッツ語とアルスター・スコッツ語と共に保護・奨励の対象となった。2007年には，これらにコーンウォール語とマン語が追加された。

　ルイスとシモンズ（Lewis, M. Paul, and Gary F. Simons）がフィッシュマン（Joshua A. Fishman）の言語生態モデルを基にした「拡充版・段階別世代間崩壊度」（Expanded Graded Intergenerational Disruption Scale）では，言語が「国際的に使用されている段階」（International）から「絶滅段階」（Extinct）まで13の段階に区分されている（'Assessing endangerment: Expanding Fishman's GIDS', *Revue Roumaine de Linguistique* LV 2 (2010), 103-120.）。世界の言語データベース「エスノローグ」（http://www.ethnologue.com/about/language-status）によると，島嶼ケルト語はこれらのうち以下の段階に該当する。危険度の低い順に挙げると，ウェールズ語は2番目の「地域で使用されている段階」（Regional）で，「地元の地域でマスメディアと行政サービスに使用されている」状態である。アイルランド語は3番目の「職業上使用されている段階」（Trade）で，「地元の地域で社内と社外の職務に使用されている」状態である。スコットランド・ゲール語は4番目の「教育上使用されている段階」（Educational）で，「公的教育によって識字が継承されている」状態である。ブルトン語は7番目の「移行段階」（Shifting）にあり，「育児世代はその言語を使用する

十分な知識を備えているが，子どもには継承されていない」状態とされる。コーンウォール語とマン語は9番目の「活動を休止した段階」(Dormant) とされ，「その言語が民族共同体のアイデンティティーの遺産として機能しているが，話者が堪能であっても象徴に過ぎない」状態とされる。

「ユネスコ危機言語のための枠組み」（UNESCO Language Endangerment Framework）では，ウェールズ語，アイルランド語，スコットランド・ゲール語は「安全な状態」(Safe)，ブルトン語は「明らかな危機に瀕した状態」(Definitely Endangered)，コーンウォール語とマン語は「極めて深刻な危機に瀕した状態」(Critically endangered) にそれぞれ対応している（http://www.unesco.org/languages-atlas/index.php）。

以上のような基準はあくまでも1つの見解であり，個別の言語に関する詳細な調査では，教育やマスメディアなどでの積極的な使用や試験的な導入が報告されている例もある。2010年にユネスコは，コーンウォール語を「絶滅した」(Extinct) 言語ではなく「極めて深刻な危機に瀕した」言語として認定しなおしたが，この修正はコーンウォール語保護団体の請願に応えたものである。

（米山優子）

ケルト語文化振興の政策　promotion of Celtic language and culture

ケルト諸語の文化振興政策は言語によって個別の取り組みがあるため，本項目では全般的な状況を概観する。欧州評議会の「地域言語・少数言語欧州憲章」(European Charter for Regional or Minority Languages; 以下「憲章」と記す）は，国家のある地域において伝統的に使用されている言語，または話者数の少ない言語（公用語やその方言，移民言語を除く）を保護し，使用を促進することを目指して1992年に発効された。2016年現在，25か国が同憲章を批准し，対象とされる言語は79言語である。

同憲章で保護や奨励が認められた言語は，それぞれの国家で文化振興の拡充を保障される。ただし，批准国に複数の地域言語・少数言語が存在する場合，それらの保護や奨励の内容は必ずしも同一ではない。イギリスでは，スコットランド・ゲール語，アイルランド語，ウェールズ語，コーンウォール語，マン語のほか，ゲルマン語のスコッツ語とアルスター・スコッツ語に同憲章の目的および原則を記した第2部第7条が適用されている。これらのうち，主要な使用領域における具体策を規定した第3部第8条から第14条（「教育」，「司法機関」，「行政機関・公共サービス」，「メディア」，「文化活動・文化施設」，「経済的・社会的生活」，「国境を越えた交流」）が適用されるのは，スコットランド・ゲール語，アイルランド語，ウェールズ語に限られる。

また，同じ言語でも使用国が憲章を批准しているか否かによって状況が異なる。アイルランドは同憲章に署名も批准もしていないが，仮に批准国であったとしてもアイルランド語がアイルランドの国語（national language）とされているため，同憲章の対象言語の条件には該当しない。

憲法第2条でフランス語が共和国の言語と定められているフランスの場合，ケルト語を含む地域言語の状況は複雑である。フランスは1999年に地域言語・少数言語欧州憲章に署名したが，地域言語の存在を尊重する内容が違憲とされた。批准に向けた動きが再開されたのは2013年で，2014年には国会で同憲章の批准も認める法改正が採択された。批准されればバスク語，カタルーニャ語，オクシタン語などと共にブルトン語も同憲章の対象となるが，実際には議会の承認も憲法改正も保留中である。

（米山優子）

ケルト語教育の問題点　problems of Celtic language education

　ケルト諸語に共通する学校教育の問題点には，当該言語を通した授業に関する課題が挙げられる。当該言語に早期から触れさせる重要性が認識され，初等・中等教育で当該言語を第一言語とする授業が積極的に導入される一方で，教材と教員の不足は解消されていない。保護者らが協力して，他言語用の教材を翻訳し，ケルト諸語の教材や副読本を作成している場合もある。当該言語の公的な教員認定資格や，高等教育機関における教員養成の制度が十分ではないことも指摘されている。進学先の高等教育機関で，中等教育までのケルト語教育の水準が維持できないことも多く，継続的な言語習得の妨げとなっている。正字法が統一されていない場合，規範主義に基づく指導も難しい。たとえば，コーンウォール語には綴り字の標準形が複数あり，中世コーンウォール語に基づく統一コーンウォール語（Unified Cornish），発音に基づく共通コーンウォール語（Common Cornish），テューダー朝の文献に基づく改定統一コーンウォール語（Unified Cornish Revised），18世紀初期のコーンウォール語に基づく近代コーンウォール語（Modern Cornish）の4種類が併用されている。教材も各標準形の支持団体によって作成されているが，2008年に教育と公的な使用を考慮して，新たに標準綴り字（Standard Written Form）が発表された。この策定には，コーンウォール行政府が運営資金を助成しているコーンウォール語パートナーシップ（Cornish Language Partnership）が携わっており，他の標準形に優先するものとして浸透が図られている。

　ヨーロッパ市民がヨーロッパ域内で経験した言語学習の成果を留学あるいは国境を越えた就職などに生かすために，欧州評議会は「ヨーロッパ言語共通参照枠」（Common European Framework of Reference for Languages: Learning, teaching assessment）という一元的な国際評価基準を制定した。これは，ヨーロッパ市民が母語に加えて2つの言語を習得することを目指し，複数言語を運用できる人材の育成を活性化させるものである。ケルト諸語の講習や教材の難易度を示す際にもこの参照枠の基準が採用されており，以上のような問題点の改善につながることが期待される。　　（米山優子）

ケルト諸語の状況

アイルランド語　 Ir Gaeilge

　アイルランド語は現代に向かって徐々に後退し，地方に住む貧しい人びとしか使用しなくなってきたが，それでも大飢饉（1845-49）の直前には，人口が大きく増加した事情もあって，アイルランド語話者の人口は400万人ぐらいあったと推測されている。ところが，大飢饉後1851年の国勢調査によれば，それが150万人ほどに減少している。当時の総人口650万人の23％ほどである。

　20世紀に入ると，アイルランド語は孤立して過疎化しつつある地方にかろうじて生き残った。その地域のことをゲールタハト（Gaeltacht, アイルランド語使用地域）と呼んでいる。2011年の国勢調査では約10万人の人びとがこれらの地域に住んでいる。しかし，そのすべての住民がアイルランド語を日常で使っているわけではない。そのうちアイルランド語話者の数は約2万人に過ぎない。

　現代アイルランド語方言は大きく3つに分けられる。北のドニゴール方言，西のコナマーラ地方を中心とするコナハト方言，ケリー州とコーク州西部を中心とするマンスター方言である。ゲールタハトは政府公認の地域で，産業誘致などの地方振興のために広めに制定されたものである。実際に

日常でアイルランド語を使用しているコミュニティーはそれよりずっと小さな地域である。

　方言の違いはかなりあるが，ラジオやテレビが発達した今では，方言の違う者同士でも上級者なら理解できる程度の差である。いわゆる標準語というものはない。1958年に公刊され2016年に改訂された標準アイルランド語は，主として語形変化と主要語彙の綴りの標準を定めたもので，発音については何も決められていない。また，方言によって異なることが多い慣用表現は，発話者の出身地や学校で慣れ親しんだ方言にしたがって使われることが多い。

　一般にマンスター方言ではコナマーラ方言に比べて動詞の人称変化形が多く残っている。発音面ではコナマーラ方言では第一音節に強勢があるのに対し，マンスター方言では長母音が第二音節以降にあると強勢がその音節に移動するのが特徴である。ネイティブ話者数ではコナマーラ方言が一番多いが，マンスター方言は学校教育で多く使われているため，非ネイティブ話者ではマンスター方言がよく聞かれる。

　ゲールタハトのアイルランド語話者2万人のうち親から言葉を自然に受け継いだネイティブ話者の数は国勢調査からは割り出せないが，おそらくその半数ぐらいではないかと推測される。2006年と2011年の国勢調査によれば，ゲールタハトでは話者が755人増えているが，15-34歳の若者で見ると112人減少している。若者の減少と高齢者の増加はネイティブ話者の自然継承が弱くなっていることを意味する。したがってネイティブ話者の数に関しては少しずつ消滅に向かって進んでいる状況は変わっていない。

　ゲールタハト以外での日常アイルランド語話者の数は，2011年の国勢調査では約7万人である。アイルランド語を教育で復活させるという独立当初の理念の基に，多くの学校が全クラスまたは一部のクラスの教育をアイルランド語で行っていた。ところがその理念は徐々に薄れ，1960年代に入ると学校教育は急速に英語化していった。これに反発した親たちが言語復興運動として自主的に始めたのが，1970年代に始まるヌィーンラ（naoínraí）とよばれる幼児教育グループとアイルランド語で全教科の授業を行う学校ゲールスコィル（Gaelscoileanna）であった。政府がアイルランド語教育政策の一環として始めたのではなく，親たちの草の根運動から生まれたからこそ1972年に初めてゲールスコィルが設立されて以来，現在まで発展的に続いたのだと見ることができる。2012年にその小学校は全国に140校あり，小学生の数は2011年度で3万1,050人である。1割弱の小学生がゲールスコィルに通っていることになる。中等学校（Gaelcholáistí）は36校で，2011年度の生徒数は8,427人とまだ少ないものの少しずつ伸びてきている。

　また，学校外でも全国至るところ，特に大きな都市で，アイルランド語を家庭で話し，自分たちでできる限りアイルランド語を維持しようとする人びとが増えている。このように教養人としてのアイルランド語の知識は確実に高まりつつある。ネイティブ話者の減少に伴う真に流暢なアイルランド語伝統への影響は避けられないと思われるが，アイルランド語は消えることなく多くの潜在的話者を得，新たな進化をしていくと考えられる。

（梨本邦直）

スコットランド・ゲール語　ScG Gàidhlig　E Scottish Gaelic

　2011年の国勢調査によれば，スコットランドの3歳以上の8万7,100人がなんらかのゲール語の知識を持ち，その61％が外ヘブリディーズ諸島に住む。ゲール語話者は全体で5万7,600人である。2001年の5万8,600人からわずかに減少した。65歳以上の話者の割合は2001年の1.8％から1.5％に減少した。一方青少年層では，たとえば12-17歳

では1.04％から1.10％へとわずかながら増加がみられる。ゲール語話者のうち40％が家庭でゲール語を使用し、外ヘブリディーズ諸島では74％である。

ゲール文化協会（An Comunn Gàidhealach）は、音楽と文化の祭典であるロイヤル・ナショナル・モード（Mòd Nàiseanta Rìoghail）を開催してきた。ゲール語協会（Comunn na Gàidhlig）はゲール語振興団体である。

2005年にゲール語法が制定され、ゲール語はスコットランドの「公用語」と認められた。公的機関としてゲール語審議会（Bòrd na Gàidhlig）が置かれ、教育、地域、文化やメディア、観光などの分野における国のゲール語計画を作成し、活動している。スコットランド人の約8割がアイデンティティーとしてのゲール語を失ってはならないと考えているという。

1980年の初めにゲール語使用の就学前教育が始まった。1985年にゲール語による授業を行う小学校（ゲール語媒介教育, Gaelic Medium Education）のクラスが2つでき、2014年現在60の小学校で約3,500人の児童が学ぶ。ゲール語での授業は一部の中等教育校でも行われている。2006年にはグラスゴー・ゲール語学校（Sgoil Ghàidhlig Ghlaschu）が開校した。3歳から18歳までがゲール語による教育を受けている。ハイランド＆アイランド大学（University of the Highlands and Islands）の一部をなすゲール語カレッジであるソール・モール・オステク（Sabhal Mòr Ostaig）は、ゲール語、文化およびゲール語に関連する職業教育を担う拠点である。ゲール語書籍審議会（Comhairle nan Leabhraichean）はゲール語による出版推進活動を行い、グラスゴーにゲール語書籍を扱う書店を持つ。現在、文学作品や教材など幅広い年齢層に向けた書籍が出版されている。主な出版社にゲレヴ（Gairm）、アハキル（Acair）、クラール（CLÀR）がある。ゲール語雑誌ゲレヴ（Gairm）は1952-2004年までに200号以上発行された。学習者向け二言語雑誌コロム（Cothrom）は2014年からウェブマガジンとなった。ゲール語のみの新聞はなく、日刊新聞スコッツマンやルイス島やスカイ島で発行される週刊新聞などにゲール語による記事が掲載される形である。

ゲール語によるテレビ放送局MGアラバ（MG ALBA）は、それまでもゲール語番組を放送してきたBBCと提携して2008年にBBCアラバチャンネルを開設した。一日約7時間子ども番組、ドラマ、ドキュメンタリー、スポーツなどのゲール語番組を放送している。ラジオ放送にはBBCのレディオ・ナン・ゲール（Radio nan Gàidheal）がある。

ウェブ上では、ゲール語辞書や教材などゲール語に関するさまざまな情報が提供されている。ダーナ（Dàna）はウェブマガジンである。エディンバラ大学のスコットランド文化研究所（School of Scottish Studies）には、歌謡や民話を含む口承文芸の音声資料が数多く保管されている。このアーカイブ資料の一部がデジタル化され、「伝承の泉」（Tobar an Dualchais）ウェブサイトで聞くことができる。

スコットランドからの移民により、1867年カナダには20-25万人のゲール語話者がいたと考えられる。しかし2011年の国勢調査では主に高齢者であるゲール語を母語とする話者は300人となった。カナダでもゲール語復興の動きがある。　　（岩瀬ひさみ）

マン島語　　MxG Gaelg ; Gailck　　E Manx

マン島語を母語とする最後の話者ネッド・マッドレル（Ned Maddrell）は1974年に94歳で亡くなった。しかし、マン島語復興の動きはそれ以前から始まっている。1899年にはマン島語協会（Yn Cheshaght Ghailkagh）が設立されている。最後の母語話者たちが話したマン島語の録音も残されていて、学んで習得する言語としてマン島語は生き残ることになった。

XI　ケルトの伝統と現代

　言語復興には幼い子どもへの言語教育は重要であり，1996年に就学前の子どもがマン島語の簡単な歌や会話を学ぶムィンジャー・ヴェギィ（Mooinjer Veggey）が設立された。2001年教育法で「カリキュラムにはマン島語とマン島の文化と歴史の教科を含むこと」と定められ，島内の小学校や中等教育校では教科としてマン島語が選択でき，毎年1,000人以上が学んでいる。2001年にはマン島語小学校（Bunscoill Ghaelgagh）が開校した。大人向けの講習会等もあり，マン島語習得者である両親が家庭で積極的にマン島語を使うことで新しい母語話者世代も育ちつつある。マン島語は立法機関であるティンワルド（Tynwald）でも使用され，バイリンガルの標識や，マン島語ラジオ放送もある。1983年には短編映画が製作され，数はまだ少ないが小説や『不思議の国のアリス』などの児童向けの翻訳も出版されている。ウェブ上には辞書やマン島語講座がある。

　マン島語の復興はかなり成功し，島民の意識にアイデンティティーとしてのマン島語が定着してきている。国勢調査によれば，2001年にマン島語を話す，読む，書くことのいずれかができる人は1,689人を数え，さらに2011年には1,823人と増加している。これはマン島人口の約2％に相当する。

（岩瀬ひさみ）

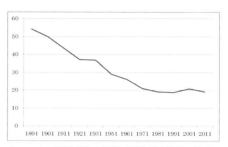

ウェールズ語話者数の推移（国勢調査結果に基づき筆者作成：単位％）
※1941年についてはデータなし。国勢調査によって対象年齢や質問項目が異なるため，このグラフから単純比較はできないが，おおよその傾向を表している。

ウェールズ語　the Welsh language

　1870年の教育法によって，イングランドとウェールズでは初等教育が公立化され，1880年には5歳から10歳までの児童が義務教育の対象となった。これはウェールズにおいても英語教育が学校で必修化されたことを意味する。当時のウェールズ語話者数の正確なデータはないが，1851年には80万人（全人口の約67％）ほどがウェールズ語を日常的に話していたとされる。ウェールズ語使用に関する項目が初めて国勢調査に取り入れられた1891年には，英語とのバイリンガルを含むウェールズ語話者数は54％で，その後も下がり続け，1961年の国勢調査では26％となった（図1参照）。これを受けてウェールズでは言語復興運動がウェールズ国民党（プライド・カムリ）やウェールズ語協会（カムデイサス・アル・ヤイス・ガムライグ）などを母体に活発化する。

　1967年のウェールズ語法を皮切りに公文書や地名・道路標示などにおけるウェールズ語と英語の2言語使用が推進され，1993年には両者は公共の場で同等のステイタスを得るに至り，ウェールズ語言語政策部門が立ち上げられバイリンガル政策を管轄することとなった。1977年にはBBCラジオ・カムリがウェールズ語ラジオ放送を，1982年にはS4Cがゴールデンタイムでのウェールズ語テレビ放送を開始，2000年からはウェールズ語学習が16歳まで必修化され，成人向けのウェールズ語講座も各地で開設されている。こうした動きを受け，2001年の国勢調査では1991年の18.7％から20.8％へと，ウェールズ語話者数が初めて上昇へ転じた。2011年の国勢調査では19.0％とわずかに減少したものの，同年のウェールズ語法では電気・ガスなどの公共的性格をもつ事業にもウェールズ語使用を拡大，ウェールズ語話者に対してウェールズ語によるサ

ービスの提供は義務であり，話者にとっては権利であることが明文化された。さらにウェールズ語担当官を置き，連合王国政府との協働による言語振興政策の立案・実施を行うこととなった。また，労働党政府による地方分権政策によって1999年に誕生したウェールズ議会が，2011年3月3日に行われた住民投票により，言語を含む20の施策に関し法案を策定する権限を持つに至ったのも大きい。

ウェールズ語復興はケルト諸語地域のなかでもっとも成功した事例とされるが，その理由として2言語併用政策が徹底されており，行政や教育・福祉，サービス業やメディア業界においてウェールズ語のリテラシーを持つことが有利に働くことが挙げられる。そのため，アイルランドやスコットランドと異なり，ほぼ全域で10％以上の話者がおり（図2参照），大きな商業圏をもつ都市部での話者が近年，増加している点が注目される。たとえば首都カーディフでは，2011年の国勢調査では3万6,735人（全人口の約11％）がウェールズ語を話せると答えており，1991年の1万7,236人から倍増している。ウェールズ語コミュニティが伝統的に多い西部に比べれば少ないものの，2011年の話者数が全体的に低下したなか減少傾向は見られない。特に年齢階層で見ると，カーディフでは5-15歳が1981年の調査で7.5％だったのが1991年には12.7％，2001年には24.5％，2011年には26.7％と話者数が伸び続けており，ウェールズ語を話す子どもが確実に増加していることがわかる。ウェールズ語によって全教科を教えるウェールズ語媒体学校が2000年代に入り増え続けているのも，子どもにウェールズ語を習得させることを望む家庭が多くなっていることを裏付けている。2015年1月現在，初等教育では6万5,460人（435校），中等教育では3万6,485人（50校）がウェールズ語媒体教育ないしはウェールズ語・英語のバイリンガル教育を受けている。かつては労働者の日常語だったウェールズ語は，21世紀に入り学歴や教養の証たる文化資本に様変わりしていくのかもしれない。　　　（森野聡子）

コーンウォール語　Corn Kernewek　E Cornish

コーンウォール語は，古コーンウォール語期（Old Cornish, 800-1200年）にはコーンウォール全域で用いられていたが，その文献の多くはアングロ・サクソン人に破壊された。中世コーンウォール語期（Middle Cornish, 1200-1575年）には，聖書の内容を伝えるコーンウォール語の詩や宗教劇が野外で多く朗読・上演された。現存する最古のコーンウォール語文献は，1340年の土地に関する法令の裏面に記された韻文である。1450年頃の作とされる『オーディナリア』（Ordinalia）は，コーンウォール語で天地創造（Origo Mundi），キリストの受難（Passio Domini），キリストの復活（Resurrectio Domini）について書いた三部作で，中世コーンウォール語文学を代表する作品である。また，コーンウォールにキリスト教を伝えたブルターニュの聖人にまつわる詩（Bewnans Meryasek, 1503）は，4,568行の長さに及ぶ。1549年にロンドンの議会で英語が教会の唯一の説教言語に定められ，宗教領域でもコーンウォール語から英語への言語移行が急速に進んだ。しかしそれ以降の文献には，現存するコーンウォール語の最も長い散文とされる説教集（Tregear Homilies, 1555）や，後期コーンウォール語期（Late Cornish, 1600-1800年）に書かれた創世記の宗教劇（Gwrians an Bys, 1611），聖書や民話のコーンウォール語訳などが残されている。

18世紀末頃にコーンウォール語の母語話者がいなくなった後も，コーンウォール語の存続を目指す活動が行われている。代表的な組織として，コーンウォール語の維持・発展に携わるコーンウォール語パートナーシップ（MAGA），コーンウォール語委員会（Kesva an Taves Kernewek），コーンウ

ォール語フェローシップ（Kowethas an Yeth Kernewek）などがある。現在，一部の保育園ではコーンウォール語を学ぶ時間が設けられているが，義務教育で必修化されるには至っていない。教員養成が課題とされる一方で，幅広い年齢層を対象にした教材の開発が進められており，成人向けの夜間講習がコーンウォール各地で開催されている。メディアでの使用に関しては，ラジオ・コーンウォール（Radio Cornwall）が毎週日曜日に5分間のニュース番組をコーンウォール語で放送しているほか，インターネットでもポッドキャストを通してコーンウォール語の音楽番組や語学学習ビデオなどを視聴することができる。雑誌に関しては，地元の情報誌にコーンウォール語の記事が定期的に掲載されている。また，総合的な内容を扱う季刊誌と月刊誌がコーンウォール語で出版されている。

（米山優子）

ブルトン語　Bret Brezhoneg

2007年に行われた調査結果（*Parler breton au XXIe siècle : Le nouveau sondage de TMO Régions*, 2009）によれば，ブルトン語の話者人口は20万6,000人である。そのうち伝統的なブルトン語圏であるバス＝ブルターニュ地方の話者は17万2,000人にすぎず，60年間で80％減少している。話者の高齢化も進み，この地域の話者人口の70％は60歳以上である。ブルトン語を日常的に話す人は3万5,000人以下と考えられるが，1980年代以降はブルトン語のモノリンガルはいない。

ブルトン語はユネスコにより「重大な危機にある」言語に分類されている。この状況は，大革命以来フランス語による言語統一を推進してきたフランスの言語政策の影響が大きい。1982年の地方分権法の成立以来，地域語の教育が認められるなど状況は変化したものの，フランスは1992年に欧州評議会が採択した「欧州地域少数言語憲章」を批准せず，逆に憲法第2条に「共和国の言語はフランス語である」との文言を追加し，1994年にはフランス語の保護を目的とするトゥーボン法を制定した。そのため，ブルトン語はケルト諸語の中でいかなる公的地位も認められていない唯一の言語である。

ブルトン語による教育を行う学校としては，1977年に開校したディワン（Diwan）があるが，現在は公立学校やカトリック系の私立学校でもバイリンガル教育が行われている。1980年代以来，道路標識の二言語化など公共の場におけるブルトン語の可視化が進んだほか，近年はブルトン語の出版事業も活発で，年間100点近い書籍が出版され，文学賞や見本市も存在する。ブルトン語の月刊誌や週刊誌も刊行され，地元の新聞や雑誌には日常的にブルトン語の記事やコラムが掲載されている。

放送メディアに関しては，ラジオではフランス・ブルー・ブレイス・イーゼル（*France Bleu Breizh Izel*）が週20時間程度のブルトン語の番組を放送しており，テレビではフランス3ノール＝ウエスト（France 3 Nord-Ouest）や2005年に開始されたTVRレンヌが，週数本のブルトン語による放送を行っている。またインターネット上で閲覧可能なブルトン語のサイトは数百に上る。

ブルトン語の地位は確実に向上し，ブルターニュの住民の大多数がブルトン語の存続を望むという状況がある一方で，ブルトン語圏における言語の世代間伝達はほぼ消滅し，ブルトン語話者の育成は学校教育に頼らざるを得ないというのが現状である。

（梁川英俊）

ケルト圏文化の現在

ケルト文化の流行 the modern revival of Celtic culture

　ケルト文化は何度かの流行を経て広まり，世界各地で定着した。その本拠地とされるヨーロッパ世界においても常に注目されてきたわけではなく，長らく忘却されていた。しかし近代以降，大きく分けて18世紀と20世紀の2度にわたってケルト文化は流行し，一般化した。

　18世紀の流行は，現在に至るケルト文化のイメージを確立した。ヨーロッパの一部の好事家たちによってケルトが注目されはじめたのは16世紀以降のことだが，その後の18世紀以降の言語学や考古学による科学的な「発見」が，文学や音楽，美術といった大衆文化に影響を与え，ケルト文化の流行を生みだした。この流行はヨーロッパ各地でのケルト語の保護・復興運動や，ケルトの伝承や民謡の採集を促進した。この流行は，ジェイムズ・マクファーソン（James Macpherson, 1736-96）が連続して刊行し，やがて『オシアン詩集』（*The Poems of Ossian*, 1773）として集成したような作品を通じて，古代ケルトのイメージが広く認知され，現代まで続くロマンティックなケルト文化のイメージをつくりだした。

　20世紀の流行は，北米や日本などを巻き込んだ世界的な広がりを持つ現象で，現代の「ケルト・ブーム」としてしばしば指摘される。特に1980年代以降，アイルランドの歌手エンヤ（Enya, 1961-）の『シェパード・ムーン』（*Shepherd Moon*, 1991）がヒットしたことは，ケルト文化の流行の象徴としてよく言及される。　　　（加藤昌弘）

ポピュラーカルチャー popular culture

　ポピュラーカルチャーとは，19世紀の工業化以降に成立した大量生産・大量消費を前提とした文化の形態のことだが，伝統的かつ民族的な文化と考えられるケルト文化にとっても，その影響は大きい。ヨーロッパのケルト諸地域でも若者を中心としてポピュラーカルチャーを通じたケルト文化の受容は進んでおり，とりわけ20世紀末以降の「ケルト・ブーム」では，音楽や映画などと共に世界中にケルト文化が広がった。

　1960年代のイギリスでは，ケルト文化がポピュラーカルチャーの中で注目され，多くの若者たちによって消費されるようになった。ケルト文化は自分たちの民族的ルーツというよりも，どことなく現世とは違う世界観をもったスピリチュアルなものとして共有された。組み紐紋様やケルト神話，ストーンヘンジのような巨石遺跡のイメージは，現実的な権威への抵抗の象徴として若者たちに受容され，ロックやパンクのアートワークや歌詞，アクセサリーや入れ墨（タトゥー）に取り入れられた。同時期にはニューエイジと称される「癒し」の音楽も生み出され，後にあらためてエンヤらによってケルト文化と強く結びつけられた。

　1980年代に音楽ジャンルとして確立されたワールドミュージックは，世界中から民族音楽を収集・再編集することで，ヨーロッパのケルト諸地域の伝統音楽の普及にも影響を及ぼした。ケルト地域の音楽は日本を含めた世界中のレコードショップで人気を博し，ケルティック・ミュージックという独立したジャンルとして認知されるようになった。その内容は，伝統的な民俗音楽に則った演奏をするものから，現代的なポップスやロック，電子音楽にケルト音楽のフレーズや楽器を取り入れたものまで派生し，幅広い。

　音楽以外の分野では，たとえば映画における『ロード・オブ・ザ・リング』や『ハリーポッター』シリーズによって，ケルト文化の世界観を取り入れた物語が広く受け入れられた。また，テレビゲームに登場す

る怪物や道具類の名前や設定，地名や物語のモチーフにケルト神話の要素が取り入れられている。ポピュラーカルチャーのなかでケルト文化の要素は，ケルト諸地域におけるルーツやアイデンティティーの象徴とは別の次元においても，多くの人びとによって共有・利用され，かつ大きな影響力を持っている。

このように現在のケルト文化は，ローカルな民俗文化のなかだけではなく，グローバルな現代文化としてのポピュラーカルチャーのなかにも息づいている。それらのケルト的な要素については，その真贋がしばしば論争となるが，世界的なケルト文化の認知拡大にポピュラーカルチャーが果たした役割は大きい。ケルト文化が商業的な文化の中に積極的に取り入れられ，商品として世界的に流通することによって，国境を越えた文化の混淆や変容が生じていることも興味深い現象である。　　　　（加藤昌弘）

フェスティバル　festivals

現在，世界中でケルト文化を中心に据えたフェスティバルが開催されている。ヨーロッパ諸国以外でフェスティバルが開催されている場所を辿っていくと，北米やオセアニアが中心であり，そのほとんどは近代以降にヨーロッパのケルト諸地域から人間が移住した地域である。規模はさまざまだが，そのほとんどが地域的な祝祭でありながら国際的な広がりや連携を有し，ケルト文化，とくに音楽と歌唱が中心的な役割を果たしていることで共通している。また，伝統的な文化だけではなく，現代的なポピュラーカルチャーとの接続によって，若い観客にアピールするものが近年は増加している。

ヨーロッパのケルト諸地域では，中世までその起源をさかのぼるとされるウェールズのアイステズヴォド（Eisteddfod）のような伝統的歌唱の祝祭もあれば，19世紀に起源を持つゲール語の歌唱の祭典であるスコットランドのロイヤル・ナショナル・モド（Royal National Mod），さらにマン島では20世紀になってから民俗音楽を中心とする祭典が開催されるようになった。1970年代からアイルランドで開催されているパンケルティック・フェスティバル（Féile Pan Cheilteach）はケルト諸語の普及を目的とし，地域主義で連携した六つの地域（アイルランド，ウェールズ，スコットランド，コーンウォール，マン島，ブルターニュ）のミュージシャンたちが参加し，毎年その技を競っている。1980年代からコーンウォールでは，音楽やダンスを交える独自のケイリー（ceilidh）の祭典としてトロイル（Troyl）が定着している。

現在，世界中で人気を博しているのは，伝統的な民俗音楽に加えて，ケルト諸地域のポップスやロックといったポピュラーミュージックまで含めた「フェス」形式のイベントである。毎夏にブルターニュのロリアンで開催されるインターケルティック・フェスティバル（Festival Interceltique de Lorient）や，毎冬スコットランドのグラスゴーで開催されるケルティック・コネクションズ（Celtic Connections）などは，世界

エディンバラ国際フェスティバルでにぎわうロイヤルマイル

中からケルト音楽の演奏家を招き，かつ多くの観客を世界中から集め，グローバルなケルト文化のつながりの象徴となっている。

このように，今やケルト文化のフェスティバルは，ケルト系の出自を持つ参加者たちによるアイデンティティーの確認のためだけに開催されているのではない。20世紀末の「ケルト・ブーム」以降は，人を集めることができる観光資源としてのケルト文化の価値が高まっている。西ヨーロッパから北米やオセアニア，さらには日本を含めた世界各地でケルトの名を冠したさまざまなフェスティバルやイベントが開催されているのが，現代の特徴である。（加藤昌弘）

民族意識 ethnicity

ますますグローバル化が進み，人口の流動性が高まっている現代において，単一の民族意識に基づくものとして地域や国家を捉えることは難しくなっている。ヨーロッパにおけるケルト諸地域でも，帰属先の国家の政策によって民族意識が希薄化されてきた地域や，積極的に移民を迎え入れるなど多文化・多民族化が進んでいる地域があり，一概に単一の「ケルト」という民族意識によって地域を理解することはできない。

そのような背景を踏まえたうえで，ケルト諸地域におけるケルト人としての意識を客観的に捉えるには，マイノリティー（少数者）とマジョリティー（多数者）という異なる2つの立場から，それぞれの地域でケルト人としての意識が表出される意味を考えてみる必要があるだろう。

まず，ケルトはマイノリティー意識の象徴として捉えることができる。中央集権的に政治や文化を統合しようとしてきた国家に抑圧されていると感じる人びとや，同化や多民族化の圧力に馴染めない人びとにとって，ケルトの民族意識は避難所のように機能している。たとえばフランスに対するブルターニュや，英国に対するコーンウォール，スペインに対するガリシアなどヨーロッパ内だけではなく，アメリカやオーストラリアに移住したアイルランド系やスコットランド系の人びとも同様である。多くの場合，ケルト文化の復興や伝承はこうした人びとによって，生来の絶対に揺るがないアイデンティティーの核としての民族性を守り，自分たちのルーツを守るために，世界各地でおこなわれてきた。

しかしながら，ヨーロッパの先住民である「白人」というマジョリティー意識の象徴としてケルトをみた場合，まったく別の意味を持つ。自民族中心主義や外国人嫌悪がケルト人としての意識と結びつくと，移民に対する暴力やヘイトスピーチのような人種差別として表出することがある。国民と異なり，民族とは生まれながらの血統に由来する本質的な区分であり，人間は後天的にそれを獲得することができないと考えられているからである。

特に20世紀末の「ケルト・ブーム」が，欧州統合の流れのなかで汎ヨーロッパ的な「共通の祖先」へのまなざしを共有していた以上，ケルト人としての意識が，ヨーロッパ域外からの移民労働者への反感や，イスラム教やユダヤ教への不寛容な立場と接続され，排外主義に転ずる危険性は指摘されている。北イタリアの北部同盟（Lega Nord）やアメリカの南部連盟（League of the South），英国のイギリス国民党（British National Party）など，白人至上主義がケルト民族意識と政治的に違和感なく接続されている例もある。

このように現代のケルトは，既存の国民意識に満足できない人びとに対しては民族的なルーツの感覚を提供し，伝統文化保護や地域主義の象徴となってきた。その一方で，ケルト人としての意識が白人至上主義や移民排斥運動と結びつくと，新たにヨーロッパに流入する移民らに対する排除の論理として機能していく可能性がある。

XI　ケルトの伝統と現代

（加藤昌弘）

地域主義　regionalism

ヨーロッパのケルト諸地域における地域主義は，何らかの地域的独自性に基づくアイデンティティーを基盤とした文化運動や政治運動である。地域と時代によって異なるが，一般的にケルト諸地域の地域主義は，分離主義や独立運動，地域文化の保護といった個別化の方向性だけではなく，ケルト地域間で協調したり，ヨーロッパ連合のなかに活路を見いだすなど，普遍主義的な性格も有している。

歴史的にみると，6つのケルト地域（アイルランド，ウェールズ，スコットランド，コーンウォール，マン島，ブルターニュ）は特に結びつきが強い。19世紀末から20世紀にかけては知識人を中心としてケルト諸語の普及を目的とするケルト会議（Celtic Congress）が結成された。1960年代には6つの地域政党の連携を図るケルト連盟（Celtic League）が結成された。ケルト連盟は現在まで会誌『カルン』（*Carn*）を発行しており，政治的な色彩を薄めながら，北米など上記の6地域だけに留まらないケルト文化による国際的な連携を図っている。

しかし現代のケルト諸地域が連携する傾向があるからといって，すべてが同じ主義や目的によって地域主義を展開しているわけではない。ひとつの地域内にも多様性があり，独立運動と反独立運動が共存していることもある。たとえばブルターニュでは，急進的な分離独立主義を掲げる集団と，独立ではなく文化保持だけを目指す穏健な集団が併存している。これはウェールズにせよコーンウォールにせよ，その内部では異なる性格の地域主義団体が同時に活動してきた歴史がある。こうした事実はケルト諸地域の地域主義を一面的に捉える危険性を示している。

また，地域主義は必ずしもケルト文化主義やケルト民族主義と直結されるわけではない点も重要である。たとえばスコットランドの独立運動は，20世紀末から現実味を帯びつつ盛り上がり，2014年9月には住民投票が実施された。しかしその一連の地域主義がケルト民族意識によるものかどうかは，議論の余地がある。イングランドに搾取されているという経済的な利得感情は無視できないし，移民などスコットランドに居住する多くの非ケルト人が独立運動を支持したことからも，単なる民族自決の運動と結論づけることも難しい。

このように，ケルト諸地域の地域主義を短絡的にケルト民族主義と結びつけることはできない。日本からみた場合，もちろん近年の地域主義の高まりは，ある側面ではヨーロッパにおけるケルト民族意識の高まりと捉えることもできるだろうが，実際には多様性があり，単純化して一面的に捉える危険性は認識しておく必要がある。

（加藤昌弘）

ケルト文化理解の方向と課題　local and global reception of Celtic culture

現代におけるケルト文化は活況を呈し，ますます複雑な状況下に置かれている。英国の考古学界を中心として古代ケルト人の存在そのものが疑われた一方で，西ヨーロッパのケルト諸地域ではケルト人としてのアイデンティティーを保持する人びとが存在する。ケルト諸地域はしばしば水平的に団結しながら，ケルト語の復興運動などを通じてケルト文化理解の促進を目指している。ヨーロッパから北米やオセアニアなど世界中に散ったケルト系の移民たちは，自分たちのルーツによってアイデンティティーを定義し，多文化社会のなかで生き抜こうとしている。その一方で，ポピュラーカルチャーを中心とした「ケルト・ブーム」によって，あらゆるケルト的なイメージを混ぜ合わせた文化理解が世界各地で広められており，日本もその例外ではない。

ヨーロッパのケルト諸地域を中心としたローカルなレベルでは，ケルト文化の本質的な理解が，アイデンティティーの核となるものとして取り組まれている。地域の政治的権限の拡大に後押しされ，ケルト文化を自分たちのルーツの一部とみなし，その言語や風習などを保護し，学校教育や行政に積極的に取り入れながら住民の文化理解が進められている。現地における多くのケルト研究も，そうしたローカルな関心を反映して実施されている側面がある。こうしたローカルなレベルにおいては，ケルト文化はより本質的なものとして理解され，「正しい」文化の普及が促され，若者たちによる言語習得を進めるなど一定の目に見える成果を獲得することが課題である。

　その一方，日本も含めたグローバルなレベルでは，ケルト文化がメディアやポピュラーカルチャーのなかで魅力的なイメージとして利用され続けている。世界各地でのケルトイメージが必ずしも実態と一致しているとはいえないが，異世界的なケルトに惹かれたり，現実世界での癒しを求めてケルトを愛好したりしている人びとは存在しており，無視できない。少なくとも日本におけるケルト文化理解は，ブームによって短期的に形成された面もあるが，近代における異文化としての紹介以降，長い時間をかけて形成されてきたものでもあり，それらが「正しい」にせよ「誤っている」にせよ，もし変化するとしてもこれから長い時間がかかることが予想される。

　歴史的にみれば，近代以降のケルト文化は，常に時代や立場性に応じた要請によって発見・復興され，大衆の注目を浴びることで定着してきた側面がある。このように，どのような視点から見ても，それぞれのケルト文化理解が現代社会における何らかのニーズを反映していると考えることが重要である。
　　　　　　　　　　　　　（加藤昌弘）

ケルト語使用地域図

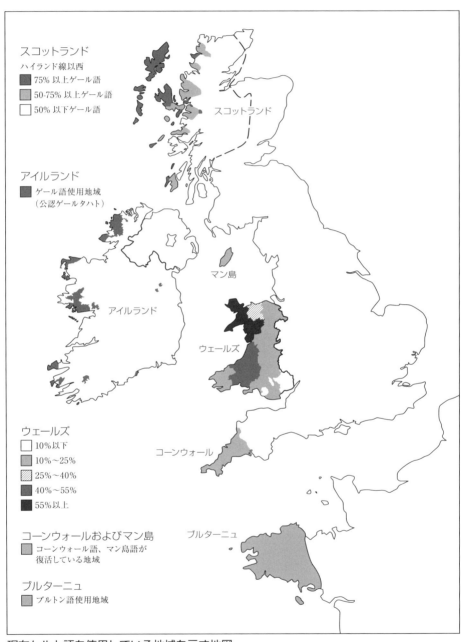

現在ケルト語を使用している地域を示す地図

ケルト語群系統図 / ケルト人の移動・定住図

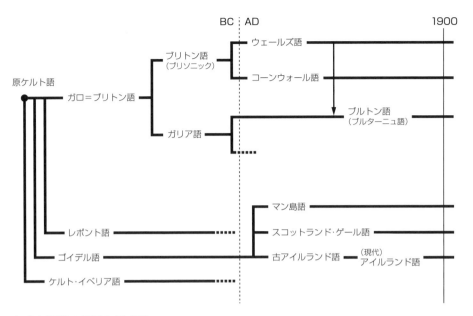

ケルト語群の発展を示す図

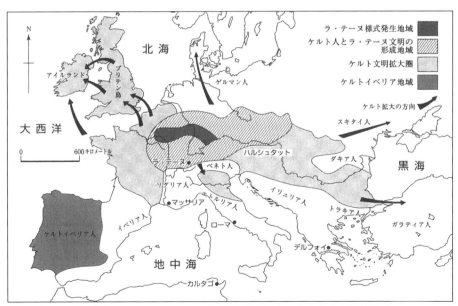

前1世紀から後1世紀にかけて、ローマ人が征服するまでケルト人が居住したヨーロッパ諸地域

◆ケルト関連年表

西暦	ケルトの歴史・文化関連事項
[紀元前]	
3200	巨石文化
3000-2500	ストーン・ヘンジ(イングランド),ニューグレンジ(アイルランド)
2000-1500	青銅器・骨壺葬を特徴とする「原ケルト文化」
2000-1000	ハルシュタット文化(A期)
1000-800	ハルシュタット文化(B期)
800-600	ハルシュタット文化(C期)
600-400	ハルシュタット文化(D期)
6世紀	ブリテン,アイルランド,イベリア半島へ最初のケルト人移動 ホイネブルグの要塞(ドイツ)
520頃	ヴィクスの王女の墓(フランス)
500頃	ブリテンでゴイデリック語(Qケルト語)とブリソニック語(Pケルト語)の分派
484-425	ギリシアの歴史家ヘロドトスがケルト人の起源がドナウ川沿岸にあることを報告
450-250	ラ・テーヌ文化(I期)
450頃	ケルト人の最初の一派がイタリアに侵入
390	ケルト人が(キャピトルを除いて)全ローマを略奪
387	ケルト人がアリア川でローマ軍に勝利
335	ケルト人使者がドナウ川でアレクサンドロス大王と会見 フラゴン型ワイン容器(フランス) ヴァルトアルゲスハイム様式(ドイツ)
300頃	アイルランドでラ・テーヌ期が始まる
280頃	ケルト人が小アジアのガラティア(トルコ)へ移住
279	ケルト人がデルフォイ攻略
275	ガラティア人,シュラクサのアンティオコス1世に敗北
264-241	第一次ポエニ戦争
250-150	ラ・テーヌ文化(II期)。ブリテンでラ・テーヌ文化栄える
240頃	ガラティア人,ペルガモン王国のアッタロス1世に敗北

ケルト関連年表

225	テルモン(イタリア)の戦いでポー川南の全ケルト部族が大敗北 ローマ支配圏が拡大
218-201	第二次ポエニ戦争でケルト人が傭兵として雇用される
202	ハンニバル敗北。ケルト諸部族のローマ化がしだいに拡大
2-1世紀	ゴネストロップの大鍋(デンマーク)
190頃	ペルガモンのガリア人像(トルコ) ガラティア人、セレウシアのアンティオコス3世に敗北(トルコ)
150-50	ラ・テーヌ文化(III期)
149-146	第三次ポエニ戦争
135	シリアの歴史家ポセイドニオスがケルト圏を広く旅行し、(おそらく)諸部族の内情を伝える
133	ガラティアが半自治的なローマの属州となる ヌマンティア(スペイン)陥落
124	アントルモン(フランス)陥落
121	ガリア・ナルボネンシス(ガリア南部)がローマ領に併合 ケルト社会の衰退顕著になる
75頃	ベルガエ族が海峡を渡ってブリテン南部へ移住
58-51	ユリウス・カエサルがガリアを制圧
55	カエサル、ブリテンへ最初の遠征
54	カエサル、ブリテンへ二度目の遠征
52	アレシア(フランス)の戦い。ウェリキンゲトリクス、カエサルに敗れる カエサル『ガリア戦記』
50頃	ガロ＝ローマ美術始まる ストラボン『地理誌』
1世紀末	コリニーの暦
[紀元後] 43	ローマ皇帝クラウディウスがブリテン南部へ侵略。ローマののブリテン占領始まる 大プリニウス『博物誌』
60	アグリコラ、ブリテンで最初の指揮をとる
60-61	イースト・アングリアのイケニ族の女王ボウディカがローマに対し反乱を起こす。 ボウディカ、スエトニウス・パウリヌスに敗北し自決

ケルト関連年表

74-84	アグリコラ,スコットランドへ遠征
122頃	皇帝ハドリアヌスがブリテン北部に防壁(ハドリアヌスの防壁)を建設
395-405	アイルランド人がブリテン西部を襲撃
5世紀初め	ケルト人(のちのブルトン人)がコーンウォールからアルモリカ(ブルターニュ)へ移住
410	ローマ皇帝オノリウスがブリテンを放棄し,ローマ軍が撤退
432	聖パトリックがアイルランドへ到着,布教を始めたとされる
5世紀	ウェールズにキリスト教伝えられる
450頃	アイルランド人がブリテン北部と西部に王国を建てる。キリスト教がブリテン諸島に浸透
450頃-850頃	アングル人,サクソン人,ジュート人がブリテンへ数派をなして来襲。ケルト人は激しく抵抗するが,領地を奪われる
476	西ローマ帝国滅亡
499	伝承では,ブリテンの「アーサー王」がベイドン山でサクソン人を破る
5世紀末	聖ブリジッド,アイルランド最初の女子修道院建立 ケルト修道院の黄金時代(6-9世紀初頭)
540-550	伝承では,「アーサー王」,カムランの戦いで最期をとげる
540-550	聖デイヴィッドがウェールズをキリスト教化する
6世紀半ば	聖コルンバ(コルム・キレ),デリー,ダロウ,ケルズに修道院を創設
563	聖コルンバ,スコットランドにアイオナ修道院創設。ピクト人への布教に努める
7世紀-10世紀	ケルト十字架が多く制作される
680頃	『ダロウの書』
698頃	『リンディスファーン福音書』
731	タラ・ブローチ(アイルランド)
787	ヴァイキング(デーン人),ブリテン島に来襲
793	ヴァイキング,リンディスファーンを襲撃
800頃	『ケルズの書』 アイルランドの航海物語『マイル・ドゥーンの航海』,『聖ブレンダンの航海』
806	ヴァイキング,アイオナ修道院を襲撃

ケルト関連年表

843	ダルリアダ王国，ケネス・マカルピン王がピクト王国を併合し，スコットランドを統一
851	ブルターニュ王国成立
11世紀	神話・伝説など口承されてきた物語がアイルランドで文字化されはじめる
1066	ウィリアム征服王率いるノルマン人がブリテンを征服
12世紀	アイルランドの物語『アイルランド侵寇の書』
13世紀前半	ウェールズで物語の文字化が始められる。『アネイリンの書』は1265年頃，『マビノギ』は14世紀から15世紀初頭に，それぞれ現存の写本
1532	ブルターニュ，フランスに併合
1536	ウェールズ，イングランドに併合
1542	アイルランド王国成立
1603	スコットランドとイングランドの同君連合
1703	フランスのポール・ペズロン『ケルト人，またの名ガリア人の民族と言語の古き時代』
1707	スコットランドとイングランドの議会合同。「グレート・ブリテン王国」成る エドワード・スルウィッド『ブリタニア考古学』
1760-63	スコットランドのジェイムズ・マクファーソン「オシアン詩篇」発表
1789	最初の近代アイステズヴォッド（詩人の祭典）をウェールズ（バラ）で開催
1800	イングランド，アイルランドを併合
1829	アイルランドでカトリック解放宣言
1858	最初の全国的規模のアイステズヴォッド開催（サンゴセン）
1867	マシュー・アーノルド『ケルト文学の研究について』
19世紀末-20世紀初	ゲール語・ゲール文化復興運動，アイルランド演劇運動が高まる
1895	スコットランドで美術・文学の季刊誌『エヴァーグリーン』創刊
1916	アイルランドのダブリンで，独立を求めるイースター蜂起。16名が処刑される
1922	イギリス連邦自治領「アイルランド自由国」発足
1949	アイルランド共和国発足
1971	ブルターニュで第1回インターケルティック・フェスティバル開催
1991	ヴェネツィアで「ケルト，最初のヨーロッパ人」展が開かれる

| 1998 | 東京で「古代ヨーロッパの至宝　ケルト美術展」が開かれる |
| 2015-16 | ロンドンで「ケルト展」が開かれる |

（作成・木村正俊）

◆言語関連項目巻末表

本文中で「巻末一覧を参照」とした箇所の対応表を掲げる。網かけの見出語は本文中の項目名をさす。

原ケルト語
【音韻論】

① ラテン語　　　　　　pater　　　　nepōs　　　　septem
　　ギリシア語　　　　　πατήρ　　　　ἑπτά　　　　ὑψηλός
　　ガリア語　　　　　　Ater-onius　　　　　　　　sextam-etos　　Uxello-dūnum
　　古アイルランド語　　athir　　　　niu　　　　　secht n-　　　　uasal
cf.　英語　　　　　　　father　　　　nephew　　　seven

② 印欧祖語　　　　　　*r̥　　　　　　*l̥　　　　　　*n̥　　　　　　　　　　　*m̥
　　原ケルト語　　　　　*ri　　　　　*li　　　　　*an　　　　　　　　　　　*am
　　梵語　　　　　　　　br̥h-ánt-　　　　　　　　　nā́ma（中性）　a-　　　　saptá
　　ギリシア語　　　　　　　　　　　πλάτανος　　ὄνομα（中性）　ἀ-　　　　ἑπτά
　　ラテン語　　　　　　　　　　　　　　　　　　　nōmen（中性）　in-　　　septem
　　ガリア語　　Admageto-　brig-a　Litana silva　anuan-a（中複）　AN-MAT-　sextam-
　　　　　　　　　　　　　　　　　Litano-briga
cf.　ドイツ語　　　　　　Burg　　　　Fulda　　　　Name　　　　　un-　　　　sieben
　　英語　　　Canter-　　bury　　　　　　　　　　 name　　　　　un-　　　　seven
　　　　　　　　　　　　 borough　　　　　　　　　　　　　　　　（un-lucky）

③ ラテン語　　　　　　septem　　　octō　　　　　săl-is 単数属格　（主格 sāl）
　　ギリシア語　　　　　ἑπτά　　　　ὀκτώ　　　　ἁλ-ός 単数属格　（主格 ἅλ-ς）
　　ガリア語　　　　　　sextam-etos　oxtū-m-etos
　　古アイルランド語　　secht n-　　ocht　　　　 salann
cf.　英語　　　　　　　seven　　　　eight　　　　sal-t
　　ドイツ語　　　　　　sieben　　　acht　　　　 Sal-z

④ ラテン語　　　　　　　　　　　rēx　　māter　　flōs　　　　-ō 現在単1
　　ギリシア語　　　　　　　　　　　　　 μάτηρ　　　　　　　　-ω 現在単1　κύων
　　ガリア語　　　　　Orgeto-　　rīx　　mātīr　　Blāto-magus　-ū（-mi）
　　古アイルランド語　　　　　　　rí　　máthir　　bláth　　　　　　　　　　　cú
cf.　英語　　　　　　　　　　　　　　　　mother　　blossom　　　　　　　　　houn-d
　　ドイツ語　　　　　　　　　　　　　　 Mutter　　Blume　　　-e　　　　　　Hun-d

【形態論】

① ラテン語　　　　　　　　　　　　　　　　　　　māximus
　　　　　　　　　　　　　　　　　　　　　　　　long-issimus

言語関連項目巻末表

	ガリア語			Bel-*isam*-a	「最も輝ける女神」
	ケルトイベリア語	Let-*isam*-a （＞西*Ledesma*）
	ウェールズ語	llet-*af*
cf.	梵語	práth-*iṣṭhas*		svā́d-*iṣṭhas*
	ギリシア語			ἥδ-*ιστος*
	英語			sweet-*est*
		「最も幅広い」		「最も甘い」

② 　　　　　　　　　　　　　単数1　　　複数3

	ラテン語	fer-*or*	fer-u-*ntur*	「運ばれる」
	ガリア語	marco-s-i-*or*	ni-tix-s-ī-*ntor*	「刺激する」
		「馬に乗る」
	ケルトイベリア語		Pi-*nToŕ*	「ある，いる」
	ヒッタイト語	ēš-*ḫar*-i	ēš-*antar*-i	「横たわっている」（以下同じ）
cf.	ギリシア語	ἧ-μαι	ἧ-αται
	梵語	ā́s-ē	ā́s-atē

P ケルト

ガリア語	*p*etor-ritum「四輪馬車」			Ma*p*onos
	*p*etuar-ios "fourth"
	（La Graufesenque）
ブリタンニア語	Π*p*ετουαρίᾱ
ウェールズ語	*p*edwar			Ma*b*on
				ma*b*
レポント語		-*p*e
ケルトイベリア語		-*Cu*e	ne*Cu*e
オガム碑文				MA*QQ*I　単数属格
古アイルランド語	cethar			ma*c*
ラテン語	*qu*attuor	-*qu*e	ne*qu*e
ギリシア語	τέτταρες	τε
	「4，よっつ」	「と」	「〜も〜ない」	「息子」

ガリア語

【名詞】※ガリア語の活用形の右側の（　）は碑文の出土地

1. r-音幹 「母」

	ガリア語	ラテン語	ギリシア語	英語
単数主格	mātīr（Larzac）	mātēr（古）	μά̄τηρ（ドーリス方言）	mother
対格	mātĕr-em（Larzac）	(mātr-em)	μᾱτέρ-α（ドーリス方言）
複数属格	mātr-ŏn（Istres）	mātr-um	μητρ-ῶν（ホメーロス）
与格	mātre-bo（Saint-Rémy）	mātr-ibus

2. 特殊型 「女」
	ガリア語	古アイルランド語	参考（全て単数主格）
単数対格	b*en*-in（Châteaubleau）	b*ein*（古）	ロシア語　　ž*en*-á
			英語　　　　qu*ean*※（古）
複数属格	b*n*-ā-n-om ← 単数属格*b*n*-ā-s	m*n*-á	ギリシア語　γυν-ή
	（Larzac）		

※「あばずれ女，売春婦」 qu*een*「女王」はかつての単数主格形*g*ʷ*én* から来る。

語根自体が母音交替する極めて珍しいパターンである。この交替はケルト語派にのみ残り，これは現代アイルランド語にも bean，単数属格 m*n*-á，複数主格 m*n*-á，複数属格 ban と完璧に保存された。ケルト語派以外では元の活用表のいずれかの格の語幹で統一された。

【動詞】
1. 現在
	ガリア語	ヒッタイト語	ラテン語	ギリシア語
単数1	im-*mi*（Pennes-Mirabeau）	ēš-*mi*	s-u-*m*	εἰ-μί　'a*m*'
	peta-*me*（Châteaubleau）「要求する」			
	gn-ií-*ou*（Châteaubleau）「知っている」	-a-ḫḫe	-ō	-ω
3	dugi-*o-nti*-ío（Alise）「尊敬している」	-a-nzi	-o-nt（古）	-o-ντι

2. 中受動態
	ガリア語	ヒッタイト語	ラテン語
単数1	marco-si-*or* 未来「馬に乗る」	-ḫḫa*r*-i	-ō*r*（古）
複数3	ni tix-s-ī-*ntor* 希求法「刺激する」	-nta*r*-i	-ntu*r*
	（Larzac）		

3. 過去（語例はいずれも3人称単数）
i）畳音完了

	「与えた」	「捜した」	「見つけた」
ガリア語	d*ed*-e（Nîmes）	s*i*ox-ti（La Graufesenque）	-u*ō*r-u（Banassac）
他	d*ed*-e-t（古羅）	s*ï*ach-t（古アイルランド）	εὕρη-κ-α（希）
		（<*s*es*ag-t-）	（<*w*ew*r-）

ii）s-アオリスト

	「買った」	
ガリア語	prina-*s*（La Graufesenque）	re-ad-dā-*s*（Argenton-sur-Creuse）
他	pryna-*s*（ウェールズ）	dā-š（ヒッタイト）

ブリトン語（ブリソニック）

ブリタンニア語	Πεννο-ούινδος	Dēva（> Dee〔河川名〕）	Seno-gnātus（ガリア語）
ウェールズ語	p*en*	d*uiu*（> Duw）	h*en*
古アイルランド語	c*enn*	D*ía*	s*en*（>現代s*ean*）

オガム碑文　　　　　*Q*ENO-VENDAGNI
　　　　　　　　　　（Cloonmorris）
ラテン語　　　　　　　　　　　　　　　　　　d*ei*vos（＞ deus）　　　*s*en-ex
　　　　　　　「頭」　　　　　　　　　　　「神」　　　　　　　　　「古い」

ケルトイベリア語　Celtiberian
【名詞】
o-音幹

		ケルトイベリア語	ガリア語	ラテン語
単数主格（男性）		io*ś*[※1]（Botorrita I‐A10）《関係代名詞》	-*os*	-*os*（＞ -us）
主格（中性）		lī*Tom* pp.（Botorrita I [4×]）「許可された」	-*om* ＞ -*on*	-*om*（＞ -um）
対格（男性）		Coŕuin*om*（Botorrita I‐A4）「囲い」	-*om* ＞ -*on*	-*om*（＞ -um）
対格（中性）		śleiT*om*（Botorrita I‐A3）「区分」	-*om* ＞ -*on*	-*om*（＞ -um）
		ConsC（i）liT*om* pp.「切られた」		
		（Botorrita I‐A3）		
		PouśT*om*（Botorrita I‐A4）「牛小屋」		
属格		ToCoiTo*ś*（Botorrita I‐A1, 10）	(-*ī*)	(-*ī*)
所格		ToCoiT*ei*[※2]（Botorrita I‐A4, 10）	-*ē*	h-*ei*-ce（＞ h-*ī*-c）
複数対格（中性）		śTen*a*（Botorrita I‐A3, 6）「それらを」	-*a*	-*a*
与格		aCaināCuPo*ś*（Botorrita I‐A9）	-*bo*	-*bus*

※1 プリュギア語ios, ギリシア語ὅς, 梵語yás と同源。印欧祖語*jó-s に遡る。
※2 この地名の後に後置詞eni「～の中に」（ホメーロスギリシア語のἔνι と寸分たがわず対応）があるので確実。

【動詞】

現在	ケルトイベリア語	ラテン語	ギリシア語
単数3	ueŕ-sonī-*Ti*（Botorrita I‐A3）「果たす」	-t	ἐσ-τί "is"
複数1	ŕusi-*mus*（Botorrita I‐A11）「公表する」	-mus	-μες（ドーリス）
3	sis-*o-nTi*[※1]（Botorrita I‐A7）	ser-*u-nt*「蒔く」	
	Pi-*o-nTi*（Botorrita I‐A7）「存在する」	fi-*u-nt*「生ずる」	
		-*o*-nt[※2]（古）	-*o*-ντι（ドーリス）

※1 畳音現在である。ラテン語のserunt（＜ **si*ront ＜ **si*sont）「種を蒔く」に綺麗に対応するが, 添加母音iを伴って語根の子音を重ねるのが常で, ラテン語にはb*i*b-ō, -ĕ-re「飲む」, g*i*gn-ō, -ĕ-re「生む」, s*i*st-ō, -ĕ-re「立っている」がある。
※2 con-flov-*o-nt*（Polcévera 渓谷）「合流する」やcō-sent-i-*o-nt*（Scīpiō 家の墓）「合意する」などがある。

人称語尾だけではなく※1, ※2 で解説したように動詞の構成法や語幹母音までも綺麗に対応する。ガリア語よりも形態論的に古形を残していると言われるゆえんである。

レポント語
【名詞】
n-音幹

	レポント語		ガリア語	ラテン語
単数主格	uen*ū*（Giubiasco）	cf. Venn*on*-etēs Plin. N.H. 3.136	Front*ū*（Naintré）	hom*ō*「人」
	minuK*ū*（Stabio）	cf. Minuc*on*-ius（Torino）		
	aTep*ū*（Giubiasco）			
与格	Piu*on*-ei（Sorengo）	cf. Biu*on*-ia（Brescia）		Apol*en*-ē（＞Apoll*in*-ī）

ゴイデル語

古アイルランド語	*c*enn	*C*rithe		en*ech*
オガム碑文※	*Q*ENO-VENDAGNI（Cloonmorris）	*Q*RITTI（Greenhill）	VE*Q*I-KAMI（Knockshanawee）	INE*Q*A-GLAS（Painestown）
ガリア語	*P*enno-crucium	*P*rittius	Ve*p*o-litanos	
ウェールズ語	*p*en	*p*rydydd	gwe*b*	ŵyne*b*
梵語		kr̥ṇóti「作る」		ánīkas
	「頭」	「詩人」	「姿」	「顔」

※いずれもo-音幹単数属格形で語尾の-I /-i:/ はラテン語のo-音幹名詞-us（＜ -os）の単数属格-ī と同源（例：equ*os*, 単数属格equ*ī*「馬」）。

ウェールズ語（カムリ語）

	s- ＞ h-		w- ＞ gw-	/j/ ＞ dd/w/（母音間）	*ei ＞ /ẹ:/ ＞ wy /ui/
ガリア語	*S*eno-gnātus	Sīmi-	*v*isonna	No*v*io-dūnum（＞*Nyon*［スイス］）	T*E*VOXTONION※1 /d**e**:wogdoni/ （j） on/
ウェールズ語	*h*en		*gu*iannuin※2（＞*gw*anwyn）	new*y*dd /néwi:ð/	D*ui*u（＞ Duw）
ラテン語	*s*en-ex	sēmi-	*v*ēr/wé:r/	（novus）	d*ei*vos（＞ deus）
梵語	*s*ánas	sāmi-	*v*asantás	ná*v*yas	d*ē*vás
	「古い」	「半」	「春」	「新しい」	「神」

※1 北イタリアVercelli（＜ Vercellae）出土の2言語対訳碑文（もう1言語はラテン語）。
※2 語中の-nn- は-nt- が同化したものであると考えられ，梵語形とほぼ一致する。

島嶼のケルト語由来地名

1. *Ire*-land

			単数属格
←	アイルランド語	Éir*e*,	Éir*eann*［愛］
＜	古アイルランド語	Ériu*,*	Ér*enn*
			＜ Hério*n*
＜	原ケルト語	*Īwer-j-ū	*Īwer-j-*on*-os 原義「肥沃な大地」
		Ἰουερν-ίᾱς	プトレマイオス『地理学叙説』第2巻2章標題
		Iuver*n*-a	ポンポーニウス・メラ『世界地理』第3巻53節

		Ῑ(ϝ)έρν-η	ストラボーン『地誌』第4巻5章4節
		Hībern-ia	カエサル『ガリア戦記』第5巻13節

```
（＞　ウェールズ語　　　　Iwerddon /iwérðon/）
＜　印欧祖語　　　　　　 *píh_x-w-er-ih_2 f.
＞　ギリシア語　　　　　 πῑ́(ϝ)ειρα f.　　　　「肥沃な」
　　梵語　　　　　　　　 pī́varī f.　　　　　　「肥沃な」
2.　ブリタンニア語　　　 Abon-a　　　　　　＜ *h_2éb-on-m̥　　　単数対格「〜を」
（＞　ウェールズ語　　　 afon「川」）
　　ヒッタイト語　　　　 ḫapā-š /xaba:s/　 ＜ *h_2éb-ō　　　　単数主格「〜が」
　　パラー語　　　　　　 ḫapn-aš /xabnas/ ＜ *h_2eb-n-és　　 単数属格「〜の」
```

※かつての接尾辞部の活用表内の母音交替が各言語で解体し, どれかひとつで統一された。

```
ブリタンニア語　　　原義　現代の地名
　　Abona　　　川　　Avon［英・イングランド］（7つほどの川の名前）
cf.Ἀρ-　ἄβων（Gaul.）　支流　Raab［独］, Rába［洪］
```

◆参考文献

【総記・全般にわたるもの】

Alcock, Joan P., *Daily Life of the Pagan Celts* (Oxford and Westport, CT: Greenwood World Publishing, 2009).
Chadwick, Nora, *The Celts* (Harmondsworth, Middlesex: Penguin Books, 1981).
Dylon, Myles and Nora Chadwick, *The Celtic Realms* (New York: New American Library, 1967).
Green, Miranda J. (ed.), *The Celtic World* (London: Routledge, 1995).
Koch, John T. (ed.), *Celtic Culture: A Historical Encyclopedia*, 5 vols. (Santa Barbara, Denver and Oxford: ABC-Clio, 2006).
Lytton, Helen, *The Celts: An Illustrated Celts* (Dublin: Wolfhound Press, 1997).
Maier, Bernhard, *Dictionary of Celtic Religion and Culture*, trans. Cyril Edwards (Woodbridge, Suffolk: Boydell Press, 1997).
O'Driscoll, Robert (ed.), *The Celtic Consciousness* (1981; New York: George Braziller, 1985).
Raftery, Joseph (ed.), *The Celts* (1967; Cork: The Mercier Press, 1969).
Rees, Alwyn and Brinly Rees, *Celtic Heritage: Ancient Tradition in Ireland and Wales* (1961; London: Thames and Hudson, 1989).
Ross, Anne, *The Pagan Celts* (1986; Chicago: Academy Chicago Publishers, 1996).

バリー・カンリッフ『図説ケルト文化誌』(蔵持不三也監訳,原書房,1998)
木村正俊・中尾正史編著『スコットランド文化事典』(原書房,2006)
木村正俊『ケルト人の歴史と文化』(原書房,2012)
ヴァンセスラス・クルータ『ケルト人』(鶴岡真弓訳,白水社,1991)
サイモン・ジェームス『図説ケルト』(井村君江監訳,吉岡晶子・渡辺充子訳,東京書籍,2000)
中央大学人文科学研究所編『ケルト 伝統と民俗の想像力』中央大学人文科学研究所研究叢書8(中央大学出版部,1995)
ゲルハルト・ヘルム『ケルト人』(関楠生訳,河出書房新社,1979)
ベルンハルト・マイヤー『ケルト事典』(鶴岡真弓監修,平島直一郎訳,創元社,2001)
ジャン・マルカル『ケルト文化事典』(金光仁三郎・渡邉浩司訳,大修館書店,2002)
柳宗玄・遠藤紀勝『幻のケルト人 ヨーロッパ先住民族の神秘と謎』(社会思想社,1994)

【歴史】

Alcock, Leslie, *Arthnr's Britain* (Harmondsworth, Middlesex: Penguin Books, 1973).
Arnold, Bettina and D. Blair Gibson (eds.), *Celtic Chiefdom, Celtic States* (Cambridge: Cambridge University Press, 1995).
Cannon, John (ed.), *The Oxford Companion to British History* (Oxford: Oxford University Press, 1997).
Chadwick, Nora K., *Celtic Britain* (London: Thames and Hudson, 1963).
Charles-Edwards, T.M., *Early Irish and Welsh Kinship* (Oxford: Clarendon Press, 1993).
―――― *Wales and the Britons, 350-1064* (Oxford: Oxford University Press, 2012).

参考文献

Clark Grahame, *Prehistoric England* (London: Batsford, 1962).
Collis, John, *The Celts: Origins, Myths and Inventions* (Stroud: The History Press, 2003).
Connolly, S. J. (ed.), *The Oxford Companion to Irish History* (Oxford: Oxford University Press, 2002).
Corkery, Daniel, *The Hidden Ireland: A Study of Gaelic Munster in the Eighteenth Century* (Dublin: Gill and Macmillan. 1924).
Cosgrove, Art (ed.), *A New History of Ireland: II Medieval Ireland 1169-1534* (Oxford: Oxford University Press, 2008).
Cunliffe, Barry, *The Ancient Celts* (Oxford: Oxford University Press, 1997).
—— *The Celts: A Very Short Introduction* (Oxford: Oxford University Press, 2003).
de Breffny, Brian (ed.), *The Irish World: The History and Cultural Achievements of the Irish People* (London: Thames and Hudson, 2000).
de la Bédoyère, Guy, *Roman Britain* (London: Thames and Hudson, 2006).
de Paor, Máire and Liam, *Early Christian Ireland* (London: Thames & Hudson, 1978).
Duffy, Patrick J. and David Edwards, Elizabeth FitzPatrick (eds.), *Gaelic Ireland c. 1250-c. 1650* (Dublin: Four Courts Press, 2001).
Duffy, S. (ed.), *Medieval Ireland: An Encyclopedia* (New York and London: Routledge, 2004).
Edelstein, T. J. (ed.), *Imagining an Irish Past: the Celtic Revival 1840-1940* (Chicago: The David and Alfred Smart Museum of Art, the University of Chicago, 1992).
Ellis, Peter Berresford, *Celtic Inheritance* (London: Muller, 1985).
—— *The Celtic Empire: The First Millenium of Celtic History, 1000 BC-51 AD* (London: Constable, 1990).
Filip, Jan, *Celtic Civilization and Its Heritage* (Wellingborough, Northants.: Collet's, 1977).
Freeman, Philip, *War, Women, and Druids* (Austin: University of Texas Press, 2002).
Geoffrey of Monmouth, *The History of the Kings of Britain* (Harmondsworth, Middlesex: Penguin Books, 1966).
Gilliver, Kate, *Caesar's Gallic Wars 58-50 BC* (Oxford: Osprey, 2002).
Goldsworthy, Adrian, *Roman Warfare* (New York: Collins, 2000).
Goldsworthy, Adrian, *Caesar: Life of Colossus* (New Haven: Yale University Press, 2006).
Gracia Alonso, Francisco, *Roma, Cartago, iberos y celtiberos: Las grandes guerras de la península Ibérica*, (Barcelona: Editorial Planeta, S. A., 2015).
Haywood, John, *The Historical Celtic World* (London: Thames and Hudson, 2001).
Hobsbawm, Eric and Terence O. Ranger (eds.), *The Invention of Tradition* (Cambridge: Cambridge University Press, 1983).
Hubert, Henry, *The Greatness and Decline of the Celts* (London: Constable, 1987).
Jenkins, R. T. and Helen M. Ramage, *A History of the Honourable Society of Cymmrodorion and of the Gwyneddigion and Cymreigyddion Societies (1751-1951)*, (London: The Honourable Society of Cymmrodorion, 1951).
Joyce, P. W., *A Social History of Ancient Ireland*, 2 vols. (London: Longmans, Green, and Co., 1903).
King, John, *Kingdoms of the Celts: A History and a Guide* (London: Blanford, 2000).
Konstam, Angus, *Historical Atlas of the Celtic World* (New York: Checkmark Books, 2001).

Laing, Lloyd, *The Archaeology of Late Celtic Britain and Ireland c. 400-1200 AD* (London: Methuen, 1975).
Laing, Lloyd, *Celtic Britain* (London: Granada, 1979).
MacNeill, Eoin, *Celtic Ireland* (Dublin: The Academy Press, 1981).
Maier, Bernhard, *The Celts: A History from Earliest Times to the Present* (Edinburgh: Edinburgh University Press, 2003).
Matthews, Caitlín, *The Celtic Book of Days* (Dublin: Gill and Macmillan, 1995).
Moody, T. W. and F. X. Martin, *The Course of Irish History* (Cork: The Mercier Press, 1978).
Moure Romannillo, A., Santosu Yanguas, J. y Manuel Roldan, J., *Manual de Historia de España: Prehistoria e Historia Antigua* (Madrid: Historia 16, 1991).
Newark, Tim, *Celtic Warriors 400BC-AD1600* (New York: Blandford Press, 1986).
Ó Cróinín, Dáibhí (ed.), *A New History of Ireland: I Prehistoric and Early Ireland* (Oxford: Oxford University Press, 2005).
O'Curry, Eugene, *Lectures on the Manuscript Materials of Ancient Irish History* (1861; Dublin: Four Courts Press, 1995).
O'Grady, Standish, *History of Ireland*, 2 vols. (London: Sampson Low, Searle, Marston, & Rivington, 1878-1880).
Pereivaldi, Elena, *Los Celtas: Una civilizacion Europa* (Madrid: Tikal Ediciones, 2000).
Powell, T.G.E., *The Celts* (London: Thames and Hudson, 1980).
Rankin, David, *Celts and the Classical World* (London and New York: Routledge, 1987).
Rees, Elizabeth, *Celtic Saints of Wales* (Stroud: Fonthill Media, 2015).
Richard, I. A., *Roman Britain* (Harmondsworth, Middlesex: Penguin Books, 1963)
Salinas de Frias, Manuel, *Los pueblos prerromanos de la península Ibérica* (Madrid: Ediciones Akal, S. A., 2006).
Sheehy, Jeanne, *The Discovery of Ireland's Past: the Celtic Revival 1830-1930* (London: Thames and Hudson, 1980).
Thomas, Charles, *Celtic Britain* (London: Thames and Hudson, 1997).
Thomson, Derick S., *The Companion to Gaelic Scotland* (Oxford: Basil Blackwell, 1987).

青山吉信編『イギリス史1　先史〜中世』(山川出版社，1991)
有光秀行『中世ブリテン諸島史研究』(刀水書房，2013)
『世界歴史7　中世Ⅰ』岩波講座 (岩波書店，1982)
ピーター・ウィルコックス『ガリアとブリテンのケルト戦士　ローマと戦った人々』(桑原透訳，新紀元社，2000)
ユリウス・カエサル『ガリア戦記』(國原吉之助訳，講談社学術文庫，1996)
ユリウス・カエサル『ガリア戦記』(近山金次訳，岩波文庫，2011)
柴田三千雄他編『フランス史1　先史〜15世紀』(山川出版社，1995年)
T. C. スマウト『スコットランド国民の歴史』(木村正俊監訳，原書房，2010)
クリス・スカー『ローマ皇帝歴代誌』(青柳正規監修，月村澄枝訳，創元社，1998)
関哲行・立石博高・中塚次郎編『スペイン史1 古代〜近世』(山川出版社，2005)
タキトゥス『ゲルマニア』(田中秀夫・泉井久之助訳，岩波文庫，1972)

参考文献

中央大学人文科学研究所編『ケルト復興』中央大学人文科学研究所研究叢書25（中央大学出版部，2001）
ウェンディ・デイヴィス『オックスフォード　ブリテン諸島の歴史3　ヴァイキングからノルマン人へ』（鶴島博和監修・監訳，慶應義塾大学出版会，2015）
A. H. ドッド『ウェールズの歴史』（吉賀憲夫訳，京都修学社，2000）
浜林正夫『イギリス宗教史』（大月書店，1993）
原聖『〈民族起源〉の精神史——ブルターニュとフランス近代』（岩波書店，2003）
原聖『ケルトの水脈』〈興亡の世界史07〉（講談社，2007）
ルネ・フレシェ『アイルランド』（文庫クセジュ，2000）
ジョン・ヘイウッド『ケルト歴史地図』（井村君江監訳，倉島雅人訳，東京書籍，2003）
堀越智『アイルランド民族運動の歴史』（三省堂選書，1979）
松尾太郎『アイルランド　民族のロマンと反逆』（論創社，1994）
R. ミチスン編『スコットランド史　その意義と可能性』（富田理恵・家入葉子訳，未来社，1998）
南川高志『海のかなたのローマ帝国』（岩波書店，2003）
T. G. E. パウエル『ケルト人の世界』（笹田公明訳，東京書籍，1885）
盛節子『アイルランドの宗教と文化　キリスト教受容の歴史』（日本基督教団出版局，1991）

【考古・美術・文明・社会】

Adomnán of Iona, *Life of St Columba*, trans. Richard Sharpe（London: Penguin Books, 1995）.
Alcock, Joan P., *Food in the Ancient World*（London: Greenwood Press, 2006）.
Arnold, Bruce, *A Concise History of Irish Art*（New York: Frederick A. Praeger, 1968）.
The Arts Council of Great Britain, *Early Celtic Art*（Edinburgh: Edinburgh University Press, 1970）.
Bieler, Ludwig（ed.）, *The Patrician Texts in the Book of Armagh*（Dublin: Dublin Institute for Advanced Studies, 1979）.
Black, Ronald（ed.）, *The Gaelic Otherworld: John Gregorson Campbell's Superstition of Highlands and Islands of Scotland and Witchcraft and Second Sight in the Highlands and Islands*（Edinburgh: Birlinn Limited, 2005）.
Boswell, C. S., *An Irish Precursor of Dante: A Study on the Vision of Heaven and Hell Ascribed to the Eighth-century Irish Saint Adamnán*（London: David Nutt, 1908）.
Bunting, Edward, *The Ancient Music of Ireland*（1840; Dublin: Walton Publishing, 2002）.
Cambrensis, Giraldus, *Topographia Hibernica*, J. F. Dimock, ed., *Giraldi Cambrensis Opera*, Vol. 5（London: Longmans, Green, Reader, and Dyer, 1867）.
Carey, John, *King of Mysteries: Early Irish Religious Writings*（Dublin: Four Courts Press, 1998）.
Chadwick, Nora K., *The Druids*（Cardiff: University of Wales Press, 1966）.
Coles, Byrony and John, *People of the Wetlands: Bogs, Bodies and Lake Dwellers*（London: Thames and Hudson, 1989）.
Cone, Polly（ed.）, *Treasures of Early Irish Art: 1500 B.C. to 1500 A.D.*（New York: The Metropolitan Museum of Art, 1977）.
Cooper, David（ed.）, *The Petrie Collection of the Ancient Music of Ireland*（Cork: Cork University Press, 2002）.

Danaher, Kevin, *The Year in Ireland*(Cork: The Mercier Press, 1972).
Dillon, Myles(ed.), *Early Irish Society*(Dublin: The Cultural Relations Committee of Ireland, 1954).
Eluere, Christiane, *L'Europe des Celtes*(Paris: Gallimard, 1992).
Evans, Dewi W. and Brynley F. Roberts(eds.), *Edward Lhwyd: Archæologia Britannica, Texts and Translations*(Aberystwyth: Centre for Advanced Welsh and Celtic Studies, 2007).
Fleischmann, Aloys(ed.), *Sources of Irish Traditional Music c. 1600-1855*(New York and London: Garland Publishing, 1998).
Flower, Robin, *The Irish Tradition*(Oxford: Clarendon Press, 1979).
Fox, Peter(ed.), *The Book of Kells*, MS 58 Trinity College Library Dublin(Luzern: Faksimile Verlag Luzern, 1990).
Gerald of Wales, *The History and Topography of Ireland*, trans. John J. O'Meara(London: Penguin Books, 1982).
Gerald of Wales, *The Journey Through Wales and The Description of Wales*, trans. Lewis Thorpe (London: Penguin Books, 2004).
Gillies, Anne Lorne, *Songs of Gaelic Scotland*(Edinburgh: Birlinn Limited, 2010).
Glob, P. V., *The Bog People: Iron-Age Man Preserved,* trans., Rupert Bruce-Mitford(London: Faber and Faber, 1969).
Green, Miranda, *The Gods of the Celts*(London: Alan Sutton, 1986).
―――― *Symbol and Image in Celtic Religious Art*(London: Routledge, 1989).
―――― *Exploring the World of the Druids*(London: Thames and Hudson, 2005).
―――― *Animals in Celtic Life and Myth*(London: Routledge, 1992).
Hale, Amy, and Philip Payton(eds.), *New Direction in Celtic Studies*(Exeter: University of Exeter Press, 2000).
Harbison, Peter, *Guide to National and Historic Monuments of Ireland*(Dublin: Gill and Macmillan, 1992).
Hardiman, James, *Irish Minstrelsy or Bardic Remains of Ireland with English Poetical Translations* (1831; Shannon: Irish University Press, 1971).
Harding, D. W., *The Archaeology of Celtic Art*(London: Routledge, 2007).
Henry, Françoise, *Early Christian Irish Art*, trans. Máire MacDermott(Dublin: The Cultural Relations Committee of Ireland, 1954).
Herbert, Máire, and Martin McNamara, *Irish Biblical Apocrypha: Selected Texts in Translation* (Edinburgh: T&T Clark, 1989).
Hogan, Edmund, *Onomasticon Goedelicum: An Index, with Identifications, to the Gaelic Names of Places and Tribes*(Dublin: Hodges Figgis, 1910).
Hutton, Ronald, *Blood and Mistletoe: The History of the Druids in Britain*(New Haven: Yale University Press, 2009).
Jackson, Kenneth, *The Oldest Irish Tradition: A Window on the Iron Age*(Cambridge: Cambridge University Press, 1964).
Joyce, Patrick Weston, *Old Irish Folk Music and Songs*(1909; Powys: O'Donoghue Books, 2009).
Kelly, Fergus, *A Guide to Early Irish Law*(Dublin: Dublin Institute for Advanced Studies, 1988).
Kendrick, T. D., *Druids and Druidism*(New York: Dover Publications, 1927).

Kenney, James F., *The Sources for the Early History of Ireland: Ecclesiastical* (New York: Columbia University Press, 1929).

Laing, Lloyd and Jennifer, *Art of the Celts* (London: Thames and Hudson, 1992).

―――― *Celtic Britain and Ireland: Art and Society* (London: The Herbert Press, 1995).

Longan, Paul R, *The Druids: Priests of the Ancient Celts* (Westport, CT: Greenwood Press, 1996).

McCaffrey, Carmel and Leo Eaton, *In Search of Ancient Ireland* (Chicago: New Amsterdam Books, 2002).

MacCormick, Donald, *Hebridean Folksongs: A Collection of Waulking Songs* (Oxford: Clarendon Press, 1969)

McNamara, Martin, *The Apocrypha in the Irish Church* (Dublin: Dublin Institute for Advanced Studies, 1975).

MacNeill, Eoin, *Early Irish Laws and Institutions* (Dublin: Burns Oates and Washbourne, n.d.).

MacNeill, Máire, *The Festival of Lughnasa* (Dublin: University College Dublin, 1982).

Meehan, Bernard, *The Book of Durrow* (Dublin: Town House, 1996).

Meghaw, Ruth and Vincent, *Celtic Art* (London: Thames and Hudson, 1989).

Newton, Michael, *A Handbook of the Scottish Gaelic World*, (Dublin and Portland: Four Courts Press, 2000).

O'Curry, Eugene, *On the Manners and Customs of the Ancient Irish*, 3 vols. (London: Williams and Norgate, 1873).

O'Meara, John J. (trans.), *The History and Topography of Ireland* (Harmondsworth, Middlesex: Penguin Books, 1982).

Ó Riain, Pádraig, *A Dictionary of Irish Saints* (Dublin: Four Courts Press, 2011).

Plummer, Charles (ed.), *Betha Náem nÉrenn: Lives of Irish Saints*, 2 vols. (Oxford: Oxford University Press, 1922).

Ross, Anne, *Pagan Celtic Britain: Studies in Iconography and Tradition* (1967; London: Constable, 1992).

Ryan, John, *Irish Monasticism: Origin and Early Development* (1972; Dublin: Four Courts Press, 1992).

Rutherford, Ward, *The Druids: Magicians of the West* (Wellingborough, Northants.: Aquarian Press, 1978).

Sabatino, Moscati, Otto Hermann Frey, Venceslas Kruta, Barry Raftery and Miklós Szabó (eds.), *The Celts* (New York: Rizzoli, 1991).

Seymour, St. John D., *Irish Visions of the Other-World: A Contribution to the Study of Mediæval Visions* (London: Society for Promoting Christian Knowledge, 1930).

Spense, Lewis, *The History and Origin of Druidism* (1949; New York: Barnes & Noble, 1995).

Sullivan, Sir Edward, *The Book of Kells* (London: Studio Editions, l986).

Vallely, Fintan (ed.), *The Companion to Irish Traditional Music*, 2nd edn. (Cork: Cork University Press, 2011).

Wood-Martin, W. G., *Pagan Ireland: An Archæological Sketch* (London: Longmans, Green, and Co., 1895).

Yeats, Gráinne, *The Harp of Ireland* (Belfast: Belfast Harpers' Bicentenary Ltd., 1992).

朝日新聞社文化企画局編『古代ヨーロッパの至宝——ケルト美術展』図録（朝日新聞社，1996）
クリスチアーヌ・エリュエール『ケルト人　甦るヨーロッパ〈幻の民〉』（鶴岡真弓監訳，創元社，1994）
キアラン・カーソン『アイルランド音楽への招待』（守安功訳，音楽之友社，1998）
チャールズ・カイトリー『中世ウェールズをゆく愛——ジェラルド・オヴ・ウェールズ 1188年の旅』（和田葉子訳，関西大学出版部，1999）
ギラルドゥス・カンブレンシス『アイルランド地誌』（有光秀行訳，青土社，1996）
ブライアン・コールズ，ジョン・コールズ『低湿地の考古学——湿原の古代人たち』（河合信和訳，雄山閣出版，1994）
ジャック・ル・ゴフ『煉獄の誕生』（渡辺香根夫・内田洋訳，法政大学出版局，1988）
ジョン・シャーキー『ミステリアス・ケルト』（鶴岡真弓訳，平凡社，1992）
鶴岡真弓『ケルト／装飾的思考』（筑摩書房，1989）
―――『ケルト美術』（ちくま文庫，2001）
―――，松村一男『図説ケルトの歴史』（河出書房新社，1999）
中沢新一・鶴岡真弓・月川和雄『ケルトの宗教　ドルイディズム』（岩波書店，1998）
スチュアート・ピゴット『ケルトの賢者「ドルイド」　語りつがれる「知」』（鶴岡真弓訳，講談社，2000）
A. P. フィッツパトリック『ドルイド僧——不可思議な聖職者たち』（五十嵐洋子訳，主婦と生活社，1998）
バーナード・ミーハン『ケルズの書』（鶴岡真弓訳，創元社，2002）
松岡利次編訳『ケルトの聖書物語』（岩波書店，1999）
マルクス，ヘンリクス『西洋中世奇譚集成　聖パトリックの煉獄』（千葉敏之訳，講談社学術文庫，2010）
ミランダ・J・グリーン『図説　ドルイド』（井村君江監訳，東京書籍，2000）
アナトール・ル＝ブラース『ブルターニュ　死の伝承』（後平澪子訳，藤原書店，2009）
ロイド＆ジェニファー・ラング『ケルトの芸術と文明』（鶴岡真弓訳，創元社，2008）

【神話・伝説・言語・文学】

Allen, Nicholas, *George Russell (AE) and the New Ireland, 1905-30* (Dublin: Four Courts Press, 2003).
Archibald, Elizabeth and A. S. G. Edwards (eds.), *A Companion to Malory* (Cambridge, UK: D. S. Brewer, 1996).
Archibald, Elizabeth and Ad Putter (eds.), *The Cambridge Companion to the Arthurian Legend* (Cambridge: Cambridge University Press, 2009).
Ball, Martin J. and Nicole Muller (eds.), *The Celtic Languages*, 2nd edn. (Abingdon, Oxon: Routledge, 2009).
Barber, Richard, *King Arthur: Hero and Legend*, 3rd edn., rev. and extended (Woodbridge, Suffolk: Boydell Press, 1986).
Baumgartner, Emmanuèle, *Tristan et Iseut*, (Paris: Presses Universitaires de France, 1987).
Bell, H. I., *The Development of Welsh Poetry* (Oxford: Clarendon Press, 1936).
Bergin, Osborn, *Irish Bardic Poetry* (Dublin: Dublin Institute for Advanced Studies, 1970).

Best, R. I. and M. A. O'Brien (eds.), *The Book of Leinster / Lebar na Núaghongbála*, 5 vols. (Dublin: Dublin Institute for Advanced Studies, 1954-1967).

Best, R. I. and Osborn Bergin (eds.), *Lebor na hUidre / Book of the Dun Cow* (Dublin: Royal Irish Academy, 1929).

Blankenhorn, V. S., *Irish Song-Craft and Metrical Practice since 1600* (Lampeter: The Edwin Mellen Press, 2003).

Boyd, Ernest, *Ireland's Literary Renaissance* (Dublin: Allen Figgis, 1968).

Bradley, Marion Zimmer, *The Mists of Avalon* (1982; London: Penguin Books, 1993).

Briggs, Katherine, *A Dictionary of Fairies* (1976; Hamondsworth, Middlesex: Penguin Books, 1993).

Bromwich, Rachel, A. O. H. Jarman, Brynley F. Roberts (eds.), *The Arthur of the Welsh: Arthurian Legend in Mediaeval Welsh Literature* (1991; Cardiff: University of Wales Press, 1995).

Bromwich, Rachel (ed.), *Trioedd Ynys Prydein: The Triads of the Island of Britain*, 4th rev. edn. (Cardiff: University of Wales Press, 2014).

Brookes, Charlotte, *The Reliques of Irish Poetry: consisting of Heroic Poems, Odes, Elegies, and Songs* (Dublin: George Bonham, 1789).

Byrne, Francis John, *Irish Kings and High-Kings* (New York: St. Martin's Press, 1973).

Carney, James, *Studies in Irish Literature and History* (Dublin: Dublin Institute for Advanced Studies, 1979).

—— (trans.), *Medieval Irish Lyrics* (Dublin: The Dolmen Press, 1967).

—— *Early Irish Poetry* (Cork: The Mercier Press, 1965).

Castleden, Rodney, *King Arthur: The Truth Behind the Legend* (London: Routledge, 2000).

Coglan, Ronan, *The Illustrated Encyclopedia of Arthurian Legends* (Shaftesbury: Element Books, 1993).

Cohen, Jeffrey Jerome, *Of Giants: Sex, Monsters, and the Middle Ages* (Minneapolis: University of Minnesota Press, 1999).

Cross, Tom Peete and Clark Harris Slover (eds.), *Ancient Irish Tales* (1936; New York: Barnes and Noble, 1996).

Cunliffe, Barry and John T. Koch (eds.), *Celtic from the West* (Oxford: Oxbow Books, 2012).

Curley, Thomas M., *Samuel Johnson, the Ossian Fraud, and the Celtic Revival in Great Britain and Ireland* (Cambridge: Cambridge University Press, 2009).

Curran, Bob, *Complete Guide to Celtic Mythology* (Belfast: Appletree, 2000).

—— *The Creatures of Celtic Myth* (London: Cassell & Co, 2000).

Curtin, Jeremiah (col.), *Hero-Tales of Ireland* (London: Macmillan and Co., 1894).

d'Arbois de Jubainville, H., *The Irish Mythological Cycle and Celtic Mythology*, trans. R. I. Best (Dublin: Hodges, Figgis, 1903).

Dáithí Ó hÓgáin, *Myth, Legend & Romance: An Encyclopaedia of the Irish Folk Tradition* (New York: Prentice Hall Press, 1991).

Davies, Janet, *The Welsh Language: A History* (Cardiff: University of Wales Press, 2014).

Davies, Sioned (trans.), *The Mabinogion* (Oxford: Oxford University Press, 2007).

Davis, Thomas, *National and Historical Ballads, Songs, and Poems* (Dublin: James Duffy, 1869).

Deane, Seamus, *Celtic Revivals: Essays in Modern Irish Literature 1880-1980* (London and Boston:

Faber and Faber, 1985).

—— (ed.), *The Field Day Anthology of Irish Writing*, 3 vols.(Derry: Field Day Publications, 1991).

Dillon, Myles, *The Cycles of the Kings*(London: Oxford University Press, 1946).

—— *Early Irish Literature*(Chicago: The University of Chicago Press, 1972).

—— (ed.), *Irish Sagas*(Dublin: Stationary Office, 1959).

Dooley, Ann and Harry Roe(trans.), *Tales of the Elders of Ireland*(Oxford: Oxford University Press, 1999).

Douglas, Sir George(ed.), *Scottish Fairy and Folk Tales*(London: Walter Scott, n.d.).

Doyle, Aidan, *A History of the Irish Language*(Oxford: Oxford University Press, 2015).

Dunleavey, Janet Egleson and Gareth W. Dunleavey, *Douglas Hyde: A Maker of Modern Ireland*(Barkeley: University of California Press, 1991)

Echard, Siân(ed.), *The Arthur of Medieval Latin Literature: The Development and Dissemination of the Arthurian Legend in Medieval Latin*(Cardiff: University of Wales Press, 2011).

Ellis, Peter Berresford, *Dictionary of Celtic Mythology*(London: Constable, 1992).

—— *A Dictionary of Irish Mythology*(Oxford: Oxford University Press, 1991).

Fitzmaurice, Gabriel and Declan Kiberd(eds.), *An Crann faoi Blath / The Flowering Tree*(Dublin: Wolfhound, 1989).

Fitz-simon, Christopher, *The Irish Theatre*(New York: Thames and Hudson, 1983).

Fallis, Richard, *The Irish Renaissance*(New York: Syracuse University Press, 1977).

Faral, Édmond, *La légende arthurienne*, 3 vols.(Paris: Champion, 1929).

Frappier, Jean, *Chrétien de Troyes et le mythe du graal. Étude sur Perceval ou le Conte du Graal, 2e édition corrigée*(Paris: CDU et SEDES, 1979).

Fulton, Helen(ed.), *A Companion to Arthurian Literature*(Oxford: Blackwell Publishing, 2009).

Ganz, Jeffrey(trans.), *Early Irish Myths and Sagas*(London: Penguin Books, 1983).

Geoffrey of Monmouth, *The History of the Kings of Britain*, trans. Lewis Thorpe(Harmondsworth, Middlesex: Penguin Books, 1966).

Glassie, Henry(ed.), *Irish Folktales*(New York: Pantheon Books, 1985).

Gramadach na Gaeilge: *An Caighdeán Oifigiúil, Caighdeán Athbhreithnithe*(Baile Átha Cliath: Seirbhís Thithe an Oireachtais, 2012).

Graves, Robert, *The White Goddess*(London: Faber and Faber, 1999).

Green, David and Frank O'Connor(eds. and trans.), *A Golden Treasury of Irish Poetry: A.D. 600 to 1200*(London: Macmillan, 1967).

Green, Miranda J., *Dictionary of Celtic Myth and Legend*(London: Thames and Hudson, 1992).

Gwynn, Edward(trans.), *The Metrical Dindshenchas*, 5 vols.(Dublin: Dublin Institute for Advanced Studies, 1991).

Hamel, A. G. van(ed.), *Immrama*(Dublin: Stationary Office, 1941).

Haycock, Marged, *Legendary Poems from the Book of Taliesin*, 2nd rev. edn.(Aberystwyth: CMCS Publications, 2015).

Higham, N.G., *King Arthur: Myth-Making and History*(London: Routledge, 2009).

Hull, Eleanor(ed.), *The Cuchullin Saga in Irish Literature*(London: David Nutt in the Strand, 1898).

—— (ed. and trans.), *The Poem-Book of the Gael*(London: Chattoo Windus, 1913).

Hyde, Douglas, *A Literary History of Ireland* (London: T. Fisher Unwin, 1906).
―― *The Songs of Connacht I-III*, ed., Breandán Ó Conaire, (Dublin: Irish Academic Press, 1985).
Huws, Daniel, *Medieval Welsh Manuscripts* (Cardiff: University of Wales Press, 2002).
Jackson, Kenneth Hurlstone, *A Celtic Miscellany* (Harmondsworth, Middlesex: Penguin Books, 1971).
Jarman, A. O. H. (ed. and trans.), *Aneirin: Y Gododdin, Britain's Oldest Heroic Poem* (Llandysul: The Gomer Press, 1988).
Jenkins, Geraint H. (ed.), *Welsh Language and Its Social Domains 1801-1911* (Cardiff: University of Wales Press, 2000).
Johnston, Dafydd, *The Literature of Wales* (Cardiff: University of Wales Press, 1994).
Joyce, P. W., *Old Celtic Romances* (Longmans, Green, and Co., 1907).
Kiberd, Declan, *Inventing Ireland: The Literature of the Modern Nation* (London: Jonathan Cape, 1995).
―― *Irish Classics* (London: Granta Books, 2000).
Knott, Eleanor, *Irish Classical Poetry* (Dublin: The Cultural Relations Committee of Ireland, 1957).
―― *An Introduction to Irish Syllabic Poetry of the Period 1200-1600* (Dublin: Dublin Institute for Advanced Studies, 1981).
Koch, John T., *Cunedda, Cynan, Cadwallon, Cynddylan: four Welsh poems and Britain 383-655* (Aberystwyth: University of Wales Centre for Advanced Welsh and Celtic Studies, 2013).
Kondratiev, Alexei, *Celtic Rituals: An Authentic Guide to Ancient Celtic Spirituality* (Dublin: New Celtic Publishing, 1998).
Lacy, Norris J., *The New Arthurian Encyclopedia* (New York and London: Garland Publishing, 1996).
―― (ed.), *Lancelot-Grail: The Old French Arthurian Vulgate and Post-Vulgate in Translation*, 5 vols. (New York and London: Garland Publishing, 1993-1996).
Loomis, Roger Sherman, *Arthurian Tradition & Chrétien de Troyes* (1949; New York: Octagon Books, 1982).
―― (ed.), *Arthurian Literature in the Middle Ages* (Oxford: Clarendon Press, 1979).
Lupack, Alan, *Guide to Arthurian Literature and Legend* (Oxford: Oxford University Press, 2007).
Mac Cana, Proinsias, *Celtic Mythology* (1968; Feltham, Middlesex: Newnes Books, 1983).
―― *The Learned Tales of Medieval Ireland* (Dublin: Dublin Institute for Advanced Studies, 1980).
―― *The Mabinogi*, 2nd edn. (Cardiff: University of Wales Press, 1992).
McCone, Kim, *Pagan Past and Christian Present in Early Irish Literature* (1990; Maynooth: National University of Ireland, Maynooth, 2000).
McCone, Kim, Damian McManus, Cathal Ó Háinle, Nicholas Williams, and Liam Breatnach (eds.), *Stair na Gaeilge in ómós do Pádraig Ó Fiannachta* (Maigh Muad: Roinn na Sean-Ghaeilge, Coláiste Phádraig, 1994).
Mackenzie, Henry, *Report of the Committee of the Highland Society of Scotland, Appointed to Inquire into the Nature and Authenticity of the Poems of Ossian* (Edinburgh: Constable, 1805).
MacKillop, James, *Dictionary of Celtic Mythology* (Oxford: Oxford University Press, 1998).
―― *Myths and Legends of the Celts* (London: Penguin Books, 2005).

Macpherson, James (ed.), *The Poems of Ossian*, 2 vols. (London: Strahan, 1773).
McMahon, Sean, and Jo O'Donoghue (eds.), *Taisce Duan: A Treasury of Irish Poems with Translations in English* (Dublin: Poolbeg Press Ltd. 1992).
Malory, Sir Thomas, *Le Morte Darthur: The Winchester Manuscript*, ed. and abr., Helen Cooper (Oxford: Oxford University Press, 2008).
Marchello-Nizia, Christiane (ed.), *Tristan et Yseut, Les premières versions européennes* (Paris: Gallimard, 1995).
Matthews, John, *Sir Gawain: Knight of the Goddess* (Wellingborough, Northants.: Aquarian Press, 1990).
Meyer, Kuno, *A Primer of Irish Metrics* (Dublin: School of Irish Learning, 1909).
——— (ed. and trans.), *Selections from Ancient Irish Poetry* (London: Constable, 1913).
——— (ed.), *Sanas Cormaic: An Old Irish Glossary* (1913; Lampeter: Llanerch Publishers, 1994).
Millar, J. H., *A Literary History of Scotland* (London: T. Fisher Unwin, 1903).
Monagham, Patricia, *The Encyclopedia of Celtic Mythology and Folklore* (New York: Facts on File, Inc., 2004).
Matonis, A. T. E. and Daniel F. Melia (eds.), *Celtic Language, Celtic Culture: A Festrschrift for Daniel P. Hamp* (Van Nuys, CA: Ford & Bailie, 1990).
Murphy, Gerard (ed. and trans.), *Early Irish Lyrics* (Oxford: Clarendon Press, 1956).
——— *Early Irish Metrics* (Dublin: Royal Irish Academy, 1961).
——— *Saga and Myth in Ancient Ireland* (Dublin: The Cultural Relations Committee, 1955).
——— *The Ossianic Lore and Romantic Tales of Medieval Ireland* (Dublin: The Cultural Relations Committee, 1955).
Nagy, Joseph Falaky, *The Wisdom of the Outlaw: The Boyhood Deeds of Finn in Gaelic Narrative Tradition* (Berkeley: University of California Press, 1985).
Neeson, Eoin, *Celtic Myths and Legends* (Cork: The Mercier Press, 1966).
Ní Bhrolocháin, Muireann, *An Introduction to Early Irish Literature* (Dublin: Four Courts Press, 2009)
Nic Pháidín, Caoilfhionn, and Seán Ó Cearnaigh (eds.), *A New View of the Irish Language* (Dublin: Cois Life, 2008).
Ó Corráin, Donnchadh, Liam Breatnach, and Kim R. McCone (eds.), *Sages, Saints and Storytellers: Celtic Studies in Honour of Professor James Carney* (Maynooth: An Sagart, 1989).
Ó Cuív, Brian (ed.), *A View of the Irish Language* (Dublin: The Stationery Office, 1969).
——— *The Irish Bardic Duanaire or "Poem-Book"* (Dublin: The Malton Press, 1973).
O'Grady, Standish, *Early Bardic Literature, Ireland* (London: Sampson Low, Searle, Marston, & Rivington, 1879).
Ó hÓgáin, Dáithí, *The Lore of Ireland: An Encyclopaedia of Myth, Legend and Romance* (Woodbridge, Suffolk: Boydell Press, 2006).
Ó Murchú, Máirtín, *The Irish Language* (Dublin: Bord na Gaeilge, 1985).
O'Rahilly, Thomas F., *Early Irish History and Mythology* (Dublin: Dublin Institute for Advanced Studies, 1976).
Ó Súilleabháin, Seán, *A Handbook of Irish Folklore* (Dublin: The Folklore of Ireland Society, 1942).

Ó Tuama, Seán, and Thomas Kinsella(eds. and trans.), *A Duanaire 1600-1900: Poems of the Dispossessed*(Portlaoise: The Dolmen Press, 1981).

Pezron, Paul, *Antiquité de la nation et de la langue des Celtes, autrement appellez Gaulois*(London: Routledge, 2000).

Phillips, Graham and Martin Keitman, *King Arthur: The True Story*(London: Arrow, 1992).

Picard, Jean-Michel(trans.), *The Vision of Tnugdal*(Dublin: Four Courts Press, 1989).

Price, Glanville(ed.), *The Celtic Connection,*(Gerrards Cross: Colin Smythe, 1992)

Renan, Ernest, Michel Bréal et Antoine Meillet, *Langue française et identité nationale*(Limoges: Lambert-Lucas, 2009).

Rhys, John, *Celtic Folklore: Welsh and Manx*(1901; New York: Arno Press, 1980).

Rolleston, T. W., *Myths and Legends of the Celtic Race*(London: George G. Harrap & Co., 1911)

——— *The Illustrated Guide to Celtic Mythology*(London: Studio Editions, 1993).

Rowland, Jenny, *Early Welsh Saga Poetry: A Study and Edition of the Englynion*(Cambridge: D. S. Brewer, 1990).

Rutherford, Ward, *Celtic Mythology*(Wellingborough, Northants.: Aquarian Press, 1987).

Saddlemyer, Anne(ed.), *Theatre Business: The Correspondence of the First Abbey Directors: William Butler Yeats, Lady Gregory and J. M. Synge*(Gerrards Cross: Colin Smythe, 1982).

Saunders, Bailey, *The Life and Letters of James Macpherson: Containing a Particular Account of His Famous Quarrel with Dr. Johnson, and a Sketch of the Origin and Influence of the Ossianic Poems*(London: Sonnenschein, 1894).

Sewell, Frank, *Modern Irish Poetry: A New Alhambra*(Oxford: Oxford University Press, 2000).

Sigerson, George, *Bards of the Gael and Gall*(1907; New York: Lemma, 1974).

Smith, Donald, *Storytelling Scotland*(Edinburgh: Polygon, 2001).

Snyder, Edward Douglas, *The Celtic Revival in English Literature 1760-1800*(Cambridge, MA: Harvard University Press, 1923).

Sommer, H. Oskar(ed.), *The Vulgate Version of the Arthurian Romances*, 7 vols.(Washington: Carnegie Institution of Washington, 1908-1913).

Square, Charles, *Celtic Myths and Legends*(Bexley, OH: Gramercy, 1994).

Stephens, James, *Irish Fairy Tales*(New York: Macmillan, 1920).

Stephens, Meic(ed.), *The New Companion to the Literature of Wales*, 2nd and rev. edn.(Cardiff: University of Wales Press, 1998).

Thurneysen, Rudolf, *Die irische Helden- und Königsage bis zum siebzehnten Jahrhundert*(Halle: Max Niemeyer, 1921).

Thurneysen, Rudolf, *A Grammar of Old Irish, trans. D. A. Binchy and Osborn Bergin*(Dublin: Dublin Institute for Advanced Studies, 1946).

Tolkien, J. R. R. and E. V. Gordon(eds.), *Sir Gawain and the Green Knight*, ed. and rev. Norman Davis(Oxford: Clarendon Press, 1967).

Watkins, Calvert, *How to Kill a Dragon: Aspects of Indo-European Poetics*(Oxford: Oxford University Press, 1995).

Welch, Robert, *A History of Verse Translation from the Irish 1789-1897*(Gerrards Cross: Colin Smythe, 1988).

Williams, Gwyn, *An Introduction to Welsh Literature*(Cardiff: University of Wales Press, 1992).

Williams, Ifor, *The Beginnings of Welsh Poetry: Studies*, ed. Rachel Bromwich(Cardiff: University of Wales Press, 1972).
Williams, J. E. Caerwyn, *The Poets of the Welsh Princes*, Writers of Wales(1978; Cardiff: University of Wales Press, 1994).
Wooding, Jonathan M.(ed.), *The Otherworld Voyages in Early Irish Literature*(Dublin: Four Courts Press, 2000).

青山吉信『アーサー王伝説――歴史とロマンスの交替』(岩波書店, 1985)
池上忠弘『ガウェインとアーサー王伝説』(秀文インターナショナル, 1988)
井村君江『ケルトの神話』(筑摩書房, 1984)
井村君江『アーサー王ロマンス』(ちくま文庫, 1992)
江藤淳『漱石とアーサー王伝説――『薤露行』の比較文学的研究――』(東京大学出版会, 1975; 講談社学術文庫, 1991)
大野光子『女性たちのアイルランド』(平凡社選書, 1998)
大内義一『アイルランドの詩歌』(開文社出版, 1978)
尾島庄太郎『アイァランド文学研究――上代より現代にいたる――』(北星堂書店, 1976)
尾島庄太郎・鈴木弘『アイルランド文学史』(北星社, 1977)
キアラン・カーソン『トーイン　クアルンゲの牛捕り』(栩木伸明訳, 東京創元社, 2011)
風間喜代三『印欧語の故郷を探る』(岩波書店, 1993)
鎌田東二・鶴岡真弓編著『ケルトと日本』(角川書店, 2000)
ボブ・カラン『ケルトの精霊物語』(萩野弘巳訳, 青土社, 2001)
木村正俊編『アイルランド文学　その伝統と遺産』(開文社, 2014)
京都アイルランド語研究会『今を生きるケルト』(英宝社, 2007)
リチャード・キャヴェンディッシュ『アーサー王物語』(高市順一郎訳, 晶文社, 1983)
ヘンリー・グラッシー『アイルランドの民話』(大澤正佳・大澤薫訳, 青土社, 1994)
ミランダ・J・グリーン『ケルトの神話』(市川裕見子訳, 丸善ブックス, 1997)
―――『ケルトの神話・伝説事典』(井村君江監訳, 渡辺充子・大橋篤子・北川佳奈訳, 東京書籍, 2006)
アーサー・コットレル『世界の神話百科』(松村一男他訳, 原書房, 1999)
櫻庭信之・蛭川久康編『写真集　アイルランドの歴史と文学』(大修館書店, 1986)
佐藤輝夫『トリスタン伝説』(中央公論社, 1981)
ジェフリー・オヴ・モンマス『ブリタニア列王史　アーサー王ロマンス原拠の書』(瀬谷幸男訳, 南雲堂フェニックス, 2007)
―――『中世ラテン語叙事詩　マーリンの生涯』(瀬谷幸男訳, 南雲堂フェニックス, 2009)
下楠昌哉『妖精のアイルランド　「取り替え子(チェンジリング)」の文学史』(平凡社新書, 2005)
杉山寿美子『アベイ・シアター 1904-2004　アイルランド演劇運動』(研究社, 2004)
クリストファー・スナイダー『アーサー王百科』(山本史郎訳, 原書房, 2002)
瀬谷幸男『アーサーの甥ガウェインの成長記――中世ラテン騎士物語』(論創社, 2016)
髙宮利行『アーサー王伝説万華鏡』(中央公論社, 1995)
田中仁彦『ケルト神話と中世騎士物語　「他界」への旅と冒険』(中公新書, 1995)
中央大学人文科学研究所編『ケルト　生と死の変容』中央大学人文科学研究所研究叢書

16（中央大学出版部，1999）

——『剣と愛と中世ロマニアの文学』中央大学人文科学研究所研究叢書34（中央大学出版部，2004）

——『ケルト 口承文化の水脈』中央大学人文科学研究所研究叢書38（中央大学出版部，2006）

——『アーサー王物語研究 源流から現代まで』中央大学人文科学研究所研究叢書62（中央大学出版部，2016）

——『ケルティック・テクストを巡る』中央大学人文科学研究所翻訳叢書8（中央大学出版部，2013）

イアン・ツァイセック『ケルト神話物語』（山本史郎・山本泰子訳，原書房，1998）

デイヴィッド・デイ『アーサー王の世界』（山本史郎訳，原書房，1997）

フランク・ディレイニー『ケルト——生きている神話』（鶴岡真弓監修，森野聡子訳，創元社，1994）

——『ケルトの神話・伝説』（鶴岡真弓訳，創元社，2000）

マイルズ・ディロン『古代アイルランド文学』（青木義明訳，オセアニア出版社，1987）

J. R. R.トールキン『サー・ガウェインと緑の騎士 トールキンのアーサー王物語』（山本史郎訳，原書房，2003）

原聖『周縁的文化の変貌——ブルトン語の存続とフランス近代』（三元社，1990）

——編著『ケルト諸語文化の復興』（三元社，2012）

ジャン・フラピエ『アーサー王物語とクレチヤン・ド・トロワ』（松村剛訳，朝日出版社，1988）

キャサリン・ブリッグズ『妖精事典』（平野敬一・井村君江・三宅忠明・吉田新一訳，冨山房，1992）

ヤン・ブレキリアン『ケルト神話の世界』（田中仁彦・山邑久仁子訳，中央公論社，1998）

プロインシァス・マッカーナ『ケルト神話』（松田幸雄訳，青土社，1991）

グランヴィル・プライス著，松本克己監訳『ヨーロッパ言語事典』（東洋書林，2003年）

マリオン・ジマー・ブラッドリー『アヴァロンの霧』（早川書房，1988）

ジャン・フラピエ『聖杯の神話』（天沢退二郎訳，筑摩書房，1990）

風呂本武敏編『アイルランド・ケルト文化を学ぶために』（世界思想社，2009）

ベディエ編『トリスタン・イズー物語』（佐藤輝夫訳，岩波文庫，2006）

アンヌ・ベルトゥロ『アーサー王伝説』（松村剛監修，村上伸子訳，創元社，1997）

アーネスト・ボイド『アイルランドの文藝復興』（向山泰子訳，新樹社，1973）

アンドレ・ホプキンス『アーサー王物語』（山本史郎訳，原書房，1995）

ロベール・ド・ボロン『西洋中世奇譚集成 魔術師マーリン』（横山安由美訳，講談社学術文庫，2015）

『マビノギオン』（中野節子訳，JURA出版局，2000）

松岡利次『アイルランドの文学精神 7世紀から20世紀まで』（岩波書店，2007）

松村一男『神話学講義』（角川叢書，1999）

松村賢一『ケルトの古歌「ブランの航海」序説 補遺 異界と海界の彼方』（中央大学出版部，1997）

——『異界への通路——中世アイルランドの航海譚をめぐって——』（中央大学人文科学研究所，2014）

―――編著『アイルランド文学小事典』(研究社出版, 1999)
ブライアン・メリマン『真夜中の法廷』(京都アイルランド語研究会訳, 彩流社, 2014)
トマス・マロリー『アーサー王の死』(厨川文夫・厨川圭子訳, ちくま文庫, 1986)
山田久美子『異界へのまなざし――アイルランド文学入門』(鷹書房弓プレス, 2005)
C・スコット・リトルトン, リンダ・A・マルカー『アーサー王伝説の起源』(辺見葉子・吉田瑞穂訳, 青土社, 1998)
ルーカーヌス『内乱――パルサリア』上下巻(大西英文訳, 岩波文庫, 2012)
渡邉浩司 『クレチアン・ド・トロワ研究序説――修辞学的研究から神話学的研究へ――』(中央大学出版部, 2002)

(作成・松村賢一)

◆図版クレジット

※掲載した図版のクレジットを一括して掲げた。一部，海外の古い図版などでできる限り調査をしたものの権利関係が不明なものがあったため，お分かりになる方は編集部までお知らせください。

● 口絵

❶ Ⓒ Werner Forman Archive / Bridgeman / amanaimages　❷ Ⓒ The British Museum / Trustees of the British Museum / amanaimages　❸ Ⓒ The Board of Trinity College, Dublin, Ireland / Bridgeman / amanaimages　❹ Ⓒ National Museum of Ireland, Dublin, Ireland / Bridgeman / amanaimages　❺ Ⓒ Boltin Picture Library / Bridgeman / amanaimages　❻ Ⓒ City of Edinburgh Museums and Art Galleries, Scotland / Bridgeman / amanaimages

● 本文

p.7Ⓒ De Agostini Picture Library / Bridgeman / amanaimages　p.16 松村賢一撮影　p.18Ⓒ Universal Images Group / amanaimages　p.19Ⓒ A. Dagli Orti / Bridgeman / amanaimages　p.23Ⓒ Sammlung Rauch / INTERFOTO / amanaimages　p.31Ⓒ Granger / Bridgeman / amanaimages　p.32Ⓒ Trustees of the British Museum / amanaimages　p.35Ⓒ G. Dagli Orti / Bridgeman / amanaimages　p.41Ⓒ 2012 by VW Pics / amanaimages　p.47Ⓒ Photo Scala, Florence / amanaimages　p.50Ⓒ The Print Collector / HIP / TopFoto / amanaimages　p.58Ⓒ imagebroker / amanaimages　p.78 松村賢一作成（Barry Cunliffe, John T. Koch（Ed）, *Celtic from the West: Alternative Perspectives from Archaeology, Genetics, Language and Literature* p.210 を元に作図）p.79 木村正俊『ケルト人の歴史と文化』（原書房，2012, p.217 より）　p.87Ⓒ Charles Walker / TopFoto / amanaimages　p.89Ⓒ Werner Forman Archive / Bridgeman / amanaimages　p.90Ⓒ Photoshot / amanaimages　p.93Ⓒ HERMANN HISTORICA GmbH / INTERFOTO / amanaimages　p.94Ⓒ Werner Forman Archive / British Museum, London / amanaimages　p.95Ⓒ British Museum, London, UK / amanaimages　p.97Ⓒ G. Dagli Orti / Bridgeman / amanaimages　p.98 松村賢一作成（Helen Litton, *The Celts*, Wolfhound Press, 1997, p.14を元に作図）p.99Ⓒ Werner Forman Archive / Bridgeman / amanaimages　p.100Ⓒ Fine Art Images / HIP / TopFoto / amanaimages　p.104Ⓒ Private Collection / Bridgeman / amanaimages　p.106Ⓒ Mary Evans Picture Library / amanaimages　p.108Ⓒ Bibliotheque des Arts Decoratifs, Paris, France / Archives Charmet / Bridgeman / amanaimages　p.109Ⓒ DeAgostini Picture Library / Scala, Florence / amanaimages　p.110 松村賢一作成　p.113 Kevin Danaher, *The Year in Ireland*（Cork: The Mercier Press, 1972）　p.121Ⓒ Agence Bulloz / amanaimages　p.122Ⓒ SZ Photo / Scherl / Bridgeman / amanaimages　p.123Ⓒ The Granger Collection / amanaimages　p.126Ⓒ A. Dagli Orti / Bridgeman / amanaimages　p.130Ⓒ Mary Evans Picture Library / amanaimages　p.131 松村賢一作成　p.142Ⓒ Mary Evans Picture Library / amanaimages　p.146Ⓒ Look and Learn / Bridgeman / amanaimages　p.148Ⓒ The Print Collector / HIP / TopFoto / amanaimages　p.149Ⓒ Friedrich Rauch / INTERFOTO / amanaimages　p.151 松村賢一撮影　p.154Ⓒ PA Images / amanaimages　p.158Ⓒ Charles Walker / TopFoto / amanaimages　p.159Ⓒ Fortean / TopFoto / amanaimages　p.160Ⓒ Fortean / TopFoto / amanaimages　p.162Ⓒ N. Cirani / De Agostini / amanaimages　p.167Ⓒ Werner Forman Archive / Scala, Florence / amanaimages　p.168 W. G. Wood - Martin, *The Lake Dwellings of Ireland: or Ancient Lacustrine Habitations of Erin, Commonly Called Crannogs*（Dublin: Hodges, Figgis & Co., 1886）　p.169 Ⓒ TopFoto / amanaimages　p.173 John Derricke, 1581, Brian de Briffny（ed.）, *The Irish World*（Thames

図版クレジット

& Hudson, 1977, p.110）p.176ⓒ DeAgostini Picture Library / Scala, Florence / amanaimages　p.185ⓒ Werner Forman Archive / Scala, Florence / amanaimages　p.186ⓒ The British Museum / amanaimages　p.192ⓒ Fortean / TopFoto / amanaimages　p.193ⓒ Werner Forman Archive / Bridgeman / amanaimages　p.194ⓒ Trustees of the British Museum / amanaimages　p.197ⓒ The Board of Trinity College, Dublin, Ireland / Bridgeman / amanaimages　p.198 *The Book of Kells*（Luzern: Faksimile Verlag, 1990）中央大学図書館蔵　p.203 *The Illustrated London News*（August 11, 1849）p.208ⓒ Mary Evans Picture Library / amanaimages　p.210ⓒ Mary Evans Picture Library / amanaimages　p.218ⓒ The Stapleton Collection / Bridgeman / amanaimages　p.247 Sankla Brandans Seefahrt（Augburg, 1476; Reprint, Wiesbaden, 1969）p.252 Jean - Michel Picard, trans., *The Vision of Tnugdal*（Four Courts Press, 1989）p.257 The Commentary on the Psalms with Glosses in Old - Irish Preserved in the Ambrosian Library（MS. C. 301 inf. Dublin: Royal Irish Academy, 1936）p.268 The Project Gutenberg eBook, *The Mabinogion* Vol. 3（of 3）, Edited by Owen M. Edwards, Translated by Charlotte Guest（1902）p.278ⓒ Roger - Viollet / amanaimages　p.285ⓒ Fortean / HealyTopFoto / amanaimages　p.292ⓒ White Images / Scala, Florence / amanaimages　p.295ⓒ The Stapleton Collection / Bridgeman / amanaimages　p.297ⓒ British Library Board / Bridgeman / amanaimages　p.354ⓒ Keystone Pictures USA / amanaimages　p.357（左）ⓒ National Museum of Ireland, Dublin, Ireland / Bridgeman / amanaimages　p.357（右）ⓒ The Granger Collection / amanaimages　p.358 Paul Larmour, *Celtic Ornament*（Eason & Son, 1981, Plate 35）p.367 ⓒ Mary Evans Picture Library / amanaimages　p.368 *The Evergreen: A Northern Seasonal The Book of Summer*（London: T. Fisher Unwin, 1896）p.370ⓒ Neil Holmes / Bridgeman / amanaimages　p.384 木村正俊撮影

●巻末資料

p.388, p.389（上）：（有）オフィス・ユウ作成

p.389（下）：木村正俊『ケルト人の歴史と文化』（原書房, 2012, p.68）より転載

見出語50音順索引

※この索引は本文の項目名を50音順に配列したものである。
※別名や別表記，関連の深い語などで直接見出語にない場合でも引けるよう → で掲載項目を示した。

ア行

アーサー王物語の形成と発展　276
アーダーの聖杯　357
アーノルド，マシュー　352
アイオナ修道院　151
アイステズヴォッド　354
『アイフェの一人息子の最期』　222
アイルランド演劇運動　363
アイルランド語（Ⅱ歴史・考古・言語）　73
アイルランド語（Ⅺケルトの伝統と現代）　377
『アイルランド地誌』　255
アイルランド島の初期ケルト人　54
アイルランドの高十字架　157
アイルランドの初期美術　190
アイルランド文芸復興運動　359
『アイルランド侵寇の書』　224
アヴァロン　298
赤枝戦士団　209
アシーン　→　オシーン
アシュリング　303
『アダウナーンの幻想』　252
アダムナーン　→　『アダウナーンの幻想』
アヌーヴン　274
「アヌーヴンの略奪品」　263
アヌーン　274
アネイリン　→　『ゴドジン』

アベイ劇場　367
アリストテレス　23
アルスター物語群　206
アレシアの戦い　49
アレンの丘　232
アンガス　→　『オイングスの夢』
アングロ・サクソン人の侵入　62
アントニヌスの長城　60
アンフォラ　→　ワイン文化
イェイツ，ウィリアム・バトラー　363
イオロ・モルガヌグ　350
異界　135
生霊　139
生贄　→　供犠
石　127
泉　129
イスルウィン　338
イタリアのケルト人　42
イチイ　119
井戸　129
犬　124
猪　122
衣服　169
イベリア半島のケルト人　41
イムラウ／イムラヴァ　→　航海物語
イレイン　288
色　131
岩　127
印欧語　→　インド・ヨーロッパ語

インド・ヨーロッパ語　65
『イン・ノス・オーラ・レイアド』（『ある月夜』）　341
インボルグ　112
韻律　249
ヴァイキング来襲　64
ヴァッカンツィー，モーイラ　311
ヴァルトアルゲスハイム様式　182
ヴィヴィアン　→　湖の貴婦人
ヴィクス　32
ヴィクスの王女の墓　33
ウィリアムズ，エドワード　→　イオロ・モルガヌグ
ウィリアムズ，D. J.　339
ウィリアムズ，ワルドー　342
ウィン，エリス　332
ウェールズ年代記ブリット　329
ウェールズ語（カムリ語）（Ⅱ歴史・考古・言語）　71
ウェールズ語（Ⅺ ケルトの伝統と現代）　380
ウェールズ語雑誌　335
ウェールズ語文学 17世紀までの概観　328
ウェールズ語訳聖書　331
ウェールズの高十字架　161
ウェールズ四大古書　259
ウェルキンゲトリクス　49
牛　121
ウシュネフ　241

索　引

『ウシュリウの息子たちの流浪』　218
馬　121
馬の役割　19
ヴラーン → ベンディゲイド ヴラーン
『ウラドの戦士たちの酩酊』　216
『ウラドの人びとの衰弱』　217
『エヴァーグリーン』　368
エヴァンズ，エヴァン　334
『エウェルへの求婚』　220
『エヴロウグの息子ペレディールの物語』　271
『エーダインへの求婚』　225
エクスカリバー　296
エドワーズ，O.M.　338
エポナ（神）→ 馬
『エルビンの息子ゲラインの物語』　271
宴会　172
エンガスの砦　89
円卓　285
円卓の騎士たち　286
円塔　162
『オイングスの夢』　222
王権　86
黄金の船 → アイルランドの初期美術
オーウェン，ゴロンウィ　334
オーウェン，ダニエル　337
オーウェン・ピュー，ウィリアム　350
大釜　130
オーク　118
大鍋　130
大鍋の図像　184
オガム文字　78
オカロラン，ターロッホ　370

オグレイディ，スタンディッシュ・ジェイムズ　361
オケイシー，ショーン　367
『オシアン詩』　348
オシーン　231
オシャルキー，カハル　314
オジラーイン，マールチン　311
オスーリャヴォーイン，オーン・ルーア　304
オスカル　231
オッピダ　88
オッピドゥム → オッピダ
オラハリャ，エーガン　304
オリールダーイン，ショーン・ポードリク　311
『オワインまたは泉の女伯爵の物語』　270

カ行

カーマイケル，アレグザンダー　353
階層構成　86
怪物　139
カイルテ・マク・ローナーン　232
カインベル，ムーリシュ　327
ガウェイン　290
『ガウラの戦い』　232
カエサル，ガイウス・ユリウス　26
カエサルのガリア征服　47
カエサルの記録　102
カエサルの侵入　56
鏡の装飾　194
カストロ → イベリア半島のケルト人
火葬骨壺墓地文化 → 青銅器時代のケルト文化
家畜の飼育　164
兜　96
貨幣　166

貨幣の図像　185
カムリ語　71
カムロドリオン名誉協会　353
ガラス製品　182
カラタクスの抵抗　59
ガラティアのケルト人　43
ガラハッド　293
ガリア語　68
ガリア人の決起　48
『ガリア戦記』　26
ガリアのケルト人　39
ガリアの三主神　117
カルニュクス　98
カレドニア人の抵抗　59
カロラン，ターロッホ → オカロラン・ターロッホ
ガロ＝ローマ時代　50
ガロ＝ローマ美術　188
川　129
カンヴェイルズ　260
カンブリア語　73
キーティング，ジェフリー　250
キールタ → カイルテ・マク・ローナーン
気質　83
機能と役割（ドルイド）　104
キャメロット → アーサー王物語の形成と発展
キャンベル，ジョン・フランシス　352
Qケルト　68
教義　106
漁業　165
巨人　137
漁夫王　292
ギラルドゥス・カンブレンシス　276
ギリシア・エトルリア美術との関連　178
ギリシア文明との交流　30
ギリシア・ローマとの比較　115

419

索　引

ギリシア・ローマの著作家　20
キリスト教以後のケルト美術　195
キリスト教以前のケルト美術　188
『キルフーフとオルウェン』　272
金属工芸　193
『クアルンゲの牛捕り』　206
グウィオン・バッハ　275
グウィネヴィア　287
グウィネジギオン協会　354
グウィン・アプ・ニーズ　274
グウェナスト　341
クー・フリン　208
クーフリン → クー・フリン
『クー・フリンの誕生』　220
『クー・フリンの病』　221
クーリー → 『クアルンゲの牛捕り』
供犠　107
クフーリン → クー・フリン
熊　123
クラウディウスによる支配　56
グラストンベリー修道院　152
クラテル　177
クラノーグ　168
クラン社会　84
クルアハン　211
グレゴリー，レイディ　365
クレティアン・ド・トロワ　282
グレンダロッホ修道院　150
「黒髪のローシーン」　309
クロンファート大聖堂　149
クロンマクノイス修道院　149
ケイリオグ　337
ケーリー　174
ゲール語復興　361
ゲシュ　211

ゲデス，サー・パトリック　368
『ケルズの書』　198
ケルトイ　28
ケルトイベリア語　69
ケルト学研究機関　10
ケルト関係図書出版団体　12
ケルト圏神話・伝説の体系　200
ケルト語教育の問題点　377
ケルト語研修機関　11
ケルト語と他の諸言語との影響関係　76
ケルト語派　66
ケルト語文化振興の政策　376
ケルト十字架 → 高十字架
ケルト人の移住　52
ケルト人の移動　38
ケルト人の起源　14
ケルト人の宗教　114
ケルト人の信じた神々　115
ケルト人発見の記録　20
ケルト装飾文様の復活　358
ケルト祖語 → 原ケルト語
「ケルト」という語　3
ケルトの王国　61
ケルトの建築と彫刻　33
ケルト美術のルネサンス　195
ケルト文化圏の拡大　38
ケルト文化の流行　383
ケルト文化理解の方向と課題　386
ケルト文明の形成　15
ケルト文様のパターン　186
ケルトをとらえる視点　4
ケルヌンノス　126
ゲルマン人の侵入　46
ゲルマンとの比較　116
『幻影の予言』　241
研究の課題と方向　12
原ケルト語　67

「原ケルト人」　17
言語　8
幻想・夢の物語　250
ゴイデル語　71
交易による発展　31
航海物語　243
考古学　7
高十字架　156
高十字架の発展　156
コーンウォール語（Ⅱ歴史・考古・言語）　72
コーンウォール語（Ⅺケルトの伝統と現代）　381
コーンウォールのケルト復興　373
『古代の鏡』　332
古典作家の文献　5
古典文献のドルイド　101
『ゴドジン』　261
ゴネストロップの大鍋（釜） → 大鍋，ケルヌンノス
コノハー → コンホヴァル
暦と祭りの習俗　109
『コラの息子たちの航海』　246
コリニーの暦　109
『コルマクの冒険』　242
ゴル・マク・モルナ　234
コルム・キレ → 聖コルンバ
『古老たちの語らい』　234
『コンの息子アルトの冒険』　242
コンホヴァル　209
『コンホヴァルの誕生』　216
『コンラの冒険』　240

サ行

祭式　105
再生　134
サウィン　111
鮭　125
里子制度　91

索　引

讃美歌　332
シー　→　妖精
シーザー　→　カエサル，ガイウス・ユリウス，カエサルのガリア征服，カエサルの侵入
シード　→　異界
ジェフリー・オブ・モンマス　280
鹿　120
資格と修業（ドルイド）　103
詩人　→　バルド，フィリ
自然学の知識　108
自然詩　248
シトゥラ　177
死と埋葬　173
死の予兆　140
島の石造彫刻　191
島の部族　→　島嶼部のケルト人部族
シャープ，ウィリアム　368
社会的地位と階層　102
写字生　→　初期アイルランド文学
写本　205
19世紀初期のイングランドの文人たち　349
19世紀のアイルランド語詩　306
住居　167
修道院活動　154
修道院の建設　148
18世紀のアイルランド語詩　300
18世紀のアイルランド語大衆詩　305
狩猟　164
上王（アルド・リー）　→　アイルランド島の初期ケルト人，王権
商業活動　165
ジョーンズ，エドワード　335

初期アイルランド詩　247
初期アイルランド文学　203
初期ケルト美術の様式　180
初期様式　182
植物文様　183
食物・飲料　171
諸公の詩人　275
女子修道院　153
女性のドルイド　104
ジョルサ，ジョルサ・マハキアン　324
シング，ジョン・ミリントン　366
身体と容姿　82
神殿　138
人面の表現　184
神話・伝説　9
神話物語群　224
スイド，エドワード　→　スルウィッド，エドワード
数　132
『スヴネの狂乱』　238
スエノの石　161
スカータハ　→　『エウェルへの求婚』
スケリグ・マイケル　154
スコット人　63
スコットランド・ゲール語（Ⅱ　歴史・考古・言語）　75
スコットランド・ゲール語（ⅩⅠ　ケルトの伝統と現代）　378
スコットランド・ゲール語文学 17世紀までの概観　314
スコットランドの高十字架　159
ステュークリー，ウィリアム　346
ストーリーテリング　202
ストラボン　24
『スネードゥグスとマク・リアグラの航海』　246
『スラワルフ・ヘーンの歌』

264
スランバダルン・ヴァウル　152
『スリーズとスレヴェリスの冒険』　271
「スリールの息子マナワダン」　269
「スリールの娘ブランウェン」　268
スルウィッド，エドワード　347
スレイ・スラウ・ガフェス　273
聖アダウナーン　146
聖アンドルー　147
聖域　107
聖イスティッド　148
聖ウィニフレッド　148
聖エイダン　144
聖キアラン　145
聖ケヴィン　144
聖ケンティゲルン　147
聖コルンバ　145
聖コルンバヌス　155
聖書物語　256
聖人伝　256
「聖人と学者の島」　155
聖デイヴィッド　147
青銅器時代のケルト文化　16
青銅製品の美術　177
青銅と黄金の美術品　181
聖ニニアン　142
聖杯の探索　291
聖パトリック　142
聖ブリジッド　143
聖ブレンダン　144
『聖ブレンダンの航海』　247
聖モリング　145
聖ローナーン　→　『ダ・デルガの館の崩壊』
石器時代の文化　15
先史時代の島嶼部　51

421

索　引

戦士・戦士階級　92
戦闘の方法　97
セント・デイヴィッズ大聖堂　152
装飾写本美術　197
装身具類　170

タ行

太陽／太陽の神　126
大陸のケルト語由来地名　79
大陸の石造彫刻　176
大陸の部族　84
ダヴィッズ・アプ・グウィリム　329
「ダヴェッドの領主プウィス」　267
『ダウェッドの王プイス』→『ダウェッドの領主プウィス』
タキトゥス　27
多神教　115
盾　95
『ダ・デルガの館の崩壊』　214
他文化からの影響　165
他文化圏神話・伝説との比較　200
タラ　215
タラ・ブローチ　357
タリエシン　260
『タリエシン物語』　273
タルヴェシュ　215
ダルリアダ王国　64
ダロウ修道院　150
『ダロウの書』　197
地域言語としてのケルト語　375
地域主義　386
知恵の鮭　234
中期ウェールズ語散文説話　265
デアドラ　→　デルドリウ
ディアミド　→　ディアルミド・ウア・ドゥヴネ
ディアルミド・ウア・ドゥヴネ　232
『ディアルミドとグラーニャの追跡』　235
デイヴィス，ジェイムズ・キッチナー　343
デイヴィス，トマス　355
ディオドロス・シクルス　22
ディス・パテル　118
『ディンヘンハス』　254
『ディン・リーグの殺戮』　237
テウィル　215
鉄器時代の文化とケルト人　17
鉄の利用　18
デリー修道院　150
デルドリウ　219
デルフォイ包囲　44
トゥーローの石　192
ドゥーン・エンガス　→　エンガスの砦
洞穴　127
刀剣と鞘　93
刀剣様式　183
島嶼のケルト語由来地名　81
島嶼部のケルト人部族　55
投石器と弓矢　94
『トゥヌクダルスの幻視』　251
頭部　136
動物文様　184
トゥム・オール・ナント　333
『トゥリンの息子たちの最期』　228
トゥルッフ・トルウィス　274
トーテム　120
『常若の国のオシーンの詩』　302
トマス・グレイの「バード」　349
鳥　125
トリスタンとイズー　288
ド・ウア・ドゥヴネ
ドルイド　99
トルク　177

ナ行

『内乱』→ルカヌス
ナ・ケピヒ，シーリシュ　316
ニーシャ　→　ノイシウ・マク・ウシュレン
ニゴーノル，ヌーラ　313
20世紀のアイルランド語詩　309
ニニアン　→　湖の貴婦人
ニヒカフェルセン，マーリ　321
ニホナル，アイリーン・ドゥヴ　304
日本神話との比較　201
ニミュエ　→　湖の貴婦人
ニムエ　→　湖の貴婦人
二輪戦車　98
ヌーシャテル湖　36
ヌマンティアの戦い　45
『ネラの冒険』　223
ネンドラム修道院　150
ノイシウ・マク・ウシュレン　219
農耕　164

ハ行

バージー島　152
パーシヴァル　294
ハートネット，マイケル　312
ハープ　369
ハイクロス　156
ハイド，ダグラス　362
『博物誌』　25
ハシバミ　119
ハドリアヌスの長城　60
パリー，ロバート・ウィリアムズ　343
『バルザス・ブレイス』　351
パルサリア　→　ルカヌス

422

索　　引

ハルシュタット遺跡　30
ハルシュタット美術の展開　175
ハルシュタット文化期　29
バルド　203
ハロウィーン → サウィン
バンガー修道院　150
バンティング，エドワード　371
火　128
Pケルト　68
ピートリー，ジョージ　356
東ヨーロッパのケルト人　44
ピクト人　62
ピクト人のシンボル・ストーン　160
『美声のバレの話』　238
碑文に残る文字　77
ヒューズ，T.ローランド　342
ピュテアス　25
ヒルフォート　87
「瀕死のガリア人」　34
ファーガス → フェルグス・マク・ロイヒ
フィアナ物語群 → フィニアン物語群
フィニアン物語群　230
フィリ　202
フィル・ヴォルグ　227
『フィン詩歌集』　250
『フィントラーグの戦い』　233
『フィンの少年時代の行い』　233
フィン・マクール → フィン・マク・クウィル
フィン・マク・クウィル　231
フィン物語群 → フィニアン物語群
フェスティバル　384
フェルグス・マク・ロイヒ　210

フェル・ディアド　210
フォヴォール族 → フォウォレ族
フォウォレ　227
ブキャナン，ジョージ　346
布教のルート　141
武具の装飾　194
復興運動の背景　344
豚　122
『二つの牛乳差しの館の養育』　230
復興運動の先駆け　345
船と輸送　165
『ブヘトの館の調べ』　238
『ブランの航海』　244
フリアノン　273
『ブリクリウの饗応』　212
ブリテン島の三題歌　262
ブリテン島の初期ケルト人　53
ブリテンの初期美術　189
「ブリテンの預言」　263
ブリトン語（ブリソニック）　69
プリニウス（大）　25
『ブルー・ブックスの陰謀』　336
ブルターニュのケルト復興　374
ブルデン　215
ブルトン語（II歴史・考古・言語）　73
ブルトン語（XIケルトの伝統と現代）　382
ブレホン法　91
ブレンヌス → ケルト文化圏の拡大，イタリアのケルト人，デルフォイ包囲
『フロイヒの牛捕り』　207
ブロイフター埋蔵地 → アイルランドの初期美術
ブロッホ　90

『フロナブウィの夢』　272
文学と政治　360
文芸復興期のウェールズ　330
ヘカタイオス　22
ペズロン，ポール　346
蛇　124
ベリ・マウル　275
ベルティネ　112
ベルテーン → ベルティネ
『ヘレーズの歌』　264
ペレグリナティオ　155
ヘロドトス　22
ベンディゲイドヴラーン　273
ホイネブルク → ハルシュタット文化期
冒険物語　240
ボウディカの反乱　58
奉納　138
北欧のアーサー王　298
ポセイドニオス　22
ポピュラーカルチャー　383
ポリュビオス　23
ポンペイウス・トログス　28

マ行

マーティン，エドワード　364
マーリン　294
『マイル・ドゥーンの航海』　244
『マク・ダトーの豚の話』　213
『マグ・トゥレドの戦い』　226
マクファーソン，ジェイムズ　347
『マグ・ムクラマの戦い』　237
マグ・ムルテウネ　211
『マグ・ラトの戦い』　239
「マソヌウィの息子マース」　270
『マッコングリニの夢想』　253
マハ　218
マハカウーライ，ドーナル　326

423

索　　引

マハカゴーイン，イアン　326
マハカントゥール，ドナハグ・バーン　318
マハキルエーイン，ソーエルリ　322
マハクヴァイスティル・アラステル，アラステル　316
マハクウーイ，ロブ・ドウン　318
マハクヴーリヒ，ニーアル　315
マハクネヘカル，ウーナス　327
マハクラハレーン，イアン　320
マハクリョーイド，ニーアル　322
マハグンレーヴ，ウーリャム　321
マハコーミシュ，ルアリ　325
『マビノギオン』→ 中期ウェールズ語散文説話
『マビノギの四つの枝』　266
マボン・アプ・モドロン　274
魔除け　174
『真夜中の法廷』　301
マルジン → マーリン
マルジン・ウィスト　264
マロリー以降――現代まで　284
マロリー，サー・トマス　283
マンガン，ジェイムズ・クラレンス　307
マン島語（Ⅱ歴史・考古・言語）　76
マン島語（Ⅺケルトの伝統と現代）　379
水　128
湖の貴婦人　296
緑の騎士　291
ミルディン → マーリン
民衆歌　372

民族意識　385
ムーア，トマス　372
ムルヘヴナ → マグ・ムルテウネ
メーヴ → メドヴ
メドヴ　209
メルリヌス → マーリン
モイ・トゥラの戦い → マグ・トゥレドの戦い
モリス＝ジョーンズ，ジョン　339
モルガン・ル・フェ　295

ヤ行

ヤーコプスタール，パウル　178
館　215
ヤドリギ　118
槍　94
ユウェンクス・エングラニオン　258
ユーラシアとの比較　117
幽霊　139
妖怪　139
妖精　135
鎧　96

ラ行

ラ・ヴィルマルケ　351
ラッセル，ジョージ・ウイリアム　365
ラ・テーヌ遺跡　36
ラ・テーヌ美術の展開　180
ラ・テーヌ文化期　35
ラフタリ，アントニ　309
ラムザウアー，ヨハン・ゲオルク　30
ラヤモン　281
ランスロット　286
リアンノン → フリアノン
リウィウス，ティトゥス　24
『リスモール首席司祭の書』

257
立体様式　183
『リルの子たちの悲しい物語』　229
『リンディスファーン福音書』　198
リンドウ・マン → ブリテン島の初期ケルト人
ルイス，ソーンダーズ　340
ルーナサ → ルグナサド
ルカヌス　27
ルグナサド　113
ルナン，エルネスト　351
霊魂不滅　133
レイディ・シャーロット・ゲスト　351
歴史　6
歴史物語群　236
レポント語　70
『ロイガレの冒険』　243
ローゼンストック，ゲイブリエル　313
ローマ・ゲルマニアとの対決　37
『ローマ皇帝マクセン公の夢』　271
ローマ人撤退後のブリテン　61
ローマ統治下のブリテン　57
ローマ略奪　42
ロス，ウーリャム　320
ロバーツ，ケイト　339

ワ行

ワース　282
ワイルド，サー・ウィリアム　356
ワイルド，レイディ・ジェーン・フランチェスカ　356
ワイン文化　32

編者略歴

木村正俊（きむら まさとし）
1938年生まれ。早稲田大学大学院文学研究科博士課程単位取得満期退学。神奈川県立外語短期大学名誉教授。専門分野はスコットランド文学、ケルト文化。著書に『ケルト人の歴史と文化』（原書房）。共編著に『ロバート・バーンズ』（晶文社）、『イギリス文化事典』（丸善出版）。共著に『ケルト復興』（中央大学出版部）、『ケルト　口承文化の水脈』（中央大学出版部）など。

松村賢一（まつむら けんいち）
1942年生まれ。早稲田大学大学院文学研究科博士課程単位取得満期退学。中央大学名誉教授。専門分野はアイルランド文学、ケルト文化。著書に『ケルトの古歌「ブランの航海」序説』（中央大学出版部）。編著に『アイルランド文学小事典』（研究社出版）。共著に『ケルト　伝統と民俗の想像力』（中央大学出版部）、『ケルト　口承文化の水脈』（中央大学出版部）。共訳に『ケルティック・テクストを巡る』（中央大学出版部）など。

ケルト文化事典

2017年5月10日　初版印刷
2017年5月20日　初版発行

編　者　木村正俊・松村賢一
発行者　大橋信夫
装　丁　桂川　潤
DTP・印刷製本　東京リスマチック株式会社

発行所　株式会社東京堂出版
〒101-0051　東京都千代田区神田神保町1-17
電話　03-3233-3741　振替00130-7-270
http://www.tokyodoshuppan.com/

ISBN978-4-490-10890-3　C1522
©Masatoshi Kimura, Ken'ichi Matsumura 2017. Printed in Japan.

東京堂出版●好評発売中

聖人366日事典
鹿島　茂著　Ａ５判　484頁　本体3,800円
- 960人を超える聖人を収録。その生涯やエピソードを味わい深い解説で紹介。

古代ローマを知る事典
長谷川岳男・樋脇博敏著　四六判　368頁　本体2,800円
- ローマの歴史・政治・経済や寿命・結婚などライフスタイルまで分かりやすく解説。

古代ギリシア遺跡事典
周藤芳幸・澤田典子著　菊判　256頁　本体3,200円
- 古代ギリシアを知る鍵となる14の遺跡を選び多数の写真とともに分かりやすく紹介。

マヤ文明を知る事典
青山和夫著　四六判　320頁　本体2,800円
- 古代から現代までつづくマヤ文化を「歴史の実像」として最新研究を盛り込み紹介。

古代エジプトを知る事典
吉村作治著　四六判　358頁　本体2500円
- 吉村作治教授が古代エジプトの文化・社会のすべてにわたり解説。全20章、280項目。

エピソードで味わうワインの世界
山本　博著　四六判　304頁　本体2,200円
- ワイン評論の第一人者が、逸話から、歴史・文化などワインを巡るエピソードを紹介。

（定価は本体＋税となります）